经典战史回眸 古代战史系列

# 问鼎中原

## 大清八旗军关内战史

李湖光 著



…VERSITY PRESS
武汉大学出版社

**图书在版编目(CIP)数据**

问鼎中原:大清八旗军关内战史/李湖光著. —武汉: 武汉大学出版社,2016.7
经典战史回眸. 古代战史系列
ISBN 978-7-307-18076-5

Ⅰ.问… Ⅱ.李… Ⅲ.八旗兵—军事史—史料 Ⅳ.E294.9

中国版本图书馆 CIP 数据核字(2016)第 130037 号

责任编辑:王军风　　责任校对:李孟潇　　版式设计:马　佳

出版发行: **武汉大学出版社**　(430072　武昌　珞珈山)
(电子邮件: cbs22@ whu. edu. cn　网址: www. wdp. com. cn)
印刷: 武汉中科兴业印务有限公司
开本: 720×1000　1/16　印张:23　字数:470 千字
版次: 2016 年 7 月第 1 版　2016 年 7 月第 1 次印刷
ISBN 978-7-307-18076-5　定价:50.00 元

# 目　录

# 楔子　关内称雄

不平则鸣！自古以来，当一个国家由盛转衰，行将没落之时，常常会有忧国忧民的文人墨客将满腔不平的情绪诉诸辞赋，由此产生了不少脍炙人口的经典著作。例如，春秋战国时期的楚国贵族屈原，面对黑暗的政治现实和个人的坎坷遭遇，创作出《离骚》等感时伤怀的不朽篇章，被后人千古传诵；唐代诗人杜甫经历过安史之乱的惨烈浩劫，为此而撰写了《三吏》等深刻反映民间疾苦的作品，获得了"诗史"的崇高荣誉。江山代有才人出，各领风骚数百年。到了沧桑世变的明代，尽管没有出现可以与屈原、杜甫比肩的诗人，但随着通俗文学的兴起，自然有杰出的小说家针砭时弊，发出那个时代独有的声音。其中最令人注目的是在明代中后期面世的现实主义巨著《金瓶梅》，这本书的作者托名"兰陵笑笑生"，其真实身份一直是个谜，因而也失去了与屈原、杜甫一样在文学史上留名的机会。然而《金瓶梅》却在文学史上拥有极为重要的地位。书中虽然有淫秽情节而屡受世人非议，但瑕不掩瑜。它通过假托北宋旧事的方式，无情地揭露明代中叶以后社会上的黑暗和腐败，描述了贪赃枉法的官府权臣显贵与穷奢极欲的富贾豪绅互相勾结，肆无忌惮地鱼肉乡里。作者对这个无药可救的社会进行了深刻的剖析之后，最终作出了明朝必将灭亡的预言。书中最后一回记述了来自关外白山黑水地区的金国人马"抢了东京汴梁（北宋首都）"，把北宋的太上皇帝与靖康皇帝"虏上北地去了"，在这场浩劫中，连《金瓶梅》这本书中一系列故事的发生地点山东清河县也未能幸免，而北宋就此覆没。这些内容显示，作者含沙射影地认为无比腐朽的明朝将会亡于异族手上。

真是无巧不成书，《金瓶梅》记述北宋亡于来自关外的金国军队。明朝的灭亡也与一个叫做"后金"的国家有很大的关系，后金是努尔哈赤在1616年（明万历四十四年，后金天命元年）建立的，而努尔哈赤恰好曾经自称为金国的后裔。这个同样起源于白山黑水地区的国家刚建立不久就入侵明朝的辽东，吞并了关外的大部分土地。努尔哈赤亲手缔造的精锐部队八旗军，多次重创了明军的精锐部队，他的继任者皇太极，更将战火引入关内，多次出兵掳掠明朝的京畿地区与冀、晋、鲁等省份，有效地撼动了明朝的统治根基。

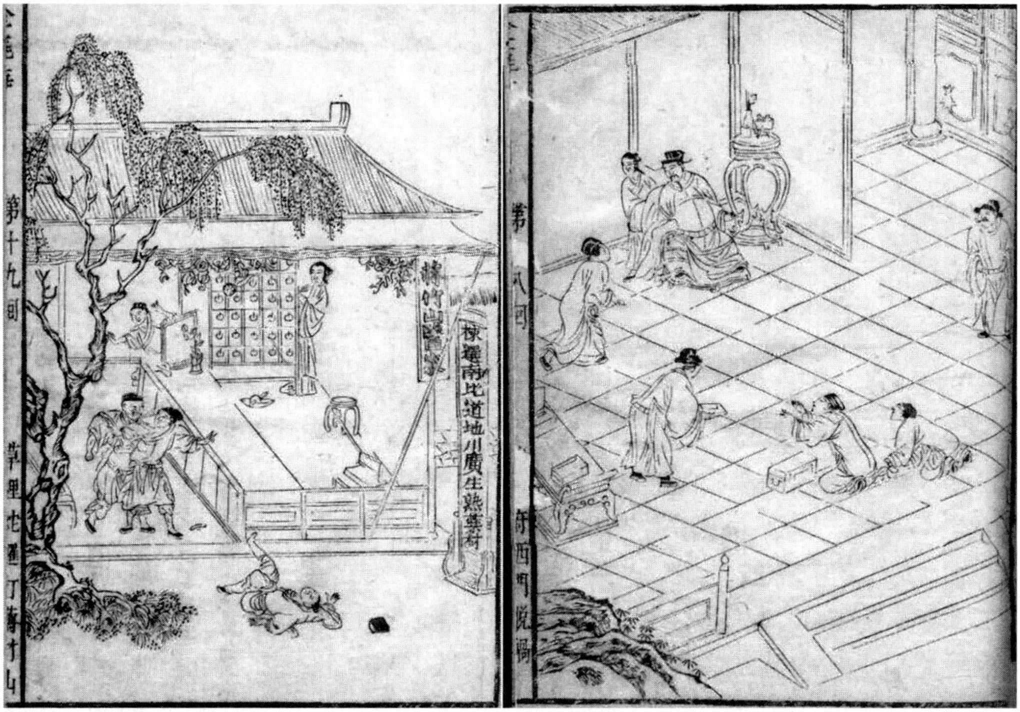

▲《金瓶梅》插图。

立国近三百年的大明王朝终于在1644年（明崇祯十七年，清顺治元年）灭亡了，但并非被先后与之作战了二十多年的八旗军所灭，而是被在关内叱咤风云的农民起义军颠覆了。与《金瓶梅》作者相类似的是，明末千千万万有切肤之痛的人都希望这个朝廷快点寿终正寝，特别是受到官绅地主残酷压迫的广大贫苦农民，长期处于饥寒交迫的状态，正挣扎在死亡线上，故这种愿望尤其强烈。可与《金瓶梅》作者不同的是，他们没有企图凭借异族之手改朝换代，而是挺身而出、揭竿而起，力求依靠自身的力量埋葬这个黑暗和腐败的王朝。

自从1627年（明天启七年，后金天聪元年）爆发农民大起义以来，经过大浪淘沙般的反复筛选，李自成与张献忠两人最终在残酷的斗争中脱颖而出，成为起义军中实力超群的两大首领。而最能打仗的正是李自成。

李自成于1606年（万历三十四年）八月二十一日出生在陕西米脂县继迁寨的一个农民家庭，年幼时当过和尚，放过羊，成年之后到本县的圁川驿当了一名驿卒，后来，由于朝廷削减驿卒经费，他被迫下了岗，生活一下子变得全无着落，而官府与劣绅的联手欺压，又加速了他铤而走险的步伐。据《明季北略》等史籍的记载，李自成自幼“不喜读书，酷嗜拳勇”，长大后“多力善射”，具有一身好武艺。他青年时代就与铁匠刘宗敏、衙卒李过（李自成的侄子）意气相投，横行乡里。三人曾相聚于关帝庙“祀神盟

▲《三国演义》中的桃园结义。

誓”，效仿三国时刘备、关羽、张飞“桃园结义”的故事，立志要横行天下，做一番事业。在明末天下大乱之际，李自成终于得遂生平所愿，在家乡与志同道合之辈啸集在一起，在1630年（明崇祯三年，后金天聪四年）投入到明末如火如荼的农民起义浪潮当中。

这场农民大起义首先在1627年（明天启七年，后金天聪元年）爆发于陕西地区，起因是自然灾害频繁，致使“连年赤字，斗米千钱”，而腐败透顶的官府不顾老百姓的死活，仍然横征暴敛，从而把越来越多的饥民逼上了揭竿而起的道路。“星星之火”在陕西四处蔓延，各地的流民、饥军与驿卒互相联络，前呼后应，而此起彼伏的暴动浪潮逐渐向四周省份扩展，终于酝成了难以扑灭的燎原大火。山西、河南、四川等地纷纷告急，连京畿地区也受到波及。没过多久，参与起义的人数达到了二三十万之多。

李自成先后跟随过王自用、高迎祥等著名的义军领袖，由于他既勇猛、又有胆量，很早就在军中扬名立万，成为一名新晋的头目。他的部属编为“八队”，以号令一致，军纪严明而著称，甚至连他的敌人也认为这支部队的战斗力“雄于诸寇”，在各路起义军中的表现首屈一指。从1630年（明崇祯三年，后金天聪四年）到1638年（明崇祯十一年，清崇德三年）的八年时间里，李自

▲明军对义军“围追堵截”（一）。

成率部转战于陕西、山西、河南、汉中、陕北、宁夏、甘肃、四川与潼关等处，攻克过延川、绥德、米脂、宁羌、广元、昭化、剑州、梓潼、江油、黎雅、青川等一批州县，歼灭了大量官军，所部的势力也从小到大，发展到三四万人。在此期间，王自用于1633年（明崇祯六年，后金天聪七年）春在山西被川将邓玘射杀，高迎祥于1636年（明崇祯九年，清崇德元年）七月在陕西被总督洪承畴俘杀，使得李自成在义军中的地位后来居上，成为了“闯王”。此后，西北的起义军逐渐形成了李自成与张献忠两大势力。

由于官军调来重兵围追堵截，各路起义军在流动作战的过程中损失惨重。特别是作为朝廷重点打击对象的李自成，他在1638年（明崇祯十一年，清崇德三年）遭受到洪承畴与孙传庭等明朝封疆大臣的合击而几乎全军尽没，仅与刘宗敏、田见秀等十八骑溃围而出，四处躲避，潜伏于商、洛山中的茂密森林里面，不敢随便露面，异常狼狈。由于处境不利，另一位义军领袖张献忠于1638年（明崇祯十一年，清崇德三年）春在湖北谷城接受了朝廷的招抚，其后，罗汝才等十多位名噪一时的义军头目先后俱降。这一场轰轰烈烈的大起义暂时转入了低潮。

然而很快又高潮迭起。与明朝貌合神离的张献忠在1639年（明崇祯十二年，清崇德四年）五月初九重新竖起反旗，会合罗汝才等部转战于湖广、四川，将大量官军主力部队吸引过来，无意中让颠沛流离的李自成有机会东山再起。蛰伏已久的李自成所部果断把握时机，于1640年（明崇祯十三年，清崇德五年）六七月间放火焚烧辎重，轻装前进，从湖北房县地区经陕西平利、洵阳、商

▲明军对义军“围追堵截”（二）。

丘等地出其不意地突入河南。这次至关重要的军事行动让屡受挫折的义军绝处逢生，并带来一石击起千层浪的奇效，由此在往后短短三年多的时间里催生了几次举世瞩目的大决战，一下子扭转了历史的进程。

当时河南的形势已对明帝国非常不利，这个地方由于连年遭受旱、蝗等灾害，已是哀鸿遍野，而官府加紧搜刮，筹集军饷的行为让局势如火上浇油，动荡不安。越来越多的良民为了活命而干起了打家劫舍的勾当，致使号称“天下心腹”的中原地区到处都是“土贼”，史载“鼠窃狗盗，千百为群者，不可胜数”。根据《国榷》等书的记载，明朝在河南的防务异常薄弱，官军的总兵力尚未满万。这是因为河南周围的省份恰巧在此前后相继发生激战，牵制了关内明军的大部分主力。特别是湖广、四川等地，硝烟始终未息，杨嗣昌率领的十多万人正四处奔波，追剿着张献忠与罗汝才。此外，关外的清兵也步步进逼，使得明朝不得不分兵应付，命令在关内镇压起义军时立下显赫功勋的洪承畴为蓟辽总督，带兵十三万出关防御。适逢其时的李自成来到河南之后简直是如鱼得水，接纳了一批又一批前来归附的饥民与“土贼”，到了1640年（明崇祯十三年，清崇德五年）十月，他的部属已由最初的千余人迅速提升至数万人，还吸收了牛金星、宋献策等知识分子做谋士。针对当时激烈的社会矛盾，李自成等人及时发出了“均田免粮”的号召，主张让贫困农民有田可耕以及减去强加于他们身上的苛捐杂税，由此受到灾区百姓的热烈欢迎。这支今非昔比的队伍连续攻陷了宜阳、永宁、偃师、灵宝、新安、新丰等地，并于1641年（明崇祯十四年，清崇德六年）正月二十一日攻克豫西重镇洛阳，擒杀了福王朱常洵与南京兵部尚书吕维祺，一时声势浩大、如日中天。李自成对外高调宣布："王侯贵人"削剥穷人，任由穷人"冻馁"而无动于衷，因而死有余辜。同时，还将没收自福王王府的财货物资赈灾，以争取人心。时人撰写的《豫变纪略》生动地描述："远近饥民荷旗而往应之者如流水，日夜不绝，一呼百万，而其势燎原不可扑。"李自成乘攻克洛阳之威于二月十二日袭击河南省会开封，他在激战时左眼被箭射中，从此失明，持续数天的攻城行动也因遭受守军的顽强抵抗而被迫停止。这支部队撤围后向西转移，伺机卷土重来。不久，罗汝才因与张献忠不和，主动率部前来河南浙川，配合李自成作战，使战局更加有利于义军。

河南的局面让明朝统治者如坐针毡，不得不从周围省份调集主力临时救急，围剿李自成。敌对双方决战的序幕即将展开。1641年（明崇祯十四年，清崇德六年）九月，大规模的较量在河南项城一带发生了，陕西三边总督傅宗龙、总兵贺人龙、副总兵李国奇率四万人出潼关与保定总督杨文岳、总兵虎大威带领的两万人在河南新蔡会师，准备进攻义军。事先得到消息的义军取消了进军湖广的计划，假装撤向汝南，但将主力埋伏于孟家庄附近的松林里面，等到尾随而来的明军进入埋伏圈，再在初六这一天发起突袭，打得贺人龙、虎大威、李国奇与杨文岳等人落荒而逃，俘杀了傅宗龙。李自成重创明军"关中精锐"部队后，在数月之间连下商水、洧川、长葛、叶县、南阳、邓州、襄城、镇州、新野、唐县、泌阳、舞阳等一大批州县，于十二月二十三日第二次兵临开封，但一直打到次年正月中旬，仍被阻于坚城之外，只得解围而去。1642年（明崇祯十五年，清崇德七年）二月，接替傅宗龙为陕西三边总督的汪乔年率兵三万经潼关抵达洛阳，企图袭击正在围攻郾城的义军。李自成及时得到情报，主动把包围郾城的部队调往襄城阻击官军，于二月十七日攻克襄城，捕获并处死了汪乔年。随着傅宗龙与汪乔年这两支陕西部队的惨败，大批散兵游勇被义军收编。以致时任兵部右侍郎的侯恂在给皇帝的奏书中忧心忡忡地说道："天下之强兵劲马，皆为贼有！"

在河南纵横驰骋的李自成连克豫东大批州县，扫清开封的外围障碍，以号称"百万"的兵力于五月初二第三次包围了这个军事要地。这次，义军一改前两次速战速决的战法，转而采取长期围困之策，耐心等待时机破城。远在北京的明思宗急令督师丁启睿、保定总督杨文岳，总兵左良玉、虎大威、杨德政、方国安率十八万兵救援（号称"四十万"），这支临时凑合的部队以左良玉所部的十万人为主力，于五月十三日会师于开封以南的朱仙镇，威胁义军的侧翼。李自成与罗汝才暂时将主力调离开封，南下迎战。义军先掘壕截断敌退路，再筑起炮台，猛烈轰击，激战至五月二十三日，打得官军全线溃散，而追击的骑兵四处拦截杀戮，斩获良多。左良玉逃往襄阳，丁启睿经许州、光州逃往固始，杨文岳、虎大威、杨德政逃往归德、汝宁等地，苟延残喘。决战获胜的义军收编了数万降卒之后、于二十五日重围开封。到了九月中旬，内无粮草、外无救兵的守军狗急跳墙，竟然掘开黄河大堤的朱家寨口，放水淹城，企图死中求生。《明史》记载当时义军亦欲掘开马家口河灌城，一时之间“二口并决，声如雷……城中百万户皆没”。在茫茫洪水中，唯有明朝的部分宗室贵族、文武官员以及两万残余军队得以逃生，而溺死万余人的义军立即拔营，向西南方向撤离。李自成虽然没有拿下开封，但开封城也因此而毁于水灾，无数人葬身鱼腹。

明朝为了拯救开封，曾经于1642年（明崇祯十五年，清崇德七年）九月底令陕西三边总督孙传庭与总兵高杰、左勷、白广恩、郑嘉栋、牛成虎率兵两万经潼关进入河南，但在行军途中，已经传来开封毁于水灾的消息，可这支部队没有退回陕西，而是继续向南阳进发。义军主力向西迎战，于十月初一在郏县与对手碰个正着。大战就此爆发，李自成佯败后退数十里，丢弃了大量辎重物资，等到官军纷纷争夺财物而乱作一团时，马上抓住时机反击，杀获数千人，迫使陕西军残部退入潼关。陕西军之败与后勤保障不力有关，由于粮食供应不足，很多官军士卒采摘未成熟的“青柿”充饥，在“冻且馁”的情况下，终于大败。史称此战为“柿园之役”。其后，李自成乘势夺取河南未下州县，于闰十一月强攻汝宁，俘杀杨文岳，彻底歼灭了滞留在这里的保定援军，控制了河南的大部分土地。明朝在河南的统治也随之基本处于分崩离析的状态。

这时，处于两线作战状态的明朝，整个军事形势江河日下，不但在中原损兵折将，在关外也屡受挫折，其中，洪承畴辖下军事集团的十多万军队与清军在松山、锦州一带决战时一败涂地，就连洪承畴本人也成为了俘虏。至此，明朝剩余的精锐部队主要还有三大军事集团，即是继续在关外抵御清军的吴三桂集团；活动于湖广地区的左良玉集团与陕西地区的孙传庭集团。吴三桂集团是阻止清军入关的主要力量，难以调入关内救急。左良玉集团在朱仙镇一战中受到沉重的打击后，便萎靡不振（史称左良玉的“亲军爱将”大半战死，就连母亲与妻子也被李自成所俘，但左良玉突出重围逃到襄樊地区后，到处抓壮丁与招降纳叛，甚至驱赶“襄阳一郡人”以充实军营，似乎在表面上又恢复了元气，号称“二十万”。然而，新收编入伍的乌合之众经常不受军纪的约束，而左良玉亦“渐衰多病”，故此，这支军队已不复当年之勇）。孙传庭集团自从郏县失败后返回陕西重新招募勇士，屯田积粟，仍然拥有一定的实力。另外，与武将左良玉相比，作为文官的孙传庭，更服从朝廷的指挥，俨然成为了统治阶级处于灭顶之灾时的救命稻草。

在朝廷的严令之下，孙传庭于1643年（明崇祯十六年，清崇德八年）八月初一携同总兵白广恩、高杰、牛成虎等，率十万人再出潼关，企图在洛阳与河南总兵陈永福会师，然后配合湖广的左良玉集团夹攻义军。此前，义军已由河南移师湖广，逼退左良玉所部，顺利占领襄阳、荆州、枣阳、宜城、谷城、光化、承天等地，一度打到汉阳附近，控制了湖广北部地区，并于1643年（明崇祯十六年，清崇德八年）初将襄阳改为襄京，正式建立起中央政权。李自成自称“奉天倡义大元帅”，以牛金星为丞相，设立吏、户、礼、兵、工等六部。为了集中军权，李自成先后杀死了贺一龙、罗汝才、袁时中等归附的义军领袖，兼并他们的大多数部属，牢固地确立了自身独一无二的地位。当孙传庭大举进犯的消息传来，早有准备的义军主力回师河南迎战，采取诱敌深入的战法，派出羸弱的部队稍加阻击即后退，有意放弃了阌乡、洛阳、汝州等地。孙传庭一路告捷，连克宝丰、唐县，孤军深入到了郏县这个小县城，很快就出现了粮饷不继的问题。官军在河南这个受灾严重、赤地千里的省份根本征不到足够的军需品，只能依靠从后方运送来的给养，可天下大雨，道路泥泞，粮饷迟迟未至。李自成乘机派大将刘宗敏率一万骑兵秘密绕道抄了官军的后路，掐断了对手的供应线。进退失据的孙传庭在九月中旬慌忙回师，企图打通供应线，但军心已乱，竟被全线反攻的义军在南阳追上。经过一番生死搏斗，官军兵败如山倒，仅仅死亡人数就超过了四万。李自成全力进行追击，史载“一日夜逾四百里”，缴获“甲仗马骡数万”，给予陕西兵毁灭性的重击。孙传庭、高杰、白广恩等人虽然侥幸逃回，但从此一蹶不振。让人难以置信的是，在不到一年的时间里，孙传庭前后两次在郏县、南阳一带被李自成用“诱敌深入”之策击败，反映出明军前线文官统帅所固有的志大才疏的通病，也与那些在京城里遥控指挥的纸上谈兵之辈不顾战场实际情况、胡乱催促进军有关。

李自成所部在短暂的两年多时间里，先后在河南的项城、襄城、朱仙镇与郏县、南阳等地进行了五次大战役，歼灭了二十余万官军，既重创了左良玉集团，也摧毁了孙传庭集团，致使朝廷再也纠集不了一支能与之抗衡的部队，在此后不足一年的时间里，便迎来了改朝换代的历史时刻。早在1643年（明崇祯十六年，清崇德八年）五月，李自成就打算采纳谋士顾君恩的主张，企图进军关中、消灭明朝布置在北部边境的部队，再取道山西，向北京发起最后的一击，而孙传庭集团的惨败加速了这一战略计划的实施。同年十月，乘胜进攻潼关的李自成击毙了孙传庭，打通进军陕西之路，接着摧枯拉朽般杀入西安，分兵攻取了陕西三边等地，所向披靡。到了1644年（明崇祯十七年，清顺治元年）正月初一，他雄心勃勃地在西安正式立国，国号“大顺”，年号“永昌”，实行了封官定爵等一系列完善政权的措施。在一片告捷声中，义军主力渡过黄河，席卷山西，于二月初八攻下太原之后兵分两路，主力由代州、宁武、大同、阳和、宣化、居庸关、昌平向北京挺进；另一路偏师东出固关，取道真定、保定，以牵制京城附近的官军。李自成、刘宗敏率领人马在进军途中，打死明总兵周遇吉，招降镇守太监杜勋与总兵姜镶、王承胤、唐通等一批地方大员，而明巡抚卫景瑗、朱之冯，总兵李守荣等拒不投降者先后自杀。当昌平于三月十六日失守时，北京已经藩篱尽失，岌岌可危。三月十七日，义军正式围城，士气低落的京军不堪一击而纷纷投降，仅一天工夫，外城已经失陷。四面楚歌的明思宗将所有的责任推卸给属下，哀嚎：“内外诸臣误我，误我！”在走投无路的情况下，他带着一名叫做王承恩的亲信太监登上煤山上吊自缢而亡。三月十九日，义军各部从正阳门、崇文门、宣武门等处进入内城，终于完全占领了北京。在此期间，南线的刘芳亮所部亦于蒲板渡河，拿下了怀庆、长治、彰德、大名、磁州、广平与真定，顺利到北京与主力会师。而东出固关的偏师亦成功夺取保定，有力地配合李自成攻克北京的军事行动。统治中国长达二百七十六年的明朝在各路义军齐心协力的打击下终于灭亡了。

与李自成齐名的另一位义军领袖张献忠也没有虚掷光阴，他转战于湖广、四川、安徽等处，乘李自成在河南得势之机，南下攻克无为、蕲州、黄州、罗田、汉阳、武昌等地，并在武昌建立政权，号称“大西王”，当李自成杀死贺一龙、罗汝才等人，吞并异己的消息传来，张献忠自知无力与之抗衡，遂离开武昌，进军岳州、长沙，向江西发展，最后转入四川，占领了重庆等地，作为驻军地点。这时，张献忠不得不承认李自成的大顺政权为正统，采用了永昌年号。此举显示李自成的声望在关内无人能及，已成了收拾残局，完成统一大业的最佳人选。

▲明思宗与王承恩。

经过十四年艰苦卓绝的奋斗，李自成攀上了军事生涯的顶峰。他的成功虽然与明军自身的腐败无能脱离不了关系，但起义队伍在长期的武装斗争中形成了一整套行之有效的战法，也发挥了很大的作用。其中最著名的是“三堵墙”战术。所谓“三堵墙”，顾名思义是将骑兵排列成三队（分别是红队、白队与黑队。每队的人数从七千二百人到一万人不等）打仗。根据《绥寇纪略》《国榷》等史籍的记载，义军在临阵时经常首先派出骑兵做前锋，以这样的阵势迎战，然后采取佯败的战术，引诱明军追击，伺机在其他兵种的配合下反击，夺取最后胜利。典型的战例是在郏县大决战中，义军前锋骑兵用“三堵墙”战术，将孙传庭集团引入预先布置的埋伏圈中，令敌人陷入被动状态。史载当时义军布下的阵营从外到内共有五重，第一重是饥民，第二重是步兵，第三重是骑兵，第四重是精锐的“骁骑”，第五重是“老营”（义军的总部，里面有不少随军的家属）。虽然追击的明军已连破三重阵营，但却受到骁骑异常顽强的阻击，而残酷的搏斗使得一些官兵出现怯战情绪，扰乱了军心。特别是孙传庭临时招募的一些新兵，他们在牵拉装载火器的战车时，看见冲在前头的士卒受挫，无不惊惶失措，叫嚷：败了、败了！纷纷弃车而逃，致使横七竖八的战车堵塞了道路，让前方的明军骑兵因退不下来而乱成一团，局面就这样彻底失控。义军及时发起总攻，“铁骑”凌空腾起，闪电般向前突击，步兵手执白檣乱打，凡被击中者，脑袋与兜鍪皆碎，从而风卷残云般地取得了决战的胜利。

正所谓“魔高一尺，道高一丈”，义军的兵种与装备具有很强的针对性，都是与明军长期作战的经验教训的结晶。众所周知，明代中后期的明军装备了大量火器（某些精锐部队的火器装备率达到了百分之六十以

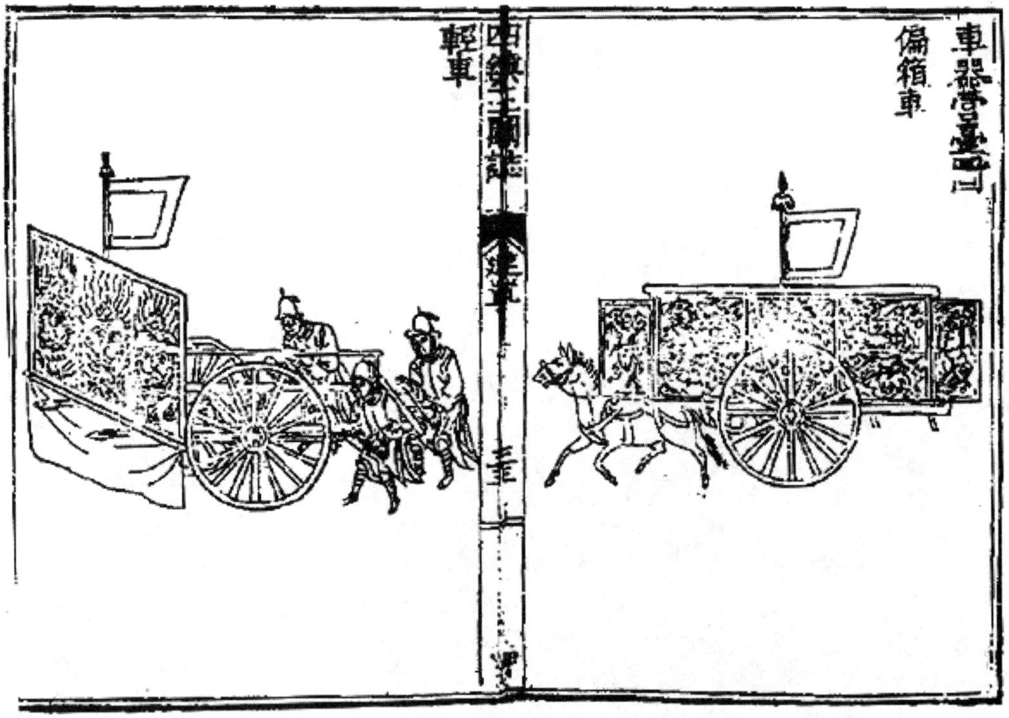


▲明军的战车。

上），而铳、炮等管形火器更是当中的佼佼者，在战时不但首当其冲，而且全程使用，给对手造成了莫大的困扰。就拿在河南发生的朱仙镇与郏县这两次大决战为例，在朱仙镇之役中，杨文岳统领的一万名保定车营将士，素来凭着火器称强；而孙传庭在郏县大决战之前仿照传统的偏厢车与武刚车，制造了万辆以上的火车，车上可以装载火炮，也非常厉害。然而，明军引以为傲的火器部队无不一一失败，因为他们战时的表现远远比不上李自成的骑兵。

《平寇志》记载：李自成所部“以马为家，大头领有六七十骑，或百骑，小头领亦有二三十骑”。他们虽然拥有众多的马匹，可平时所乘的是骡，从不轻易骑马，以免战马疲惫，以致影响作战。基于同一理由，随军妇女以及辎重，也各自用驴运载。相反，与之对敌的官军多数“一人一骑”，马匹的数量处于劣势。据说，义军骑兵“马大肥捷”，必要时一昼夜可行三百里，完全能够起到兵贵神速的作用，而战时“壮贼人夹两骑，去来如飘风”，距离官军三四十步时，则“驻兵不动”，只是弓弩齐发，等到官军稍有退却的迹象，遂出动精锐骑兵从正面突击，或者出其不意地伏击其侧翼，直至将官军的战阵截断，再逐一击破。

从上述义军惯用的战法之中，可以看出他们的骑兵队伍比较注意轻、重骑兵配合作战。按照现代学者的观点，轻装骑兵多数采用灵活机动的方式出击，他们一般披挂轻甲（甚至不披甲），以弓弩等远距离作战的兵器为主。重装骑兵适合强行突阵，他们的身体披挂着重甲，以刀枪剑戟等近距离作战的兵器为主。在战场上，由于轻装骑兵的弓弩，其射程远远比不上明军的铳炮，再加上骑手要分心驾驭马匹，难以频繁发射，因而在与明军正面对抗时占不了什么便宜，故常常做饵，采取佯败的方式，以诱敌深入。一旦明军中计进入埋伏圈里面，义军的重装骑兵便如天降神兵般现身，以“狭路相逢勇者胜”的气势冲锋陷阵，用贴身近战的方式破敌。由此可知，重装骑兵对明军的威胁最大，他们也就是史籍所说的“骁骑”、“铁骑”，是义军骑兵中的精锐。就像朝廷的兵科给事中常自裕在1636年（明崇祯九年，清崇德元年）二月的奏报所指出的那样：义军里面身穿“明盔坚甲”的重装骑兵皆“铁骑利刃”，“其锋不可当也！”

值得一提的是，义军的步兵也对明军构成很大的威胁。《绥寇纪略》记载明军在追击佯败的义军骑兵时，曾经遭遇到数以万计的义军“伉健”步兵，这些人以长枪迎战，“击刺如飞”，配合自己队伍里的骑兵去夺取胜利。而在郏县大决战中，手执白檣乱打的义军步兵，给人留下了深刻印象，为最后的胜利立下了大功。不过，李自成所部特别倚重骑兵，史称他在西安时制订兵籍，据说有“步兵四十万，骑兵六十万”。这个数据虽然夸张，但也反映出他的部队里面，骑兵的人数比步兵多，这有利于在流动作战中快速行军。

除了野战之外，义军也积累了丰富的攻坚经验。李自成所部在河南攻城时，放弃了传统的依靠云梯攀援而上的战术，而是采取凿城之法，下令攻城的士卒每人必须凿取城墙上的一块砖，才算完成任务。这样做会让城墙上的窟窿越来越大，从初时的仅可容一人，慢慢变得可容十人、百人。那些专门深入窟窿里面挖掘的人们为了避免出现塌方，故意在窟窿当中留下一条足以起到支撑作用的“土柱”，以保护自身安全。当窟窿挖得足够大、足够深，他们便只将一条绳索的一端捆绑在“土柱”上，然后带着绳索的另一端撤回来。当大批人在远离城墙的地方用力拉扯着这条长长的绳索时，不一会儿，部分城墙便因“土柱”折断而崩塌了。由于凿城之法需要耗费大量时间，而且冒着矢石的威胁在城下进行土方工作，容易出现重大伤亡，故善于流动作战的义军每当打下一座城后，在离开时往往将城墙“夷为平地”，以免资敌。到了1642年（明崇祯十五年，清崇德七年）与1643年（明崇祯十六年，清崇德八年）之后，当义军在战场上缴获了大量明军的火器，就逐渐改用新的攻城办法了。例如他们可以把火药装于瓮中，将之通过挖地道的方式埋藏于城墙底下，再引爆，而预先布置在附近的数千精锐骑兵等到城墙崩塌的那一刻立即千方百计地从缺口一拥而入，力图打对手一个猝不及防。他们还可以用大炮攻城，将墙上的城堞尽数摧毁，令守军因失去掩体而变得难以立足，然后强行登城。

总之，久经沙场的李自成所部已经建立了与其战法相适应的军事编制。当1643年（明崇祯十六年，清崇德八年）在襄阳成立起中央政权时，这支部队便分为两大部分，即是负责野战攻城的主力部队与负责镇守的地方军。而主力划分为中权亲军、左营、右营、前营、后营等“五营”。营中完全没有受人诟病的“以文驭武”的现象，所有的军事主官全部由作战经验丰富的武将出任。而军职分为权将军、制将军、果毅将军、威武将军、都尉、掌旅、部总、哨总等级别，其中田见秀、刘宗敏为权将军，刘芳亮、袁宗第、李过、贺锦、刘希尧为制将军，谷可成、任继荣、吴汝义、马世耀、白鸣鹤、刘体纯、谢君友、田虎、张能、马重僖为果毅将军，张鼐、党守素、辛思忠、李友、刘汝魁为威武将军，他们被时人誉为“二十二将”，是军中的顶梁柱。到了1644年（明崇祯十七年，清顺治元年）初在西安建国后，李自成按功劳的大小封授诸将以侯、伯、子、男等爵位，并对军制加以完善。例如将五营的名称定为中吉、左辐、右翼、前锋与后劲，规定前营、后营、左营、右营、中营分别用黑色、黄色、白色、红色、青色等旗纛。这支军队实行平均主义的供给制，将士们要把“金帛、米粟、珠贝”等战利品全部上缴，每个人都不能私藏在战场上获得的金钱财物，违者处死。最高统帅李自成以身作则，过着俭朴的生活，他不好酒色，平素只食粗粮，与部属同甘共苦。并三令五申地要求麾下兵马不得妄自骚扰与杀害无辜百姓，有时还发帑赈灾，力求塑造出“纪律严明”的形象。特别是他针对官兵普遍扰民，军纪不佳的现象，高调宣布要“剿兵安民”，反客为主地占据了道德优势，因而在无数贫民的眼中成了不扣不折的仁义之师。一个不可否认的事实是，在大顺政权控制的黄河南北与长江部分流域的广阔天地中，从未发生过一次农民反抗的事，这与明朝灭亡之前烽火连天的情形恍若隔世。可见，大顺军这支屡仆屡起的百战雄师不但打击明军的战法有效，而且争取贫困农民的政策对头，难怪会横扫中原，威震河朔，在关内处于无敌状态。

# 第一章　鹿死谁手

1644年（明崇祯十七年，清顺治元年）是天翻地覆的一年，内外交困的明朝在这一年的三月灭亡后，关内局势剑拔弩张。攻下北京的李自成尚未能控制全国，他的实际统治区域除了京师之外，还有河南、陕西、山西、山东等数省与长江流域的部分地区。另一位义军领袖张献忠在稍后的时间里控制了四川的大半土地。由此可知，关内大部分地区仍在明朝残余势力的掌握之下。特别是在长江以南的南京，这个历史悠久的名城里面聚集了大批前朝的遗民，他们正紧锣密鼓地酝酿着推选新君，意图在偏安一隅的基础上伺机北伐，恢复失地。

关外的局势也非常微妙，自从清太祖努尔哈赤于1583（万历十一年）从建州地区起兵以来，经过几代人长达六十余年的奋战，已经打下了大片的领地，正如清朝统治者自诩的那样，其统治区域从“东北海滨（指鄂霍次克海）”起，至“西北海滨（指贝加尔湖）”以及“斡难河（指鄂嫩河）源”为止，生活在这些地方的女真与蒙古诸部，全部臣服。而努尔哈赤从1618年（明万历四十六年；后金天命三年）发兵征明，到如今已二十六年，清朝成功用武力吞并了辽东的大部分地方，兵锋直指关外与关内的战略枢纽地点山海关，迫使关外的明军困守在宁远等少数据点，苦苦支撑。这个土地辽阔，人口众多的新兴国家，其社会的主要组织形式是八旗制度（八旗是由四旗扩编而成。最先成立的四旗以黄、白、蓝、红四种颜色做旗帜，分别叫做正黄、正白、正蓝、正红四旗。后来又增加了镶黄、镶白、镶蓝与镶红等四旗，它们的旗帜也使用原来的四种颜色，区别是这些旗帜的周围全部镶上边）。这种军政合一的制度管辖着境内的所有人口，用来进行军事斗争与经济生产。根据历史学者王钟翰先生的统计，努尔哈赤在进入辽沈以前，辖下的人丁总数为四五十万。到了努尔哈赤的继承者皇太极统治期间，日趋完善的八旗制度已由八旗满洲、八旗蒙古与八旗汉军三大部分组成，人丁的总数升至八十至一百万。如果加上归附的漠南蒙古封建主与叛明而来的“三王一公”（指恭顺王孔有德、怀顺王耿仲明、智顺王尚可喜和续顺公沈志祥，他们降清之前都曾经是明朝将领，并在辽东地区作战过多年，具有丰富的战斗经验）所部，绝对是东亚大陆一股不容忽视的力量。

与强大的清军在关外对峙的是吴三桂集团，这个集团曾经在明朝灭亡前夕成为明思宗倚为股肱的三大主力之一。可是，当左良玉集团受到重创、孙传庭集团覆没之后，吴三桂集团便成为硕果仅存的王牌了。这支王牌军到明朝灭亡为止都没有机会与李自成的主力交过手，一直抵御着清军。

吴三桂是辽东中后所人，出生于1612年（万历四十年），他年轻时曾经中过武举，并凭着父亲吴襄（曾任总兵）的庇荫得到都督指挥一职，开始在军中崭露头角，到了明思宗在位年间，已官至锦州总兵。在著名的松锦大决战中，他是总督洪承畴麾下的得力将领，战斗力名列前茅。可惜明军在这场决战中一败涂地，洪承畴被俘降清，而拼命突出重围的吴三桂返回后方积极收集残余兵丁，整顿部队，使得自身的实力一举而跃居关外诸将之首，号称“北门锁钥”，故被朝廷委予重任，扼守重镇宁远，与清军对峙于关外的最前线。

吴三桂拥有四万精兵与七八万辽民，其中“数千夷丁突骑（指蒙古籍骑兵）”，尤其剽悍善战，因而在这个改朝换代的时刻成了各方争取的对象，特别是清朝，三番五次劝其投诚，甚至动员了降将祖大寿（吴三桂的舅父）进行规劝。然而，吴三桂一直到明朝灭亡为止都没有打算降清，反而继续与清军在关外展开多次战斗。当努尔哈赤的继承者皇太极于 1643年（明崇祯十六年，清崇德八年）八月上旬死亡的消息传来，吴三桂为了打探敌情，于九月十四日派数百名士卒前往三岔河侦察，于次日击败一股八旗军，俘获一名名叫“大什力”的正红旗“固山额真”（旗主），从而证实了皇太极病死的确切信息。吴三桂判断清朝内部各种势力将要陷入争夺

▲沈阳故宫崇政殿的清朝皇帝宝座（老照片）。

皇位的旋涡中，一度乐观地认为可以凭此而坐收渔人之利，可惜事与愿违。清朝统治阶级经过权衡利弊之后，各种势力互相妥协，仅仅在短短一个月的时间内便达成一致，选出了皇太极年仅六岁的第三子福临作为继位者（由三十一岁的和硕睿亲王多尔衮与三十四岁的和硕郑亲王济尔哈朗两人辅政，实权掌握在多尔衮手中），不但迅速稳定了国内的局势，反而主动发起了新一轮的攻势，给吴三桂施加了巨大的压力。

来势汹汹的清军针对的目标是处于宁远与山海关之间的中后所、中右所、中前所、前屯卫等四城，因为夺取上述地方具有战略上的重要意义，正如降将祖大寿在数月之前向清朝统治者所建议的那样，只要取得中后所这个吴三桂家属的居住点，必将令对方军心动摇，从而一鼓作气，荡平中右所、中前所、前屯卫等三城，以达到要挟吴三桂的目的。

1643年（明崇祯十六年，清崇德八年）九月初九，济尔哈朗与多罗武英群王阿济格带着一班宗室贵族出征，下令在满、蒙、汉八旗之中的每个牛录（牛录是八旗的基本单位，管辖的人数在不同时期有所变化，努尔哈赤时代每个牛录平均有三百人，现在则减至二百人左右，但这些都是纸面上的规定，在现实中各个牛录的人数有多有少，参差不一）抽出披甲兵二十人随行，而“三王一公”的部属由于擅长使用红衣大炮等火器，也陪同出发。

九月二十三日，清军到达中后所，于次日薄暮时分移师于城北，填平壕堑，以云梯、挨牌与红衣大炮等武器助攻，一直打到二十五日，城墙终于在猛烈的炮火下崩塌了一部分。守军再也坚持不下去，遂四散奔溃，竖梯而上的清军控制了全城。《清实录》记载的战绩是打死游击吴良弼、都司王国安等二十余人，而与之作战的四千五百名守军，其中有四千人成为俘虏。另外，城中大量百姓以及驼、马、牛、羊等牲畜也通通成为了战利品。四天之后，清军攻击了前屯卫，于十月初一午时克城，“斩明总兵李辅明、袁尚仁及副将、参将等三十员”，歼灭守军四千，俘获二千余人。其后，八旗军护军统领阿济格尼堪、布善率部分人马杀向中前所。据说明总兵黄色弃城而跑，但在逃亡的途中遭到清军的“追袭”而损失了不少兵马，还有一千多守军因突围不出而束手就擒。

《清实录》这类清朝官书的记载肯定难免会对清军的胜利大加渲染，可是当时留在清都盛京（今沈阳）的朝鲜外交使臣却有另一种说法，至今仍然收录在朝鲜文献《沈馆录》中，书里面描述了中后所、前屯卫两城军民舍生取义的英勇行为，他们在城池将要失陷之际，将城中的“公私家舍，一齐放火”，“勿论男女，各自烧死”，而剩余的物资、粮食与军械，亦企图“烧尽”，尽量不使之落入敌手。这在某种程度上反映了关外辽军视死如归的气概与同仇敌忾的精神，这种无畏的行为在关内那些与农民起义军作战的明军之中较为罕见。

连连得手的清军欲乘胜拿下宁远，故意派遣一路偏师佯攻山海关，意图引诱吴三桂分兵赴援。吴三桂没有中计，将主力屯于宁远岿然不动，等到济尔哈朗率数万主力于十月初九直扑过来时，便毫不畏惧地带兵出城迎战，令炮手猛烈开火轰击汹涌而来的八旗军骑兵。同时，城上守军以居高临下之势连放大炮，有力地进行配合，终于击退了来犯之敌，迫使对手“拉尸踉跄向老营奔回”。经过一夜的嚎哭，到了次日破晓时分，清军拔营向东北方向撤走了。

朝鲜史料记载清军之所以没有留兵踞守新得的三城，那是因为明军预先做好了准备，将关外的沙河卫、中前所等路段的人畜财货分别收入宁远卫以及山海关，力图使宁远与山海关之间“空城清野”，令“欲进、欲留”的清军难以因粮于敌，处于困境，而参战的孔有德、耿仲明两将，又以前锋伤亡的人数“倍于”八旗军，请求回师休整，故济尔哈朗与阿济格决定全部撤退。根据朝鲜人的观察，人困马乏的清军在二十五日返回盛京时，或四五人一伙，或六七八九人一伙，静悄悄“各自做伴而归”，由于抢掠不到什么物资，显得无精打采……

清朝捕捉吴三桂家属的意图却落了空。因为吴三桂已抢先一步将亲人搬入了宁远，并在战事结束后按朝廷的要求将父亲吴襄等人迁入了北京，以防万一。

谁知人算不如天算，明朝在北方的统治很快便土崩瓦解，当李自成的大军在1644年（明崇祯十七年，清顺治元年）年初渡过黄河北上，浩浩荡荡向北京进发时，居住在危城之内的吴三桂家属又一次面临着成为人质的危险。

不甘束手就擒的明朝君臣终于下定决心，要把吴三桂集团从孤悬关外二百里的宁远撤回来，保卫京师，以救燃眉之急。按常理而言，吴三桂应当盼望早日进入关内，与家属团圆，可他在1644年三月初四被朝廷封为西平伯，并接到入援京师的急旨之后，却迁延稽留在关外，没有急如星火地立即发兵。主要原因是他不太愿意一下子放弃宁远这个百战封疆之地，同时又有保存实力的思想，避免与李自成硬拼，故暗中采取观望的态度。表面上，宁远守军从初六、初七日开始搬迁，但并非兵贵神速地退回山海关，而是扶老携幼，带着当地的大批百姓一起缓慢地往后撤。这支人数多达五十万的搬迁队伍每天行进数十里，经过十余天的行军，直到十六日才到达山海关，与山海关总兵高第辖下约一万兵马会师。

在辽东这个尸山血海之地幸存下来的明军现在统一由总兵吴三桂、高第与巡抚黎玉田领导，由于吴三桂的实力强于高第，故以吴三桂为首。传统的“以文驭武”之策逐渐失灵，黎玉田作为文官，已经不能再对武将颐指气使了。何况洪承畴在数年前的松锦大战期间已经规定，巡抚在军事问题上要听总兵号令。此后，关内外总兵的权力就越来越大。

刚刚入关的吴三桂用了五天时间将随军的家眷与迁民安置在山海关附近的昌黎、乐亭、滦州、开平等地，才率主力进京勤王。这支姗姗来迟的军队来到遵化玉田（或称丰润）一带时，虽然击败降将唐通、白广恩所辖的数千人，但已经收到了北京失守的确切消息。在这种进退维谷的情况下，吴三桂不敢贸然前进，而是选择了重返山海关，再作打算。

身在北京的吴襄投降了李自成，并写信劝告儿子吴三桂归附大顺政权，主要理由是吴三桂所部过去与义军无仇无怨，相反，“与北兵（指清兵）结仇深，势难降北”。吴三桂在回信中表示愿意遵从父命，他说，本来“国破君亡，儿当以死报”，可如今在父亲的谆谆教导之下，只能做遵父命做个“孝子”，试图为自己的变节行为找下台阶。与此同时，李自成也实行怀柔之策，不断动员京畿的降官写信游说吴三桂前来归附。他封吴襄为侯爵，承诺赏赐吴三桂一家，并让降将唐通率本部兵马与兵政府侍郎左懋泰一起携带四万两白银，前去犒劳吴三桂与高第。其中劝降书特别针对吴三桂称：“吾君已逝，尔父幸存”，劝吴三桂识时务尽早投降，才“不失通侯之赏”与“犹全孝子之名”，否则不但逃脱不了被歼灭的命运，而且波及家属，“使尔父无辜，并受屠戮”，这样一来，吴三桂便会“身名俱丧”，既不是忠臣，又做不了孝子，空余遗憾。思前想后的吴三桂终于决定投靠李自成，他取得众将领的支持后启程赴京，将山海关防务移交给了唐通。这支重新向北京前进的队伍于三月二十四日来到永平府（今河北省卢龙县）张贴告示，宣言“本镇率所部朝见新主，所过秋毫无犯，尔民不必惊恐”等，似乎归顺已成了无可置疑的事实。谁知次日行到玉田县时，横生波折，吴三桂得知自己的家属在北京受了虐待，竟在一怒之下改变了态度，带着部队匆忙折返山海关。原来，他听说父亲在京城被李自成的得力助手刘宗敏严刑拷问，“索饷二十万”，甚至连自己的爱妾陈圆圆也被刘宗敏抢走，导致自尊受到伤害，便反戈一击。也有的史料将吴三桂的变卦归于偶然因素，例如《流寇志》称他在途中巧遇家中一奴仆携同父亲之妾骑马往东而行，当即惊问其故，这对男女危言耸听地说“老将军（指吴襄）”被拘，一门人已成阶下囚，唯有他俩逃脱，寻找“将军（指吴三桂）”报信，以作防备。其实这对狗男女是乘乱私奔，谁知与吴三桂狭路相逢，遂用谎言来掩饰，想不到吴三桂信以为真，竟不由分说地与李自成反目成仇。然而事实的真相是，李自成的的确确在京城之内对很多前朝的宗室贵族以及勋戚、官绅进行拷掠，以继续贯彻“追赃助饷”的政策。

所谓“追赃助饷”，是指义军把一些达官贵人的家产视为贪赃枉法所敛的不义之财，而根据不同的情况作出不同的处理，或者按比例追讨一部分钱财，或者干脆全部没收，以充作大顺政权的经费与军饷。这个政策在西安建国时期已经实行，它继承了起义初期的“劫富”思想，并将之执行到底。同时，“追赃助饷”又是对老百姓实行“均田免粮”的结果，特别是1643年（明崇祯十六年，清崇德八年），义军在湖广提出了“三年免征”的政策，一直到占领北京仍然初衷未改，因而这个政权的所有经费与军饷不可能通过征收赋税来获得，必须从追赃对象中榨取。这反映制订政策的义军领袖们仍然是土里土气的草莽英雄，而没有顺应潮流，真

▲明末京城一景。

正进入命运赋予他们的“帝王将相”的角色中去，从而及时完成从义军到“官军”的蜕变过程。因而大顺政权本质上仍然是一个砸烂旧世界的农民政权，而没有考虑实行轻徭薄赋，保护“官绅（有时又称缙绅、搢绅、绅衿或士绅）地主阶级”的财产，以便尽快稳定国内的政治与经济秩序。

“官绅地主阶级”主要由文官以及曾经担任过文官的人组成，他们的后备力量是举人、监生、生员等随时可能步入仕途者。明代中后期，科举制度成了读书人入仕的最重要途径，州县以上的正官，大部分为科举出身。只有少数人出身于学校的贡选，但一般只能做一些低级别的官职，而且晋升的空间有限。至于“恩荫（凭着祖、父的功劳与地位而使子孙后辈在入仕时享受特殊待遇）”等变相世袭的选官制度，已经受到很大的限制。由此可知，科举制度对于“官绅地主阶级”的形成有莫大的关系。就像俗语所说的“书中自有黄金屋”，明代中后期由于学风的败坏，读书人普遍视科举制度为致富的捷径，一旦得以成为官绅便可以利用种种特权中饱私囊。其中尤其值得关注的是“优免权”，即官员可以按级别免掉一定的赋税与徭役，后来连监生与生员等官绅的后备势力都享受了这一待遇。设立这一制度的本意是减轻为官者的一部分经济负担，然而那些贪得无厌的官员们却凭着参政的便利不断要求朝廷修改优免条例，放宽限额，以便尽量少交赋税，甚至钻法律空子不用纳粮。到后来，很多老百姓为了逃避官方沉重的赋役，自愿将田产寄于官员的名下，让各级官员能够利用这一特权参与兼并土地与隐占人口，致使当中一些人仅当官两三年，就成为了巨富。故此，优免制度促使大量官绅成为富有的地主，是“官绅地主阶级”形成的重要因素。此外，随着商品经济的发达，越来越多的官绅涉足工商业，动用手中的权力来谋取暴利，至于贪污受贿等不法行为，更是屡禁不止。即使是监生与生员，也可以凭自身的文化水平以及出入衙门接触官吏的便利，打着替人办事，调解纠纷的幌子来谋利，其中的不肖者干了不少勾结官府残害百姓的事。根据学者的统计，明代中期以后，文官的数量为三万人以上，监生、生员则有四五十万人（他们当中有一半以上的人涉嫌兼并土地与隐占人口），形成了一个与科举制度息息相关的既得利益集团，基本把持着各级政府机构的行政权，也在名义上掌握了从中央到地方的军权。明代中后期全国各地的宗族组织已成为基层社会中最重要的民间组织，而那些闲赋乡居的官僚士人们（有时又称“乡绅”）利用血缘关系成了宗族的支配者，他们获取过功名，当仁不让地肩负着用儒家理论指导乡里民众的责任，参与维护地方秩序，成为沟通官府与地方乡里的核心力量，发挥着广泛的影响。就像学者们所认为的那样：在当时的社会条件之下，“只有他们才有可能利用各种社会联系、习惯势力把当地的人力、物力调动起来”。义军由于自身的局限性，不可能创造出更加有效的组织形式，唯有争取官绅地主阶级及其后备力量的配合与支持，才有可能让国家走上正轨，长治久安。

遗憾的是，自幼不爱读书的李自成对依赖科举制度而发展壮大的官绅地主阶级极为蔑视，这种思想在1643年（明崇祯十六年，清崇德八年）发布的《剿兵安民檄》中有所表现，他当时在檄文里指责道：“明朝昏主不仁，宠宦官，重科第……”把科举出身的文官与太监相提并论，同视为残害百姓的渣滓。又自称：“本营（指李自成本人）十世务农良善，急兴仁义之师，拯民涂炭”，毫无掩饰地流露出对农民的好感。难怪他在一年后攻下北京时仍旧以农民利益的维护者自居，继续执行打击官绅地主的政策。

京城里面官员的表现也令人不齿，《石匮书后集》记载：“闯贼（指李自成）陷京师，百官报名投顺者四千余人；而‘损躯殉节’者‘不及三十’。”大量京官争先恐后地投靠大顺政权，企图在新朝中谋个一官半职，以便庇护于义军的羽翼之下，重复过去那种锦衣玉食的好生活。谁知现实让他们大失所望，义军虽然发出告示命令所有的前朝文武官员都要自行前来报到，如有胆敢隐匿之人，一旦查出将于军前“正法”，可是，大顺政权的领导人又决定对于明朝三品以上的官员，一般不录用。这表明，李自成等人对这些变节者并不是很重视，例如《燕都日记》记载李自成说过以下的话：“各官于城破之日，能死便是忠臣”，那些“不忠不孝”者，“留之何用”。更有甚者，这些不被录用的高官成为“追赃助饷”的对象，其中有人为此而受到拷掠。就连那些四品以下受到录用的官员，也需要自动捐出定额的钱财助饷。《甲申核真略》记录了大顺政权勒令各级京官的输饷之数，分别为“中堂十万，部院、京堂、锦衣七万，或五万、三万，科道、吏部五万、三万，翰林三万、二万、一万”，部属以下则“各以千计”。而对于明朝宗室与勋戚的财产，多数全部没收，让其“人财两尽而后矣”。

义军专门设立了稽查队，调查京官的家产。对于那些不按数额输饷者，则严刑拷问，为此而制造了数十副刑具，放置在刘宗敏与李过这两位将军的府中（刘宗敏住进了前朝都督田弘遇的府中，李过住进了前朝都督袁祐的府中，其他起义军将领也占据了不少豪门巨宅），对前朝大学士魏藻德等数百名京官进行拷打，把不少人打得血肉模糊，通过这种方式成功地夺取了一批金银财宝。追赃助饷出现了过火的苗头，包括军营、普通官员的官邸在内的很多地方都成为了刑讯场所，后来连一些小吏、富户与杂役都成为追讨的对象，据说因此而毙命者超过千人。与此同时，在大顺政权控制的各省府县，亦不同程度地推进“追赃助饷”政策，搞得社会上人心惶惶。

对京官的追赃开始于三月二十七日，一直实行到四月份。李自成于本月七日在刘宗敏的府中亲眼目睹一些前朝官员在酷刑之下哀号不已的惨状，察觉到问题的严重性，遂以“天象示警”为由，要求刘宗敏放人，第二天正式下令在京城停止执行这个政策。尽管大顺政策入京后曾经在一段时间内约束过军纪，实行过“平买平卖”等有利于稳定社会秩序的政策，但因“追赃助饷”造成的负面影响过于恶劣，将要自食其果。由于追赃助饷的扩大化，连关宁守将吴三桂的父亲吴襄也受到波及，被刘宗敏“索饷二十万”，还受到拷打，后来据说交出五千两银，才得以苟延残喘。李自成了解吴襄的处境后，马上将之释放，并进行宴请，以作抚慰。最离谱的是，连吴三桂的爱妾陈圆圆也在这场混乱中被夺走了，原来，入住田弘遇府第的刘宗敏虽然占有了这座府中的很多女眷，但还不满足，当他得知声色俱绝的江南名妓陈圆圆如今身在京师已成为吴三桂的妾侍时，竟然横刀夺爱，挟为己有。像刘宗敏这种行为在义军驻京部队中发生了不少，因为一些泥脚子进入繁华之地后难免把持不住，产生享乐的思想，这种风气一旦在军中蔓延，会消磨战斗意志。由此可知，被胜利冲昏头脑的大顺政权领导层缺乏高瞻远瞩的能力，既漠视了关宁劲旅在防御清军时所发挥的不可或缺的作用，也未能充分地估计到清朝潜在的重大威胁。

吴三桂出生于官宦之家，也中过武举，与官绅地主势力存在密切的关系。根据学者们的估计，吴三桂家族在距离山海关一百二十里的中后所拥有成千上万亩的土地，是名符其实的大地主家庭。吴三桂忍痛放弃祖业而迁入关内，完全是形势所迫，他当初选择投降李自成的原因之一可能是认为李自成所建立的政权以汉人为主，比起“非我族类，其心必异”的清廷贵族更加容易沟通，后来，他知道大顺政权没有因势利导地改变对官绅地主的打击政策，难免产生兔死狐悲的感触，肯定会对李自成、刘宗敏等草莽英雄的执政能力产生怀疑。当他得知自己的父亲也成为勒索的对象，而爱妾遭到强行掳掠时，终于按捺不住而“冲冠一怒”，正式与大顺政权分道扬镳，返回山海关，并中止了放弃祖业而迁入关内的战略意图。

杀个回马枪的吴三桂将猝不及防的唐通所部驱逐出去，于四月初四重占山海关。唐通辖下的八千人与协守的大顺军损失惨重，剩余的部分残兵屯于山海关西北方向的一片石，同时十万火急地派人回北京向李自成告变。

当时亲眼目睹这场变故的乡绅以诗叙事，其中写道：“吴帅旋关日，文武尽辞行。士女争骇窜，农商互震惊。二三绅儒辈，早晚共趋迎……”所谓“二三绅儒辈，早晚共趋迎”，表明吴三桂正在努力争取官绅的支持，他在十天之后召来关城一带的“绅衿大老”于城南的演武场与手下将士一起“歃血同盟”，号称要“兴复明室”，以争取这些人的同情。在声讨大顺政权的檄文中，又不忘说道：“刑我士绅……掠我财富”，也是基于同一理由。

吴三桂在备战期间收编了唐通的部分溃散人马，另外还进行募兵，再加上原有的人马，总兵力已达五万，号称“十五万”。这点兵力要想与大顺政权抗衡，谈何容易。为此，他企图联系南方的明朝势力，以互相声援，并写信给身在江淮的总兵刘泽清，提出“合兵灭闯”的要求，但对方虚以委蛇，不肯出力；而稍有实力的左良玉集团远处江汉一带，相隔千山万水，一时难以联络；在这种情况下，与清朝议和，借清军之力对抗大顺政权就成了有现实意义的策略。况且，关宁军局促于山海关一地，夹在大顺政权与清朝之间，前后都是劲敌，吴三桂既与关内的李自成反目，转而投靠关外的满洲贵族统治者，从而摆脱两线作战的劣境，在战略上也是顺理成章的。

不过，主动投靠异族毕竟不太光彩，故吴三桂在其部属胡亮等人的建议下打出了“借兵”的幌子，扬言要向清朝借兵十万，“以图恢复”。历史上并不缺乏向异族借兵以恢复国土的例子，比如在唐代的安史之乱中，唐政府向塞外的回纥借兵，得以收复长安、洛阳等失地，为最终平息国内的叛乱打下了良好的基础。不过，此一时，彼一时，吴三桂如今想向与明朝打了几十年仗的清朝借兵，谁知道会引来什么不测的后果呢？难怪滞留在山海关一带的前明蓟辽总督王永吉得知这个借兵计划后，不久以到江南“协应”为由，率领三十余骑南下，离开了这个是非之地。

在这个天翻地覆的历史转折时刻，清朝的应付措施格外引人注目。毋庸讳言的是，这个关外异族政权的历届统治者一向雄心勃勃，清太祖努尔哈赤曾经说过“南京、北京、汴京（指开封）本非一人所居之地，乃女真（据称为满族的祖先）、汉人轮流居住之地”。清太宗皇太极也说过“自古天下非一姓所常有”的话，为取替朱明王朝大造舆论。皇太极死后，掌握清朝实权的多尔衮仍然对关内虎视眈眈，从没有放弃逐鹿中原的意图。身处抗清前线的明朝辽东巡抚黎玉田在明朝灭亡前夕忧心忡忡地说，过去清人的实力不如我国的一个大县，可现在今非昔比，清军“铸炮造药，十倍于我之神器（指大炮等火器）矣；抢夺马匹器械，百倍于我之马匹器械矣；虏掠丁壮兵民，又不啻十数万生聚矣；捆载辎重金帛，又不止百千万财宝矣”，完全具备向明朝发起战略进攻的条件，向山海关方向进军已成“必然之势”。

那时候，具有战略眼光的人都已看出，明朝的灭亡已成定局，而最有可能取而代之的除了关内的义军，就是关外的清朝了。清朝统治阶级对义军的重视程度非常高。在李自成所部于1644年（明崇祯十七年，清顺治元年）初席卷陕西，攻取三边之时，多尔衮收到西北边外蒙古鄂尔多斯部落首领的报告后，以清帝的名义写了一封号为《大清国皇帝致书于西据明地之诸帅》的信（信中之所以称义军领导者为“诸帅”，是因为清朝统治者由于“山河远隔”，不能悉知义军领导者名号的缘故），里面的内容称：“欲与诸公协谋同力，并取中原，倘混一区宇，富贵共之矣。不知尊意何如耳？”这封信于三月初二递给义军的榆林守将后，李自成没有回复。因此多尔衮试图与义军共灭明朝，并取中原的计谋也落了空。到了三月中旬，镇守宁远的吴三桂撤兵入关时，清朝已知关内的政局发生了大变动，著名谋臣范文程在四月初四上书多尔衮，分析当时的形势，深刻地指出明朝病入膏肓，没有治愈的希望，黄河以北地区，沦陷已成定局，清朝应该把握时机，以分一杯羹，他认为：“明之劲敌，惟我国与流寇（指义军）耳。如秦失其鹿，楚汉逐之，是我非与明朝争，实与‘流寇’争也”，预言清朝为了完成进取中原的大业，将要与义军发生冲突，故需要早作准备，为此，他提出了几点重要的建议，摘要如下：

一、应当选拔贤良的人做官，既能取悦于国内的老百姓，又可以吸引更多的明朝臣民前来归附。如果明朝知道我国的政策有变，可能会打消收复辽东失地的念头，转而与我国议和。否则，是将老百姓驱向“流寇”一边，让“流寇”赢得民心。

二、过去我军多次入关作战，不管深入到多远，最终都全部撤回，没有永久性地占据关内的任何一座城镇，给关内的明朝官员与老百姓造成一种错误的印象，认为我国没有夺取中原的“大志”，即使那些前来归附之人，也会误以为不会得到我国妥当的抚恤，因而不少人怀有贰心。然而，不管这些人已经服从我国，还是未服从我国，当务之急者都是要向他们申明我军今后作战将严守纪律，秋毫无犯，向他们解释清楚往昔为何不守关内之地的理由以及如今夺取中原之意。并且，应该让来降的明朝官员仍兼旧职，让来归的老百姓仍得以操其旧业，同时选拔贤良的人做官，抚恤那些有疾苦而无处诉说人。这样一来，黄河以北，可“传檄而定”。

三、只要河北一平定，就以“避患”的名义命令各座城市里面的官员将其妻儿子女送至我军营，作为人质。又提拔那些有道德，声誉好的官员进入中枢机构，让他们出谋划策做辅助，摄政王（指多尔衮）只需于这些官员所献的策略中，择其善者酌情而行即可，既能增广见闻，又对政事有益。

四、这次出兵，既可以直奔燕京（指北京），也可以相机而行，但要在进入关内之后，于山海关一线以西选择一座坚城驻扎军队，“以为门户”，方便“我师往来”。

范文程的一番政论中，最值得注意的

▲范文程。

是“让来降的明朝官员仍兼旧职”这一条，也就是说，明朝官员降清之后原则上仍可以官居原职，这与大顺政权入京后对于明朝三品以上的官员一般不录用的政策有着重大区别。在争取关内官绅地主阶级的支持方面，谁的条件更加慷慨大方，不言而喻。

范文程上书时，清朝还没有得到北京易手的情报。时间仅过了一两天，已传来关内形势发生剧变的消息，身在盛京的多尔衮一面召集宗室大臣开会，一面将已到盖州温泉养病的范文程召回来问策。文程又再为之出谋划策，指出“闯贼（指李自成）”虽“拥众百万”，表面上很强大，但有三个必败的理由：其一是逼死其主（指明帝），会遭到上天的谴责；其二是用严刑拷打的方式来侮辱“搢绅（指官绅地主）”，劫掠“财货”，让读书人感到忿忿不平；其三是掠夺民间的资产，奸淫民间妇女，放火焚烧民居，会引起民愤。此外，李自成所部近年来屡获胜利，已成骄兵，正好乘机击败他们。这位深谋远虑的汉臣认为“我国”应上下同心，选出兵丁加强训练，以伐罪吊民的名义出征，进入明境之后，既抚恤其士大夫，又拯救其黎民百姓，这样的军事行动处处标榜一个“义”字，何患不能成功？他又说道：“上天有好生之德，自古以来未闻有嗜杀而得天下者。我国仅想在山海关以东的一隅之地称霸，那就罢了，若有统一华夏的大志，非使百姓安居乐业不可。”

范文程的这篇对策是对他四月初四上书的补充意见，他知道清军过去与明朝为敌时，在不同程度上干过劫掠官绅财富以及屠戮平民的事，因而现在建议满洲贵族统治者改辕易辙，逐鹿中原时要注意抚恤汉人士大夫以及黎民百姓，以便和打击官绅地主势力的义军划清界线，自然会吸引那些对义军恨之入骨的士大夫前来归附。范文程本是明朝辽东地区的秀才，属于官绅地主阶级的后备力量，他后来在努尔哈赤征明时归降，又得以成为清朝的文臣，基于读书人的立场，他对明朝官绅地主在大顺政权统治下所受的屈辱感同身受，体会最深，故此，他涉及这方面的建议也具有强烈的针对性。

多尔衮对范文程的意见言听计从，并准备不失其时地抓住吴三桂弃地之机，“乘虚直捣”明朝腹地。四月七日这一天，清军出师之前祭告太庙，提到攻占中后所、前屯卫等城，并称宁远、沙后所两地守军弃城而走，“山海关外地方尽为我有”，在这种有利的形势下，多尔衮将“统大军前往伐明”。次日，清廷在笃恭殿举行了任命多尔衮为奉命大将军的仪式，让他“代统大军，往定中原”，“一切赏罚、俱便宜从事”，赐文中还用顺治帝的口吻写道：“诸王、贝勒、贝子、公、大臣等事大将军（指多尔衮），当如事朕。同心协力、以图进取。”这有力地表明多尔衮如日中天的权势，虽然这时他与济尔哈朗并称摄政王，但他是努尔哈赤的亲生子，与济尔哈朗的亲侄身份相比，更具号召力。朝鲜人在早些时候评论说：清朝的“刑政拜除，大小国事”由多尔衮专掌，出征之事则由济尔哈朗指挥，然而，现在多尔衮既以代帝亲征的形式亲自出马征明，济尔哈朗更不能与之平起平坐。

清朝在短短的数日之间进行了总动员，令国中“七十以下，十岁以上”的男丁“无不从军”，可说是倾巢而出了。那么，可以出动多少人呢？就以八旗军为例，在清太宗皇太极生前，八旗的牛录数目已由原有的四百个增加到五百九十七个，如果按照每一牛录平均两百人来计算，即有十一万九千四百人。根据学者的研究，入关前夕的八旗满洲、蒙古与汉军共有十四万六千余人。此外，恭顺王孔有德、怀顺王耿仲明、智顺王尚可喜和续顺公沈志祥等人所率领的天佑兵与天助兵也有数以万计的队伍，加上随征的奴仆与归清的蒙古诸部、朝鲜兵丁，所能动员的兵力可达二十万之众。史载这次出征的满洲、蒙古兵为总数的三分之二，一同前行的还有汉军与天助兵、天佑兵，人数为十三四万人。伴随多尔衮的宗室有多罗豫郡王多铎、多罗武英郡王阿济格，多罗衍禧群王罗洛浑，多罗贝勒罗洛宏，固山贝子尼堪、博洛，辅国公博和讬、满达海、瓦克达、扎喀纳，奉国将军巴布泰、巴穆布尔善、汉岱，辅国将军务达海，镇国将军屯齐、额克亲、和讬等十余人，固山额真（都统）有李国翰、阿山、杜雷、恩格图、谭泰、胡沙、谭拜、古鲁格楚瑚尔、何洛会、准塔、玛喇希、石廷柱，梅勒章京（副都统）有李率泰、蓝拜、库尔阐、济什哈、喀喀穆、车尔格、希特库、武拜、明安达礼、康喀拉、务达海等，随军的前锋统领、护军参领、牛录章京（佐领）等各级武官还有一百八十余人。这支远征军可说是将帅如云。协同八旗军作战的天助兵与天佑兵，则由孔有德、耿仲明、尚可喜、沈志祥亲自带队。而在盛京为质的朝鲜世子也在军中。

四月九日，清军从盛京出发，以每日大约六十里的速度前进，于十三日驻营于辽河以西。在此前后，多尔衮获得李自成占领北京的确切情报，便召来曾经与李自成交过手的前明降官洪承畴进行咨询。洪承畴给多尔衮打气，声称清军之强，天下无敌，“将帅同心，步伍整肃，流寇（指义军）可一战而除，宇内可计日而定”。他首先提出进入敌境后需要注意的事项，具体是应该先派遣官员宣布清朝的命令，表示清军此行是要“扫除乱逆”与“灭贼”，凡是抗拒者，“必加诛戮”。对于平民则采取“不屠杀，不烧房屋，不劫掠财富”的政策。此外，对于敌境内的各府州县也要加以告示，劝其开门投降，并作出秋毫无犯的承诺，而归附的官员可马上得到晋升，对于那些拒不投降的城池，攻克后要全部杀死里面的官吏，但仍保证百姓的人身安全。对于那些立有大功的内应，要破格封赏。接着，他凭着自己过去在明军服役时与农民军多年作战的经验，对即将来临的战事拟定出针对性的建议，认为“流寇”初起时“遇弱则战，遇强则遁”，是一支惯于流窜的队伍，进入京城后搜刮到足够的财富，已经志骄意满，无心固守。一旦知道“我军”来到、必定焚烧“宫殿府库”，向西逃遁。“流寇”拥有的骡马不少于三十余万，昼夜兼程可走二三百里，等到我军抵达京城时贼已远去，不但因“财物悉空”而致使“士卒无所获”，而且“逆恶不得除”，留有后患。为此，我军应预早计算路程的远近，尽量在规定的时间内到达目的地。行军时“精兵在前，辎重在后”，采取出其不意的办法，从蓟州、密云等接近京城的处所突入关内，“疾行而前”。如果“流寇”逃走，就立即追剿，倘若他们仍占据京城抗拒到底，那么讨伐起来更加容易，如此“逆贼”既可灭，又可“收其财畜、以赏士卒”。洪承畴又提醒多尔衮要注意“流寇”与明军的区别，过去清军入关抢掠时面对的是明朝“兵弱马疲”的边境防御部队，故可轻易突入，现在惟恐贼人派出精锐部队埋伏于山谷的狭窄之处，以步兵扼定入关之路。“我国（指清朝）”的骑兵不能履险，难以突破，因而最好是在骑兵之内选出步兵，先从山谷的高处侦察查明敌人埋伏的地点，再让步兵在前，骑兵在后突进，等到杀入关内时，我军的步兵又可全部变回骑兵，到那时谁能抵抗？若沿边的关卡仍然空虚，无强敌防守，我军只需迅速进军即可，不必再费力气于骑兵之内选出步兵做前锋。抵京之日，我军宜暂且连营城外，多派侦探，查明敌情，视情况而截断陕西、宣府、大同、真定、保定方向的入援之路，以提防敌人的援兵。最后，洪承畴说道：“流寇”用兵的时间已久达十余年，虽然“不能与大军（指清军）相拒”，但绝不可以将之轻视为昔日无能的明军。

直到此时，多尔衮与洪承畴仍不清楚吴三桂向清朝借兵的意图，故没有讨论向山海关方向进军的问题，洪承畴按照以往绕道入关的惯性思维，只是建议从蓟州、密云方向前进。最值得注意的是洪承畴认为“流寇”的特点是骡马众多，而清军的主力也是骑兵，他断言清军将会在华北平原的骑兵大决战中获胜。历史是否按洪承畴所预言的那样发展？在即将到来的决战中，就快有结果了。

那么，李自成面对云谲波诡的政局，又采取怎么样的应变措施呢？当他得知吴三桂叛变后，加强了京城的防御，打算兴师问罪。大顺军队有三千人马在通州巡逻时，遭到吴三桂所部三百哨兵的突袭，仅剩数人逃回，加剧了紧张的形势。可是，军中一些人反对讨伐吴三桂，宋献策明言：“皇爷（指李自成）去，皇爷不利；三桂来，三桂不利。”而刘宗敏、李过等将领的表现也不太积极。无奈之下，李自成决定亲征，他经过准备后，与刘宗敏一起于四月十三日率主力东出长安门，踏上了征程。随行的除了前明太子朱慈烺、定王朱慈炯、永王朱慈炤等一批成为俘虏的宗室贵族之外，还有吴襄。为了让吴三桂能回心转意，又派遣兵部尚书王则尧前往山海关进行游说。此前一晚，大顺政权已将前明大臣陈演等六十余人斩于东华门外，以防患于未然，解决后顾之忧。

李自成辖下兵马号称“百万”，但队伍里面除了堪战的“正兵（正规军）”外，还有大量的养子或厮役（一名正兵可带领六至十名养子或厮役作战，由此可知，在这支军队里面，正兵的数量并不占优），实力没有像对外宣传的那样强大。这支军队随着攻占的城镇越来越多，也将大量的兵力分散布置在襄阳、陕西、山西与河北等广大区域中，真正向北京进军的大约为总数的一半人，攻克北京后，一方面由于粮饷不足，另一方面为了攻取更多地方，又陆续分批派出数万之众到三屯营、喜峰口、宿迁、青州、德州、临清、盐城、武定、滨州、济宁、登州、莱州等处，甚至还让部分人马前往经略四川，使屯于京城的主力进一步减少。如今为了东征吴三桂，共出动了马步兵六万余人，如果加上养子与厮役，则号称十万之众。此外，留守北京的有万余人。

东征的大顺军离京后，却没有经通州、三河，走捷径前往山海关，而是于十五日北上密云，兜了个圈回来，于十六日才到达三河，浪费了一天工夫。显然，李自成不会无缘无故走这样的冤枉路，他极有可能是为了提防清军从密云方向入关，企图预先进行堵截，当到达密云后不见敌人影踪，才又折返

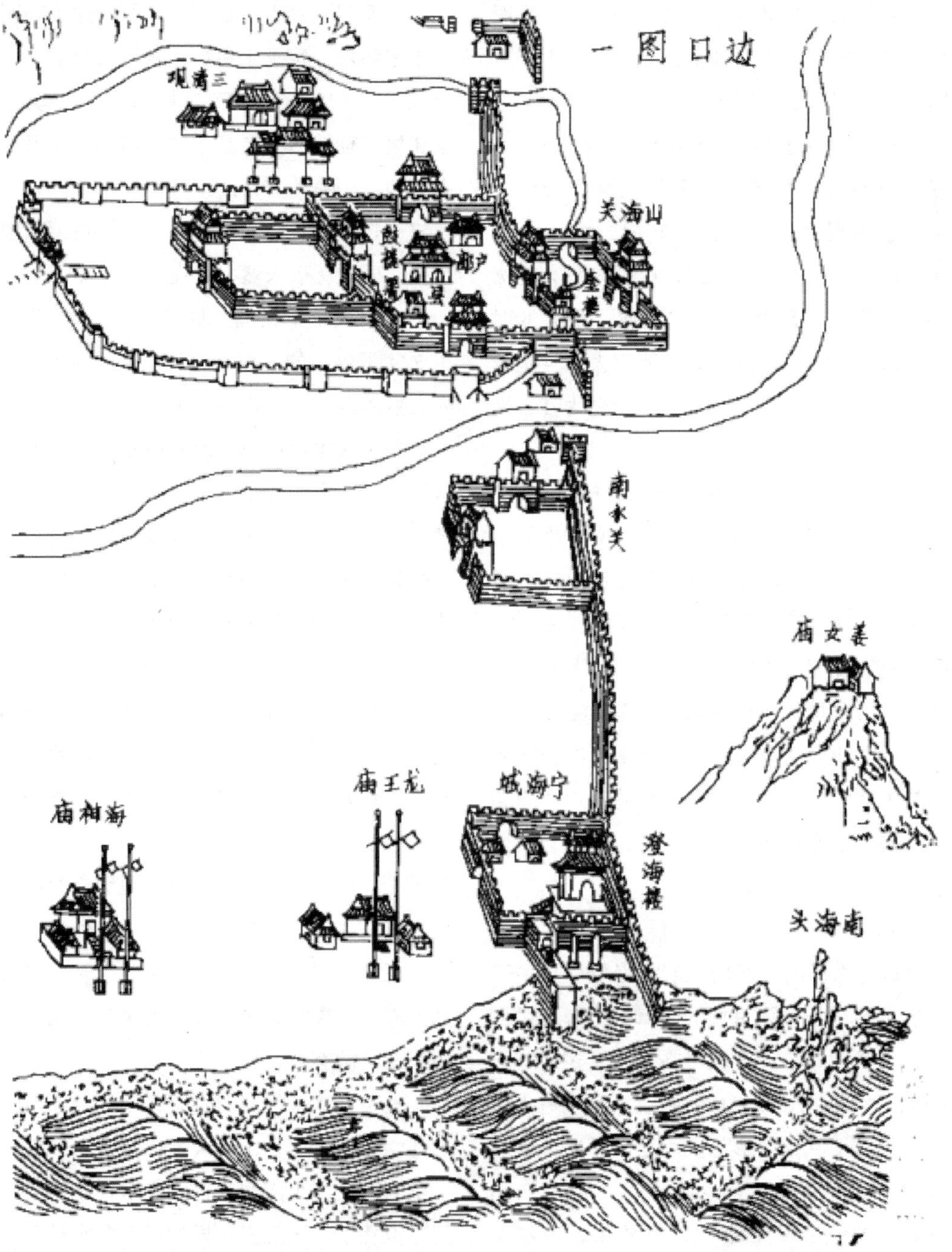


▲光绪《永平府志》中的山海关。

三河。如果说李自成对清军准备入关一事毫无思想准备，那是不太符合事实的。其实，早在义军于前一年冬季进军陕北攻打边塞重镇榆林时，就已经和入塞的异族军队交过手了。根据《明史·尤世威传》记载，当时守卫榆林的明军参将刘廷杰向游牧在河套地区的蒙古部落“乞师”。然而，南下至榆林附近的蒙古部落却被义军打退了，为此，义军在克城后将被俘的刘廷杰凌迟处死，以儆效尤。必须指出的是，活动于河套地区的蒙古部落早已降清，义军与之交手，可视为即将与清军作战的前奏（不久后，多尔衮得到河套地区蒙古部落的报告，曾写信给起义军，要求与之同灭明朝，“并取中原”，李自成没有理睬。这在某种程度上促使多尔衮把李自成当作敌人来看待）。

本来，洪承畴已经在稍早之前建议驻军辽河以西的多尔衮从蓟州、密云方向入关，如果真能按照这一路线进军，那么必将与李自成在密云一带狭路相逢，展开一番龙虎斗。可是世事无常，多尔衮在十六日突然改变了进军方向，转而全速扑向山海关。原因是吴三桂派遣副将杨坤、游击郭云龙、孙文焕三人来与清朝谈判。这些人到达距离盛京三百多里的翁后（今阜新）一带，正巧遇上清军主力，便于十五日向多尔衮递交了吴三桂的信，正是这封信使得多尔衮改变了原先的进军方向。信的内容除了谈论当时政治局势以及说了一些客套话之外，还对大顺政权进行了严词谴责，说李自成“僭称尊号”与“掳掠妇女财帛”，实属罪大恶极，与历史上“赤眉、绿林”等起义者无甚差别，属于黄巢、安禄山之类的乱臣贼子，“天人共愤”。接着，吴三桂自称欲对李自成兴师问罪，无奈自己的地盘小、兵力少，特向清朝“泣血求助”，他开出的酬劳是让“流寇”所拥有的“不可胜数”的“金帛子女”全部送给多尔衮。他请求多尔衮“速选精兵”，杀向“中协、西协（指山海关以西的喜峰口、龙井口、墙子岭等处）”，然后与自己的部属会师，再直抵北京，“灭‘流寇’于宫廷”，到那时，给清朝的报酬就不止“财帛”，还将“裂地以酬”。

吴三桂要求清军从西协与中协入关，显示他不想将山海关拱手让人。多尔衮收到老对手的这封信后，不禁心存疑虑，《明季北略》后来记载他与阿济格、多铎两王商议时说道：“难道是吴三桂知我南来，故意设置圈套来引诱我？况且我军曾经三次围困明朝首都，都不能拿下来，李自成一举破之，其智勇必有过人之处，如今此人亲自领军而来，难道企图攻辽么？”上述言论表明多尔衮对李自成异乎寻常的重视程度，他担心李自成乘胜反攻辽东，收复汉人的失地，尤其不想照吴三桂的指挥棒进军，惟恐遭到吴三桂与李自成的夹击，这反映了清朝贵族统治者不太信任吴三桂这位汉人军阀。多尔衮采取了一个不寻常的举动，他派遣学士詹霸、来衮前往锦州，命令驻扎于当地的汉军立刻携带红衣大炮向山海关进发。红衣大炮作为攻坚利器，一向用于对付森严壁垒的军事据点。清军紧急抽调红衣大炮支援前线的行为，实际已经在为强攻山海关做准备。如果吴三桂真的投靠了李自成，正好师出有名。即使吴三桂没有投靠李自成，清军兵临山海关也有助于迫其投降。总之，吴三桂的来信促使清军改变了进军路线，多尔衮一面让其妻弟拜然随郭云龙去山海关，以打探吴三桂的虚实，一方面让大军于四月十六日扑向山海关。

途经西拉塔拉这个地方时，经过深思熟虑之后的多尔衮回复了一封信，信中首先将明清战争的责任推给了明朝一方，认为过去是明朝皇帝不愿意与清朝“通好”，才导致两国关系迟迟未能改善，接着，他明确说出由于形势的变化，如今清朝已不打算再执行两国议和的旧政策，实际上等于委婉含蓄地拒绝了吴三桂的通好的请求。那么，清朝的新政策是什么呢？多尔衮在回信中含糊其词地说：“惟有底定国家与民休息而已”，但这绝非偃甲息兵的意思，而是要继续打下去，只是新的敌人变成了“流寇”。多尔衮自称当一听到“流寇”攻陷京师，“明主惨亡”的消息后，感到“不胜发指”，于是“率仁义之师”讨伐，以“沉舟破釜”之势，不马到成功“誓不返旌”，期待灭“贼”而拯救百姓于水火之中。正巧此时，“伯（指西平伯吴三桂）遣使致书”，他自已“深为喜悦”，“遂统兵前进”。信的最后，多尔衮终于亮出了底牌，他表示吴三桂“思报主恩，与‘流贼’不共戴天”，所履行的是“忠臣之义”，虽然彼此过去曾经在辽东为敌，但可既往不咎，只要吴三桂肯“率众来归”，清朝“必封以故土”，并将其“晋为藩王”，这样一来，吴三桂不但“国仇得报”，而且“身家可保”，在清朝的羽翼之下将“世世子孙长享富贵，如河山之永”。

最值得注意的是，多尔衮根本没有理睬吴三桂以明朝遗臣身份提出的“借兵”请求，而直截了当地要吴三桂降清，作出了将之“封以故土”，“晋为藩王”的承诺。不管吴三桂的最终态度如何，多尔衮只是指挥大军一味地向着吴三桂的老巢疾进，无形中使山海关这个一隅之地同时受到大顺军与清军的双重威胁。然而，首先到达山海关的并非多尔衮，而是李自成。

李自成离京后北上密云兜了个圈子才于十六日折返三河，白白走了一天的冤枉路。他在三河遇到了吴三桂派出的六位代表，双方可能在军营进行过谈判。吴三桂的代表是高选、李友松、谭邃环、刘泰临这四名庠生与刘台山、董镇庵这两名乡耆，根据光绪年间编撰的《临榆县志》的记载，高选、李友松、谭邃环、刘泰临等四人属于山海关地区“八大家（八位豪强地主）”之一，他们与刘台山一起参加过吴三桂在山海关举行的“歃血同盟”仪式，号称要“兴复明室”，可见这些人和官绅地主阶级有千丝万缕的联系，本质上与崛起于草莽的大顺政权势不两立，他们执行吴三桂的缓兵之计，尝试以诈降的手段阻挠李自成前进。李自成将此六人羁于军营之中，由于对吴三桂仍抱有不切实际的期望，真的如敌人所愿的那样放缓了进军的步伐。在途中的永平等地方，又遭到吴三桂部分军队的骚扰，接近山海关时已经是二十日了。从北京到山海关约七百里，如果大顺军昼夜兼程，以每天二三百里的速度赶路，三四日即可赶到，就算按每天一百二十里的正常行军速度，也不过需用五天左右，而大顺军由于种种原因，竟然慢吞吞地走了八天。尽管如此，大顺军还是比清军提早到达了山海关。

可是这个要塞并非唾手可得，当李自成在山海关之外发现迎接他的不是负荆请罪的吴三桂，而是排兵布阵的军营，终于醒悟过来，下令处死诈降的高选等六人，其中一人在拼死逃走时以身中三箭的代价侥幸捡回一条命。形势发展至此，李自成能够用于攻关的时间已经不多了，因为关外的多尔衮正带着清军主力快速进逼。李自成必须抢在多尔衮到来之前拿下山海关，才能更有效地与占优势的清军对抗。

吴三桂在李自成到来之前已经做了充足的准备，他在当地官绅的帮助下征召三万余乡勇以作辅助，还得到当地人捐献的七千余两白银等一批物资。不少读书人加入了乡勇之中，准备与大顺军决一死战。

山海关位于临榆县东南方向十里，它南临渤海，北面与蜿蜒在山峰之上的长城沿线连为一体，是关外进入关内的咽喉要地，被誉为“两京锁钥无双地，万里长城第一关”。自从辽东战事爆发以来，明朝对这个枢纽地带的防务格外重视，不但长期驻扎重兵，而且将关城修得特别坚固。山海关以镇城为主。据专家考证，镇城的周长为八里一百三十七步四尺，并辅以宽五丈，深二丈五尺的护城河。镇城的东西两个城门分别拥有两座罗城，叫做“东罗城”与“西罗城”。面向关外的东罗城高约二丈三尺四寸，周长为五百四十二丈四尺，门外环绕着护城河。面向关内的西罗城在明朝灭亡的前一年才动工修建，至今仍未全部完工，坚固程度比东罗城要差一些。在镇城的南北方向还各自设立了关门，叫做“南水关”与“北水关”，以便让流经此地的河道通过。南北两座水关也建有坚固的城防，分别叫做“南翼城”与“北翼城”。南、北翼城的大小差不多，城墙都是高约二丈余，周长约三百七十七丈四尺九寸。其中，镇城、东罗城、西罗城、南翼城、北翼城都是吴三桂的重点防御所在。李自成采取三面包围之势，从西、北、东三个方向攻打山海关的西罗城、北翼城与东罗城，由于南翼城面向无路可退的大海，故暂时没有受到攻击。西罗城前面有一条石河，历史上赫赫有名的山海关之战于四月十一日首先在这里开始。吴三桂为了迷惑李自成，事先将当地的一些百姓伪装成正规军，让他们“多置旗鼓”，布置“虚营”于城外，以吸引大顺军的注意，使之分散兵力。李自成分兵捣毁了这些“虚营”，然后正式攻城。守军出城列阵于石河以西尽力抵抗大顺军的攻击，战斗从上午打到中午，双方相持不下。突然，大顺军数千名飞奔而来的骑兵直闯守军的阵营，一直来到西罗城以北，因遭到守军火炮的轰击而不能进入城中，直至被吴三桂派遣的一路偏师歼灭为止。为什么李自成会让少数骑兵孤军直入敌后呢？原来是中了吴三桂的计。曾经亲历战事的乡绅佘一元，后来吟诗一首为证：“逾日敌兵至，接战西石河。伪降诱贼帅，游骑连北坡。将令属偏裨，尽歼副城阿。遥望各丧胆，逡巡返巢窠。我兵亦退保，竟夜严巡呵。”主要的意思是守军诈降诱骗李自成，然后歼灭了轻入敌阵的部分大顺军骑兵。最后，激战于西罗城外的两军胜负难分，暂且休战。

参战的乡绅有卖力的表现，一些人后来纷纷邀功。例如山海关儒学训导郭应龙在回顾这一战时自述道：当时“逆贼”蜂拥而至，“诸生纠率乡勇数万，前赴西河搭营助敌”，自早晨打到黄昏，以致生员李松、谭有养、刘以祯等战死于“贼营”，还有人伤于阵前。此外，山海关统领乡勇都司臧国诏、吴自得、解国本也自诩“奋勇损躯”，他们协同佟副将“列营排阵，自龙王庙起，至谭家颇罗止”，分批配合“中营参谋宁弘猷、千总侯天禄、把总吴成功、任进忠，左营参谋冷如兰、千总李通、把总张存仁、张得盛，左营参谋童宗圣、千总李本植、把总马成功、陈得功，督阵廪生孔启秀、张大道、赵廷臣”等人作战，纠集起三万余人的兵力，跟随吴三桂的官兵“协力夹剿”，“连杀数十阵，斩获贼级无数”。战斗中，据说大顺军一再向佟副将的阵营发起突袭，由于臧国诏臣等人的及时反击，终于“大获奇捷”。由此可见，官绅地主阶级这个既得利益集团的不少成员对大顺政权充满了不共戴天的仇恨，他们脱下了身上的峨冠博带，披上战袍，誓与之作战到底。

在此期间，北翼城与东罗城也战火连天。北翼城的守将是山海关副总兵冷允登，他指挥部下从白天打到夜晚，抵挡那些抢占北翼城附近山峰后再络绎不绝地冲下来的大顺军。由于兵力不足，守卫东罗城的是乡绅马维熙、吕鸣章等十人，他们以“总理”、“协理”的名义率领乡勇竭尽全力阻击对手。据马维熙事后的回忆，当时情况“危急劳瘁”，战事的激烈程度比其他地方有过之而无不及。也就是说，西罗城外虽然休战，可北翼城与东罗城的战斗彻夜未停，特别是由乡勇把守的东罗城，已是危机四伏。然而，经过一整天激战的大顺军始终未能突破守军苦苦支撑的防线。在这个关键时候，清军终于抢在山海关失守之前赶到了。

清军统帅多尔衮现在完完全全站在吴三桂这一边，因为在此前一天，吴三桂已经同意接纳不请自来的清军。那是李自成逼近山海关的四月二十日，多尔衮所率的清军还远在宁远以北的连山驿，四面楚歌的吴三桂急忙派郭云龙与孙文焕面见多尔衮，并递交了第二封信，恳求多尔衮“速整虎旅，直入山海”，以“首尾夹攻”大顺军。信中称：一旦获胜，可兵不血刃地得到京畿地区。吴三桂还奉承清军是“仁义之师”，建议多尔衮要发布安民告示，命“大军秋毫无犯”以争取民心，“民心服”之后，财富与土地亦随之到手，做到这一点，“何事不成？”吴三桂虽然在这封信中没有明确表示投降，并且老调重弹，要用“财富与土地”酬谢清军，可是他身为前线将领，向清朝作出的承诺是没有什么法律效力的，也不太可能被关内的明朝残余势力认可。对于这些毫无条理的高谈阔论，多尔衮一如既往地不加理会，但这位摄政王在吴三桂的信中得知大顺军已接近山海关，因而决定加快进军的速度，看清楚那里到底发生什么事，再决定下一步何去何从。清军奉命“星夜进发”，以一昼夜奔驰两百里的速度经宁远、沙河所、中前所、前屯卫、中后所，到十一日傍晚，抵达了山海关外十五里的地方，对此地发生的战事稍有了解。至此，多尔衮开始相信吴三桂与李自成确实处于敌对状态。这时，吴三桂主动派哨骑来向清军报告李自成的军队已出关立营。多尔衮为了进一步查明情况，把唐通辖下数百名从一片石出关的骑兵作为袭击目标，命诸王率领精兵出击，一举将之击溃，杀死百余人，生擒二人而还。吴三桂继续向清军示好，先后八次派人敦促清军助战。谨慎的多尔衮于十一日下半夜推进至关外四五里的欢喜岭，以此作为驻扎地，他与诸王高踞岭上的威远台，聆听山海关方向传来的隆隆炮声，继续观形察势。吴三桂动员地方乡绅前来游说，冯祥聘、吕鸣章、曹时敏、程邱古、佘一元五人以民意代表的身份，在范文程的引见下，于清营内拜见了多尔衮，经过会面，有效地增加了彼此之间的信任。随后，范文程奉命跟随佘一元五人回去与吴三桂进一步商谈，以取得更多的共识。天亮后，毫无退路的吴三桂决定抢在大顺军陷城之前与多尔衮达成最终的协议，他与吕鸣章一起，携同十余名将领与数百名骑兵突围出城，成功潜入清军营中。多尔衮大喜，以"设仪仗"、"吹螺"的方式欢迎。正在此时，山海关再度告急，驻扎在北翼城的部分守军在大顺军的压力之下叛降了，吴三桂得报后益加着急。多尔衮经过这段时间的细心观察，对吴三桂的处境已了然于胸，他在接见时对吴三桂等人说了一些安抚的话，其中提到：你们"愿为故主复仇，大义可嘉"，我领兵来"成全其美"，"先帝（指崇祯）时事，在今日不必言，亦不忍言"，"但昔为敌国，今为一家"，"我兵进关，若动人一株草、一颗粒，定以军法处死"，你们可以通告百姓"勿得惊慌"。双方用"向天行礼"等形式进行盟誓，共同对付李自成。清方事实上是将吴三桂视为降将，并让其按照满人的风俗习惯剃发易服，以示顺从，吴三桂以俯首称臣的姿势一一照办。其后，多尔衮对吴三桂面授机宜，说：你回去后可令你的士兵"各以白布系肩为号"，避免和同属汉人的李自成所部混淆，否则恐怕会被我军

▲唐通之像。

山海关之战作战经过图（公元1644年，农历四月二十一日）

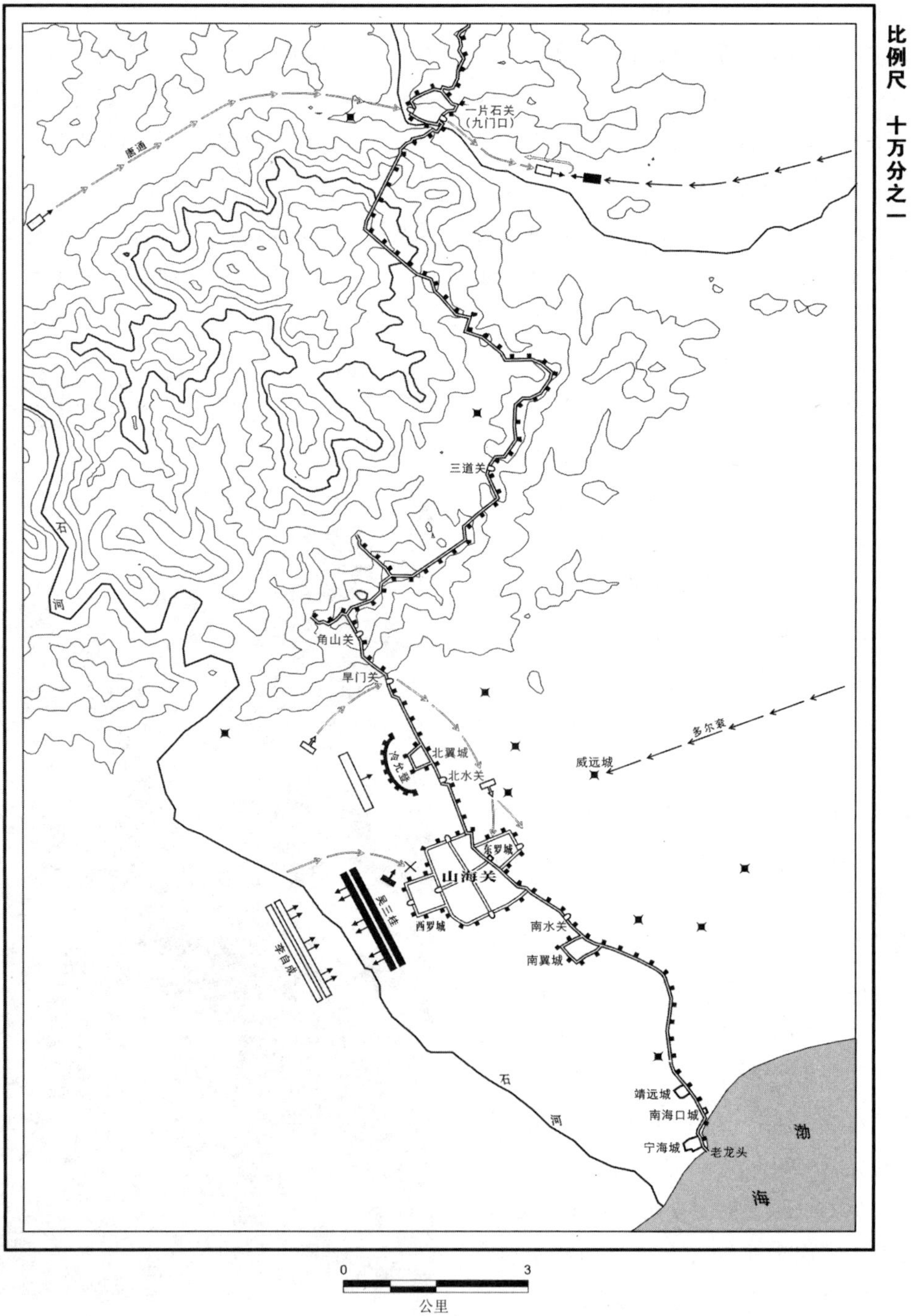


▲山海关作战经过图（一）。

误杀。语毕，令吴三桂返回山海关指挥部属作战。

出关作战的唐通所部因遭到清军的袭击而退回关内，故李自成显然知道清军的不请自来，但是已经骑虎难下，只能孤注一掷了。他鉴于形势的突变而采取收缩兵力的做法，将主力集中在石河以西。吴三桂返回山海关后下令打开城门，分为三路的清军浩浩荡荡涌了进来。通过北水门的是由阿济格率领的万余骑兵，通过关中门的是多尔衮率领的三万骑兵，通过南水门的是多铎率领的万余骑兵，随行的宿将祖大寿率部分人马仍驻于欢喜岭，举起旗帜声援。

与此同时，吴三桂所部进至石河以西，与“北至山、南至海”，排成一字长蛇阵的大顺军交战。入城后的清军竖起白旗于城上，“蓄势不发”，只是等坐收渔人之利。而城外的战事异常激烈，一直打得天昏地暗，战场“乱射”的弹丸甚至散落到城内数里许的庙堂一带。由于大顺军的人数占优，致使吴三桂所部三面受敌。《庭闻录》记载尽管吴三桂指挥部下拼命“东西驰突”，可经过数十次交锋，始终改变不了劣势。只见大顺军“围开复合”，时而向左迎击，时而向右堵截，处处压制着对手，似乎胜利在望。

观战的多尔衮在耐心等候着时机，他召集诸王、贝勒、贝子、公、固山额真、护军统领等军中高级将领，告诫他们在即将发起的进攻中不要“越伍躁进”，因为大顺军不可轻视，并勉励他们“须各努力，破此则大业可成”。他指出大顺军虽然自“北山横亘至海列阵”，而清军布阵时不能依样画葫芦，采取“横列至海”的方式与之对抗，而是应该向着大海的方向“鳞次布阵”，把大顺军的阵尾当作攻击目标，吴三桂的部队可分列清军的“右翼之末”，配合作战。当吴三桂就快支持不住时，多尔衮觉得介入的时机已经成熟，一声令下，清军各就各位整齐地列起阵来。在此前后，战场上刮起了大风，黄色的尘埃四处蔓延，遮蔽天空，咫尺不见，对军队的集结与布阵起到了有效的掩护作用。这些久经沙场的八旗将士不管石河西正处于“炮声如电、矢集如雨”的鏖战状态，跃跃欲试准备出击。

经过三次吹角与三声呐喊，清军出其不意地从吴三桂的阵右冲出，分左右两翼，扑向大顺军。《明史》记载一刹那间，“万马奔跃，飞矢雨堕”，而风中的沙石乱飞，“击贼如雹”。朝鲜世子的随从后来在《沈馆录》中留下了他当时目睹的印象，清军首先“发矢三巡”后，接着强行突阵，在“剑光闪烁”之中，又出动步兵配合骑兵作战（例如《八旗满洲氏族通谱》记载正黄旗将领谭泰与图赖在“步战”中有出色的表现，攻破李自成之营。两人为此而被授予三等公的爵位），随着风沙自近至远飘去，尘埃终于落定，仅仅一顿饭的工夫，关外无敌的清军与关内称雄的大顺军终于分出了胜负，大顺军以败北告终，清军则紧追不舍。风止之后，在石河以西这个旧战场上，此前还是杀声震天，到处人潮汹涌，如今却变得寂静空旷起来，只剩余“积尸相枕”。

大顺军未败之前已损失惨重，大将刘

宗敏在战斗中被箭射中，负了重伤。当立马在石河以西一座小山岗上观战的李自成看到自己的军队打不过对方新投入战场的生力军时，准确地判断“彼骑兵非关宁兵，必满洲兵也”，并作出“宜避之”的决定，他带着部队紧急撤向永平，以尽量保存有生力量。大顺军在撤退的过程中非常狼狈，抛弃了大量的辎重与军械。而一部分人仓促之间退到城东海口处，被追兵尽数斩杀，另外还有许多人投海淹死。清军与吴三桂所部一直追击四十里，赢得了山海关决战的最后胜利。

山海关大决战中伤亡最惨重的是大顺军与吴三桂所部。关于大顺军的损失数据，后来的各种史籍记载不一，有的说损失了六七万人，有的说李自成只剩六十骑返回北京，这类言论难免有臆测成分。当然也有比较可靠的说法，例如亲历这场大决战的乡绅佘一元，多年以后在《山海关石河西义冢记》这篇文章中记叙，清军与“流寇”战于石河以西“二三十里间”，“凡杀数万人……然所杀间多协从，以及近乡驱迫刍粮之民”，可见，很多为大顺军运粮的老百姓

山海关之战作战经过图（公元1644年，农历四月二十二日）

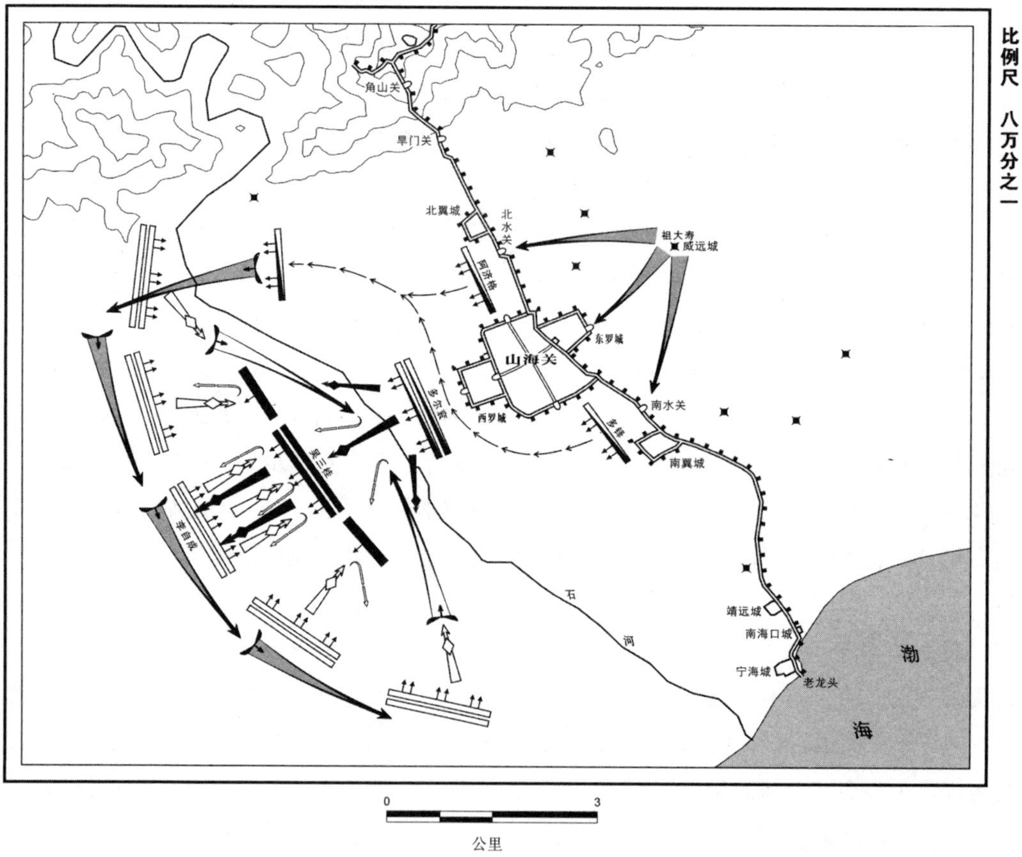


▲山海关作战经过图（二）。

成了清军刀下的冤死鬼。而《沈馆录》也称“流寇”在此战后还有六七万人。证实虎口逃生的李自成保存了一定的实力。

吴三桂所部战死的有苏尚义、郑辅、蒋守廉、王士华等十六位都司、守备级别的军官。而吴三桂辖下的辽军原有四万之众，在此战之后接受清朝的改编时，仅剩下“马、步兵一万”，故有学者认为辽军在两天的激战中损失了三万人。

《钦定八旗通志》等清代官修史书记载，八旗军战死于山海关的有牛录章京阿喇穆、图萨、恩克伊，护军校马纳海，四等侍卫鄂哈，拖沙喇哈番（云骑尉）拖纽、萨苏喀等。这个伤亡数据似乎并不完整，因为根据《八旗满洲氏族通谱》之类后来编撰的史籍的记录，有不少参战的八旗军将领在战事结束后就莫名其妙地离开人世，其中包括正黄旗的拜他喇布勒哈番（骑都尉）、拉达密（苏完地方瓜尔佳氏）、阿哈连（库尔赫地方舒穆禄氏纳木泰之子），正红旗的杨霍（苏完地方瓜尔佳氏那兰的后裔）等等，这些人究竟是病死还是受伤而卒，由于史无明载，难以确定，可就其死亡时间的巧合程度而言，足以耐人寻味。不过，也不排除这些八旗军是受到瘟疫感染而死的可能性。正如俗语所说“大灾之后必有大疫”，在明朝灭亡前夕，北方的山西、陕西、河南、山东都爆发过瘟疫，就连京城也不例外，在明亡前一年“瘟疫大作”，出现了“死亡枕藉，十室九空，甚至户丁尽绝，无人收殓”的惨况。这场瘟疫一直蔓延到天津等地，明亡之后仍肆虐异常。以致有人认为大顺军在山海关的失败与其在战前遭到瘟疫的侵袭有关。入关的清军也难免受到传染病的困扰，这类疾病除了天花，可能还有鼠疫。

前后历时两天的山海关大决战匆匆发

▲清代演义小说中的李自成与吴三桂。

生，又匆匆结束了。参战的各方在事前都没有做好充分准备，也注定了此役不可能持续太久。由于长期的灾荒与战乱，不论是关内的黄河南北地区还是关外辽东的清朝统治区域，都普遍遇到严重的粮荒。例如，大顺军攻下京城后便受到粮草不足的影响，不得不将部分人马遣散到外地就食。而占据山海关的吴三桂处境也不妙，陷入缺粮缺饷的困境（在乡绅佘一元写的一首诗中，对当时的情况有着真实的记录："仓府净如洗，室家奔匿多。关辽五万众，庚癸呼如何……"）。至于向关内进军的清军，也没法保证充足的粮草供应，根据朝鲜史书《燕行录》的记载，即使贵如朝鲜世子，在跟随清军行军时也常常受到饥饿的困扰。这场影响历史走向的决战就这样鬼使神差地发生了，可能有不少士兵忍着饥饿在战场上厮杀，他们也许不一定知道这场决战竟然会改变几代人的命运。

大顺军的失败似乎充满了偶然，无可否认的是，如果李自成的警惕性更高一点，指挥部队行军的速度再快一点，赶在清军来到山海关之前夺取这个地方，那么历史可能会改写，因为大顺军即使在野战中打不赢八旗的满蒙骑兵，也能凭坚城固守一段时间。

然而，偶然之中也有必然，清军的取胜与其领导人的正确决策有莫大的关系，与过于轻敌的李自成相反，多尔衮始终对关内的"流寇"异常重视，他曾经亲自写信试图与对方联系，在毫无回音的情况下将之视为对手；在调集重兵进关途中得知李自成已攻破北京，认为其智勇必有过人之处，需谨慎对待，故用兵更加小心，带领主力到达山海关之后，没有轻率地与大顺军决战，而是先让吴三桂出马消耗对手的兵力，终于成功以"螳螂捕蝉，黄雀在后"之策，坐享其成。清军在战术运用方面也极为老练，由于多尔衮得以在关城观战，故有机会根据大顺军的特点，针对性地制订出相应的战法，从而起到后发制人的作用。当他观察到大顺军自"北山横亘至海"布下了"一字长蛇阵"，极为明智地选择大顺军的阵尾作为突破口，意图让清军在大顺军阵尾附近的区域集结优势兵力，逐一击破首尾难顾的大顺军。因为清军将要动用骑兵打头阵，而骑兵在突破与穿过对方的阵营后常常会进行迂回包抄，故此可知战场上敌对双方的阵营将很快形成"T"字形的态势（清军阵营相当于"T"字上面的一横，大顺军阵营相当于"T"字下面的一竖），使处处被动的大顺军摆脱不了遭到围攻而全线崩溃的厄运。总而言之，清军与吴三桂集团不但总兵力超过大顺军，而且在局部的交战区域也形成了人数上的优势，这给身临其境的一位朝鲜使臣留下了深刻的印象，《李朝实录》记下了此人的回忆，就是："胡兵（指清军）似倍于'流贼'。"

在诸兵种与兵器的运用方面，清军也可圈可点，这支军队往日在关外的平原上与明军交战时，冲锋陷阵的常常是手持刀枪剑戟的重装骑兵，如今面对大顺军时，竟一反常态，采用轻装骑兵的打法，先用一阵阵的箭雨开路，然后再扑上去短兵相接。因为在这支以满人、蒙古人为主的骑兵之中，绝大多数的士卒都有狩猎与游牧的经历，他们骑马射箭的技巧不但超过大顺军中的同类骑兵，而且能有效克制大顺军深为倚重的重装骑兵（在古代战争中，轻装骑兵往往是重装骑兵的克星，前者虽然不像后者那样披挂着沉重的盔甲，贴身肉搏的突阵能力亦稍逊，但却能利用自身机动能力强的特点尽量避免与后者近战，并不断以远距离射箭的方式巧妙取胜）。过去，清军在关外平原作战时极少出动轻装骑兵强行突阵，那是因为明军以步兵为主，并拥有大量射程更远的火器（步兵由于不用分心驾驭马匹，因此他们在使用火器与弓弩等远距离作战的武器时，可以比轻装骑兵更专注，打得更远，射速也更快），如今，当清军面对以骑兵为主的、而且火器装备率远远比不上明军的大顺军时，满蒙的轻装骑兵正好派上用场。这反映战争经验丰富的多尔衮对步骑兵诸兵种的作用有深刻的了解，他能随机应变，恰到好处地将“好钢用在刀刃上”。

清军之中起主要作用的是八旗军，八旗军中起主要作用的是满蒙骑兵，这支虎狼之师的介入，使李自成一统天下的宏伟愿望成为了泡影。山海关决战只是一系列决战的序幕，此后战争旷日经年，更加残酷。

# 第二章　一再较量

大顺军在山海关决战中受到了重大挫折。时人总结教训时，将之当咎于这支队伍里面的不少士卒在京城“恣意淫掠”，各自身怀“重赀”，以致失去斗志而大败，造成了“尸横八十余里，马无置足处”的惨痛后果。这种看法虽然不全面，但也从独特的视角揭示了历史的一个侧面。据说部分大顺军将士在战场上所弃的辎重，达到“不可胜计”的程度，使追兵捡了不少便宜。就以吴三桂所部的士卒为例，他们搜索对方遗弃在战场上的尸体时，如果发现藏有“数十金”，就有中饱私囊的机会，若数目达到“百金”以上，则必须上缴。之所以有这样的规定，那是唯恐普通士卒一旦私吞的钱财过多，“则不肯力战，而思逃也”。

当晚，败至永平的李自成收拢了数万溃散的将士。他为了争取时间休整，让明降官张若麒赴吴三桂军中讲和。吴三桂提出罢兵的先决条件是要李自成交出明太子与定、永二王，同时大顺军立即退出北京。据说李自成交出了明太子，并表示愿意离开北京。吴三桂果然率部返回了山海关。

也许李自成自以为手中掌握着吴襄等做人质，吴三桂必会投鼠忌器，不敢再轻举妄动。可事实证明，吴三桂自迎接清军入关后，已经唯多尔衮马首是瞻，失去了自作主张的权力。根据《明史纪事本末》、《明季北略》等史籍记载，多尔衮后来强烈反对重新扶持明太子登基，无可奈何的吴三桂只好将太子藏于民间，“避居穷壤，养晦待时”。由此不难推断，多尔衮随时会下令部队发动追击，以达成问鼎中原的夙愿，哪里会顾及吴襄的死活。

不过，多尔衮表面上还是对吴三桂勖勉有加。首战获捷后，他在论功行赏时封吴三桂为平西王，赐予玉带、蟒袍、貂裘、鞍马、玲珑、撒袋、弓矢等物。接着，才下达向北京进军的命令。决心对大顺军穷追猛打的清朝统治者在关内广发告示，俨然以主人自居，重申“此次出师”的目的是“除暴救民”，“灭流寇以安天下”，自我标榜入关西征的清军是仁义之师，承诺“勿杀无辜，勿掠财物，勿焚庐舍”，还命令山海关一带归顺的军民“薙发迎降”。所谓“薙发”，就是让汉人仿照满人的样子把脑袋四周的头发剃光，以示忠诚，如果不遵守这一制度，则是心存弧疑观望之意，可能会遭到武力的镇压。过去，清军每当占领明朝的一个地方，都强令当地的居民薙发，如今也不例外。

四月二十三日，多尔衮令多铎、阿济格与吴三桂等人率军展开追击，迫近永平。大顺军抵挡不住，继续后撤。李自成知道再难以与吴三桂讲和，便于永平以西二十里的范家庄将吴襄处死，用高杆悬首，以泄心头之愤。据说吴三桂得报后，“披发坠鞍”而哭于地上，他的手下全都作出愤怒之状，“拔刀斩地誓杀贼”。

大顺军一路马不停蹄地于二十六日撤回京城，曾经一度企图坚守北京，并紧急组织人力拆除城外的羊马墙与护城河畔的房屋，以免被尾随而来的清兵利用。可是，这时城内谣言四起，人心惶惶，而军队内部也士气低落，缺乏坚守下去的信心。李自成思前想后，产生了退志，他认为若论险固，十个北京也比不上一个“秦中（指陕西中部地区）”，为了避开强敌，不如退回关西坚守。牛金星赞成撤军，并建议将皇宫付之一炬，以免留给敌人，他用西楚霸王项羽焚烧咸阳的故事来做攀比，认为此举足以让后世之人将“我辈”等同于西楚霸王，虽败犹荣。

李自成尚未来得及撤离，吴三桂已急如星火地赶到了。这位辽东军阀在向北京进军途中，以清朝封授的“平西亲王”的名义四处发布通告，其中指责李自成犯下了罄竹难书的滔天罪恶，而清朝念及与明朝的“历世旧好”，已命“摄政王殿下（指多尔衮）大兴问罪之师”，并选“虎贲（指军队）数十万”，“络绎南下”，他特别提到清军拥有“西洋大炮数百位”，具有很强的攻城能力，如果有人“执拗迷谬”，不迅速投诚，难免遭到“玉石俱焚”的惨祸。沿途不少州县的官员闻讯之后选择了投降。当他于二十八日来到京郊时，又一次遭受丧失亲人的痛楚，因为他留于北京的三十四口家属在前一日全部被大顺军处死，悬首示众。为此，吴三桂和李自成结下血海深仇。

两军于二十八日在京郊发生了战斗。刘宗敏、李过、李岩所部出城连营十八座，阻击来犯之敌，可作战不利，损失了八座营垒，不得不退入城中。

尽管强敌已兵临城下，但李自成为了凝聚人心，还是于二十九日在武英殿匆匆举行登基典礼，即了皇帝之位。然而，他早已作出弃城的准备。到了三十日，这位新皇帝带着大量缴获的财物出城，往西撤退，文武诸臣尾随其后。其中刘宗敏因在山海关决战中受了箭伤，走动不便，故躺卧在长桌之上，被手下抬出。而殿后的是谷英与左光先两员将领。

在大顺军撤退的同时，无数老百姓也出城避祸，可是在流离转徙中，有不少人遭到乱兵的杀掠。当晚，大顺军滞留于城中的部队在皇宫之中放火，随后，城中的私寓也受到波及。此时此刻，部队已出现军纪涣散的迹象，零零星星的兵丁骑马在城中乱奔乱跑，动辄杀人。一些留在城中的百姓以床、桌等家具堵塞巷口，还有人拿武器自卫。须臾之间，九楼城外皆是烈火，个别兵丁躲避不及，反而被困于火中一命呜呼。甚至连城外的草场也燃烧起来，与宫中之火互相映照，夜如白日。

然而，到达京郊的清军人数有限，只能骚扰一下撤退的大顺军而已，无力进行大规模的围攻。多尔衮率主力正快马加鞭地赶来，于二十四日到达新河驿，此后，经抚宁、昌黎、滦州、开平卫、玉田，于三十日到达蓟州，一路如入无人之境，所过之处，官民纷纷归附。

清朝之中的汉人谋臣也有机会大显身手了，随军的范文程早就起草好了自署官阶与姓名的檄文，称“义师（指清军）”入关是为明朝的“吏民”报君父之仇，所欲诛杀的惟有“闯贼”，而不是百姓，他老弹重弹，呼吁明朝的官吏前来归顺，凡是归顺者必官复原职，而归顺的平民则可恢复旧业。

洪承畴也以“军门”的名义向山西、陕西两省发送檄文，自称为了替明复仇以及报大清皇帝之恩，前来帮助摄政王歼灭“贼兵”。他宣布清军已在山海关大败“流贼”，“杀贼无算”，正欲追击已逃往北京的李自成，故奉劝“山、陕两省诸将士”不要跟随李自成，切勿惹祸上身，而那些“有识之士”，理当拦截“流贼”的逃路，伺机“斩之”。

值得注意的是，范文程与洪承畴等人在檄文中提出替明朝复仇的口号，意在收买人心。特别是那些曾经受过大顺政权打击的官绅地主们，这个口号能激起他们同仇敌忾的气概，起到应有的宣传效果。

到达蓟州时，多尔衮从降人那里得知李自成已放弃北京，马上下令大军急追，经通州于五月初二到达北京城郊，与先头部队会合了。

北京即将变换主人已是不可更改的事实了。大顺军点燃的火焰已被一场大雨扑灭，皇宫中的武英殿与宫外的大明门、正阳门等建筑幸存了下来。那些幸存的明朝官僚们在李自成离开后如释重负，有人在城隍庙中设立了明思宗的灵位，以方便同僚哭祭，连曾经归附大顺政权的前明官员王鳌永、沈惟炳、骆养性等人也见风使舵，纷纷参与发丧。一些官绅在城中四处巡视，维持秩序，准备迎接吴三桂。由于当时传说吴三桂已夺回明太子，就快回京即位，骆养性等人赶快准备好皇帝的卤簿法驾齐集于朝阳门外翘首以待。出乎意料之外的是，趾高气扬到来的竟然是清朝摄政王多尔衮，而吴三桂丝毫不见踪影。据说多尔衮刻意不让吴三桂入城，甚至不惜与之争吵，之所以会这样，可能是多尔衮想让清朝的嫡系部队享有占领北京这个历史性的荣誉，至于新近归附的吴三桂及其部队，则被强令绕城而过，继续追击西奔的大顺军。

当多尔衮于五月二日突然现身时，北京的官绅们面面相觑，有些人很快明白过来，悄悄地溜走了，但有不少人干脆将错就错，拜倒在多尔衮的脚下，请其乘坐皇帝专用的辇车进城。多尔衮推辞道：“我效法周公辅助幼主，不应乘辇。”无奈在众人纷纷叩头的一再坚请之下，只好顺从这些人的意见行了入城之礼，乘坐辇车进入了武英殿，接受前明众官的朝拜。顿时，皇宫之内响起了一阵阵的“万岁”呼声。

从北京撤退的大顺军带着大批缴获的战

利品，史称“马骡俱重载，日行数十里”。这些坛坛罐罐拖慢了行军的步伐。而尾随在后的敌人已越来越近。照这样发展下去，这支军队很可能尚未走出京畿地区，就已陷入重重围困之中。由于形势日渐危急，将士们不得不在卢沟桥至固安这段长达百里的路中，抛弃大量财物与妇女，致使道路为之阻塞，也令执行追击任务的清军颇有收获。五月一日，李自成途经涿州时遭到前明官员冯铨等人率领的地主武装的阻击，激战半日后被迫停止攻城而继续南撤，为此耽误了不少时间。而轻骑急追的吴三桂所部终于在五月初一于保定府与大顺军的殿后部队发生了断断续续的交战。二日，昼夜行军的大顺军撤至保定地区时已是队伍散乱，骑兵不成序列了，那些饥肠辘辘的士卒还能够用钱财与百姓交换食物，这反映大顺军的主力仍能遵守纪律。不久，吴三桂的追兵又赶上来了。大顺军的殿后部队把在京城缴获的“大内锦绮”挂在树上，又把金器抛弃在路旁，企图引诱追兵抢夺财物，以达到争取时间离开的目的。

两军你追我赶，从庆都一直厮杀到定州以北十里的清水铺一带。初三这一天的作战尤其激烈，很多且战且退的大顺军士卒由于疲惫不堪而“不战自乱”，督战的蕲侯谷英连斩数人，也不能阻止。吴三桂乘势猛攻，当场杀死谷英等数千人，夺得大顺军随军妇女二千。另一位大顺将领左光先回师来救时因遭到清军的阻击而致使坐骑的脚部被砍断，竟坠于马下，幸而得到护卫的救援，才得以撤离战场。战后，吴三桂驻于定州，以谷英的首级祭亡父，他还如愿以偿地从夺回的妇女之中找到了爱妾陈圆圆。

▲陈圆圆之像。

李自成在初四日退到真定时为了挽回颓势，召集精骑北上还击，但被张开左右翼迎击的吴三桂击败，又退了回来。次日，战火重燃，吴三桂与固山额真（旗主）谭泰、准塔、护军统领德尔得赫、哈宁噶等八旗将领联手杀过来，又胜了一阵。李自成在混战时被流矢射中而坠马，后被手下救回营。其后，大顺军终于痛下决心，主动焚毁多余的辎重，才得以迅速拔营西走，从固关返回山西。同时留下精兵守卫固关，阻止清军入晋。

在清军展开的这一系列的追击行动中，吴三桂最为卖力，相反，多尔衮的弟弟多铎的表现就逊色多了，《清世祖实录》记载此公后来被人指责为“征流寇至庆都，而潜身于僻地”，意思是讽刺其畏敌避战。尽管清军一路告捷，但所掳获的战利品以金钱、丝织物与妇女为主，至于最为急需的粮食，则始终未能从大顺军中大量夺取，正是因为不能“因粮于敌”，才使“人马困瘦”的清军不得不中止了追击行动，返回北京。

北京地区长期需要依靠运河从江南运来粮食，可是受到战乱与灾荒的影响，很多船只停泊于运河沿线的通州等处，实际上停止了向京城输入粮食。京城四周地区的“远近田畴”，尽被兵马蹂躏，竟在数百里的范围内，达到“野无青草”的地步。城中的粮食大部分已被大顺军运走，剩下的都是些“陈腐”的老米，这些东西“糠土居半”，用来糊口则“腹痛辄作”，不少人为此而病倒了。占领北京后的下一步应该何去何从，清朝统治阶级内部曾经就这个问题发生过争论。例如把北京看作负担的阿济格向多尔衮建议乘着入关后屡战屡捷的“兵威”，“大肆屠戮”一番，然后再回师山海关或盛京，但这种做法过于偏激而没有得到采用。多尔衮的目光看得更远，他打算长期经营北京，作为进一步扩张的据点。出于稳定局势的需要，他下令军队主力驻于城外，严禁擅自出入百姓之家，又让前来助战的蒙古诸部返回塞外，以便节省粮食。最初，清军强令北京居民薙发，后因引起百姓的不满而作了让步。清廷为此发下了一道敕谕，称：“天下臣民照旧束发，悉从其便。”其后，多尔衮还采取了减轻百姓负担的一些措施（比如他告谕全国，自顺治元年起一律免征明朝末亡时加派的辽饷、剿饷与练饷等三饷），虽然这些措施没有在各地得到严格的落实，但无疑在某种程度上起到了安抚人心的作用。

为了最大限度地争取官绅地主势力的支持，满洲贵族统治者听从范文程、洪承畴等汉人官僚的建议，在五月初四公开宣布“流贼李自成原系故明百姓”，却做出“弑主暴尸”这种“天人共愤”的事，就连曾经是敌人的满洲贵族对此亦感到“悯伤”，故在入京后要“官民人等为崇祯帝（即明思宗）服丧三日，以展舆情”，并让礼部、太常寺等机构礼葬明思宗。这道谕旨生动地表明了明清之交政治局势所起的天翻地覆的变化，过去，民族矛盾是促使清朝向明朝发动战争的主要因素之一，现在的阶级矛盾则取代了民族矛盾，成为清朝讨伐大顺政权的一个主要因素。满洲贵族统治者在潜意识中把自己与明朝的统治者划分为同一个阶级，流露出对李自成这类崛起于草莽的低下层人士的轻蔑情绪，这种态度最容易引起关内官绅地主势力的共鸣。甚至某些在大顺政权入京期间死去的前明南方籍官员，也被清朝所利用，满洲贵族统治者特别允许他们的家属扶柩南归。这类加意抚绥的举动果然在官绅地主之中收到了显著的效果，连远处南方的明朝官员也公开赞颂，例如在南京任职的马绍愉后来在致吴三桂的书信中说道：“清军杀退逆贼，恢复燕京，又发丧安葬先帝，举国感清朝之情可以垂史书，传不朽矣。”

清朝优待来归的明朝宗室贵族，并让其维持原有的爵位，而那些前朝勋戚的田地与产业也被准许“俱各照旧”。至于那些被大顺军夺走的官绅地主的财产与土地，明确规定要一律“归还本主”。这与大顺政权的“追赃助饷”形成了鲜明的对照。显示在经济政策上，清朝也将要取得官绅地主势力的支持，使彼此之间更容易摒弃前嫌，维护共同的利益。

本来，在清朝占领北京之初，一些故明官绅对来自关外的异族政权不太了解，不愿与之合作，如今却有越来越多的人对满洲贵族统治者寄予厚望。鉴于很多滞留在北京的明朝官员曾经投降过大顺政权，为了消除这部分人的疑虑，清朝“大张榜示”，宣布要“与诸朝绅荡涤前秽”，公开声明只要他们肯来归附，就可做清朝的官。还反复晓谕：“各衙门官员俱照旧录用”，至于那些“避贼回籍隐居山林者”，亦准以“原官录作”。又规定新降官员的制服，仍照明朝样式。就算是在官场上声誉不佳的阉党人士冯铨（此人曾经依附太监魏忠贤而官至大学士，后被明思宗免职），也被多尔衮重新起用，官复原职。此外，旧官也得到升迁，在宁锦决战中被俘的洪承畴，以前一直没有受到重用。他在随同多尔衮入关期间多次出谋划策，作了不少贡献。现在被命为“太子太保兵部尚书兼都察院右副都御史”，“同内院佐理机务”，不久“遂为秘书院大学士”。就这样，大批汉人官员与满洲官员在各个官衙之内济济一堂，一起处理政事。由于清朝在入关之初的各项政策与措施得当，逐渐在占领区内站稳了脚跟。

大顺军主力退回山西后，河北、河南、山东的大批官绅地主纷纷自发起来发动叛乱。据学者统计，在山海关决战后三个月里，包括河间、大名府、德州、济南、东昌、青州等地在内的七十多个府、州、县的大顺地方政权，接二连三地被推翻，很多大顺政权的文武官僚遭到杀害。这些改旗易帜的地方政权被前明官员所控制，还有部分地方归附了清朝。面对急转直下的政治形势，李自成虽然对河北与山东的叛乱鞭长莫及，但在山西与河南两省的控制区内采取了雷厉风行的应变措施，从六月份起将这些地方的官绅大规模迁往陕西，安置在边远地区的州县，目的是让这些离开老巢的地头蛇不能再兴风作浪。大量官绅被迫携带着家属一起西行，由于离乡背井，颠沛流离，不少人陷入了“求生不得，求死不能”的困境。这样做的后果令整个北方的官绅地主阶级更加惶恐不安，从而将之彻底推向对立面。

退回山西的李自成使用武力平息了平定州、榆次县、太谷县、定襄等处由当地官绅发起的叛乱。然而在此前后，塞外的蒙古部落开始骚扰西北的临洮、甘肃等处，也许是为了保证陕西这个大后方的安全，李自成决定率领主力退回陕西，而留下马重禧、张天琳、刘忠、袁宗第等将领在山西的固关、大同、阳和、长治、临汾等处继续坚守下去，并让明朝降将陈永福、唐退等人驻扎于太原与保德等处。在此期间，迫于无奈的大顺政权不得不改辕易辙，停止了“追赃助饷”之策，从六月起开始尝试在各地征收赋税，不再履行当初许下的“三年免征”的承诺。据说每亩征银五分，又按亩征布。此外，为了制造盔甲、弓与箭翎等武器，还向老百姓加派钢铁、牛角、鱼胶、雕翎等物。假以时日，这些新的财政政策必会带来好的效果，可惜，李自成改正弊政的时间太迟了。

总之，大顺军主力败回山西、陕北之后，在河北、山东、河南等省很多地方的统治因叛乱频繁，已呈现土崩瓦解之势。刚刚入关的清军一时未能建立起有效的统治，甚至连三河、昌平、良乡、宛平、天津等北京附近的州县也处于无政府状态，致使盗贼成群，几成化外之地。满洲贵族统治者除了派固山额真巴颜、石廷柱、金砺与梅勒章京李率泰等人扫荡京畿地区，又把矛头对准了山东与山西。因为大运河途经山东，要想打开通往北京的粮道，必须控制此地。而山西由于与塞外的蒙古诸部接壤，历来是边贸重地，夺取这个地方可招徕商贾做买卖，对恢复经济与增加国家的财政收入有利。从五月起，清廷先后派前明降臣方大猷、王鳌永前往招抚山东与河南，到了六月初十，多尔衮决定抽兵南下，让固山额真觉罗巴哈纳、石廷柱率领部属进军山东，四天之后，又令固山额真叶臣与祖泽润、巴颜、李国翰、刘之源、佟图赖、吴守进、金砺等四百多员满、蒙、汉将领率部平定山西。

觉罗巴哈纳、石廷柱进入德州，给背叛大顺政权的前明官绅造成很大的压力，这些盘据山东各地的地头蛇原本奉明朝的宗室为主，可是由于迟迟得不到南方明朝势力的接应，现在不得不腼颜归降了清军。觉罗巴哈纳、石廷柱如入无人之境，平定了霸州、沧州、德州、临清等地，接着奉命转往山西与叶臣会师，准备进攻太原。清朝由于兵力不足，只能让方大猷、王鳌永带着数千乌合之众在山东滥竽充数，继续招抚当地未下的府州县，这些狐假虎威的家伙先后接管了恩县、历城、禹城、济南、东昌、青州等处，然而，包括新泰等地在内的一些州县仍然拒绝投降，而不少地方的老百姓亦公开竖起了反清的义旗。到了九月下旬，王鳌永在青州被一股与主力失去联系的大顺军杀死。呆在省会济南的方大猷慌忙向北京求救。多尔衮闻讯只得抽调梅勒章京和讬、李率泰率部前往青州，设计歼灭了这股与清朝作对的武装力量。

清朝平定山东没有打过什么激烈的战斗，但在平定山西时却打了不少的仗。西进的叶臣首先围剿了河北饶阳、束鹿一带的地方武装，然后在七月间与增援的觉罗巴哈纳以及石廷柱会师。由于战局的发展对大顺军不利，留在山西的前明诸降将相继产生异心，蠢蠢欲动。前明大同总兵姜镶于五月初十发动叛乱，突然杀死了驻扎在阳和的张天琳，占领了大同，不久即接受清朝的招降。奉多尔衮之命于六月前往山西招抚的前明官员吴惟华，先后招纳了代州、繁峙、崞县、五台等处的前明文武官员，攻取了静乐、定襄等处，使得清朝在山西北部统治了越来越多的地方。叶臣乘机沿彰德而进，取道山西南部攻打泽州、潞州一带，企图与山西北部的清军一起对省内的大顺军形成夹攻之势。

然而到了七月初，突然传出大顺军分兵数路反攻的消息，根据姜镶等降清将领得来的情报，大顺军已从西安、绥德、汉中等地调来的三十万“夷、汉、番、回”步骑兵，并在高、赵两姓将领的统率下从西河驿过河；而另一位姓刘的权将军统兵十万也渡过了黄河，从平阳北上；至于李自成本人，据说将于七月初二率领“三百五十万军”从西安出发，分作三路“指日前来”，准备先攻取宁武、代州、大同、宣府等处，然后再进攻北京、山海关与辽左，要把所有的“叛逆官兵”尽行歼灭。这类报告对大顺军的兵力过于夸大，使其可信性大打折扣。此时，山西降清诸将的处境不妙，以姜镶为例，他的部队缺乏粮饷的情况非常严重。因为大同这个边防重镇位于“地瘠民贫”的塞上，一向需要从内地运送粮饷进行接济，可自从明朝灭亡后，饷路已经断绝，而大顺军在早些时候又将部分库存运往陕西，使得粮荒的危机进一步加剧。姜镶自称已将家中的资产全部捐助出来，仍入不敷出，不得已，只好将一些在战乱中被遗弃的房屋地产，充为军需，希望能渡过难关，并乞求清朝能及时伸出援手。多尔衮虽然表态愿意想办法补发姜镶透支的银两，但由于山西仍未平定，不可能在短期间彻底解决大同的缺粮问题。以管窥豹，可知投靠清朝的这些前明军人实是饱受内忧外患的困扰，他们的战斗力已遭到削弱，由于身处敌我势力犬牙交错的前线，难免会对大顺军特别敏感，稍有风吹草动便感到不安。

从七月起，河北与河南各处忠于清朝的地方官还是不断向北京告急，据说在彰德、磁州、武安以及襄县、南阳、襄阳、河南府（洛阳）等地都发现了大顺军的踪迹，诸如此类的消息经常传来，让多尔衮不敢掉以轻心，而筹备攻打山西的战事亦紧锣密鼓地进行着。

在此前后，有人开始出谋划策。顺天巡抚柳寅东已在六月提出了征伐李自成的建议，认为“欲图西贼（指李自成），必须调蒙古以入三边（指延绥、宁夏、甘肃地区）。举大兵以收晋、豫。使贼腹背受敌。又须先计扼蜀、汉之路。次第定东南之局”。这个计划的要点是多路出击，使对手顾此失彼。多尔衮对此表示赞赏。

刚刚在山西北部立功的吴惟华于八月初向多尔衮献策，毛遂自荐地要率三千多名部属进取忻、定地区，但恐孤军难胜，请清廷速发重兵出关，则山西“指日可平”，他建议多尔衮派一路军直趋蒲津，与敌军相持，而另外再派一路军从保德渡河经延安、澄城、郃阳等处直捣大顺政权的腹心地区。等到大顺军全线崩溃时，清军即可飞渡蒲津，长驱直入。两路军渡河之后，再发精兵数万、联合河套地区的蒙古诸部，自延、宁地区的接界之处入塞，从西安的西路截击，与正面进攻的军队会师于关中，则不但可震撼整个陕西，而且还可截断大顺军西奔之路。从上述献策看出，吴惟华对如何歼灭大顺军是下过一番研究功夫的，他还向多尔衮指出大顺军的长技在于“依山傍险”，用“埋伏”与“诈诱”的办法作战，又惯于乘夜“劫寨”与“偷营”。因而建议清军各将领凡遇“山林险隘”之处，必细加搜索，以防有埋伏，而傍晚安营之时，则要让士卒轮流当值，让敌军无计可施。多尔衮对吴惟华的建议非常赞赏，准备加以采纳，打算让多铎率前营兵于九月十一日出京，与奉调而来的宣府、大同驻军以及塞外的蒙古诸部会合，由潼关、固关等处分道并进。恰巧在此期间大顺军发生了严重的内乱，镇驻在保德、偏关地区的前明降将唐通判断日趋没落的大顺政权很难东山再起，遂于八月下旬正式与李自成决裂，控制了山西北部的一些地方后，接着袭击了守卫府谷县的李过，占领了陕西境内的府谷、黄甫川、清水营等处，然后于九月十五日将降表送到北京，被多尔衮封为定西侯。为此，李自成杀死了唐通留在军中做人质的母亲与儿子。唐通则攻入李自成的家乡米脂，大肆杀掠与破坏。大顺军马上向府谷与保德增兵，逼得唐通紧急向多尔衮求援。此时，清朝任命的山西总兵高勋也声称宁武所辖的“静、乐、偏、老、河、保之间，俱有贼孽”，恳请朝廷发兵。多尔衮早在十三日令前锋统领席特库开往山西，进一步增强叶臣的兵力。这位颇具战略眼光的摄政王在山西多处地方告急的情况下，没有将叶臣率领的清军主力分散开来四处赴援，而是毫不动摇地直取太原，事后证明确属棋高一着。在九月二十日之前，叶臣已经统率清军拿下了泽州、潞州与河南北部的怀庆，收服了附近的府、州、县，招降了曾经投靠李自成的前明将领董学礼等人，然后杀入固关抵达太原城下，从而给大顺政权在山西的统治造成致命的威胁。

降清的前明文武官员也参加了围攻太原，例如吴惟华于九月二十三日带领二千余名步骑兵来到前线，听候叶臣的调遣。

大顺政权山西节度使韩文铨、制将军陈永福与巡抚李若星等人坚守太原，一度让围城的清军束手无策。直至十月初三，清军从后方运来红衣大炮才重新获得主动。根据吴惟华给清廷上奏的题本，他辖下的总兵张致雍、补国忠、张凤鸣与中军副总兵贾廷谏、监军道游击张台等人指挥步骑兵分路前进，参与了围攻城北的战事，其中都司金梁等七员将领与七百名步兵直接参与了攻城，北面的城墙在红衣大炮的轰击下毁损严重，各路攻城部队得以从坍塌之处冲入城中，控制了整座城池。

守城的大顺军损失惨重，韩文铨阵亡，李若星投降。部分人马突围而出时在城东南一带遭到吴惟华手下九百余名官兵的伏击，战死一千多人，即使是侥幸突围而出的陈永福，后来也投降了清朝。叶臣所部先后平定九府、二十七州、一百四十一县，夺得山西大部分地区。而大顺政权仅掌握该省的西南一隅，基本丧失了山西的统治权。

清军入关之后势如破竹，在短短的时间里占领了京畿地区，并纵横山东、河南、山西等数省。这个让世人瞠目结舌的战绩给了满洲贵族统治者极大的自信，到了这年的六月间，多尔衮已经和诸王、贝勒、大臣们决定将清朝的首都从关外的盛京迁入关内的北京。此举反映了满洲贵族统治者全力以赴，争霸天下的决心，而问鼎中原一直以来也是清太祖努尔哈赤与清太宗皇太极的宏伟愿望。

根据多尔衮的安排，顺治帝与随行的宫中眷属在一大批贵族官僚以及八旗人员的前呼后拥之下，选择八月二十日离开了盛京，经过差不多一个月的长途跋涉，在九月十九日到达北京。接着，顺治帝于十月初一正式举行了登基典礼，北京从此成为了清朝的新首都。

雄心勃勃的清朝统治阶级征服全国的计划已经箭在弦上，不得不发！当时，关内各地与清朝分庭抗礼的政治势力主要有三：其一是称雄西北地区以及控制河南、湖广两省部分区域的大顺政权；其二是割据四川的大西政权，其最高领导人是另一位义军将领张献忠；其三是盘据在长江以南以及江北部分地区的南明政权，这个偏安政权以继承明朝的正统而自居，其成立于1644年（明崇祯十七年，清顺治元年）五月五日，为首的是原明朝的宗室贵族——福王朱由崧。

照应“远交近攻”的政治原则，清军应当首先消灭近在咫尺的大顺政权。可是多尔衮经过与李自成的几番较量，以为大顺军不足为患，没有竭尽全力对付的必要，于是制定了一个兵分两路，企图同时摧毁大顺政权与南明的计划。他在十月十九日正式令阿济格为靖远大将军，与吴三桂、尚可喜等从北京起程，率领北路军出征李自成，随征的还有宣府、大同两地的降兵，总兵力达到八万余人。六天之后，多铎受命为定国大将军，与孔有德、耿仲明等人一起率领南路军出征江南的南明政权，这支军队的兵力史无明载。有意思的是，清廷在给阿济格与多铎的敕书中，不约而同地告诫他们不要擅自处置随征的八旗军将领，并特别强调“护军校、拨什库”等职位以下的将士，无论犯下什么样的大小罪过，都要与军中诸将“商酌”之后，才能进行处分。清廷之所以作出这样的

▲多铎之像。

规定，可能是考虑到阿济格与多铎虽然是一军的主帅，但同时也是一旗的旗主，当他俩处理别的旗的人员时，必须征求各旗的头目的意见，以避免旗与旗之间出现纠纷。

除了南北两路军之外，转战山西的叶臣所部实际相当于中路军，对钳制北方的大顺军余部起了很重要的作用。清军三路出击，攻击的范围异常广阔，囊括了江南与西北地区，显示出清廷一统河山的强烈决心。

无巧不成书。大顺军在此前后也策划了反攻。从七月起，不断有类似的情报传送到北京的清廷统治者手中。到了八月份，直隶巡按卫周胤向多尔衮报称固关、井陉两个地方已被从山西方向反攻的千余“流寇”骑兵夺取。此外，大顺军在山西宁武与河南郾城等地的活动日益频繁。十月初，河南巡抚

罗绣锦报称在济源、孟县以及附近的河口上发现了很多敌人，对方似乎准备进军济源、孟县与怀庆。由于这类情报经常出现，没有引起清廷的充分重视。不久，集结在山西平阳与河南西部的大顺军果然出动两三万步骑兵渡过黄河，向北接太行山，南临黄河的怀庆府发起了较大规模的反攻，连克济源、孟县，战火蔓延至邓州、内乡县及清化镇。

当时任怀庆总兵的汉军正黄旗梅勒章京金玉和与任副将的汉军镶红旗人常鼎率部往援济源，可是到达时城已陷。清军在夜半遭到袭击，金玉和被箭射死，常鼎也战殁于阵。大顺军随即围攻怀庆府城沁阳。出任河南卫辉总兵的汉军正黄旗人祖可法及时赴援，进入城中死守。据清方统计，在大顺军的这一系列攻势之中，包括金玉和与常鼎在内，共有二十二名将领与一千七百五十五名士卒战死。

正如有学者指出的那样，如果大顺军这次反攻推迟半个月，那么多铎率领的南路军已经从山东南下到了苏北，而阿济格的北路军由于绕道塞外的原因还未进入陕西，由此将会造成对清朝极为不利的后果。因为北京兵力空虚，必会受到经怀庆、卫辉、彰德北上的大顺军的严重威胁，这样一来，多尔衮的处境就会非常尴尬，搞不好甚至要带着顺治帝逃离北京。可是，大顺军提前发动的反攻，促使清廷暂时放弃消灭南明的打算，改为集中南北两路军与大顺军决一死战。

多尔衮接到河南巡抚罗绣锦的急报后，调动山东梅勒章京和讬、李率泰、额孟格等人率部前往增援，并立即命令多铎所部停止南下江南，于十月二十五日转而西进河南，驱逐沁阳地区的大顺军，再直取潼关，与阿济格一起夹攻陕西的李自成。正如多尔衮所认为的那样：如果多铎能在河南歼灭大顺军，即仍按原计划南下江南，否则就加以追击，直取西安。为此，多尔衮又派人将这项新的军事计划通知阿济格，并告诫道："豫亲王（指多铎）先至西安，则勒兵以待尔（指阿济格）"，假若阿济格先至，"亦宜待豫亲王"，总之，两路军"务期合力攻剿，平定贼寇，勿以先至彼地、遂不相待"。至此，两路清军在纵横千里的范围向陕西的大顺军发起钳形攻势，并将会师地点选择在西安。这种作战方式在清军的作战史上是罕见的，它与蒙古帝国的创始者成吉思汗惯用的"大迂回战法"非常相似，都是以一路人马在正面牵制敌人，再出奇兵长途行军，以便迂回敌后进行夹击，夺取最后的胜利。兴起于十三世纪初的蒙古帝国（后其主干演变为中国历史上的元朝），凭着显赫的战绩统一了分裂的中国，现在的清朝正准备步其后尘，重演异族君临华夏的一幕。

为了全力对付大顺军，多尔衮想尽办法调兵遣将，他让固山额真石廷柱等原本驻扎在山东的清军先头部队暂停蚕食南明在苏北的地盘，甚至将一部分人从徐州地区调回河南。而驻扎在山西的部分清军也奉命在固山额真阿山等将领的带领下从蒲州南下潼关，增援多铎。然而，多尔衮的新军事计划有一个漏洞，就是多铎所部转进河南以西后，其侧后方完全暴露在南明军队之前。清朝留在河南东部与山东的有限兵力在肃亲王豪格的率领下执行扼守黄河与镇压当地"土贼"的任务。假若大江南北的数十万明军能乘机沿着大运河收复失地，直取河南东部、山东或河北，会让正与大顺军对峙的多铎所部陷入首尾难顾的困境。故此，多尔衮的新军事计划要想成功，必须寄希望于南明军队的不作为。虽然多尔衮没有十足的把握让南明军队不介入，可是迫于形势，已不能不令多铎转进河南以西，孤注一掷地豪赌一把了。后来的事势发展表明，多尔衮的赌注压对了，南明小朝廷由于内部意见不一，对北方的战事主要采取隔岸观火的态度。

李自成在怀庆获得胜利后亲自来到山西与陕西交界的韩城，准备渡过黄河，而大顺军的先头部队出现在山西的绛州、稷山一带，引起了当地清朝官员的恐慌。恰巧这个时候，李自成可能收到了清北路军即将绕道塞外杀入陕西的情报，便停止对山西与河南的攻势，将主力北调防御，他本人于同年十二月经韩城所属的同州过白水，准备北上延安迎战，当他与刘宗敏等将领一起走到洛川时，又传来了清南路军进犯潼关的消息，在这种前后受敌的情况下，李自成一时之间进退失据，只得在当地整整停留了十天，以待形势明朗后再决定何去何从。

或许是北方地区屡经灾荒与战乱，影响了大部队后勤筹备工作的缘故，北、南两路清军前进的速度都比较缓慢。北路军绕道塞外，经过蒙古的土默特与鄂尔多斯等部，在那里"索取驼马"，以致逗留，迟迟未能入塞。南路军于十一月中旬从山东济宁转向河南，于十二月上旬到达怀庆击退当地的大顺军，从孟津渡过黄河，向潼关进发。这时，多铎仅带着五六千骑兵，而步兵尚滞留于山东与河南交界的单县一带。不过，多铎在途中收降了李际遇等南明军阀的一大批队伍，并让这些人做向导，故一路上也还算顺利。

十二月十五日，抵达陕州的清军派出前锋参领索浑、拜尹代等人率二十骑出外"捉生"时，乘夜袭击了屯兵于灵宝县城外的大顺军张有曾部，获得小胜。二十二日，多铎已带兵来到距离潼关十里之处立营，由于携带红衣大炮的步兵尚未到达，因而没有立即攻城。

潼关是河南进入陕西的枢纽地点，此地一失，西安将受到严重的威胁。守卫潼关的巫山伯马世耀只有七千余人，难以驱逐来犯之敌。李自成鉴于清北路军尚未入塞，而潼关却告急，遂决定掉转马头，带着主力离开洛川，经西安回师潼关，意图争取时间先击败从河南方向杀过来的清军，以避免受到前后夹击的厄运。就这样，继山海关决战之后，大顺军与清军的第二次决战于二十九日在潼关正式开始。刘宗敏首先出战，他"据山为阵"，与敌人对峙。八旗军前锋统领努山、鄂硕等率兵强攻大顺军的阵营。当大顺军迎战时，护军统领图赖又率百余骑兵扑上前掩杀，据说取得"斩获过半"的战果，这个战绩后来由多铎奏报清廷，并记入了《清实录》之中。由于大顺政权的档案没有留传下来，故治史者研究此役时不得不单方面采用清朝的一面之词，真相到底如何，已难以考究。奇怪的是，此后清军拒绝野战，缩入了自己的军营中，全线转入防御了。到了

1645年（清顺治二年，南明弘光元年）正月初四，大顺军终于开始强攻清军的军营，大将刘芳亮亲自领兵千余出击，遭到八旗军护军统领图赖、阿济格尼堪、阿尔津顾纳代、伊尔都齐敦、拜杜尔德等人率领的正黄、正红、镶白、镶红、镶蓝五旗士卒（每一旗都要从每个牛录当中抽出护军一名）的迎击，未能得手。不久，清军的增援部队在多罗贝勒尼堪、拜尹图等的带领下参战，击退了大顺军，“俘斩甚多”。李自成得知刘芳亮未能突入清营，遂亲率步骑兵来战。多铎随即调遣镶黄、正蓝、正白三旗士卒，“协力并进”，挫败了大顺军新一轮的攻势。

大顺军在白天屡次攻不破清营，便改为夜袭，于初五、初六两个晚上连续出击，但在清军日以继夜的坚守之下均无功而返。转眼到了初九，清军的步兵终于带着红衣大炮赶到了战场，使得大顺军击败清军的希望更加渺茫。

多铎在援军到达后马上转守为攻，于十一日指挥部队进逼潼关关口，使用红衣大炮猛烈轰击，把大顺军筑起的壁垒打开了一个缺口，穆成格、俄罗塞臣等骁勇善战之士一马当先，带着大批清军越过对手挖掘的战壕，从缺口中冲入，颇有斩获。不久，大顺军连续发起反攻，想挽回颓势，先是出动三百骑兵横冲清军先头部队的侧翼，却被贝勒尼堪、贝子尚善与怀顺王耿仲明所部击败，接着又分兵偷袭清军的背后，可遭到蒙古固山额真恩格图率领的殿后部队的阻击，无功而返。

祸不单行的李自成既在潼关作战不利，又传来后院起火的消息。因为清北路军在阿济格的率领下已在前一年的年底由保德州渡过黄河进入陕北，经府谷镇一路杀向绥德，按照清廷事前所制订的“由边外趋绥德”的战略计划行事，并成功与活动在榆林以东地区的降将唐通会师，于十二月十四日屠戮了李自成的故里米脂，最终在唐通的引导下进入了绥德。到了第二年正月，就在潼关决战打响前后，阿济格率主力南下，风驰电掣一般迫近西安，而留下尚可喜、吴三桂以及部分明朝降将牵制延安与三边地区的大顺军驻防部队。

战局发展至此，李自成知道难以避免受到清军前后夹击的厄运，为了不让兵力空虚的西安沦入敌手，以致使得留在城内的部队家属以及辎重物资受到无可挽回的损失，他不得不提前中止了潼关的决战，率大顺军主力于十三日迅速返回西安，紧急疏散城内的留守人员，同时焚烧城内的宫阙与部分房屋，带着一批库存的财物取道蓝玉、商洛向河南撤退。

大顺军主力离开此地后，意味着清南路军将获得最后的胜利，八旗军护军统领阿济格尼堪等带领士卒于十二日强渡潼关濠口，打得留守的大顺军余部望风奔溃。李自成任命的潼关守将马世耀率所部七千余众投降，清军获得战马千余匹以及“辎重甲仗无算”。然而，马世耀“人在曹营心在汉”，他在降清的当天企图秘密与李自成联系，意图充当李自成的内应，内外夹击清军。可惜送信的使者在途中被清军查获，以致图谋泄露。次日，驻营于关外寺南一线的多铎在金

潼关之战作战经过图（公元1644年农历十二月至1645年农历正月）

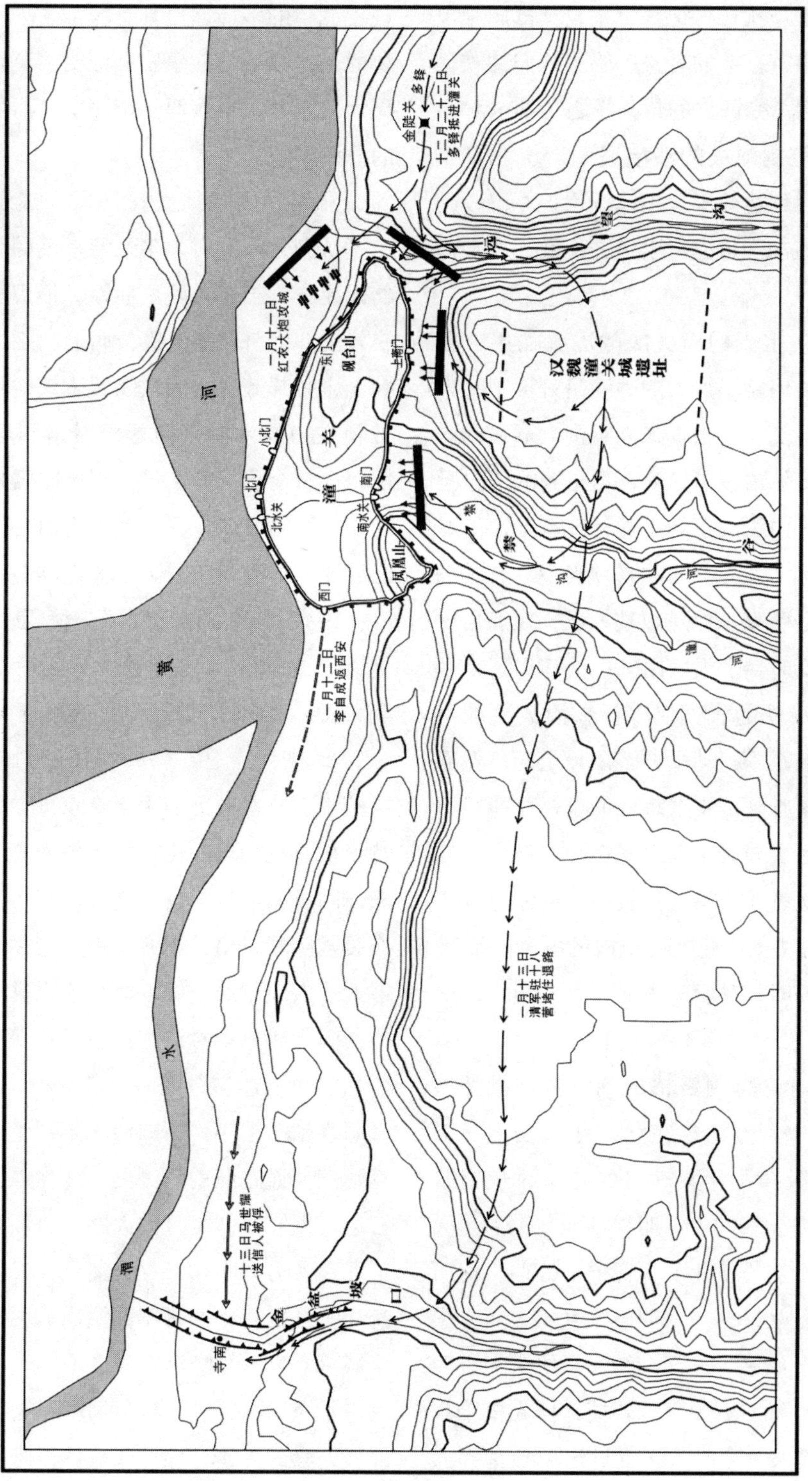

盆坡口设下埋伏，再把马世耀及其部属骗出关外，以举行宴会的名义解除了他们的鞍马器械，随后命令四出的伏兵将之全部杀死。

彻底控制潼关的清南路军于十六日出发，两天后到达西安。多铎派遣护军统领阿尔津等人追击李自成，因追之不及，无功而还。

历时十多天的潼关决战虎头蛇尾，草草收场。清南路军最大的战绩是歼灭了马世耀的七千余部众，根本未能重创大顺军的主力，多铎虽然占领了西安，但得到的不过是一座空城。由于战事的激烈程度有限，清军的伤亡也不大，在战死的将领当中，有满洲镶黄旗人登西克，他是散秩大臣，在追击大顺军至西安时，于天沙山“中枪阵亡”。

尽管清朝的官书对多铎在潼关决战与攻克西安的军事行动中颇多溢美之词，然而北路军的统帅阿济格对多铎的指挥才能很不服气，他后来公开批评多铎在与李自成作战时不止一次举止失措，指责他“征流寇至庆都”时“潜身僻地”，有怯战的嫌疑，而破潼关与西安时，又没有大量歼灭大顺军，令人失望。

平心而论，阿济格的确有资格批评多铎，论军中资历，他在1625年（明天启五年，后金天命十年）就已经随军讨伐察哈尔，比起要到1628年（明崇祯元年，后金天聪二年）才崭露头角的多铎要早一些。论历史功绩，他从1636年（明崇祯九年，后金崇德元年）开始独当一面，统大军绕道突进明朝境内，号称“五十六战皆捷，俘人畜十余万”，比起入关之时从未尝试过单独指挥大规模战事的多铎，更具有统帅才华。更加重要的是，往后的战事发展证明，真正大量歼灭大顺军并不是多铎的南路军，而是阿济格的北路军。

北路军的战绩大，伤亡必然也大，这支军队到达望都时，牛录章京劄图因作战受伤而死亡，当进入陕西后，又损失了不少八旗将士。阿济格令姜镶、唐通、王大业、高勋、康镇邦等降将围攻陕西重镇榆林，自己带领主力经米脂杀向延安时遭到顽强的阻击。守将李锦（即李过，现已改名）驻兵于延安与肤施县城，凭着互为犄角之势与来犯之敌反复纠缠，使得阿济格连续围攻二十余日，未能得手。根据《清史稿·忠义传》的记载，八旗军战死的将士有虚衔章京哈尔汉，此人带着“甲士”守南山时，力战而亡。此外，侍卫察玛海、拜他喇布勒哈番（骑都尉）嘉龙阿、甲喇章京（参领）折尔特、护军校朔玛，也在厮杀中命丧黄泉。后来，阿济格用计佯攻肤施，而暗中出动精兵偷袭延安城，出其不意地用大炮猛击，终于摧毁了大顺军的防线，逼其连夜逃遁。多济格与固山额真谭泰分道追击，斩获甚众，夺得的“甲马器械”“不可胜计”，于1644年（明崇祯十七年，清顺治元年）十二月，攻克延安。而在此前后，吴三桂也以铁骑收服三边。据守榆林半月的大顺军将领高一功为了保存实力，于1645年（清顺治二年，明弘光元年）正月十四日率部撤离，两天之后，该城落入姜镶等降清将领之手。

清北路军在延安以西地区击破大顺军部分人马的阻击，向西安猛扑过来，可还是比南路军晚到达西安，为此受到了多尔衮的呵斥。多尔衮认为阿济格离京起程在先，多铎起程在后，如今多铎已攻克西安，阿济格却不知尚在何处，据此而批评阿济格“枉道越境”，指责北路军兜路来到土默特与鄂尔多斯向效忠于清朝的蒙古部落任意索取马、驼等物，“以致逗遛”，“其罪非小”，如今应该负起追击李自成的任务，以赎前咎。至于多铎，多尔衮则一再加以勉励，自称得知攻占西安的消息后，“不胜嘉悦”，因为“攻破流寇”意味着“大业已成”，并指示多铎可将陕北的战守事宜移交与阿济格处理，自己率领南路军前往南京，按照原定计划消灭南明。最后，这位摄政王对多铎说：“大丈夫为国建功，正在此时，汝其勉之！”

多尔衮对于同父同母的多铎，在感情上比同父异母的阿济格要更加亲近一些，言词之间难免有亲疏之别。阿济格擅自出塞搜刮游牧部落的马、驼，虽然被多尔衮指责为“逗遛”，但事后证明此举对于追击李自成有不少好处，因为要想捕捉到以骑兵为主的大顺军，较为有效的办法是拥有比对手更多的马匹。清军曾经在北京以西追击过撤退的大顺军，但斩获不多，亲历其事的阿济格一定吸取了其中的经验教训，以避免重蹈覆辙，故这次向陕西进军时，极有可能预见到李自成会放弃西安，因而借出塞之机到处搜刮，尽量增加军中马匹的数量，提前做好追击的准备。如今多尔衮令多铎南下江南，转而将陕北的战事交由阿济格负责，正好让阿济格的骑兵在追击敌人时派上用场。

大顺军在撤离西安时犯了个错误，没有将所有带不走的粮食全部烧毁。负责殿后的田见秀违抗李自成的军令拒绝焚烧粮库，本来想将这些粮食留给当地的饥民，想不到竟然让随后赶到的清军捡了个大便宜，凭借补给充足的优势加快了追击的速度。这时，李自成带着十三万人已进入河南，企图经邓州前去湖广的襄阳等地，与当地的驻军会师，可能是为了隐蔽行踪的缘故，据说他将当地的老弱“尽杀之”，而“壮者”则勒命随军而行，又留下精兵三千折毁城池、堵塞“井灶”，让“武关至襄、汉”之间，“千里无烟”。可是，这支队伍里面夹带着大量家属，致使行军迟缓，当正月二十九日来到河南内乡时，又进行休整，直到三月十八日才重新启程。由于停留的时间较长，终于被清军发觉，并派主力追了上来。且战且退的大顺军经湖广承天抵达了襄阳，成功与襄阳、承天、德安、荆州四府的七万人会师，使总兵力达到二十万人。然而，李自成又一次出了昏招，决定离开这个经营了一年多的根据地，带着襄、荆地区的部队继续南下，打算以水陆并进的方式占领南明的首都南京。按照常理判断，李自成作出这个错误决策表明他似乎不太清楚离开西安的多铎正率部赶去南京，因为他千方百计地避免与清军主力决战，不太可能会主动引火烧身。

李自成轻弃襄、荆地区的恶果是后方兵力空虚，没办法拦截追击的阿济格所部，不但使得襄阳被清军轻易占有，而且留守荆州的少量大顺驻军因缺乏坚守的信心也随之发生内乱，并最终降敌。至此，颠沛流离的大顺军丧失了所有的根据地。

大顺军主力破釜沉舟地向汉川、沔阳前进，迫使镇守武昌的南明将领左良玉弃城而逃，可是刚刚进入被明军故意焚毁的武昌后不久，又面对清军兵临城下的威胁。

尾随而至的是八旗前锋将领席特库、护军统领鳌拜、希尔根等人。他们的部属稍前已拿下安陆，缴获战舰八十艘，现在又进攻武昌，并击败了刘宗敏、田见秀的五千兵，把立足未稳的大顺军从这座城市驱逐出去。

这时，多铎的南路军已杀到长江下游，实际上使得李自成夺取南京的图谋面临破产的境地。大顺军只在长江沿岸的蕲、黄、荆、岳等处徘徊，军心已乱。阿济格指挥部队分路追击，尚可喜与固山额真李国翰、金砺相继夺取了樊湖、应山等地。而吴三桂与固山额真谭泰等人也取得丰硕的战果，他们于四月追到阳新富池口，击败了李自成亲自率领的部队，并于二十七日在九江附近攻入了大顺军的老营，俘获甚众。俘虏之中包括李自成的两位叔父与他的另外两位妻妾，此外还有刘宗敏、宋献策、明降将左光先以及一大批随军家属。不久，李自成的两位叔父与刘宗敏被斩，宋献策与左光先降清。

连战连败、损兵折将的李自成率残部紧急撤往湖北通山县境的九宫山，这位大顺军领袖几乎成了孤家寡人，他的三位妻妾为了避免被俘而投长江自杀，就连丞相牛金星也当了逃兵。到了五月初，冷不防传出了李自成死亡的消息，有人说他为当地土著所困，自缢而亡，有人说他病死，还有人说他因心灰意冷而悄悄出家为僧。比较普遍的说法是他带着义子张鼐和二十多名士卒在九宫山中侦察地形时，遭到乡兵的袭击而死于非命。其后，数以万计的大顺军在绝望中进行报复，冲入了通山县境内，屠戮数千乡民方才离去。

自从阿济格、吴三桂、尚可喜等人率领满汉部队经商洛、武关进入河南后，在这一年的三四月间，先后转战河南邓州与湖广的承天、德安、武昌、富池口、桑家口、九江等七处地方，经过八次较激烈的较量，终于击溃了李自成的老营，彻底截断了李自成沿长江而下的通路。此后，清军没有停止追击，继续四处搜索大顺军残部，据统计，这支部队出师以来打了十三次大的战斗，夺得六千四百五十四马骡与三十一匹骆驼，获取三千一百零八艘船只。还占领、招抚了数十座城池与收编了大量降军，最后于八月班师回朝。这一次，多尔衮给了阿济格所部高度的评价，称赞他们“驱驰跋涉，悬崖峻岭，深江大河，万有余里”，终于取得了来之不易的胜利。对清廷而言，真可谓劳苦功高！

李自成从此退出了历史舞台，与之齐名的另一位义军领袖张献忠接着又成为清军的打击目标。张献忠于1644年（明崇祯十七年，清顺治元年）春进入四川，相继占领了万县、涪州、重庆等地，并于八月初九攻克成都这个省城。此后，各地的府、州、县与土司大多望风而降，四川大部分地区已被其控制。然而，当时的李自成没有忽略四川，曾经让怀仁伯马科携同新任命的四川节度使黎玉田率兵一万从汉中进入川北，于七月占据了保宁等处。张献忠对此不能容忍，派军到川北驱逐了大顺军，还试图抢夺大顺政权辖下的陕西汉中，但被汉中守将贺珍击退。就这样，张献忠与李自成公开反目成仇，失去了联手抗清、共御外侮的可能。张献忠不再承认李自成的政权为正统，他已另起炉灶，于1644年（明崇祯十七年，清顺治元年）十一月在成都称帝，年号为“大顺”，正式建立了大西政权。

这个政权以武力立国，军队从来没有“以文驭武”的现象，在这方面优于明朝。大西军在军制方面有自身的特色，可分为正规军与地方部队，而正规军有三十八营，其中跟随张献忠起兵的老部队被视为嫡系，称为“皇兵”。地方部队称为“里兵”，在“皇兵”出师时负责守城。大西政权在统治区域内按户口佥派，用“三丁抽一”的办法维持军队的数额，全盛时期对外号称“百万”。张献忠手下的将领有平东将军孙可望（封为智勇伯）、抚南将军刘文秀（封为勇义伯）、安西将军李定国（前军都督）、定北将军艾能奇，此外的得力将领还有王尚礼、窦名旺、王复臣、王自羽、张君用、马元利、白文选、冯双礼、王自奇等。其中，孙可望的地位仅次于张献忠，有“监军节制文武”的衔头，可节制文武各官。

立国之初，张献忠参考古制设立左右丞相与六部尚书等官职，还进行科举考试，似乎想争取官绅地主势力的支持。然而，大西政权没有建立起正常的税赋制度，其经济政策与大顺政权差不多，都采取了类似“追赃助饷”的过火做法，派人四处拘拿巨室富户，罚以饷银，多则一万，少则数千，久而久之，不但损害了官绅地主的利益，连普通农民也深受其害，从而使得这个政权逐渐失去了民心。

各地不断有叛乱事件发生，社会矛盾逐渐激化起来，促使张献忠严厉镇压敌对势力。他在入川初期，已经下令搜捕那些离职归家的明朝文武官员，并杀死了其中一部分人。当他查出有读书人私下向李自成通表后，用“悬榜试士”的方式召来诸生，杀了数千人。其后，大西政权杀的人越来越多，这是因为境内的叛乱事件越来越频繁，越来越严重。特别是从1644年（明崇祯十七年，清顺治元年）八月起，南明政权派出得力官员管理四川，先是任命樊一蘅为川陕总督，其后又命王应熊为督师，经略川、湖、云、贵地方，使川中形势更加紧张。王应熊“散尽家赀”，制造“甲胄、鞍马、弓矢、戈矛”等武器，并招募了数千名勇士，会同樊一蘅的部属，准备在四川境内官绅地主武装的配合下，以号称“十万”的军队分路并进，颠覆大西政权。张献忠自从与李自成决裂后，把大部分兵力布置在川北，以防大顺军南下，以致川南、川西兵力不足，让南明军队有可乘之机。各路明军从贵州、云南等多个方向迅速入川，先后击败孙可望、冯双礼、刘文秀、狄三品等大西将领，攻克叙州、泸州、嘉定等一批州县。次年春天，南明总兵曾英一举攻克重镇重庆，随后又打退了刘文秀的反攻，使大西政权在军事上受到重挫。由于王应熊、樊一蘅两人均为四川人，故在川中有一定的影响力，各地的官绅地主蠢蠢欲动，有条件者皆聚集乡勇，举起

“义旗”，一时之间，这样的武装组织纷纷冒出来，“为数不下二十余万”，他们积极附和明军“或恢复一府、或恢复一县、或据一寨”，不断杀死张献忠任命的地方官员。大西政权处处风声鹤唳，连成都百里之外都有乡民“耰锄白梃”，手执原始武器，皆与之对敌。在这种不利的形势下，张献忠开始打算放弃四川，返回陕西，企图乘李自成与清军在中原争霸的机会分一杯羹。左丞相汪兆龄附和张献忠的弃川之意，并建议杀掉降服无常的川民，令敌对势力即使得到四川，也会因“千里赤地，万里无烟”而难以长期呆下去。这位左丞相乐观地认为，只要将来张献忠能顺利收服中原，就可以迁移别省的居民来充实四川户口，到时再经营四川未迟。这类荒谬的建议对大西军滥杀无辜的行为起到推波助澜的作用。1645年（清顺治二年，南明隆武元年）七月，张献忠在成都大开杀戒，从十三日杀到十八日，使这座城及其周边区域尸横遍野，血流成河。后来，滥杀行为在各地蔓延开来，到1646年（清顺治三年，南明隆武二年）五月，死亡的人已难以统计。此后，成都、重庆、夔州、叙州等屡遭战乱与劫难的地方变得“千里萧条，尽绝人迹”。《明史》称张献忠“共杀男女六万万人（即六亿）”，虽然是过于夸大，但也反映了错误政策所带来的恶劣影响。

张献忠还采纳汪兆龄的建议对军队进行清洗，意图只留下“陕西、榆林、延安、固原、宁夏”的旧部属，对于军中的外省人（其中仅四川人已超过十万）与收编的明朝降军及其家属，全要“尽行杀了”，让清洗之后的部队更加服从指挥，以达到“伶伶俐俐，要东就东，要西就西”的目的。这表明，张献忠放弃四川的决定在军队中遭到反对的声音，为此，他竟以极端的手段整顿军队，据说在军中共杀死男女老少“二十万有奇”，占全军总额的一半。很多将士害怕被杀，纷纷潜逃，使大西军很快就仅剩余五六万人，严重削弱了自身的战斗力。故进入陕西时被阻于汉中一带，被迫而回。1646年（清顺治三年，南明隆武二年）九月，张献忠再次准备大举出师，向陕西进军，他早已得到李自成在北方屡吃败仗的情报，想乘乱占领西安，他似乎不太清楚陕西清军的战斗力，也不知道自己的主要对手已经不是大顺军或南明军，而是来自关外的八旗军。

此前，清陕西总督孟乔芳与湖广等地的总督佟养和通过多种渠道游说张献忠来降，张献忠不理不睬。不得已，清廷只能进行军事讨伐。多尔衮于1645年（清顺治二年，南明隆武元年）十一月二十日令西安驻防大臣何洛会为定西大将军，让他与左翼固山额真巴颜、右翼固山额真墨尔根侍卫李国翰一起率领部队准备“会剿四川”。这支部队在陕西受到当地大大小小的抗清武装的牵制，一时难以进川。多尔衮遂于1646年（清顺治三年，南明隆武二年）正月二十一日再令和硕肃亲王豪格为靖远大将军，会同多罗衍禧郡王罗洛宏、多罗贝勒尼堪、固山贝子吞齐喀、满达海、镇国公喀尔楚浑、岳乐、努赛等人统兵征四川。豪格率大军抵达西安后，分兵四出参与镇压陕西形形色色的反清势力，先后平定邠州、庆阳、汉中等地，歼灭了一批忠于南明的武装，还击退了大顺军刘体纯部由河南邓州向陕西商州的反攻，为大举入川解除了后顾之忧。

刚好在此时，发生了大西军保宁守将刘进忠叛变之事。刘进忠手下的万余士卒以川人居多，而川人由于害怕遭到张献忠的清洗，纷纷逃亡。刘进忠既制止不了部队的逃亡潮，又担心受到上级的惩罚，竟铤而走险与张献忠分道扬镳，先是投靠重庆的南明将领曾英，不久又与活动于四川东北部的“摇黄十三家”会合。“摇黄十三家”源于农民起义队伍，由多股武装力量凑合而成，如今已沦为割据一方、亦兵亦匪的组织，因而刘进忠重新成为了一位类似山大王式的人物，他到了1646年（清顺治三年，南明隆武二年）十月，干脆派人到汉中与清朝联系，投降了豪格，准备做清军入川的向导。

蒙在鼓里的张献忠自从率军离开成都后，徘徊于顺庆、西充一带，滞留了近三个月，尚未确定离开四川的途径。想不到清军在豪格的带领下已于十一月迅速入川，并在二十六日来到南部县，悄悄靠近过来。豪格随即命令护军统领鳌拜所部先行出发，日夜兼程而进，于二十七日黎明到西充，与张献忠近在咫尺。

▲张献忠之像。

大西军哨卒一再回营报警，可没有引起重视。根据《圣教入川记》的说法，在大战即将爆发的前夕，一名侦得敌情的士兵飞奔回营，声称在前面的高山上看见四五个骑着马匹的满洲兵正迎面而来，张献忠不肯相信，差点以妄报军情为理由杀掉报信之兵。直到又有人来报称五个满洲骑兵已到营外对面的高山，才促使半信半疑的张献忠打算亲自探个究竟。但他骑马出营时过于轻敌，既没有穿上盔甲，也没有携带长枪，只是拿着短矛带领身边的七八名小卒与一名太监奔出去，刚刚登上营外一座小山岗就吃了大亏，冷不防被对手一箭射中左肩，直透入心，顿时倒于血泊里面。他身边的太监惊惶失措起来，

西充之战（公元1646年，农历十一月）

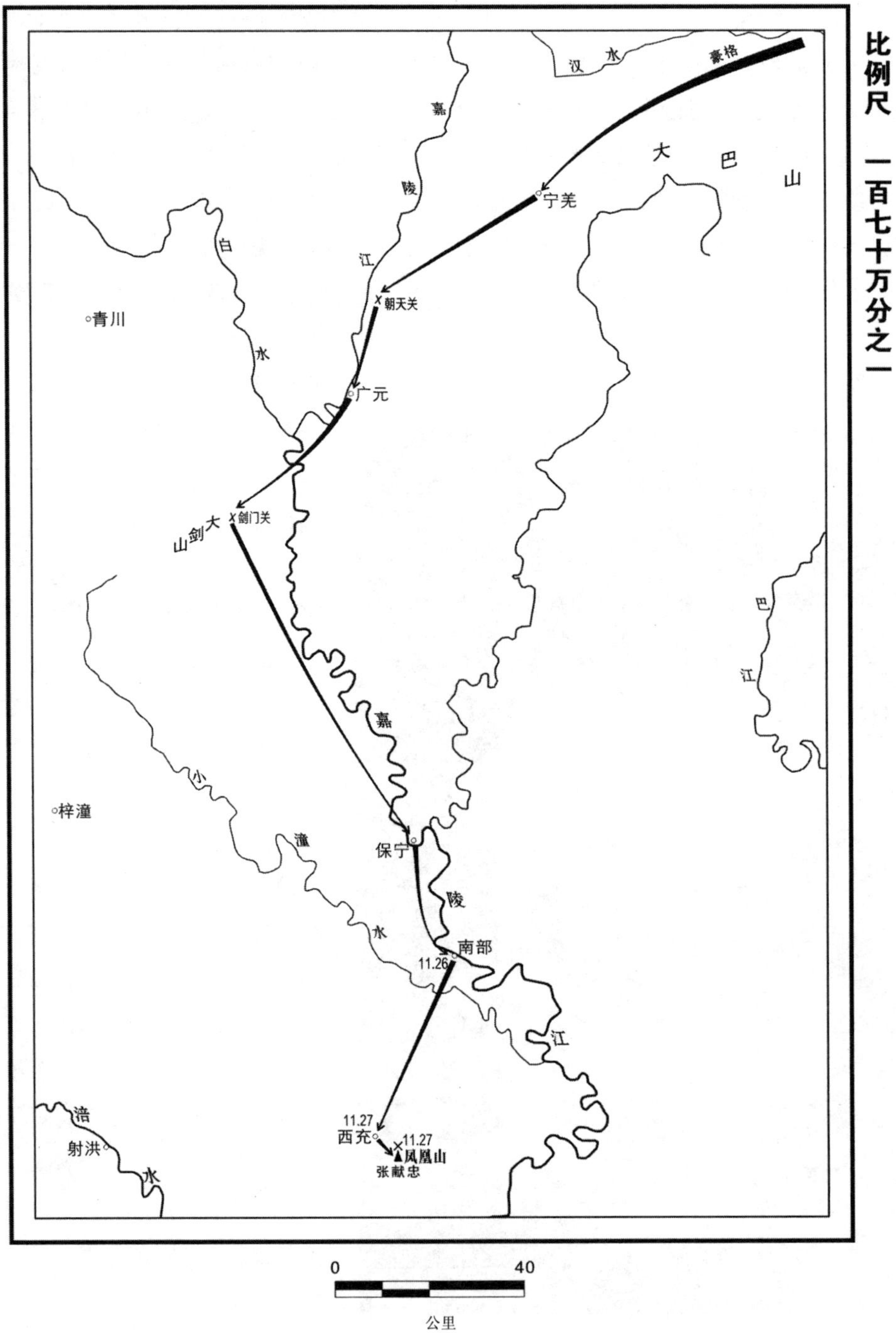

跑回营中大叫“大王已被射死”，一时声震各营，致使军心大乱，失去斗志的将士一哄而散，各自逃命。

射死张献忠的八旗兵名叫雅布兰。至于张献忠身体的中箭部位，则说法不一，例如有的人说张献忠首先中箭的是额部，而且连中数矢才坠马，可他没有当场死亡，负伤回营后被清军俘虏，斩于军前。死后被仇家戮尸，没多久便“骨肉俱尽”。

鳌拜的先头部队立了首功，随后赶到的豪格分兵四出，捕杀残敌。根据《清实录》的数据，共“破贼营一百三十余处，斩首数万级，获马骡一万二千二百余匹”，以大获全胜而告终。清军除了打死张献忠之外，还杀其“伪巡抚、总兵等官二百三十有奇”，“俘获无算”，其后又招抚“文武官二百三十五员”与步骑兵六千九百九十余人。

清军在此役中也有一定的损失，《清史稿·忠义传》收录了一些阵亡者的事迹。满洲正白旗人格布库是八旗军甲喇章京，他在攻打大西军的“环营”阵地时遇到顽强抵抗，豪格派来人马增援，由牛录章京苏拜攻敌右翼，固山额真准塔攻敌左翼。格布库先是与左翼敌军激战，不久又跟随准塔击其左翼，最后为了解救一部分被大西军围困的正蓝旗兵，他中箭而死，与之一起作战的西特库、乌巴什等牛录章京也当场阵亡。此外，大西军将领高汝励占据的三寨山也一度成了双方争夺的焦点，八旗武官古朗阿奉豪格之令多次发起强攻，然而当他迎战三路来犯的大西军步骑兵时，却与同僚巴扬阿同时丧生。可见，八旗军至少损失了一些将领。这表明，大西军并不是一支能够轻而易举地消灭的队伍。张献忠虽死，可他的手下还有不少人躲过了清军的打击，日后仍会东山再起。

历史学者基于各自的立场对李自成与张献忠这两位义军领袖的评价毁誉不一，有人认为他们是英雄，有人认为是枭雄。但一个无可争辩的事实是，随着“双雄”的先后死去，轰轰烈烈的明末农民大起义已经江河日下，难以为继。从目前的形势来看，笑到最后的似乎是以多尔衮为代表的清朝统治者。

《摄政王起居注》记载多尔衮曾自豪地宣称：“本朝大兵，平流寇甚易。”似乎困扰明朝十几年的农民大起义，对清朝而言不是什么大问题，只在短短的两三年间就解决了。那么，李自成与张献忠迅速败于清军的主要原因是什么，就值得人们从各方面进行探讨。

质言之，就拿李自成来说，早在山海关大决战之前已犯下了战略上的错误，当李自成于1643年（明崇祯十六年，清崇德八年）九月在河南战场摧毁了孙传庭集团的主力后，关内正处于无敌状态。然而，对于下一步的进军方向，义军内部存在不同的意见，牛金星主张直捣北京，杨永裕主张南下南京，顾君恩认为前者的主张过急，后者的主张过缓，他提出了一个折中的方案，就是先取陕西、山西，再向北京进军，与明朝作最后的摊牌。最后，李自成采纳了顾君恩的意见，决定暂时不管江南的财赋之区，而专注于北方。然而，顾君恩的主张完全忽略了关外清朝的存在，实施这个战略方案必将带来重大隐患。因为清朝的势力范围东起辽东、西至漠南蒙古，已经对明朝的京师、山西、陕西等区域形成了战略包围的有利态势。李自成一旦率部占领上述地区，无异于“自投罗网”，如果将来与清朝发生战事，在战略上很容易陷入顾此失彼的被动状态。

事实也是这样，李自成席卷西北，夺取重镇榆林时，已经和归附清朝的蒙古部落发生了冲突，其后，他经山西向京畿地区挺进，终于在山海关遇上了来势汹汹的清军。所有的这一切都证明，大顺政权的统治者要为自己的轻率决定付出沉重的代价。正因为如此，当李自成在山海关战败后撤回山西时，才对战略位置上的不利状态有了更加深切的体会。可惜为时已晚，清军已经从东面的京师、西北的漠南蒙古对山西形成了更为严密的战略包围。

过去，关辽明军得到关内地区大量人力物力的支持，凭着苦心经营的宁锦防线，才能与后金（清朝）在辽东对峙一二十年。相反，大顺军既缺乏固守城池的经验，而统治区域又内部不稳，官绅地主纷纷叛乱，总体情况不容乐观。故李自成即使想像关宁辽军那样环绕山西建设一条坚固的防线与清军长期对峙，也缺乏必要的条件。偏偏在这个时候，传来了蒙古诸部将要进犯陕西等地区的消息。也许是为了避免后院失火，李自成不得不率领主力渡过黄河返回陕西。

清朝用武力以及招降的手段逐渐控制山西，并染指河南，再次让大顺军的陕西根据地处于不利的位置。因为清军从东面的河南、北面山西以及西面的漠南蒙古重新对陕西形成战略包围。其后，多尔衮兵分两路，分别从河南与陕西北部这两个方向夹攻西安。大顺军为了避免被两线作战而狼狈撤出陕西，经河南退往湖北，而李自成也由此走上了败亡之路。

据此可知，大顺政权在战略上的成败受地理位置的影响甚大。大顺军先后在京师、山西、陕西等地抗清，其所在的地盘始终摆脱不了被清军扼喉、拊背的被动态势，其失败，是偶然之中存在必然的因素，而这个因素与顾君恩当初提出先取陕西、山西，再向北京进军的方案脱离不了关系。

张献忠与李自成相比，在战略上更是毫无章法，特别是大西政权在清军入关后，不但没有避其锋芒，反而不自量力地采取“弃川入陕”之策，可说是不折不扣的自投罗网的行为。

与李自成、张献忠的麻痹大意不同，清朝统治者在入关之前早已把关内的义军当作最大的敌人。如果从清太祖努尔哈赤于1583年（万历十一年）从建州地区起兵的时间来计算，这个政权在入关之前已经持续了六十一年，其先天条件远胜于匆忙成立的起义政权，难怪满洲贵族拥有足够的自信，敢于先发制人，打击仅仅起兵十数载的义军了。

在战术上，李自成与张献忠仍旧沿用与明军作战的那一套来对付清军，没有审时度势，对部队的兵种与兵器作出相应的调整。相反，老谋深算的多尔衮在山海关决战时一反常态，针对性地使用轻装骑兵打头阵，起到了出其不意的效果。而阿济格在河南、湖广地区追击大顺军时能够势如破竹，有赖于部队机动能力的增强，这与他及时吸取经验教训，在大战来临之前绕道塞外，从蒙古诸部搜刮了大量马匹以及骆驼有关。清军在战法上既能推陈出新，又能继承传统，例如清太祖努尔哈赤曾经提出一条“专打头目”的作战原则，即是在战时尽量查清楚敌军头目所在的位置，确定目标之后，再集中力量打击（主要是用箭射）。在以往争霸辽东的连场血战中，死于八旗军箭下的明军将领为数不少，如今，当战火漫延至关内时，“专打头目”的作战原则再次派上用场，这支关外的虎狼之师用箭射伤了李自成、刘宗敏，并射死了张献忠。必须指出的是，清军在每一次大规模的战事中都尽量保持兵力上的优势，这是其在战场上获胜的根本保证。

值得注意的是，李自成与张献忠均在侦察敌情时意外死亡，这可能表明在义军之中，高级军官亲自出马搜集情报是常态。与此相似的是，清军的高级军官（诸贝勒或大臣等）也经常带着部分精锐士卒潜入敌境打探敌情，甚至会伺机发动突袭，抓获活口，借此了解对方防线的虚实以及熟悉战区的地形路径，因此得以在实践中积累丰富的战斗经验，培养出异乎寻常的临阵判断与执行能力。反观明军虽然也会派遣斥候远哨，但为首者多数是低级别的军官，高级军官极少参与。这是明军将帅的指挥能力与对手相比存在较大距离的原因之一。正所谓“兵熊熊一个，将熊熊一窝”，难怪在明军、义军与清军的三股势力之中，明军的战斗力是最差的了。

# 第三章　席卷江南

南方绝大部分地区仍受明朝势力的管辖，其政治中心在历史上素有“六朝古都”之称的南京。当北京失守，明思宗死亡的消息传来后，南京的文武官员为拥立新君展开了勾心斗角的斗争。由于明思宗的三个儿子下落不明，故因战乱而避祸在南方的潞王、周王、鲁王、福王、桂王、惠王等明朝藩王纷纷卷入其中。

古话云：“国家不可一日无主。”如果按照封建伦序与血统的远近，处于淮安的福王朱由崧本应是南京文武官员们优先考虑的对象，可是官僚内部的党争没有因北京失陷而消失，而排斥异己的风气在南方越演越烈，使朱由崧即位之事一波三折。

以“清流”自居的东林党－复社势力一向被时人视之为官绅地主阶级之中的精英，并把持着朝野舆论（东林党之名起源于无锡的东林书院，这是明万历年间吏部员外郎顾宪成因官场失意而回乡讲学的处所，他在学术上拒绝离经叛道，推崇程朱理学，并与当时政见相似者依附在一起，“讽议朝政”，评论官吏，逐渐形成了一个以江南士大夫为主的政治集团，他们当中既有朝臣，也有在野的士绅，均以君子自居，号称“君子亦

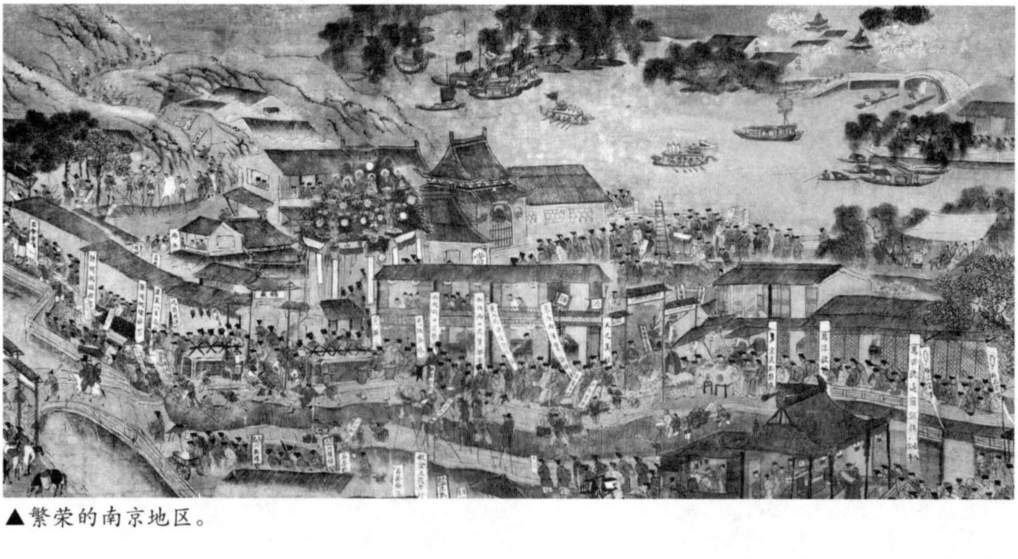

▲繁荣的南京地区。

有党”，积极提倡“开放言路”，反对宦官干政以及谴责矿监税使等主张，极力排斥政见不同者。继东林党而起的是成立于崇祯年间的以“兴复古学”为宗旨的复社，这个组织是由文章学术享誉天下的太仓人张溥联合民间一些观点相似的志同道合者成立的，一向以“尊遗经，砭俗学”为自我标榜，其成员也热衷于政治活动，在文化界有很大的影响力。史籍记载，连“在朝宰辅”，亦“畏忌社中之人”，惟恐因一时疏忽被这些人抓住把柄而受到舆论的抨击。由于复社的政治主张与东林党差不多，故又有“嗣东林”之称。到后来，复社与东林党实际已结合在一起。明朝灭亡时，顾宪成、张溥等人已一一死去，在籍礼部侍郎钱谦益被认为是东林党－复社势力的魁首）。东林党早在万历、天启年间就与福王朱由崧的父亲、祖母围绕着储君等问题发生过激烈的冲突，如今自然强烈反对朱由崧即位，以防对方旧事重提，秋后算账。钱谦益不辞辛苦，从居住地常熟奔往南京，到处秘密联络官场上的志趣相同之人，准备另立他人，为此获得了南京兵部侍郎吕大器、南京户部尚书高弘图、右都御史张慎言、詹事府詹事姜曰广等人支持。张慎言、吕大器、姜曰广等人公开宣称朱由崧作为明神宗的孙子，虽然按照“伦序”当立为君主，然而却有“贪、淫、酗酒、不孝、虐下、不读书、干预有司（泛指官吏）”等七个缺点，故不可立。相反，神宗之侄朱常淓素来“贤明”，可以取而代之。他们将上述意见写在牒文中，移交给南京兵部尚书史可法，力图争取这个首席大臣的支持。

史可法的老师是东林党的重要成员左光斗，因而在政治观点上倾向于东林党，但他又知道放弃朱由崧不符合封建礼法，故一时拿不定主意，转而前往浦口和掌握江北防务大权的凤阳总督马士英商量，两人议定采取折衷方案，拥立远在广西的桂王朱常瀛（明神宗的儿子），以解决这场风波。不料，守备凤阳太监卢九德绕过马士英，直接和马士英辖下的高杰、黄得功、刘良佐等总兵串通一气，突然宣布拥立朱由崧（卢九德曾经服侍过朱由崧的父亲，他所做的事被认为是朱由崧在背后指使）。形势发展至此，为了避免被部属架空的马士英见风使舵，表态拥护朱由崧，随即与高杰、黄得功、刘泽清、刘良佐等人一起发兵迎接朱由崧，欲到南京登基。马士英还煞有介事地发文声称：由于南京有人对拥立新君“尚持异议”，故臣“勒兵五万”，驻扎长江沿岸，以“备非常，志危险”，从而正式与史可法划清界线。有苦难言的史可法只得接受既成事实。而东林党人虽然在政坛威望素著，可他们没有掌握兵权，也不敢再表示反对了。

朱由崧进入南京，于1644年（明崇祯十七年，清顺治元年）五月初三日出任监国，至此，继统纷争总算暂告一段落。其后，朝中职位重新安排，其中，史可法为礼部尚书兼东阁大学士，仍掌兵部之事，而首席大臣的身份也没有改变。马士英得以入阁为大学士，并加兵部尚书、右副都御史之衔，仍任凤阳总督。可是，希望入朝行宰相之事的马士英对新职位不满意，他自恃拥立有功，想取代史可法在京城中的地位。史可法由于曾经反对朱由崧继位，也自感尴尬，遂请求到京城之外督师。而在同月十五日正式即帝位的朱由崧批准史可法以太子太保、兵部尚书、武英殿大学士之衔出镇江北的淮、扬之地，与此同时，马士英如愿以偿地得以入朝主政，兼顾兵部。就这样，史可法在拥立新君的问题上失去先机，实际上等于被排斥出了核心决策层之外。

史称这个偏安一隅的小朝廷为“南明”，朱由崧称帝后以次年为弘光元年。拥立新君有功的四位武将刹那间变得大红大紫。

四将之中，管辖人数最多的是陕西米脂人高杰，全盛时期号称有兵“三十万”，真正能打的只有数万人。此人本是李自成部下，诨号“翻山鹞”，后来投降明朝，先后受总兵贺人龙与总督孙传庭等人的指挥，多次参与对义军的追剿。当李自成发展壮大进占陕西之时，他取道晋中南逃。北京失守之后，他经山东来到江北徐州，接受凤阳总督马士英的指挥，因机缘巧合拥立朱由崧有功，被封为兴平伯。

辽东开原人黄得功本姓王，他从军后认一位姓黄的总兵为义父，故改姓为黄。由于作战勇敢，获得了“黄闯子”的诨号，并在崇祯年间因在关内镇压义军有功而升为总兵。明亡前夕，其镇所在庐州，明亡后归于马士英的麾下，也成为拥护新君的元勋之一，如今受封为靖南伯。

山东曹县人刘泽清本是州中的“捕盗弓手”，其后改为从军，逐渐官至总兵。北京失守前夕，他拒绝了明思宗颁布的勤王之令，率部从山东临清南逃淮安，对时局采取观望的态度。他平时附庸风雅，结交文士，最初迎合东林党人拥立潞王朱常淓，不久察觉到朱常淓势孤力弱，遂转而改变立场，拥立朱由崧，受封为东平伯。

北直隶人刘良佐，诨号“花马刘”，也是一位因镇压义军而功升总兵的将领。明亡后，他率部从河南撤往江北寿州一带，沿途奸淫掳掠，民愤极大。由于能够及时与太监卢九德取得联系，刘良佐得以从寄人篱下的败将而摇身一变成为“定策”元勋，受封为广昌伯。

这四人拥立新君有功之后，重新划定驻地。刘泽清的辖区淮安、扬州，驻于淮安。高杰的辖区为徐州、泗州，计划驻于泗水。刘良佐的辖区是凤阳、寿州，驻于寿州。黄得功的辖区滁州、和州，驻于真州。这些驻地并非固定，而是会根据形势的变化而调整。这四人的辖区统称江北四镇，为京城藩篱。

此外，镇守武昌的是挂平贼将军印的左良玉集团（简称“楚镇”或“左镇”），镇守福建的是南安伯郑芝龙，镇守九江的是靖虏伯郑鸿逵，可说是将帅如云。

在这批将领之中，绝对不容忽视的是“世镇武昌”的左良玉。左良玉在过去的岁月里纵横驰骋于全国各大战场，不断同各路义军进行殊死搏斗，具有丰富的实战经验。他的部队一度被视为是明末明军三大主力之一。这支部队虽然在1642年（明崇祯十五年，清崇德七年）的朱仙镇之战中被李自成重创，但在南撤途中通过招降纳叛以及在襄阳等地强拉民夫等手段，人数逐渐得到恢复，当全军于次年沿江而下时，已有三十五万之众。到了明朝灭亡的这一年，根据《明史》的记载，以武昌为根据地拥兵观望的左良玉，其辖下人数达到了新的高峰，竟然增至“八十万”，号称“百万”。类似的数目显然有所夸大，故有人认为左良玉集团的真实人数为二十万。虽然这个军事集团自从朱仙镇之战后，其精锐已损失殆尽，而新补充的人员以乌合之众居多，实力已大不如前，但仍不容忽视。朱由崧一上台即封左良玉为侯，而以长江“上流之事专委之”。此时左良玉也有所表现，乘李自成在山海关大战中失败之机指挥部队向北进行试探性的进军，恢复了荆州、德安、承天等地，故被南都倚为屏蔽。

弘光政权表面上兵多将广，如果把左良玉集团、江北四镇与江浙、福建、两广、云贵等地的驻军人数相加，达到“百万”以上也不足为奇，在总兵力上超过大顺军、大西军与入关的清军。

然而，弘光政权却养不了这么多兵。尽管南方的经济比北方发达，而且随着明朝的灭亡，南方也不必再通过运河输送大量物资供养聚居在北京的达官贵人以及镇守在北部边境线上的无数驻防军人，可是，这个政权的财政仍然严重超支，故此，只能给一部分军人发饷。具体的措施是给各部队制定编制，只有入了编制的将士才能吃“皇粮”。例如有众“八十万”，号称“百万”的左良玉集团，朝廷只承认其兵额为五万，只按这个数目发饷。至于江北四镇，朝廷也只承认每一镇的兵额为三万，超额的由各部队自行解决后勤供应问题。就连中枢机构的所在地南京，其驻防部队也有编制，并按照旧制设五军、神枢与神机三大营（后来又增加勇卫营），兵额的数目共约六万（领军的是太监卢九德与出任总督的忻城伯赵之龙）。而扼守在长江南北，由各督抚与郑鸿逵等武将管辖的水陆部队，亦设有八镇，兵额约为十二万。总计上述的十三镇与京营，有编制的兵额已达三十五万，每年需要的军饷为七百余万两银子，已经超过了国库的收入（六百万银子）。为了填补财政赤字，只能用加征等手段搜刮民财了。除此之外，江浙、福建、两广、云贵等地的驻军，朝廷恐怕爱莫能助，只好心照不宣地让一些部队自筹粮饷。俗话说：“受人钱财，替人消灾”，在募兵制度盛行的南明，那些拿不到安家费的军人会不会诚心诚意地服从朝廷的指挥，只有天知道了。

过去，明朝为了防止武将拥兵自重，主要采取三个办法：其一是“以文驭武”，让文官以督师、总督、巡抚等军务头衔统率各级武将，并控制着“人事”、“财政”与“军法从事”之权；其二是分散武将的兵力，让总兵、副将（又称“副总兵”）、参将、游击、守备、指挥等各级武将互相牵制，他们虽然有地位高低的分别，却无权力截然高下之制，每个人真正能掌握的只有自己的直属部队（通常以“营”为单位，人数有的过千、有的过万，没有额定的标准）；其三是扣压将士的家眷做人质，例如洪承畴在未叛明降清之前曾经出任蓟辽总督，他于

1639年（明崇祯十二年，清崇德四年）以种种理由命令宁远、锦州的守军要将所有的亲眷与家产迁移到位于宁远后面的中后所与前屯所，实际等于把宁、锦两地守军的亲属当作人质，并控制他们的家产，以防反侧（就连出任关外前线部队高级将领的祖大寿与吴三桂，也曾经将一些家眷送回北京这个大后方，相当于人质）。将领一旦在前线叛变，那么后方的家眷就有可能受到惩罚。比如明将佟养正在清太祖努尔哈赤攻打抚顺时选择了投降，结果致使辽东素有声望的佟氏家族遭到明朝的迫害，一部分人被杀于辽阳，一部分人被押送入关内沦为囚犯。

可惜时过境迁，这些办法如今在南明都基本上行不通了。左良玉集团与江北四镇其实形同军阀。首先，总督江西、湖广、应天、安庆军务的袁继咸与湖广巡抚何腾蛟这两名文官统帅已经控制不了世镇武昌的左良玉。而在江北督师的文官史可法，也难以指挥江北四镇的高杰、黄得功、刘泽清与刘良佐等武将。因为左良玉与四镇诸将在长期流动，转战南北的过程中经历过无数次的血战，他们为了及时补充战斗损耗，全都习惯了不经请示就招兵买马，并且控制着部属的升迁贬降与黜陟赏罚，成功垄断了“人事”与“军法从事”之权，让文官不能像过去那样随心所欲地干预军中的事务。其次，军阀们在战乱中大肆扩军，无论哪一支部队的人数都超过朝廷承认的兵额，这意味着，过去防止武将拥兵自重的某些措施已经陆续失效。朝廷虽然迫于形势不得不默认军阀们擅自扩军的行为，但却不愿意为此支付额外的军饷。这样一来，军阀部队为了填饱肚子就为所欲为，纷纷以“打粮”为名“抢掠民间”，搞得乌烟瘴气，严重扰乱地方秩序。《明季北略》记载左良玉指挥动辄号称“数十万”的队伍时却“军法颇宽”，军中士卒凡是在地方上抢掠“子女金帛”，俱不追究。只是告诫：“汝只为我杀贼”就行了。刘良佐率部转战时一旦粮饷不继，就纵兵抢掠，他的部属在明朝灭亡后南下南直隶，“沿途淫劫”，无恶不作，甚至悍然出兵攻打仍由明朝残余势力控制的临淮，企图据为己有，这支军队违法乱纪到了如此地步，事后也没有得到任何追究。类似的例子比比皆是，而军阀部队使用种种自行筹饷的方式，等于获得了一部分“财政”权。最后要指出的是，一些军阀由于没有什么家眷被南明小朝廷扣为人质，故如脱缰之马，更难驾驭。比如左良玉，根据《国榷》与《明史》诸书的记载，他的家眷在1638年（明崇祯十一年，清崇德三年）正月的许州兵变中几乎尽数罹难，而他的母亲及妻子也在1642年（明崇祯十五年，清崇德七年）朱仙镇决战后被李自成所俘。而江北四镇很多将领的原籍在辽东、北直隶、陕西与山东等沦陷地区，南明对这些地区的百姓早已鞭长莫及。

匆忙成立的弘光小朝廷很难扣压将领的家眷，但不意味着军队里面没有随军家眷。一些将领有意鼓励部属成家立室，甚至默许手下抢夺良家妇女为妻，因为这些随军家眷可以拴住士卒的心，从而达到防止出现逃兵的目的。著名文人冯梦龙在《甲申纪事》中提到这类部队时称：“一兵家属多至十余人”，可算是非常真实的写照。此外，左良玉集团之类的队伍收编了大量的“流寇”（高杰所部干脆就是接受招安的“流寇”），而“流寇”是由饥民、饥军转化而来的，携家带口四处流动成为了常态。当然，这些颠沛流离的军人在过去的日子里没有什么机会将家眷固定地安置在某一地点，留给朝廷做人质，难免常常处于失控状态。

可是，某些军队有时不愿意携老扶幼上阵，因而在接到朝廷的“征调”之令时，又有“安插家小”的说法，也就是先要选择一块妥善的地方将妇孺老弱安顿好，以确保无后顾之忧。为此，他们又常常会在家属驻地的问题上“拣择瘠肥”，与朝廷讨价还价，以致“迁延月日”，迟迟未能执行军事任务。例如高杰所部长期以来带着家属转战四方，没有自己的地盘，直到来到南方才得以在朝廷指定的辖区内安身。他准备先把部队家眷安置于扬州城内，再统兵北上，谁知竟然因军纪败坏而被扬州地方军民拒于城外，使得双方差点发生内讧。史可法亲自前来调解，最后议定让高杰所部的家眷改驻于扬州附近的瓜洲，解决了这一难题。如果史可法能够说服扬州地方军民让高杰的随军家属入城，那么自己坐镇扬州时就等于控制了一大批人质，不怕出征在外的高杰所部不听号令。可惜，史可法似乎没有考虑到这一点，反而担心四镇“垂涎”扬州等富裕之地，只允许将领们在“有警时”才能“安顿家眷”，同时又让他们彼此划定驻地，以免“独踞”。正如《南渡录》中所指出的“谓之‘有警’，则‘无警’不得驻耳”。这样做使得四镇一些将领更加不满，与朝廷更加离心离德。

▲史可法之像。

总之，南明缺乏控制军阀部队的妥善方法。更由于史可法、马士英等重臣在选择新君的问题上举止失措，结果让武将们有机可乘，变得更加骄横跋扈。

为了报答四镇诸将的拥立，朱由崧给了军阀们极大的权力，允许他们管辖防区内的一切军民事宜，节制州、县官员以及指挥地方部队，批准他们可以在境内开展“招商收税”等经济活动，“以供军前买马、制器之用”，甚至连岁供粮饷，也可以“自行征取”。假若上述承诺一一得到落实，江北四镇简直成了独立王国。不过，军阀们在现实中照朱由崧的指示去办又遇到了不少阻力，例如扬州军民敢于将高杰所部拒之于外就说明了这一点。况且，朱由崧也不想让四镇变得“尾大不掉”起来，他明令四镇首领“所辖各将，听督师荐举题用”，以便让史可法掌握人事权。可是，军阀们根本不把文官放在眼内，不但不肯受节制，而且反过来干预朝政。根据《南渡录》、《三垣笔记》、《过江七事》等史籍的记载，刘泽清向朱由崧“进言”道：“中兴所倚，全在政府，旧用大帅，自应群臣公推，今用宰相，亦须大帅参同。”刘泽清的意思是，既然按照过去的规定，任用武将要先经文官集团的推选，那么现在任用宰相，也须征求武将的意见。当然，南明从没有设立过宰相之职，刘泽清所说的宰相，可能是泛指内阁大学士。那时出任内阁大学士正是史可法、马士英等人。朱由崧肯定不可能在朝廷重臣任用的问题上征求武夫的意见，这段史实除了说明刘泽清的狂妄自大之外，还揭示武将不甘屈居于文臣之下的心理。刘泽清毫不讳言自己的想法，又说：“祖宗天下，为白面书生坏尽”，应该将这些人“束之高阁”，并提议停止为选拔文士而举行的考试。朱由崧只好含糊其辞地回复：这不关卿的事，而今当务之急是防止敌人渡河南下。黄得功也看不起朝中的文臣，如果有谁胆敢逆他的意，他就上奏朱由崧，要“乞付”此人，于“军前正法”。朱由崧在很多时候对军阀们的过分要求采取敷衍的态度，有时又不得不安抚一下，例如这位昏庸的皇帝同意武将获得“参纠之权”，“令四镇得纠有司”，这是应刘良佐的请求而实行的新规定。但实际上，武将们批评文官的疏文在朝中照旧常常遭到忽视。朱由崧对四镇虚与委蛇，四镇诸将也睚眦必报。例如，史可法曾经在与高杰谈话时引用“圣旨”，高杰觉得不顺耳，就不耐烦地顶撞：“旨、旨，何旨也！”黄得功有一次对皇帝诏书中的意见有不同的看法，竟公开扬言：“吾不知何诏也。”这一切的根子都在于当今皇帝既然是靠四镇用武力扶上台的，四镇诸将遂自恃居功至伟，变得不可一世了。

拥立新君有功的四镇诸将让文官们头痛不已，而没有参与拥立的左良玉也不好相处。当初朱由崧刚入京出任监国时，大学士姜曰广就忧心忡忡地对还是凤阳总督的马士英指出位于长江上游的左良玉没有参与劝进，“祸必始此”。并认为左良玉视四镇的一些将领为“毛贼”，岂容其以“定策”元勋的身份后来居上。马士英对此默然以对。果然在不久之后差点出了问题，人在武昌的左良玉竟然拒绝接受朱由崧正式登基时的颁诏。《明史》记载总督江西、湖广、应天、安庆军务的袁继咸急忙写信以“按伦序当立”为由替新君辩护。湖广巡抚何腾蛟也认为：“社稷安危，系此一举”，倘若左良玉不奉诏，“吾以死殉之”，并亲自来到左良玉住所，准备加以劝说。所幸的是，左良玉经过思虑后改变了想法，终于接诏，承认了朱由崧登基的事实。一场风波表面上暂时平息，但隐忧仍然存在。正如复社成员吴伟业所描述的，四镇凭着“定策”元勋这个特殊的身份所带来的权力，频繁“参预国是”，而左良玉则被冷落在一旁，无可置喙。这种巨大的反差可能会让左良玉心理不平衡，难保不会做出过激的事来。

由此可知，无论是自居“定策”元勋

▲阮大铖擅长写戏曲，上图为其所著的《燕子笺》插画。

的四镇，还是未能参与拥立新君的左良玉，弘光政权都驾驭不了，只能听之任之。表面上，南明兵多将广，可是布置在长江沿线的能战之师都不听使唤，令偏安于一隅的小朝廷徒呼奈何。

南明弘光小朝廷成立之初，可算治国之才济济一堂，招揽了不少名震一时的东林党人，例如高宏图为东阁大学士、张慎言为吏部尚书、周堪赓为户部尚书、姜曰广为东阁大学士兼礼部左侍郎、徐石麟为吏部尚书、吕大器为吏部左侍郎、刘宗周为督察院左都御史、黄道周为东阁大学士兼礼部尚书。就连积极反对朱由崧登基的“东林魁首”钱谦益也得以升任礼部尚书。没有迹象表明朱由崧像东林党人所担心的那样私心自用，这位新君显然不想重提旧事，并公开说“潞王乃朕叔父，贤明当立”，以此阻止马士英等人企图利用这个问题秋后算账，打击不同政见者。可是，朝廷内部各个利益集团始终未能平息明争暗斗，马士英将史可法排斥到江北后，逐渐把持大权，他不顾部分东林党人的激烈反对，坚持要起用阮大铖，引发了政坛上的另一次震荡。因为阮大铖在天启年间依附过东林党的死对头——司礼秉笔太监魏忠贤，魏忠贤倒台后，他被视为是阉党的一分子，离开了官场，被打入另册。如今，马士英顶着舆论压力让阮大铖到兵部任职，目的是为了报答阮大铖过去的荐举之恩，然而，东林党却担心阮大铖的东山再起会带来不测的后果，甚至有可能会令魏忠贤的阉党得到平反，故群起而攻之，但一时难偿所愿。

自从拥立潞王的图谋失败后，东林党人大都成了政治上的失意者，不能改变朝政大权被马士英与四镇诸将操纵的事实，因而执着于“门户之见”接二连三地辞朝而去。弘光政权成立仅仅五个月的时间里，先后罢职的有张慎言、姜曰广、刘宗周、吕大器、徐石麟、高宏图等人。朱由崧察觉到这么多东林党人联袂而去，于朝权不利，并曾经以“国家多故，依赖良深”为由挽留高宏图，可没有成功。高宏图在任时，朱由崧犹时常亲自处理政事，高宏图离开后，这位新君变

▲马士英之像。

得消沉起来，将事情通通推给了成为首辅的马士英，口称“天下事，有老马在”，自己深居禁宫，纵情声色。

马士英、阮大铖同勋贵刘孔昭等人勾结内阉，左右朝政，肆无忌惮地将同党安插在朝中的各个要津职位，出现了贿赂公行，卖官鬻爵的事，闹得乌烟瘴气。而清流益加不满，对此加以攻讦。朝中拉帮结派、党同伐异的现象越来越严重，一些人表面上水火不容，但有时出现政治需要又会携手合作，例如马士英联合部分注重气节的东林党人主张对那些在北京陷落之后南下的官员进行审查，打算惩办曾经投降过大顺政权的臣子，这样做既不利于搞好团结，也不能吸引人才共度时艰，是政治上的失算之举。

在此期间，发生了一系列光怪陆离之事。其一是1644年（明崇祯十七年，清顺治元年）十二月，有位法号大悲的和尚在南京之内冒充明朝亲王，并扬言“潞王恩施百姓”，该即“正位”，后被朝廷查明处死。其二是1644年（明崇祯十七年，清顺治元年）十二月，一个从北方南下的少年自称是“皇太子”，朱由崧派群臣调查，证实是假冒。然而部分对朱由崧上台不满的人却乘机推波助澜，意图借此达到更换皇帝的目的。其三是1645年（清顺治二年，南明弘光元年）三月，有位姓“童”的妇人从河南来到南京，声称是朱由崧未登基之前的妃子。朱由崧视之为“妖妇”，拒绝相认。最后，“童妃”在太监的拷问下死亡。可是仍有居心叵测者散布流言蜚语，声称“童妃”是真，当今皇帝却并非真正的朱由崧，因为真正的朱由崧早死于战乱，而现在高踞龙椅的是一位来路不明的人。本来，冒认皇亲国戚的事历朝历代都有，但闹得沸沸扬扬的极为罕见，这可能是某些惯于操纵社会舆论的东林党人在背后暗中兴风作浪所致，借此发泄他们对朱由崧上台的不满，试图削弱弘光政权的公信力，以达到不可告人的目的。

弘光政权在内政上搞得一塌糊涂，在抵御外患方面也乏善可陈。朝中君臣始终没有做好统一江山的准备，无形中等于接受了偏安一隅的现实。这种软弱的对外政策与士大夫中激昂的尚武风气不同。当时无论是东林党，还是其政敌，都普遍热衷于谈兵论剑。例如东林党魁首钱谦益回忆明亡之前在京城之内参加科举考试时，察觉“海内士大夫”

多数“自负才略”，而其中好谈军事者，常常集中在自己的住所，大家“清夜置酒，明灯促坐”，无不“扼腕奋臂，谈犁庭扫穴之举”。又如《小腆纪传》记载被视为阉党一分子的阮大铖避居秦淮时，不惜耗费资产结交“游侠”，并时时“谈兵说剑”，而家中“坐客常满”，他热切希望自己治理边疆的才华有被朝廷赏识的一日，从而能大显身手。为何他们当中的某些人一旦身居要职，却未能一展平生抱负，变得畏首畏尾起来呢？原因不外是小朝廷最为倚重的左良玉集团与四镇，其实都是屡受挫折的残兵败将，而文人又未能真正掌握军权，只能委曲求全了。

由于实力不足，弘光政权奉行的是“联虏平寇”之策。满朝文武最初对吴三桂引清兵入关，驱逐李自成出北京的事充满了正面的评价与颂扬的声音，皆误以为这员关宁名将是向清朝“借兵破贼”。由于信息不明，南明君臣并不清楚吴三桂已经降清，竟将其封为蓟国公，并宣布要从海路运十万石漕米与五万两银进行接济。马士英、史可法、阮大铖等人一厢情愿地策划着如何挥师北上，协同吴三桂围剿李自成，还有人担心若不抓紧时机做出一点成绩，会被吴三桂“窃笑江左（泛指南明小朝廷统治下的江南地区）人物功非功，才非才”。然而，事实是残酷无情的，随着大量北方逃难者的到来，到了1644年（明崇祯十七年，清顺治元年）七八月前后，南明君臣终于了解到吴三桂已“无心故国”，可是一些人仍存幻想，以为吴三桂会念及旧情，暗中帮助南明偏安半壁江山。

为了避免刺激清军，南明没有利用大顺军主力西撤的有利时机派兵北上山东、河南东部与京畿以南地区，而是坐视清廷轻易接管上述地区。南明君臣为了落实“联虏平寇”之策，在同年七月二十一日派遣以兵部右侍郎兼右佥都御史左懋第、太仆少卿兵部职方司郎中马绍愉、太子太傅陈洪范为首的使团，携带十万两白银、一千两黄金与一万匹缎绢，准备报答清朝打败李自成的恩情。另外还想借此机会与清朝议和，共同对付义军，为此不惜“裂土以酬”，打算把部分领土当作酬劳拱手交给清朝，至于具体是割让山海关以外的土地，还是以关内的河间为界，则需要进一步详谈（吏部考功司主事夏允彝等个别人主张把淮河以北的地区让给清朝）。如果和议成功，南明弘光皇帝愿意将年幼的清帝当作侄子看待，并每年献出岁币十万两以及正式举行南北互市（实际和议尚未成功，南明已开始解除对清朝的经济封锁，多尔衮在这一年的八月指示户部可以让本国人到南京、扬州、济宁、临清四处地方进行人参贸易，“满汉人民，或商或贾，各听其便”）。

谁知，一厢情愿的左懋第、马绍愉、陈洪范于十月十二日到达北京时碰了一鼻子灰，被清朝视为伪政权的使者，并受到满洲贵族“发大兵下江南”的警告与凌辱。使团所有的礼物都被尽数没收，而所有成员都要被驱逐出境。陈洪范在被清军押送南返的途中卖国求荣，用秘密写信的方式向清廷建议拘留忠于南明的左懋第等人，只让自己一人

攝政王令旨諭諸王及大臣知悉
蒙
天眷祐撫有中原際此景運爾等宜各盡厥
職務克清忠自有份内富貴倘不以此存
心惟圖目前之利或貪溺財貨明干法紀
或暗受賄賂徇情賣法者論功之日縱有
厥功而不叙録是止為一時之利而不為
子孫久遠計矣特諭
順治元年伍月 日

▲多尔衮令旨。

南返，以方便策反南明诸将。多尔衮得报后如法炮制，马上传令把左懋第、马绍愉重新押回北京，单独放走了陈洪范。誓死不屈的左懋第于次年六月殉国，马绍愉降清。而返回江南的陈洪范暗中做了一些策反武将等有利于清朝的间谍活动，后来受到弘光朝廷的怀疑，被勒令回籍。

北使团的受辱对南明君臣造成了极大的震撼，准备与清朝作战逐渐成为了朝野的共识。可是在具体的战略方针上又各执一词，议论不休，有的人认为应该先对付义军，后对付清军；有的人认为应该先对付清军，后对付义军；还有的人认为应该同时对付义军与清军。众说纷纭。然而，时间已经不容许南明君臣详细讨论，以便形成统一的看法，制定一致的战略了。

十月二十四日，多尔衮公开声讨南明，檄喻“河南、南京、浙江、江西、湖广等处”的文武官员与军民，指责“南方诸臣”有三大罪：一是京城沦陷与明思宗死亡之际，“不遣一兵，不发一矢”，“如鼠藏穴”；二是在京城音讯未明，没有明思宗“遗诏”的情况下，竟敢“擅立福王”；三是不出兵打击“流寇”，而诸将只顾“各自拥众、扰害良民”，又“自生反侧，以启兵端”。因而清朝不承认南明是合法的政权，并予以征讨。檄文中称：南方各处文武官员、能够率先投顺者，“论功大小各升一级”，“抗命不服者”则处死，而妻儿子女沦为俘虏。至于福王（指弘光帝朱由崧）的亲信诸臣，如能“悔悟前非”与“改过归诚”，亦可将功赎罪。为此，多铎奉命为定国大将军出征江南，配合此前已受命攻打陕西的阿济格，准备把南北地区的敌人扫清，以尽快统一天下。

南明收到清摄政王“发大兵十万南下”的情报，前线将领于十月底也报告说赣榆、沭阳、沛县、邳州、曹州、单县、开封、归德，处处皆有清兵。但江北四镇各行其是，布防不严，史可法鞠躬尽瘁，亲自监督王家营至宿迁一带的要冲之地。不久，清军先头部队已出现在邳州、宿迁附近，与守军发生冲突。史可法闻讯统兵至白洋河，于十一月十二日驱逐骚扰宿迁的敌兵。

南北战争眼看一触即发，没料到情况突变，集结在山西平阳与河南西部的李自成所部渡过黄河，向怀庆地区发起了较大规模的反攻，迫使多铎停止南下的步伐，转而于十月二十五日西进河南，将要与阿济格一起夹攻陕西。这意味着，临时改变进军方向的多铎所部，其侧后方完全暴露，假若江北明军能乘虚沿运河前进，直取河南东部、山东或河北，会让集结于河南以西的清军陷入首尾难顾的困境。可惜，南明君臣没有抓住稍纵即逝的战机而全力北进，他们又再延迟观望，一直等到多铎所部与李自成的潼关决战已近尾声，才在1645年（清顺治二年，南明弘光元年）初出动部分人马试图向黄河流域推进。正月初十，高杰奉史可法之命率部进至睢州，目的是经河南东部再杀向荥阳、洛阳。高杰给驻守黄河北部的清将豪格写了一封信，说这次出师的目的是与清军会师“剿闯”，“分道入秦（指陕西）”，但无论其真实目的如何，这次军事行动必定不会受到清朝的欢迎，因为此举无疑会威胁到正在潼关作战的多铎所部的侧后方。豪格给高杰的回信中巧妙地回答：如果“高大将军”能够“弃暗投明”前来“投诚”，可以过河会面，否则的话，就请高杰派使者过河，我将令人引至北京，上奏“皇上”，以商谈会师“剿闯”之类的军国大事。据此，豪格在回信中实际已经拒绝了高杰过河的请求。但高杰的两万部属已箭在弦上，过河只是顷刻之间的事。豪格所部兵力有限，能否拦截还是未知之数。

在这个千钧一发的紧要关头，高杰突然被仇人暗杀了。原来，镇守睢州的南明河南总兵许定国与高杰有血海深仇，《纤言》记载了两人之间尘封的往事，当初高杰未被朝廷招安时，曾劫掠许定国所住的村子，杀死了不少人，而许定国仅以身免。没想到山水有相逢，两人在很多年后竟然同朝做官。杀人如麻的高杰似乎忘记了曾经屠戮许定国的家乡，而许定国亦秘而不宣这段不堪回首的往事，假装与高杰和好，骗取了高杰的信任。现在，高杰来到许定国的防区，竟然毫无戒心地接受许定国的宴请，只带少数侍卫进入了睢州城，结果如瓮中之鳖惨死于内，事后，许定国剖高杰之腹以祭祖先。许定国此举除了报私仇之外，也是向清朝效忠之举，他早已暗中降清，并把自己的一个儿子送到豪格的营中，作为人质。他害怕自己的失节行为被高杰知道后会有不测之祸，遂设计将其杀死，成事之后马上率部过河投奔豪格。高杰之死使南明的北进行动受到了重大挫折，高杰的部下为了报复，屠戮了睢州，波及周围近二百里地方。史可法得知噩耗，不禁流涕顿足而叹息，遂中止了渡河的计划，退保扬州。南明以高杰的外甥李本深为提督，统率高杰之兵，又以胡茂顺为督师中军，李成栋为徐州总兵，各守汛地，摆出了防御的姿态。

多铎所部终于争取到足够的时间在潼关击退李自成，顺利占领了西安，其后，这路清军得以腾出手来，重新执行向江南进军的原定计划，并于二月十四日离开西安，向河南出发。南明君臣即将要尝到在战略上瞻前顾后、踌躇不前的恶果，独自承受清军狂风暴雨般的打击。

来势汹汹的清军于三月初七兵分三路。一路由多铎、孔有德、耿仲明统率，出虎牢关；一路由固山额真拜尹图等人统率，出龙门关；一路由兵部尚书韩岱、梅勒章京伊尔德、侍郎尼堪等人统率，与外藩蒙古军一起开向南阳。三路军在归德会合，“所过州县，尽皆投顺”。在多铎重返河南期间，招降了不少人马，其中包括李自成任命镇守河南的平南伯刘忠与副将李好献、刘芳兴等。值得一提的是南明巡按御史凌䌹，此人深受“联虏平寇”政策的影响，一度在清朝与南明之间摇摆不定，在接受清廷命令的同时又不断发疏给弘光小朝廷，报告军情。当清军大规模南下时，他幡然醒悟，决心尽忠于故国，竟单骑进入清军大营上书多铎，要求清军“不必进窥”江南，规劝无效后，他拒绝多铎的劝降，自尽而死。在此期间，进驻山东的饶馀郡王阿巴泰令固山额真准塔率领部分人马南下，于三月二十五日攻克徐州，迫使南明总兵李成栋弃城而逃。而驻于寿阳的广昌伯刘良佐也逃往上新。这样一来，准塔所部便在南明徐淮防线的西北部分撕开了一个口子，与多铎所部起到了互相呼应的作用。

南明的江北防线正处于朝不虑夕的状态。谁知在此危急存亡之秋，上游又发生了左良玉兴兵作乱的事，使弘光小朝廷左支右绌，难以应付。左良玉为何选择此时从背后给弘光小朝廷致命的一刀呢？原因主要有以

▲明末著名的说书人柳敬亭，曾与左良玉一见如故,日夕谈论《三国》《水浒》之事。

下几个：

一、左良玉与东林党渊源较深，他过去得到曾任昌平总督的侯恂（东林党人）的提拔，才能够在军中青云直上，因而一直怀有感恩之心。如今侯恂虽死，但其子侯方域作为复社的著名人物，一向与马士英、阮大铖势不两立。或许是受到故人之子的影响，左良玉在某些政治问题上的观点与东林党－复社势力保持一致，而与马、阮保持距离。同时，左良玉又能“礼贤士大夫”，与史可法、袁继咸、黄澍的关系都比较好。因而引起马、阮的忌恨。故《纤言》等史书有“四镇依附马士英，左镇依附史可法，彼此势如水火”的说法。复社骨干之一吴伟业在所作的《鹿樵纪闻》称：阮大铖忧虑东林党人与左良玉相交过于友善，异日会依仗左良玉为难自己，便以“防西”为名于采石对岸的板子矶筑城。左良玉知道后认为阮大铖此举是为了“防我”，双方嫌隙更深。

二、弘光小朝廷常常“以盐代饷”，引起左良玉的不满，再加上阮大铖近期裁掉左镇六万“额饷”，起到了火上浇油的作用。

三、当时湖广巡按御史黄澍受命监左良玉军，此人不但没有调解左良玉同弘光朝廷之间的矛盾，反而仗着自己与左良玉的私交甚笃，有恃无恐地在朝廷痛斥马士英为“奸臣”，并以笏板猛击其背。事后，黄澍逃入左良玉的军营之中，受到左良玉儿子左梦庚的庇护。朝廷派遣缇骑入左良玉营中准备逮捕黄澍押回刑部审问，竟被左梦庚仗剑斩于将台之下。得寸进尺的黄澍为报私仇，极力鼓动左良玉及其辖下诸将东下南京，“以图大事”。正如明末清初史学家张岱所言：“黄澍挟左帅而参士英，挟左帅而杀缇骑，挟左帅而传檄南都，挟左帅而称兵向阙。”

四、左良玉在南征北战中收编了大量惯于抢掠的“降贼”，这批人“素慕南都富丽”，日夜谋反，想到江南大捞一笔。而左良玉治军“颇宽”，对军中士卒抢掠“子女金帛”的行为俱不追究，以此笼络人心。《绥寇纪略》记载黄澍在左梦庚的支持下召集军中诸将谋划“清君侧”时，左良玉一度沉吟不决，不料手下一员大将拂衣而起，不满地说“如果主帅不行动，我们‘请自行’，并表示‘不能再郁郁久居于此地’”。年老多病的左良玉不能阻止手下，不得已而从之。

五、左良玉赞成举兵也可能存有私心，他没有参与拥立朱由崧，因而与定策元勋的身份失之交臂，现在如能借南京假太子的问题兴风作浪，以奉太子密谕的名义要率兵东下南京救驾，废掉朱由崧，改立新君，成功之后，必将取代四镇诸将，成为新的定策元勋。为此，他让人写好书牍，准备贻赠曾经强烈反对朱由崧即位的钱谦益，意图获得这位东林党魁首的支持。

六、大顺军主力离开陕西后，于1645年（清顺治二年，南明弘光元年）三月取道河南进入湖北襄阳地区，直接对“世镇武昌”的左良玉造成威胁。左良玉深知李自成这个老对手的厉害，不敢与之硬拼，遂以“清君侧，救太子”为借口东下南京以避开大顺军的锋芒。

各种矛盾交相杂糅，促使左良玉于三

月二十三日举兵东下，正式与弘光小朝廷决裂。

左良玉举兵的消息后来传到南京，朱由崧召集君臣询问守御之策。《鹿樵纪闻》记载有人认为清兵的威胁比左良玉要大，反对从江北四镇中抽调人马堵塞左良玉东下之路。马士英却有不同看法，他痛骂东林党人欲以防御江北为借口，“纵左逆（指左良玉）入犯”，声称清兵来到，犹可议和，如果左良玉得志，会让东林党人得益，而“我君臣（指朱由崧与他本人）”只有死路一条，由此，他扬言宁可死于清兵之手，也不能死于左良玉之手。朱由崧听后无言以对。

其实，并非所有对政局不满意的人都乐于见到南明发生内乱，也不是所有东林党人都支持左良玉起兵。左良玉本想邀何腾蛟（何腾蛟这时已出任总督湖广、四川、云南、贵州、广西军务一职，仍旧驻于武昌，与左良玉大军为邻）一起举事。何腾蛟不从。左良玉举火焚城，强行劫持何腾蛟随军东下。当沿江而行的舟师来到汉阳时，何腾蛟乘看守不备，跳入江中，漂流二十余里，方由一渔舟救起，得以大难不死。

总督江西、湖广、应天、安庆军务，驻于九江的东林党人袁继咸也不赞成左良玉的做法。当左良玉于四月初一到九江邀袁继咸到舟中相见时，从袖中拿出所谓的太子密谕，要求袁继咸的支持。袁继咸正色：“先帝旧德不可忘，今上新恩亦不可负”，并质疑密谕的来历。左良玉见袁继咸不附和的态度如此坚决，只得让他回城。不料，左良玉的部将张国柱等人暗中勾结九江守将郝效忠、张世勋，入城杀掠。袁继咸准备以死抗争，企图自尽，但遭到其他人的阻止，遂出城当面斥责左良玉。此时已患重病的左良玉不能受此刺激，他望着城中的火光，心知是自己军中那些不服管束的将士所为，大哭道：“我负袁公”，又鉴于与弘光小朝廷决裂的行动没有得到江南士大夫阶层有力的响应，不禁忧心如焚，呕血数升，于当夜死去。

左良玉死后，其子左梦庚秘不发丧，挟持袁继咸于舟师之中，继续带东下，先后攻击建德、漳泽、安庆、池州等地，兵锋直逼南京的门户采石。举朝皆疑袁继咸与左良玉同反。

此时，清兵已直逼淮南，江北告急。本来，马士英过去对江北防线还是比较有信心的，他认为未能彻底消灭“流寇”的清军存在后顾之忧，难以全力渡江，况且“赤壁三万，淝水八千，一战而安江左，有四镇在，何用多言！”意思是在三国与东晋时期发生的赤壁、淝水两次战事中，江南的军队都能以少胜多，击退来势汹汹的北方军队，如今南明倚仗四镇，胜算很大。然而，沿着上流而下的左军打破了马士英的如意算盘，他宁亡于清，也不肯亡于叛军，于是急调阮大铖、朱大黄、刘孔昭等人拦截左军，并撤江北四镇之防，令黄得功、刘良佐等将领抽兵沿江西进。就连移军驻防泗州以护皇陵的史可法也被急召入援南京。至此，江北淮、扬地区兵力变得空虚，守备益弱。

紧急回援的史可法于四月初二渡江，抵达燕子矶时，得知黄得功等将已在采石对岸的板子矶阻止了左军东下的势头，因而停止向南京进发，又执行朝廷传来的回防江北的新调令。经过这一番来回折腾，江北的布防更加混乱，让清军钻了空子，长驱直入。

四月初五，清军从归德分兵南下，一路如入无人之境，于十三日到达距离泗州二十里之处驻营。多铎令固山额真阿山携同蒙古固山额真马喇希、富喇克塔等部将夺取泗北淮河桥，南明守泗总兵焚桥逃遁。拿下泗州的清军乘夜渡过淮河，于十八日顺利占领盱眙等地。

重返江北的史可法在四月十一日赶往天长，令诸将救援盱眙，可惜已经来不及了。不久，他得知盱眙降清与增援泗州的侯方岩所部已失败，无奈之下，只得率部属紧急撤退，用了一昼夜的时间冒雨奔还扬州，力图保卫这个江北重镇。这时，城内谣言四起，散播着许定国军队歼灭高杰旧部的消息，大批恐慌的市民不顾守城士卒的阻拦，拼命冲出城来逃亡，致使很多渡口上"舟楫一空"。同时，高杰旧部扰乱瓜洲，又令不少难民涌入扬州，局势混乱不堪。城内的史可法急发檄令，要求各镇前来救援，然而应者寥寥。一切都表明，这位督师已经基本指挥不动江北的南明部队。唯独总兵刘肇基响应号召，率四千兵从白洋河赶来，在途中经过高邮时，由于过于匆忙，他连入城与妻子一聚的机会都没有，就急着向扬州方向疾驰。刘肇基曾经在关外服过役，与清军血战过多次，深知对手的厉害之处，他敢于率少数兵力深入险地，实已抱着必死的决心，真是"疾风知劲草，板荡识诚臣"。此外，前来助战的还有一些地方武装，总计守城兵力为四万左右。

四月十七日，清军的先头部队在尚书宗室韩岱，梅勒章京伊尔德，护军统领阿济格尼堪、署护军统领杜尔德等的带领下来到扬州城北，距城二十里列营，并缴获百余艘船。而署护军统领顾纳代、伊尔都齐、费扬古、吴喇禅，梅勒章京阿哈尼堪，署梅勒章京格霸库等人也率师来到扬州城南，又获得二百余艘船。次日，多铎率主力兵临城下，加紧了对扬州的合围。

扬州之战即将打响，赢得此战对清朝有着特别的意义。这一方面是因为扬州乃江北重镇，是南明江北防线的枢纽。另一方面，也因为守城者是清朝最为看重的史可法。

清朝之所以特别看重史可法，与满洲贵族统治者始终不承认南明皇帝朱由崧的合法性有关。在多尔衮等人的眼中，控制南方大部分地区的明朝残余势力以史可法为首，因为史可法在明亡前后出任南京兵部尚书，是南方事实上的首席大臣。最明显的例子是多尔衮于1644年（明崇祯十七年，清顺治元年）写的一封代表官方立场的信，这封信只寄给了史可法，完全无视朱由崧等其他人的存在。信的开头，多尔衮就说自己在沈阳时即已知道史可法是众望所归的人物，接着话锋一转，指责朱由崧在"金陵（指南京）"登基的行为不符合《春秋》之义，因为《春秋》这本儒家经典认为国君被杀害后，如果国人没有惩处弑君之贼就忙于拥立新君，那么新君是不合法的。以此类推，明思宗被李自成等人逼死，而以史可法为首的南方臣子不急着替君主复仇，却忙于拥立新君，这种行为显然也是不合法的。多尔衮又说清朝应吴三桂的请求入关驱逐了李自成，为明朝的南方臣子们报了君国之仇，而清朝入关后进占北京，也是“得之于闯贼，非取之于明朝”。岂料“南州诸君子”对清军“代为雪耻”的行为不但没有“感恩图报”，反而想“雄据江南”，坐享渔人之利。他断言这种与清朝分庭抗礼的行为不合情理，一旦实行便是“天有二日”，彼此俨然为敌。为此，他发出了战争的警告，扬言将派军下江南，甚至不排除与“流寇”和好，共同出兵直捣江南的可能。信的最后，多尔衮要史可法这位“领袖名流”劝说朱由崧“削号归藩”，清朝将予以善待，而史可法等南方官绅投降后也照旧可做大官。

由此可知，清朝不容分说地强加在史可法身上的如山重任，与史可法真实的权力与地位是多么的不相称。

史可法于当年七月二十八日收到这封信后，回了一封言辞婉约的信，替朱由崧继位的合法性进行辩护，指出多尔衮所引用的《春秋》之义只适用于春秋时期的诸侯国，而不可拘泥于完成“大一统”伟业的明朝，他又以历史上的东汉开国皇帝刘秀、三国时的蜀国君主刘备、东晋的第一位皇帝司马睿与南宋的第一位皇帝赵构等为例，都说国仇未报之时，先有人继位是正当的，就连程朱理学的宗师朱熹，在效法《春秋》笔法编著的《通鉴纲目》中也未尝责斥上述人自立皇位，而全都视之为正统。经过一番引经据典与措辞软弱的分辩后，史可法肯定了吴三桂放清兵入关的行为，但要求清朝不要借入关之机发动针对南明的战争，否则就是“以义始而以利终，为贼人所窃笑”。不敢得罪清朝的史可法仍希望能够与对方联手讨“贼”，尽管事后证明这不过是幻想。

不管怎么说，由史可法出面给多尔衮的回信，无形中符合清朝只承认史可法、不承认朱由崧的一贯政策。南明君臣不可能不清楚这一点，但本身实力过弱，只能委曲求全。

必须说明的是，多尔衮与史可法两人往来的书信都是由文人代笔。多尔衮之信由投靠清朝的复社成员李雯所草。而替史可法写信的到底是谁，各种史料说法不一。根据清代中后期满洲贵族昭梿在《啸亭续录》中的说法，史可法的回书由复社成员侯方域所作。平心而论，复社中的文人对舞文弄墨最为在行，难怪南北政权的往来文书都要由这些人润色。

多尔衮与史可法的往来书信之中，很多问题都是围绕着南明弘光政权是否合法而展开。清朝最初完全否定弘光政权的合法性，直到乾隆帝对这段历史进行审视时，才在重申“我朝为明复仇讨贼，定鼎中原，合一海宇，为自古得天下最正”的同时，又承认假如福王朱由崧能保住半壁河山，那南明就像南宋一样是正统之所在，也是正当的合法政权，上述言论记录入《清高宗实录》里面，不过，这已经是百年以后的事了。

此刻，被推上风口浪尖的史可法拒绝投降，即将与清军决一死战。刘肇基提议乘清兵初来乍到，出城一战，但没有被谨慎的史可法采纳。清兵未形成合围的时候，甘肃镇总兵李凄凤与监军高歧凤于二十一日率数千人马入城，意图劫持史可法献城投降，但无机可乘，最后竟勾结城内一些将领出门降清。在短短的数天之内，江北大量军心涣散的明军陆续选择了投降，其中，总兵张天禄、张天福所部后来参与了围攻扬州之战。

清军于二十四日正式攻城之前，曾经与明军发生过一些前哨战，当红衣大炮运到战场并安置妥当后，扬州城墙就在炮弹的轰击下于二十四日夜间坍崩了。拜尹图、图赖、阿山等人指挥部队蜂拥入城。分守北门的刘肇基发炮击伤不少扑过来的清军，并在城破后率四百人继续巷战。后来，敌人骑兵越来越多，刘肇基力不能支，头额被流矢贯穿而死。副将乙邦才、马应魁以及庄子固等同时阵亡，随从也全部战死。

然而，史可法最终结局的说法却不止一种，有人认为他自刎身亡，有人认为他死于乱军之中，甚至还有人认为他未死。虽然众说纷纭，可大多出自传言，而属于当事人记当时事的则比较少。其中，在史可法的义子史德威所撰的《维扬殉节纪略》里，详细记载了这位督师的殉国过程。据称史可法在城破之时知道大势已去，企图持刀自刎，但因被身边的副将许谨紧紧抱着而未能得逞。为此，“血溅衣袂”史可法叫身在现场的史德威杀死自己。史德威不忍出手。其后，数十名将士拥着史可法向小东门而行，途中与大队清军迎头相碰。许谨等被乱箭射死，而史可法则大呼“史可法在此！”与史德威同时成为俘虏。接着，俘虏们被押往南门楼上去见清军统帅多铎。多铎对史可法非常客气，口呼“先生”，并说“请先生为我收拾江南，当不惜重任”。史可法怒道“我为天朝重臣，岂可苟且偷生，作万世罪人哉，我头可断，身不可屈，愿速死从先帝于地下”。在这番声色俱厉的呵叱之下，多铎无奈地回应道：“既为忠臣，当杀之以全其名。”“城亡与亡，我意已决，即劈尸万段，甘之如饴”，史可法留下了慨慷激昂的遗言，遂殉难于扬州南城楼上。上述记载流传最广，并被清朝中期的文学家全祖望写进了《梅花岭记》这篇名作中，影响更加深远。

值得注意的是，曾经在扬州做过史可法幕僚的侯方域著有《四忆堂诗集校笺》，里面也有扬州战事的内容，并涉及史可法的结局。书中称：“城陷，公（指史可法）乘一白骡出，意以南京尚在，欲有所为也。既被执，公不屈死。”按照这个说法，史可法意图骑着一头白骡出城，后被俘杀。虽然这与史德威笔下可歌可泣的记述相比平淡得多，但类似的说法在清初王士桢的《池北偶谈》之中也有，只是这一次史可法骑的不是白骡，而是驴子（话又说回来，骡与驴有时可以混淆，故这点差别似乎可以忽略）。该书是这样记载的：康熙二十年，宁古塔一位姓安的八旗驻防老将回忆起当年参加围攻扬州的情形，他提到城破时曾亲眼看见有一个戴头巾、披外套的南明官员骑着驴子主动来到清军军营，自称是史可法。多铎闻讯亲自出见，并让坐，同时以洪承畴为例劝其投降。对方摇着头回答：“我此来只办一死，但虑死不明耳。”多铎千方百计地劝谕，始终无效，只得将之处死。据学者考证，姓安的八旗驻防老将实有其人，就是宁古塔梅勒章京（副都统）安诸祜。安诸祜专门将这段往事告诉即将从宁古塔返回北京的诗人吴兆骞，目的是请他转告在京城史馆编书的“诸君”，让史书“不可屈却此人”。安诸祜的回忆能够与《四忆堂诗集校笺》的某些记载互为印证，亦不容忽视。

总之，史可法被清军所俘，不屈而亡的说法最为可信。清军占领扬州后，以城内军民曾婴城固守为由，进行了屠戮。时人王秀楚的《扬州十日记》是反映清军屠城的著作，据记载，从四月二十五日到五月初一，不可胜计的无辜百姓死于屠刀之下，事后统计，遗尸数十万具。

妄自尊大的四镇诸将在江北的防御战中原形毕露，表现懦弱无能。在此期间，驻于瓜洲的高杰旧部在多铎所部的压力下企图抢夺民船撤回江南，但江南守军在马士英的严令下用炮火进行阻击，高杰的儿子高元熙、提督李本深、总兵李成栋等人在走投无路的情况下降清。总兵刘泽清也处境不妙，他派遣部将高祐、马化豹、张思义等人先后在宿迁、清河、清江浦等处拦截从徐州南下的清将准塔所部，均以失败告终。其后，柏永馥、范鸣珂等将出降，淮安于五月二十八日失守。而通州、如皋、泰兴、凤阳、庐州诸城随即纷纷沦陷。兵败而流亡海上的刘泽清不得不在闰六月二十四日重返淮安，以接受清军的招抚收场。

势如破竹的清军直到长江北岸，与南明镇海伯郑鸿逵、郑彩、总兵黄斌卿等隔江相对。五月初八日晚，多铎令拜尹图、图赖、阿山率舟师秘密由运河潜渡至南岸，列阵于瓜洲以西十五里处。一天后，梅勒章京李率泰与南明降将张天禄、杨承祖选择黎明时分挥师强渡，击败郑鸿逵的江防部队，一举占领镇江。清军主力随即过江，经丹阳、句容向南京疾进。

长江防线迅速崩溃的消息传回来，朱由崧紧急召见马士英商议对策，马士英沉默不言，只在桌子上写一“避”字。无计可施的朱由崧只能听从，两人协同太后、皇后等，在部分京营将士的簇拥下于初十日凌晨匆忙向南而逃。

天亮后，南京军民得知皇帝弃城而走，无不哗然。城内的勋戚、大臣失去坚守的信心，决定献城投降。十五日，守备南京的忻城伯赵之龙与保国公朱国弼等勋臣携同内阁大学士王铎、礼部尚书钱谦益等数十名南方官绅的显要人物出城，迎接清兵于郊外。多铎于十七日从通济门入城，正式控制了南明的首都。

逃离南京后的朱由崧与马士英本意是共同撤往浙江杭州，可是在途中却突然各奔东西。朱由崧在马士英儿子马銮的护卫下，带着部分京营人马反其道而行之，直奔长江沿岸的太平府。马士英带着太后逃往广德，仍然按原计划继续赶往杭州。

根据一些史料的记载，朱由崧同马士英分开是迷途所致的意外失散，这种看法值得商榷。假若朱由崧真的是暂时迷了路，他不用花多少时间就能查明情况，重新绕道南

▲明末的版画：《金陵图咏》。

下赶赴杭州与马士英会合，完全没有必要沿着长江而上奔去太平府。根据《謏闻续笔》的记载，朱由崧前往太平府的原因之一是此地寓居着黄得功的家属，因而似乎有理由相信，南明第一个皇帝想凭借黄得功这位“定策功臣”与清军对抗，而让马士英带着太后

▲多铎下南京。

等眷属前往远离长江前线的杭州暂避，也是颇合情理的事。马士英后来将朱由崧的所作所为粉饰为“圣驾亲征”，足以耐人寻味。显而易见的是，与朱由崧分开让马士英得到了左右逢源的好处，因为如果朱由崧能在军阀们的拥戴下奇迹般地取得了一些战绩，自然减轻了马士英辅政失策以致丢失首都的责任，万一留在前线的朱由崧有什么三长两短，马士英又可以在后方改立潞王朱常淓，团结东林党－复社势力，重拾残局。不管怎么样说，马士英没有把朱由崧带到杭州，总算避免了让朱由崧与潞王朱常淓同处一城的尴尬，也同时在政坛上避免了因为“一山难容二虎”而引起的更大的纷争。谁都知道，朱由崧一旦退到远离前线的杭州，就会失去黄得功等军阀的庇护，到那时，谁敢担保东林党－复社势力不会勾结类似左良玉的地方军阀进行“清君侧”以及废黜皇帝，强行扶持素有“贤名”的朱常淓上台呢？

不过，继续留在长江前线的朱由崧未能如愿以偿地进入太平府，这一行风尘仆仆的人马竟被镇驻太平的勋臣刘孔昭拒之门外（刘孔昭闭门不纳的理由现在已经难以考究，也许是害怕外地军人入城后会乘机打劫），不得已，只得露宿于郊外。最后，朱由崧继续沿江而上，于十七日跑到距离太平不远的芜湖，干脆直接来到黄得功的军营之中。

扼守此地防范上游的黄得功在不久之前挫败了企图沿江而下的左良玉旧部，成了弘光政权赖以复兴的最大希望。对于南京发生的巨变与朱由崧的突然来临，事先并不知情的黄得功震惊不已，尽管如此，他还是接纳了这位落难的君主，充分展示了与其他镇将不同的忠诚态度。

与黄得功的情报失灵相反，清军统帅部的情报非常准确，很快查清了朱由崧向太平府方向逃逸。多铎派遣多罗贝勒尼堪，护军统领图赖，固山额真阿山，固山贝子吞齐、和讬率满蒙大军进行追击，并以刘良佐做向导。败退到上新的刘良佐是在清军进入南京几天之后投降的，这位曾经拥戴朱由崧上台的武将现在一反常态，向多铎保证要“擒弘光赎罪”。清军大队人马来到距离太平府八十里之处，得知朱由崧已经转移到了芜湖，遂出动护军、前锋兵连夜急赶而去，唯恐贻误战机。

朱由崧本来犹抱侥幸心理，意图凭借黄得功之力，再召集长江沿岸的溃散部队反攻。实际这是个不可能完成的任务，当时的形势对黄得功所部非常不利，左良玉旧部、李自成残军与清军阿济格所部都先后集结在长江上游附近，而下游又有多铎所部在虎视眈眈，使得黄得功所部在战略上处于进退维谷、左右受敌的状态。由此，这支部队军心不稳，内部随时生变。大祸果然降临，清兵很快从太平方向而来，于五月二十八日杀到了跟前，先行到达的图赖指挥部属占据江口。黄得功反应比较迅速，马上调兵遣将，舍舟上马迎战。为清军做向导的刘良佐故意在阵前对黄得功喊道：“别动，我有话说”，以吸引黄得功的注意，而清军弓箭手伺机暗中发出一箭，准确地击中了黄得功的喉咙。身负重伤的黄得功自刎而死，而所部在刘良

清灭弘光政权之战（公元1645年）

比例尺　六百万分之一

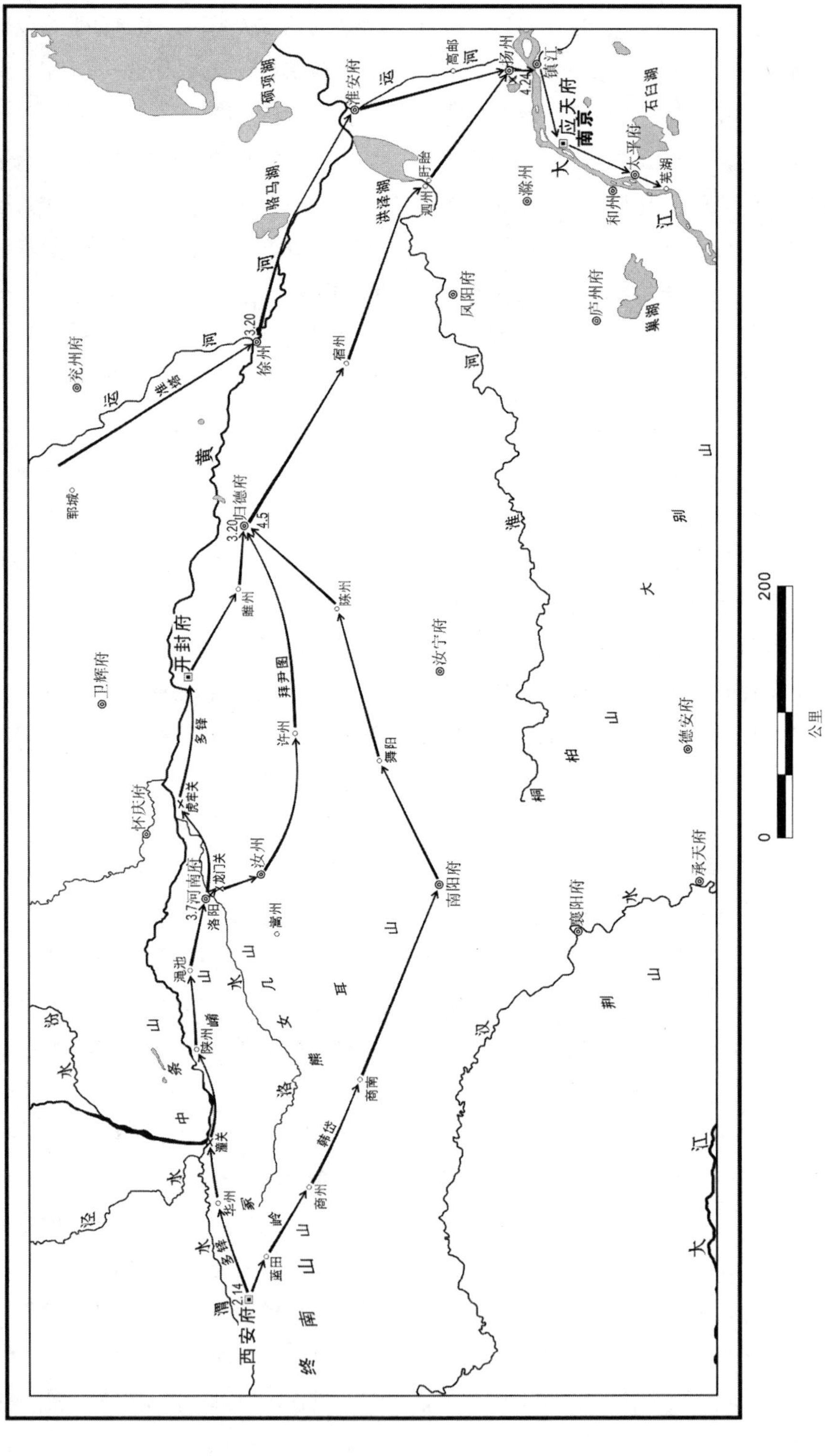


▲清灭弘光政权之战。

佐的招降下发生叛乱，田雄、马得功两将劫挟朱由崧投降了清朝。朱由崧由四镇拥立上台，最后也栽在刘良佐、田雄、马得功等四镇诸将手上，可谓“成也萧何，败也萧何”。

沦为俘虏之后的朱由崧被清军押送回南京。《纤言》记载他乘坐无幔小轿从聚宝门入城，“头蒙缁素帕，身衣蓝布袍，以油扇掩面”，而两妃骑着驴子跟随在后。夹路百姓见此情形纷纷唾骂，还有的人投掷了瓦砾。朱由崧“嬉笑自若”，只问“马士英这个奸臣在何处？”

多铎以胜利者的姿态设宴。参加宴席的除了朱由崧之外，还有不久前从狱中出来的自称“崇祯太子”的伪太子。满洲贵族当然不会承认朱由崧的皇帝身份，在安排宴席的位置时，命朱由崧居于伪太子之下，借此羞辱朱由崧。宴毕，又将朱由崧拘禁起来。

五月二十二日到达杭州的马士英与邹太后得知朱由崧被俘后，于六月初八匆匆忙忙拥戴潞王朱常淓监国。至此，东林党－复社势力心仪已久的朱常淓终于走上前台主持政局，但实权仍然掌握在马士英手中，黄宗周等东林党人为此耿耿于怀，朝中的党争仍然继续。

一举收服南直隶十四个府、州的多铎很快挥师南下，命令贝勒博洛等人统率满、蒙、汉部队向浙江出发，直逼杭州，惊醒了朱常淓、马士英等人的偏安之梦。马士英、阮大铖、朱大典仓皇逃窜，朱常淓放弃抵抗，于六月十四日大开城门放清军进入杭州。其后，浙东地区以及湖州、嘉兴、宁波、严州等处的地方官员也归附清朝。

随着江、浙地区望风披靡，不战而降，清朝已经顺利完成了原定的作战计划。朱由崧、朱常淓、邹太后等被清军挟持北上。邹太后在途中跳入淮河自尽。朱由崧、朱常淓到北京后没有好的结局，全部于1646年（清顺治三年，南明隆武二年）五月被清朝以“谋为不轨”的罪名处死。

把持着朝野舆论的东林党－复社人士，在“拥立”之争中把朱由崧骂得几乎一无是处，而视朱常淓为“贤人”。可从传统文化的角度来看，朱由崧比朱常淓更有节气，这位南明皇帝是在黄得功的军中号称履行“亲征”之责而被俘的，若有人将之与二百多年前明英宗亲征瓦剌时兵败被俘的事迹相提并论当然会贻笑大方，但好歹胜于在杭州不战而降的朱常淓。况且，朱由崧即使成为清朝的阶下囚，也没有像朱常淓那样乞哀告怜，给清廷奉上谢恩疏。可见，被东林党－复社人士吹嘘为“贤人”的朱常淓确实是“盛名之下，其实难副”，难怪有学者指出，南明就算由朱常淓与东林党魁钱谦益联手执政，也不能起到改时易势的奇效。

南明第一个小朝廷弘光政权立国仅仅一年，就在内部文武官员激烈的党争与内讧中，被乘虚而入的外敌以迅雷不及掩耳之势打得灰飞烟灭了。综观多铎下江南，一路上摧枯拉朽，几乎没有打过什么激战。这一路清军的伤亡不大，可战绩显著。《清实录》统计沿途来降的高级将领有刘良佐等二十三人，参将游击共八十六人，而归附的南明步骑兵达到了二十三万八千三百人。其中被弘光小朝廷倚为藩篱、并用巨额军费供养的江北四镇诸将及其部属，在大难来临之时基本上改换门庭，为清朝效犬马之劳了。

那么，活动在上游的另一支能战之师——左良玉旧部——又如何呢?

继承左良玉之位的左梦庚不改颠覆南明弘光小朝廷的初衷，拥兵威胁南京，但他难以服众，而军队不可避免地分裂了。左良玉的副将惠登相本是“流寇”出身，此人在左良玉死后认为左梦庚不足以干大事，竟与之分道扬镳，率领自己的手下自行离去。出师不利的左梦庚在板子矶受阻于黄得功等忠于弘光小朝廷的将领，遂回师，徘徊于江西九江附近。不久，清军多铎所部攻占南京，兵锋直抵芜湖，在打死了黄得功的同时，也对左梦庚起到了敲山震虎的作用。在此期间，追击大顺军的清军阿济格所部已经到达了九江附近，使左梦庚腹背受敌。最后，左梦庚于五月十三日与湖广巡按御史黄澍一齐投降了阿济格。身处军中的南明江督袁继咸拒绝投降，留下了“惟有矢文山之节（指仿效宋朝名臣文天祥的节气）……不敢负所学”的绝笔，而最终被押往北京，死于清朝的刀下。另外，拒绝跟随左梦庚降清的还有马进忠、卢鼎等将领，这些人后来转而投奔驻于湖广的南明总督何腾蛟，继续抗清。

总之，南明军队虽然号称百万，但当中的佼佼者首推左良玉集团与江北四镇，当上述武装力量相继覆灭后，在南方的南明残余势力就很难同清朝抗衡了。清廷的统一大业似乎指日可待。

在这场声势浩大的挺进江南的战事中，清朝主要倚恃的仍然是嫡系部队八旗军，而满洲贵族统治者使用的战法可圈可点。就像多铎、阿济格等人在不久之前兵分两路纵横千里，左右夹击陕西的大顺政权一样，这次清军在长江流域的军事行动，实际上也是兵分两路，向南明弘光政权发起钳形攻势。《清史列传》等史籍记载固山额真谭泰跟从阿济格西征时，曾派遣使者传话给跟随多铎南下的宿将图赖，自称：“我军所经之道曲折险隘，进军速度会比较慢”，因而暗示图赖迁就一下，也相应减慢前进速度，以便“让我军取得南京”。图赖不敢作主，将此事转告多铎。而多铎没有理睬谭泰的过分要求，仍按原定计划赶赴南京。据此可知，满洲贵族统治者早就酝酿着兵分两路，共同夹击南京的计划。事实也正是如此，当经略陕西的行动结束后，多铎所部立即南下，在长江下游突破南明的江北防线，成功进占了南京。阿济格率另一路军同时也经河南、湖广等地出现在上游的九江地区，这支部队虽然晚了一步，未能取得占领南明首都的荣誉，但正巧配合下游的清军，一左一右地对芜湖的黄得功与九江的左梦庚等南明将领形成夹击之势，为迫降这些南明残军制造了有利的战略态势。

清军在进军陕西与经略江南时都采取了相同的打法，展示了异乎寻常的协调能力。只有一个高度集权的中央政权才能如臂使指地运用这种能力。难怪一盘散沙般的南明弘光小朝廷经常处处被动、任人宰割了。

清军的空前胜利除了依靠武力取得之外，有时还需要对敌人进行政治上的招抚，以起到相辅相成的作用。一直以来，清朝统治者非常注意利用已降的明人通过亲属、同乡、同僚、部曲等裙带关系来招抚未降的明人。以曾经扼守关宁防线，使八旗军迟迟未能沿着辽西走廊长驱直入的辽东名将祖大寿为例，他就是清朝统治者的重点招抚对象。清太宗皇太极在1629年（明崇祯二年，后金天聪三年）首次绕道入关作战时，专门派兵到永平附近的村落中，搜捕祖大寿的族人，扣压了祖大寿两个儿子与四五个亲戚，企图利用祖大寿的亲属招降祖大寿，以达到不战而屈人之兵的目的。此外，那些在战场上被八旗军俘虏的祖大寿部下，也常常被皇太极动员起来写信招抚祖大寿。当祖大寿后来兵败锦州不得不降时，清朝统治者又让其致书招降宁远总兵吴三桂（祖大寿的外甥）。这样的例子不胜枚举。利用各种各样的裙带关系来破坏、分化与瓦解敌对势力，已经成了清朝统治者惯用的行之有效的政治手段。南明很多军队纷纷不战而降明显与清朝在政治上的招抚脱离不了关系。尽管由于年代的久远与史料的阙如，清朝统治者的具体招抚过程难以详细无遗地考证清楚，但不难从中寻找出蛛丝马迹。比如左梦庚的手下与江北四镇的一些将领，都与归清的不少明军降将有复杂的裙带关系，就拿跟随左梦庚降清的总兵金声桓来说，此人与孔有德、耿仲明、尚可喜等清朝汉人藩王一样，都曾经在辽东从军，都出自名震一时的毛文龙所部，彼此素有渊源。其中，金声桓与尚可喜的关系尤其密切，两人在过去均做过东江镇总兵黄龙的副将，是并肩作战的旧相识。江北四镇也有类似的情况，四镇之一的刘良佐，其兄弟刘良臣早已在关外的大凌河降清。四镇的另一位将领刘泽清，在未正式降清之前就以写信的方式暗中与洪承畴、吴三桂等效忠清朝的汉臣联系，因为刘泽清在很多年前曾出任过辽东宁前道中军，与洪承畴、吴三桂一起共过事。顺便提及，洪承畴与统率高杰旧部的李本深也很熟悉，李本深过去做过洪承畴的部将。据此可知，左梦庚的手下与江北四镇的一些将领在清朝大军压境之际，看到昔日的同乡、同僚、部曲在降清之后享受高官厚禄的待遇，难免不为之心动。清朝统治者大力实行的招抚政策也有利于促使那些立场不坚定的南明将领掉转枪口，反戈一击。

话又说回来，如果没有八旗军这支能征善战的嫡系部队做后盾，清朝对敌对势力的招抚肯定不会取得这么大的作用。而八旗将士在论功行赏时也酬劳不菲。回顾过去，八旗军在入关之前是没有俸饷的，平时主要依靠耕种土地度日。肥沃的土地大多分给了满洲贵族与军中的各级将领，这些人占有着大大小小的田庄，强迫农奴与奴婢服各种劳役，并享受大部分的劳动产品，过着衣食无忧的日子。普通士兵也能按照“计丁授田”原则拥有小部分土地，由于他们需要自备武器、马匹等装备，故生活普遍比较艰苦，只有在战时期望掠夺一些战利品予以改善。入关之后，清政府开始尝试给八旗将士发俸饷，以便更好地解决他们的生计问题。例如《清实录》记载1645年（清顺治二年，南明弘光元年）正月，朝廷为八旗军中的护军、拨什库、前锋与骑兵制定俸饷待遇，符合条件者每月可领饷银二两。此外，朝廷还采取“圈地”等方式笼络八旗将士，以满足他们对土地的欲望。多尔衮在1644年（明崇祯十七年，清顺治元年）十二月下令清查京城附近地区的“无主田地”，以“分给东来诸王、勋臣、兵丁人等”，可是实际的执行中，却掠夺了汉人居民的大量田产庐舍，一部分受害者甚至连妻孥也被那些如狼似虎的清军强行霸占。接近北京的各府、州、县的土地，大多已被圈占成为旗地，到后来，圈占的范围更扩大到鲁、晋、苏北等处，使无数百姓离乡背井，颠沛流离。满洲贵族统治者一手策划的“圈地”活动时断时续地进行着，直到1685年（康熙二十四年）才告中止。在此期间，虽然清朝也宣布另拨土地补偿痛失田产的百姓，但类似的安抚办法大都口惠而实不至。然而，就像一位名叫折库讷的满洲官员（翰林院掌院学士）后来在奏折中所承认的：八旗军俱“计丁授田”。但“富厚有力之家”获得的田地可至数百垧。而普通的满洲披甲人或父子兄弟，获得的田地不过数垧。在“征役甚烦”的情况下显得“殊为可悯”。可见，“圈地”政策不能解决所有八旗军的生计问题。

大量土地被圈占后，以打仗为业的八旗官兵却不从事耕作，而是照搬关外役使奴仆从事生产的经验，允许汉民投入旗下做奴，以替八旗兵耕种田地，简称“投充”。清廷准许“投充”的人主要是那些“无衣无食”、“饥寒切身”、“不能资生”的贫民，而反对“有能力谋生者”入旗为奴。因而大批土地已被圈占的农民在生存的压力下不得不沦为八旗官兵的奴仆。这种源于关外的落后的农奴制比不上关内原先盛行的租佃制，在生产关系上属于一种倒退。但“投充”的现象随着“圈地”活动而愈演愈烈，许多地方发生了满人用威逼恐吓的方式强迫有资产的“民人”为奴。清廷尽管三令五申，也未能禁止这种不良现象。还有一些奸猾之徒主动“投充”旗下，目的是打着主子的旗号狐假虎威，“横行乡里，抗拒官府”，扰乱了社会秩序，加剧了动荡与不安。值得一提的是，在某些地方发生了地主与自耕农主动“投充”为奴的反常情况，这是因为他们希望入旗后能够避免官府施加在他们身上的徭役。八旗与地方官府争夺劳动力的行为无疑会对清朝的国家利益造成损害。所以，时常有官员上疏对“投充”进行抨击。然而，一直要到1739年（乾隆四年），清廷才下令“禁止汉人带地投充旗下为奴”。

无论是“圈地”还是“投充”，在实际的操作中都造成很大的偏差，成为清初的弊政。很多违法乱纪之事与清朝统治者的纵容有关，《清实录》记载顺治帝在1651年（清顺治八年，南明永历五年）批评多尔衮时所说的：汉人投充旗下本有定额，可睿王（指多尔衮）巧立名目“滥收至八百名之多”，而且存在“借势投充”、“占人田地”等不法行为。正所谓“正人先正己”，当日主持制定政策的多尔衮自身尚且不正，如何能苛求八旗各级人员循规蹈矩呢？

清朝入关之初施行的弊政除了“圈地”与“投充”，还有“逃人法”。不甘遭受压迫而逃亡的奴仆，称为“逃人”。八旗军

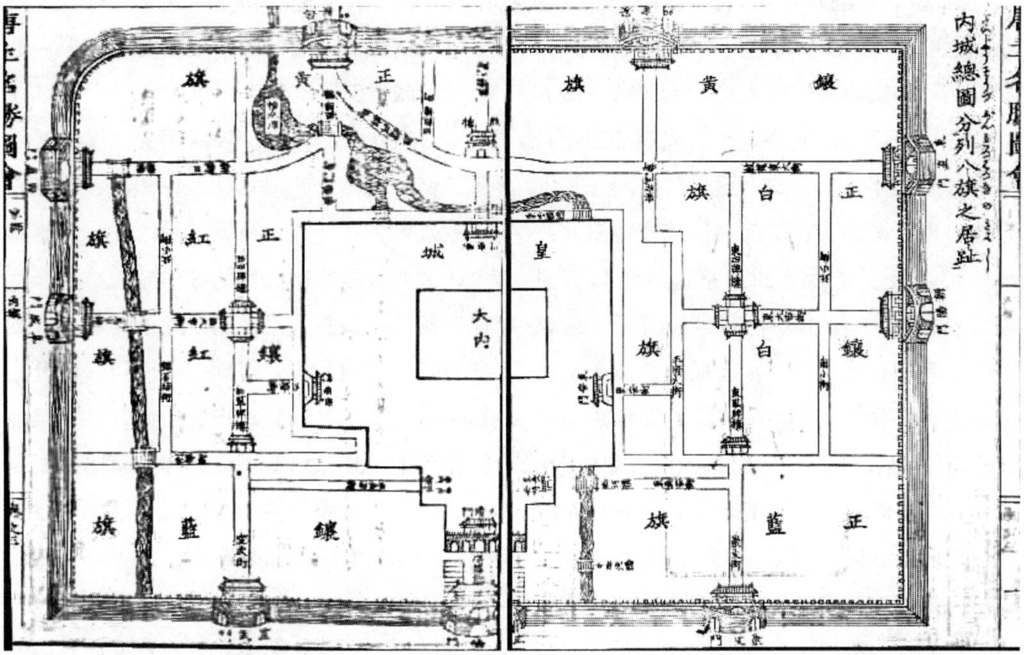


▲北京内城的八旗居住地。

在入关之前长年累月的征战中，俘虏了百万以上的汉人为奴。入关之后，依旧保持了掳掠人口的习惯。1645年（清顺治二年，南明弘光元年）以后，随着各路八旗军凯旋而归，北京出现了买卖人口的“人市”（《清会典事例》等史籍记载，清廷为此专门发布命令，禁止越旗买卖人口，只允许各旗在旗内的市场交易，以免纠纷）。同时，清廷实行的“圈地”、“投充”等政策，又使一大批平民成为奴仆。或者由于不堪忍受牛马不如的生活，也许是不想子孙后代世世为奴，种种原因促使越来越多的奴仆走上了逃亡之路。例如多尔衮在1646年（清顺治三年，南明隆武二年）五月承认仅仅“数月之间，逃人已几数万”。为了维护八旗各级官兵的既得利益，清廷制定了“逃人法”，规定严惩敢于隐匿逃亡奴仆之人，具体的刑罚有处死、流放、鞭打、没收家产以及家属为奴等等，有时甚至会以不告发为由一并处罚窝藏者的邻居或同乡，并对稽查不力的各级官员进行治罪。但严刑峻法没有解决问题，以致纷纷攘攘扰乱世间达半个世纪以上。

入关后的八旗军把精锐部队集中于京城，有事奉调出征，事毕班师回朝，而前锋营、骁骑营、步兵营等部队分出了相当一部分兵源，负责京城的宿卫、戍守与治安。另外，为了更有效地控制统治区域，又陆续派遣部分八旗兵力进驻京城之外的一些战略要点，从而逐渐形成了驻防制度。1644年（明崇祯十七年，清顺治元年）迁都北京时，清廷留下何洛会统率部分人马镇守盛京以及关外的一些要津之地。次年，长城沿线的喜峰口、古北口、独石口以及边塞重镇张家口等地都派有少数八旗军驻防。随着“圈地”、“投充”的实施与“逃人法”的颁布，激起了老百姓的反抗，从1647年（清顺治四年，南明永历元年）起在北京附近的河间、三河等地出现了好几次农民起义，波及静海、沧州一带，吸引了清廷的注意。洪承畴针对性地上书称：“国门之外，大盗公行”，应该“选拔满洲官兵”于良乡、通州、海子、昌平等处“巡缉”，以确保京城的安全。满洲贵族统治者采纳了这个建议，在京城周围增设了几个驻防点。据不完全统计，顺治年间畿辅地区的驻防点有采育里、沧州、顺义、三河、东安、保定、良乡、德州等地，这些驻防点的兵力从数十人至数百人不等，而统兵的也不过是城守尉、防守尉、防御、骁骑校等小官，可仍然有效地拱卫了京城。而在讨伐李自成、张献忠、南明弘光政权以及镇压境内抗清活动的过程中，随时根据形势的需要而派遣部队驻扎于山西潞安、平阳、蒲州，河南开封、怀庆，陕西西安、汉中，山东济南、德州、临清，江北徐州与江南南京（后改名为江宁）、杭州等处，在上述地点中，大多数是八旗大军的临时驻防点，当然也有例外，最具代表性的是西安与南京。西安是三秦要地，可进窥湖广、四川，清廷占领陕西不久即派八旗军进驻于此，其后又专门在此地设置昂邦章京（昂邦章京的意思是“总管”。直到顺治十八年后，“将军”这一称呼才逐渐取代昂邦章京，成为驻防武官的最高职位），由付喀禅、李思宗等人分别统率满、汉军队长期镇守。而曾经做过南明首都的南京，清廷鉴于其位置处于南北水路的要冲之地，从1645年（清顺治二年，南明

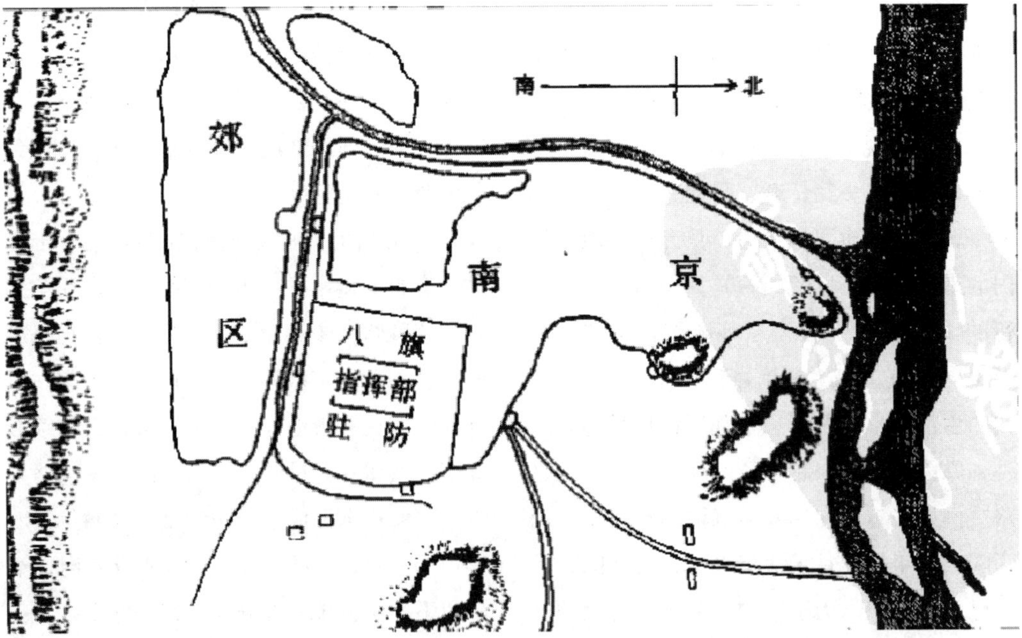

▲南京驻防图。

隆武元年）十一月起令梅勒章京巴山、康喀赖率满蒙八旗人员，携家带口移驻此地。

西安、南京两地各有满蒙四旗，按左右两翼布置，人数均为二千（驻防西安的除了满蒙部队外，还有汉军以及其他地方武装的配合），是八旗军在关内驻防的两个最重要地点。由于绝大多数满人不懂汉语，故外省的驻防将军衙门也像中央各衙门一样要设有通事（翻译人员），通事的主要任务是把汉人口语翻译成满语，让满人能听明白（一直到康熙年间满人官员皆熟悉汉语，才罢去通事一职）。

然而，西安、南京两地的八旗兵力与北京对比相形见绌，因为八旗军在关内的主力始终集中于京城，而且从没有改变过。京城以外的大大小小各个城池、要塞以及数不清的交通枢纽地点，主要交由绿营兵驻守。绿营产生于清朝入关之后，这支部队的前身是当时投降的明军以及各类汉人武装组织，数量达到数十万之多，清廷将之改编为新军，以绿色旗帜为号，故称“绿营”。它与清朝原有的八旗、汉人藩王部队、归附的蒙古诸部武装力量一起，形成清朝依赖的四大武力支柱。由此可知，清朝组建绿营是让其辅助兵力有限的八旗军，又可借此消化汉人的大量投降部队，尽量让归附的官兵各司其职各安其位，避免失控的散兵游勇扰乱统治秩序。而绿营除了作战与镇守之外，还要维持

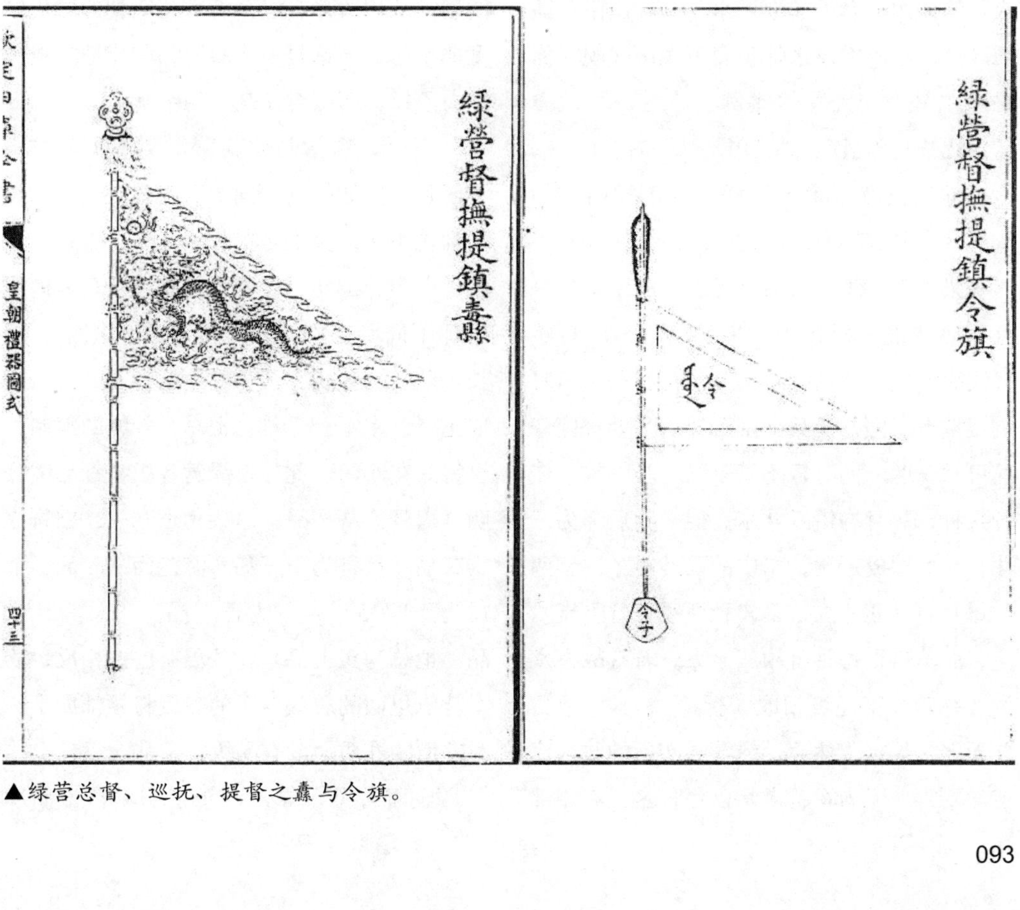


▲绿营总督、巡抚、提督之纛与令旗。

地方治安，干一些缉捕、缉私、押解、看护等差役。

绿营主要的兵种有马兵（即骑兵），步兵与水师。按照承担的任务又可分为战兵（负责作战）和守兵（负责镇守）两种。绿营的兵种比例逐渐形成了自身的特点，兵部在1651年（清顺治八年，南明永历五年）的一篇奏文中指出，军中马、步兵的比例按照旧制是“马三步七”，但在不同地方，应当有所不同，直隶、河南、山东、山西、陕西等处皆“平原大陆，非骑兵不能驰骋”，故仍按旧制采取“马三步七”的比例，江西、湖广、四川等省或者“滨江沿海”，或者境内有很多“崇山峻岭”，故应采取“马二步八”的比例，至于“半系水乡”的江南、浙江等处，则应增设水师、多用大小战舰，而采取“马一步九”的比例。总之，由地方督、抚按具体情况酌情安排。

绿营没有八旗军那样“计丁授田”的待遇，主要靠领取俸饷过活。清廷在1644年（明崇祯十七年，清顺治元年）制定马兵每月可领饷银一两五钱，步兵一两。1647年（清顺治四年，南明永历元年）将马兵每月饷银增至二两，步兵一两五钱。另外规定守兵可领一两。同时，不管是马、步、战、守各兵种，每月均给五斗米。但一年后降为三斗，从此即成定制。军中的马匹在冬、春两季每月可支九斗豆，夏、秋两季每月可支六斗。而草料则每月可领三十束。若有战事发生，绿营兵丁还可领取“行粮”，具体数目并无严格规定。然而，绿营兵实际的收入比定额要少，因为军官常常以各种名义克扣部下的血汗钱。

绿营兵制是在明朝营伍制度的基础上发展而成，不论是总督、巡抚等文官，还是提督、总兵、副将、参将等武官，都有直属部队。总督统率的部队称“督标”，巡抚统率的部队称“抚标”，提督统率的部队称“提标”，总兵统率的部队称“镇标”，副将统率的部队称“协”，参将、游击、都司、守备统率的部队称“营”，千总、把总统率的部队称“汛”。“标”与“协”可管辖一至数“营”，而“营”管辖着最基层的单位“汛”，每“汛”人数从数名至数十名不等。必须说明的是，“标”与“协”虽然可以根据情况的需要管辖“营”，但彼此没有明确的从属关系，这个特点与明朝的营伍制度非常相似，都是中央政府为防止地方将帅尾大不掉，而有意让其互相牵制。

不过，绿营与明朝营伍制度也存在不少区别。例如绿营不同部队的各级武官，编制都差不多，分别是提督、总兵、副将、参将、游击、都司、守备、千总、把总。而明军却不同，有的营伍采取主将、把总、哨长、队长、什长、伍长的编制，有的营伍采取主将、中军、千总、把总、管帖的编制，显得五花八门。此外，绿营各级将领品级分明（提督为从一品、总兵为正二品、副将为从二品、参将为正三品、游击为从三品、都司为正四品、守备为正五品、千总为从六品、把总为正七品），井然有序。相反，明军营伍里面的总兵以下的各级将领都属于临时差遣的性质，没有品级，杂乱无章。

显而易见，绿营改正了明军营伍制度

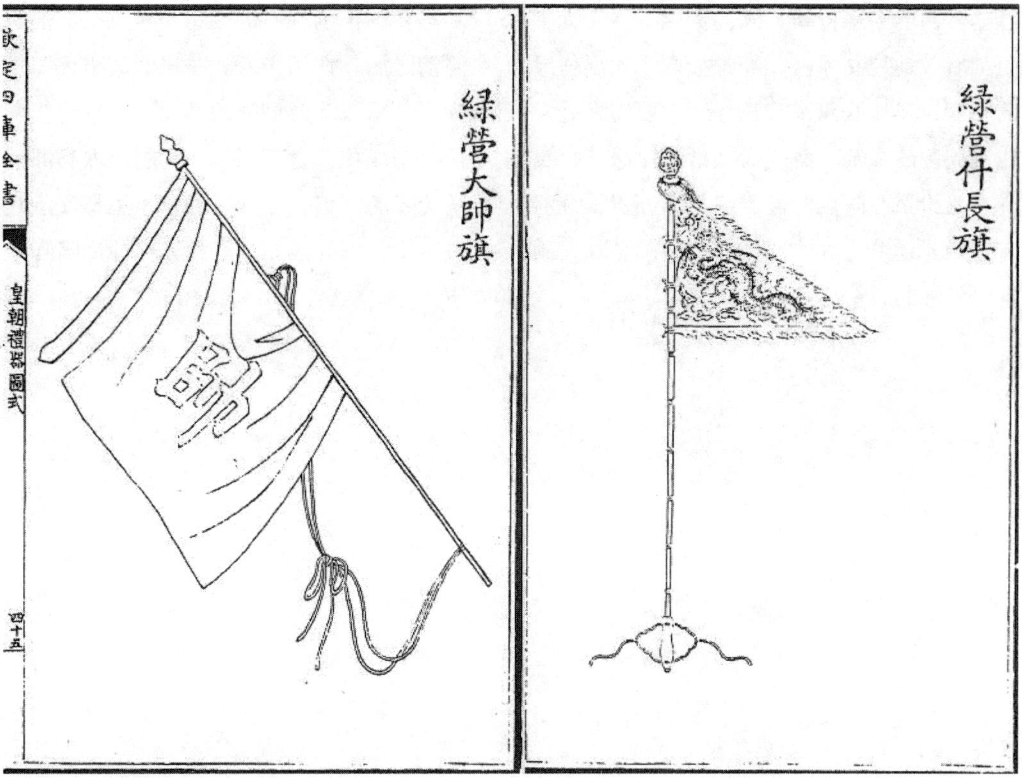


▲绿营帅旗与什长旗。

的某些弊端。特别要提到的是，绿营成立之初，在很长一段时间内没有生搬硬套明朝的“以文制武”的制度，提督、总兵等武将由兵部节制，而清朝任命的总督、巡抚等文官不能任意驾驭，这有利于提高武将的积极性。不过，在没有设立提督的省份，总督、巡抚等文官往往兼有“提督军务”的职衔，以指挥绿营。

与满人不熟悉汉语相似，当时汉官普遍不懂清朝的“国语”——满文。《啸亭杂录》称当时在外省出任总督、巡抚等职的多数是汉人，因而不得不委任熟悉满语者（称为“笔帖式”）代写满文。可见，由于满汉文化习俗的不尽相同让彼此之间的沟通存在着不足之处，会令八旗与绿营之间存在隔阂。对于绿营这样一支主要由汉人组成的军队，满洲统治者不太放心，采取了更换将领以及解散、裁汰部分人员等方法加强控制。例如多铎下江南时招降了明军二三十万，清廷于1645年（清顺治二年，南明隆武元年）十一月果断支解了这些部队，命令三百七十四名公、侯、伯、游击以上的各级将领离开原部队，调入八旗，以达到让降军群龙无首的目的，方便日后操纵。其中率部投降的左梦庚，不得不携同部分将领、亲丁入京，被清廷编设牛录，成为八旗汉军中的成员。只有不愿意入京的金声桓，在征得清廷的同意下，才得以继续留在原部队，参与经略江西的军事行动。满洲贵族统治者为了更加有效地控制绿营，经常抽调旗人出任绿营军职，还让八旗军驻扎在地方要害之处，钳制周围的绿营，而战时又常常让绿营打头阵，八旗军在阵后监督。这与满洲贵族统治者在政治上提倡的“首崇满洲”、“以汉制汉”的战时政策是一致的。

被南明倚为柱石的四镇与左良玉旧部纷纷降清之后，在相当长的一段时间里仍旧是江南绿营军战斗力最强的部队。刘良佐、李本深、李成栋、金声桓等人为了争取满洲贵族统治者的赏识，在其后的日子里与反清武装进行了频繁的战斗，当急先锋冲锋陷阵，立下了汗马功劳。

# 第四章　烽火重燃

清朝南、北两路军在多铎、阿济格的统率下于1645年（清顺治二年，南明弘光元年）夏季取得了一个又一个的胜利，不但促使东奔西跑的李自成在湖北通山县死于非命，连朱由崧也在芜湖被活捉。清朝的两个主要对手大顺政权与南明弘光政权一蹶不振，没有东山再起的希望。踌躇满志的多尔衮以为浙江、福建、广东、广西、云南、贵州等南方未降地区可以传檄而定。他对前景作出的乐观判断并非毫无根据，因为南明最有战斗力的江北四镇和左良玉旧部都已纷纷来降，还有什么武装力量能够与清军一较高下呢？

也许是被胜利冲昏了头脑，多尔衮觉得没有必要再在某些具体的政策上采取曲意迁就的办法来争取民心了，悍然于1645年（清顺治二年，南明弘光元年）五月重颁“薙发令”。本来，清朝在刚入关时就曾经颁过这

▲剃发的百姓。

一命令，让汉人参照满人的模样把脑袋四周的头发剃光，只在脑后留一小撮头发，以示忠诚，但引起北方百姓的愤怒抗争，为了在与大顺政权及南明的战争中获得更多支持，清廷暂时作了让步，发下了一道敕谕宣布让汉民仍照旧俗“束发”。事实上，满洲统治者在关外强制性实施的“薙发”政策并非不可通融，《满文老档》记载攻占辽东广宁之时，八旗军将领谕告广宁附近各城之人“薙发归降”，但只限于“年少者”，“老年人可不薙发”。《明季南略》称多铎进入南京后公开在城内各门道贴出告示宣布“今大兵所到，剃武不剃文，剃兵不剃民”，劝告江南来降官民“毋得不遵法度，自行剃之”。种种迹象表明，满族统治者在“薙发”的问题上经常采取灵活的态度。然而随着统一战争中取得的巨大胜利，使多尔衮改变了在“薙发”问题上的承诺，要天下臣民一律剃头。在“薙发”的同时又要“易服”，也就是改穿满人服饰。这种带有压迫性质的政策引起世人的哗然。后世的历史学者将“薙发”、“易服”与“圈地”、“投充”、“逃人法”一起，视为清初五大弊政。

《摄政王起居注》记载了五月二十九日的一次谈话，很好地反映了主要决策者多尔衮的心态，他责备汉人大臣屡以明朝的礼乐制度为依据反对剃头，反诘“本朝何尝无礼乐制度？今不尊本朝制度，必欲从明朝制度，是何居心？”他认为如果反对者以“身体发肤受之父母，不敢毁伤”的儒家古训为由阻止“薙发”政策的推行，犹有道理，可是这些家伙却拿明朝的礼乐制度做挡箭牌，令自己难以接受。自己虽然一向“怜爱属臣”，“不愿剃头者”听其自便，可如今这

▲清朝官员。

些家伙纷纷口不择言，使得自己不得不改变过去姑息的态度，干脆“传旨叫官民皆尽剃头”。由上述言论可知，多尔衮了解汉人大臣对“薙发”政策的抵触情绪，但还是要强行推广，不惜得罪汉人的士大夫阶层。

“薙发”之令是多尔衮在1645年（清顺治二年，南明弘光元年）六月正式下达给礼部的，谕文中称过去“薙发之制”没有强求大家一致，欲等到“天下大定”之时“始行此制”。如今“中外一家，君犹父也，民犹子也，父子一体，岂可违异”，假若在“薙发”的问题上大家仍不一致，“终属二心”，彼此几乎等于“异国之人”。因而自公布之日起，京城内外限十日；直隶各省地方自接到部文之日起，亦限十日，臣民全部要薙发。遵从此令之人，为我国之民。迟疑不决者，等同于对抗朝廷的盗贼，必加重治罪。如果有人“巧辞争辩”，决不轻饶。地方上的文武各官，应该严行察验，假若再有官员为此事而上奏，仍主张保存明制，“不随本朝制度”，杀无赦！多尔衮对于“薙发”的期限定得很严，但“易服”则宽松一些，在谕文的最后声称可以让汉人逐渐改变“衣帽装束”的样式，这是考虑到穷人一时难以增添新衣的缘故。《清实录》记载北京等一些遵令剃发的地方出现了不伦不类的怪现象，汉人所穿的衣冠遵照满洲样式者甚少，仍戴明朝巾帽之人甚多，满洲贵族统治者暂时对此无可奈何。

这个新政策传到京城以外的很多地方时被概括为“留头不留发，留发不留头”。人文荟萃的江南地区首先因清廷的“薙发”而激起了强烈的反应，包括读书人在内的各阶层齐齐反对，无数的汉人都不愿意风俗习惯被征服者强迫改变。当时外国传教士记述道：“当鞑靼人（指满洲贵族统治者）公布百姓剃发之时，士兵和市民都拿起武器，为保卫他们的头发拼死斗争，胜过保御皇帝和国土。”嘉兴、江阴、嘉定、常州、无锡、宜兴、常熟、昆山、松江、绍兴等地纷纷有大批人奋起与清朝的高压政策进行斗争。其中，表现最为壮烈的是江阴、嘉定两城的民众。

江阴位于常州府境内，清军占领南京后曾派知县方亨接管当地政权，下令百姓剃头，致使民情汹汹。生员许用于闰六月一日在孔庙明伦堂召众集会，针锋相对地喊出了“头可断，发不可剃”的口号，在全县得到了广泛的响应。闻声而起的乡兵逮捕了方亨，接着蜂拥而来的数万民众共推典史陈明遇为帅，决心保卫城池。陈明遇为了与清军死战到底，派人到城外的东砂山请具有一定军事组织能力的前任典史阎应元入城协助守城。经过一番精心的准备，全城百姓有钱出钱，有力出力，团结起来对付外侮。

为了镇压江阴的抗清活动，常州府出动了三百兵丁，但如飞蛾扑火一般被歼于秦望山脚。“薙发令”下达时多铎尚未班师回北京，他命令降将刘良佐率领数万人于六月二十四日开始围攻江阴。清军在城外排列了数以百计的营垒，从四面八方围困了数十重，可是在守城军民的奋勇抵抗之下付出惨重的伤亡，仍攻不下来。多铎不得不先后派遣藩王孔有德所部以及贝勒博洛、尼堪的八旗军前往助战。来到城下的博洛认为刘良佐以优势兵力打不下一个小小的江阴，贻误了军机，竟然下令将之“捆打”，以示惩戒，并督促各路围城部队加紧进攻。最后，清军依靠从南京运来的红衣大炮于八月二十一日轰塌城墙的东北角，涌入城内。陈明遇在巷战力竭，带着全家人投火而亡。阎应元负伤投湖自尽未遂，被清军捞起，递解到博洛等人之前，挺立不屈而死。入城的清军为了泄愤，大肆屠戮了三日才罢休。城中百姓“无一降者”，在此次惨烈的战事共有十七万人遇难，侥幸未死者仅五十三人而已。而根据《江阴城守后记》等一些野史的记载，清军也损失惊人，在先后参与围城的二十四万人之中，“死者六万七千，巷战死者又七千”，总数超过七万五千人。以致传说清朝有数位王爷死于城下。

嘉定是继江阴之后另一个激烈抗清的地方。清朝委任的知县张维熙在1645年（清顺治二年，南明弘光元年）闰六月十二日宣布“薙发令”后被闻声而起的老百姓赶走。连驻于城西一带的部分清军绿营兵也被城里的乡兵打得落荒而逃。

乡绅侯峒曾、黄淳耀等人聚众会议，安排百姓布置城防，以未雨绸缪。原是四镇将领高杰下属的李成栋降清后出任吴淞总兵，他得知自己驻于嘉定城西的部队遭到民众的驱逐，不禁大为恼怒，率领大部队从吴淞赶来，一路肆行无忌地掳掠，沿途击破乡兵的阻拦。到达嘉定后，在七月初一以大炮轰击城的东北角，并出动步骑兵抢渡北门仓桥。守城的乡兵等到清军渡过一半的时候，突然发射火器击断桥梁，打死了包括李成栋弟弟在内的一批人。其后，李成栋在八旗军的支援下大举反攻，于七月初三日在阴雨天气的掩护下集中炮火连轰城的东北角，致使铅弹碎屑，落于城中屋上，簌簌如雨。清军的敢死队抬着可抵挡弓箭与石块的板扉，以数十人为一股，潜至城下凿城。经过日以继夜的猛攻，初四日城池失陷，长驱直入的清军见人就杀，到处都是刀声与乞求饶命之声，嘈杂如市，僵尸满路，数日后才逐渐停止。义士朱英在七月二十三日召集嘉定残余民众重举义旗，清军遂于二十七日重新攻入嘉定，又一次惨无人道地屠戮。到了八月份，在反击从江东远道而来的南明把总吴之蕃所部时，清军又乘机对嘉定进行了第三次屠杀。这就是历史上著名的“嘉定三屠”。

尽管毗邻湖北、安徽、河南三省的大别山地区，安徽南部以及全国的其他地方亦在“薙发令”颁布期间发生了不同程度的抗清斗争，但反清浪潮最为高涨的仍然是江南地区。江南士民的斗争有很多属于自发性质，互相缺乏配合，而激于一时义愤的各地乡兵无论是在装备、训练以及作战经验上都远非清朝正规军的对手，基本上被残酷镇压下去了。此时此刻，特别需要一个坚强的领导核心，以避免全国各地的抗清势力沦落到一盘散沙的悲惨境地。就这样，南明隆武政权应运而生了。

1645年（清顺治二年，南明弘光元年）闰六月七日，唐王朱聿键监国于福州，二十七日登基即位，改年号为“隆武”，成了南明的第二个政权。朱聿键自小家庭多

▲隆武帝之像。

故，经过坎坷才得以继承蕃王之位，因而培养出坚韧的意志。当清军于1636年（明崇祯九年，清崇德元年）入塞掳掠，中原哀鸿遍野之时，他不惜违反祖制擅自率王府护卫军从河南南阳的封地上出发北上勤王，为此而遭到明思宗的切责，并被废为庶人，囚禁于凤阳。明朝灭亡后，匆匆成立的弘光政权释放了朱聿键，并恢复其亲王的待遇。朱聿键本来要转移到广西平乐，但因路费不足而滞留于浙东，迁延于镇江、苏州等处。弘光政权覆没之际，他被从长江沿线败退下来的镇江总兵郑鸿逵所部护送到福建，进驻福州，依附福建的实权人物南安伯郑芝龙。在礼部尚书黄道周、户部郎中苏观生等人的拥护下，正式称帝。

朱聿键力图避免在朝中重演东林、阉党相争的悲剧，因而在用人上不念旧恶，唯才是举，反对门户之见。就连犯下重大过失的马士英，也既往不咎，允许他在江浙戴罪立功。这样做的目的是为了争取更多的人站在抗清阵营一边。朱聿键虽然有恢复旧河山之志，但却没有强有力的嫡系部队，不得不依靠郑芝龙、郑鸿逵等拥立有功的武臣，在上台不久大封郑氏一族，其中郑芝龙与郑鸿逵为平虏侯、定虏侯，郑芝豹与郑彩为澄济伯、永胜伯。

郑氏一族以郑芝龙为首，此人于天启年间起在东南沿海从事海上贸易，往来于日本、台湾、金门、厦门之间，并参与海盗活动，积累了雄厚的资财，他注重乡族关系，四处扩张势力，尽量争取更多人的支持，逐渐成为海盗首领。1628年（明崇祯元年，后金天聪二年）九月，郑芝龙接受福建巡抚熊文灿的招安，成为明朝的海防游击，参与了一系列剿灭海寇的行动，因功而升至总兵，在此过程中，他得以利用官职的便利打压海上的各种竞争对手，积极组织流民开辟台湾，想方设法垄断海外通商的巨利，达到富可敌国的地步，基本掌握了福建的军政大权，拥有称霸东南沿海的水师。

朱聿键有一个不利之处是继承大位的名分不足，他是朱元璋第二十二子朱柽的八世孙，在血缘上与明末的神宗、熹宗、思宗诸帝非常疏远，因而江南的一些明朝宗室贵族对他的上台不太服气。他虽然得到广东、广西、湖南、贵州、云南以及江西、四川部分地区南明残余势力的支持，可是浙东地区的官绅却另树一帜，拥立鲁王朱以海监国。

朱以海是在朱聿键监国登基四十日后出任监国的，他是朱元璋第十子朱檀的十世孙，因其兄朱以派在1642年（明崇祯十五年，清崇德七年）被入塞攻破兖州的清兵杀死，才得以继承鲁王之位。明朝灭亡后，他南逃浙江台州避难。当清军渡江颠覆南明弘光政权，在江南四处镇压抗清势力时，一些不肯剃发、不改衣冠的士人，如明刑部员外郎钱肃乐、九江道佥事孙嘉绩与鄞县名士张煌言将朱以海从台州迎接到绍兴，奉为首领。拥护这个政权的武将主要有总兵方国安以及王之仁。方国安本来是左良玉辖下一将，因与左良玉不和而改投弘光政权，得到马士英的赏识。弘光政权灭亡后，方国安带着一万人经杭州撤至钱塘江，并留马士英、阮大铖于军中，同为朱以海效力。王之仁作为浙江防倭总兵，曾经率领二万五千名官兵向多铎奉上降表，如今又重新反正，与方国安所部一起成为主力。值此江南地区纷扰不安、群情喧扰之际，不少将士都想为恢复旧河山尽一份气力。

鲁监国政权的首领朱以海与朱聿键一样，都是疏藩，但若论辈分，朱以海是侄，朱聿键是叔，故朱聿键曾以长辈身份颁诏书于朱以海，希望彼此合力抗敌。然而朱以海及其拥立者拒不奉诏，致使双方为了争正统而一度闹得不可开交。

这时候，清军在长江沿线的布置起了新变化。鉴于消灭弘光政权的任务已经完成，多铎、博洛等人在这年七月接到了多尔衮下达的班师命令。班师的原因主要有如下几点：一、满洲人丁有限，自从入关以后，八旗满洲每次大规模的军事行动，通常都是在远离本民族聚居点的地方进行，而在异族的区域作战时，八旗满洲的伤亡当然不可能用异族人来补充（相对而言，汉人军队是在本民族区域作战，就可以从外界源源不断地获得本民族人员的补充），故当其伤亡率达到一定的比例时，就不得不停止军事行动——班师回朝，重回本民族聚居点补充人员（通常是北京），待恢复元气后，再继续下一步的军事行动。二、八旗军采取的是世兵制，男丁终身服役，军中官兵普遍成家立室。当这些人出外作战一段时间后，也应该适时让他们返回驻地与家人团聚。三、关外之人不耐南方暑热，需要北返休整。

多铎、博洛虽然确定班师，但他们要等到九月初四日才得以正式率军回京。经略南方各省的任务交由从北京南下的多罗贝勒勒克德浑（任平南大将军）。勒克德浑是和硕礼亲王代善的孙子，这位年轻人过去从没有什么值得一提的从军履历，现在能肩负起独当一面的重任，完全是受到多尔衮赏识的缘故。老谋深算的多尔衮对勒克德浑也不太放心，又任命久经沙场的固山额真叶臣做勒克德浑的助手，并指示凡是调遣“满洲诸军”，均要知会叶臣。尽管这支新近南下的八旗军与留守江宁的部分八旗军会合，并拥有数十门红衣大炮，但在总兵力上显然不能与多铎的主力部队相提并论，故清朝实际已经暂停了南方的战略进攻，转而以防御为主。同时，多尔衮希望不战而屈人之兵，派出大批汉臣招抚南方未定之处，其中内院大学士、太子太保、兵部尚书兼都察院右副都御史洪承畴以原官总督军务，招抚江南各省；恭顺侯吴惟华以太子太保兼都察院右副都御史的身份总督军务招抚广东；礼部左侍郎孙之獬升为兵部尚书兼都察院右副都御史、翰林院侍读学士、提督军务招抚江西；尚宝寺卿黄熙允为兵部右侍郎、兼都察院右佥都御史招抚福建；原任大同巡抚江禹绪以兵部右侍郎、兼都察院右佥都御史、提督军务招抚湖广；刑部郎中丁之龙为兵部右侍郎兼都察院右佥都御史招抚云贵；右都督谢宏仪兼都察院右副都御史提督军务招抚广西。

然而，“薙发令”的颁布早已让清廷兵不血刃招抚南方各省的意图破产。勒克德浑与叶臣率领的清军将要面临监国于绍兴的朱以海的挑战。朱以海名义上的地盘比朱聿键差得远，所据的仅有浙东一隅，不但要提防后方的朱聿键，还要应付前头的清军，形势不容乐观。但意外的是，这个政权开始颇有一雪前耻的志气，敢于与清军正面对峙，并主动策划了一次像模像样的进攻，在钱塘江东岸聚集了近二十万的正规军与义师，准备随时打过去。1645年（清顺治二年，南明隆武元年）七月，方国安、王之仁、张国维等率部一举过江，攻下了杭州府辖下的富阳、于潜，威胁到了杭州。各路军队一度打到了杭州城外的草桥门下。对于这一胜利，《明季南略》等史籍评论自清军南下以来，明军非逃即降，“莫敢以一矢相抗”，直到现在始与之交战并且获胜，“真三十年来未有之事”。

然而，由于浙东明军内部存在不少问题。鲁监国政权仍然沿用“以文制武”的旧制，任命东阁大学士张国维这位文官做各路人马名义上的督师，但张国维实力有限，真正掌握的亲兵营仅有数百人。方国安、王之仁等武将以往的所作所为无异于军阀，他们接管了浙东的地方部队，以正规军自居，拥有征收浙东各府州县的田赋的权力，从而使得鲁监国政权失去财政的自主权。尽管钱肃乐、孙嘉绩在拥立朱以海时有功，可他们招募的义师被视为非正规部队，只能自行想办法筹饷，由于没有固定的经济收入，迫使很多义军将士不得不离开部队，自谋生路，以致未能为反攻尽力。显然，文武互相牵制、武将桀骜不驯以及政出多头的痼疾没有得到根除，由此注定任何胜利都是短暂的。

清朝的地方官员不断组织反击。出任浙闽总督的汉军镶蓝旗梅勒章京张存仁在九月给朝廷的奏报中自称已派遣副将张杰、王定国击退进犯杭州的明军，擒斩方国安的儿子方士衍。在此期间，根据清朝的战报，平南大将军勒克德浑也命令满汉官兵进剿距离杭州城外十里立营的马士英所部，然而尚未到达，马士英已撤离。在追击中，张存仁与总兵田雄所辖的绿营兵斩首五百余级。战局的变化促使满洲统治者更加倚重八旗军，让部分八旗将士长期固定地镇驻在江宁与杭州，就是在这个时候作出的战略决策。1645年（清顺治二年，南明隆武元年）十一月，梅勒章京巴山、康喀赖奉令率两千满蒙八旗将士驻防江宁。与此同时，杭州也派驻了八旗军，由梅勒章京朱玛喇等将领统领（而该城的驻防兵额因形势的变化而时有增减，直至十三年后才定为四千以上）。上述两城的驻防部队都需携带家属长期居住，具有浓厚的防御色彩，与多铎、阿济格、勒克德浑辖下那些完成作战任务即撤回京师的野战部队有很大的不同。

钱塘江两岸断断续续的交锋延续到了十二月。清军在钱塘江中筑起木城，以防明军过江。不甘心半途而废的鲁监国朱以海亲自到前线犒师，命令以方国安为首的诸军限期攻取杭州，重振旗鼓地与清朝争夺半壁河山。二万多名南明军队于二十四日陆续从沿江各处渡口过江，向杭州迫近，这是南方抗清势力首次向八旗军固定的驻防地点发起进攻。八旗军分为左、右翼迎战，左翼梅勒章京朱玛喇所部击败马士英于余杭；右翼梅勒章京和讬击败方国安于富阳，阵斩明副将二员、参游五员。其后两翼会师于杭州城三十里外，再次大败过江的明军。而总督张存仁、总兵田雄等人率领绿营兵在梅勒章京济席哈所部八旗军的配合下一直追击到钱塘江，致使明军仓促落江溺死者无数。浙东明军的反攻草草收场，此后转攻为守，沿着钱塘江设防，只想保住原有的地盘。鲁监国政权尽管未能如愿以偿地收复杭州，但也保住了钱塘江南岸地区，就像一名外国传教士在《鞑靼战纪》中所评论的："鞑靼远征军就这样被阻挡了整整一年。"

代替多铎经略江南的勒克德浑灵活运用有限的兵力，在与鲁监国政权对峙于钱塘江期间，还在荆州打了一场规模较大的仗，主要对手就是李自成的旧部。

自从李自成意外死亡之后，大顺军余部在田见秀、张鼐、袁宗第、刘芳亮、刘体纯、郝摇旗、王进才等人的率领下陆续聚集于湖南平江、浏阳等地，总数超过二十万。而从陕北榆林、延安地区撤退的李锦（即李过）、高一功也会合了西北地区的一部分人马经汉中、四川到达湖北荆州一带，号称"近十数万"。然而，李自成与刘宗敏这两个威望素著的领导人的死去使得大顺军余部群龙无首。特别是湖南地区的大顺军余部，其建制已经被打乱，田见秀、袁宗第等在过去风云一时的高级将领如今仅拥有数千人，而刘体纯、郝摇旗等级别低一些的将领反而各拥众数万。反常情况的出现表明这支部队很难再像昔日那样井然有序地行动了，取而代之的是各自为政。

清朝在阿济格回师之后任命佟养和为湖广总督，带领少数兵力驻于武昌。佟养和与荆州道刘汉作主张招抚大顺军余部，而荆州副总兵郑四维、巡抚马兆煃则坚决主剿。尽管多尔衮下令允许地方官员招抚大顺军余部，"免罪录用"，然而不太愿意剃头的大顺军将领们经过权衡，最后还是倒向了南明隆武政权一边。南明隆武政权的楚督何腾蛟最初对进入境内的大顺军充满敌意，但既然无力派兵镇压，只好与之和解，大约在1645年（清顺治二年，南明隆武元年）七月间，他在湖南长沙与大顺军代表达成协议，共同"联营"抗清。就像通俗小说里面的水浒英雄最后选择接受朝廷的招安一样，久经磨难的大顺军诸将也终于同意奉明方为宗主，这一方面是基于现实的需要，多年颠沛流离的义军希望找到一个相对稳定的地方以便能安顿下来休整，另一方面是由于全国各地抗清情绪的高涨，致使很多人改变思想，他们不想再走旧路，不希望再被时人视为“打家劫舍”的“流寇”，而想在这个民族矛盾异常激烈的时刻成为“以身许国”的忠臣。例如李自成的妻子高氏曾经这样对李锦说：你愿意做“无赖贼”，还是愿意做“忠臣”？借此劝告李锦归顺南明。后来，李锦果然接受了南明的招安。然而在接受招抚的具体日期上，身在湖北的李锦比起进入湖南的田见秀、张鼐、袁宗第、刘体纯、郝摇旗、王进才等大顺军诸将要晚。在何腾蛟决定与大顺军余部“联营”抗清期间，李锦正在组织万余人马围攻由三千余绿营兵驻守的荆州，这仗从七月下旬开始，一直打了半个月也未能令据守城内的清副总兵郑四维屈服，反映了流离转徙的大顺军余部仅凭自身的力量很难扭转抗清形势。不久，在湖南接受何腾蛟招抚的田见秀、袁宗第、刘体纯等人由于缺饷而率部北上（只留下郝摇旗、王进才继续为何腾蛟效力），经岳州到达荆州附近，与李锦会师，号称三十万。驻于常德的湖广巡抚堵胤锡主动赶赴荆州，亲自带领数十骑来到松滋县，进入大顺军的老营，终于成功说服李锦、高一功等人归顺南明。然而，李锦等人虽然承认南明隆武政权的宗主地位，却仍在军中称李自成为先帝，奉李自成的妻子高氏为太后，堵胤锡事后得知亦无可奈何。

南明隆武朝廷接到堵胤锡为大顺军降将“请爵”的报告，立即引起了激烈的争议，不少人反对接纳有亡国弑君之仇的大顺军余部，然而朱聿键在翰林兼给事中张家玉等有识之士的支持下毅然采取既往不咎的态度，封李锦“兴国侯”，赐名“李赤心”，高一功“列侯”，赐名“高必正”，所部改称“忠贞营”。此外其他相关人员也得到封授，例如郝摇旗为“南安伯”，获赐名“郝永忠”。就连高夫人也被封为“贞义一品夫人”。朱聿键在1645年（清顺治二年，南明隆武元年）十月初一正式祭告太庙，以示招抚政策的成功。隆武朝廷一反弘光朝廷奉行的“联虏平寇”之策，转而联合大顺军余部抗清，使得抗清力量进一步扩大，这肯定有利于“中兴”的事业。湖广明军与大顺军余部一旦联合起来，必然会导致长江上游地区掀起战争的新高潮。

何腾蛟因招安有功而被升为东阁大学士兼兵部尚书，封为定兴伯，名义上是湖广地区所有军队（包括明军与归附的大顺军）的最高指挥官。由于当时归附的将士过多，何腾蛟试图将之与明军一起整编，乃授刘承胤、黄朝宣、张先璧、李锦、郝摇旗、袁宗第、王进才、董英、马进忠、马士秀、曹志建、王允成、卢鼎开镇湖南、湖北，这就是时人所谓的“十三镇”。在“十三镇”中，李锦、郝摇旗、袁宗第、王进才等过去是大顺军将领，早已为人所熟悉。马进忠、王允成皆为左良玉旧将（马进忠是“流寇”出身，诨号“混十万”，崇祯年间被左良玉收编，左良玉死后在湖北阳逻镇伪降清朝，其后反正，与王允成一起前往岳州，接受偏沅巡抚傅上瑞的招抚，转而为何腾蛟效力）。属于明军地方部队的有刘承胤、董英、曹志建、黄朝宣、张先璧等。其中，刘承胤原本是小校，黄朝宣、张先璧原本是副将，皆由何腾蛟升为总兵。

霎时间，两湖地区的明军将帅如云，因而隆武朝廷命令何腾蛟乘势“规取江西及南都”，光复河山。数十万大军分道出师的行动已经提上了议事日程，可是各路人马虽然声势浩大，但主力仍然是进至湖北的忠贞营，重点进攻的同样是荆州。明末清初著名历史地理学者顾祖禹说过“湖广之形胜……以湖广言之，则重在荆州”。因为雄据于长江之畔的荆州一带地处江汉平原，西近巴蜀、东接武昌、北连襄阳、南通长沙，是两湖盆地的要津，为历代兵家所重视。显然，如果能夺取荆州，顺利控制湖广，就可视情况反攻江西及南明故都南京，威胁到清朝在长江两岸的统治。

湖广地区动荡不安，而清朝的封疆大臣也要换人。总督佟养和因招抚大顺军余部失败而被迫下台，取而代之的是以兵部右侍郎的身份总督湖广、四川的八旗汉军镶蓝旗牛录章京罗绣锦。但在1645年（清顺治二年，南明隆武元年）十一月接到调令的罗绣锦尚未到任，故长江上游的前线事务仍由佟养和代管。这时，连年战乱的湖广，经济生产已遭受严重的破坏，镇驻于各地的清军地方部队普遍处于粮饷缺乏、“啼饥寒号”的处境。例如荆州守将郑四维在奏报中称荆州“地方疲惫”，而大顺军余部又在附近“蹂躏数月”，将荆州所属的州县“焚劫尽空”，使得“百里内外，罕见人迹”，故守城士卒嗷嗷待哺，“实难支持”。而在下游负责招抚江南各省富裕地区的洪承畴对此表示爱莫能助，因为江宁驻防八旗军以及在江南归附各府镇守的绿营部队，需要消耗大量银两、粮料与草束，再也没有能力调运物资经长江支援上游清军。远在北京的多尔衮亦鞭长莫及，一时也想不出周全的办法。总之，形势对湖广地区的各路清军极为不利，荆州似乎岌岌可危。

然而忠贞营同样受到缺衣少食的困扰，这也是他们迟迟未能攻克荆州的重要原因之一。这支军队在较早之前不得不将兵马驻扎在湖北荆州、松滋与湖南澧州一带，范围长达三百余里，目的是分散就食。这样做肯定会削弱攻城的力量，使战事拖延下去。为了保证夺取荆州的成功，何腾蛟在堵胤锡的建议下与监军道章旷一起统率湖南各路兵马经湘阴进攻岳州，意图由此道北上武昌，对湖北的忠贞营进行声援。

两湖地区的明军四处出动，令对手胆战心惊。清湖北巡抚马兆煃在1645年（清顺治二年，南明隆武元年）十一月二十二日向清廷“飞报紧急军情”，称刘体纯、袁宗第等“拥兵数万”，自荆州而过，攻击了襄阳、承天两府之地，杀掠数万人；李锦统率九营人马继续盘据荆州附近，即将与田见秀诸部合并，有复立李自成之弟为主之意，欲引领数十万众北下；何腾蛟招集了五六十万将士“雄据湖南”，存在窥伺湖北之心。假若“我皇上不急发大兵南下”，则唯恐“两王（指阿济格、多铎）已定之疆”不再为新朝所有。马兆煃的上述言论并非危言耸听，清军的确受到了一定的损失。奉令招抚江西的孙之獬在同年十二月给多尔衮的报告中也宣称何腾蛟辖下一只虎（指李锦）、黄朝宣等将，“甚狠甚横”，让清军损失惨重，他听说“佟督（指佟养和）”已“败过一阵，折去万人”。荆州、襄阳、辰州、常州，处处告急，在一片风声鹤唳之下，马兆煃等地方官员盼望八旗劲旅早点来到，如“瞻云望霓”。

八旗军之所以受到如此器重，除了战绩彪炳的原因之外，还与一些清朝官员的偏见有关，例如他们认定南方人不善于打仗，最适合从军的是北方人。这种偏见的形成与当时北方经历过长期的战乱，能征惯战者比南方多的客观事实有关。一位叫柯永盛的绿营总兵的看法比较有代表性，他在长江以南与抗清势力作战期间给朝廷写了一份报告，其中称：“南方风气柔靡”，人皆不熟悉营伍之事，“纵养十人，终不及一人之用”，要想得到精兵，必须要招“北方强壮之人”才可。可是江南距离北方数千里之遥，要想从北方增补一兵，非十两银子做路费不可。然而财政捉襟见肘，有时难免用南方的“无用之徒”滥竽充数了。

无可置疑的是，八旗军是以北方人为主的军队，特别是来自关外苦寒之地的满洲大兵，一向被视为翘楚。比如顺治帝后来说过：在“平定中原”的统一战争中，“悉赖满洲兵力，建功最多，劳苦实甚”。上有所好，下必甚焉。故满朝官员对清朝的嫡系部队八旗军处处是赞誉之声，而八旗满洲更被奉为骄子。可是，八旗兵普遍不太适应南方炎热多雨的气候，水土不服会对战斗力的发挥造成影响。众所周知，八旗军一向以铠甲精良而著称，那些身披重甲的将士，一旦在南方遇上“酷暑”、“多雨”的天气，就会觉得甲内热气蒸腾，让人难以忍受。而在暑天中行军布阵，他们受到的煎熬比南方土著还要强烈，有时连饭都吃不下去，身边的马匹亦张口喘息不已。如果采取不披挂铠甲等应急措施，又势必加大伤亡率，这尤其对人口比较少的八旗满洲不利。此外，频繁的雨天会对弓箭手造成不利的影响，因为八旗军装备的弓由动物的筋、胶制成，这些材料淋湿后会变软，难以起到应有的作用。上述原因足以影响八旗劲旅的正常发挥。在往后的岁月中，八旗军主力每次出征南方的时间都尽量选择在天气转凉的秋冬之交（多数在当年的十月至次年的二月间），而酷热多雨的夏季则返回驻地。这种出征与休整一直在有节奏地交替进行着，几乎形成了规律。

每当八旗军的主力北返，南方的各个战区就主要由绿营兵挑大梁、打头阵，而留守的少数八旗军则负责监督。这也符合满洲贵族统治者实施的“以汉制汉”战略。等到绿营兵与抗清势力两败俱伤之时，八旗军主力再南下收拾残局也不迟。

可是这次“远水难救近火”，北京的八旗主力绝不可能像马兆煃之辈所希望的那样能在短时间内跨过千山万水，南下救援。然而，清朝拥有一个强有力的中央政府，各省的地方官员在其严令督促之下有时不敢互相观望，见死不救。远在下游的平南大将军勒克德浑接到湖广总督佟养和与湖南巡抚何鸣銮的求救文书后，情知荆州一失，两湖难保，而江西与江宁难免受到波及，他毅然把退守钱塘江南岸的鲁监国政权军队置之度外，也不管杭州时刻受到的潜在威胁，竟抽调有限的兵力于十二月十八日紧急行动，在老将叶臣的辅助下，与奉国将军巴布泰、辅国公萨弼、护军参领陈泰等一起迅速从江宁乘舟向湖广出发，于1646年（清顺治三年，南明隆武二年）正月初十日到达武昌。一时之间，城内欢声雷动，湖北巡抚马兆煃等地方官员慌忙出外迎接，以商讨下一步何去何从。

从武昌沿着长江直上荆州，必须经过岳州。明监军道章旷与马进忠、王允成、卢鼎、王进才等数镇将领作为前锋，已驻于此地，正好阻挡勒克德浑的去路。而锐意东下的何腾蛟已于1646年（清顺治三年，南明隆武二年）正月初二与监军御史李膺品到达湘阴，预期前往岳州，与前线部队会师。这个节骨眼上，被何腾蛟一手提拔为总兵的张先璧却率领亲军逗留不前，由于军饷缺乏，诸营亦互相观望。驻守岳州的章旷与随征诸将不想与来势汹汹的八旗军硬拼，以“后军不继”为借口撤还。何腾蛟碰见从前方溃退回来的将士，误以为勒克德浑即将杀向湖南，连忙拔营而回。就这样，湖南各路部队还没有来得及打一场像样的仗就已经崩溃，纷纷退回长沙。这场半途而废的军事行动令何腾蛟的威望受损。原因正如《明史》所论的那样：“诸将皆骄且贪残……腾蛟不能制。”

勒克德浑侦察得知岳州的守军奔回长沙，令护军统领博尔惠等率兵追击，在临湘歼灭千余肆意抢掠的敌人，几乎兵不血刃地占领了岳州。明军副将黑运昌率二百艘船投降。

清军控制了岳州这个至关重要的地方，打通了前往荆州的去路，全部舟师一拥而过，于二十九日到达石首。了解到围攻荆州的忠贞营有千余艘船只泊于前面的江上，勒克德浑遂于二月初二日派遣尚书觉罗郎球等率偏师继续沿江直上，执行抢夺船只的任务，意图截断江北之敌返回江南的退路，而他本人带着主力在距离荆州百里的渡口过江，乘夜疾驰，在次日早上出其不意地到达位于江北的荆州附近。

李锦尚未察觉大祸临头，还在继续指挥攻城。他原以为清军援兵会从北方南下，为此刘体纯、袁宗第等带着数万人进至荆州以北的襄阳、承天，以防万一。想不到清军援兵竟然来自下游，而且迅速通过了湖南明军把守的岳州，就像一把尖刀闪电般地从背后插了过来，等到醒悟已经太迟了。

只见分作左右翼的八旗劲旅飞速发起突袭，势不可当地大破忠贞营，斩获甚众，至薄暮才收兵。与此同时，郎球等人亦于长江俘获千余艘船，致使难以返回江南的忠贞营剩余的官兵只能在李锦的率领下西撤。初三日赢得决定性胜利的勒克德浑仍未罢休，于初四日派奉国将军巴布泰等人分两路追杀，在安远、南漳、喜峰山、关王岭、襄阳府等处，四处围剿对方的残兵败将，当清军追到彝陵口时，不久之前被大顺军旧将拥立为主的李自成之弟李孜与田见秀、张鼐、李友、吴汝义等人率五千余名步骑兵来降，可是他们当中很多人后来被清廷以“降叛反覆”为

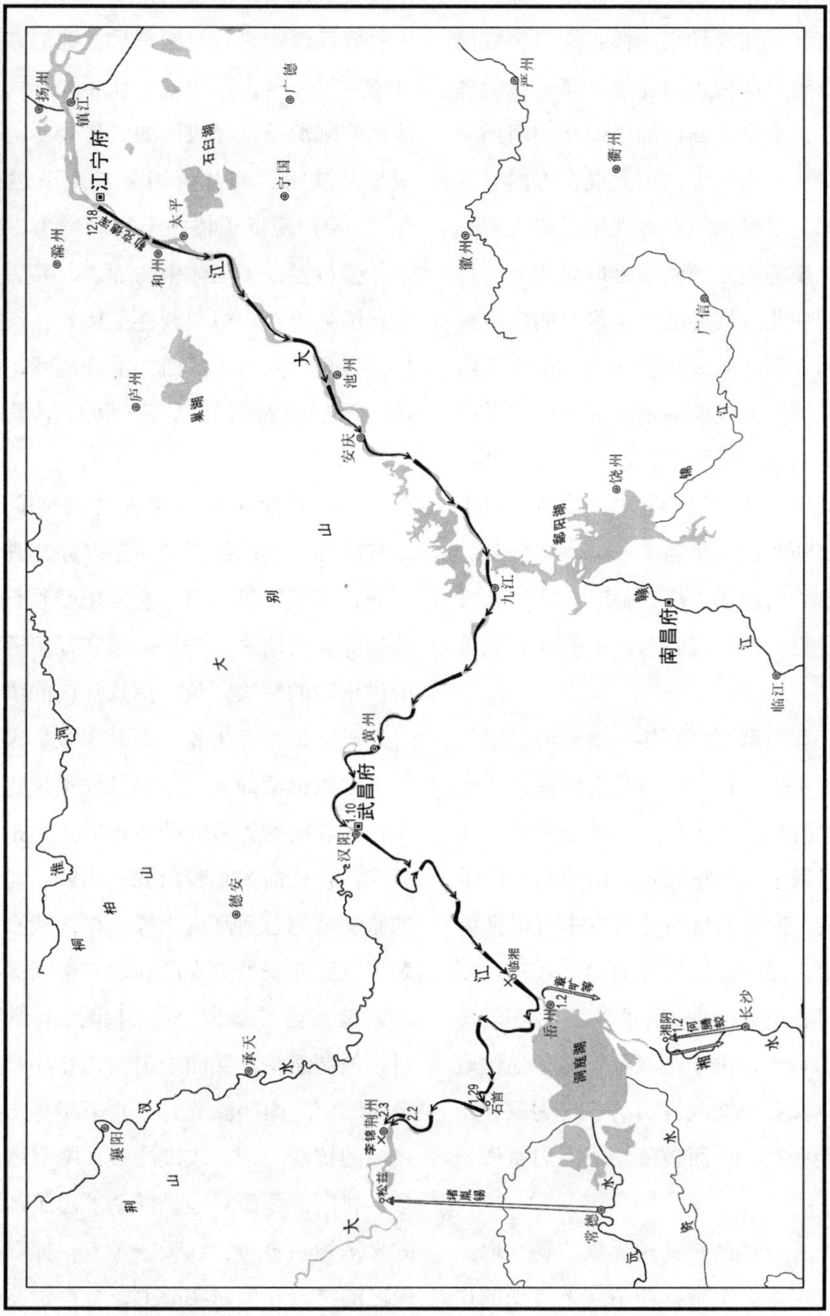
勒克德浑攻荆州之战（公元1645年至1646年）
比例尺　四百七十万分之一
扬州
镇江
江宁府
12.18
太平
石臼湖
广德
宁国
滁州
和州
江
大
池州
庐州
巢湖
安庆
大
别
山
九江
鄱阳湖
饶州
徽州
严州
衢州
广信
锦
江
赣
江
南昌府
临江
黄州
武昌府
1.10
汉阳
淮
河
桐
柏
山
德安
承天
汉
水
襄阳
荆
山
大
江
临湘
岳州
1.2
洞庭湖
湘阴
1.2
长沙
湘
水
1.29
石首
2.2
荆州
2.3
李锦
松滋
堵胤锡
常德
沅
水
资
水
0
200
公里

▲荆州之战。

借口处死。

两湖明军的岳、荆之战与浙东鲁监国政权反攻钱塘江以北的计划一样，均以失败而告终。然而到目前为止，在抗清第一线的各路明军之中，最受人瞩目的仍旧是归附南明的大顺军诸将与马进忠、王允成、方国安等左良玉旧部，尽管他们的表现不尽如人意，可是长江以南的地方部队很难取而代之。这是因为他们在北方战场上长年累月的作战经历，正是南方部队所最为缺乏的。南方部队不可能在训练场上轻而易举地把这些用鲜血换来的经验教训学习到手。这也是号称拥众数十万的福建郑氏集团为何屡次违抗朱聿键之令不肯出师北伐的原因之一。海盗出身的郑芝龙兄弟一向惯于水战，缺乏在陆地上攻城略地的经验，没有信心与南下的八旗劲旅硬拼。

勒克德浑所部在1645年（清顺治二年，南明隆武元年）九月至十一月之间纵横千余里，来回于浙东的杭州与湖北的荆州两地连续作战，显示了八旗军在长江沿线兵力严重不足的事实。南方的抗清势力本来可以把握时机在湖南、江西、浙西等地全力反攻，尽最大能力打击清朝的地方部队，犹存扭转乾坤的机会。可惜，由于隆武政权与鲁监国政权的对立以及各地文武官员的各自为政，不但未能协调一致，反而被清朝集中力量逐一击破。

江西大部分地区在此前后被清朝夺取。无独有偶，在这一军事行动中立下首功的也是左良玉旧将与大顺军余部。跟随左良玉之子左梦庚降清的金声桓与原大顺军将领王体中（大顺军在李自成死后群龙无首，王体中在混乱期间率部属向清朝投降）分别奉命为收取江西的总兵与副总兵。他们在1645年（清顺治二年，南明弘光元年）五六月间乘清军刚刚消灭弘光政权的威势轻易地占领了南昌及其附近州县。当多尔衮下达“薙发令”，金声桓以王体中不肯剃发为由将之刺杀，强行吞并了王体中的部属。其后，实力得到增强的金声桓顺利连下抚州、吉安、广昌、袁州，控制了江西大部分地区，在忠于隆武政权的湖南与福建之间打下了一个楔子。

清廷对金声桓这类入关后来降的武夫存有戒心，不让他专擅地方事务。凡是涉及“剿抚机宜”等大事，金声桓必须与巡抚、巡按等文官商量，并要听远在江宁摇鹅毛扇的洪承畴的裁决。负责招抚江南的洪承畴自上任以来也没有闲着，而是积极出谋划策扑灭各地的抗清烽火。他格外注重招抚，并利用过去在明朝为官时的各种旧关系招降了被弘光政权任命为总督河北、山西、河南军务的张缙彦与总兵高进忠等一批文武官员，瓦解了屯聚在安徽六安商麻山与崇明等处的抗清武装。当“薙发令”引起抗清浪潮高涨时，他调遣绿营兵四处出动，在1645年（清顺治二年，南明隆武元年）下半年击败围攻宣城的抗清义师，攻破泾县、降服徽州、黟县、祁门、婺源等地，俘杀了忠于隆武政权的义军领袖金声、江天一等人，挫败了皖南地区的抗清斗争。实际上，金声桓能够迅速平定江西各地，与洪承畴暗地里多方争取地方上的官绅脱离不了关系。

在勒克德浑率领八旗军主力远赴荆州期间，活动在江宁附近的明瑞昌王朱谊泐与总兵朱君召企图恢复这座南明故都，一面派人入城里应外合，一面纠集二万余反清武装在1646年（清顺治三年，南明隆武二年）正月十八日分三路反攻，但这些临时杂凑的人员几乎没有什么战斗力可言，很快就被八旗驻防将领巴山与洪承畴辖下部队镇压。从这个例子可知，一下子鲸吞了南方大片地方的清朝，其统治危机四伏，并不稳固。

然而，南方各种抗清势力内部凝聚力不强，因而缺乏配合的各种反攻始终是轻弱无力的。隆武政权与鲁监国政权分庭抗礼，互相挖墙脚，各自用封官许愿手段拉拢南方各省的文官武将，慢慢地造成了职位的升迁不必依靠战功的可悲现实。遍地泛滥的官职既败坏了风气、又松懈了军民的斗志。

身处福建的隆武帝朱聿键上台以来深受郑氏集团的掣肘。郑氏集团首领郑芝龙是名符其实的地头蛇，他与兄弟一起拥立朱聿键只是为了让家族的影响力在政治上进一步扩大，目的仅想保住福建地盘，而没有北伐清军，收复失地的意图。故在军事上注意防御福建北部的仙霞岭，对福建以外的反“薙发”斗争袖手旁观，而经济上又以兴兵为名横征暴敛，搞得老百姓怨声载道。由此可知，权倾朝野的郑氏一族比起昔日弘光小朝廷倚重的江北四镇还要飞扬跋扈，而朱聿键面对的局面比朱由崧还要凶险。

朱聿键虽然上台以来念念不忘反攻，可是得不到盛气凌人的郑氏集团的积极响应。郑芝龙常以粮饷不足为借口拒绝出动主力北伐，只是派部分人马出境虚张声势，应付一下了事。首席大学士黄道周不想虚耗光阴，为了联络东南的抗清志士以及增援徽、浙等处的义师，他纠集了一批官绅、秀才以及志同道合者，出资陆续招募了数千多名士卒，在征得朱聿键的同意之下，于1645年（清顺治二年，南明隆武元年）七月下旬上路，试图经广信、徽州而直捣黄龙。由于没有得到郑氏集团的后勤资助，这支临时拼凑的军队连武器也不齐全，里面有许多荷锄的农夫，号称“扁担兵”，依靠这些人与清朝的正规军作战，无疑是以卵击石。黄道周的出师与其说是精心策划的行动，不如说更像一次绝望的出击，或许这位饱读兵书，但缺乏实战经验的文人知道自己踏上的是一条不归之路，他离开福建进入江西后果然没有取得

▲黄道周之像。

什么像样的战绩，最终于十二月二十四日在婺源县境内遭到清军绿营将领张天禄、胡茂祯、于永绶、李仲兴、卜从善等人的围攻而兵败被俘。他被押往江宁后因拒绝投降而死在洪承畴的手里。

黄道周飞蛾扑火式的殉道行为让清朝对隆武政权虚有其表的事实更加了解。满洲贵族统治者一方面采纳汉臣的建议，落实重开科举的措施，以笼络南方的官绅地主势力，另一方让在北京养精蓄锐的八旗军南下，准备发起新一轮的战略进攻，摧毁隆武政权与鲁监国政权。1646年（清顺治三年，南明隆武二年）二月十九日，多尔衮命多罗贝勒博洛为征南大将军，同副手图赖率师往征浙东、福建。同时，清廷专门制定了攻城兵丁的赏格条例，准备在新的军事行动中攻城略池。条例之中把将要攻取的城垣按照“大小险易”分为四等，攻下一、二、三、四等城垣的架梯兵，每人分别赏银四十两、三十两、二十两与十两。如果架梯兵竖起梯后，却没有“先登者”（所谓“先登者”，就是那些勇冠三军、身先士卒的壮士，清朝统治者对这类出类拔萃之人往往是不吝重赏的），那么架梯兵不受到奖赏。如果两梯都有“先登者”同时登城，则架梯兵也能够沾光，与这两人一起领赏。或者一梯有“先登者”，另一梯有“次登者”，但有功的是“次登者”，在这种情况下，架梯兵应与“次登者”一起领赏。不过，所有的登城者均无功而返时，架梯兵也将两手空空，没有任何赏赐。至于那些负责在城垣下面挖洞的兵丁，若能成功协助他人从城垣的坍塌之处入城，也给予赏赐。以红衣炮轰塌城垣的火器手亦可受赏，前提是要有“先登者”从轰塌之处入城，否则“概不给赏”。

与从荆州凯旋而返的勒克德浑等到驻京八旗军到达江南后，即率本部人马北返休整。博洛在洪承畴的协助下纠集了万余绿营兵，于五月二十日进驻杭州，准备首先攻击鲁监国政权。各路清军在钱塘江岸布置红衣大炮，日夜不停地与彼岸的明军对射。明军的防线连绵二百里，统兵的文臣武将有方国安、张名振、王之仁、郑遵谦、张国维等，正规军与义兵的总数号称“三十万”，大量战舰布于江上，让缺少船只的清军望江兴叹、不能强渡。然而，这一年浙江大旱，钱塘江不少地方出现水涸与沙壅的迹象。亲自到前线视察的浙闽总督张存仁看见一些地段的江水仅仅深及马腹，可以徒步跋涉而过，深知这是发起总攻的好机会。博洛遂令图赖率部在退潮时从六和塔、富阳、严州一带“策马径渡”，发起正面进攻。另一路由水师组成的偏师从鳖子门出海南下，企图夹击明军的侧后。

各路明军自反攻杭州失败后普遍士气低落、萎靡不振，只想划江而守。清军在炮兵的掩护下进攻，流弹正巧击中方国安大营厨房的锅灶。迷信的方国安恐惧不已，认为是“天夺我食”，便无心再战，打算撤往福建投靠隆武政权，他弃守江防，丢下战舰，于五月二十七日夜间拔营直奔绍兴，此举致使全军阵线出现一个大缺口。张名振、王之仁、郑遵谦、张国维等无奈只得纷纷后退，钱塘江南岸的各个防御阵地立即呈现出土崩瓦解的状态。

首先跑回绍庆的方国安本想劫持鲁监国朱以海，作为投名状献给隆武政权。机警的朱以海伺机溜之大吉，在张名振的护卫下经台州乘船由海路逃往舟山。不久，方国安打消了归附隆武政权的念头，带着七千余名步骑兵降清。在此期间，投降的还有王业泰、方逢年、邵辅忠、陈学贯等文臣武将。曾被东林党人视为阉党余孽的阮大铖也成了卑躬屈膝的叛臣，而常常与阮大铖并称的弘光朝重臣马士英却遁入山中出家为僧，后被清军俘杀。

方国安与大学士朱大典有旧怨，因而引清兵围攻朱大典据守的金华城。拒绝投降的朱大典在敌人的猛烈的炮火下顽强抵抗了二十天，直到七月十六日城破之时才携带家眷一起自尽。随着浙东衢州等大批府县的失守，鲁监国政权之中也出现了张国维、余煌、王思任、陈函辉、陈潜夫、叶汝桓、吴凯、项鸣斯等自杀或战死的官员。其中，曾经与方国安一起被视为鲁监国政权主要将领的王之仁，当得知方国安弃守江防往后逃跑之际，沉痛地叹息说："两年心血，今日尽付流水。坏天下事者非他人，方荆国（指方国安）也。清军数十万屯北岸，倏然而渡，孤军何以迎敌？"他率领残部退回宁波，其后出海前往舟山，打算投奔原弘光政权辖下的浙江总兵黄斌卿，可是得不到对方的诚心接纳，在走头无路的情况下将九十三名家属沉于蛟门海域，然后穿戴上明朝官服，独自乘船前往清军据守的松江，目的是要死个明白。不久，他被押送到江宁与洪承畴相见，当场直言不讳地承认自己唯恐葬于海上鲸鲵之腹，"身死不明"，致使"后世青史无所征信"，因而自投罗网前来投见，"欲死于明处！"并乘机痛斥洪承畴，最终慷慨受死。

盘据福建的隆武政权尽管与浙东近在咫尺，但既惑于畛域之见，内部又有不少人在明清之间摇摆不定，未能及时对鲁监国政权伸出援手。

具有进取精神的朱聿键不甘心在抗清战争中毫无所为，也不愿意做郑氏集团的傀儡，他鉴于郑芝龙毫无恢复之意，曾经以"出赣入楚"的名义亲征，欲依靠湖广总督何腾蛟完成中兴大业。为此，他决意移驾江西赣州，意图从这个清军兵力薄弱（没有八旗军驻防）的省份取得突破，以便挥师故都南京，因而于1645年（清顺治二年，南明隆武元年）十二月十六日率领扈从离开福州，经建宁、延平西征。郑氏集团想方设法加以阻拦，例如郑芝龙为了达到"挟天子以令诸侯"的目的，有意在途中发动数万军民"遮道号呼"，使得御驾难行。磨磨蹭蹭的朱聿键一直到次年八月还滞留在延宁，历时九个多月始终未能走出福建。此外，江西政局不稳，清军绿营兵于1646年（清顺治三年，南明隆武二年）三月下旬起向赣南发起进攻，而何腾蛟也未能积极从湖南派兵入江西接驾，种种困扰让朱聿键举步维艰。

首鼠两端的郑芝龙心知难以长期控制朱聿键，又见清军势大，早已滋生降意，私下里与清朝商议归降之事。根据《台湾外记》的记载，博洛所部与鲁监国政权的军队对峙于钱塘江期间，洪承畴和御史黄熙胤共同向博洛献策道：“唐藩（指朱聿键）虽然称帝，但‘兵马钱粮’悉出郑芝龙之手。不如秘密写信贿赂郑芝龙，劝其若能举版图来降，则‘许以王爵’，此人自然弃暗投明。福建可不战而获，浙中诸丑（指鲁监国朱以海及其属下的文武官员）亦会溃散。”博洛大喜：“二公所论极高，如计可成，乃‘开清第一功也’。”因而督促承畴与熙胤赶快寄信入闽。籍贯福建的洪承畴与郑芝龙是同乡，故可凭此来攀关系，而黄熙胤作为洪承畴的姻亲，也参与了写信之事。必须指出的是，不管《台湾外记》的记叙是否全部属实，平心而论，将成功招降郑芝龙与“开清第一功”联系在一起是过高估计这个地方军阀的实力了。郑芝龙得知清朝的招降之意，迫切地回信表明心迹，称：“遇官兵撤官兵，遇水师撤水师。倾心贵朝，非一日也”，秘密下令陆续撤去浙闽边界的驻防部队，以表诚意。其中岭高一百四十里的仙霞关地形险要，峭壁之间的“隘口盈丈”，若有人居高临下地扼守此处，可起到以一当十的作用。明军弃守此地，使清军得以有长驱直入的可能。郑芝龙还嫌不够，以防范海盗入侵为借口，率主力返回家乡安平。他曾在1646年（清顺治三年，南明隆武二年）三月暗中接见了黄熙胤派来的联系人苏忠贵，在言谈间埋怨朱聿键“性情暴戾”，作为自己另择新主的理由。

郑芝龙既然尽撤浙闽边界的部队，占领浙东不久的清军乘机出手，于1646年（清顺治三年，南明隆武二年）八月十三日经浙江衢州与江西广信分兵两路突入福建。从衢州出发的清军在老将图赖的率领下经仙霞关等处一路如入无人之境，迅速控制浦城等大片地区，俘杀留守的南明巡抚杨廷清、李暄，主力直取福州，并派遣署护军统领杜尔德、前锋参领拜尹岱等将领率偏师风驰电掣般取道建宁，向朱聿键的驻跸地点延平扑来，意图追上这位南明皇帝。

朱聿键在八月二十一日离开延平，还按原计划经顺昌向江西出发，途中得知敌已入闽，已经晚了。当他率少数随行人马匆匆忙忙地于二十七日奔往汀州时，已经难以摆脱到达建宁的清军追兵，最终遭受血光之灾。关于隆武帝的结局，各种官修史籍、地方志与私人著作大多记载不一，有的说他死于汀州，有的说他在汀州成为俘虏后再被清军押往福州处死，还有的说他成功逃脱而不知所终，甚至还有传言称他出家当了和尚。

《清实录》收录清军的战报称在二十八日的这一天，护军统领阿济格尼堪、杜尔德等率兵奇袭汀州，“擒斩”了朱聿键及其跟随者。这个官方的说法虽然长期以来得到很多人的认可，但由于过于简略而容易产生歧义。因为这个战报很容易令人误以为亲自杀死朱聿键的是阿济格尼堪与杜尔德，可事实似乎并非如此。根据《清史稿》的记载，首先追到汀州的其实是八旗前锋将领努山，此人连续奔驰七昼夜，到达城外后令精锐士卒以“巨木”撞击城门，会同后继部队一起“克城”。可见，首先拿下汀州的努山比起阿济格尼堪、杜尔德等人，有更多机会杀死朱聿键。然而，最有可能杀死朱聿键的是绿营将领李成栋。尽管《清实录》的战报没有提到李成栋，可清朝国史馆编纂的《逆臣传》却承认李成栋在进入福建时跟随大军平定了汀州。而详细的叙述还需从私家著作《台湾外记》中寻找，作者江日升与郑氏集团关系密切，故对当地政局内幕有所了解。现将书中有关内容摘录如下：总兵李成栋奉贝勒（指博洛）之命，领兵追隆武（指朱聿键）。隆武正驻跸于顺昌，从侦察得来的情报中知道清军骑兵已从延平追来，遂与曾后等仓皇上马，而随行的惟有忠诚伯周之藩、给事中熊伟以及五百余兵。在行军途中，陆续有人离队逃跑，到了二十七日，一行人马来到一座关帝庙前，李成栋率追兵终于赶到。清兵纷纷呼喊："谁是隆武？"周之藩为了让君主脱身，挺身而出冒认道："我就是，你们想干什么？"结果被对方用弓箭齐射，胸膛连中八箭。周之藩随中随拔，并与之作战，忽然脑后又中两箭而坠马阵亡。后来被乡民收葬于汀州罗汉岭。隆武与曾后等逃至三元角，又被李成栋的士卒赶上。熊伟抽剑督促二十余人上前与之搏斗，竟被箭射伤喉咙，坠马而死。隆武与曾后逃入汀州府堂，因腹饥正欲进食，李成栋带领骑兵冲了进来，弯弓搭箭一齐发射，把隆武与后、嫔诸人全部射死（隆武帝、后俱穿戴着"戎装小帽"，形似南明军人）。此事发生于顺治三年八月二十八日。百姓后来将群尸葬于罗汉岭，碑文为"隆武并其母光华太妃讳英忠烈徐娘娘之墓"。作者在书中透露，隆武帝死亡的整个过程为锦衣卫陆昆亨亲眼目睹。陆昆亨后来出家为僧，并将这一经历口述成史，因此可信程度极高。综上所述，李成栋无疑是杀死朱聿键的关键人物，也不排除前锋将领努山的手下参与其中，因为八旗军执行军事任务时，常常以绿营兵为向导。例如在一年之前追击弘光帝朱由崧的行动中，八旗军就是以降将刘良佐带路，一直跟踪到朱由崧的藏身之处芜湖。值得注意的是，当时刘良佐故意在阵前与收容朱由崧的南明将领黄得功谈话，而清军弓箭手暗中发射，击中了黄得功的喉咙，为迅速取胜奠定了基础。如今在追击隆武帝朱聿键的行动中，清兵故技重施，再次在汀州一带四处呼喊"谁是隆武？"然后用弓箭射击答话者。这类似曾相识的打法或许都来源于清太祖努尔哈赤制订的"先打首领"的战术。如果把李成栋杀死朱聿键一事与田雄、马得功劫挟朱由崧降清一事联系起来，就会知道这些昔日的四镇将领，在反戈一击之后，对南明的灭亡发挥了不容低估的作用。

朱聿键死亡的当晚，忠于隆武政权的南明总兵姜正希终于赶到了，并试图反攻汀州，但受挫而回，据报被清军"斩杀万余级"。接着，李成栋平定邵武等府。

另一路攻打福建的清军在固山额真韩岱的带领下从江西广信出发，攻破分水关，进入崇安县，俘斩巡抚杨文忠等，顺利地取得兴化、漳州、泉州三府。在此期间，署梅勒章京赵布泰等攻克福州，连战皆捷，降南明总兵二十员，副将四十一员，参将、游击七十二员以及步骑兵六万八千五百余名。

拱手让出福州等大部分地区的郑芝龙

把部属集中于安平一带，他稍前与清军谈判时从博洛的回信中得知清朝“许以三省王爵”，以为富贵可保无忧。可清军得寸进尺，继续逼近安平，又让他有点忐忑不安，因而对清朝派来招降的泉州乡绅郭必昌坦言自己害怕过去拥立朱聿键一事现在会成为罪名，又埋怨清朝“既招我，何相逼也！”博洛遂采取攻心之策，先下令前线军队撤退三十里，再让人写了一封好言相慰的信，自称之所以看重郑芝龙，正是因为郑芝龙能拥立唐藩（指朱聿键），并进一步阐述道：臣子为君主做事，必竭尽其力，倘若回天乏力，则弃暗投明，审时度势建立功勋，才是豪杰之所为，“若将军（指郑芝龙）不辅主（指朱聿键），吾何用将军哉！”信中还声称欲以闽粤总督之印授予郑芝龙，要借郑芝龙之力平定广东与广西。并提出要与郑芝龙见一面，共商地方之事。

郑芝龙收到信后，以为凭“天堑（指长江）之隔”与“四镇雄兵”，尚且不能拒敌，“何况偏安一隅”，若与敌争锋，一旦失利，到那时“摇尾乞怜”亦“追悔莫及”，遂不顾儿子郑成功的强烈反对，一意孤行地带着五百骑前往福州，于1646年（清顺治三年，南明隆武二年）十一月十五日与博洛见面。双方“握手言欢，折箭为誓”，表面上似乎一见如故。可是清方暗中认为郑芝龙降清立场不稳，仍存观望之意，决定“擒贼先擒王”，在欢宴三日之后，由博洛下令班师回朝，并乘机挟持郑芝龙北上。郑芝龙悔之已晚，就这样稀里糊涂地到了北京，实际如入牢笼，从此远离福建旧部。满洲贵族统治者软禁郑芝龙的举动虽然使得郑氏集团群龙无首，但毕竟未能控制整个郑氏集团，福建政局仍然捉摸不定、充满变数。

隆武政权覆没后，南方的南明残余势力又在继统问题上发生了很大的纷争。其中，首先出任监国之职的是永明王朱由榔。朱由榔是明神宗的孙子，若论血统的亲近，他比朱聿键、朱以海等人更适合继位，只因明末战乱而被迫逃离湖南衡州这个王府的所在地，流离转徙到广西梧州，因所处位置比较偏僻，在南明历次的继统纷争中与帝位无缘。当南下的清军发起一轮又一轮的攻势，吞并了浙东与福建的大部分地区后，已经随时能够威胁两广，而广西也由后方逐渐变成了前线。在朱聿键死后，朱以海流亡海上的这段时间里，朱由榔的命运终于有了转机，于1646年（清顺治三年，南明隆武二年）十月初十日，在两广总督丁魁楚（因拥立有功而升为首席大学士兼兵部尚书）与广西巡抚瞿式耜（后升为东阁大学士兼吏部左侍郎管尚书事）等人的拥戴下于广东肇庆就任监国。

朱由榔虽然生得一表人才，可是由于自幼没读过什么书，文化底子差，对宫中繁文缛节一知半解，因而事事需要请教王坤、韩赞周等太监。这样一来，太监受到了重用，逐渐得以过问朝中大事，引起了文官阶层的不满。这个小朝廷刚成立，就传来了清江西提督金声桓率部攻克赣南重镇赣州的消息。尽管敌军还没有顺势进入广东，而肇庆比广州等城市距离赣州更远，可性格懦弱的朱由榔还是在司礼监太监王坤与丁魁楚的唆使之下，仓促离开了肇庆，前往广西梧州暂避。此举激化了内部矛盾，不少广东官僚觉得已被朱由榔抛弃，遂在苏观生（隆武政权大学士）与广东总兵林察等人的牵头下，征得广东布政使顾元镜、侍郎王应华等的同意，共同于十一月二日拥戴从福建逃来广州避难的朱聿𨮁（朱聿键的弟弟）为监国，与朱由榔唱对台戏。三天之后，朱聿𨮁又抢在朱由榔之前称帝，宣布年号为“绍武”。这个刚刚成立的政权为了支撑门面，临时招揽了一批活动在广东沿海的海盗，以虚张声势。

后悔莫及的朱由榔慌忙在十一月十二日返回肇庆与朱聿𨮁争名分，于六天后匆匆称帝，年号为“永历”。至此，广东境内同时出现了两名皇帝，即将上演一幕祸起萧墙的悲剧。双方均自命为正统，互不让步，于十一月二十九日在广东三水县爆发了一场内战。永历政权的总督林佳鼎率万余士卒阻击了奉苏观生之命企图进攻肇庆的绍武军队，俘虏八百人，但在向广州进军的途中，又被总兵林察以诈降之计击败。林佳鼎因轻敌而死于疆场，所部一败涂地。

南明残余势力同室操戈，让清军又一次得益。潮阳乡绅辜潮荐与忠于绍武政权的当地官员发生矛盾，竟跑到福州游说李成栋出兵广东。驻闽清军本来没有马上南下的任务，但此时因势利导，紧急动员起来，以汉军正蓝旗人佟养甲为两广总督、李成栋为两广提督，共统率三千八旗军与五千绿营兵，在部分来降的福建地方部队的协助之下入粤。清军不久之前吞并浙东与福建大部分地区时，均秉承了多铎、阿济格消灭大顺政权与弘光小朝廷的经典战法，也就是采取两路出师，左右夹击的方式，令对方左支右绌，难以兼顾。可如今挥师入粤的佟养甲、李成栋仅统领一路人马，就肆无忌惮地长驱直入，他们敢于这样做，显然是因为广东抗清势力的内讧所致。正在绍武政权集中主力打内战之际，清军已疾风迅雷般连下惠州、潮州，并用缴获惠、潮二府印信盖在牒文之上，发往广州，报称“无警”，以麻痹对手，然后由前锋军开路，马不停蹄地前进。全部用红帕裹首而伪装成明军援兵的清军先头部队冷不防地夺门而入，于十二月十五日占领广州。此时此刻，毫无思想准备的苏观生不可能把正在西面与永历政权打内战的主力调回来，只能眼睁睁地看着城池失陷，他慌不择路地躲藏在市井的酒肆之中，可仍被清军搜出，只好在囚禁之地悬梁自尽。而仅仅做了三十多天皇帝的朱聿𨮁也乔装打扮企图逃亡，但被路上盘查的清军捕获，他绝食抗争，自称若饮敌人赠与的“一勺水”，亦将无面目“见先帝于地下”，最终自缢而亡。平心而论，绍武政权即使堂堂正正地与清军对阵，取胜的机会也很渺茫，因为这个政权没有什么拿得出手的军队。永历政权也是半斤八两，故朱由榔经常避免与来犯的清军硬拼，只是一味后撤以保证自身的安全。

为了避开步步进逼的清军，朱由榔撤离肇庆，又一次逃回广西梧州，他仍觉得处境不安全，干脆跑到了桂林。李成栋所部经三水、高明，于1647年（清顺治四年，南明永历元年）正月十六日进入肇庆，继续向广西梧州进军。佟养甲派遣总兵徐国栋拿下高、雷、廉、琼等州。至此，广东轻而易举地落入清朝之手。

视财如命的永历小朝廷首席大学士丁魁楚在梧州失守期间借机与永历小朝廷分道扬镳，携带着搜刮而来的大量财产逃往岑溪，并向清军投降，妄想保住荣华富贵，结果被谋财害命的李成栋所杀。占据梧州的清军有进一步杀向桂林的势头。朱由榔忙不迭地离开桂林，躲往全州，准备奔往湖南，投靠何腾蛟辖下将领刘承胤。这个成立不足一年的政权似乎已经危在旦夕，然而清军的攻势已成强弩之末，李成栋的旧部原有兵力四千余名，因在浙、闽以及两广“万里驰驱”，其中“病故、阵亡者”已经过半，新补充人员的战斗力又不能与老部队相提并论，仗已是越来越难打了。此外广东出现了不稳的迹象，由于李成栋率主力前往广西，致使后方兵力空虚，广州驻兵仅有百余人，难以维持地方秩序。本来隐居于四明山的南明兵科给事中陈邦彦乘机复出，联络各地的反清义士以及纠集溃卒、“海贼”，以号称“数万”之众攻打广州。留守城中的清总督佟养甲亲冒矢石，督令官兵登城守陴拼命抵抗，并招募乡勇助战，扼守太平门关外桥梁，以苟延一息。为救广东，匆忙回援的李成栋虽然及时赶到，并想方设法驱散了包围广州的乌合之众，然而广西前线的局势却因此而逆转。不愿跟随朱由榔撤往湖南的大学士瞿式耜于1647年（清顺治四年，南明永历元年）三四月间依靠焦琏等将领，在聘请的澳门炮手的帮助之下，使用西洋火铳顽强地守住了桂林，不止一次地打退了从梧州方向过来骚扰的清军，据说总共斩首数千级，对外宣称是“南渡以来武功第一”。必须指出的是，此时李成栋已率大部队返回广州，留在广西的清军实力其实有限，而桂林之战的规模也不会很大。总而言之，清军一时占领不了广西，与其在短时间内吞并了过多的尚未巩固的地盘有关，一旦广东等新地盘得到巩固，必然再度卷土重来，在广西掀起血雨腥风。

经过两年时间的较量，朱聿键、朱聿𨮁相继死亡，朱以海、朱由榔颠沛流离，南明诸政权大多覆灭，而硕果仅存者也危如累卵。这些匆忙成立的小朝廷始终难成气候，瞿式耜曾经对此作过剖析，慨叹朝廷用人有如演戏：“在戏场上”捉住某人做“元帅”，某人做“都督”，而装模作样的目的不过是为了粉饰日渐不利的时局，其实“自崇祯以后”，哪里还有像样的朝廷？偏安一隅的南明历届小朝廷全都自命为正统，不惜多设官职，“其宰相（指内阁大学士）不过抵一庶僚，其部（指六部官员）不过抵一杂职”，而任职的官员亦尸位素餐，这些人办起事来能力平常，争官却犀利异常，归根结底也是“为一身功名之计”，在这些人的意识中，“世界不过此一刻，一刻错过便不可以再复”，而根本没有想过“世界尚有清宁之日，中原尚有恢复之期！”显然，在南明小朝廷任职的一些人确实存在私心，例如先后在隆武与绍武政权出任大学士的苏观生，在被俘后自缢，死前感叹：“吾以一布衣，登两朝相位（指大学士），死亦何憾。”这番话清楚地表明，他拥立新君是为了留名于后世。还有的人是为利，例如永历政权首席大学士丁魁楚就滥用职权搜刮大量财富，结果被别人谋财害命，贻笑千古。期望这些别有用心的家伙重拾旧河山，无异于缘木求鱼。要想匡救时弊，唯有真正具备雄韬伟略的贤能之士才行。

# 第五章　势不两立

清朝扩张的势头方兴未艾，眼看再加一把劲，就可以颠覆弱小的敌对政权，而统一大业也接近尾声了。自从多罗贝勒博洛在1646年（清顺治三年，明隆武二年）出征以来，战事呈一边倒的态势，清军在浙东、福建与广东连连得手，其他地方也捷报频传。而1646年（清顺治三年，南明隆武二年）正月，豪格奉命为靖远大将军由陕入川，于十一月底在西充凤凰山打死张献忠。同年五月，多铎为扬威大将军，会同承泽郡王硕塞率师出塞深入土喇河等处，平定蒙古苏尼特部腾机思、腾机特部的叛乱（苏尼特部原属漠南蒙古察哈尔部，因骚扰别的部落，并离开漠南牧地投靠漠北的喀尔喀车臣汗硕雷，故被多尔衮视为背叛，派兵征讨），逼使残敌远遁之后，在七月十六日班师，使塞外的局势更加稳定。这种情况下，多尔衮打算派出重兵，彻底解决永历政权的潜在威胁，而被他看中的将帅有恭顺王孔有德、智顺王尚可喜、怀顺王耿仲明与续顺公沈志祥。

孔有德、尚可喜、耿仲明与沈志祥等“三王一公”的部属自入关以来，先后参与了攻打大顺政权与弘光小朝廷的一系列军事行动，立下显赫战功。弘光小朝廷覆没后，他们陆续班师返回北方，奉命移镇关外的辽阳、鞍山、海州等故地，厉兵秣马，等待重新出兵的机会。到了1646年（清顺治三年，南明隆武二年）四月底，清廷终于重新起用他们，命令他们赶赴北京，执行新的军事任务。同年八月，孔有德奉命为平南大将军，与尚可喜、耿仲明、沈志祥一起会同右翼固山额真金砺、左翼梅勒章京屯泰（有学者认为此人是曾任湖广总督的佟养和）等将，率领大军，往征湖广、两广。清廷发布谕文让他们先定湖广，再定江西赣南，然后进入广东，镇守一方。

从这次出征部队的编成来看，既包括“三王一公”辖下所部，也含有金砺、屯泰辖下的满、蒙、汉八旗，还有绿营军配合作战，实力不容忽视。清廷认为“军中不可不立主帅”，下令同去的王公、诸将等“凡事悉听”平南大将军孔有德之令行事。“大将军”一职过去只由多铎、阿济格、勒克德浑、博洛等满洲宗室贵族出任，如今孔有德这员前明降将得以出任此职，并获准统率满洲贵族统治者的嫡系部队八旗军，显示多尔衮对汉人将帅指挥能力的认可，也许是李成栋、金声桓等人在福建、两广与江西的卖力表现让这位摄政王对汉人将帅刮目相看。而清朝似乎凭着降清的明将就可以歼灭很多地方的敌对势力，完全不必要八旗军劳师远征。在多尔衮的眼中，孔有德等在关外归附的将领显然比李成栋、金成桓这些入关后来降的明将更加可靠，因而委以重任。由于八旗军主力在关内长年累月的征战中不可避免地出现越来越多的伤亡，再加上水土不服等因素，故重用汉人是合乎情理的，这也与清廷实行的“以汉制汉”政策是一致的。不久，对这次军事行动非常重视的多尔衮又派遣左翼正白旗梅勒章京卓罗、右翼镶蓝旗梅勒章京蓝拜到孔有德军中，与之一起出发。

在此期间，两广总督佟养甲主动请缨，向朝廷疏请“造弓矢、火器，备战具”，准备派部队进攻广西桂林，同时建议让八旗劲旅进剿张献忠旧部盘据的云南等处。北京的满洲贵族统治者遣使告诉佟养甲已派孔有德出征湖南，并命令佟养甲暂停进攻桂林的计划，目前只须专心巩固两广的占领区即可，等到孔有德打入湖南，再决定下一步的行动。实际上，清廷对广东的局势不太放心，只望孔有德迅速平定湖南，再经赣南进至广东，镇守该地。

清朝即将展开摧毁永历政权的行动，首先要夺取的是湖南。因为清军已经控制湖北大部分地方，并与江西的金声桓以及广东的李成栋所部，对湖南形成了战略上的围攻之势。而湖南对于永历政权而言，具有不言而喻的重要性。那时，南明疆土日削月朘，就连大后方云南等地也不稳，正逐渐被从四川转移过来的张献忠旧部控制。虽然长江两岸、东南沿海以及全国的其他地方还存在不少抗清势力，但与永历小朝廷远隔千山万水，基本上各行其是。故此，湖南、广西等少数地盘已经不容有失，否则国家倾覆的命运难以避免。

自南明弘光政权灭亡后，相继成立的隆武、绍武、永历等政权都在军事方面乏善可陈，这些政府辖下的军队始终难以和八旗铁骑争锋，甚至在大多数时候的表现比不上弘光政权辖下的四镇人马。难怪降清的四镇将领在长江以南叱咤一时，出尽风头。最好的例子就是李成栋，他在随军征战福建与两广时势如破竹、难逢对手，在没有打过什么大仗、硬仗的情况下就易如反掌地把朱聿键、朱聿𨮁两兄弟送上绝路，并把朱由榔撵逐得四处乱跑。显而易见，南明军队萎靡不振的情况如果持续下去，不可能抵挡得住必将大举南下的清军。

湖南明军的统帅何腾蛟自从在1646年（清顺治三年，南明隆武二年）年初于岳州等地被勒克德浑击败后，也曾想整训军队。他深知自己收编的刘承胤、董英、曹志建、黄朝宣、张先璧等将并不足恃，又认为王进才、马进忠、王允成等人“响马”出身，“性习难驯”，于是决定另外招募兵马，建立嫡系部队。章旷建议“用北人不如用南人”，“用外镇不如用亲兵”，理由是与其用有限的金钱来养打不过敌人的“响马”，不如养“站得住脚跟”的“南兵”；与其养不听号令的外镇，不如养唯命是从的亲兵。他乐观地说道“有亲兵则可以自强，自强则可以弹压响马，驾驭外镇”，这是整军经武、重振旗鼓的好办法！

尽管当时不少人认定南方人的作战能力比不上北方人，可章旷还是坚持在招募亲军时“用北人不如用南人”，这更多是出自政治上的考虑，而非单纯着眼于军事素质。何腾蛟对此表示赞同，便派遣人员远赴广西、贵州等处分头招兵买马，组建了一支亲军。其中，由何腾蛟直辖的亲军称为“督标”，具体编制是：副将吴承宗领兵三千；参将姚友兴与蓝监纪领兵二千；参将龙见明与廖都司领兵二千；广西柳州獞目副将覃裕春与其子覃鸣珂领兵五千。而章旷直辖的亲兵称为“仆标（此名源于章旷加衔的太仆寺卿）”，具体的编制是：副将满大壮领兵三千；参将黄茂功领兵一千；镇筸指挥张星炫领麻阳兵二千；都司满其炅（满大壮之子）领麻阳兵二千。此外，长沙巡道（后改为偏沅巡抚）傅上瑞亦招募亲兵，由标将胡跃龙、吴胜、陈绍尧等共同领兵五千余；副将向登位、向文明等共同领兵三千。总计亲军的总数三万余人。值得注意的是，这次募兵招了很多瑶族、侗族等少数民族士卒。例如满大壮与覃裕春所部的少数民族士卒，有“峒兵”与“狼兵”等称号。

过分地扩充兵源等战时措施加大了地方的财政负担。湖南当局为了筹粮而使用“加派义饷”以及“预征”等名目，使得每亩民田之税升至六倍以上。即使如此，政府开支仍然入不敷出，为了敛财，遂无所不用其极，允许士民以捐纳钱物的方式取得功名与官职，由此助长了官场上贪污腐败的风气。地方官员们甚至鼓励民间的奸猾之徒使用诬告等不当手段对富人敲诈勒索，以罚取银两，搞得怨声载道。黄朝宣、张先璧等军阀纷纷在各地进行仿效，野蛮地侵犯百姓的利益。依靠横征暴敛来供养军队，结果加速了社会的穷困与经济的衰败，无异于剜肉医疮。可为了提高部队的战斗力，何腾蛟等人在所不惜。

整训之后的亲军是否堪当重任还需要经过实战的考验。这支部队第一仗的对手并非孔有德，而是镇守湖广的清军地方部队，而且出乎意料地遭到了惨败。那是同年的六月初一，清将祖可法、王应祥等率万骑渡江，在岳州南面的新墙攻击了驻扎于此地的部分亲军，打败满大壮、姚有兴，生擒吴承宗、龙见明、满其炅，一举把亲军残部从新墙逐回了潼溪。

新墙之败虽然令人难堪，可那些尚未参战的亲军部队实力犹存，还可迎刃而上，举行反击。何腾蛟的亲信蒙正发以兵部司务之职协助章旷在前线指挥，他得知新墙有战事，便携同覃裕春、蓝监纪赶来增援，正好与姚友兴的残部会合，遂以八千兵力扼守潼溪。在这八千人之中，有六千鸟铳手，特别是覃裕春所部五千人，全部以交铳（本指原产于交趾的火统，后来亦指南明军队打造的仿制品）为兵器，成了军队的主力。根据蒙正发事后在《三湘从事录》中的回忆，当时他与覃裕春商议之后，决定将鸟铳手分作三排，准备以轮流发射的方式打击敌人。当夜三更，起来做早饭的兵丁出外打水时，见营门之旁放着一个黑色物件，经过仔细检查后，发现是一大包火药，其后，明军又从军营四周的木栅中搜索出了两大包火药，由此判断这些东西是敌军奸细事先布置的，只等攻营时点火焚烧木栅。幸亏发现得早，才没有酿成大祸。东方很快发白了，清军万骑一齐涌来，围营数匝，暂时被阻于木栅等障碍之外。明军鸟铳手在木栅的有效掩护下开始向外射击，第一排的士卒开火后，立即有数百清军倒下。过了一会儿，溃退的清军杀了回来，并形成新的包围圈。明军反应很快，又一排鸟铳手开了火，打得来犯之敌横尸数百，侥幸生还者救死扶伤，狼狈逃窜。一些清军想抢回同伴的尸体，结果有的被鸟铳打死，有的向天哀号，一去不回头。而受到挫败的祖可法、王应祥就此班师，停止了南下。《永历实录》统计清兵在此战中死亡过千，并评论道：自“江南”用兵以来，“与清兵合战仍得捷者”，自章旷指挥的潼溪之战开始。不过，事后看来这个评价似乎过高了，因为鲁监国部队曾经在钱塘江的反攻中有过击败清军的战绩，如果把“江南”改为“湖南”，就比较贴切。

潼溪之战表明，湖南亲军的鸟铳手依然使用明初传下来的轮流发射火器的老战术，这虽然可让射击速度在一定程度上得到加快，但是不可能彻底解决鸟铳装填弹药慢的弱点，因而需要依靠木栅等坚固工事的掩护，才能与清军的骑兵抗衡。否则，他们很难阻挡敌人铁骑风驰电掣般的冲击。就此而言，湖南亲军在潼溪的胜利不代表这支部队的野战能力得到提升。就像《岭表纪年》委婉含蓄地指出的那样，“督标亲兵即覃兵（指覃裕春所部）也，长于铳炮，勇敢善战”，然而何腾蛟“不甚重之”，因为这类部队的表现常常未尽如人意。

尽管遭到新墙之败的打击，何腾蛟、章旷等人仍对湖南亲军犹存一线希望。他们在九月初策划了一次北伐，以亲军为主力，出动王进才、王允成所部进行配合，直指岳阳，同时让另一位重臣堵胤锡督促马进忠所部北上长江进行策应。

清岳州守将马蛟麟自潼溪一败之后，对明军的火器心有余悸，紧急向总督罗锦绣求援。罗锦绣一时难调集重兵出援，只得先令参将韩友率数百骑进行试探性的反击，想不到在万由桥一带阴差阳错地击退了明军。原来，明军内部不谐，湖南亲军视王进才所部为“响马”，王进才所部视湖南亲军为“蛮子”，彼此抢夺战利品，只得分开扎营，削弱了力量。湖南亲军倚重的鸟铳手野战能力差，而王进才所部意图借征伐之机四处剽掠，这些乌合之众一交锋就被清军骑兵各个击破，互相“奔溃践踏”，铩羽而归。只有马进忠所部由常德直上长江，打到了嘉鱼六矶口，生擒清朝丁姓阁部一名，杀死总兵一员，歼灭了一批清军。他经过多日的守候，得知从陆路北伐的明军已退，才返回原驻地。事后，堵胤锡来到长沙与何腾蛟会面时，“盛称马镇（指马进忠）之勇，微弹湘兵之怯”，实际上等于批评湖南亲军的作战能力仍旧比不上过去收编的“响马”。由此可知，何腾蛟原先寄予厚望的整军饬武计划已经遭到严重挫折，事实证明，这样的部队对付绿营军都感到吃力，那么如何与清朝精锐的“三王一公”所部以及八旗军作战呢？

何腾蛟已经没有多少时间再设法提升亲军的战斗力了，因为南下的孔有德所部已经逼近。当时永历政权所有拿得出手的部队几乎都麇集在湖广，除了何腾蛟的亲军，还有收编的大顺军余部以及左良玉旧部，其中不乏马进忠、郝摇旗、李锦等勇猛善战之将。对决之前的气氛异常紧张，谁胜谁负就快一清二楚了。

酝酿已久的大战在1647年（清顺治四年，南明永历元年）二月初开始。杀入湖南的清军于十六日分作两股从岳州起营，由陆路南进的是孔有德、耿仲明、尚可喜等人带领的铁骑，由水路而行的是屯泰所部。攻击的目标分别有新墙、潼溪与湘阴等地。

驻守前线的章旷与亲军将领满大壮等人首当其冲，无力抵挡，急需后方的增援，可是无人响应，因而不得不放弃新墙、潼溪，且战且走，企图在湘阴阻击清军，然而抢先撤退的溃兵已放火焚城，迫使他们放弃原定计划而转往长沙。

虽然长沙聚集了一大批亲军，还有王进才所部协助防御。但何腾蛟已经不指望这些人能保住省城了，他试图从常德调回马进忠、王允成等将回防。不料援兵没有及时到达，而王进才与留在城中的亲军将领覃裕春、姚友兴为争夺营房等问题又发生内哄，以致消耗了大量本应用于加强城防的时间与精力。当清军即将兵临城下之际，诸将四散而逃，而长沙随后也在二十五日失守。

不敢硬拼的何腾蛟逃往衡州，从此和大批地方部队失去了联系，不能顺利地发号施令。章旷与满大壮步何腾蛟的后尘经湘潭等处向南连退三百里，所部在追兵的攻击下死亡殆尽，就连满大壮在途经南岳时也因坐骑中箭而倒地遇害。九死一生的章旷退到衡州后，向避难于此的何腾蛟哭诉道：湖南四分五裂，愧对百姓两年来的“剜髓供输”！混乱中，退入城里的张先璧所部四处抢掠，而难以制止的衡州守将卢鼎只得弃城撤往永州。其后，何腾蛟被张先璧挟持到祁阳、辰州等地，这位湖南明军名义上的统帅在途中想办法脱身，跑到了永州，谁知又遇到趁火打劫的乱兵，只得伺机逃往白牙市暂时栖身。章旷退往祁阳一带招集溃兵，不久也转移于白牙市，与何腾蛟会合。此时湖南社会秩序崩溃，到处劫掠风行。《明史》夸张地称：“腾蛟建十三镇以卫长沙，至是皆自为盗贼。”

一些明朝将领开始动摇，何腾蛟的中军主将董英于三月初七率三千骑兵在浏阳选择了投降，次日，湘潭失守。拥众十三万屯于攸县燕子窝的总兵黄朝宣在清军的压力下往衡州方向败逃，乘夜急追的孔有德于四月十四日占领衡州，将势蹙来降的黄朝宣父子处死。在此前后，耿仲明乘马进忠、王允才部离开常德援救长沙的机会，占领了该地。而马进忠与王允才在途中得知长沙已失，撤往湘西。

“三王”之中，孔有德与耿仲明既然旗开得胜，尚可喜也不甘示弱，马不停蹄地与卓罗等将率部属由陆路进至渚州，击退万余守军的阻击，接着四处搜索漏网之敌。当尚可喜获得郝摇旗所部在桂阳一带出没的情报，刻不容缓地前往该地将之驱逐。各路清军虽然连连得胜，但前进速度过快，以致后方不稳，不得不抽兵回防，巩固新得的地盘。稍后，孔有德令金砺镇守衡州，而自己率主力取道祁阳，于四月三十日攻克宝庆，又歼灭数万明军。

不过，不耐暑热的北方人不愿意在高温的盛夏继续进军，因而屯兵于长沙、衡州一带休整。结果让明军有机可乘，副将周金汤察觉永州之内仅有清朝委任的知府，而没有清军驻守，遂乘夜鼓噪而登，恢复此城。让逃到附近白牙市的何腾蛟、章旷等人得以喘一口气（其后，章旷病死于永州）。

转眼到了天气转凉的秋季，摩拳擦掌的清军重新向武冈、永州方向进攻。武冈是永历帝朱由榔在湖南的驻跸之地，这位命运多舛的皇帝在这一年的二月为了逃避李成栋的追杀而从广西跑来，投靠当地军阀刘承胤。自以为护驾有功的刘承胤竟想“挟天子以令诸侯”，变得飞扬跋扈起来，甚至企图取代老上级何腾蛟的督师之位，虽然因难以服众而未能得逞，但挑起的纷争加剧了内部的不和。当猛扑而来的清军于八月二十四日抵达武冈时，无力抵抗的刘承胤选择了投降。

永历小朝廷却没有被一网打尽。朱由榔在城池尚未失陷时又一次故技重施，带领宫眷急忙出逃。

孔有德判断朱由榔会经由靖州逃返广西，便以刘承胤为向导，派护军统领线国安督兵猛追，一举占领了靖州，生擒守将萧旷、姚友兴，歼灭城中的一万明军与两千土

▲当时的武冈地图。

司兵。不久，又击败了在侍郎盖光英的率领下赶来增援的一万四千土司兵。可是，线国安始终未能寻觅到朱由榔的踪迹。原来，机警的朱由榔有意避开靖州而走小路，他虽然在途中饱受饥饿的折腾，但好歹还是平安进入了广西境内，并在当地明军的护送下于八月二十七日到达柳州，逃过了一劫。然而，朱由榔却没有与指定为皇位继承人的皇太子朱尔珠同行。朱尔珠欲经城步县进入广西时遭到清军的拦截而成为俘虏，被押去了衡州。

明军还是改变不了各自为战、处处告负的宿命。率领数万人马转移到黔阳、沅州等处的张先璧，被梅勒章京蓝拜打得落荒而逃。偏沅巡抚傅上瑞、王允成等相继投降（王允成起初跟随马进忠撤往湘西山区，后来又离开马进忠，转而南逃于溆浦、沅州之间）。随后，辰州等地也失守，湖南大部分地方被清朝掌控。

在保卫湖南的战事中，明军几乎没有打过一场像样的仗。根据清方的战报，仅仅是投降的明军总兵就达到四十七员，而副将、参将与游击等各级将领还有二千余员。此外，归附步骑兵的总数约有六万八千多。正如清湖广巡抚高士俊在给朝廷的报告中所炫耀的那样：窃据湖南的“诸逆（指明军）”自以为洞庭湖是不可逾越天堑，“不意王师（指清军）飞渡”，使之心寒胆落，竟“各各抱头鼠窜”，让清军“兵不血刃”而占有了长沙、常德等处。

何腾蛟组建的亲军在此战中的表现一无可取。实际上，这支部队依然沿袭了明军原先的“营伍制”的缺点，最明显的是各营的人数参差不齐。而其余一些遭人诟病的积弊（例如指挥机构重叠、“以文驭武”等）也没有得到积极的改革。就此而言，这支新成立的亲军很大程度上实行的仍旧是老一套，几乎等于“换汤不换药”。亲军战斗力不行，军纪也差，就以亲军将领覃裕春所部为例，他不但在长沙城内与王进才部产生内哄，而且溃退到广西后又胡作非为，竟敢为了筹饷而在永福等地“拷掠绅民”，擅自拘押政府官员，种种不法行为终于让自己惹来了杀身之祸，不久在柳州被守道龙文明用计擒拿，械送至桂林处死。覃裕春死后，其子覃鸣坷带领部众向龙文明寻仇，战火波及柳州城。乱兵在城内外四处大掠，吓得临时驻跸于此的永历帝朱由榔不得不避往象州。随后，瞿式耜与何腾蛟等人紧急出面斡旋，总算暂时平息了事态，使冲突没有进一步扩大化。实际上，何腾蛟等文官越来越难以如臂使掌地指挥湖南亲军，此后，这支新军逐渐变得和湖南当局收编的杂牌部队没有多大区别。

明朝收编的大顺军余部以及左良玉旧部也没有打过什么漂亮仗。就拿广为人知的“忠贞营”来说，自1646年（清顺治三年，南明隆武二年）二月于荆州败退后，便在李锦的率领之下向四川与湖北交界的山区撤退，进驻巴东县平阳三坝休整。孔有德杀入湖南后，这支部队重新出山，在1647年（清顺治四年，南明永历元年）四月渡江，经施州卫、建始县等地于同年七月来到彝陵一带，可是已经来不及参加保卫湖南之役。只有王进才、郝摇旗等大顺军旧将与进犯湖南的清军有过接触，王进才在保卫长沙之役中乏善可陈，长沙失守，他与王允成合营一起南逃于溆浦、沅州之间，后来不想跟随王允成降清，流亡黔阳之西，再退往九溪卫一带，依附在湘西主持大局的堵胤锡。而郝摇旗本来奉何腾蛟之命出援江西，驻于郴州，当湖南告急时便回师桂阳，并派遣一千四百人前往翔凤铺阻击清军，但被护军统领线国安、协领苏郎等击败，只得在清军主力抵达桂阳之前经永州撤往道州，最后为了避开蓝拜的攻击而离开湖南退入广西，实力得以保存。至于马进忠所部，在救援长沙失败后已撤往湘西，正静待东山再起的时机。总而言之，孔有德表面上战果丰硕，但因为远远未能达到全歼湖广明军的目的，所以仍存在很大的隐患。

为了消灭永历小朝廷，孔有德决意把战火从湖南引入广西腹地，他分兵两路出击，不依不饶地追踪朱由榔。策划着一路由沅州以及贵州铜仁、黎平等处突入广西；另一路从永州出发，企图经兴安、灌城等地杀过来。从种种迹象判断，清军下一个主要目标是桂林这个北可规楚，东可入粤的形胜之地。

▲永历帝玉玺。

桂林附近守军不多，能战的只有焦琏所部。虽然从湖南撤出的何腾蛟欲带着赵印选、吴一青等明军杂牌部队赶往此地助战，可仍没有击退清军的把握。所幸的是，与何腾蛟关系比较融洽的郝摇旗忽然率一万多久经沙场的部属转移到这里，总算能够有效增强明军的城防力量。不料，留守城中的大学士瞿式耜和两广总督于元烨竟然仇视“流寇”出身的郝摇旗，将之拒之门外。督饷佥都御史萧琦、广西巡按鲁可藻等人为了避免出现内讧而进行调解，而稍后率军到达的卢鼎也加入斡旋，敌对双方才言归于好。

为了保卫桂林，何腾蛟、瞿式耜让焦琏、郝摇旗、卢鼎、赵印选、胡一青分扼城池附近的兴安、灵川、永宁、义宁等处，以为屏障。而兴安以北的全州成了两军争夺的焦点。十一月，耿仲明、屯泰、董英等率清兵趾高气扬地向全州方向逼近，满以为不用花费多少力气就能打通前往桂林之路。

郝摇旗听到何腾蛟进驻的兴安传来警报、一面分兵扼守兴安西南的灌阳，一面亲自率主力越过兴安而北上救援，并于十一月十三日早晨与赵、胡、焦、卢诸将一齐来到距离全州二十里的脚山。当赵、胡、焦、卢诸将沿着大路继续向前挺进时，郝摇旗独自走小路，于中午时分悄悄抵达全州北关，并身先士卒带着标镇骑兵这支精锐部队向敌营发起猛攻，出其不意地将不可一世的清军打得落荒而逃，随后乘胜北追三十里，斩获千余敌人首级，生擒二名俘虏，夺得三百余匹大西马以及数量众多的小马，还缴获不计其数的火炮、弓箭、盔甲等军械。明军总算打赢了一仗，而通过奇袭的方式获胜的郝摇旗所部，沿用的仍旧是大顺军倚重骑兵突阵的老战术，显示这支大顺军旧部虽然日趋没落，但在生死攸关之际仍能集中力量发起破釜沉舟的一击。

全州大捷之后，朱由榔终于放心地于十二月初五返回桂林。谁知太平日子还没过几天，仗又要打起来了。清军在全州之败后北撤数十里，暂驻于黄沙镇。孔有德不甘受到自出兵以来最大的挫折，他调兵遣将，准备重振旗鼓，随时展开新一轮的攻势。广东清将李成栋用武力镇压了省内几股规模比较大的抗清武装后，得以腾出手来向广西发起试控性攻击，重占梧州，从东面威胁桂林。郝摇旗等人害怕留在桂林的老营受到攻击，遂从前线撤回。其他明军也陆续南撤，只留下唐文曜等将领带少数人马驻守全州。不料唐文曜等人丧失斗志，于十二月十七日屈膝投降，全州就这样不战而送给了对手。

连取平溪、永宁寨与全州的孔有德打开了南下之道，欲经严关、兴安向桂林推进。驻于兴安的何腾蛟带着胡一青等守将弃地而逃，致使郝摇旗派来增援的一千骑兵因来不及撤退而尽数战死。败讯传来，郝摇旗连忙带着朱由榔离开桂林，以避敌锋芒，同时纵兵在城内大掠，打算留一座空城给清军。然而，瞿式耜坚决反对撤退。自永福赶到的何腾蛟站在了瞿式耜这一边，督促焦琏、胡一青等将进入危城防守。留守的各路明军于1648年（清顺治五年，南明永历二年）三月二十日毫不畏惧地与进至城外的敌人展开大战，焦琏奋臂高呼，带头冲锋，在友军的配合下，以“哀兵必胜”的气概打退了这股立足未稳的清军的先头部队。不过，明军未能大量歼灭来犯之敌，战局仍然不明朗。孔有德完全可能调动全州的后继部队再次卷土重来，集中全力捣毁这个广西重镇。

意外的是，清军却反其道而行之，突然全部往后退，迅速撤出了广西。原来，江西提督总兵金声桓宣布反正，致使长江以南的局势发生剧变，清廷下令孔有德所部立即北返，退出广西、离开湖南，以免侧后方受到威胁。而清军的这次南征也暂告一段落。

孔有德仅用半年时间就基本平定了湖南、重创以及招降了大量明军。虽然在进军广西时相继在全州与桂林受挫，可主力并未受损，最后奉命班师回朝，也算是完成了清朝赋予的任务，又一次有力地证明了汉人藩王的队伍胜任在南方的作战任务。孔有德所部既然离开湖南，那么该省就有可能被反攻的明军夺回。多尔衮等满洲贵族统治者不可能不会清楚这一点，但他们还是做出了将主力从湖南撤回的决策，这表明，在满洲统治者的眼中，保存主力比湖南的得失更重要。

朝不保夕的南明永历小朝廷仍得以苟存下去，与金声桓恰逢其时的反正有莫大的关系。金声桓本来是左良玉的旧将，其部队在南方的各路明军之中也算是出类拔萃的，他降清以后负责经略江西，先后收取包括南昌在内的十三府与七十二州县，可说是不需要满洲兵马与钱粮的援助，仅靠辖下的绿营兵便立下了首屈一指的功劳。金声桓自以为劳苦功高，向清廷伸手要官，要求授予他节制江西文武官员以及便宜行事的权力。如果能得到朝廷的同意，那么金声桓的权力就几乎可以等同于多铎、阿济格、勒克德浑、博洛、孔有德等曾任“大将军”之职的王公贵族了。清廷当然不会允许一个入关后才来投降的绿营将领有这样大的权力，只是敷衍式地将他的职位改为提督江西军务总兵官，还特别声明凡是遇到“剿抚机宜事关重大者”，绿营提督都应该与巡抚、巡按等文官商量，并且强调最后的决定要由内院大学士洪承畴来裁夺。金声桓对此非常失望，他过去曾受到万元吉、杨廷麟等明朝遗臣的策反，早已蕴藏着叛清的念头，现在又与新任江西巡抚章于天、巡按董学成等不谐，再加上在地方勒索的钱财上分赃不均，终于图穷匕见，于1648年（清顺治五年，南明永历二年）正月二十七日竖起了反清的大旗，擒杀了董学成，胁迫章于天为己效劳。

金声桓的反正与满洲贵族统治者长期歧视南明降人的所作所为有关。顺治帝多年以后不得不承认“本朝开创之初，睿王（指多尔衮）摄政，攻下江、浙、闽、广等处，所降者多被诛戮”。就以湖南降清的南明武将为例，有不止一人被滥杀。《三湘从事录》记载军阀黄朝宣于1647年（清顺治四年，南明永历元年）四月在衡州投降，结果为官多年获得的“子女玉帛”俱被胜利者夺走，因而有悔恨降清之意，为此招来杀身之祸。“虏帅（指清军将领）”令数十骑埋伏于花药寺巷口，乱箭射死了朝宣。此外，镇守武冈的军阀刘承胤于同年八月投降后，也与黄朝宣下场一样。《爝火录》记载“承胤既降，北帅（指清军将领）恶其卖国不忠，斩之于汉阳”。还有一种说法是清将想霸占承胤的财产，假装宴请承胤，在觥筹交错之际乘其不备下了毒手（也有人认为，清军杀刘承胤是在金声桓反正之后，同时被杀的还有降清的偏沅巡抚傅上瑞。孔有德这个在关外归清的旧汉臣之所以先下手为强，主要是为了防止某些新近归附的南明文武官员被金声桓策反）。总之，如果没有多尔衮的默许，旗人军官以及那些在关外归附的旧汉臣应当不敢擅自作主，随意杀死降人。归根结底，这都与清朝实行的“推崇满洲”以及重用关外归附旧汉臣的政策脱离不了关系，就算是八旗军中地位低微的负责“放马”的厮役，也敢用鞭子捶打关内地方府县的汉人官僚，甚至连京师之中的“吏部卿贰”也往往受到鞭挞，时人对这种以下凌上、“法纪混淆”的反常之事已经恬不为怪。八旗的下层人员都放肆成这样，那些高高在上的王公贵族更不必说了，难怪他们视南明降人为草芥。显然，一些旗人官兵以及关外归附旧汉臣在满洲贵族的纵容之下变得有恃无恐起来，而汉人文官常常是忍气吞声、逆来顺受。可是某些南明降将则不同，他们手中是掌握着兵权的，如果实在忍受不了，随时会冒死反噬。当带头反正的金声桓点燃了导火线，势必在降将之中引起了激烈连锁反应。

铤而走险的金声桓在副手王得仁的支持

下迅速控制南昌、九江、湖口、南康、饶州等处，并得到了吉安与袁州守将的响应。除了赣州、广昌等少数府州，江西大部分地方宣告脱离清朝的统治，而邻近的湖北、安徽等地的抗清势力乘机变得更加活跃。金声桓本想趁热打铁而向长江流域发展，必要时沿江而下直取南明故都南京，可是担忧仍忠于清朝的赣州守军在背后捣乱。因为位于江西南部的赣州城防坚固，易守难攻，处于联络湖南、福建与广东的要冲，历来是兵家必争之地，不容忽视。为了解决后顾之忧，金声桓在三月上旬集中力量，以号称二十万的兵员从水陆两路南下围攻赣州，试图啃下这块硬骨头。赣州总兵胡有升、巡抚刘武元等都是早在关外就已归附的旧汉臣，情愿死心塌地地为清朝卖命，此外协守的还有高进库，他本是四镇将领之一高杰的手下，具有一定的指挥能力。城内共有七千守军，除了参加协守的徐启仁因畏战而带一千人逃回南安之外，尚余六千死守到底。金声桓不惜围城数月，力图抢在清朝的援兵到达之前攻下此城。

赣州之战正打得如火如荼，李成栋在广东又宣布与清朝决裂。李成栋也是高杰的手下将领，诨号“李诃子”，在多铎南征的时候降清，其后随军出征江苏、浙江、福建与两广，不但打下了大片土地，而且在颠覆南明隆武与绍武政权的过程中起了较大的作用，参与杀死及俘获朱聿键、朱聿𨮁两兄弟。他自认为立下卓著的功勋，完全够资格做个总督，掌握两广的军政大权，可仅当了个无权插手地方政务的提督，只是带着绿营兵东奔西跑，在疆场上效犬马之劳。李成栋属意的两广总督一职被佟养甲所得。佟养甲出自关外辽阳的佟氏世家，这个家族有不少人在清军入关之前已为清朝效力，而佟养甲凭此背景在没有显赫战绩的情况下得以出人意料地成为两广总督兼广东巡抚。这种现象表面反常，但与清朝重用关外归附旧汉臣的政策是一致的。佟养甲或许是想安抚不服气的李成栋，便于1647年（清顺治四年，南明永历元年）五月向朝廷请求把李成栋及其部下杜永和等人的家属从松江搬迁来广州（李成栋在南征浙江、福建与两广之前曾出任驻地在松江的吴淞总兵，因而他本人以及部下都还有不少家属留在原地，无形中成为了清朝的人质）。清廷出于对佟氏一族的信任，自然不便加以阻挠，故李成栋等人得以顺利将一批家属接到了广州，减少了叛清的后顾之忧。可见佟养甲事与愿违，弄巧成拙。

李成栋之所以叛清还与广东风起云涌的反清形势有关，他虽然镇压各地的抗清势力，但耳闻目睹反清义士的视死而归与屡仆屡起，因此深受触动，知道清朝尚未得到人心，南明也绝非没有中兴的机会。而他身边一些具有民族气节的谋士以及家人亦不失时机加以劝说，促使他与清朝决裂。当金声桓、王得仁在江西反正的消息传来，对清朝深感不满的李成栋感到机会来临，遂毅然跟风，于1648年（清顺治五年，南明永历二年）四月中旬召集五万官兵于广州军校场，以索饷为名哗变，顺势宣告投明。惊慌失措的佟养甲为了保命，无奈地蓄发改装，跟着李成栋尊奉永历帝朱由榔为主。

▲吴伟业之像。

金声桓、李成栋这两位清朝入关以来战功最为显著的绿营将领宣布反正，不但使南明凭空得到了一大批如狼似虎的军队，而且随着江西、广东两省归附，原本极端不利的战略态势得到了很大的改善。好消息不断传来，就连远在山西大同的总兵姜镶，也步金声桓、李成栋的后尘与清朝闹翻，具体原因离不开旗人的胡作非为。那时，平民百姓容易受到旗人各种各样的骚扰与欺侮，其中包括强买强卖、放高利贷、抢劫、调戏妇女、强奸、杀人等等，清廷虽然三令五申禁止不法之徒扰民，可因为执法不严，故屡禁不止。例如《香祖笔记》记载曾有汉人文官上疏朝廷坦言旗人放高利贷害民之事，然而以征服者自居的多尔衮强硬地回应：“放债（指放高利贷）原有明示，愿者借之，借者自应如数偿还，何虐之有？”并警告汉官：“以后若再胡言，重法不宥！”由于满洲贵族统治者的有意纵容，使得关内的官绅地主亦深受其害。《荷牐丛谈》就拿辛未会元榜眼的吴伟业来说事儿。吴伟业是复社领袖张溥的弟子，当时薄有才名，“诗词佳甚”，明清鼎革之际，他腼颜作了贰臣，仕清为官，携带姬妾前往北京。谁知遭到飞来横祸，竟有满人以拜谒为名闯入其家内室，对他的姬妾“恣意宣淫”。受辱不堪的吴伟业自知胳膊拗不过大腿，只得自叹倒霉，“告假而归”。同类问题一样困扰着大同总兵姜镶，据说博洛王爷路过大同时，因驭下不严引起了一场风波。外国传教士撰写的《鞑靼战纪》对此事的来龙去脉进行了叙述，“此城的妇女被认为是全中国最美的，因此碰巧，使臣（指博洛辖下负责与蒙古诸部联络的臣子）的随从强暴了几名妇女，还劫走了一个正送往夫家，名门的女儿，这是中国人前所未闻的事。百姓向替鞑靼（指满人）镇守那一方的姜（指姜镶）申诉这些暴行。他认为这是耻辱，派人向博洛王索还新嫁娘，请他禁止再出现这些暴行，博洛王对此充耳不闻。于是姜亲自去见他，但遭到轻视，乃至被赶出宅门”。《清实录》记载亲王阿济格与郡王博洛、硕塞率领拜尹图、傅勒赫、岳乐、鳌拜等人于1648年（清顺治五年，南明永历二年）十一月“统兵戍守大同”，这桩丑闻可能发生在此期间。

大同总兵姜镶与满洲贵族统治者早就互有心病，此人在李自成败于山海关后选择了降清，可由于在1644年（明崇祯十七年，清顺治元年）六月擅自拥立明朝宗室朱鼎珊以收拢人心，结果被多尔衮痛斥。姜镶自以为不远千里率领边塞军民归清，并出兵参与攻打大顺军，立下大功，可不但迟迟未能获得如愿以偿的“升赏”，反而受到猜忌，故对清廷日益不满。多尔衮于1648年（清顺治五年，南明永历二年）十一月先令阿济格、博洛、硕塞等人戍边，不久又让群王瓦克达率领尚善、吞齐、扎喀纳、韩岱等率兵前来阿济格军前、与之一起驻守大同一带，对外宣称是为了防范漠北蒙古喀尔喀部进犯。可当时正值江西金声桓与广东李成栋反清的敏感时期，这么多满洲贵族将领同时集结于大同地区，难免会使姜镶怀疑多尔衮

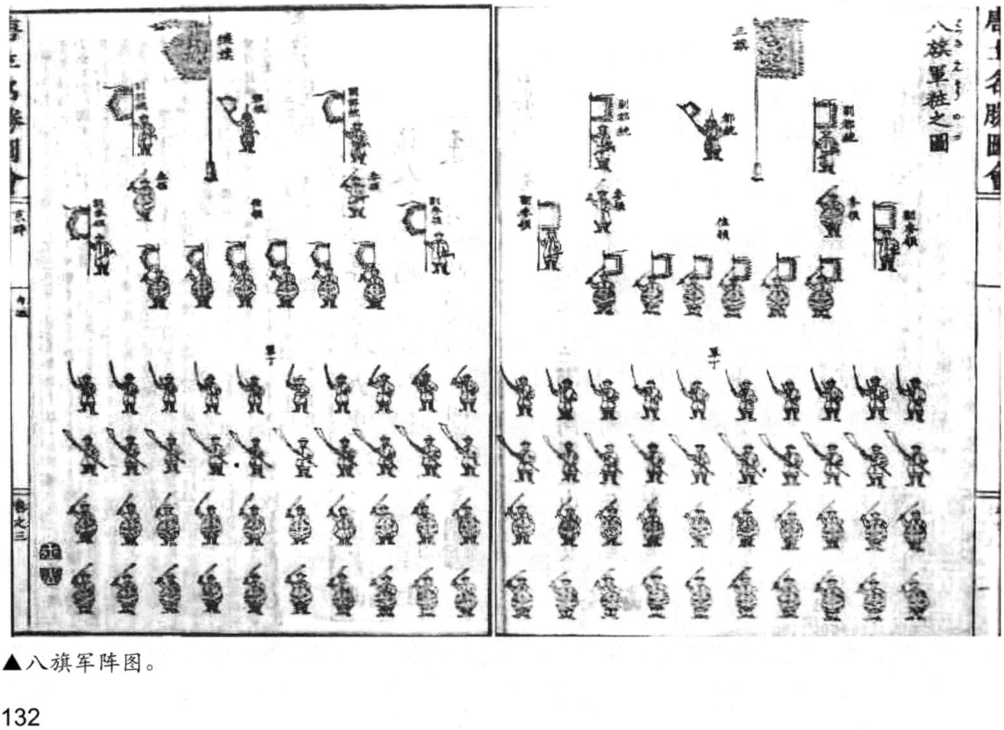

▲八旗军阵图。

想制造借口除掉自己。再加上博洛的手下在城内胡作非为，而阿济格又以“催办粮草”为名“动辄欲行杀戮”，搞得“绅士、军民苦不可当”，逐渐使得局面变得无法收拾。十二月初三日，姜镶等到大同总督、知府各官出城验收军用草料后，立即关闭城门，宣布反正。附近十一座城镇闻风而起，予以响应。接着山西其他地方也掀起了反清浪潮，蒲州、临晋、宁武、岢岚、代州、五台、忻州、山阳、潞安、兴县、芮城、平陆、盂县等地的军民纷纷打出复明的旗帜，只有太原等少数城池除外。在此前后，陕西、四川等地的王光兴、李占春、谭文、谭洪等明朝旧将也抓紧时机四处扩张地盘。

随着金声桓、王得仁、李成栋等人的反戈一击，关内的反清浪潮顿时高涨起来。狼狈不堪的清朝统治者显然无法征调足够的兵力同时镇压全国各地的反对势力，为了防止事势的扩大化，竟悍然下令禁止民间私藏铳、炮、甲、胄、枪、刀、弓、矢等兵器，亦不许蓄养马匹。只有参加武举的“习武生童”可以养一匹马以及拥有一张弓，外加九枝箭镞大而宽的钝箭，以作日常操练之用。清廷还特别强调“习武生童”不能拥有箭镞细而窄的梅针箭，因为这种箭可以从甲片与甲片之间的缝隙中穿过，对清军的精良铠甲造成严重威胁。这个禁令后来在实践中证明副作用太大，会令手无寸铁的平民百姓更容易屈服于敌对势力之下，因

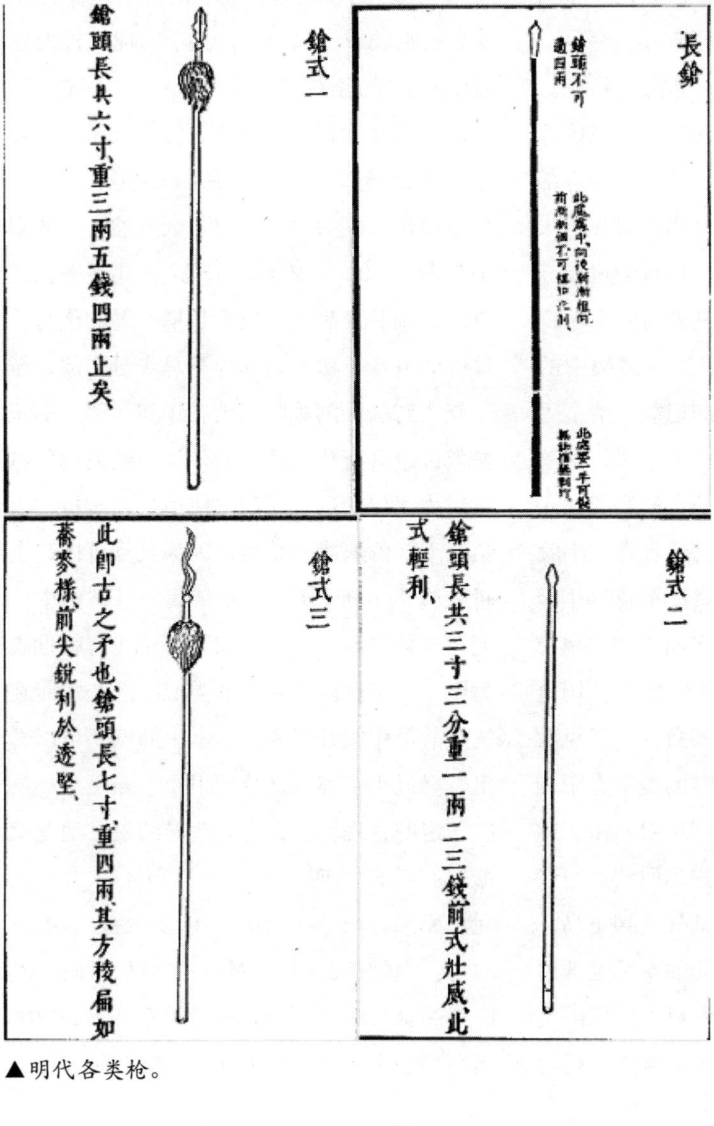


▲明代各类枪。

而不得不废除了。

退入广西的永历政权乘此大好形势进行大规模的反攻。当孔有德、耿仲明、尚可喜等仓促撤回北京时，各路明军于1648年（清顺治五年，南明永历二年）四月起竞相前进，企求恢复广西、贵州与湖南的失地。堵胤锡指挥马进宝、王进才从湘西九溪卫、永定卫出发收复常德。刘承胤的部将陈友龙叛清归明，收复了靖州、黎平、武冈、宝庆等地。瞿式耜、何腾蛟指挥曹志建、卢鼎、焦琏、赵印选先后收复全州、永州、衡州。根据清湖广、四川总督罗绣锦与总兵线缙等写给朝廷的揭贴，各路明军主要的装备有绵甲、刀、枪、铳、炮等武器，作战时先用火器或弓箭进行远距离攻击，然后再伺机展开近战，很多部队沿用的还是过去的旧战术。

值得注意的是马进宝在麻河之战中的新打法。根据《永历实录》的记载“清金固山以援兵万余骑”由荆、澧地区前来，企图重占常德，另外还有清军水师自洞庭湖驶入沅江遥相呼应。临危不惧的马进忠先令小股部队出城以且战且退的办法将清军骑兵引至麻河，然后，他亲自率主力飞速来到距离麻河十里之处迎战，再与部将马维兴、杨进喜、刘之良带着轻骑悄悄侦察敌情。只见敌骑遍布原野，而无数敌人披挂的铠甲在阳光的映照下闪闪烁烁，显得特别耀眼。由于明军骑兵的优势并不显著，马进忠回营后与诸将商议破敌之策时，决定让部分骑兵下马，以步兵的方式作战。而打头阵的明军全部用矛，紧跟在后面的将士则拿着巨斧，原因是枪、矛等长柄兵器以及斧头一向被视为是对付重装骑兵的利器。例如万历年间的北方良将戚继光在亲自编撰的《纪效新书》中对长枪的有关作用做过论述，他认为战马一般身高“三尺”、颈长“三尺”，而马背上的骑兵距离地面的高度约为“六尺”。当骑兵挥舞着常用的三尺腰刀与步兵短兵相接之时，在尚未靠近步兵的情况下，极有可能受到重创。因为步兵手中的枪长达“一丈七八尺”，按理能够利用长度上的优势抢先击中骑兵的喉咙或“马腹”。兵法对此有过很好的概括：“短不接长，一寸长，一寸强。”当然，骑兵同样可以配备长枪与长矛，但戚继光指出骑兵用“一只手照管马辔”，另一只手使用长柄兵器，显得不太方便，倘若双手拿着兵器，“又无人调马”，亦不妥当。总之，骑兵要想充分发挥长柄兵器的优势，最好的办法是像步兵那样下马步行作战。至于斧头对骑兵的威胁，天启年间兵部尚书王象乾说过具有代表性的话，他在明清战争爆发后为了保卫辽东而建议使用长斧对抗“重铠轻刀”的八旗军骑兵，因为长斧可以“上斩人胸，下斩马足”，而骑兵一旦被击中，无不人仰马翻。又以南宋名将岳飞与韩世忠为例，认定这两人是采取类似的战法才能在抗金战争中旗开得胜。从以上的例子可以看出，马进忠在麻河之战使用矛、斧拒敌，具有一定的合理性。但令人诧异的是，他竟然命令打头阵的明军全部使用断矛，为什么呢？原来，长矛与长枪一样，多数选取细长的竹、木制造，因而在刺向“势如风雨”般冲来的骑兵时往往容易断为两截，正如戚继光在兵书中所描写的那样，一枪有时仅可杀伤一匹马，则不可再用。更要命的是，残留在步兵手中的是半截没有枪头的断杆，往往使之失去了自卫能力。显然，长矛的缺点与长枪相似，故不难理解为何实战经验丰富的马进忠会另辟蹊径，要求手下把长矛折为两截，企图以半截矛头进行厮杀，这样做的结果是让矛的长度变短了，从而减低了矛杆再次断裂的危险，让其相应延长了使用寿命。然而，“一寸短，一寸险”，此举无疑会令参战官兵的危险性大增，因而需要极大的勇气才敢踏上战场与凶悍的敌人骑兵展开生死搏斗。为了激起部队的斗志，以身作则的马进忠与得力助手刘之良一起拿着断矛冲在前头，他俩大声呐喊着，带领先锋部队一鼓作气地杀入清军阵营，不停地用短矛从下往上刺向敌骑，重点攻击骑兵身上甲叶遮盖不到的地方，中者纷纷坠马倒地。紧随在后的大部队挥舞着“万斧”如砍瓜切菜般杀进来，势不可当。而明军的骑兵预备队也不失时机地分为两翼进行包抄，打得清军落荒而逃。缴获“马骡、甲仗、帘帐”等物不可胜计。

这时，清军水师对战局的进展并不了解，仍按原计划沿着沅江进军，直抵德山。马进忠准备与敌人再战一场，他禁止城中生火煮饭，以免冒起炊烟暴露踪迹，接着调兵遣将布下了一个口袋，让杨国栋暗中埋伏在下流的芦苇岸中，待机而动。清军水师果然中计，误以为前面是一座空城，便放心地在岸边停泊，不知不觉地进入了明军的口袋。马进忠一声令下，伏兵四起，一下子夺取了全部船只。大多数惊慌失措的清军选择了投降，少数漏网之鱼也在下游遭到杨国栋的邀击而沦为俘虏。

至此，明军水陆两战皆捷，据永历小朝廷文官钱秉镫在《所知录》的记载，共斩首七千余级，战绩特出。而《永历实录》宣称“自南方兴师以来，推麻河功第一”。类似的溢美之词或许有所夸大，而清军是否遭受过这样大的伤亡也值得怀疑。可这一战却证实明军已经逐渐能够在实战中克制清军重装骑兵。如果把麻河之战与此前的潼溪之战作一比较，就会发现马进忠所部打得比湖南亲军要漂亮得多。这再一次表明，在对付重装骑兵时，使用鸟铳作战的火器手所能发挥的作用远远比不上使用矛、斧的步兵。由此可知，湖南亲军受到自身装备与战法的限制，再加上缺少实战经验，是其在作战能力上未能超越马进忠所部的原因之一。

清军在长江以南处于被动状态，导致湖北局势不稳，前明降将王光泰率七八千人宣布反正，杀死提督孙定辽，转战于襄阳、郧阳等地。清廷让吏部侍郎喀喀木带着一支满、汉部队从北京赶来湖北，将叛军驱往四川方向后，再暂驻于郧阳。罗绣锦见湖南形势危急，临危抱佛脚地赶紧向朝廷提议把喀喀木所部移驻荆州，以防明军北上。

然而，在湖南接连得胜的明军突然发生了内讧，正受缺粮之苦的郝摇旗从柳州北上时偷袭了驻于武冈的陈友龙，以抢夺战利品。这种不顾大局的行为不但令宝庆得而复失，也耽误了攻打长沙的计划。何腾蛟与陈友龙有私仇（陈友龙过去为清军效力时曾经攻打过何腾蛟的家乡五开卫，俘杀过何腾蛟的家人），对此乐见其成，采取的主要的善后措施只是调派部队重新收复宝庆。而纲纪废弛的永历小朝廷事后也不能追究挑起这场内讧的涉事者的责任。

郝摇旗作为南明收编的大顺军余部，战斗力比许多杂牌部队更胜一筹，可是在这次机会难得的反攻中却拖了后腿，没有歼灭多少清军，只是专注于自相残杀，吞并友军。幸亏另一支由大顺军余部改编的“忠贞营”在堵胤锡的力邀之下已经从夔东赶往湖南，经彝陵于九月来到常德。这支生力军一旦加入战团，必给清军造成重大威胁。然而，随着“忠贞营”的来到，明军内部因为驻地问题发生了纠纷，马进忠不满堵胤锡强令自己将常德让给“忠贞营”，竟采取极端手段来对抗，尽驱城内的居民出外，焚毁所有房屋，硬把常德折腾成一座空城，再转移到武冈。而移驻宝庆的王进才亦弃城而走，使初来乍到的“忠贞营”在前线需要承担更大的军事压力。即使如此，“忠贞营”在李锦、高一功等人的率领下还是克服了种种困难，从十月下旬离开常德开始反攻，相继收复了益阳、湘潭、衡山等地，于十一月上旬正式围攻长沙。至此，湖南大部分地区已经在永历政权的掌控中。

总之，这场反攻持续到1648年（清顺治五年，南明永历二年）年底。清军由于留守湖南的兵力过少，先后被打死的有巡抚李懋祖与总兵余世忠等人，而总兵徐勇、张国柱被迫率残部困守于湘乡、长沙等少数地区。在此期间，广西、湖南以及川东等地的佳音不绝，有时“一月之间，捷书数十至”，这种情况是南明成立以来所仅见的。永历政权的控制范围大幅度增长，囊括了两广、湖南、江西、四川、云南与贵州七省的大部分地区。此外，山西、陕西以及东面沿海还有大批遥奉朱由榔为帝的抗清武装。这个政权达到了历史上的最盛时期，而朱由榔亦随之移跸广东肇庆。

然而，朱由榔只不过是名义上的君主，总是有人觊觎其帝位，例如明宗室朱容藩于1648年（清顺治五年，南明永历二年）在一些地方军阀的拥护下于四川夔州自称“临国”与“天下兵马副元帅”，企图另起炉灶。永历小朝廷的君臣们当然不能容忍，派大学士吕大器率西南诸军出征，虽然在这场内战中取胜，可是连续出现的内讧肯定会削弱抗清的力量。尤其离谱的是，偏安一隅的永历君臣未能精诚团结，一致对外，内部的党争反而愈演愈烈，竟然有重蹈南明弘光政权的覆辙之势。其中，在外督师的堵胤锡连同庆国公陈邦傅与朝中的大学士朱天麟、王化澄等人被政敌称为“吴党”。都御史袁彭年、礼部侍郎刘湘客、吏科给事中丁时魁、工科左给事中金堡、户科右给事中蒙正发等勾结总督瞿式耜以及刚刚反正的李成栋，则结为“楚党”。“吴”、“楚”两党针锋相对，争权夺利。接受堵胤锡指挥的“忠贞营”与李成栋所部亦各存畛域之见，谈不上什么配合。激烈的党争严重妨碍了抗清大业。

1648年（清顺治五年，南明永历二年）全国各地的反清活动虽然声势浩大，可是远远未能危及清朝的统治。清军的主力并没受损，很快就在多尔衮的运筹帷幄之下重振

▲八旗护军。

旗鼓，分路出击，凶狠地镇压各地的抗清势力，首当其冲的是江西。三月十五日，正黄旗固山额真谭泰奉命为征南大将军、会同镶白旗固山额真何洛会以及背叛南明弘光政权的前四镇将领刘良佐等一起统领大军讨伐金声桓。值得注意的是，清廷的敕文中除了声称要屠戮“抗拒不顺者”之外，特别强调对那些“不得已而后降者”，坚决“杀无赦”！这一切表明，江西即将面临一场空前的血雨腥风。

金声桓的决策错误也给了对手可乘之机，他反正之后既已占据南昌、九江等处，那么完全可以顺着鄱阳湖向长江流域发展，凭着水师纵横大江南北，或许尚能与来自关外的八旗铁骑分庭抗礼，正如古人所说的：“越儿舟、胡儿马，各有所长。”况且，明朝开国皇帝朱元璋就是依靠水师在鄱阳湖取得决定性的胜利，才得以顺利控制长江流域，为统一天下奠定牢固的基础，虽然“此一时，彼一时”，但毕竟还有借鉴意义。谁知，他却反其道而行之，错误地在三月上旬挥师南下攻打位于江西南部的赣州城，企求打通与湖南及广东的联系，结果屯兵于坚城之外而进退失据，历时约两月，竟无尺寸之功。从北京远道而来的谭泰所部得以有充分的时间长驱直入迫近江西，与从江宁赶到的固山额真朱马喇、江南总督马国柱等会师于安庆，轻松拿下九江、饶州等地，距离南昌越来越近。

面对来势汹汹的满、蒙、汉军，金声桓、王得仁无可奈何地中止了对赣州包围，慌忙回师退保南昌，为此在撤军的过程中遭到赣州守军的偷袭而损失了一部分殿后军队。他们虽然抢先一步于五月十九日回到南昌，可是半个月后在城外拦截对手时却吃了败仗，不得不退回城中一味地固守下去。龟缩入城中的守军实际上等于让出鄱阳湖与长江的控制权，从而使得来犯之敌能够充分利用水路运输的优越条件，将号称“富甲天下”的江浙地区的物资源源不断地从长江下游调到前线，以便展开长期围困。值得一提的是，八旗军过去在关外与辽东明军角逐了数十年，攻克过大凌河、松山、锦州等坚固的军事据点，早已具备了丰富的长期围城经验，现在正好故技重施。

七月初十日，谭泰率部以志在必得的气势兵临城下，四处强拉民夫在城外探掘壕沟，把南昌围了个水泄不通，并在城外排列上千门大大小小的火炮，昼夜攻打不休。不甘束手待毙的守军曾多次出外反击，虽然全都功亏一篑，但也给对手制造了不少麻烦，例如一等梅勒章京顾纳岱就在一场攻防战中被炮弹打死。然而，清军依靠后勤的优势一直坚持围困了八个月。到了第二年正月，城内的物资储备逐渐消耗殆尽，弹尽粮绝的守军已经濒临绝境。最后的时刻来到了，固山额真何洛会在十八日这一天带领护军参领喀尔他喇、署甲喇章京根特巴图鲁等选择城南为突破口，竖起云梯强行进攻。一直打到十九日午后，捷足先登的蒙古兵击溃精疲力竭的守兵，破城而入。金声桓身中两箭而投水自尽，仍被捞上来磔尸示众。王得仁在突围的过程中被俘，受酷刑而死。其余参与起事的大学士姜曰广等人也自杀的自杀、战死的战死。南昌易主后，九江、南康、瑞州、临江、袁州等府也重新被清军平定。

在南昌长达八个月的围攻期间，尽管与江西毗邻的湖南集结了不少明军，然而没有得力的部队前往解围。这一方面是因为湖南尚未彻底收复，例如永州一直延迟至十一月初才拿下，而长沙始终未能到手；另一方面，久经战乱的湖南地区也很难筹集到足够的粮食，以确保部队救援江西时不至于饿肚子。

湖南的情况糟糕到什么地步呢？早在孔有德率军大举南下期间，奉清廷之命巡按湖广湖南的监察御史张懋熺曾经于1647年（清顺治四年，南明永历元年）六月对自己的所见所闻作了一番描述，他的揭帖中称：岳州在战乱中遭到“极惨”的“焚毁杀戮”，而巴陵“为最惨”，此地“自壬午（指1642年）以来，无岁不被焚杀，无地不为战场”，再加上遇上荒年，以致成为“骼胔盈道，蓬蒿满城”的人间地狱。他自岳州至长沙的途中，自己出资雇请役夫，自备粮食，夜宿于草丛之中，昼食于树下，而所经的村庄没有庐舍，路上不见一个行人，可谓“惨目骇心，无图可绘”。到达长沙后，发觉该城形同废墟，里面的房屋大多已毁于战火，居民亦弃家远遁，躲藏于城外的“山岩湖澨”之处，以苟且偷生。衡州的情况好不到哪里去，除了连年被“兵寇杀掳”之外，农业收成也不好，由于上一年“颗粒无收”，因而今年的春夏两季“米价腾涌，百姓饿死大半”。至于常德，虽然没有像岳州那样遭到“极惨”的杀戮，可是曾经“久据”此地的马进忠等人却进行了竭泽而渔的搜刮，同样残破不堪。一管窥全豹，从张懋熺在岳州、长沙等地的见闻可知湖南地区所受到的深重灾难。从那时候起，一直到明军于1648年（清顺治五年，南明永历二年）四月发起全线攻势为止，其间大大小小的战事不断地持续发生，湖南的情况更是雪上加霜。由此可知，郝摇旗在参加收复湖南的行动时为什么会冒天下之大不韪而偷袭友军以及抢夺战利品，原因之一就是受到缺粮的困扰。号称拥有两广、四川、云南与贵州等数省大部分地区的永历小朝廷，实际形同一盘散沙，大大小小的军阀割据一方，各自为政。因而，不可能从其他地区调粮支援湖南。综上所述，何腾蛟、瞿式耜等人在湖南作战尚且军粮不足，如果真要调兵救援江西的金声桓，更加不可能为出征的部队妥善解决后勤供应问题。

毋庸讳言，何腾蛟、瞿式耜等人迟迟不救援江西也与他们在政治上的短视有重大关系，他们不是不懂“唇亡齿寒”的道理，可是出于保存实力等私心自用的原因而在困难面前却步了。而专注于湖南的何腾蛟自从长沙失守后心中有愧，一直盘算着如何亲自夺回这座城市。当时，忠贞营已经从1648年（清顺治五年，南明永历二年）十一月十一日起正式开始围攻城内只有三千清军的长沙，眼看就快得手了，想不到何腾蛟为了抢夺光复长沙的历史荣誉，竟以督师之尊强令堵胤锡于十六日把忠贞营调往江西，表面上的理由是金声桓需要救援，但真正的目的是想在“调虎离山”之后让自己辖下的马进忠、王进才、张光翠等杂牌部队控制这个唾手可得的重镇。然而，忠贞营离开后，何腾蛟计划攻占长沙的各部队却迟迟未能完成集结，而拿下该城也遥遥无期。这位刚愎自用的南明督师不知道，一场灭顶之灾正在毫无预兆地向他袭来。原来，清廷在这一年的九月已令和硕郑亲王济尔哈朗为定远大将军，统兵讨湖广，主要打击对象是“逆贼李锦”。可见清朝统治者对“忠贞营”介入湖南战事充满了戒备之心，并终于作出强烈的反应。阴差阳错的是，“忠贞营”恰巧不在湖南，故李锦逃过一劫，欲染指长沙的何腾蛟反而成了替死鬼。

从京城出发的济尔哈朗所部经山东、湖北，于1649年（清顺治六年，南明永历三年）正月进入湖南，风驰电掣般冲向长沙，打得沿途的明军四散而溃。顺利在长沙附近渡江而过后，多罗顺承郡王勒克德浑、固山额真阿济格尼堪统率部分八旗前锋兵、护军为前哨，快马加鞭地向湘潭疾驰过来。济尔哈朗率主力尾随而进。因为此时的何腾蛟已经和马进忠所率的千余先头部队会合，正巧进驻长沙附近的湘潭，成为了清军绝佳的攻击目标。

马进忠万万没有想到湘潭竟然会在二十一日被万余八旗前哨部队包围，他由于在内部纷争中消耗了很大一部分精力，故与数月之前的麻河之战判若两人，早失去了孤军拒敌的勇气，只是忙不迭地夺门而出，终于侥幸逃脱。而曾经在麻河之战中有过出色表现的前营副将杨进喜当时正在理发，他得知部队不战而溃，大叫：“朝廷不惜以高爵养我辈，为的是什么？况且我军迎何公（指何腾蛟）至此，怎忍弃之不理？”言毕，这员号称“骁勇为三军之最”的将领连兜鍪也不戴，挥刀上马驰向城中，欲救出何腾蛟，他在巷战中手刃数名清兵，不幸额部中箭，颅脑贯穿而死。

这一天的气候恶劣，雨水夹着雪花飞飘而下，使清军的突袭更具有突然性。猝不及防的何腾蛟在匆忙突围时人疲马困，沿途随从不断散去，他好不容易来到江边，正想乘马登舟之际，终于被追上来的清军截住了去路。最后的时刻到来了，这位湖南明军的最高指挥官毫无惧色，大呼：“我何督部也！当明白死，奴辈勿得凌我！”并从容下马，步行至城南佛庵，严词拒绝清朝的多次招降，最后被杀。何腾蛟死后，《明史》等传统史籍对他的评价非常高，尽管他生前能力有限，不能完全胜任封疆要职，可是由于他被俘后宁死不降，保持了“威武不能屈”的气节，故誉之为“靡有二心”、“百折不回”的忠臣，被褒扬为明朝士大夫阶层的模范人物。

何腾蛟既死，奉朝廷之命“督楚师”的文官还有瞿式耜、堵胤锡等人，但均未能力挽狂澜。而清军捕杀何腾蛟之后，越发气焰嚣张，肆无忌惮地到处攻击群龙无首的湖南明军。尚书阿哈尼堪、固山额真刘之源等率领一旅杀向宝庆，固山额真佟图赖、伊拜等率领一旅杀向衡州，而济尔哈朗本人亲率主力经永兴、直取郴州，试图寻找忠贞营决战。

忠贞营在稍早之前仓促离开长沙之后，没有立即前往南昌解救金声桓，而是暂驻于湖南、江西、广东三省的交界之地郴州。当八旗劲旅于这年四月气势汹汹扑过来，堵胤锡、李锦等人自知不敌，继续南撤以避其锋芒。此后两三月间，徘徊于宝庆、衡州、沅州、靖州等处的王进才、马进忠、袁宗第、刘体纯等部亦纷纷放弃驻地，湖南大部分地区得而复失。就此而言，各路明军在战略上的协调作战能力与前些年相比没有明显提高的迹象，孔有德离开时他们一窝蜂地涌上前去收复失地，济尔哈朗返回时他们又一窝蜂地退下来，总之，乱哄哄地转了一圈又回到原点。

清军长驱直入广西，占领了全州。南明将领焦琏分三路企图反攻，但遭到勒克德浑辖下前锋统领席特库等人的阻击而一筹莫展。不久，济尔哈朗率兵赶来增援，明军只得退保桂林。其后，清军分兵出击，相继剿灭了道州、永州、长宁县、乌撒城等地的残余明军，其中护军统领伊尔都齐带领的前锋部队一直打到贵州黎平府、永从县，击溃了滞留于当地的郝摇旗所部。战争持续到年底时，湘、桂、黔三地已有六十余城被清朝控制。济尔哈朗终于用霹雳手段稳定了两湖局势，成功掩护江西友军的侧翼，让谭泰能够心无旁骛地围攻南昌，并最后完成了克城的任务。

江西、湖南烽烟遍地之际，广东的李成栋也没有闲着，准备出兵北上。被迫跟随李成栋反正的佟养甲暗中派人携带书信前往赣州，希望与当地的清军互通音讯，图谋不轨，不料，书信被李成栋的巡逻兵截获，以致阴谋败露。李成栋的养子李元胤设计将佟养甲骗至梧州，于1648年（清顺治五年，南明永历二年）年底将之杀死。《南明野史》等史籍记载，跟随佟养甲的三千“北兵”也未能幸免。当时，李成栋派遣都督张世新、张祥运送饷银十万两至梧州，以犒师为名在城内的井水寺发饷。领到饷银的“北兵”不虞有诈，听从安排从寺旁的小巷鱼贯而出，结果逐个被预先藏于巷内的伏兵杀死，“三千人无一得脱”。根据学者的研究，这三千“北兵”皆是满洲将士，可见八旗军在广东反正期间未能置于事外，并且损失惨重。

当初，佟养甲、李成栋从福建南下时所带领的本部兵马不过数千人，经过两年的角逐，因病故、阵亡以及互相残杀等原因，已减少一半以上。如今为了适应新的形势，李成栋不择手段地急剧扩军，而部队人数亦变得良莠不齐，战斗力每况愈下。李成栋反正后曾经两次出兵江西，时间都很短暂。第一次是在1648年（清顺治五年，南明永历二年）十月一日，他率十万乌合之众到达赣州城下，但立足未稳而遭到守军的突然袭击而折损了一万人，仅仅呆了一天就不得不溃退回广东。第二次是在1649年（清顺治六年，南明永历三年）二月下旬，他从广东重新杀回江西，企图先占领赣州外围的雩县等城，再全力占取赣州。可是，此时形势逆转，南昌已经被清朝控制，部分八旗军得以腾出手来支援赣州守军。对敌情了解不够的李成栋终于碰了个大钉子，在赣州附近的信丰等地被优势之敌打得大败，他于三月初仓促逃亡，但驱马渡河时竟然摔了个跟头，意外落水淹死，从此消失在历史的洪流中。其后，两广总督由李成栋的部下杜永和接任。可惜，杜永和威望不够，难以号令诸将，而广东局势也变得危机四伏。

何腾蛟、金声桓、王得仁、李成栋等名噪一时的人物相继死亡。永历小朝廷的中兴只是昙花一现，由于在湖南、江西丧师失地，这个政权再度濒临绝境。连战连捷的各路八旗军理应乘胜深入，一气呵成地直捣两广地区，刻不容缓地追杀永历帝朱由榔。想不到清廷却分别于1649年（清顺治六年，南明永历三年）三月、八月命令谭泰与济尔哈朗班师回朝。这是因为北方形势不太乐观，晋、陕地区抗清烽火正在此起彼伏，特别是大同总兵姜镶叛清归明一事迟迟未能解决，让多尔衮大伤脑筋。

尽管山西的形势表面上不利于清朝，有不少州县响应大同的反正，可举义者基本处于自行其是的状态，既没有大量歼灭当地的清军主力，也未能彻底颠覆清朝的统治。更重要的是，山西的战略位置对姜镶等叛清归明者来说并不是很理想，因为清朝可以从京畿、河南、陕西以及塞外的漠南蒙古等处对该省的东、南、西、北各个方向形成严密的战略包围。

尽管清朝没有料到大同会发生兵变，但满洲统治者事后的反应却很迅速。在山西边塞监视漠北蒙古喀尔喀部的阿济格得知姜镶于十二月初三日宣布反清后，只用了一天功夫调兵遣将，就切断了该城与外界的联系，重新取得了主动，迫使姜镶坐困愁城。

不过，对于大同这座城防非常坚固的边塞重镇，清朝就算动用红衣大炮也无法在短期内夺取，因而只能故技重施，在城外“筑墙、掘壕”，采取长期围困的战法，可付出的代价却超过了在江西对南昌的围困。主要原因有两个：其一是十七世纪前后的中国古代正处于“小冰河期”，而塞内外地区由于初霜期提早来临而致使寒冷的冬季变得更加漫长，濒临漠南的大同地区也不例外，《戒庵老人笔记》记载此地的寒冷程度仅次于辽东，其气候有时竟然到了“寒极似火”的地步。据说有人在寒冬的早晨打开城门时不慎触及门锁，马上被冻伤，手指上的皮肤皆尽坏死，仿佛受到火烧一样，真有“坠指裂肤之惨”。在这一气候条件下，当地屯田的规模早已大减，而粮食亦不能自给自足，主要仰赖内地的供应。而北方经济又比不上南方发达，自元代以来，以京畿为中心的北方地区需要经运河从南方调来大量粮食、物资，进行补给。当一些粮食千里迢迢运到大同时，所付出的成本无疑非常昂贵。其二是从内地前往大同，要走很长的陆路。而陆路运粮比起水路运粮要麻烦得多，无论是依靠人力或者畜力，运载量均远远比不上大型船只。况且，参与运粮的役夫与牲畜除了本身需要消耗一定粮草，还容易因栉风沐雨、过度疲劳而受到疾病、死亡的威胁，一旦出现意外，那么将不得不把所负的粮食抛弃在路途上，以致造成额外的损失。综上所述，围困大同的清军既远离富裕的南方，又需要依靠陆路运粮，显然在后勤保障方面比不上拥有长江的控制权、能够充分利用水路将江南物资快速调来调去的南方清军。

即使困难重重，多尔衮仍不惜代价，力图把北方的反清浪潮压下去。他不惜亲自出马，会同先行赶到大同的阿济格，计划大动干戈。后来相继参战的还有刚刚升为亲王的硕塞、博洛、尼堪以及满达海、瓦达克，还有额尔楚浑、穆尔祜等宗室贵族。就这样，满、蒙、汉八旗军队兴师动众、陆续云集于山西，从1648年（清顺治五年，南明永历二年）十二月初起对大同展开了长达数月的围困，后来又在陕西总督孟乔芳等绿营部队的协助下，平息山西其他地方的叛乱。其间，北京传来了多铎因染上天花而病危的消息，致使多尔衮不得不于1649年（清顺治六年，南明永历三年）三月匆匆返京探望。前线战事仍旧继续，局面迟迟难以打破。尽管多尔衮一再发出招抚的指示，并摆出妥协的姿态，宣布只要姜镶投降，则可赦免所有的“罪行”，可姜镶无动于衷，只是一味死守下去。由于北京的能战之兵基本西调，为了以防万一，多尔衮不得不暂停对南方的征伐，先后将江西与湖南的八旗军调回来看守大本营。战局僵持到了1649年（清顺治六年，南明永历三年）年中，山西浑源、应州、阴山、清源、交城、文水、徐沟、祁县、平阳、汾州、绛州等大部分州县已经平定，大同已经处于孤立状态。按捺不住的多尔衮决定再次亲征，于七月初北上山西，在宁武关、朔州等处兜了一圈，可仍然无功而返，于八月上旬回到北京。

清军自入关以来，从未对一座城市进行过这样长时间的围困。虽然城外始终没有发生过大规模的野战，也没有出现令彼此难以承受的伤亡，可由于战事发生在荒芜的边塞，后勤上的巨大压力足以让攻守双方苦心焦思。在清朝竭尽全力的围困之下，内无粮草、外无救兵的大同守军苦苦熬了九个月，终于支撑不下去了，内部出现分化、瓦解的迹象，杨振威、裴季中等将领因丧失斗志，遂于八月二十三日策划着准备秘密出降，并与围城部队取得联系。二十八日，姜镶、姜琳、姜有光等兄弟三人出其不意地被杨振威杀死，大同随即开城降清。清军入城后只赦免了杨振威等人，而对城内的“官民兵吏”进行屠戮，并将城墙拆去五尺以泄愤。之后，出任征西大将军的满达海与定西大将军博洛、陕西总督孟乔芳等，又平定了朔州、马邑、孝义以及蒲州、运城等地，战事一直断断续续延迟到1650年（清顺治七年，南明永历四年）三月，山西才基本平定。在此期间，镇守汉中的吴三桂会同汉军固山额真李国翰以及一批绿营部队齐集西安，在吏部侍郎喀喀木所率的满洲八旗的配合下，转战耀州、富平、蒲城、延安、绥德、榆林、府谷等地，镇压了王永强、高友才等响应姜镶而宣布反正的前明降将。稍后，吴三桂又分兵进入山西偏关，扑灭了当地的反清烽火。陕西总督孟乔芳以及户部侍郎额塞也派遣部属出征甘肃地区，平息了兰州、甘州、凉州等处回、汉百姓的反清活动。

虽然，清朝于1645年（清顺治二年，南明弘光元年）攻克了南明第一个首都南京，俘虏了南明第一个皇帝朱由崧，但由于满洲贵族统治者的不当政策，不仅迟迟未能完成统一南方的大业，而且北方的局面也有失控的迹象。无论是水网纵横的江南，还是朔风肆虐的塞北，到处都可见到八旗子弟的身影。形势从1648年（清顺治五年，南明永历二年）起逐渐恶化，这支清朝的嫡系部队不得不倾巢而出，连续两年四处救急，除了驰骋于江西、两湖、两广、山西、陕甘等地之外，还派遣部分人马讨伐福建等地的抗清武装，兵力不敷分配的缺点日益突出。

根据中国第一历史档案馆保存至今的档案材料，清廷曾经在1648年（清顺治五年，南明永历二年）对八旗男丁进行过统计，总数为三十四万六千九百三十一人（前文提到过历史学者王钟翰先生的研究成果，即是在清朝入关前夕，八旗人丁的总数已达到八十至一百万。就算王钟翰先生估计的数据过高，也否定不了旗人在入关后仅仅四五年间人口已经减少的事实。之所以会这样，罪魁祸首当然是战争以及鼠疫、天花等瘟疫）。而在这个人口总数之中，满洲男丁有五万五千三百三十人，蒙古、察哈尔蒙古的男丁有二万八千七百八十五人，汉军、台汉人（又称“台尼堪”，即八旗内部担任戍守边台任务的汉人）的男丁有五万五千八百四十九人。另外，八旗里面的包衣汉人（“包衣”含有奴婢的意思）男丁还有二十一万六千九百六十七人。总计汉军、台汉人以及包衣汉人占了八旗男丁总数的百分之七十五以上，远远超过了满洲男丁约占百分之十五的份额。由此可知，满人兵力不足的情况是何等严重！

形势的发展证明仅仅依靠绿营兵无法有

效地镇压地方上的抗清势力。可是按照清朝统治者既定的政策，八旗军的主力平素集中于京城，有事奉调出征，事毕班师回朝，不可能无限期地在外面执行军事任务，只能酌情派遣少量八旗军驻防于京城之外的一些战略要点。至于人数大幅度下降的满洲八旗，如今更加不会轻易动用。

因而汉人藩王所部与汉军八旗不得不在地方上扮演更重要的角色，以分担满人的压力。例如1648年（清顺治五年，南明永历二年）四月，佟图赖奉令为定南将军，与八旗汉军中的固山额真刘之源一齐率左翼汉军官兵跟随郑亲王济尔哈朗南下，然后在宝庆长期驻防。而另一位固山额真李国翰则为定西将军，率右翼汉军官兵驻防汉中。为了增加地方上的驻防兵力，多尔衮决定进一步重用那些有战斗力的汉将，并在此期间命令吴三桂挑起大梁，移镇汉中。

吴三桂因放清兵入关而得到满洲统治者的青睐，不但本人被封为藩王，而且辖下有不少将领被授予八旗世职，仅仅在1647年（清顺治四年，南明永历元年）十月就有数十人获得晋升，取得的官职既有昂邦章京，又有梅勒章京与甲喇章京，与八旗通行的官衔一致。显示吴三桂所部的待遇“俱照八旗之例”，绝不等同于一般的绿营官兵，故这支部队移镇汉中，其意义与八旗汉军出镇相似。值得注意的是，吴三桂前往汉中时携带了大批家眷（他只留兄长吴三凤等少数人在辽东中后所经营家族的旧业），并在镇所附近占地近五百亩，设置田庄，目的是长期呆下去，因此，他成为第一位镇守地方的藩王，开创了在关内设立藩镇的先例。另外，吴三桂到汉中后相继转战陕甘等地，镇压了响应姜镶而宣布反正的一些前明降将，因前文提到过，不再赘述。

步吴三桂后尘移镇地方，设立藩镇的还有孔有德、耿仲明与尚可喜。清廷于1649年（清顺治六年，南明永历三年）五月改封孔有德为定南王、耿仲明为靖南王、尚可喜为平南王，正欲委以重任。可见朝廷对孔、耿、尚等关外归附的旧汉臣极为信任。即使是同为汉人藩王的吴三桂，因为迟在明亡之后才降清，在转战西北时屯兵西安，竟受到陕西总督孟乔芳的怀疑，后者“托疾不见”，只派人以厚饷犒劳吴三桂的部队。因为孟乔芳作为汉军镶红旗人，也属于关外归附的旧汉臣，在姜镶宣布反正的敏感时刻，自然要提防吴三桂。由此判断，不少关外归附的旧汉臣可能暗中鄙视明亡之后才降清的汉人。而清廷也始终维持重用旧汉臣的政策，就算在金声桓、李成栋等绿营将领哗变之后，也没有加以改变。

按原定计划，孔有德出镇福建，耿仲明出镇广东，尚可喜出镇广西。在朝议中，尚可喜自认为凭现有的兵力难以征服广西，清朝统治者经过重新考虑，最终决定由孔有德出镇广西，而耿仲明与尚可喜一起出镇广东。其后，孔有德奉命“挈家驻防”广西，耿仲明与尚可喜“挈家驻防”广东。这并非意味着这些藩王的家属能够全部摆脱清廷的监控。早在1647年（清顺治四年，南明永历元年）三月，清廷已经下令三品以上的京官以及地方上的“总督、巡抚、总兵”等要员，都要送一名亲子入朝当侍卫，“以习满洲礼仪，察试才能，授以任使”，实际上是把这些人扣为人质。一些汉人藩王也不例外，吴三桂出镇汉中时要将长子吴应熊留在京师，而后来耿、尚两家也分别让耿精忠、尚之信等后裔入侍。

虽然孔有德、耿仲明与尚可喜等人的部属早在关外降清时的待遇已照八旗之例，可打着“天佑兵”与“天助兵”的旗号，毕竟与八旗不同。尽管孔有德等人在长期征战中，他们的部属也获得了“护军统领”、“巴雅喇纛章京”等八旗官职，但真正按照八旗兵制对原有的部属进行整编，是在他们于1649年（清顺治六年，南明永历三年）六月准备奉命南下，计划长期镇守两广之时。清廷出于笼络的目的而根据每个牛录二百人的原则，将孔有德所部原有的三千一百旧兵，编为十五个牛录；耿仲明所部原有的二千五百旧兵，编为十二牛录；尚可喜所部原有的二千三百旧兵，编为十一个牛录。

然而，孔有德、耿仲明与尚可喜的实力均比不上吴三桂（吴三桂所部原有兵额万余人，可编为五十三牛录），为此，清廷不得不给他们增兵。其中，孔有德新增兵员一万六千九百，耿仲明新增兵员七千五百，尚可喜新增兵员七千七百。这些新增的兵员全部采取绿营编制，由总兵率领。孔有德辖下相应增加了随征总兵官一员，左右翼总兵官各一员。耿仲明与尚可喜也增加了左右翼总兵官各一员，每名总兵辖下还有中军旗鼓各一员。这样一来，进军广西的孔有德共拥有两万兵力，而进军广东的耿仲明与尚可喜也各自拥有一万人，因而总兵力与孔有德一样，达到两万。

无可讳言，清朝统治者给了孔有德、耿仲明、尚可喜极大的信任，他们出镇时拥有核实武将战功以及对违法乱纪者进行军法从事的权力。同时，驻防省份的“巡抚、道、府、州、县各官并印信”，清廷“俱令三王携往”，此举意味着藩王们可以干预吏权。不过，朝廷又专门强调平定两广之后，三王只可在“军机事务”的问题上说了算，而地方上的“民事”以及征收钱粮税赋等，仍归地方文官办理。即便如此，长期出外镇守的汉人藩王难免介入地方事务，例如他们为了生计而普遍设立王庄，因而会参与当地的经济活动。他们的真实权力逐渐接近于古代的藩镇，存在着尾大不掉的危险。反观清朝的满洲宗室贵族，统兵在外只属临时性质，有时对地方的影响不能与汉人藩王相比。

孔有德、耿仲明、尚可喜三人出师后，兵分两路，一路由湖南杀向广西，一路由江西杀向广东。各自行动。

耿仲明自降清以来屡次出征皆与孔有德并肩作战，现在才首次分开，转而与尚可喜一起南下。两王带着五万家口取道天津到达江宁，于十一月初进入江西，其中，耿仲明驻于吉安、尚可喜驻于临江。不料，耿仲明竟然“出师未捷身先死”，在进军途中一命呜呼，其死与部下触犯清朝严酷的“逃人法”有关。因为恰巧在此时，刑部查出耿仲明与尚可喜部下藏匿了千余名逃亡的满洲家人，多尔衮闻讯表示不满，但从轻处理，仅想免去削除两王的爵位，各罚银四千两了事。可是，惶恐不安的耿仲明对此事的严重性估计过高，自以为罪不容赦，不等朝廷的正式命令到达，竟先于十一月二十七日在吉安自杀。事后，清廷没有马上允许耿仲明的长子耿继茂承袭王爵，只让其以阿思哈尼哈番（相当于副将）的世职之位协助尚可喜作战。一直拖到两年后，耿继茂才得以奉旨承袭父爵。

堂堂一位出征在外，手握军权的藩王为了赎罪而选择了自裁，这反映了清朝作为一个实施严刑峻法的新兴王朝，有充分的实力保证令出必行。而在此之前，金声桓、姜镶等胆敢降而复叛的汉将，最后大多以家破人亡收场，这在一定程度上起到了杀鸡儆猴的作用。反观南明各个小朝廷，无不纲纪松弛，对不服管束的各地军阀始终缺乏有效的问责机制，致使拒绝执行朝廷政令，以下犯上之事层出不穷。

耿仲明的意外死亡没有让清军进军的步伐停滞下来。孔有德开战的时间比尚可喜要早一些，他率部于1649年（清顺治六年，南明永历三年）夏季回到了湖南这个旧战场。当时的情况比较复杂，自从济尔哈朗班师后，各路溃散的明军重新纠集起来，在马进忠、曹志建、郑思爱、刘禄、胡光荣、胡一清、林国瑞、黄顺祖、向文明等将的带领下乘机反攻，收复了武冈、道州、靖州、沅州、黔阳、兴宁等城镇，并包围了永州，只剩下长沙、衡州、湘潭、宝庆等几处据点尚未触及。孔有德来到后，形势顿时对明军不利，清军主力选择凉爽的秋天展开军事行动，在十月抵达衡州，发起攻势，一直持续到1650年（清顺治七年，南明永历四年）春季。在此期间，副将董英、何进胜擒斩郑思爱于燕子窝，而孔有德本人直扑永州，击退胡一青，进而克取湖南与广西交界的要地龙虎关，歼灭曹志建所部一万余人。转攻武冈的清军又俘虏刘禄、胡光荣，驱逐了马进忠，乘势拿下靖州，再向兴宁挺进，捉得黄顺祖、林国瑞，斩获无算，并招降向文明等五万人。当炎热的夏季到来时，清军的攻势稍缓，等到1650年（清顺治七年，南明永历四年）秋，又大规模杀向广西。

明军如树倒猢狲散般一触即溃，广西灌阳、恭城、早已先后放弃，而门户要地全州亦于九月失陷。清将马蛟麟向全州以西的西延发动攻击。当地守将是从武冈转移过来的马进忠，此前，他的部队在行军途中有一些人由于悲观失望而做了逃兵（其中副将白才、刘龙虎带着二千多人离队降清），故实力有所减弱，但他仍坚持在西延战斗了数昼夜，与清军“杀伤相当”。最后，由于粮尽，不得不经靖州向贵州方向退却。

桂林以北的严关很快于十一月初五失守，赵印选、胡一青、杨国栋、蒲缨等将争先恐后地带着兵丁及家眷西逃，城中无兵可守。留守桂林的大学士瞿式耜眼看已经指挥不动辖下各部队了，便“抚膺顿足”地骂道：百姓平日以“膏血”供养这些高爵厚禄之辈，大难来临时就这样四散而去！由于对时局绝望以及对前途感到渺茫，决心殉国的瞿式耜拒绝与部将戚良一起撤退，只是端坐府中，静静等待着清军的到来。总督张同敞闻讯也自愿留于孤城里面，要与瞿式耜共赴黄泉。当天晚上，两人燃起灯火，正襟而坐，身边仅有一名老兵侍卫。在涔涔夜雨中，遥见城外火光照天，城里却寂无声响。到了次日黎明，他俩终于让入城的清军找到了，并被押至靖江王府面见孔有德。根据瞿式耜《临难遗表》的叙述，当时孔有德好言相慰："两公（指瞿、张二人）"留在城中不走，显然不怕死。而我"不杀忠臣"，又"何必求死"！接着解释道："大清国为先帝复仇"，并且"葬祭成礼"，因而人人应当感激。"今人事如此，天意可知"，言外之意是劝降。但两人始终不肯屈膝投降，在被幽禁于民舍期间还赋诗百余首，互相唱和，直至闰十一月十有七日，被清军处死为止。

▲瞿式耜之像。

南明在湖南、广西兵败如山倒，广东也危如累卵，因为尚可喜所部从江西打了过来。尚可喜的攻势是从1650年（清顺治七年，南明永历四年）年底发起的，他与耿继茂一起从临江经赣州、南安越过梅岭，在十二月二十九日奇袭广东南雄，击败三千出城迎战的明军，然后竖起云梯登城而入，再歼六千多人。清军再接再厉，于1650年（清顺治七年，南明永历四年）正月初六兵不血刃地拿下韶州。守将罗成耀此前得知南雄失守的消息，早已弃城而逃。尚可喜乘广东一

▲铸造于崇祯十七年的广州城防大炮(重两千斤)，现陈列于广州越秀山明城墙遗址旁边。

片风声鹤唳之际连下英德、清远、从化诸县，招降总兵吴六奇、苏利，于二月初六完成了对广州包围。

广州濒临珠江，东、南、北三面环水，而城西之外的两翼加修了炮台等工事，城防比较坚固。守将杜永和、吴文献、李建捷（李成栋次子）、范承恩等人拒绝投降，率万余人坚守到底。虽然金声桓守南昌、姜镶守大同均以失败告终，可是在南明领土日渐减少的情况下，永历小朝廷还是不想放弃这座省会城市，并希望能出现转危为安的奇迹。

清军最初依靠云梯等工具强攻，因屡次阻于河水，不能前进。尚可喜改变战法，在城外“掘深壕，筑坚垒”，进行围困。炎热的夏季到来时，那些由动物的筋、胶制成的

▲尚可喜攻克广州后铸钟纪念,该钟现陈列于广州博物馆。

弓在岭南“暑雨郁蒸”的天气里逐渐变软，进一步限制了清军的战斗力，致使僵局久久难以打破。

永历帝朱由榔的驻跸之地本来在广州以西的肇庆，但他在清军刚刚拿下韶州，尚未到达广州之时，已经在二月初逃往广西梧州，只留下马吉翔、曹煜、李元胤等臣子留守肇庆。为了解开广州之围，李元胤与从广西赶来的陈邦傅等将先后东援，可惜被清军阻于清远，顿足不前。就连在福建沿海活动的郑成功（郑芝龙的儿子），也曾应朱由榔之召而南下，然而来到揭阳一带却因内部纷争，无功而返。

尚可喜加紧围城布置，从广德、南赣等地调来总兵郭虎与副将高进库，使兵力得到增强，并成功招降南明水师总兵梁标相，得到一百五十艘战舰，与陆军互相呼应。他还招募水手，打造船只，力图控制广州附近的水道，以最大限度地切断广州与外界的联系。值得提及的是，耿仲明旧部尚未叛国之前曾经在山东登州接受过来自澳门的外籍军事顾问的栽培，掌握了当时最先进的火器铸造与使用技术，故在降清（此前国名叫“后金”）之后大派用场，成为攻坚的王牌部队。此刻，他们施展浑身解数，参与铸造了四十六门炮，再加上随军携带以及沿途缴获的一些炮，总计达到七十三门之多。同时，大量的炮弹、火药也制造出来了，每一门炮可配备四五百颗炮弹以及相应的火药，力求在发射时达到排山倒海、摧枯拉朽的效果，以震撼敌胆。

不利的战局令广东明军士气越来越低

落，潮州守将郝尚久、惠州守将黄应杰相继降清。而先后奉命救援的马宝、郭登弟、陈奇策等总兵也突不破清军的外围封锁线，接连在清远、三水失利，因而广州解围的希望，已经非常渺茫。

同年十月，天气转凉，雨水稀少，清军终于发起了蓄谋已久的总攻，从四面八方冲过来。其中城西成为了重点突破地段，隐藏在明军内部的奸细及时接应攻城部队，把环绕炮台的水道打开一个缺口，放尽里面的水。接着，所有前线军人奉命舍去坐骑，将一捆捆的木材铺垫于泥淖上面，迅速跨越障碍后，又捋臂将拳、攀援而上，夺取了炮台。他们占据了城西的楼堞，发炮轰击城墙的西北隅，成功在十一月初二日将西北角的城墙打得坍塌了三十余丈，再从缺口中一拥而入，杀死六千余名守军，控制了全城。守将杜永和由水路逃往琼州、李建捷逃往肇庆、吴文献也突破重围乘船出海，范承恩则成为俘虏。而那些残兵败卒往海滨方向撤退时，“溺死者甚众”。

坚守数月而失守的广州，遭到了与南昌、大同相似的厄运，城内的居民惨被清军屠戮，几无噍类。其后，南明在广东的统治几近瘫痪，由于人心溃散，肇庆、罗定、高州、廉州、钦州、雷州、琼州等处在其后的日子里相继易手，杜永和等一大批将领降清，李元胤、李建捷在败退中被俘杀。可知，广州之战关系甚大，起到牵一发而动全身的作用。

巧合的是，广西的桂林与广东的广州都是在1650年（清顺治七年，南明永历四年）十一月沦陷的，这对永历小朝廷来说可谓祸不单行。在梧州避难的朱由榔为了提防孔有德从桂林取道平乐而来，不得不赶紧动身，准备经浔州西撤南宁。盘据浔州的军阀陈邦溥意欲劫驾，将朱由榔献给清军作为投名奖，可是部属的动作过于迟缓，竟被冒雨前进的朱由榔强行冲过辖区，故只能自叹错失良机。后来，为了弥补过失的陈邦溥抓住机会刺杀了从平乐败退到浔州的名将焦琏，携其首级降清。

势如破竹的孔有德指挥总兵线国安、马蛟麟，进占柳州、梧州二府并所属十二州县，随时威胁着永历小朝廷在广西的残余疆土。鉴于云南、贵州以及四川部分地区又已被张献忠余部控制，故朱由榔颇有无路可退之虞。尽管张献忠余部宣布效忠永历小朝廷，可是南明君臣难免对这支源自农民军的队伍充满疑虑，担忧进入他们的辖区后会成为傀儡。由于广西省内没有任何一支南明军队能与清军抗衡，因而朱由榔可说是处于手足无措、进退失据的状态。

那么，被认为战斗力出类拔萃的“忠贞营”为何在两广的战事中不见影踪、毫无表现呢？原来，这支部队的首领李锦、高一功在前一年为了躲避济尔哈朗的追击而率部撤入广东，不料竟遭到李元胤的敌视，以致随军家属和辎重遭到广东地方军阀的袭扰而出现损失。在堵胤锡的调解之下，“忠贞营”转往广西休整，经梧州退往浔州、横州，其间与广西总兵叶承恩以及一些地方武装发生过冲突，后来在横州、南宁滞留了约一年。这支部队一度设法筹集粮饷准备重返前线，无奈李锦、堵胤锡先后在1649年（清顺治六年，南明永历三年）冬病死而不便出师。“忠贞营”大将刘国昌在孔有德、尚可喜、耿继茂进攻湖南与两广时曾经企图出援广东，可是行到三水、四会时遭到两广地方军阀袭击而与主力失去联系，不得不长期转战粤北，坚持抗清。包括“忠贞营”在内的大顺军余部屡受排斥的原因之一是军纪欠佳，由于长期流动作战而缺乏后方基地的有力支持，一些将领不得不沿用“追赃助饷”的老办法，经常搞得地方上的乡民怨声载道。比如《岭表纪年》记载郝摇旗于1647年（清顺治四年，南明永历元年）从湖南退入广西时，在桂林地区四处派人“索饷”，并调查乡民贫富程度，企图按财产的多寡分摊饷银，若有人拒绝缴纳，则捉入营中教场用弓弦绞脚的方式进行严刑拷问，以致为此和地方武装火并。就算是大名鼎鼎的“忠贞营”在军纪方面有时也乏善可陈，这支部队于1649年（清顺治六年，南明永历三年）七月撤入梧州时，曾经纵兵“焚烧刑杀”，令当地百姓因惊慌失措而纷纷乱窜，据说溺死于江中多达数千人。当孔有德攻入广西后，“忠贞营”主力无力对抗，又不愿向西撤退而依附于素有积怨的张献忠余部，只得于1650年（清顺治七年，南明永历四年）十二月由南宁北上，欲走小路经湘西前往位于长江三峡附近的夔东地区安营扎寨，以养精蓄锐。高一功途经保靖山区时被当地土著用毒箭射死，余部在李锦养子李来亨以及党守素的带领下经历千辛万苦最终到达了目的地。位于湖北与四川等省交界的夔东地区，大致范围包括兴山、大昌、巴东、巫山、房县等处，这里山高林密，濒临大江，水流湍急、地形偏僻，是一个易守难攻的险要之地。从1645年（清顺治二年，南明隆武元年）起，就陆续有大顺军残余部队活动在这一带。随着抗清形势不利，袁宗第、刘体纯、郝摇旗等已经提前一步离开烽火不断的湘、桂前线，从贵州来到此处，而在郧、襄、陕西等地反清的王光兴、贺锦、谭文、谭弘、谭诣也相继跋山涉水，聚合于此，连同王友进、塔天宝、马翔云、李复荣等抗清将领，号称“夔东十三家”。“十三家”是指兵多将广之意，明末清初常有起义者以此自诩，例如上文提及的“摇黄十三家”就是一例。正如明末一些起义者为了模仿梁山好汉而将所部称为“三十六营”或“七十二营”一样（《水浒传》里的一百零八条好汉分为“三十六天罡”与“七十二地煞”），“十三家”的称号也与通俗文学有关，很可能是出自唐、五代演义书中的“十三太保”。夔东十三家以大顺军余部为主，虽然，李自成、刘宗敏、李过（即李锦）这三位结拜兄弟已先后离开人世，但仍有不少后来者继承他们“落草聚义”的行径，当招安之路饱受挫折，便重操旧业，啸聚在夔东这个新时期的梁山。尽管这些人依然奉行联明抗清之策，但实际已远离抗清第一线，过上了类似水浒好汉那样的占山为王的生活。

总之，永历小朝廷在与清军作战中丧师失地、连战连败，朝中文臣武将死的死，跑的跑，降的降，还有的避入深山出家为僧，似乎有大厦将倾之势。在这个风云激荡、天翻地覆的关键时刻，在1650年（清顺治七年，南明永历四年）十二月突然传来了多尔衮死亡的消息，让永历小朝廷在穷途末路之际又有了新的希望。

享年三十八岁的多尔衮死于1650年（清顺治七年，南明永历四年）十二月初九，他体质瘦弱，在入关之前健康状况就不太好，入关后身体更是每况愈下，这一方面与水土不服有关，另一方面也由于公务繁忙而疲于应付，致使原有的“风疾（中风之类的脑血管疾病）更加严重。他在此前的一个月为了解闷而率领一班王公贵族以及八旗官兵离京出边围猎，不料坠马受伤而在喀喇城静养，拖到十二月初九这天晚上终于寿终正寝。这位壮年早逝的掌权者扶持顺治帝登基之初曾与济尔哈朗同为辅政王，此后在统兵入关、争霸中原中立有殊勋，逐渐全面掌握了军政大权，而尊号也相继晋为“叔父摄政王”、“皇叔父摄政王”、“皇父摄政王”，成为清朝真正的最高统治者。济尔哈朗却在政治斗争中失势，于1647年（清顺治四年，南明永历元年）被罢去辅政之职，甚至一度降为群王，被排挤出了决策机构。取而代之的是升为辅政叔王的多铎（多铎与多尔衮为同父同母兄弟，关系一直很好）。后来济尔哈朗恢复亲王之爵，并率兵于1649年（清顺治六年，南明永历三年）出征湖广，可是在一年后凯旋而归时仍处于半退休状态，未能取代染上天花病死的多铎。可见，多尔衮到死前都是势焰熏天，而顺治帝无异于傀儡。顺治帝的兄长肃亲王豪格尽管在出征四川时打死张献忠，立下功勋，可是由于与多尔衮有过节，竟然在1648年（清顺治五年，南明永历元年）班师后被朝廷罗织罪名而遭到削爵幽禁的处罚，最终以不惑之年惨死于狱中。豪格死后，妻子博尔济锦氏被多尔衮霸占。就连顺治帝的母亲孝庄文皇后也因“美冠后宫”而被多尔衮看中，致使坊间流传着“太后下嫁”的宫廷秘闻，声称孝庄文皇后因时势所迫，曾经与多尔衮成婚，并举行过典礼。随着权力的增加，多尔衮的贪欲也变大，他不管财政收入不足而大兴土木工程，为此不惜于直隶、山西、浙江、山东、江南、河南、湖广、江西、陕西九省加派赋税二百五十万两银，以便在边外修避暑之城。此外，他为了巩固地位而结党营私，挪用数百万两银的公款，为多铎及阿济格之子劳亲建筑府第，《清史列传》称此举致使“兵饷空虚”，而不得不以“他物抵充”。从1649年（清顺治六年，南明永历三年）起，多尔衮所用的“仪仗、音乐”以及“侍卫”，俱向皇帝的排场看齐，至于擅自代替皇帝拟旨、任意黜陟朝中大臣等等僭越之事，多不胜数。就在他距离帝位只有一步之遥时，却突然辞世，死后虽然被尊为帝，庙号“成宗”，用“帝礼”安葬，可是一切哀荣很快烟消云散。当顺治帝掌握大权、亲理朝政之后，将多尔衮的党羽逐一翦除，并把多尔衮种种罪行宣布中外，称其为“谋逆果真”，不但要追夺一切荣誉，没收府宅，而且还要毁陵鞭尸。根据传教士在《鞑靼战纪》中记载，官吏奉命把多尔衮的尸体挖出来，“用棍子打，又用鞭子抽，最后砍掉脑袋，暴尸示众”。而雄伟壮丽的陵墓，也从此化为尘

▲孝庄文皇后。

当初多铎下江南时，一路势不可当，没有花多少时间就拿下扬州、南京等重镇，可是“薙发令”一下，使得统一之路荆棘满布，仅仅围困地方抗清武装驻守的江阴，就耗费了两个月。而金声桓、王得仁、李成栋、姜镶等降将宣布反正后，兴师动众的清军围困南昌用了八个月，而围困大同与广州则各用九个月。可见抵抗越来越激烈。

金声桓、王得仁在叛清之前只不过是江西提督与副将，反正后马上被永历小朝廷封为豫国公、建武侯。李成栋在叛清之前是两广提督，反正时先被永历小朝廷封为广昌侯，后又晋升为惠国公。相反，满洲贵族统治者入关后在对明朝降将封爵的问题上有时似乎小气了一点，在这些人之中，能够获得王、公、侯、伯的不多见。

士。至于多尔衮生前亲领的正白旗，则转归顺治帝管辖。

多尔衮的兄长阿济格也在多尔衮死亡的同一年受到拘禁，次年被顺治帝赐死。就这样，多尔衮、多铎、阿济格、豪格等定鼎中原的元勋先后殒命，满洲贵族之中久经战阵，有能力运筹帷幄的将帅越来越少了。故此，顺治帝亲政后也将继续沿用倚重孔有德等旧汉臣的政策。然而，由于清朝的不当政策，在南征北战中受到的阻力也越来越大，

清朝的九等爵位（亲王、郡王、贝勒、贝子、镇国公、辅国公、镇国将军、辅国将军、奉国将军）只授予宗室贵族，非宗室人士一般授予世职。

根据《清史稿·职官志》的记载，世职等级制度曾经在1647年（清顺治四年，南明永历元年）进行过改革，入关前制订的昂邦章京（总管）、梅勒章京（副将）、甲喇章京（参将或游击）、牛录章京（备御）等世职之号改为精奇尼哈番、阿思哈尼哈番、

阿达哈哈番、拜他喇布勒哈番。不过，“昂邦章京、梅勒章京、甲喇章京、牛录章京”这些称呼仍然使用，只是与“固山额真、护军统领、前锋统领、前锋参领”一样，成了“管兵职衔”。清朝这样做有利于把世职与官衔区分清楚，世职代表着社会地位的高低，同时也是享受物质利益多少的标志，而官衔则意味着权力的大小与职责的轻重。

除了吴三桂因立有殊勋被封为王之外，其余降将的待遇就差得多，唐通、左梦庚、郑芝龙等风云人物被封为一等精奇尼哈番，江北四镇降将刘良佐被封为二等精奇尼哈番，而刘泽清则为三等精奇尼哈番（精奇尼哈番、阿思哈尼哈番、阿达哈哈番、拜他喇布勒哈番等世职之号全部分一、二、三等）。即使一等精奇尼哈番，后来也只不过被定为正一品，可见，就连唐通、左梦庚、郑芝龙等亦不能染指公、侯、伯等级别在一品之上的爵位。实际上，满洲贵族统治者是在金声桓、王得仁、李成栋等人宣布反清之后，才给唐通、左梦庚、郑芝龙等封授世职的，显然是为了安抚人心，以亡羊补牢。即使如此，与永历小朝廷授予金声桓、王得仁、李成栋的爵号相比较，这些降将仍是相形见绌。

值得注意的是，清廷统治者在封授世职的问题上将八旗与绿营区别对待，而这一套有章可循、行之有效的奖励机制，大多数时候主要按所立军功的大小授予八旗各级将士。唐通、左梦庚、郑芝龙等在降清后全加入了旗籍，算是以旗人身份受封，至于那些绿营部队中的汉人将领，仍普遍与世职无缘，一直要到一百二十多年后的乾隆年间，清朝才对历史上有功的绿营将领追授世职之位，这反映了满洲贵族统治者对绿营的轻视。

然而，永历小朝廷给予归附将领的爵位还是过于慷慨了，让政出多头的弊端得到加剧。就以由广昌侯升为惠国公的李成栋为例，他的部属受到爵赏的有江宁伯杜永和、武陟伯阎可义、博兴伯张月、宣平伯董方策、宝丰伯罗承耀、新泰伯郝尚久、奉化伯黄应杰、乐安伯杨大甫、镇安伯张道瀛。上述绝大多数人获爵并非依靠军功，而是得到朝中皇帝与权臣的青睐而坐享其成。结果李成栋一死，继任为两广总督的杜永和难以号令与自己地位相近的诸将，令广东明军缺乏有力的领导核心逐渐呈现分崩离析之势。而在转战湖广的大顺军余部当中，被封爵的有兴国公李锦（由侯爵晋升）、勋国公高一功（由伯爵晋升）、三原侯李来亨、平兴侯党守素、西平侯刘体纯、南安伯郝摇旗等，这些公、侯、伯的地位在伯仲之间，彼此之间缺乏足够的凝聚力，即使是资历最老的李锦，也不能成为大顺军余部的最高领导者，而更像松散同盟的“盟主”。难怪在永历政权的各个辖区之内，大大小小的武装势力各自为政的局面迟迟不变。

在明朝中后期，为了防止出现藩镇割据的流弊，朝廷故意削弱总兵的权力，致使在实行“营伍制”的明军之中，总兵与副将、参战、游击、守备等各级武将虽有地位高低的分别，却无权力截然高下之制。而很多地区的军事辖区越分越细，总兵也越设越多，彼此之间分庭抗礼，没有统一指挥，造成战斗力每况愈下的恶果。如今永历小朝廷没有吸取前人的教训，在对诸将封爵时有意尽量同等对待，分封了一大批公、侯、伯，让他们互相牵制，不但李成栋所部与大顺军残余势力受到类似问题的困扰，明朝嫡系部队的文臣武将也同样屡获爵赏，因而分立的倾向亦很明显。例如定兴伯何腾蛟（后晋升为侯），他的部属刘承胤原来的爵位是定蛮伯，后来因功晋升为武冈侯，遂变得桀骜不驯、自行其是，甚至连老上司何腾蛟也不再放在眼中。不容否认的是，永历小朝廷慷慨封爵的行为有时既能收买人心，又可以避免地方上的藩镇坐大，的确起到“一箭双雕”的作用。可是滥封爵位与“架屋叠床”般设置军事机构一样，会弱化整体作战能力，这个积重难返的痼疾与中央集权的正确做法背道而驰，不利于抗清大业。

一斑而窥全豹，通过对南北两个政权在封爵授职问题上的比较，可知清朝对八旗、绿营采取双重标准，会让内部矛盾激化。而永历小朝廷对部属按照一视同仁的原则滥加赏赐，又适得其反，令军权进一步分散。综上所述，无论哪一个政权的政策都有缺陷，而清朝之所以能够在战争中占上风，与其说是施善政致使人心所向，不如说是得益于对手的孱弱无能。

关内士绅阶层的向背对南明各个小朝廷的存亡具有重大意义。满洲贵族统治者一面标榜为明朝复仇讨伐“流寇”，一方面采取承诺减轻赋税、联合乡绅对地方进行治理与实行科举制等种种措施，成功争取到一批士绅的支持。不过，清朝挥师南下时颁布“薙发令”以及重用关外旧人等政策又激起士绅阶层内部不少人的反感，导致与清军周旋到底的人络绎不绝、前赴后继。清朝从政治上施加压力，通过没收不合作者的家产，革去前朝功名，规定只有拥有清朝功名的文人才可以享受“优免权”等等一系列雷厉风行的措施，企图强迫士绅阶层彻底降服。新朝的统治者还严禁生员“上书陈言”，亦不许这些人“纠党、立盟、结社”以及“把持官府，武断乡曲”，就连他们“所作文字”，也不准“妄行刊刻”，这样做显然是避免让文人操纵舆论与干扰朝政，从此在清朝的统治区域之内，类似东林党、复社这类政治色彩鲜明的组织逐渐绝迹了。

不过，即使在清朝的统治区内，也始终有人拒绝出仕，宁愿做遗民、甚至为僧，也不与新朝合作。还有的人虽然降清，却心怀异志，秘密与抗清势力联系。昔日的东林党领袖钱谦益就是一例，根据《蘼芜纪闻》、《河东君小传》的相关记载，此公在南明弘光政权灭亡前后企图投湖殉国，当他用手试探水温时认为过于冷了，便打消了自尽的念头。而嫁给他的秦淮名妓柳如是却欲奋不顾身地投入水里，虽然因受到他人阻拦未能得逞，但所作所为足以傲视须眉。故后世又有“士大夫气节不如妓女”之讽。虽然上述说法是否全部属实值得怀疑，但反映出儒生屈膝投降，甘当贰臣的行为与儒家传统文化价值观念有冲突，难免为人所诟病。钱谦益降清后不受重用，遂以病辞归，后来翻然改悔，暗中进行反清活动。他曾经于1649年

（清顺治六年，南明永历三年）致信门生瞿式耜，建议南明军队取道湖南北上洞庭，全力控制荆襄地区，再沿江而下，争夺江南财赋重地，为将来恢复所有失地打下牢固的基础。这个图谋未及实施，但说明当时的名士对战略问题的重视。可惜的是，士大夫阶层里面虽然有不少人自以为满腹经纶、才高八斗，然而大多数却是志大才疏、眼高手低之辈，尽管南明各小朝廷都沿用“以文驭武”的政策，不过，由于迟迟没有出现诸葛孔明、刘伯温之类羽扇纶巾、谈笑退敌的文臣，因而时人只能把史可法、刘宗周、何腾蛟、瞿式耜等失败者树为南方官绅地主势力进行抗清的代表人物，因为他们均有一个共同的特点，就是慷慨赴死、从容殉国，在人格上远胜于那些贪生怕死的同僚。

▲钱谦益之像。

把失败者树为英雄在历史上不乏先例，其中最著名的是在抗元战争中舍身报国、宁死不屈的南宋宰相文天祥。元朝消灭南宋后，在官方编纂的《宋史》中宽宏大度地对文天祥这位昔日的对手作出极高的评价，使之成为一位名留青史，永垂不朽的典范人物。故此，史可法等南明殉国文臣纷纷被世人比喻为文天祥，例如复社名士侯方域在为史可法写的悼亡诗中称“呜呼相公贤，汗青照凿凿。用兵武侯短，信国如可作”。所谓“汗青照凿凿”，源于文天祥所作的“人生自古谁无死，留取丹心照汗青”这一名句，而“信国如可作”，典出文天祥曾受封为“信国公”，通篇赞颂史可法为文天祥式的人物。又比如清朝道光年间的著名大诗人郑珍对何腾蛟非常仰慕，写过《西佛崖拜何忠诚公墓》，称“汾阳力尽作文山，洒泪蓬科足悲慕”。其中“文山”本意指文天祥的自号，在诗中借喻何腾蛟。可见何腾蛟死后受到世人的推崇备至，真是“求仁得仁”。至于瞿式耜，也免不了被人拿来与文天祥相提并论，明末清初学者陈瑚在为《桂林诗稿》作序时就由衷地称赞道“公（指瞿式耜），今之文信国（指文天祥）也”。因为瞿式耜亦受到文天祥的感染，他所作的《浩气吟》

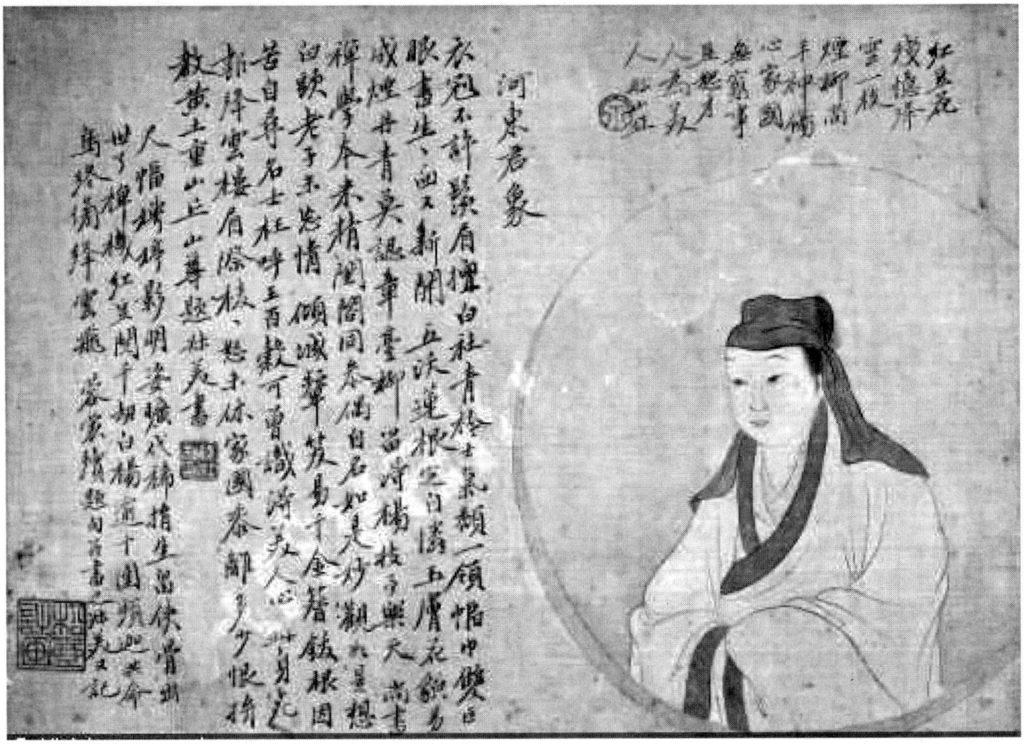


▲柳如是之像。

与文天祥的《正气歌》一样，都取自孟子的“浩然之气”，诗中说道：“苏卿绛节惟思汉，信国丹心止告天”，以苏武、文天祥等人自勉。又称“莫笑老夫轻一死，汗青留取姓名香”，也与文天祥的“留取丹心照汗青”之句互相呼应。瞿式耜与文天祥人生经历颇为相似，他们都曾经肩负恢复旧河山之责，也同样因功亏一篑而成为阶下囚，他们注重舍身取义，在临刑前仍不忘赋诗言志，所作所为充分体现了让后人称许的高尚节操。

必须指出的是，在信仰儒教的古代中国，很多士大夫们对死后能否留名于世的问题极为重视，并存在万古流芳就等于长生不死的思想。正因为如此，在明清易代之际，一些人模仿文天祥的所为，企图千载扬名。由于文天祥是被俘之后拒绝投降而死于敌人手上的，因而在清军南下时，竟然陆续有明臣自投罗网，主动成为清军的俘虏，似乎想步先贤的后尘。这样的事前文提过不少，兹举几例：

其一，南明巡按御史凌炯在清军经过河南时，单骑进入清军大营，劝说多铎退兵无效之后，拒绝投降，自尽而死。

其二，扬州之战结束后，据说战败的史可法主动骑着驴子来到清军军营寻死，扬言只想死个明白。这个说法出自曾经参战的八旗老将安诸祜的回忆。

其三，到了桂林失守之时，留守大学士瞿式耜与总督张同敞同时拒绝撤退，自愿让清军俘杀。

此外，武将也有类似之人，比如鲁监国政权的主要将领王之仁在钱塘江防线崩溃之后，出海潜逃，后因无人收留，在投头无路的情况下独自乘船前往清军据点，直言不讳地承认自己唯恐死得不清不楚，致使“后世青史无所征信”，因而欲死于对手的刀下，以便留名于世。

上述这些人的行为颇有相似之处。也许在当时某些官僚的潜意识中存在着让敌人为自己树碑立传的思想。例如，曾经在永历小朝廷中出任工科左给事中的金堡，一向与瞿式耜关系比较密切，他桂林失守后出家为僧，曾经就瞿式耜与张同敞被杀的问题给孔有德写了一封信，其中的论述耐人寻味。信中说：瞿公、张公“为王（指孔有德）所杀”，可谓死得其所。因为彼此互相为敌，势不两立。“忠臣义士”拒绝投降而被杀后方可成名，为此，“两公岂有遗憾于王！”接着，信中又道：瞿、张这两位“衰国（指南明）之忠臣”与孔有德这位“开国（指清朝）之功臣”，皆是“受命于天”，同为世间的中流砥柱，原因是天下若无功臣，则“世道不平”；天下若无忠臣，则“人心不正”。彼此的所作所为其实是殊途同归。瞿、张两公殉死的意义绝对不会轻于“百战之勋”！“王”既然杀死两人，已使得“忠臣之忠”与“功臣之功”相得益彰。

不可否认的是，金堡笔下那种“为名死节”的思想在当时的士大夫阶层之中确实具有一定的影响力。

事实上，清朝在公开场合是按照传统的价值观对那些不屈而死的明臣采取褒扬态度，比如《纤言》记载多铎入南京时，命令记录“京城内外殉节”的二十八名男女，准备予以表彰，“并厚恤史可法家”。清朝这样做的主要原因有二：

一是传统的影响，中国历代王朝一向有褒忠贬佞的习惯，即使是改朝换代之时也不例外。除了元朝推崇南宋宰相文天祥这个著名的例子之外，明朝在开国期间也发生过类似的事，正史记载明太祖朱元璋攻克集庆（今南京）后，曾经礼葬力战而亡的元御史大夫福寿，“以旌其忠”。故此，清朝在攻打南明的战争中褒扬一些殉国的明臣，并非标新立异，乃是顺应潮流的举动。

二是现实的需要，自从推行儒教治国的政策以来，满洲贵族统治者时常以明朝文臣武将在战场上的表现作为正面或反面的教材对八旗官兵进行告诫勉励。比如《清太宗实录》记载皇太极在入关之前曾经以围困大凌河城为例，指出城内的守军由于缺粮到了人皆相食的地步，犹自坚持抵抗，到后来，即使明朝的援兵已经失败，而大凌河城也已经投降，但在锦州、松山、杏山等附近城池驻守的明军犹不忍抛弃前线的人而撤离，这些都是因为明军将士读书明白道理（指儒家传统伦理），为朝廷尽忠之缘故。据此，他要求从今以后，凡是族中子弟年满十五岁以下、八岁以上者，一律都要读书，以便异日能效忠于朝廷。由此及彼，清军下江南时表彰史可法等南明殉国官员，同样能对八旗官兵起到教育作用。

值得注意的是，《摄政亲王起居注》记载多尔衮对于明朝的殉国官员作过一番评论，大意是：我军每次攻陷一城，便会有人为保全节操而死。这是明朝诸臣“读书明礼”的结果。可见明朝还有好人，所以国祚延绵了差不多三百年。接着，他话锋一转，以明朝末代皇帝明思宗自尽时无一位官员陪同在旁的例子，责备某些视死如归的人不是“为君死节”，而是只愿意为自己的“身后之名”而死。综上所述，多尔衮最看重的是那些能够无条件为最高统治者献身的人，而批评了那些热衷于“为名死节”的人——并按照自己的理解指出这是一种自私的行为。

# 第六章 异军突起

历史的经验教训值得总结。八旗军入关后能够屡战屡胜，明显得益于早已在关外形成的军政合一的八旗制度。

八旗的旗主分别由努尔哈赤的子侄出任，而各旗的基本组织牛录（平均每三百人为一牛录，后改为二百人）则由功臣、异姓族长负责治理。随着满洲、蒙古与汉军牛录的陆续增设，已最大限度地把关外每一座城池、据点与村庄的所有适龄男丁有效地纳入其中。这些人的户口全部登记在官府的册籍里，受到严格的控制。有的人当兵披甲，有的人作为后备兵源在必要时随军作战。就连俘虏也被严密组织起来，成为隶属于各旗的包衣（奴仆），并由相应的官员监管。当时，上自八旗旗主，下至普通旗丁，都可拥有包衣，平时让他们从事各种徭役以及繁重的劳动生产以满足战争的需求，打仗时又能带着他们去冲锋陷阵。由此可知，八旗内部各个级别之间的人身依附关系非常强烈，军事化管理的色彩也异常明显。

积极对外扩张的清朝长期实行军事优先的政策，而八旗制度因势利导地分别在“天助兵”、“天佑兵”等归附的汉族军队以及漠南蒙古诸部中得到不同程度的推广，甚至连活动于黑龙江，乌苏里江流域的索伦等部，也设置了牛录（只有一些偏僻的地方，才仍旧由氏族首领或地方头目管理，但要定期向清朝朝贡，以保持政治与经济上的联系），力图将所有的人力物力调动起来为战争服务。

明朝面对如此强悍的对手，自1618年（明万历四十六年，后金天命三年）开战以来频繁受挫，丧失了辽东地区的大片领土，幸而孙承宗、袁崇焕等统帅极力主张扼守辽西走廊，促使朝廷斥巨资建起长达四百余里的宁锦防线，在战略上起到了“步步为营”的作用，成功截断了从东北平原进入华北平原的通道。同时，通过精简指挥机构等方式提高作战效率，并组建了一支骁勇善战的关宁辽军，让沿线的每一座城池与据点都有精兵良将把守，广泛运用“凭坚城、用大炮”等战术，与敌人周旋到底。更加重要的是，明朝采取以“辽人守辽土”之策，招募当地人耕种，尽量让地方上每一个人士都能发挥应有的作用；又想方设法地让宁锦防线附近所有的平民聚居点都实施军事化管理，以便战时能够迅速动员起来，进行彻底的坚壁清野，把物资撤入沿线的各个城池与据点之中，以便达到令来犯之敌“野无所掠”的目的。

正是由于驻守宁锦防线的当地军民与关外的清朝一样，都竭尽全力地实施军事化管理，关宁辽军才和八旗军存在棋逢对手的可能，在辽西走廊附近反复较量了十几年。

然而，明朝没有能力在幅员辽阔的关内地区实施军事化管理，因为所需的巨额的军费已经超过了财政的负担能力，以致很多地方防备疏松，连正规军也没有，只有一些地方武装在滥竽充数。故此，每当八旗军绕过壁垒森严的宁锦防线杀入关内时，纵横冀、晋、鲁等地，往往如入无人之境。但由于宁锦防线的阻挡，清朝不敢让部队在脱离后方的情况下长期在关内停留下去，因而八旗军抢掠到大量物资以及俘获大批平民之后便会适时撤返辽河以东的根据地。

当明朝于1644年（明崇祯十七年，清顺治元年）亡于内乱时，关宁辽军残部在吴三桂的带领下选择了降清。宁锦防线既然从此在历史上消失，清军终于得以沿着辽西走廊长驱直入，如愿以偿地在中原攻城略地，参与逐鹿天下。

清朝定都北京，将旗人大举迁入关内，在沿用关外旧制的基础上，采取了新的军事化管理措施，陆续在畿辅地区以及西安、江宁、杭州等八旗军驻扎地点采取“旗、民分居”的政策，这样做既便于对旗人进行监督与控制，又可尽量让旗人避免沾染汉俗，以保持固有的传统。以北京为例，清朝在1646年（清顺治三年，南明隆武二年）至1649年（清顺治六年，南明永历三年）间，多次强行把内城居住的汉人迁居外城，以腾出房屋让“禁旅八旗”及其家属入住，终于使得内城成为八旗军的大本营。内、外城之间有城墙阻隔，并实行城禁制度，只在特定的时间开启城门，以防旗、民擅自往来。出外征战的“禁旅八旗”极少发生违抗朝廷命令之事，因为他们留于北京内城的家属就相当于人质，已被朝廷牢牢地掌控（唯有执行驻防任务的八旗军可携带家属在西安、江宁、杭州等地长期居住，但人数只占八旗军的少部分，不值得让朝廷过于提防）。虽然清朝宗藩的权力比较大，有不少人能够参政、议政，并带兵在外征战，但他们“不封邑”，不临民治事，平时要聚居于京城，故没有出现封建割据之弊（不过，吴三桂、孔有德、尚可喜等异姓汉藩是例外。出于笼络人心与征伐的需要，清朝先后授命这些人在外设立镇所，平定此起彼伏的反清武装势力）。

据此可知，满洲贵族统治者为了打胜仗，入关后对八旗军的管治丝毫没有放松。为什么清朝没有在关内的汉民聚居点广泛推行八旗制度，设立牛录，加强军事化管理呢？这是由于清朝主要沿用明朝的旧赋税制度，故在神州鼎沸之际面临着与明朝同样的难题，即没有足够的财力进行变革。例如，清朝入关后开始给八旗将士发俸饷，如果真的在汉民聚居点推行旗制，那么给新增加的大量旗官发饷将使财政不堪重负。相反，依靠地方乡绅通过宗族关系对村庄等基层社会进行支配与管理，不但省下了一大笔经费，亦能起到很好的效果。明朝过去这样做，现在清朝也一样。就像后世史学家姚莹所论

▲顺治帝。

述的那样："缙绅之强大者，平素指挥其族人，皆如奴隶。"况且，强行在汉民聚居点推行旗制，对当时的社会经济也会产生难以预料的影响。

综上所述，清朝统治者没有在关内的汉民聚居点推行八旗制度实乃明智之举，但这并不意味着清朝没有对明朝的旧制度进行改革。为了控制地方政权，朝廷任命大量旗人为地方高官，由于满、蒙旗人普遍不懂汉语，行政能力稍逊，故到地方赴任的以汉军旗人为主。据统计，在顺治年间出任地方最高行政长官总督一职的大部分是汉军旗人，其中表现突出的有陕西总督孟乔芳、浙闽总督张存仁。而巡抚作为拥有实权的封疆大吏，也主要由汉军旗人来做，著名的有山西巡抚马国柱、河南巡抚罗绣锦。各地的道、府、州、县等官位，汉军旗人得以染指的也不在少数。各省绿营武将中品级最高的提督也由大批汉军旗人充当，例如在顺治年间出任湖广、陕西、江南、苏松、浙江、福建等省提督的旗人就有柯永盛、李思忠、张大猷、张天禄、田雄、杨名高等等。因为汉军旗人是通过八旗这个既得利益集团才得以富贵显荣，所以在为清廷效力时比普通汉人更加卖力，确实能够起到控制地方大权的作用。

满洲贵族统治者极为倚重八旗制度，得心应手地指挥旗人争霸天下。相反，南明各个小朝廷既没有能力在南方营造另一条壁垒森严的宁锦防线，也没有办法训练出一支类似关宁辽军那样骁勇善战的嫡系部队，只能被各地的军阀玩弄于股掌之中，形同傀儡。本来，让武将对所管辖的部队拥有适当的人事权、财政权与军法从事权，既能增添这些人的积极性，又能增加部队的凝聚力，有利于战斗力的提高。但如果中央政府失去统筹全局的能力，则在放权之后必将弄巧成拙，造成军阀割据的恶果。有识之士对南明各个小朝廷难以驭下的失控局面无不忧心忡忡，并试图推动一些改革。例如“忠贞营”将领高一功连同党守素等人曾经于1650年（清顺治七年，南明永历四年）建议永历帝朱由榔把财政权与人事权从各地的军阀手中收回来，由于阻力过大，难以实行。至于整顿各地的军阀部队，建立统一的制度，把最高军事指挥权交由朝廷管辖，那简直是遥不可及的奢望。

事实证明，南明各个小朝廷全都没有能力对根深蒂固的弊病进行革新。一些地方封疆大吏曾经在管辖的地方尝试采取种种励精图治的措施，但成效不大。例如何腾蛟主政湖南时对自己收编的各路杂牌军不满意，决定另外招募兵马，建立嫡系部队。可他在旧制度的基础上组成的新军却无力扭转乾坤。自清军南下以来，南明各个小朝廷任命了很多督师、总督、巡抚之类的高级文官，可大多数形同虚设，真正的实权往往掌握在割据一方的武将手中，这意味着，明朝“以文驭武”的传统政策已经越来越不合时宜，从而渐渐在战争中遭到淘汰。就这样，击退清军的重任就水到渠成地落在各地割据的武将身上，其中的佼佼者加紧建立自己的“独立王国”，四处扩张势力，并能够以过人的魄力对辖下部队进行大刀阔斧的整顿，推陈出新地逐渐建立起统一的制度。他们在积极建设根据地的同时又主动出击，力图把辖区内所有的人力物力调动起来与清朝最为信赖的八旗军抗衡。最著名的是盘据西南地区的孙可望、李定国、刘文秀与活动于东南沿海的郑成功等人。这些人注定将要异军突起，促使战局峰回路转，呈现出全新的态势。

孙可望、李定国、刘文秀是大西军的将领。这支军队的领袖张献忠于1646年（清顺治三年，南明隆武二年）底在四川西充境内被八旗军打死后，余部放弃了原定的北进计划，改为迅速南撤，以摆脱强敌的追击。路过重庆时，打死了据守当地的南明总兵曾英，得以顺利渡过长江天险，再于1647年（清顺治四年，南明永历元年）初在綦江地区逗留数日进行整训，安定人心，接着经遵义踏上了通往贵州的征途。川黔交界一带位置偏僻，屡经战乱，地方残破不堪，令追击的清军畏难而退。大西军余部披荆斩棘，经涪江，夺取了遵义，让军队重新获得了喘息的机会。可见，南下这一正确的战略决策为未来开创抗清新局面铺平了道路。

在遵义驻扎期间，军队将领对以往统治四川时实行的过激政策加以反思，并对内部进行了整肃。张献忠的遗孀以及宰相汪兆龄由于未能革除旧弊，被有意创立新制的孙可望、李定国、刘文秀、艾能奇四位将领处死。从此，四将军掌握了军队的实权，互相结成了联盟。虽然这四人都做过张献忠的养子，彼此都是兄弟关系，但其中唯有粗通文墨的孙可望曾经被张献忠立为世子，地位比较高，因而自然成了盟主。不久，这支革故鼎新的军队一举攻占省会贵阳以及镇远、定番、安南等卫，基本控制了贵州。

恰巧在此之前，邻近的云南发生了内乱，楚雄土司吾必奎与蒙自土司沙定洲相继造反。吾必奎虽然被镇守当地的黔国公沐天波会同巡抚、巡按等官员调集汉番军队镇压，可是沙定洲却在妻子万氏以及生员汤嘉宾等的出谋划策之下渐成气候，于1645年（清顺治二年，南明隆武元年）底成功奇袭省城昆明，占领沐府，将沐天波驱逐到楚雄。其后，云南大部分地方陆续归附叛军。而当时远在福建的隆武政权对云南的变局鞭长莫及，只能置之不理。一直等到大西军余部进入贵州，才使局势起了转机。仍旧忠于沐天波的石屏土司龙在田派人到贵州向大西军诸将游说，希望他们前往云南平乱。此举正合孙可望等人之意，遂立即整顿兵马，离开贫瘠的贵州，准备从沙定洲手中夺回沐氏一族在世镇云南时积下的巨额财富。为了争取民心，大西军巧妙地利用沐氏一族世镇云南的威望，有意冒充沐天波妻子焦氏的武装，打出了“为沐氏复仇”的旗号，结果反应奇佳，一些对沙定洲篡夺行为心存不满的当地官绅与土司纷纷迎降，令孙可望等人得以长驱直入，很快就经交水于1647年（清顺治四年，南明永历元年）三月二十九日占领云南的门户曲靖，威胁沙定洲的家乡阿迷州。沙定洲被迫放弃昆明而企图退保老巢，但其手下在阿迷州以北的蛇口战败，因而不敢驻于阿迷州，只是收集残部逃到了附近山势险恶的佴革龙。大西军虽然如愿以偿地于四月二十四日进入昆明，可是得到的不过是一座空城，孙可望极不甘心，于是分兵四出，继续对残敌穷追猛打。刘文秀率部占领武定等处，然后西征平定滇西北。李定国带兵攻占临安，平定了昆阳、知州地方官员的叛乱。孙可望本人亲自出马袭击楚雄，俘虏了镇守该地的金沧兵备道杨畏知。由于杨畏智是沐天波忠心耿耿的下属，因而孙可望饶其不死，并与之约法三章：一是去掉大西年号，改用干支纪年；二是不随便杀人；三是不焚烧庐舍以及淫人妻女。这个协议成了大西军余部与南明合作抵抗清朝的先声，而协议的达成有利于稳定云南的局势。同年九月，刘文秀兵临永昌城下，再次与逃到这里的沐天波进行谈判，势穷力竭的沐天波同意了刘文秀提出的共同扶持明室，恢复江山的条件，并在此后协助大西军成功招降了一批地方官员以及土司。到了1648年（清顺治五年，南明永历二年）七八月，云南的战局已经进入收尾阶段，李定国、刘文秀统兵南征，连下阿迷州、蒙自与佴革龙，将成为俘虏的沙定洲及其亲属悉数押往昆明处死。入滇的大西军由于采取团结沐氏一族及其支持者的正确政策，故产生事半功倍的效果，只用了一年多时间便控制了云南，赢得了巨大的胜利，然而美中不足的是，艾能奇在1648年（清顺治五年，南明永历二年）五月平定东川时中流矢而死。

孙可望等人充分吸取四川政权覆没的教训，决意要将云南建设成为一个可靠的基地，并尽量完善政府机构，设立吏、工、户等部。他们除了任命杨畏知为华英殿学士兼都察院左都御史之外，又吸纳一批知识分子为政府官员。鉴于沐氏一族在云南的威望，他们允许沐天波仍旧以黔国公的名义联络旧部，为新政权服务。

逐渐在当地站稳脚跟的大西军余部还通过提倡文教、考试取士等方式力争得到读书人的支持，尽量减少官绅地主的敌对情绪，同时尊重当地的宗教信仰，以拉拢少数民族。为了进一步融入当地社会，这个新生的政权放弃了入滇之初实行的“打粮政策（即是派兵四处没收‘殷实’之家的余粮，类似于大顺军的‘追赃助饷’）”，改为建立有章可循的赋税制度。为此，各级官员奉命招抚百姓回乡务农，并勘查部分地方的田地，设立由军中将士管理“营庄”，规定把每一个“营庄”辖区之内的粮食收成分为十份，其中官得四份、民得六份（含有地主所得的一份）。由于“计丁授田”以及按照人丁征税这些方法的成功推广，既让大部分百姓安心务农，又令官绅地主的生活得到保障，因而流亡在外的人越来越少。此后粮食屡获丰收，大西军余部开始有稳定的收入。此外，蠹政的贪官污吏得到了有效的惩治，当地的矿业、盐业在管理上得到了加强。大量新铸造出来的钱币有助于商品流通，而贸易也发展得很快。种种得力措施使云南的经济重新恢复并振兴起来，从而能最大限度地在物质上支持抗清事业。

好转的经济能够确保军队衣食无虞。孙可望等人将各州、县的田地分与各营头目管理，而各营兵丁也跟随头目在一起，依靠辖区内生产的粮食过活。兵丁以及家属每日均能领取定额的口粮。有家属的兵丁，过冬时每人发一件袍子；没有家属者，除了发给袍子之外还可以得到鞋、袜各一双以及大帽一顶。而军马则分为三个等级，按级别喂饲料，上级官员不定期检查马匹情况，如果发现马变瘦，就对相关人士进行问责。毫无疑问，只有兵强马壮的军队，战斗力才能更有效地提升。部队虽然暂时安定下来，可是孙可望等人居安思危，频繁开展军训，为将来的战争做准备。在正常的情况下，军中每三日进行一次小操练，每十日进行一次大操练，表现出色者可得到奖励。违反军纪者必严惩不贷，比如军纪规定，若有随军人士敢于擅自夺取百姓一物，立斩；知情不报者，“连坐”；管理部属不严的官员则要杖以八十棍。大西军余部与当地民众的关系越来越密切，经常把粮食、兵器等辎重交给征调而来的老百姓运送。而在军队设立的专门负责制造与维修军械的“杂造局”里面，有很多不同行业的工匠服役。类似的“杂造局”有四所。凡是弓箭、盔甲、交趾火铳之类的兵器，如有损坏，兵丁可送到这里修理，只需将营中头目、队伍番号以及自身姓名一一备案，三日之后，即可得到新的兵器。

这个政权对云南百姓的管理比较严格。就以昆明为例，城内每一户的门上都挂着一个牌子，上面要书写户内家庭成员的姓氏，以备官方查核。城门不许妇女擅自出入，男人出入时必须“以腰牌为据”，牌上写着本人的年龄、相貌与住址。城外之人入城后要将腰牌挂在月城的左廊，以备出城时被守卒查核。同样，城内之人出城后要将腰牌挂在月城的左廊，以备入城时被守卒查核。远方来客要在面上打印为号，才能顺利出外。各府、州、县的实权也大多被各地的武将把持，相当于实行军事管制。军事利益受到异乎寻常的重视，例如兵丁在传递军令的时候，通常一只手拿着小红棍在路上飞奔而过，如果老百姓没有及时退避，就会被视为“不敬军令”，随时可能受到小红棍的打击。随着时间的推移，省内一些近乎苛刻的措施减少使用，军事管制也得到了适当的放松，然而边境的戒严却没有懈弛。凡是入境之路，全部都有官兵扼守，一些边关哨卡四周重重围着木栅，仿如城堡一般，执勤的哨兵警惕性很高，时常讯问过往行人，极力避免敌人探子混入境内。至于省内很多群县以及卫所也是壁垒森严，几乎在每一条大路上，每隔十里都有士卒稽查路人是否携带由官方发放的通行票证，无票证者不得通过。一些军事化管理实施后，对稳定境内的秩序起到了立竿见影之效。

自从清军南下以来，大江南北展开轰轰烈烈的抵抗，但南明各个小朝廷名义上管辖的省份大多数组织涣散。真正有能力在内陆省份建成坚固基地的唯有大西军余部。

但是，大西军余部始终未能形成一个凝聚力很强的领导核心，孙可望、李定国、刘文秀与未死之前的艾能奇等人各自称王，本来地位都相差不多，互以“兄弟”相称。孙可望仅以“大哥”的身份主持大局，故曾以“孤率三兄弟，统百万貔貅”自诩，具有强烈的草莽之气。

然而，这几位异姓兄弟的抱负却各不相

▲《明清两周志演义》（成书于清末）中的插图《孙可望投降永历帝》，实际上，孙可望从未与永历帝正式会过面。

同。例如根据《东山国语》的记载：杨畏知曾经用三国时代的典故以古讽今，对孙可望说道："昔日曹操奉迎汉献帝于许都，'挟天子以令诸侯'，因而得遂生平之志。如今桂藩（指朱由榔）在肇庆，王（指孙可望）可有效仿之意？"在这里，杨畏知把朱由榔比作汉献帝，并怂恿孙可望做曹操，似乎是投其所好。不过，李定国却另有想法，《永历实录》记载他同样以三国故事为鉴，说过如下一番话，大意谓曹操、司马懿如果能够扶持弱主，那么垂名于后世，"如探囊取物"，但他们却有篡夺之意，结果遭到"万世笑骂"，这种不智之举好似用黄金换铁，即使是农民、樵夫等普通人尚且不会做，而曹操、司马懿竟然敢做，真是愚蠢之极。由此可知，李定国的思想有时与传统的文化观念颇为一致。从往后的历史发展来看，孙可望基本上企图照着曹操的老路走，因而难免与李定国产生隙罅。入滇之初，李定国辖下的兵员比较多，使得孙可望担忧会危及自己在军中的统帅地位，便决意借故发难，机会终于在1648年（清顺治五年，南明永历二年）四月初来到了，当时诸营将士约定同赴武场，首先到达的李定国下令升起帅旗，随后来到的孙可望以此为契机公开指责道：按照军中旧制，主将入营，方可升帅旗，今日既以我为主，为何先到者却擅自升旗？为了约束诸将，他硬要当众将李定国打一顿军棍，然后抱着定国哭诉不得已之故，自称此刻只是为了严明军纪而"辱弟"，希望将来相处时不要心存芥蒂。于是，大家表面上又完好如初。为了理直气壮地成为首领，孙可望又生一计，企图联络永历小朝廷，希望永历帝朱由榔在封爵时能让自己的爵位高于刘文秀与李定国，以此压服李定国。恰巧四川巡抚钱邦芑于1649年（清顺治六年，南明永历三年）春致书表示招抚之意，孙可望顺水推舟地回信称只要得到王爵之号，愿以全滇归附。同年二月，杨畏知等人奉孙可望之命前往永历小朝廷的所在地肇庆，朝见朱由榔。不料，永历小朝廷在是否应该授予孙可望王爵的问题上掀起了轩然大波，有的意见以祖制无异姓封王之例为理由，极力反对；有的意见断定大西军余部没有彻底洗心革面，不宜信任。值得注意的是，朝臣钱秉镫不怀好意地提议利用封爵的机会对大西军诸将进行挑拨离间，认为永历小朝廷可以封孙可望为王爵，但李定国、刘文秀只能为公爵，同时秘密派人向李定国、刘文秀解释朝廷之所以让他俩降低身份，完全是受到孙可望指使的缘故，并许诺只要李、刘二人日后抗清有功，立即加以王号，试图通过搬弄是非来达到令孙可望众叛亲离的目的。为了分化大西军诸将，钱秉镫还表示应当授予艾能奇的继承者冯双礼以五等之爵。然而，钱秉镫的意见没有马上被朝廷接纳，经过数月的争论后采取了折衷方案，初步决定封孙可望为公爵，李定国与刘文秀为侯。不久事情又发生了变化，杨畏知等人在返滇途中碰见了督师阁部堵胤锡。堵胤锡充分了解到大西军的归顺将会令抗清局势为之一变，遂当机立断，利用手中的空敕行使便宜行事之权，将孙可望的公爵改为王爵，同时紧急上疏朝廷申明这样做的理由，终于得到永历帝朱由榔的首肯，改封孙可望为“平辽王”。朝廷打破常规而给异姓封王，已是格外开恩的举动，可是孙可望真正心仪的是“秦王”之号，他在给永历小朝廷的书信中解释道：“先秦王（指张献忠）荡平中土，扫除贪官污吏。十年以来，未尝忘忠君爱国之心”，意图把张献忠说成是一个“只反贪官，不反皇帝”的人物，又称“孤（孙可望的自诩）守滇南，恪遵先志”，故此，希望能“王绳父爵，国继先秦”。从这封信的言辞之间可以看出，以张献忠继承人自居的孙可望坚持要在爵位上与张献忠一样。

关于张献忠生前的王号，由于各种史料记载不一，显得有点错综复杂。根据《绥寇纪略》《遗事琐谈》《纪事略》《明史》等书的说法，张献忠揭竿而起之初曾经号称“西营八大王”“西王”等，因而这位草莽英雄后来正式建立政权时先是自称“大西国王”，继而自命为“西朝皇帝”。综上所述，无论“西营八大王”“西王”“大西国王”，还是“西朝皇帝”，都与“西”字有关，所以张献忠的政权以“大西”为国号，也是顺理成章的事。奇怪的是，《昆山王源鲁先生遗稿》等书籍称攻克四川成都的张献忠在称帝前后那一段时间里，竟然自称起“秦王”来。这个昙花一现的爵号让后世学者众说纷纭，有人认为“秦王”之号与张献忠的籍贯陕西有关；还有人推测，“秦王”之爵可能是当时已在西安建国的李自成所封授的，总之，相关说法由于缺乏足够的史料支持，均未能形成定论。其实，“秦王”的称号很可能来自《隋唐两朝志传》等通俗小说中网罗天下英雄的秦王李世民，因为在明朝末年，不止一个义军领袖以“秦王”为诨号，例如曾经与张献忠、罗汝才等人并肩作战的王光恩，就号称“小秦王”，而另一位草莽英雄白贵，干脆把自己的部队叫做“小秦王营”。张献忠打下成都后自称“秦王”，估计并非什么正式的爵号，而是与他过去拥有的“八大王”“黄虎”等称呼一样，都是诨号。

此时此刻，孙可望坚持要得到“秦王”之爵，一方面可在众兄弟之前彰显自己是张献忠继承人的独一无二地位，另一方面似乎也隐约以一代英主李世民自居，他不管永历小朝廷是否真正肯封授“秦王”之爵，反正就是要公开以“秦王”为号。

“秦王”是亲藩中最尊贵的爵号，早在明朝开国之初已授予明太祖朱元璋的儿子朱樉，永历小朝廷不会轻易转封他人。《所知录》记载，朝臣钱秉镫一度提议可在“秦”字之上添加一字，变成“兴秦”或“定秦”之类的“草泽王号”，以满足孙可望的虚荣心，这个折衷的办法未能取得其他人的同意而作罢。

然而，永历帝朱由榔早已大权旁落，地方军阀敢于肆意妄为。驻于浔州的陈邦傅为了拉拢孙可望与当时尚在广西的忠贞营抗衡，利用朝廷颁发的空敕，私下里填上“秦王”的字样，然后在1649年（清顺治六年，南明永历三年）正月迫不及待地派人冒充朝廷使臣来到云南，把伪造的敕书以及“秦王”之印封给了孙可望，企求事后逼朝廷接受“生米煮成熟饭”的事实。如获至宝的孙可望对敕、印信以为真，命令手下大张旗鼓四处炫耀，谁知等到杨畏知把朝廷封授“平辽王”的确切消息带回昆明，才知道上了陈邦傅的当。野心勃勃的孙可望既然在众兄弟之前丢了脸子，难免对施政混乱的永历君臣心存芥蒂，从而令彼此的关系蒙上了阴影。

经过一波三折之后，孙可望奉南明为正朔的愿望是达到了，可他拉大旗作虎皮，企图借永历小朝廷封授的“秦王”爵位来压制军中的异己势力，却是暂时未能得偿所愿，但他管不了那么多，仍旧对外自称“秦王”，一切按照藩王体统行事，根本不把永历小朝廷放在眼里。

可是，李定国逐渐倒向了永历小朝廷一边。因为他早有洗心革面，接受招安的想法，如今既已归附朝廷，便名正言顺地扶持明室抗清，此后再无异心。

闹得沸沸扬扬的封爵风波暂告一段落，孙可望、李定国、刘文秀等人打着“南明”旗帜出师抗清已成事实，他们的军队可称作“西南明军”，正欲取道贵州、四川开赴抗清前线。

贵州基本被军阀皮熊所把持，此人于1647年（清顺治四年，南明永历元年）乘孙可望等人转移到云南的机会，从平越发兵进占贵阳等地，并一度和盘据遵义的总兵王祥争起了地盘，给地方百姓造成了新的祸害。从1649年（清顺治六年，南明永历三年）下半年起，一批批刚刚归附永历政权的西南明军相继来到贵州，皮熊自忖不是对手，便派人请求结盟。孙可望不为所动，等到主力集结完毕，便于1650年（清顺治七年，南明永历四年）八月使用武力强行吞并了皮熊所部，重夺贵阳、平越等地。接着，又分兵北上遵义、永宁等处，击溃了王祥所部以及其他一些乌合之众，收编了不少残兵败将以为己用，到了1649年（清顺治六年，南明永历三年）年底已经顺利控制了贵州全省与四川南部边陲的部分地区。当时四川大部分地区处于混乱状态。清军虽然在1646年（清顺治三年，南明隆武二年）底打死张献忠，短暂地占有了全川，可由于连年战乱、饥荒频繁，肃亲王豪格只得率满汉主力北返，留下李国英等汉将带部分人马驻守川北，因而该省的大部分地区被南明军阀、地方土司与打家劫舍的绿林武装所掌握，时常发生争权夺利的混战。随着刘文秀于1651年（清顺治八年，南明永历五年）奉孙可望之命统领兵马大举入川，割据一方的大大小小武装势力顿时呈现土崩瓦解之势，不愿意接受改编的大都逃脱不了覆灭的命运。就这样，勉强能够自保的地方除了位于边远山区的石柱等少数地方之外（石柱首领是明末著名女将军秦良玉，她在大西军入川期间曾出兵夔州阻击，因众寡悬殊而败归，从此守境不出，并在清朝入关五年后病死，所部由其孙子马万年管辖），唯有川北保宁一带尚在清军之手。总之，西南明军分路出兵黔、川的行动消灭了很多割据势力，总算达到扫除抗清路上绊脚石的目的。孙可望及时采取整顿吏治，恢复经济生产等措施，力图在短时间内把黔、川建设成类似云南那样的抗清基地。

如今，永历小朝廷濒临灭亡的边缘。孔有德、尚可喜、耿继茂分别率清军打入湖南、广东与广西。广州、桂林等重镇相继失守，各地的南明军队兵败如山倒，永历帝朱由榔已经离开广东肇庆逃往广西，辗转于梧州、浔州、南宁等地，瞿式耜等重臣殉难，陈邦傅、杜永和相继降清。由大顺军余部组成的“忠贞营”等部队既回天乏术，又不愿西撤而依附于素有积怨的孙可望等人，遂于1650年（清顺治七年，南明永历四年）十二月由南宁北上，走小路经湘西前往长江三峡附近的夔东地区，远离了抗清第一线。东南沿海地区虽然活跃着一些抗清武装，可是尚不具备在内陆大规模歼灭清军的野战能力，未能给予永历小朝廷有力的支援，因而力挽狂澜的重担便自然地落到了孙可望、李定国、刘文秀等人的肩上。

1651年（清顺治八年，南明永历五年）二月，广西前线的清军经过休整之后，继续南下，经柳州直取南宁。无兵可用的永历帝朱由榔只能派使者敦促孙可望等人到广西护驾。孙可望令五千精兵赶赴南宁，借此机会重新要求朝廷承认其为秦王。领兵而来的贺九仪、张志明诸将仗势欺人，竟敢悍然杀死对封秦王一事持有异议的兵部尚书杨鼎和等人，逼得大学士严起恒投水自尽。可见，永历小朝廷已无尊严可言。朱由榔此前虽然愿意作出妥协，承诺要把孙可望从“平辽”王升为“翼”王（按照明制，一字王比二字王尊贵），但遭到对方的断然回绝，在不得已的情况下，只得把一字王之中地位最显赫的“秦”王授予孙可望，总算结束了这场封爵风波。

成为秦王的孙可望似乎对皇位产生了觊觎之心，他自称“国主”的同时开始制定卤簿、朝仪等用来在重大国事活动中粉饰门面的典章制度，并仿明制设立与改组了六部、九卿、翰院以及科道等职官，建起了一个不容永历小朝廷插手的独立王国。杨畏知擅自接受永历帝朱由榔封授的礼部侍郎兼东阁大学士的官职，犯了统治者的大忌。孙可望早就对敢于发表不同意见的杨畏知有所不满，便以此为借口将之处死。事后，朱由榔无可奈何。

同年十一月，清将线国安率部向南宁步步进逼。无力抗拒的永历小朝廷既不想退往安南，也没有航海到福建投靠沿海一带的抗清武装，最后弃城而仓皇逃往贵州避难。这意味着永历君臣从此要依靠孙可望，过着寄人篱下的生活。朱由榔以及二千随行人员在孙可望部属的接应下于1652年（清顺治九年，南明永历六年）二月来到贵州以南的安隆（其后，安隆改为安龙），以此为驻跸之地。孙可望派亲信屯兵城外，实际把朱由榔软禁起来，开始按照“挟天子以令诸侯”的思路行事。西南明军作为永历小朝廷的支柱，也瓜熟蒂落地成为了抗清的主力。

席卷广西的清军似乎只需要再加一把劲突入贵州，就能够将朱由榔手到擒来，并彻底摧毁永历小朝廷，为清朝的统一事业再立大功。然而，久经沙场的统帅孔有德深知孙可望、李定国等人不可轻视，因而丝毫没有乐观情绪，反而如履薄冰，诚惶诚恐。他下令停止追击，以免招惹在对面虎视眈眈的强敌，接着又做出了临阵退缩，自损威名的举动，竟于1652年（清顺治九年，南明永历六年）四月向清廷上疏请求解任回京养老。疏文自称其生长于北方，不习惯南方荒芜的“烟瘴”之地，在前方每当“解衣自视”，发觉浑身是“刀箭瘢痕”，“宛如刻划”一般，到了刮风下雨之夜，便“骨痛痰涌，一昏几绝”，因而盼望清帝念其“年迈子幼”，允许其早日退休，过上“优游绿野”的田园生活。其实，让孔有德丧失信心的原因除了对手强大之外，还主要因为广西清军缺粮乏饷的缘故，他在同年六月初十给清廷的疏文就很说明问题，文中提到自己的部队已经“乏饷十月”，形势仿似火烧眉毛，过去亦已经多次向朝廷告急。最近三个月更达到“糈糗不敷”的地步，使情况严重到了极点！正所谓“一日不再食则饥”，他自嘲没有办法让天降粟粒，“以哺数万生灵之口”，又以广西的南宁、思恩、柳州、庆远等府为例，指出上述地方的物产“不足供驻防之兵”，因而曾有人建议向民间“借征十年”之赋以渡过难关，可是不容易实施。他此前已经请求“江、浙协饷”，可是“日复一日，望眼几穿”，亦未能达成愿望。目前能够依赖的唯有从湖南长沙、衡州、永州三府运粮救援，然而主管湖南的官员认为陆路运输比较困难，想从广东征调船只走水路，广东的官员又以该省为“新辟之地”，满目疮痍，难以征调足够的船只。由于官僚之间互相推诿，以致耽误了不少时间。孔有德既然一再上疏向朝廷叫苦，那么顺治帝对广西的状况自然心中有数，知道孔有德扬言辞职的主要原因是对缺乏粮饷不满，故以“边疆未尽宁谧”为由，不允许这位老将解甲归田，只让其在驻防之地调理好身体。但解决广西缺粮乏饷的问题，却一时之间拿不出好的方法。

与嗷嗷待哺的数万广西清军相反，养精蓄锐的西南明军正到了兵强马壮的时候，号称有“三十万”，而家属的数目与士卒的数目相比，还要加倍。其中进驻昆明的李定国终日操练部属，积极制造盔甲，仅在1650年（清顺治七年，南明永历四年）的一年时间里就已练成三万精兵，此后未尝松懈，准备出师一试锋芒。据说李定国所部半数为倮、傜、佬、啰等族人，特别是以标枪、大刀为武器的啰人，能够跣足而战，常常以少胜多，他们不畏弓矢，是清军的劲敌。而军中亦有大象参战，对阵时可令敌人的马匹“惊逸”。这些西南少数民族士卒由土官统率，本来极难约束，可是李定国管理得法，指挥起来得心应手。

清朝对厉兵秣马的孙可望等充满戒心，抢先发起攻势，于1651年（清顺治八年，南明永历五年）下半年派镇守汉中的平西王吴三桂以及固山额真李国翰率领满汉大军出征四川，在次年二月初七到达保宁，与留守该地的李国英会师。这时，刘文秀已返回云南，只留下白文选、刘镇国等驻扎于嘉定、雅州等处，兵力处于劣势。吴三桂与李国翰乘此良机在十二日亲自督兵兼程而进，二十二日早晨到达成都，迫使守军投降。其后，李国翰率部分人马经眉州于二十五日到达嘉定，令随征的八旗将领噶巴什章京带兵打败出城迎战的明军倮、啰兵，活捉总兵龙名扬。三月，踌躇满志的吴三桂集中力量轻而易举地占领合州、重庆，另外派出偏师于四月下旬夺取叙州。而明将王复臣、白文选等人作战不利，退到了川黔交界的永宁，此举意味着四川大部地区重新被清朝掌据，而毗邻的云贵也随时会被战火波及。

当吴三桂等人将要从嘉定出叙州以争夺川南之时，孔有德也企图由桂林出河池，争夺贵州。这显示清朝正在有计划地对西南地区进行分进合击，欲消灭孙可望、李定国、刘文秀的军队。不肯束手待毙的李定国于同年三月主动请战，想出兵立功。孙可望顺水推舟地制订了两线作战的计划，令刘文秀率步骑六万出川南，而王复臣为副手，经叙州、重庆反攻成都，与吴三桂再决雌雄；同时让李定国率步骑八万出击湖广，而冯双礼为副手，由武冈、全州直取桂林，和孔有德展开较量。

孙可望打算同时在四川、湖广、广西等省作战，而首先爆发大规模战事的并非四川与广西，而是湖南战场。在此期间，因战败而流亡于湖南、贵州一带的马进忠、王进才、张先璧等部也应孙可望之号召，各自举军归附。其中马进忠配合李定国出师湖南，使之如虎添翼。而李定国知道马进忠为朝廷宿将，亦特意结纳。

攻打湖南，是为进军广西做准备。前文提到清军要想守住广西，离不开湖南的接济。这是因为湖广在明代是土地开发最有成效的地区，荆湖、洪湖、洞庭洞一带土地肥沃，吸引了邻近省份大量人口的移居。就连山区也得到不断的开发，农田密布。耕地面积大幅度扩大与各种水利设施的陆续兴建，使得此地已成了南方公认的粮仓，具备了向江南其他省份供应余粮的能力。正如俗言所说的“湖广熟，天下足”。尽管到了明清易代之际，连年的战祸给生产造成了极大的破坏，可“瘦死的骆驼比马大”，如今湖南仍要勉为其难地给素来贫瘠的广西提供一些力所能及的支援。故此，明军选择湖南作为首要的攻击目标，可谓猛虎掏心，攻敌要害。

镇守湖南的清军主力以沈志祥的旧部为主。沈志祥是被清朝授予“续顺公”之爵的辽东旧将，与孔有德、耿仲明、尚可喜合称“三王一公”，此人曾经在1646年（清顺治三年，南明隆武二年）跟随孔有德出征湖广，后病死于1648年（清顺治五年，南明永历二年），因其无子，故袭爵的是侄子沈永忠。当孔有德在1649年（清顺治六年，南明永历三年）准备取道湖南出征广西时，为了稳定湖南的局势，让孔有德无后顾之忧，清廷起用了驻守山东济南的沈永忠。其后，沈永忠佩挂“剿抚湖南将军”之印，带着总兵许天宠等手下于1650年（清顺治七年，南明永历四年）下半年移驻湖南宝庆（原来奉命镇守宝庆的刘之源后来移师杭州，参加讨伐鲁监国的军队），随行的还有总兵张国柱、郝效忠两部（原属固山额真图赖管辖）以及部分满洲兵，共一万五千人。值得注意的是，沈永忠及其手下是携家带口到湖南的，这与不久之前奉命经略两广的孔、尚、耿所部一样，明显做长期驻防的准备。显然，这种重用关外旧将的政策完全符合清朝一贯以来的做法。而这些人过去与永历小朝廷辖下军队作战时也比较卖力，没有令朝廷失望。

然而，在西南明军发起暴风疾雨般的进攻之前，湖南清军的处境也不妙，由于受到粮饷不够等因素的影响，兵部曾经议论过裁军问题。沈永忠在1651年（清顺治八年，南明永历五年）闰二月初六给清廷上疏，直言不讳地承认不担心兵力单薄，而最忧虑的是缺饷，他引述部将郝效忠的报告，声称部队在平息地方反清势力时，有的兵丁不愿作战而登上山岭大喊大叫道："我等杀贼，钱粮不给，口粮又无"，眼看就要"饿死"了。言毕，军中即有三十七人跑入荒山野岭，做了逃兵。此外，他又引述部属许天宠的报告，声称游击黄家栋带兵来到靖州，因无粮而饿死杨龙等二十九名将士，而赶赴绥宁执行任务的官兵也绝粮五日，饥饿难忍。综上所述，经久不息的动乱与饥荒使得驻守湖南的清军已是"泥菩萨过江，自身难保"，万般无奈的沈永忠在此期间又恳求朝廷下命令让广西清军尽快归还以前从衡州、永州等地借走的粮饷，此举激怒了无力偿还旧债的孔有德，破坏了关外旧将的内部团结。

1651年（清顺治八年，南明永历五年）四月，西南明军的先头部队从贵州大举进入湖南。冯双礼带领数万步骑兵分作数路合围沅州。沅州号称"湖南之门户，滇、黔之咽喉"，战略位置比较重要。可是守军仅有三千，而这里处于"万山穷谷"之中，距离辰州、靖州等处各数百里，难以在短时间得到增援。因而城池在十五日早晨被进攻的明军从东、北两门突入而失守。清军游击郑一统、王国忠以及知州柴宫桂等人被俘。

沅州一失，辰州受到威胁。沈永忠反应快速，调动纛章京宋文科率领辖下的满汉官兵赶赴靖州，会同右路总兵郝效忠准备反击，而中路总兵许天宠也进驻武冈策应。他还檄令驻于辰州的总兵徐勇马上出兵，参与恢复沅州的行动。然而，清军于二十二日来到沅州一带时发觉这里屡经蹂躏，荆蒿遍野，农业荒废已久，而附近州县又因循守旧，继续沿用前朝"只许征银，不许输米"的赋税制度，故很难在地方官员的协助下就地筹粮以供军用。官兵们挨饿三日之后，只得拔营而回。

这种胶着状态一直持续着。湖南一些地方开始甚嚣尘上地产生了"明军八十万，造船三千只"，即将从水陆进犯的传言，扰乱了地方人心。到1652年（清顺治九年，南明永历六年）四月，李定国率大部队东征，会合冯双礼、马进忠等部，一下子打破了疆局。明军诸将探知辰州戒备森严，于五月中旬迅速以优势兵力攻击靖州、武冈。当地清朝驻军尽管得到了左路总兵张国柱所部八千余人的支援，仍然被打得大败，残部于二十二日狼狈逃回。此役，隶属汉军正白旗、世职之位为三等阿达哈哈番的右路总兵郝效忠在作战中"马蹶被执"而死于非命。清军总共损失总兵以下军官三十九名、士卒五千一百六十三名（包括满洲兵百余名）、家属一千五百一十四名、战马九百七十八匹。

沈永忠受此重创，自知无力再与强敌抗衡，尽管此时西南明军距离他驻扎的宝庆还有数日路程，可他已经惊慌失措地于六月初二带着残兵败将弃城北撤长沙。六天之后，明军才进入宝庆这座空城，其后占领永州。

沈永忠在撤离宝庆之前，曾派人到广西向孔有德求救。孔有德对沈永忠追债一事怀恨在心，只在表面上敷衍一下，在七月间派出部分人马前往全州，摆出增援宝庆的样子。当沈永忠放弃宝庆的消息传来，孔有德立即让援军返回桂林。

广西清军的一举一动都引起西南明军的高度关注。刚刚在湖南获得大捷的李定国与冯双礼欲乘胜追击，可担忧孔有德抄其后路，于是尽发武冈、宝庆等处的精锐部队，于同年六月经祁阳直取全州，战火很快从湖南漫延到广西。

全州是桂林的门户，驻于桂林的清军统帅孔有德以偏师扼守此地。然而广西清军在此之前已犯了分散布置兵力的错误，当时出任广西提督的线国安正承担分守南宁的任务，左翼总兵马雄分守庆远，右翼总兵全节分守梧州，这些人很难在短时间之内返回桂林，以集中力量迎战从全州方向的入境之敌。

李定国把握时机，命令西胜营张胜与铁骑右营郭有名率领精兵自西延大埠走便道，以迅雷不及掩耳之势扑向兴安县严关，截断全州退往桂林的通道，并就地警戒，以配合主力合围全州。接着，冯双礼率前军都督高承恩、铁骑前营王会、武安营陈国能、天威营高文贵、坐营靳统武等，领兵四万从大路而进，在驿湖大败狭路相逢的万余清军，于六月二十八日顺利夺取全州，打死守将孙龙、李养性。

孔有德还想夺回主动权，于六月二十九日亲自统军来争严关，但被张胜所部阻拦。这时，李定国已率右军都督王之邦、金吾营刘之江、左协营吴子圣、武英营廖鱼、标骑左营卜宁等将以及六万大军赶来战场，与冯双礼会师，实力益加雄厚，正策划着要直捣广西清军的老巢桂林，想不到孔有德竟然送上门来，遂于次日早晨，风风火火地挥师来到严关之下，与孔有德所部在大溶江一带激战起来。

西南明军以大象列阵冲锋，劲卒随后跟进，战场上刹那之间扬起了漫天沙尘，声势一时无两。清军从未见过这种打法，惊骇不已，他们的战马听见大象发出雷鸣般的吼声，“皆颠蹶”，望风披靡。孔有德眼看手下被明军冲得七零八落，尸横遍野，为了保住自己的性命，也随着溃兵一起冒着大雨奔回桂林，闭门死守。六月三十日，范围阔达数十里的桂林地区已被尾随而至的明军围了“三匝”。时人记载：城外“甲仗耀日，旌旗蔽野，钲鼓之声震天地，军容之盛，罕与为拟”。还想继续挣扎的孔有德忙着增设守城器械，并尽驱城中居民登上城墙协助士卒防守，同时派人四处搬救兵，可惜大批部属分散柳州、梧州、南浔等地，远水难救近火。

城外杀声不绝，烟尘蔽天，激战日以继夜地进行着。明军不顾迎面而来的矢、炮，全力仰攻城池。孔有德扎帐于城西北的诸葛山，亲自守陴督战。然而，当他看到清军有的弓在酷热多雨的天气中变软而不堪使用时，唯有仰天叹息。

被清军强拉的民夫因缺乏坚强的抵抗

意志，再加上疲惫不堪，一些人最终熬不住了，便伺机抛戈弃甲，溜之大吉，使得城防呈现不少致命的漏洞。到了初四早晨，天又下起了雨，明军从西北方向环绕着山丘而修建的那一段城中找到了突破口，一波接一波地攀援而上，不一会儿，“环山皆汉帜”，大队勇猛矫健的将士从山上俯攻而下，所过之处摧枯拉朽，打得清军落荒而逃。

参与围城的马进忠知道降清的旧同僚王允成也与孔有德困在一起，便在城下大声呼喊要求相见。王允成不敢擅自回应，只是将这个情况向上反映。孔有德得报为之愕然，犹豫良久后，令王允成姑且听听对方有什么话说。王允成马上登城，与马进忠取得联系，双方就投降之事进行紧急磋商。

《永历实录》记载孔有德本来对清朝处理九王（指多尔衮）的手法暗中不满，到了穷途末路时产生叛变的念头，可是受到身边侍卫的挟制而未能如愿。他自知城池失陷乃旦夕之间的事，便委托亲信白云龙带着年幼的独生子孔庭训突围。果然，西北方向不久传来杀声，见风使舵的王允成亦打开胜武门，放明军主力入城。企图夺路而逃的清军在县前西街巷口死伤惨重，躲避不及的孔庭训成为俘虏（孔庭训几年后被李定国处斩）。

藏身于王府的孔有德自知必无幸免之理，他亲手杀死身边的爱姬，将平时喜欢的珍宝玩物聚于一室，再紧闭门户放火，把自己与妻子白氏、李氏等烧成灰烬。孔氏一家几遭灭门，死者多达一百二十口，在混乱中逃脱的仅有孔有德的女儿孔四贞。

▲孔有德碑。

孔有德部将全节正想经柳州北上增援，突然传来桂林已破的消息，致使军心大乱，右营柳州副将郑元勋等反戈一击，宣布叛清归明。全节为了避免被叛军所杀，便带着部分亲信从小道跑往梧州，与刚刚撤到此地的线国安以及马雄会师。就这样，广西的柳州、南宁等城镇相继易手。到了八月中旬，连梧州也受到明军的攻击。清军一触即溃，全节身负重伤突围而出，与线国安、马雄一起逃向广东。

气势如虹的西南明军平定广西全省，捉获了降清的陈邦傅与广西巡按王荃可等人，并将之送回贵阳交由孙可望处死，以儆效尤。李定国委任了巡抚、布政司、按察司等地方官员，打算将此地按照云南、贵州的模式长期经营。可是时间已经来不及了，因为清朝已经派敬谨亲王尼堪带满汉大军火速南下，要与明军决一死战。局势的变化促使李定国紧急离开广西，重返湖南，准备全力拦截。

敬谨亲王尼堪是在七月十八日奉顺治帝之命为定远大将军而统领满汉大军出征的。尽管此时孔有德已死去十四天，然而远在北京的清廷君臣尚未得到消息。顺治帝调兵南下主要是为了解救湖南危局，而他早在六月二十八日，曾降旨谕令在四川屡屡获捷的吴三桂与李国翰相机进取贵州，让孙可望在经略湖南时有后顾之忧。六月二十九日，他又谕令湖南的沈永忠坚守湘潭等据点，不要轻易出战，以待援兵的到达。同时提醒沈永忠如果发觉现在的驻地难以据守，可以转移到险要之处，集中兵力防御，但是不要轻弃疆土，一味退缩以贻误战机。此外，他在给尼堪的敕书中清楚地指示军队此行的目的是出征湖南、贵州，因“逆贼张献忠之余孽孙可望等侵扰湖南”而不得不兴师讨伐，还特别叮嘱尼堪“平定贵州”后要就地屯扎以等候朝廷的命令，再确定下一步何去何从。可见，清廷的意图是先救援湖南，然后进军贵州，同时又敦促四川清军南下予以战略上的配合，以达到分进合击的目的。自从顺治帝亲自执政以来，继续沿袭多尔衮对南明开战的政策，而这次对西南的军事进攻，声势可以说是空前浩大。顺治帝战前信心十足，似乎平定湖南、贵州没有任何悬念。假若清军能够成功夺取贵州，那不但意味着孙可望、李定国、刘文秀等人精心准备的北伐被迫半途而废，而且就连云南根据地也凶吉未卜。

▲《皇朝礼品图式》中的亲王甲胄。

清朝大张旗鼓派兵南下。主帅尼堪时年四十三岁，是清太祖努尔哈赤长子褚英的第三子，他在清朝未入关之前已经开始戎马生涯，多次与明军鏖战于宁锦防线，并出征朝鲜。入关后，又参与了灭亡大顺、

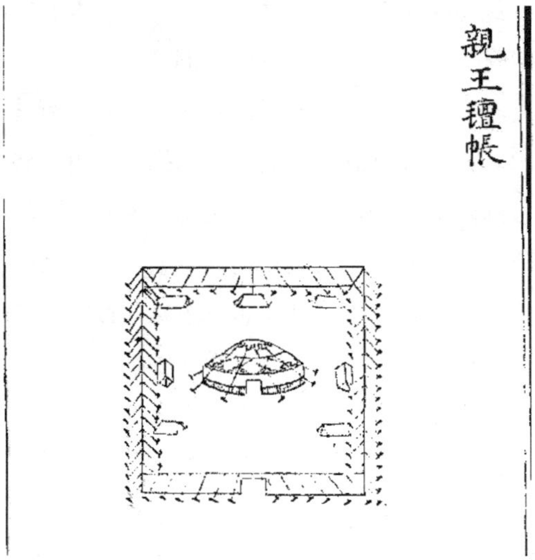


▲亲王毡帐。

大西政权以及进攻南明的战事，到了1650年（清顺治七年，南明永历四年）在大同讨伐姜镶时，已任职定西大将军，是一位久经沙场的老将，其中广为人知的战绩是在1645年（清顺治二年，南明弘光元年）在芜湖擒获南明弘光小朝廷的皇帝朱由崧。特别要指出的是，尼堪曾经在1646年（清顺治三年，南明隆武二年）三月底跟随豪格打入四川，并在西充这个地方介入过杀死张献忠的战事，与大西军余部结下血海深仇，他这次南下预计将要与孙可望、李定国等人再次重逢于战场，可谓“不是冤家不聚头”。

与尼堪一齐南下的宗室贵族有多罗贝勒巴思汉、吞齐，固山贝子扎喀纳、穆尔祜，公韩岱等，这些人多数已经在旷日经年的南征北战中扬名立万。其中的佼佼者是在1648年（清顺治五年，南明永历二年）平定陕西回乱时被朝廷任命为平西大将军的吞齐，他是除了尼堪之外唯一出任过大将军这一显赫的要职的人。而随军将领有伊尔德、阿喇善等，全非等闲之辈，特别是过去长期担任巴雅喇纛章京的伊尔德，近年来一直保持不错的状态，并在一系列攻打永历小朝廷的战事中频频得手，其中比较引人注目的例子是在1649年（清顺治六年，南明永历三年）平定江西之役，他参与了围困南昌，迫使金声桓自尽，而且接着在信丰击败李成栋，导致李成栋在逃跑时溺水而亡。值得提及的是，在宗室贵族与随军诸将当中，不少人曾经与尼堪并肩作过战，早已有过默契的配合。比如吞齐、伊尔德在消灭南明弘光政权时与尼堪携手追捕过朱由崧，穆尔祜曾经跟随尼堪远赴大同讨伐姜镶，而阿喇善与尼堪一样，因在四川西充进攻张献忠所部时表现突出而立功。

京师的八旗禁旅成了这次军事行动的主角。就拿吞齐、韩岱、伊尔德（此人在不久之前由巴雅喇纛章京改授固山额真）、阿喇善来说，他们分别身兼镶蓝旗满洲固山额真、正蓝旗满洲固山额真、正黄旗满洲固山额真与镶黄旗蒙古固山额真，所以他们所在的旗肯定会有大量人丁披挂上阵。此外按照惯例，其他旗也要抽调人丁参战。同时，随军的还有护军统领梅勒章京赖赛、劳翰、罗硕等人，也是八旗中的精锐。

关于尼堪所部的总兵力，史料记载不一，比如《鹿樵纪闻》《永历纪年》诸书认为有“十万众”或号称“十万”，《皇明末造录》则称人数达到“二十万”。据专家估计，这支满汉军队连同地方上协同作战的汉人武装，总数约为十万。

顺治帝对这次南征非常重视，赐予统帅尼堪“御服、佩刀、鞍马”，并亲自送行于南苑。这支实力雄厚的部队于七月二十日离京后，顺治帝又急不可耐地指示吴三桂要“不时差人远哨”，目的是要四川驻军及时掌握京师禁旅的动向，以便在京师禁旅由湖南进入贵州之时立即行动起来，配合作战。但他提醒吴三桂不得抢在禁旅之前“轻行深入”。同时，又叮嘱这位汉人藩王道：如果受到四川残敌的困扰而未能及时出击，要如实上奏，让朝廷及早制订应变措施。不过，这位新皇帝万万没有想到孔有德在尼堪离京南下之前已经于七月四日死在前线，由于远隔千山万水，他迟迟才从地方官员的奏报中得知，因而不得不在八月十八日改变让尼堪由湖南进入贵州的原定计划，转而命令尼堪攻打湖南宝庆，得手后交由沈永忠会同从西安调来的“满洲兵将”以及柯永盛所部的绿营军共同镇守，接着，京师禁旅前往广西执行新的任务，“相机搜剿贼孽”。随着原定计划的改变，吴三桂所部由川入黔的行动也暂时被搁置了。为了以防万一，顺治帝在同一日还告诫镇守广东的尚可喜、耿继茂等要转攻为守，假若敌人进犯，在援兵到来之前不要轻举妄动。第二月，又派遣护军统领阿尔津为定南将军，携同镶红旗蒙古固山额真马喇希前往与尚可喜、耿继茂会师，并在敕文中称：“若贼（指明军）不入广东，则广东未定府州县、尔等计议、相机平定。”

沈永忠、孔有德等既然在湖南、广西败得这样难看，清廷只能调整用兵策略，由过去依靠汉人的王公贵族作战，改为倚重满洲将帅，尽管这样做冒着八旗人丁进一步减少的危险。这一切仿佛又回到了清朝入关之初的局面，尼堪等满洲宗室贵族就像已经死去的多铎、阿济格、豪格、博洛、勒克德浑、济尔哈朗等人那样，重新统率兵马冲锋陷阵。不过，虽然汉人王公贵族在前线的重要性有所下降，但仍然是辅助八旗军作战的重要力量。

尼堪尚在途中，李定国已于同年八月重新返回了湖南，并在此前后陆续收编了各地很多抗清武装。例如南明将领马宝、胡一清等自南宁失守后，便与部下一起撤入了粤西深山，现在也纷纷出来归附李定国，共图大事。声势大振的明军没有费多少气力就连克永州、衡州等处，直接威胁到沈永忠固守的湘潭、长沙。

还没等明军来到长沙，草木皆兵的沈永忠已经于八月六日离开这个重镇逃往岳州了。由于清军跑得过快，而明军一时又跟不上，使得长沙这座城市竟然出现了“无官无民（以巡抚金廷献为首的一批地方官员已随清军北撤，大量百姓为了保命也出城逃亡）”的怪现象，时间长达“一月有余”。至此，清军已经放弃了湖南大部分地区，只盘据在辰州、岳州与常德等几个残存的据点之中。

明军忙着分兵四出，到处收复失地。马宝进军阳山、连州，接着在贺县招抚了曹志建的旧部。马进忠、冯双礼北进长沙，成功在宁乡召回了失散的张光翠，并准备伺机收复常德、岳州。甚至有部分明军在高文贵的带领下开进了江西，连下永新、安福，包围了吉安。李定国从容占据衡州，居中调度。《永历实录》总结道："兵出凡七月，复郡十六、州二，辟地近三千里。"在望风披靡的清军当中，鹤立鸡群要数辰州总兵徐勇，他在"沅、靖、宝、永、衡、长"相继沦陷的劣境下，不顾辰州的西、南、东三面已被敌人占领，仍以数千之众坚守下去，并于同年八月底击败来犯的张光翠所部，像一颗钉子一样牢牢地固定在明军主力的后方，发挥着牵制作用。

明军主力已经没有时间回师解决徐勇了，因为尼堪带着清军援兵终于赶到了。李定国知道情况紧急，便与冯双礼、马进忠商量制定破敌之策，决定主动放弃长沙，引诱清军渡过湘江，然后分头迎战。具体的布置是：冯、马二人悄悄退至白杲市埋伏起来，只等贸然深入的敌人越过衡山，再抄其后路；而李定国选择蒸水作为正面迎战的地方，配合冯、马所部前后夹击清军。可惜的是，这个计划遭到了孙可望的破坏，因为心胸狭窄的孙可望出于妒忌心理，不希望李定国再打胜仗，以致声望超过自己，竟秘密指示冯双礼退往宝庆。军令难违，冯双礼只得仓促经湘乡向宝庆方向转移。不知所措的马进宝亦打算"随之而西"，只剩下蒙在鼓里的李定国孤军迎敌。

当战争持续到1652年（清顺治九年，南明永历六年）下半年的时候，局势却变得与1649年（清顺治六年，南明永历三年）初有点相似，那时何腾蛟等人乘孔有德北撤之机反攻湖南收复失地，想不到被突然从北京南下的济尔哈朗所部打了个措手不及而一败涂地。如今李定国在面对尼堪指挥之下的京师劲旅时会不会重蹈何腾蛟的覆辙呢？迄今为止，在长江以南从来没有任何一支汉人抗清武装能够在野战中击败满洲亲王统率的八旗军主力，李定国毫不畏惧地迎上前去算不算螳臂当车的行为呢？最后的结果就快呼之欲出了！

尼堪统率的援军经过长途跋涉而顺利进入湖南，一路上如入无人之境，于十一月十九日直达湘潭。守将马进忠不战而退，他果然没有按照原定计划将部队拉到白杲市埋伏，而是步冯双礼的后尘撤往宝庆。明军内部不和，互相拆台，这无疑使清军胜算大增。

尼堪眼见对手一触即溃，自然看不出李定国与昔日的何腾蛟有什么区别。为了多杀些敌人，他与诸将商议要加快追击的速度，因而把军中的瘦弱马匹，留在后方寄养（为此，参战的八旗部队之中，每旗要抽出两名章京，每牛录抽出四名甲兵，在两名梅勒章京的统领下照看马匹），以免拖慢前进的步伐。经过一番汰弱留强，到了二十一日，尼堪心满意足地指挥着一支精干的部队踏上新的征程，终于在次日来到距离衡州三十余里的地方与李定国的前哨部队不期而遇。清军里面勇猛善战的"噶布什贤兵（即前锋）"迫不及待发起进攻，一口气将明军驱逐到衡山县，事后在捷报中声称击败了"伪军门（指总兵）一员，伪副将五员"以及"马步贼兵一千八百名"。

尼堪找不到明军主力岂肯善罢甘休，他督促部队连夜兼程前进，在二十三日黎

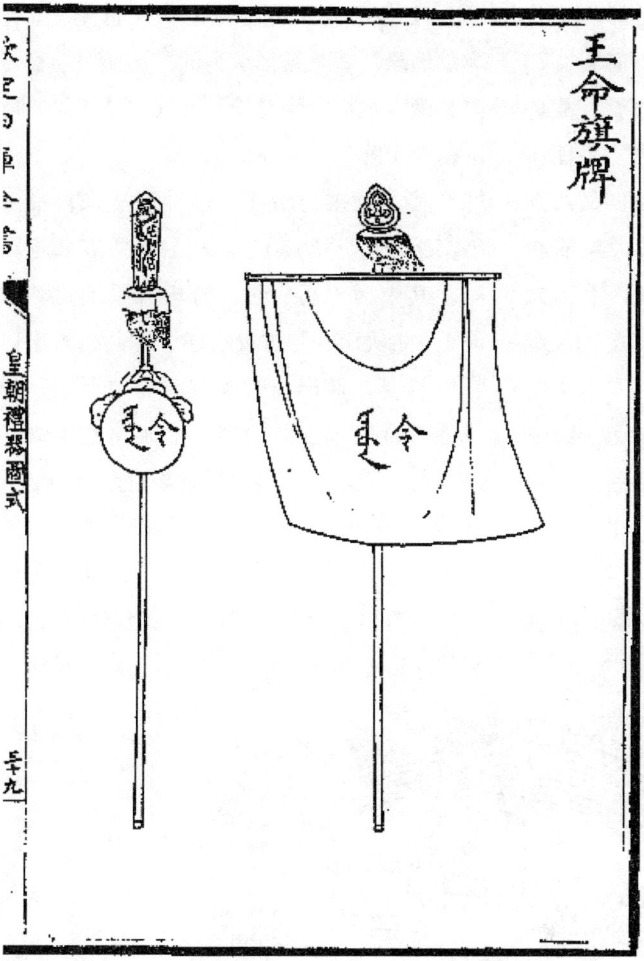


▲王命旗牌。

明前夕赶到衡州。天很快亮了，昼夜“疾趋二百三十里”的清军将士已经“士马疲劳”，然而他们还不能休息，必须应付即将发生的恶战。因为尼堪与随军的贝勒、贝子、公、固山额真等人正忙着排兵布阵，以便尽快摧毁敌对力量，展开他们一直孜孜以求的杀戮。

李定国还不知道原定的作战计划已被孙可望破坏，一厢情愿地在衡州附近的蒸水迎战，与盛气凌人的尼堪拼个你死我活。经过一番血肉横飞的厮杀，清军统帅部以尼堪的名义、差遣内翰林国史院侍读学士硕代与前锋参领科尔昆向朝廷奏捷，高调宣布敌人一如既往地不堪一击，清军一出手就顺利打败了四万余明兵，“追杀二十余里，斩获甚多，得象四、马八百二十有奇”。由于阻隔万里山河，远在北京的顺治帝看到这份战报时已经迟了一个多月，他龙颜大悦，于1653年（清顺治十年，南明永历七年）正月初八谕告内三院，要管事的“衙门”将捷报“转发钞传”，颁示中外，弘扬军威。这位深宫之中的皇帝做梦也估计不到，前线清军竟然在向朝廷报捷期间遭受重大挫折。原来，自负的尼堪在这一仗中了对方的计，因为明军根本不打算硬拼，而是抵抗一阵后佯败而走，意图诱敌深入。善于打伏击的李定国早已做好了两手准备，他除了计划与冯双礼、马进宝一起合围清军之外，又别出心裁地组织人员在衡州城外布下了天罗地网，耐心等待尼堪上钩。当尼堪率领的部队进入伏击圈时，设伏于林内的一股明军抓住战机突然冲了出来，与衡州城内的守军一起夹击清军。两军从城北香水巷一路打到草场，演武亭等地，互有杀伤。有的清军将领见势不妙请求后撤以避敌锋芒，但尼堪断然制止，他慷慨激昂地扬言清军临阵从不退却，接着又说："我为宗室，不斩除逆寇，何面目归乎？"因而抱着侥幸的心理，继续留在战场以求一逞。然而，李定国绝不想给对手任何反败为胜的机会，指挥各路部队从四面八方加紧围攻，军中的一些前锋骑着大象横冲直撞，而步卒"以铁甲裹头及身，手持大刀，俯身直趋，但砍马足"，给清军骑兵造成了极大的威胁。尼堪的末日到来了，根据《清史列传》的记载，他在明军的包围圈中"纵横冲击"，射尽了携带的弓箭后，拔刀再战，可始终杀不出一条血路，结果"殁于阵"。

关于尼堪阵亡的详情，至少有三种说法：

其一是被火器击毙，《鹿樵纪闻》、《滇缅录》就是这样认为的。例如《鹿樵纪闻》确定尼堪"为交枪（又称'交铳'）所中，没于阵"。

其二是被刀斩死，这种说法来自《永历实录》、《皇明未造录》、《天香客随笔》等。其中《永历实录》有板有眼地对"敬谨王（指尼堪）"进行描述，称此人素来以骁勇闻名，他出征时头戴镶着"金顶"的"七宝金兜牟（即兜鍪）"，而身边大纛绣上"交龙"之纹，显得异常醒目。衡州之战开始后，他率铁骑二十余，登上蒸水旁边的小山，意欲侦察李定国所部。山下僧人见状连忙奉茶以示慰劳。尼堪正在啜茗之际，明军伏兵冷不防从山后的"竹篠"之中杀出，

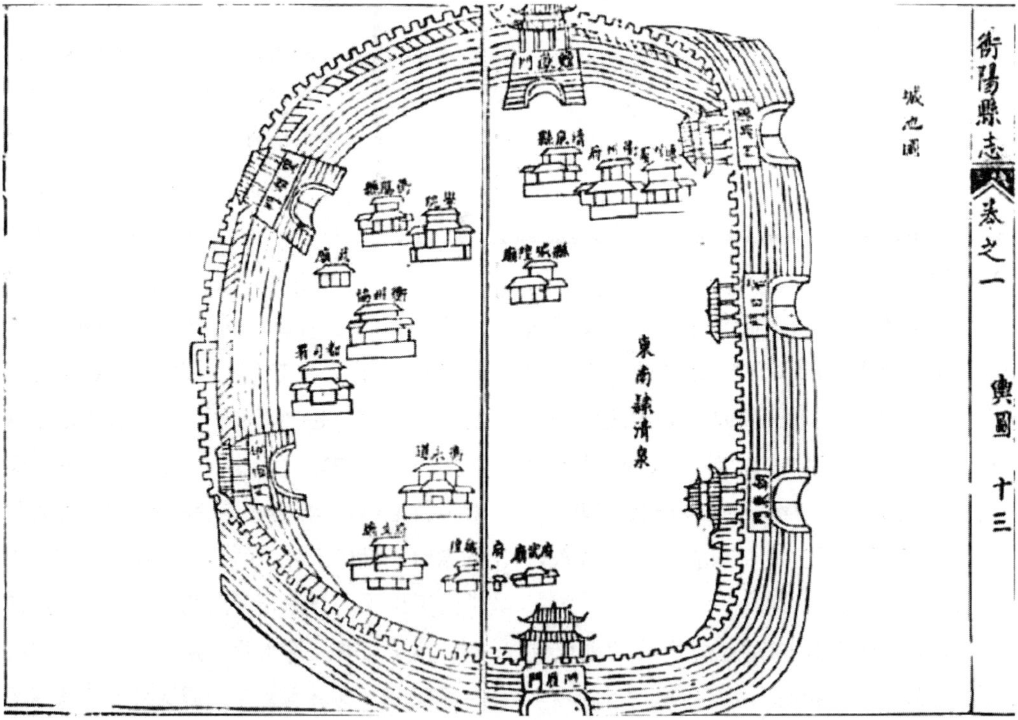


▲《衡阳县(衡州)志》城池图。

挥舞刀刃猛击，把尼堪的脑袋至脖子部分劈为两半。而尼堪的“从骑”也被全歼。

其三是被箭射死，出处是《石匮书后集》、《罪惟录》等。《石匮书后集》的说法比较典型，书里提到李定国所部从衡州败退，经过“竹山”时突然杀了个回马枪，致使带兵追击的尼堪被箭射中喉咙而死。

之所以众说纷纭，主要是当时情况混乱所致，而李定国所部也可能不太清楚当场击毙清军主帅的事。虽然有资料表明尼堪当场丢了脑袋，但正如《石匮书后集》、《罪惟录》、《安龙逸史》诸书所说的，明军事后检查战利品时发现了尼堪遗下的头盔，才知道打死了这位显赫一时的大人物。

《永历实录》记载衡州附近很多清兵甚至不知道主帅阵亡的事，“犹殊死斗”。在此前后，清军署护军统领都贝率右翼兵陆续与明将陶阳凤、胡一清鏖战，最后死在衡州府前的山下。护军参领达尔布“中火炮”身亡。多罗贝勒吞齐带着后继部队赶到战场时下令部将科尔昆用弓箭射击李定国所部的象阵，好不容易才避免了全线溃败。吞齐或许是“讳败为胜”的心理作祟，竟然自作主张命令硕代与科尔昆向朝廷奏捷，由此产生了上文提到的那一份“以尼堪的名义”而送往京城的捷报，结果闹了个大笑话，让顺治帝空欢喜一场（事情败露后，清廷的宗室贵族、大臣等专门召开议政会议，责备了这份对尼堪阵亡一事箴口不言的虚假“捷报”，并对泡制这份捷报的相关责任人进行惩罚）。据说，前线清军搞清楚尼堪战死的事实后，由三等轻车都尉安珠瑚“突入敌阵，得王尸而还”。然而，明军士卒有割取敌首领功的习惯，恐怕这时候尼堪的尸体早已残缺不全了吧（《晋王李定国列传》载有“传尼堪首于安隆”的说法，不过，学术界有人认为此乃伪书，因而书中的说法仅供参考）。

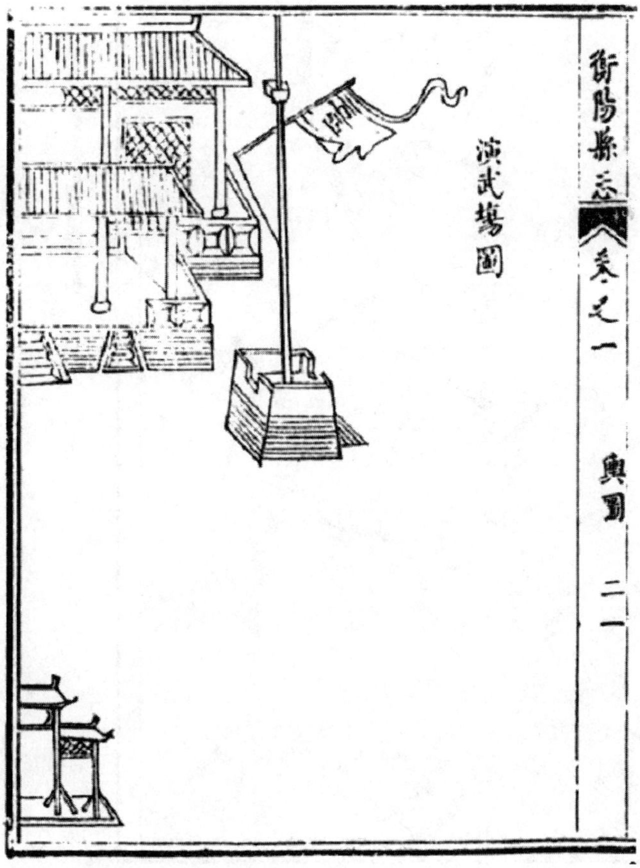

▲《衡阳县志》中的演武场。

无论如何，尼堪战死是铁

衡州之战作战经过图（公元1652年，农历十一月二十四日）

比例尺　四万分之一

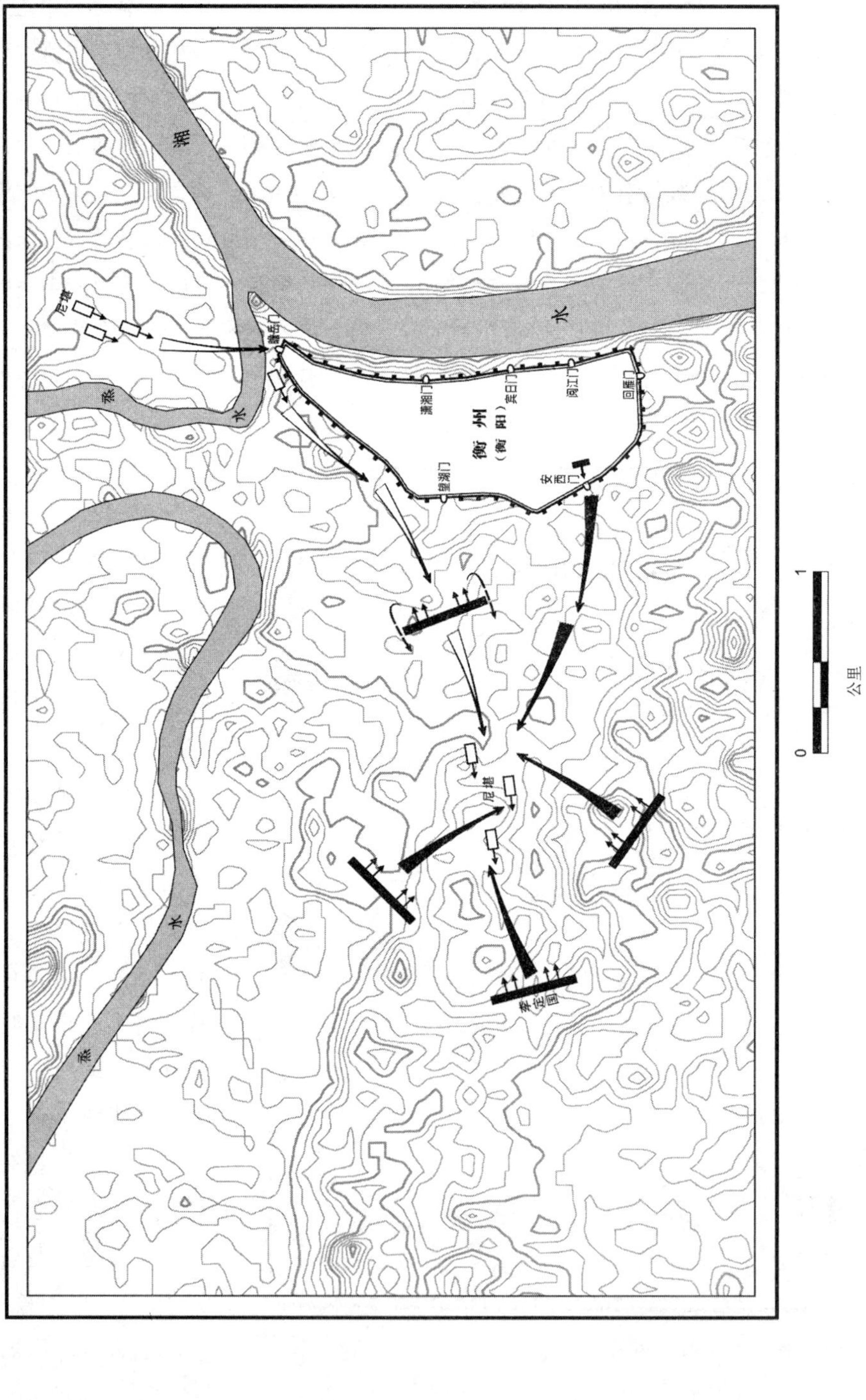

一般的事实。南明获得了罕见的战果。著名的复社文士黄宗羲根据传闻在《永历纪年》中写道“是日之战，斩敌如屠犬豕，手不暇耳”。那么，明军到底歼灭了多少敌军？《皇明末造录》称尼堪“自率精兵三千”追击李定国，在远离清军大营三十里之处中伏而死。而《罪惟录》、《东山国语》则说尼堪带“五千”陷入重围。《东山国语》更明确地说尼堪死后，“溃师五千尽歼焉”，也就是全军覆没。虽然号称十至二十万的清军在此战中的损失总数史无明载，但显而易见的是，死者大部分来自尼堪指挥的先头部队。

乾隆年间修订的《钦定八旗通志》中收录了在衡州附近战死的旗人名单，在这份不完全的名单中，估计大多数人是与尼堪同时陷入重围而丧命的。其中，满洲旗人有任职议政大臣的一等伯程尼，署护军统领都贝，护军参领达尔布、肃丹。护军校果浑、彰库善、韶瞻，前锋校海住，拔什库（即“骁骑校”）莫勒洪、音达胡齐，头等侍卫回色、喀喇，王府头等侍卫沙布、王府三等侍卫慕兰、二等轻车都尉额色、三等轻车都尉莽仪禄、玛欣。蒙古旗人有二等轻车都尉兼蒙古镶蓝旗佐领伊马图，二等轻车都尉恳哲。汉军旗人有云骑尉刘国辅。这份名单中的一些世职与官衔是按照乾隆年间制定的汉语名称改写的，实际上，当时“佐领”叫“牛录章京”，“轻车都尉”叫“阿达哈哈番”，“云骑尉”叫“拖沙喇哈番”，“侍卫”叫“虾”，等等。

从过往的战史来看，清军经常派遣一部分军队以风驰电掣般的速度追击敌人，并依靠这一招取得累累战绩。比较突出的例子是济尔哈朗在1649年（清顺治六年，南明永历三年）正月以破竹之势进入湖南时，派遣万余八旗骑兵作为先锋飞速赶往湘潭，成功俘杀了何腾蛟。根据清朝在1651年（清顺治八年，南明永历五年）四月制定的军律，“如敌人不战而遁”，清军在追击时“务选骁骑”作为先头部队出发，“固山额真、护军统领等”则率领“旗纛、分队”跟在后面，倘若先头部队误中埋伏，或者出其不意地遭到敌人的拦腰截击，固山额真与护军统领必须及时带着后继部队驰援，以防万一。而从《钦定八旗通志》的战死者名单判断，清军可能是分作两批追击的，第一批追兵以前锋校，骁骑校等将领为首，第二批追兵以护军统领为首，尼堪、程尼带着侍卫随军主持大局。可惜的是，清军这一次碰见的对手不是何腾蛟，而是李定国。而亲自指挥追击的尼堪依样画葫芦，本以为可以马到成功，想不到栽了个大跟斗，连性命也赔上了。

明军在此役中有所损失，马宝在骑马掠阵时颊部被流矢射中受伤，被迫退出了战斗。不久前在桂林反正的王允成则战死沙场。李定国歼灭陷入重围的尼堪及其手下后，按原定计划等待冯双礼、马进忠赶来参战，以便夹击吞齐带领的清军主力，谁知苦等不至，因而心生疑虑，当他从派往白杲市侦察的骑兵那里得知冯、白二将已经退往湘乡，不禁吃了一惊，遂收兵而退。清军亦不敢再战，撤回长沙。衡州之战就此结束。

战后，据说李定国令人绘画“乌金、

敬谨”二王之像，“露布（指传捷的文书）告捷”，在南明的控制区内四处传播打死满洲亲王这一胜利消息。所谓“乌金”亲王，是指过去曾经出征湖南的济尔哈朗，而这次衡州之战，不少人误以为清军仍由济尔哈朗统率，因而产生济尔哈朗毙命的传言，例如《残明纪事》、《乱离见闻录》、《爝火录》都有上述记载，反映了明人对清军的了解有限。就算明军在此战中仅击毙尼堪一人，仍具有史无前例的重要意义，因为这意味着自清太祖努尔哈赤起兵七十余年以来，首次有一位出任主帅的满洲亲王战败被杀，虽然这一挫折是否会成为八旗军由盛转衰的转折点，仍有待进一步的观察，但无疑严重损害了八旗军的威名，同时又极大地鼓舞了抗清武装的斗志。李定国出师以来，连续取了孔有德、尼堪两人之命，号称“两蹶名王，天下震动”，足以让其成为当时首屈一指的名将。

年方十五的顺治帝得知堂兄尼堪阵亡的确切消息，惊骇不已，他痛定思痛后，慌忙重新调整前线清军的指挥机构，于1653年（清顺治十年，南明永历七年）正月十三日改命多罗贝勒吞齐为定远大将军。统率湖南大军，并连下三道敕谕：

其一是告诫留在湖南的吞齐等人，衡州受挫的主要原因是清军前进速度过快，“昼夜疾趋二百三十里”，以致“士马疲劳”，减弱了战斗力。并要求贝勒以下和夸兰大（为了扩军，牛录章京与分得拨什库等官出兵时可加甲喇章京之衔，称为夸兰大）以上的各级领兵将帅，遇事应共同商酌，“敬慎而行”。如果战时必须分兵，则在固山额真韩岱、伊尔德两人之内派遣其中一人出征，另外一人决不能离开吞齐的左右。此外，万一还需要继续分兵时，可以在蒙古固山额真、护军统领、夸兰大等将领之内选择合适的人员出征，贝勒巴思汉与贝子扎喀纳、穆尔祜决不能离开吞齐的左右。吞齐应率本旗护军“居中而营”，巴思汉、扎喀纳、穆尔祜、韩岱、伊尔德等要“各领护卫及亲军”同吞齐驻于同一处地方。顺治帝还提醒吞齐整顿军纪，详细审问与尼堪一起作战，却活着生还的“章京马尔泰，侍卫阿进、土雷”等人，他们当中有“坠马被重创、情有可原者”，可“执解来京”，对于那些“情无可原、弃主奔溃者”，即刻就地正法。

其二是命令广东的护军统领阿尔津等人率领满蒙部队前往湖南，与吞齐会师。阿尔津应与韩岱、伊尔德一样，与吞齐同营，凡事互相“商酌而行”。

最后一道敕谕仍然发给湖南的吞齐、韩岱、伊尔德等人，除了通报阿尔津即将到来参战的消息之外，还一再叮嘱如果日后分兵作战，可在韩岱、伊尔德、阿尔津三人之中派遣一人或两人出外，必须留一人陪在吞齐的身边。

这一系列敕谕似乎显示顺治帝对伪造捷报的吞齐产生不佳印象，并怀疑这位新任清军统帅的指挥能力，有意让其权力受到同僚的掣制。此后，进驻湖南的京师禁旅表现得更加小心谨慎，不敢再像过去那样动辄派出部分兵力长驱直入以图出奇制胜。值得注意的是，清廷将广东满蒙驻军调往湖南，以补充衡州之战造成的损失，当实力恢复后，八旗军或许会伺机执行尼堪生前未能完成的进军宝庆的军事任务。这意味着不久的将来，湖南极有可能会爆发新一轮的血战。

就在湖南战火连天的这段日子里，四川作为另一个战场也不平静。孙可望为了在经略湖南时不让贵州遭到四川清军的骚扰，下令刘文秀统率五六万的兵力分路反攻，其中一路明军入川后于1652年（清顺治九年，南明永历六年）八月初九开战，从午时打到“日没”时分，终于攻下叙府，取得了第一仗的胜利。到了十三、十四两日，又各有两路明军从彭水、建昌方向杀了过来。

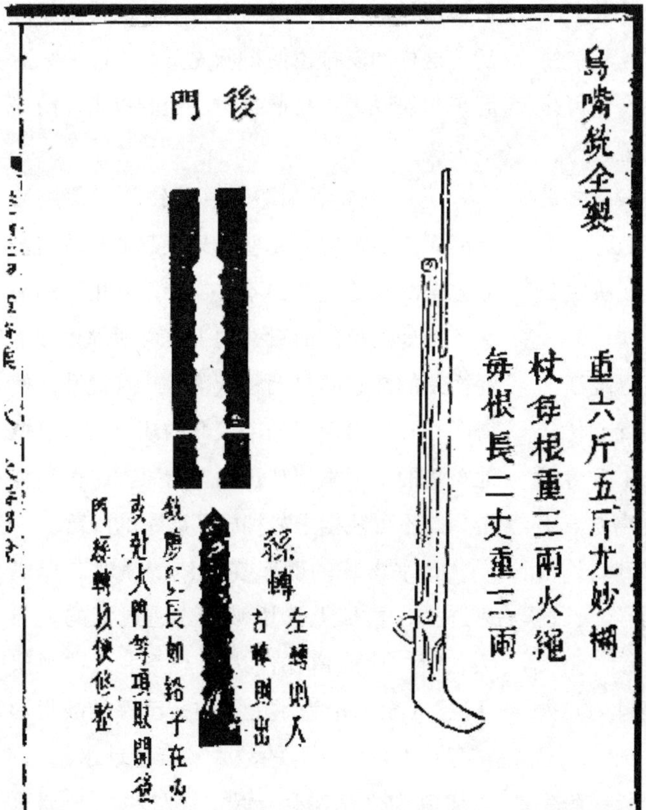


▲鸟铳。

吴三桂一度试图反攻，他来到犍为县北四十里之处时得知叙府已经失陷，不敢再前进，连忙后退。根据《庭闻录》的记载，他被追兵围了“数匝”，幸而得到固山额真杨坤的“力救”才得以脱身。

吴三桂逃回夹江后，会同李国翰，于八月十九日召见了从成都赶来的四川巡抚李国英。三人经过紧急会商，认为在节节抵抗、节节失利的情况下，应该保存实力，避免硬拼，便于八月下旬令全军北撤。其后，吴三桂等人率部经夹江、绵州、广元，于九月十九日撤到了永宁。重庆驻军的撤退过程就没那么顺利了，这支军队于八月二十四日接到撤退的命令，次日离城渡江，由梅勒章京葛朝忠、佟师圣与总兵柏永馥带着步兵以及老营走在前头，梅勒章京白含真，镶红旗章京尹得才，总兵陈德、卢光祖等以四百骑兵殿后，一行人马于二十八日来到远离重庆一百二十里的停溪时，突然在二更时分遭到尾随而至的追兵的袭击。根据清朝战报的描述，共有数万“俱用火器”的明军分左右两路冲过来，进行“三面围攻”，一直杀到了天明。由于“山路崎岖、林木稠密”致使清军“马匹难行”，根本堵截不了如潮水一般涌至的敌人，因而所有的官兵都被“冲散”，溃不成军。白含真成为俘虏，葛朝忠、佟师圣、陈德、卢光祖、柏永馥带着部分残兵逃回保宁，与吴三桂、李国翰、李国英以及巡按御史郝浴等会合。

由于刘文秀“善抚士卒”，故“蜀人闻其至，所在响应”，使之得以顺利地陆续收复了四川的大部分地区。虽然明军在很短的时间里夺取了大片土地，可是久经战乱、残破不堪的四川地区难以筹集到足够的粮食，而随着战线的延长，后勤供应势必越来越困难，从而不可避免地影响了部队的战斗力。但刘文秀由嘉定直取成都后，误以为残余的清军必定不堪一击，遂决心一鼓作气拿下清军在川北的最后一个重要据点保宁。王复臣对此有不同意见，并加以劝阻，理由是吴三桂乃是“劲敌”，明军屡胜之下已成“骄军”，“以骄军当劲敌，能无失乎？”可是刘文秀置若罔闻，敦促王复臣以及王自奇、李本高、祁三升、关友才、张先璧、姚之贞等继续挥师北进。十月初二，明军五万人来到保宁下寨七里垛，正式开始这一场决定四川命运的大战。

保宁城外的西、南方向流淌着嘉陵江，东面濒临东河，附近层峦叠嶂、连绵起伏，是一个依山傍水的坚固据点。志在必得的明军搭浮桥、造云梯，乘坐船只在离城三十里处渡过嘉陵江，于十一日黎明来到城外布下了一个“南至江岸，北至沙沟子”，长达十五里的半月形战阵。阵前站立着一头头随时准备冲锋的大象，其后按顺序排列“火炮、鸟铳、挨牌、扁刀、弓箭、长枪”，显得层层叠叠，宽达一里有余。这个长蛇阵隐然从南、北、西三个方向合围城池，刘文秀还不满足，又让部分人埋伏于东河，企图控制通往汉中的要道。

困守城内的吴三桂见状大惊，激励部下说：若不拼命作战，“无归路矣！”他知道城内难守，遂率部出外，打算背靠城池布阵进行阻击，谁知清军尚未排列完毕，已经被对面如雨点般射过来的铳炮打得狼狈不堪，死伤了不少人，迟迟未能冲入明军的阵地。恰巧此时，清军游兵捉获了刘文秀营内一名小卒，吴三桂审讯后得知明军各部队之中最弱的是“阵尾张黑神之兵”。张黑神即是昔日何腾蛟的部将张先璧，此人现在已经归附孙可望，正随刘文秀入川作战。他的手下多数使用长枪，由于战斗力最弱，故排列于阵后。这样的安排也使得张先璧所部麻痹大意起来，误以为不会遭到吴三桂的攻击，防守颇为疏松。

吴三桂果断派遣五百精锐骑兵绕路来到明军阵后，向张先璧之兵发起猛烈攻击。张先璧的长枪兵抵挡不住“刀箭互用”的清兵，四处逃窜。而毗邻的王复臣所部也被汹涌而来的溃兵冲得七零八落，一片混乱，使得明军阵后出现了一个致命的缺口。背靠城池布阵的清军乘势从正面奋勇直前，前后夹击，以不可阻挡之势捣毁了明军的阵营。

背水布阵的明军在全线崩溃时难以迅速逃生，再加上浮桥被抢先逃过江的人匆忙砍断，让滞留在江边的一万多人“观望号泣”，全都沦为俎上之肉。清军的战报形容有“不可胜计”的敌人“奔溃赴水”，让“江流为之暴溢”，保宁城外也“尸僵马毙”，“填谷蔽山”，因而宣布歼灭了“数万人”，并俘杀了王复臣、姚之贞、张先轸、王继业、杨春普、董良朴等二百余员将领，而逃脱的明军只有千人。对于王复臣的结局，野史有不同的记载，据说当这位明军重要将领自知难以脱身时，悲愤地叹道：“大丈夫不能生擒名王，岂可为敌所辱！”言毕自刎而亡。

清军的战报似乎有所夸大。综合《明末滇南纪略》、《流寇志》等史籍的相关统计，有幸脱身的刘文秀事后带着万余残兵连夜奔回成都，不久又收拢了两万多在混乱中散失的士卒。那些未能及时过江而绕道逃回者也为数不少。最终，这支劫后余生的军队汇聚了共约三万余人，除了留下一部分扼守险要，其余的退回贵州（此外，从重庆出发的白文选所部本来也要到保宁参战，但来到顺庆时得知先头部队已经战败，也撤返贵州，因而实力得以保存）。

出征四川的刘文秀军在保宁败得这样惨，与纵横驰骋在湖南、广西的李定国所部形成鲜明的对照，自然有具体的原因。经过对清朝的公文以及文书档案的分析，可以知道明军的铳炮在战场上给人的印象最为深刻（例如清四川巡按郝浴在奏议中称明军“长技在鸟铳”），从以往的战史来看，这类兵器用来对付满蒙军队，效果不尽如人意。不过，四川清军有很多由明朝降军组成，比如吴三桂所部源于关宁部队，李国英所部出自左良玉一镇，这些部队共同的特点是装备了大量火器。因而刘文秀所部在入川作战时针锋相对地采取“以火器对火器”的战法，本来无可厚非。但是，刘文秀的主要错误是在保宁城外不合时势地布下了半月形的长蛇阵，或许他这样做的目的是想尽量发挥铳炮的威力（铳炮以直射为主，很难像弓箭那样通过抛射来准确击中目标，故最适合在战阵的前几列发射。为此，装备大量铳炮的部队在布阵时往往排列成长长

▲使用火器的士兵。

的横阵，以最大限度地为直射提供方便），可惜的是，这种战法在实战中弄巧成拙，因为吴三桂早已掌握了击破明军战阵的办法。原来，早在九年前具有历史转折意义的山海关大决战中，李自成的大顺军在山海关前的石河以西同样布下了长蛇阵。结果，这条首尾难顾的长蛇阵被看出破绽的多尔衮集结优势兵力，逐一击破。亲自经历过这一场血战的吴三桂肯定从中吸取了宝贵的经验教训，从而在保宁城外依样画葫芦，集中力量攻击明军阵线的薄弱之处，果然立见成效。特别重要的是，当吴三桂探知装备长枪的“张黑神之兵”是明军之中最弱的部队，马上出动骑兵进行了针对性的攻击，就像《流寇志》所记载的那样。吴三桂辖下数百骑兵在破阵时“弓矢齐发”，让对方的长枪兵成为人肉靶子（尽管《流寇志》对保宁之战的描写与李国英给朝廷的战报不太一样，但书中强调清军骑兵“弓矢齐发”的作用与李国英所述的“刀箭互用”颇有吻合之处，可信性很高）。假设“张黑神之兵”装备的是铳炮以及弓弩等远程兵器，那么与吴三桂骑兵抗衡的可能性就大增，必定不至于这样迅速地溃败。

诨号“黑神”的张先璧在战后要为保宁战败承担责任，先是被刘文秀械送回后方，后来又被孙可望下令用乱棍打死。而刘文秀也遭到孙可望的指责，被认为是“罪当诛”，只因过去有战功，才免于一死，受到“罢职”的处罚。因而这位败军之将不得不暂时离开军队，只带着百余人返回昆明闲住。刘文秀的旧部有的被调往四川守卫残存的地盘，有的被调往湖南前线，其中不少人心存怨恨，认为对刘文秀的处置过于严厉，不太愿意为孙可望卖力。

自从李定国、刘文秀分别出征湖南、广西与四川等地后，孙可望也跃跃欲试，准备亲自操刀上阵，与清军一决高下。特别在李定国屡传捷报之后，心生妒意的孙可望更加坐不住了，因而步李国定的后尘，率领“驾前军”于1652年（清顺治九年，南明永历六年）年底踏上前往湖南的征途。

此时，湖南西部的沅州、靖州、武冈、宝庆、永庆等处已被先行出师的李定国、冯双礼拿下，唯有辰州一地的数千清军在总兵徐勇的率领下尚负隅顽抗了半年。1652年（清顺治九年，南明永历六年）十一月初一日，来到湖南沅州的孙可望已经再也难以容忍辰州成为前进路上的绊脚石，他命令白文选带五万余步骑兵为前锋，于二十一日从水陆两路直下，四面围困了这座城市。徐勇督兵出城，本想乘对手初来乍到而立足未稳之时进行突袭，不料出师未捷，副将张鹏已中炮身亡，只得收兵回城固守。次日，明军四处竖起云梯发动总攻，军中的战象奋勇争先，以雷霆万钧之势从东门突入，其后，大批步兵排山倒海一般汹涌进城。坐镇于城垣东北角楼的徐勇得报后慌了手脚，忙不迭地亲自前往堵截，无奈街道已被人多势众的敌人阻塞，难以前行。他仍拒绝投降，大声催促残余部属进行垂死的抵抗，最终被麇集的明军“乱搠下马”，死于刀光剑影之中，“血尸几脔”。根据清朝的奏报，徐勇死时紧握刀把不放，因而两手被明军“尽剁”，连他的脑袋也被割走，成了对方的战利品。徐勇共有三十九名亲属死于战乱，其中包括妻妾曹氏、杨氏、胡氏以及幼子祚泰等，此外，同赴黄泉的还有亲丁徐旺等一百五十余名亲信，唯有儿子徐贵与养子徐成名出差在外，逃过一劫。而“阖城文武官员”，除守备李攀桂、千总李凤龙“驾船得脱”之外，其余副将、参将、都司、守道以及府县官，“尽皆遇害无存”。

孙可望首战告捷，仅用两天就攻克了李定国、冯双礼迟迟未能拿下的辰州，自信心进一步膨胀，更加坚定了北进的决心。在孙可望夺取沅州的次日，李定国也取得了打死满洲亲王尼堪的衡州大捷。孙、李两人在形势大好的情况下如果携手对付退回长沙的满汉大军，自然有更多的把握在湖南取得更辉煌的战绩。

可惜，孙、李两人早已心存芥蒂，难以同舟共济，竟使得抗清大业横生波折。当李定国在早前取得“桂林大捷”之际，孙可望就很不服气，公开扬言：“北兵本易杀，我辈独不得一当！”尤其让孙可望不满的是，李定国在攻下桂林之后所上缴的战利品仅有孔有德的金印、金册以及数捆人参，故此，多疑的孙可望认定李定国私自处置了大量“金帛”，藏有异心。与李定国一起出师的冯双礼也在瓜分战利品的问题有意见，因而密启孙可望，称李定国独断专行，“恐难制”，起到了煽风点火的作用。更让孙可望难堪的是，他以桂林大捷为理由欲封李定国为西宁王，刘文秀为安南王，岂料李定国不但不领情，反而冷言冷语地说道“封赏出自天子，奈何以王封王!”这样刺耳的话无疑暗讽孙可望擅权弄政，滥行赏赐。种种矛盾，令两人的关系濒临破裂的边缘。归根结底，内部不和的主要原因是孙可望企图将所有的权力集中于自己的手上，而以往的历史经验已经反复证明一个大权在握的独裁者在争霸天下时往往更加得心应手。为此，一些新兴王朝的创建者在统一天下的同时也对妨碍集权的异己势力进行清洗。例如明太祖朱元璋在崛起之初便以“谋为不轨”的借口诛杀了不甘心屈居于自己之下的大将邵荣，清太祖努尔哈赤为了政权的巩固甚至不顾亲情将有分裂倾向的弟弟舒尔哈齐幽禁致死。现在，野心勃勃的孙可望为了确立军中的至尊地位，在剥夺了刘文秀的军权后，又把矛头指向李定国。

李定国本想在衡州之战中与冯双礼、马进宝二人合围清军，当这个计划被孙可望破坏后，他似乎觉得凭一己之力与敌人再战时难有必胜的把握。尽管此时孙可望下达了收复长沙之命，可他竟然反其道而行之，于十二月间主动放弃衡州往后撤。促使李定国这样做的原因还与当时的流言有关，因为军中有传闻称孙可望准备在拿下长沙之后，即“改年号”，“受禅让”，以夺走永历帝的大位，故一向以忠义自许的李定国不想助纣为虐，干脆“走为上着”。

李定国放弃衡州的举动被别有用心之人视为落荒而逃，而孙可望也自以为找到借口处罚李定国了，便打算召定国回武冈议事，乘机将其逮捕。李定国多了一个心眼，先派亲信龚彝返回后方打探消息。龚彝探得孙可望居心叵测，秘密传书李定国不要回来，以免惹祸上身。同时，刘文秀之子也暗中使人劝告李定国切勿自投罗网。顾虑重重的李定国最终作出了不与孙可望见面的决定，他涕泣交加地对手下说：我本想“匡扶王室，垂名不朽”，无奈在“斩名王、奏大捷”的时候“猜忌四起”，以致祸起萧墙！接着又以刘文秀为例，指出文秀“一旦絓误，辄遭废弃”，如今岂能重蹈覆辙！他叹息道“我妻子俱留在云南”，可是出于无奈，不得不与孙可望分道扬镳！李定国的肺腑之言获得了部属的谅解，这支军队由于夹在孙可望所部与清军之间，因而不敢久留湖南，在1653年（清顺治十年，南明永历七年）二月经永州、永明等地退往广西。此后的李定国尽管仍与孙可望在名义上同属永历政权，实际上恩断义绝，形同陌路。

孙可望一厢情愿地想掌控大权，可是他操之过急，在威望与实力均未能压制李定国的情况下贸然行事，竟然把事情办糟了，在接下来的战事中只能独自承受清军的军事压力。

清军统帅吞齐得知李定国撤退的消息，马上发起新的攻势，他除了留下部分兵力进驻衡州之外，自己率领主力于二月十三日踏上征程，可当这支军队于二十八日赶到永州时，又一次失去了战机，因为李定国已经先行一步，取道龙虎关退往广西。恰巧在这个节骨眼上，清军获得了新的情报，知道孙可望所部已到靖州，而冯双礼所部也来到武冈，并互相呼应，威胁着宝庆以东地区。吞齐当机立断，统率满汉大军改变进军方向，于三月初六日自永州北上宝庆，准备与对手迎头相碰，大打一场。九天后，清军哨探通过捕捉“生口”进行问话等方式获得了明军各部队的具体位置，其中，冯双礼、白文选等部共四万余人扎营于周家坡，孙可望坐镇宝庆。清军遂在距离周家坡三十里远的岔路口宿营以及备战。

十六日，吞齐命令部属继续向周家坡前进，与对手的距离越来越近，气氛也越来越紧张。但由于明军的阵地布置在山顶，占据了地利，致使珊珊来迟的清军望而却步。日暮时分又下起了雨，这样潮湿而多变的天气会让弓变软而不堪使用，对善于射箭的八旗将士尤其不利。故此，仗一时打不起来，清军只是在山下列阵，与明军遥相对峙。

当天夜里，孙可望率全军来到前线，与冯双礼等人会师，使明军的声势更加浩大，优势也更加明显。就如有的史书所言的那样，孙可望妒忌李定国“两蹶名王”之功，正想取得更大的战绩，而由孙可望亲兵组成的驾前军也纷纷扬言“敌殊易杀”，力劝孙可望“亲立大功以服众”，以一展身手。到了次日，战事一触即发。明军以十万之众下山布阵，胸有成竹的孙可望令冯双礼、白文选所部依山为垒，并告诫他们不要轻举妄动，“动者斩”，另派杨武、冯万宝率部殿后，自己亲率“驾前军”进薄清军，欲独享不世之功。

孙可望在长期的军事生涯中形成了自己的作战特点，据说他每当与敌人作战，所部“坚立不动”，因而诨号叫“一堵墙”，以善于打硬仗而著称，这一次，他又重施故

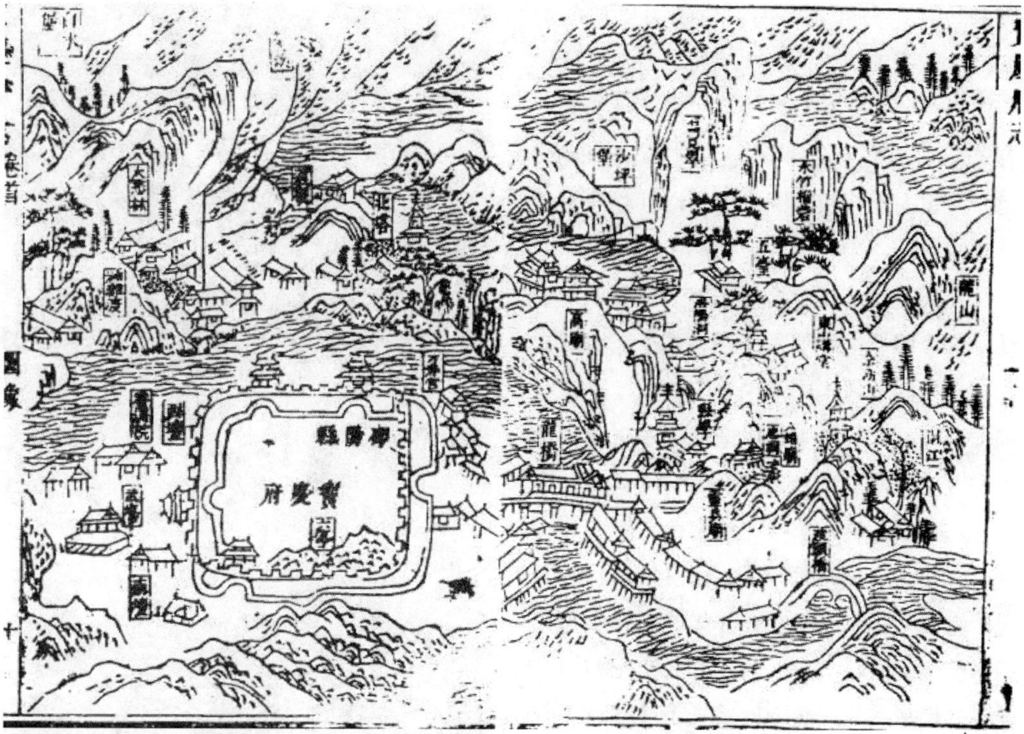

▲《宝庆府志》中的县城图。

技，下令部属配备藤牌以及长矛，计划与清军展开肉搏。由于宝庆一带最近阴雨连绵，使得清军弓箭在实战中的效果大打折扣，势必更加依靠以冲锋陷阵而见长的重装骑兵，因而孙可望打算出动精锐步兵在近战中克制敌人的重装骑兵，具有一定的合理性。在不久之前的衡州之战中，李定国也是出动步兵将很多满蒙骑兵砍于马下，是值得借鉴的成功战例。

开战不久，明军果然占了上风，让本来已经存在的轻敌情绪更加严重，不少人开始抢夺清军阵亡骑兵的战马，以致阵线逐渐散乱，出现“雁行”而“不进”的情景。清军统帅吞齐及时捕捉战机，出动铁骑从四面八方进行反攻。靠前指挥的孙可望由于所在的位置“建龙旗，列鼓吹”，非常显眼，正好成为清军重点打击的目标。经过一番你死我活的较量，双方伤亡惨重，尸横遍野。战前被寄予厚望的驾前军表现得并不如意，逐渐难以支撑，孙可望心知情况不妙，突然撤到殿后的杨武所部之中。前线诸营看见孙可望的龙旗一下子移到了阵后，军心大乱，纷纷溃败而回。

冯双礼、白文选等率部屯于山前观战，因为他们接不到孙可望的命令，所以不敢随便增援，以免授人以柄，日后惹祸上身。等到孙可望所部完全败退下来之后，他们也随之撤离战场。关于冯、白等人在此战中袖手旁观的问题，当时著名的文人黄宗羲还有另外一种说法，他认为孙可望刚刚和李定国闹翻，正是需要取得冯、白等人支持的时候，故不愿意严厉督促这些人与清军血战，而冯、白等人亦知道驾前军想凭此战扬名立万，哪敢与之争名夺利，只是冷眼旁观而已。明军内部互相猜疑，要想取胜除非出现奇迹才行。

然而，奇迹没有出现。因为孙可望给驾前军制订的战术有重大失误。这个战术的具体内容可以从《永历实录》中找到，书中明确提到孙可望“自率其所谓扈卫军（即驾前军）者，仿戚继光兵法，用藤牌间长矛前搏战”。也就是说，孙可望让驾前军配备藤牌以及长矛与清军骑兵肉搏。据说这种打法源自戚继光兵法。可事实并非如此，在戚继光编撰的《纪效新书》以及《练兵实纪》中，并不提倡步兵使用藤牌以及长矛迎战敌人骑兵。例如《练兵实纪》中批评长枪多数选取细长的竹、木制造，在刺向“势如风雨”般的骑兵时惟有向前一戳，极容易折断，因而“一枪仅可伤一马，则不复可用矣”。由此可知，步兵使用长枪确实可以克制骑兵，不过，当骑兵人数过多时，长枪固有的缺点就充分暴露了。长矛与长枪一样，具有类似的缺点，故孙可望采取的让藤牌配合长矛作战的战术，与戚继光兵法确实没有多大关系。孙可望本人似乎文化程度不高（《爝火录》记载他率军前往宝庆时途经枫木岭，兴致勃勃地亲自题写了五个字于山崖的石壁之上，即“秦王憩兵处”，目的是“以张军威”，谁知，他把“憩”字误写为“弃”，由此被文人引为笑谈），未必读过戚继光的兵书，他制订的战术被冠以戚继光之名，可能是借此自抬身价而已。

▲戚继光之像。

综上所述，明代中后期的御边良将戚继光根据自己在北部边境对抗蒙古游牧部落的亲身经验证实使用长枪与骑兵作战会非常吃力。到了明清易代之际，当训练有素、装备精良的八旗重装骑兵成群结队地横行关内外的时候，配备长矛与长枪类兵器的南明军队更是难以与之抗衡，《永历实录》在叙述宝庆之役时写到“敌铁骑四合，横蹂可望军”，打得孙可望大败而走，可见孙可望所部配备的藤牌与长矛没有发挥预期的作用。正因为长矛类兵器存在着缺陷，故马进忠在

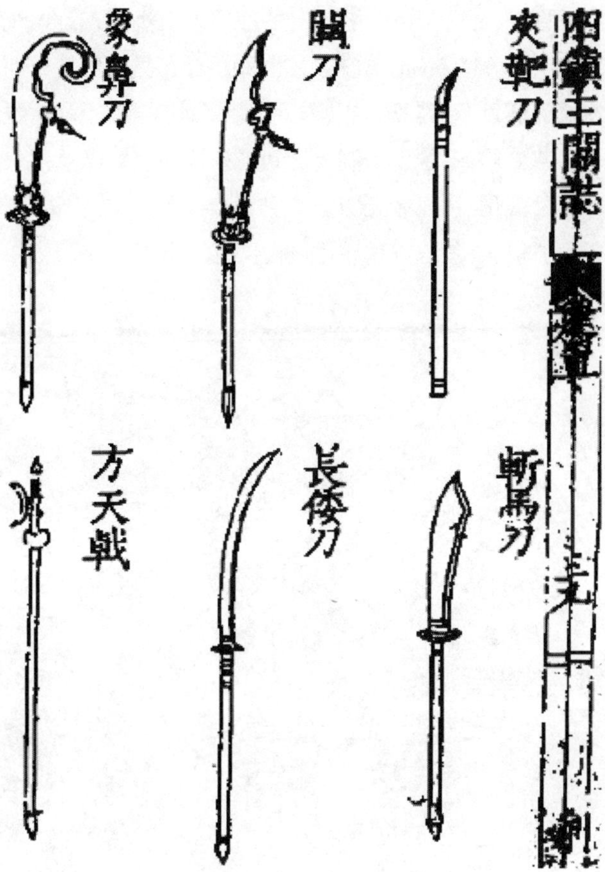


▲明代的各类刀。

四五年前的麻河之战中别出心裁地使用“断矛”拒敌，可是这位麻河大战的功臣在宝庆之役开始前已被孙可望解除了兵权（孙可望进驻武冈时不顾临阵易帅的大忌，以马进忠在外奔波劳累需要休息等荒谬理由为借口，命令冯双礼、马维兴等将瓜分了马进忠的骑兵。但《永历实录》称马进忠被解除兵权后忧愤成疾而死于贵阳，则不属实，因为马进忠在多年以后还复出，重上抗清战场），因而“断矛”克敌制胜的独特作战经验也随之湮没。

值得一提的是，戚继光在兵书认为步兵对付骑兵最好使用“双手长刀”以及“藤牌”，战时“以牌蔽身”，“只是低头砍马足”，效果奇佳。《李朝实录》记载一位跟随清军出征的朝鲜人亲眼目睹李定国所部的步兵手持大刀，俯身直趋而砍敌骑“马足”，终于在衡州取得了击毙尼堪的胜利。仅此而言，李定国制定的战术更符合戚继光兵法的要义，真是“英雄所见略同”。总之，李定国在湖南取得比孙可望更大的战绩，绝非偶然。

孙可望所部战败后没有一溃千里，仍扼守宝庆西南的城步县，到了年底，明将贺九仪重新占据武冈。此后，明、清两军长期在靖州、武冈一带对峙，湖南战局陷入僵持状态。

宝庆之役获胜的清军宣称“获马匹七百余、象一头、军器无算”，但正黄旗的蒙古梅勒章京韦征、武京以及护军参领达海，一等阿达哈哈番（一等轻车都尉）阿拉密等人阵亡。清军统帅呑齐没有摆脱衡州之败的阴影，不敢追击孙可望。其后，清朝在1654年（清顺治十一年，南明永历八年）十二月专门发“帑银十一万八千八百八十两”，分恤湖南衡州、岔路口（指宝庆之战）阵亡及被伤将士”，可见清军伤亡不轻。而这支军队占据衡州、宝庆时，军纪非常差。可能是由于尼堪刚死的缘故，一些家伙转移拿百姓泄愤。《衡阳县志》记载清军士卒以打柴、砍草、牧马的名义到处骚扰，“东乡、零泉、慕道、新城、东阳、建兴”各地，环百余里，居民四散，逃亡于“安、耒、茶、攸诸邑”，半年之内，鸡犬之声不闻，村落化为丘墟。当时天气严寒，逃亡者有的“皲肤折趾”者，有的冻僵于山涧间，难以统计。《宝庆府志》也称：吞齐驻兵岔路口期间，养马“零、东、武、邵四邑”，百姓纷纷藏匿于山洞，遭到“掳掠劫戮”以及被大雪冻死者无数。直到次年二月，“军政始肃”，地方秩序才慢慢恢复正常。

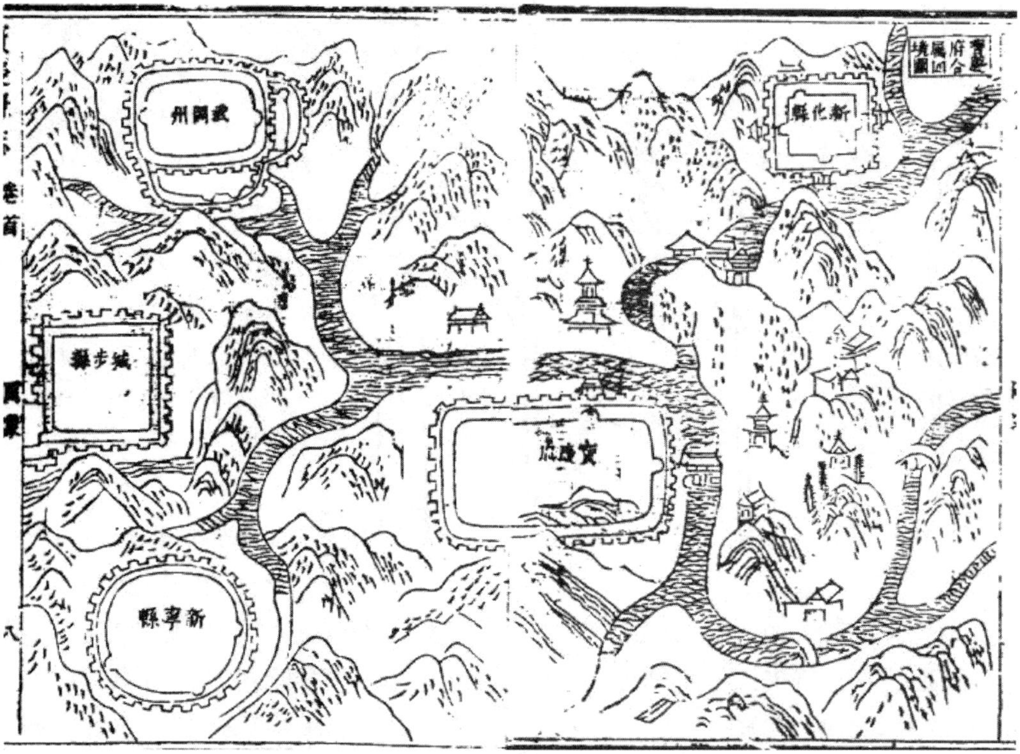


▲《宝庆府志》中的府城总图。

# 第七章　沿海风云

东南沿海地区的战火也与湖南、广西、四川一样，方兴未艾。其中，郑成功在福建崭露头角，成了清朝大军的强劲对手，并与李定国同样名噪一时。

郑成功原名叫郑森，本是福建军阀郑芝龙的大儿子，于1624年（明天启四年，后金天命九年）生于日本平户。这是因为郑芝龙年轻时往来于日本、台湾、福建等处从事海上贸易期间，娶了日本女子田川氏，因而得以在异国组织家庭。郑森七岁时被父亲带回福建安平，接受儒家教育，长大后成为一名秀才，据说还曾经入读南京国子监，成为东林党首领钱谦益的弟子。钱谦益为之取别名“大木”，期望他将来成为栋梁之材。后来，他又被在福建称帝的朱聿键赐姓为“朱”，改名“成功”，史称“郑成功”，时人称之为“国姓爷”。郑成功得以声名远播与福建的混乱局势有很大的关系。自从降清的郑芝龙于1646年（清顺治三年，南明隆武二年）年底被清军统帅博洛挟持前往北京之后，留在福建的旧部群龙无首、四分五裂。其中，奉郑芝龙之命投降的有郑芝豹、施福、施郎等。但也有不少人坚持抗清，例如老将林察护送唐王朱聿𨮁到广东广州成立了绍武政权，郑彩、郑联听命于流连在沿海地区的鲁监国政权。至于年仅二十三岁的郑成功则早有弃文从武之志，并毫不讳言地反对其父郑芝龙的降清行径，声称：“今吾父不听儿言，后倘有不测，儿只有缟素而已。”他毅然与父亲分道扬镳，成为一位“孽子”。同时，又与在南京降清的钱谦益各为其主，而成为一位背叛师门的“逆徒”。但他的行为得到世间不少忠义之士的认可，因而能够与叔父郑鸿逵一起纠集志同道合之辈，继续声称效忠已被清军杀死的隆武帝朱聿键，自树一帜。

郑氏集团分裂之后，诸将各奔前程，际遇不一。施福、施郎等降清之后受到排斥，郁郁不得志。林察拥立的绍武政权旋生旋灭，未成气候。郑彩在博洛北返后支持鲁监国政权残部大举反攻，拿下福建、浙江两省的建宁、兴化、福宁、景宁等多个城市，但好景不长，这支部队在1647年（清顺治四年，南明永历元年）与1648年（清顺治五年，南明永历二年）的冬春之交，因遭到由靖南将军陈泰、梅勒章京董阿赖率领的清廷大军的凶猛反扑而屡战皆负，致使重新控制福建的战略意图以失败收场。事后，自操威柄的郑彩因不容于鲁监国朱以海而萎靡不振。朱以海与张名振、阮骏等部属一起于1649年（清顺治六年，南明永历三年）底以计夺取舟山群岛，袭杀了占据当地的军阀黄斌卿，取得了一个立足点。然而，鲁监国政权在东南沿海抗清斗争中的领袖地位，却逐渐被发展壮大的郑成功所部取代。

郑成功脱颖而出的过程一波三折。最初，他带着一支小部队到金门一带网罗旧部时，不料被敌人乘虚而入，以致老家安平于1646年（清顺治三年，南明隆武二年）底失陷。清军四处奸淫虏掠，连郑成功的日本母亲田川氏也未能幸免，并因此而自尽。在“失节事大”的古代，此类事时常受到社会上的正面肯定。正如钱谦益失节降清，而嫁给他的秦淮名妓柳如是却欲自尽，从而产生“士大夫气节不如妓女”之讽一样。田川氏的刚烈行为与赧颜投降的郑芝龙截然相反，为后世增添了不少话资，甚至远在田川氏的故国日本，也有人津津乐道。例如在日本德川幕府统治期间由水户藩支持编撰的《台湾郑氏纪事》中，对田川氏不屈而自尽的情景描写得有板有眼：“她（指田川氏）叹息道：‘遥在异域，事既至此，今惜一死，何面目复见人耶？’于是登上城楼，投水自尽。清兵惊诧地吐舌头说：‘妇女尚且如此，倭人之勇可想而知’。”这类记载的言外之意是企图通过郑成功母亲的坚贞，间接强调日本文化对郑成功的影响。尽管郑氏家族长期与日本有贸易关系以及郑成功本人的确存在日本血缘，但这位“孽子”与“逆徒”究竟在多大程度上受过海外文化的熏陶，却难以定论。不过，郑成功起兵后，亦曾有向日本借兵之意，显示了他对德川幕府曾有过不切实际的期望。

郑成功遭到丧母之痛后，更加坚定了抗清的决心，他积极组织自己的嫡系部队，带着陈辉、洪旭等九十多人定盟于沿海烈屿，并在南澳扩军，收编了数千人。随即移师至厦门鼓浪屿训练。《海上见闻录》记载这支队伍在1647年（清顺治四年，南明永历元年）八月攻打海澄时，“以洪政、陈辉为左右先锋，杨才、张进为亲丁镇，郭泰、余宽为左右镇，林习山为楼船镇”，表明郑成功所部开始形成了具有自身特色的编制，主要以“镇”为单位，类似于明朝的营伍制的“营”。不过，这次进攻以失败告终，洪政中流矢而死。同年八、九月间，郑成功协助叔父郑鸿逵围攻泉州等地，均未能得手，遂率部返回安平招兵买马，并注意收集郑芝龙旧部，还不顾前嫌地收容了施郎等降清之后重新反正的将领，同时不分畛域地吸收投诚的清军，壮大实力，另外又招募一批文人做幕僚，令军中的文武人才得以济济一堂。大约在1648年（清顺治五年，南明永历二年）四月，郑芝龙旧将林察在广州拥立绍武政权失败之后，逃回福建归附了郑成功，带来了永历政权坚持抗清的消息。此后，郑成功便不再使用隆武年号，转而奉朱由榔为君，派出使者从海路到广东与永历政权取得联系。

羽翼渐丰的郑成功为了提高部队的作战能力，组建了可以协同步兵作战的骑兵，并以沿海的铜山、南澳一带为基地，严格训练水师，逐渐搞出了名堂，对清朝在东面沿海的统治造成越来越大的威胁。从1648年（清顺治五年，南明永历二年）起先后于福建同安、云霄等处与清军反复较量，各有胜负。然而，郑成功在反清的同时也与自己人打内战，他在1649年（清顺治六年，南明永历三年）与郑鸿逵一起多次从海路出兵广东，除了攻击粤东地区的一些海盗部队之外，还试图占领潮州，围攻李成栋的部将郝尚久，主要目的是争地盘以作"练兵措饷"之地。由于李成栋这时已经宣布归附永历政权，故郑氏军队挑起内讧的行动使得清朝坐享渔人之利。尚可喜、耿继茂正巧在此期间带兵杀入广东，左右树敌的郝尚久没法从永历小朝廷得到实质的援助，因而为了自保不得不被迫降清，最终在清军的支援下击退了郑氏军队，保住了潮州。在广东无功而返的郑成功回到福建后继续兼并一些打着抗清旗号，实际上却各行其是的军阀部队，而他父亲郑芝龙四分五裂的旧部成了重点目标。1650年（清顺治七年，南明永历四年）八月，他出其不意挥师中左所（厦门），捕杀了郑联，把郑彩逐回老家，吞并了这两位族人的水师，此举使他具备了成为郑氏集团新一代霸主的有利条件。

郑氏集团结束分裂，重新统一的时间还要延迟到1651年（清顺治八年，南明永历五年）。在这一年，清军驻于福建的地方部队乘郑成功南下广东经略潮、惠地区之机，突然袭击了中左所，掠取了郑成功历年的积蓄，致使"黄金九十余万，珠宝数百镒，米粟数十万斛"在混乱中散失。此外，郑军将士留在当地的资产以及老百姓赖以生存的钱粮，也被搜刮殆尽。郑成功得报急忙班师，回到中左所时已经来不及拦截饱掠而归的清军，只得按失守罪惩治了留守的郑鸿逵等人，并以此为借口没收了郑鸿逵的部属。至此，郑芝龙旧部终于统一在郑成功麾下，兵力多达六万余人。

为了养兵，郑成功除了经常深入内陆收取税赋及征粮之外，还发扬郑氏家族经营海上贸易的传统特长，成立商行，秘密将内地的货物通过各种渠道运往海外，远销日本、东南亚等地，赚取巨额利润以应付庞大的军费开支，从而逐渐垄断了海外贸易。

这支日益壮大的部队没有沿用明朝"以文驭武"的旧制。而各镇将领互相之间没有明确的隶属关系，他们的职责是率领部属进行屯田、军训以及完成各项战备任务，并只听命于最高统帅郑成功一人。必要的时候，郑成功会临时任命一些能力出众者分别以总督、提调、统领等名义指挥其他将领执行任务，任务完成后，总督、提调、统领等临时官职即刻撤销，部队也恢复平时的编制。因而有效地保证了郑成功至高无上的地位，让他不必担心受到任何人的挑战。一旦发生战事，郑成功会派出亲信到各镇督战，允许他们军法处置那些畏缩不前者，并有权当场处死副将以下的人员，如果统领或总镇擅自退却，就有可能被捆绑起来解送到军前枭首示众。

郑军内部有大量携家带口的将士。郑成功准许部属成家立室，以此作为"羁绊"的手段，尽量杜绝逃兵现象的发生。每当出外征战时，大多数部队的家属都要留在中左所等根据地，而战事结束后，各部队可返回驻地与家属团聚。故此，家属实际上相当于人质，以防将士产生异心。例如，施郎因在中左所防御问题上与郑成功闹矛盾，后来潜逃降清，而他留在军中的父亲与弟弟等家人马上被郑成功处死，以儆效尤。

就这样，郑成功在郑氏集团旧部的基础上，组建了一支听命于己的新军，并掌握财政、人事与军法从事之权。他的水陆大军主要以岛屿为据点，逐步在浙、闽、粤等省的沿海一带建立起一系列的遥相呼应的要塞，力图使之成为壁垒森严的根据地，形成了一个事实上的“独立王国”。其中，孤悬海外的中左所、金门等处于汪洋巨浸之中的岛屿，西可雄视福建内陆的漳、泉等府，东可连接台、澎，北可通往两浙，南可直下两广，乃闽南沿海的锁钥之地，战略位置比较重要。郑氏水陆大军常常以此作为挺进内陆的“跳板”，进而与优势之敌进行反复的拉锯战。

在此期间，东南沿海的政局发生重大变化。鲁监国政权的舟山基地对清朝统治下的江浙、福利地区造成威胁，因而在1651年（清顺治八年，南明永历五年）遭到清军的讨伐。浙闽总督陈锦、平南将军金砺、固山额真刘之源、提督田雄、定海总兵张杰、金华总兵马进宝与吴淞水师总兵王燝等奉命调集优势兵力，于八月下旬发起进攻。鲁监国朱以海曾经尝试用围魏救赵之策破解困局，他与属下定西侯张名振、兵部侍郎张煌言等人率部分主力在清军到来之前离开舟山，主动攻击了江苏吴淞等地，企图把清军引开，可惜未能成功。舟山终于在九月初失守，留守军民全部覆没。朱以海、张名振、张湟言以及荡胡侯阮骏、平虏伯周鹤芝等率残部在海上颠沛流离，由于很多人在出征吴淞时没有携带家属，故舟山在失陷的同时也意味着他们遭受家破人亡、妻离子散的打击，从而士气更加低落，叛逃事件时有发生。由于一时找不到新的落脚点，这支军队于1652年（清顺治九年，南明永历六年）辗转来到郑成功的地盘避难，寄居于中左所、金门等处。朱以海迫于形势，于次年三月放弃监国之号，转而拥戴永历政权。至此，这两支活动在东南沿海的抗清武装，在表面上获得了统一，而鲁监国政权的残存武装与郑军的同盟关系更牢固了。郑成功作为当地的主人，当仁不让地成为同盟军的指挥官。根据史籍记载，郑成功曾经企图将两军混编，分为中、左、右、前、后等五军，自己统率中军，大将林察、周瑞分别统率左、右军，而前来避难的张名振、周鹤芝为前、后军。另外，阮骏管水师前镇。不过，这一计划的实施即并不意味着鲁监国残部已被郑军吞并，张名振等人仍然保持着一定的自主权。

郑成功收容了鲁监国残部后，一跃成为东南沿海最具号召力的抗清统帅。但他在作战中主要依靠自己的嫡系部队，而这支部队序列分明、组织严密，拥有坚强的领导核心，其内部凝聚力在各路抗清武装中首屈一指。这支部队一开始最擅长的是驾驭舟师进行水战，比较缺乏陆战经验。由于其在沿海地区的主要对手是由明朝降卒改编而成的绿营兵，故在多数情况下应付起来都能游刃有余，并随着时间的推移而逐渐积累了一定的步骑兵协同作战经验。在此期间，他策划了一次又一次攻击，战火相继波及海澄、漳浦、同安、云霄、诏安、平和、常泰等内陆城镇，让清朝地方官员坐卧不安。清朝统治者对此严重关切起来，鉴于当地的绿营军队有难以应付之势，八旗军披挂上阵已是迟早的事。八旗军早在1648年（清顺治五年，南明永历二年）就与郑成功所部交过手了，那时，郑成功派驻在同安的一部分人马曾经被清靖南将军陈泰所率的满汉部队歼灭，而郑军主力正驻于濒海的铜山，驰援不及，只能无可奈何地接受挫败的事实。不过，陈泰并没有特别注意刚刚起兵不久的郑成功，而把大部分精力用来对付鲁监国政权，这位满族将领把朱以海、张名振等人驱逐出福建内陆后，便率领八旗军北返，地方秩序仍旧依靠绿营维持。显然，郑军要想真正有机会与八旗军展开大规模的较量，前提是把福建搞得鸡犬不宁，让绿营无法有效控制局面才行。

▲郑成功之像。

闽南地区的绿营军终于遭到了前所未有的攻击。那是在1652年（清顺治九年，南明永历六年）初，养精蓄锐的郑成功出动二千余艘战船，运载主力在海澄登陆，向沿海地区发起大规模的进攻，占领江东、平和等地，于二月初二围攻长泰，震动了整个福建。

浙闽总督陈锦不敢怠慢，紧急召集了数万步骑兵，亲自带着这支以绿营为主的援军匆匆忙忙经同安、牛蹄山等地向长泰赶来，希望尽快赶敌人下海，为顺治帝分忧。

处变不惊的郑成功一面继续围城，一面分兵拦截陈锦。他早已预料清军援兵将从江东方向杀来，带领阻击部队久候于此，并按照“据险设伏”的思路，指挥奇兵镇、亲丁镇、左冲镇、前冲镇、右冲镇、中冲镇、礼武镇、援剿左镇、援剿后镇、正兵营、中军营等部分别占领山丘制高点与路旁树林等“堪战”之地，形成首尾呼应之势。而援剿右镇奉命秘密进至黄山，埋伏于深青桥、鸿渐尾一带，准备包抄敌军后路。经过有条不紊地排兵布阵后，各部队将分为“两叠”出战，其中“头叠”使用“火筒、火箭、神机铳器”，而“次叠”使用“牌（藤牌）被（战被）、枪、刀”，准备先用各种火器远距离杀伤敌人，然后再靠肉搏取胜。

激战在三月十三日中午开始，清军步骑兵气势汹汹地从东南山埠过来，首先逼近正兵营，一拥而上地砍伐营前的木栅，企图以此为突破口。不甘示弱的郑成功立即下令总攻，各部队应声而起，“头叠”与“次叠”将士配合默契，勇挫对手凶猛的突击。其后，担任预备队角色的步骑军向前直捣，把负隅顽抗之敌杀得尸横遍野。损兵折将的陈锦不管“衣甲、辎重”，狼狈逃窜。他在晚上途经黄山时，又遭到伏兵的袭击，几乎“仅以身免”。

长泰守军知道求援无望，连夜弃城而逃。

赢得空前胜利的郑军乘胜围困漳州。并按照二十八星宿的名称新设二十八营，分别是：角宿营、亢宿营、氐宿营、房宿营、心宿营、尾宿营、箕宿营、斗宿营、牛宿营、女宿营、虚宿营、危宿营、室宿营、壁宿营、奎宿营、昴宿营、柳宿营、井宿营。星罗棋布地排列于城外，可说是志在必得。

陈锦逃回同安后不敢重返漳州前线，但为了应付朝廷的压力，只得装模作样地指使浙江金衢总兵马进宝带少数人马前往救援。郑成功故意让开大道放马进宝入城，再从容调兵遣将重重围困，准备将之一网打尽。漳州本来粮食不足，援军入城后，使得城内“兵马盈万”，加剧了后勤供应的困难。马进宝自知中计，但为时已晚，由于缺乏突围的能力，只能与守军一起死守下去。郑成功力求切断城内外一切联系，传令各部队在城外筑起营盘。营盘之外要挖掘一丈宽的河沟以及竖起重重的鹿角、木栅。木栅之内再设立篾篨（用竹、苇等物编的粗席），以作屏障。平均每三个篾篨之间安放一门铜制百子铳，以增强火力。这还不够，他又下令加修一道短墙，直至将围城工事建得如铁桶一般为止。到了八九月，城中已有人饿死，随着“草根、木叶、鼠、雀、牛、马搜索食尽”，出现了吃人肉的事。根据《海上见闻录》的记载，城内甚至有妇女群聚而袭击过往的男子，目的是“分食其肉”。病死、饿死、自尽等各种原因而离世的百姓，每日以千百计。

曾任郑军戎幕的文人杨英，在多年以后编撰的《从征实录》中写道，漳州总兵王邦俊等人在被围期间派遣一股“满骑”欲冲出重围，以“讨取粮米”，但在城外中了郑军埋伏，无一生还。这说明被困于城内的除了绿营兵外，还有少数八旗军。然而，郑军与八旗军大部队展开生死较量还是稍后的事。

为求扭转战局，清朝地方官员企图乘虚攻击郑成功的根据地中左所，逼其解围回援，可匆忙纠集的数百艘清军战船被郑军留守于中左所的水师击退，图谋也随之破产。屯于同安的浙闽总督陈锦计无所出、心烦气躁，任意打骂家丁，结果被家丁李忠等人刺杀身亡。这位封疆大臣之死显示清朝在闽南的统治已经朝不保夕。

在此前后，孙可望、李定国、刘文秀等人在西南发起声势浩大的反攻，牵制了清军的主力。尽管如此，清朝还是想方设法从嫡系的八旗军中抽调部分兵力应付闽南危局，试图挽狂澜于即倒。出镇浙江的汉军镶红旗固山额真金砺以平南将军之衔率领万余满汉骑兵星夜入援，会同福建提督杨名高的绿营军，经福州、泉州、长泰，向前线猛扑而来。

一石击起千层浪！金砺的到来让腹背受敌的郑军不得不于九月二十六日解围，移师古县，据险以待。不敢怠慢的郑成功扎营于田间高埠之处。高埠的左翼，中提督甘辉统领亲丁镇郭廷以及左援、前冲、中冲等镇驻于山顶，部分人马埋伏在松柏林里。高埠的右翼，右提督黄山统领援剿右余新、右冲镇柯鹏、护卫右洪承宠、礼武镇陈俸等列阵于田中作“头叠”，以后冲镇、护卫左、右冲镇等为后援。前提督黄廷统率右先锋廖敬、亢宿营林德等，其任务是在必要的时候驰援右翼。前锋镇赫文兴带领骑兵伺机出击，应援左翼。郑成功亲自督戎旗镇随时准备支援在左右方向列阵的部属。

郑军解围的当天，金砺进入了漳州，这位老将自从跟随多尔衮入关以来，先后转战于天津、太原以及湖广、浙江等地，多次击败过大顺军、何腾蛟所部与鲁监国军队，可谓身经百战，如今又在闽南成功解救危城，再立新功，但他并不满足，又率万余骑兵穷追不舍，于十月初一迫近郑成功的驻地之前，打算与崭露头角的对手在野战中分个高低。一时之间，谁也不敢先动手，只是互相对垒。然而两虎相争，必有一伤，而郑成功在与耀武扬威的八旗军作战时无论是胜是负，都将对闽南地区的得失产生重大影响。

初三这一天的早晨，突然吹起了西北风，占据上风位置的清军见机而作，分为两股发起进攻，先以一股策马猛冲郑军左翼，与中提督甘辉所部混战在一起，胜负未分。不久，埋伏在松柏林内的郑军及时杀了出来，抄断这股清军的后路，配合正面部队前后夹击，打得对手狼狈不堪，死者过半。

清军这次试探性进攻虽然败退了，但金砺没有气馁，而是把所有的骑兵集中在一起再次向前猛冲，这一次的目标是郑军右翼由右提督黄山统领的“头叠”部队。黄山连忙指挥部队发射火筒、喷筒、鸟铳、营炮，可是黑火药燃烧冒出的浓烟却被猛烈的西北风吹回，致使郑军“头叠”部队的将士面前昏天黑地，难以看见蜂拥而来的敌人。清军骑兵乘着浓烟到处横冲直撞，捣毁了郑军的阵线。郑成功亲自督戎旗镇赶来增援，可是已经难以阻止前线士兵的溃散，只得带着残余部队且战且退，历尽艰辛，好不容易退回了海澄。晚上清点人数，不见右提督黄山、礼武镇陈俸、右先锋廖敬、亲丁镇郭廷、护卫右镇洪承宠等，他们已是战死沙场。为了严明军纪，郑成功命令把未与敌人交战即先行退却的亢宿营林德处死，悬首示众，而表现欠佳的右冲镇柯鹏则受到“捆责”的惩罚，并削职。

自从清朝入关以来，每当绿营部队驻守的重要据点遭到围攻，八旗军不管距离多远，总是不惜长途跋涉赶去解围。类似的战例不止一个，例如1646年（清顺治三年，南明隆武二年），满洲宗室贵族勒克德浑率领的八旗军从长江下游逆流而上，以千里奔袭的方式击溃了围攻荆州的大顺军余部，如愿以偿地解救了城内的绿营兵。还有一次著名的战事发生在1648年（清顺治五年，南明永历二年），满洲正黄旗固山额真谭泰统率满汉大军从北京南下，气势汹汹地杀入江西，迫使围攻赣州的金声桓所部忙不迭地撤回南昌，让清朝在赣南的地盘得以避免落入敌手。现在，汉军镶红旗固山额真金砺又一次不负所托，率领满汉骑兵从浙江赶到福建，最终在地方部队的协助下击败了包围漳州的郑军。事后正如福建巡抚王应元在向朝廷的奏书中所奉承的那样：假使“大兵（指金砺带来的援兵）稍迟数日”，则“城社（指漳州）不为丘墟，文官不为齑粉者，鲜矣”。

尽管郑军号令统一、军纪严明以及能够得到根据地输送的物资的支持，这么多优越的作战条件比起大顺军余部以及金声桓的队伍要好得多，但还是被八旗军打败了。战后，在总结经验教训时，郑军主要将领甘辉的发言颇具代表性，他声称并非因为“人力不齐、将士不用命”等原因而打败仗，而是由于“天时不顺、地利失据”，再加上被“反风”所误，使郑军吃了亏。甘辉这番话记录在《从征实录》里，而在郑军诸将当中也没有人提出不同的意见，似乎在某种程度上形成了共识。然而，将失败归咎于风向等自然因素的观点有很大的片面性，而清方的胜利也绝非碰巧在风向的帮助下偶然得到，而是根据实际情况精心策划的结果。回顾明清战争的战史，可以知道八旗军早在关外就已经利用风向作战，《清太祖实录》记载了1619年（明万历四十七年，后金天命四年）的萨尔浒大决战中的一幕：当时部分明军扎营于富察甸这个地方，连射铳炮阻击八旗铁骑，正巧此时骤刮大风，返吹烟尘让天地间一片昏暗，致使明军铳炮手无从辨别，难以开火。占据上风的八旗骑兵乘机发起总攻击，飞速突入敌阵，赢得了最后的胜利。时间过去了三十多年，闽南地区又重演了这一幕。金砺在与郑成功对峙之初竟然一连三天按兵不动，显然并非是怯战之举，而是耐心等待西北风的来临，终于凭着上风的位置发起了十拿九稳的攻势。由此可知，八旗军的野战经验远在郑军之上。而郑军将领甘辉在战后总结经验时，还误以为偶然吹起的西北风才让对手坐收渔利，真可说是一知半解了。还需要指出的是，清军之所以取胜，除了得到风力之助，还与金砺采取重装骑兵强行突阵的打法有关。以往的战斗经验已经表明，八旗军的重装骑兵常常能以最快的冲刺速度一拥而上，冲垮明军的火器阵营，因为明军铳炮等火器的作战时间一长，就会暴露装弹过程繁琐、发射速度慢等弱点，难以阻止前仆后继、迎面而来的骑兵。继承了明军部分传统的郑军同样拥有大量火器，而其中的“头叠”部队更是以“火筒、喷筒、鸟铳、营炮”等武器装备为主，从而不可避免地成了八旗重装骑兵的最佳打击目标。因而，经验老到的金砺为了胜算更大，与郑军作战时当然会故技重施，首先出动部分骑兵发起试探性攻击，虽然其间碰上中提督甘辉所部而受到挫折，但到底找到了右提督黄山辖下“头叠”部队的准确位置，为下一步确定总攻方向奠定了良好的基础。随后，八旗重装骑兵集中力量驱逐了郑军的“头叠”部队，进而摧毁了郑军的整条防线。

郑军首次与八旗军的大规模野战就这样以失败告终，这支部队暂时无力在福建内陆争霸，只得放弃了南靖、漳浦等城，留下部分人马据守海澄这个桥头堡，主力返回中左所。

郑军经略漳州功败垂成，而以大西军余部为主的西南明军却在对四川、湖南、广西的反攻中屡次获捷。孙可望与李定国没有忽视福建沿海的抗清力量，分别移檄郑成功会师。两封檄书同时于1652年（清顺治九年，南明永历六年）十一月到达海上。郑成功对李定国的显赫战功有所了解，专门派遣效用官李景前往广西，欲与李定国约定将来的出兵日期。不过，目前海澄一带形势复杂，郑成功暂时还不可能用实际行动来对西南明军作出响应。

面对强敌的虎视眈眈，张名振认为“金酋（指金砺）既并力于闽”，“浙、直（即明朝的南直隶，范围大致相当于江苏、安徽地区）”势必空虚，他在郑成功的允许之下带着少数水师北上骚扰江浙，以图攻敌之必救。然而，金砺迟迟没有回师，反而向朝廷请求增兵，以攻取海澄。清廷令江南地区的一千清兵在额黑里、吴库礼、吴汝玠等将的统率之下前往福建参战（这一千人之中包括在江宁与杭州两府镇守的五百八旗兵。为此，清廷再从进驻广东的固山额真卓罗所部中抽调两批人，分别由梅勒章京噶赖、塞棱等人带领赶赴江宁、杭州两府“代戍”）。

清军相继在平和、石码镇等地，与郑军爆发冲突。到了1653年（清顺治十年，南明永历七年）四月，郑军得到金砺召集水陆部队欲大举进犯海澄、中左所的情报，便加紧备战。此前，郑成功已经命令海澄当地每一户人家各出民夫一名，修建海澄城墙，使之高达二丈余，并全部用灰石砌成，异常稳固。同时加筑一道短墙，安放了三千余门大大小小的火铳，准备全方位地打击来犯之敌。城内堆积了大量“米、谷、军器”，以便长期固守下去。城的周围环绕着从港口引入的海水，可通舟楫，能与中左所、金门等岛屿保持联系。为了防止水路被清军水师切断，左军林察、右军周瑞、后军周崔之、前镇阮骏、援剿前镇黄大振等奉命统率士卒乘船巡逻，打算预先进行堵截。不料遇上飓风，林察的座船漂入了兴化港，被清军拘禁于狱。

由于郑军的战船严阵以待，清军水师不敢轻举妄动。到了四月十八日，金砺带着数万步骑兵出城，驻扎于教场，准备开往海澄，同时在十县的范围内征调两万民夫，运送攻城器械。经过十天的行军，清军逐渐接近滨海地区，扎营于祖山头。

郑成功亲自到海澄，驻于天妃宫，四处调兵守御。其中，北镇陈六御以义武营、仁武营、智武营守卫县内，援剿左镇林胜负责堵截南门外桥头的通道，左先锋镇进驻东门外岳庙前，护卫左镇沈明守卫中权关，正兵、奇兵等镇进驻土城、九都城，前锋镇赫文兴、戎旗镇王秀奇、护卫前镇陈尧策防御镇远寨，寨外驻扎着前冲镇万礼所部，前提督黄廷、中提督甘辉扎营于关帝庙前木栅，与镇远寨互为犄角。另外，正中军张英负责督促民夫办理守城器具，尽量做到固若金汤。

为了破坏敌人的攻城布置，郑军部分水师在杨权、蔡新的带领下企图从旁袭扰，但遭到清军的炮击，杨权中弹身亡。

到了初四，大战来临了。金砺率数万步骑兵齐集于天妃宫前，距离郑军营地仅有半里之遥。当晚，清军不顾郑军前线部队的阻挠，进一步靠近城池，动用数百门大小铳炮轰击。炮声昼夜响个不停，炮弹接二连三地穿过郑军阵营，打死了不少人，而一些籧篨、木栅也随即变得破碎不堪。金砺此前已和郑成功交过一次手，知道郑军缺少具有战斗力的骑兵，因而大胆地将铳炮手布置在第一线，而丝毫不担心受到对方重装骑兵的反击。

按照常理，郑军本来也可以用火器与清军的铳炮手对射，况且，郑成功在战前已经围绕着城垣一带修筑了大量相当于炮台的工事，上面安放的数千余门各类火铳既然占据了制高点，就应该打得更远，给清军造成更大的威胁。然而，郑军火器部队的表现令人失望，竟然在战斗一开始的时候就被对手打得几乎没有还手之力。这是因为，清军使用“红衣大炮”等大型火炮作战的历史已很悠久，不但积累了丰富的经验，而且掌握了当时最先进的火器铸造与使用技术（前文提到孔有德、耿仲明所部曾经在山东登州接受过来自澳门的外籍军事顾问的栽培，他们反明之后，把这些技术带到了关外，从而对清军炮兵后来的发展壮大有很大帮助），所以在炮战中很快便取得了压倒性的优势。

开局不利的郑成功一时想不出摆脱被动状态的办法，唯有传令加紧抢修防御工事，以便用来做掩体，目的是躲避冰雹一般落下的弹丸。被动挨打的郑军苦熬到了初五日下午，诸将再也忍受不住了，踊跃请战。郑成功顺水推舟地问：“谁敢带领‘头叠’反击？”后劲镇陈魁、后冲镇叶章等主动请缨，他俩带着从各镇挑选出来的数百名精锐士卒，齐心合力地在炮火烟雾的掩护下出击。然而，承担反攻任务的并非是重装骑兵，而大多数步兵的前进速度过慢，难以利用对方铳炮手装填弹药的间隙以电光火石之势迅速突防，因而往往还滞留在半途就成了对方的活靶子，难免接二连三地被迎面飞来的密集弹丸击中。在短短的时间之内，向前冲的人已有不少倒下。甚至连带头的叶章也死于非命，而陈魁则被打断右腿。郑成功见势不妙，急忙收兵回营，继续固守。

此后，清军的炮击又持续了两昼夜，郑军呆在营垒里面再也不敢轻言出击，各种防御工事虽然屡次抢修，但最后仍被毁坏。将士们无处容身，伤亡越来越大，一些人不愿意坚守下去，私下里议论纷纷。军心出现不稳的迹象，郑成功对此有所察觉。

好不容易熬到了初六日早晨，营垒在炮弹的打击下更加破碎不堪，官兵面面相觑，惊惶不已。旗鼓张光启不敢前往各营传达主将之令，郑成功只好把这个重任委托给宣令官廖达进，要他想办法将新的军令传遍给所有的“大小将领”与“官兵”。在这个军令中，郑成功特别强调要部队死守到底，坦言如果连此城都守不住，那么恢复河山的大计就遥遥无期。他掷地有声地说：“本藩（郑成功的自称）迟早有计杀虏，令其片甲不回”，但“如有不敢守者，即报名来，听其回去”。当时一位姓冯的举人在营中出任参赞，从旁提醒道："恐怕诸将未懂藩主之意。"郑成功于是干脆要求冯举人拿着"招讨大将军印"代自己向全军传谕，明确表示"朝廷以此畀我，我惟有效死勿去而已"，并声称若诸将之中有能率众退敌立功者，则愿意向朝廷提请以此印让贤。军中诸将听过郑成功的肺腑之言，精神为之一振，全部来到大营请令。提督甘辉意气激昂地引用文天祥的诗，对众人说："人生自古谁无死，留此丹心照汗青，此番竭力以守，倘有不测，亦死得其所！"王秀奇等齐声响应，表态赞同。郑成功见激将法生效，遂以酒相慰，令大伙酣饮。其后，他不顾被炮弹击中的危险，携同诸将一起登上敌台观察情况，可是张开伞盖坐下不久，就被敌人的哨兵发觉，并遭到火器与弓箭的袭击。一位管理膳食的亲信反应很快，连忙拿着战被在前遮掩，而甘辉挺身而出，把郑成功挤下敌台，正巧在此时，忽然一声炮响，击中了郑成功刚才坐过的座位，真是险象环生。毫无疑问，清军想实施惯用的"先打首领"的战术，只是未能达到预期效果。

同一天，镇远寨边新修筑的篷篨全被击碎，毁坏如平地。郑成功得知这个坏消息后，令官兵各自挖掘地窖（又称"地窝"，是躲避炮火的地下工事）藏身，以减轻伤亡，并传谕诸将，认为"虏（指清军）"调来许多精锐部队专门攻打木栅、篷篨等防御工事，几个昼夜过去，不知轰击了几千遍，但是未敢正式强攻城池，这是因为"一则知我手段"，"二则"以为"我必退回中左"。他透露昨天"侦探来报"，"虏营"中的"火药、钱粮"等物资经过这么多天的消耗，已经难以为继，据此判断清军今晚必然大肆炮击一番，等到明天早上再集中兵力前来决一死战。因而充满信心地说："虏之伎俩在吾掌中"，认为敌人的图谋如果不能得逞，肯定退兵。为了增加胜算，他重申了"前进重赏，退后立斩"的军令，令诸将各自回营备战。

然而，郑军安放在城防工事中的火铳在这几天的炮战中损毁了很多，郑成功见机行事地采取折衷措施，准备以火药焚烧来犯之敌，具体的办法是预先在护城河边埋下火药，藏好引线，只等适当的时候点燃。当天夜里，戎旗神器镇何明、洪善等人奉命悄悄携带火药出城外的河沟边挖掘地道埋藏。这一切，清军都不知晓。

初六日的整个晚上，清军都在连绵不绝地放炮，将郑军营垒轰得仿似废墟，幸而将士们多数藏身于地窖之中，得以安然无恙，而城外所埋的火药亦无大碍。到了五鼓时分，清兵突然放起空炮（炮管里面仅放火药而没有弹丸），显然是为了避免在就快来临的攻城行动中误伤自己人。同时，这种虚张声势的做法也蕴藏着欺骗对手的目的，即是企图让郑军错误判断炮击仍在继续，以致不能及时对清军的强攻作出反应。

一批批的清军地面部队出动了。走在最前面的是拉着车辆的民夫，这些人的任务可能是负责运载泥土填平前进路上的沟堑，实际相当于炮灰。而综合《从征实录》与《海上见闻录》等史籍的记载，攻城的清兵布下了"三叠阵"。"头叠"是绿营兵，

“二叠”是满兵，这两部分人负责带头冲锋陷阵，因而全部穿戴着厚厚的“重铠”，可有效防止刀刃的伤害。“三叠”是使用弓箭的“满将（原意是满洲将领，泛指八旗军的各级将领）”，主要起到预备队的作用。上述多兵种互相配合的打法具有源远流长的历史，根据《满文老档》与《清太祖实录》等清代官修史书的描述，清太祖努尔哈赤在逐鹿关外时制定过一个作战原则，即是八旗军以五个牛录编为一队，冲杀在第一线的是身披“重铠”的“前锋”，他们手持长矛、大刀等近战兵器准备与敌人格斗。而那些身披“短甲”的人则拿着弓箭，紧跟在前锋的后面，伺机射击。此外，还有一支由预备队组成的“精兵”，骑马呆在阵后待命，一旦发现那个地点出现不利于已方的战斗态势，就飞速前往接应。这个与“三叠阵”相似的作战原则在实战中可以按照具体情况作一些局部的调整，例如在1621年（明天启元年，后金天命六年）的辽阳之战中，八旗军阵线最前列是一排可以起到盾牌作用的楯车（车前竖起一层大约五六寸厚的木板，“以避铳炮”），车后面躲藏着弓箭手。弓箭手后面是一大批推着小车的步兵，而小车上运载着泥土，随时可用来填平前路上的壕沟。阵营的最后一列是由重装骑兵组成的预备队。总之，多兵种协同作战成了八旗军克敌制胜的法宝，如今在攻打海澄的关键时刻自然又使出了这一招。金砺布置的“三叠阵”与努尔哈赤制定的作战原则的相似之处在于，都有身披“重铠”的“前锋”以及预备队参与；而相异之处在于，金砺除了新增加绿营兵协同作战之外，还因为攻城的缘故没有出动骑兵。

必须指出的是，清军地面部队有两点明显的优势：

其一是官兵身上铠甲格外精良，特别是锁子甲、明甲（盔甲的外表露出铁甲片）与暗甲（布面在外，铁甲片在内）等铁甲，无论是硬度还是坚韧性，在同时代的产品中都是数一数二。这与清朝多年来大力扶持军事手工业，悉心吸纳与培养各种掌握先进的炼制技术的工匠有关。相比之下，郑军的铠甲逊色多了，由于南方天气湿热，铁甲容易生锈腐蚀，故藤、竹、纸、皮革等物制成的铠甲大行其道，尽管它们的坚固与耐用程度要差一些。而很多南方士卒也更乐意披戴那些重量比铁甲轻的铠甲，因为在南方爬山涉水时不致过于疲惫。为此，甚至有不少人选择了不披甲。

其二是清军出动了难以争锋的弓箭手。众所周知，射箭是满人在长期狩猎生活中形成的传统，故自幼勤学苦练射箭技术者比比皆是，再加上满洲贵族统治者以此作为一项强化武力的措施来大力弘扬，因而军中的“神箭手”层出不穷。而满洲八旗更成了擅长射箭技术的人才荟萃之地。值得注意的是，在金砺布置的“三叠阵”之中，第三叠是使用弓箭的“满将”。所谓“满将”，应该是指军中那些拥有官衔以及被授予世职的人。由于八旗军中早已推行按照军功授予世职的奖励制度（世职等级制度经过发展与完善后，分为“精奇尼哈番”、“阿思哈尼哈番”、“阿达哈哈番”、“拜他喇布勒哈番”

等级别。但封授世职要自“拜他喇布勒哈番”以下的“拖沙喇哈番”开始，“拖沙喇哈番”旧称“半个前程”，“拜他喇布勒哈番”旧称“一个前程”，当八旗军人立了一次大功或者积累数次小功时，便可被授予或加升“半个前程”或“一个前程”了，从而能够凭着不断建立的功勋而逐级上升），因而有很多久经沙场的出类拔萃之辈获得世职。如果说八旗军是清军中的“王牌”，那么满洲八旗就是八旗军中的“王牌”，而由“满将”组成的部队，则是“王牌”中的“王牌”。金砺把这么多“擅长射箭技术”的满将集中于第三叠阵中，显然是打算在关键时刻用来对付郑军步兵，盼望能产生立竿见影的奇效。

在清军的“三叠阵”中，最先逼近郑军的是“头叠”的绿营兵与“二叠”的“满兵”，并全都涌过填平的沟堑，正在争先恐后地“攀栅而上”，企图占领城池。如何击破清军身上精良的铠甲成了郑军面临的首要问题。

幸而枕戈待旦的郑军已有所准备，用大斧、木棍、火桶、火箭等武器迎战。《闽海纪要》记录一位名叫郑仁的士卒在这场触目惊心、血花四溅的生死较量中立了大功，他首先挥舞大斧，异常顺利地砍倒了不少敌人。原来，清军身上的“重铠”虽然能够在一定程度上抵抗刀、枪、剑、戟的砍、割、切、刺，但却很难防御棒、锤、鞭、锏等砸击类兵器的沉重打击，而大斧这种兵器的重量远在一般的刀、枪、剑、戟之上，因而具有砸击类兵器的优良特性，破甲能力非常强。郑仁的经验迅速在军中得到推广，其他人纷纷选择大斧作为御敌利器，向清军的“头叠”与“二叠”部队猛砸过来，致使坠下城墙之人触目皆是。在郑成功麾下诸将当中，戎旗镇内班将蒋文、王朋，中提督将郑仁、李昂，前提督下赖使、杨正，前锋镇下萧自启等人的表现最特出，砍杀的敌人特别多。尽管还有不少身披“重铠”的清军勇往直前，仍然踏着同僚的尸体拼命往上攀登，但由于对手的兵器使用得当，而终无尺寸之

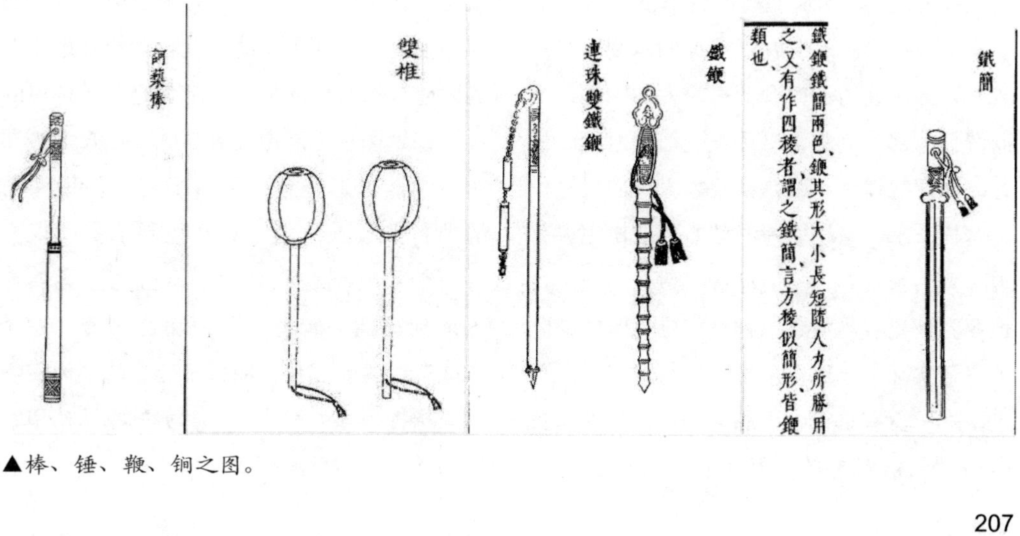


▲棒、锤、鞭、锏之图。

功。两军经过“三退三进”的较量，“杀伤相当”，处于胶着状态。

金砺眼见遇上了劲敌，不得不亮出“杀手锏”，命令“第三叠”的满将赶赴参战。这支预备队也没有令金砺失望，他们踊跃越过城外的河沟，纷纷弯弓对着城上的目标准确地射击。如果说清军不敢放炮是害怕误伤自己人，那么射箭的顾虑就少得多。由于围绕着城墙而修筑的工事在这几天的炮战中被破坏殆尽，给毫无遮拦的郑军造成致命的威胁。

郑军手中的大斧虽然可以劈开清军的“重铠”，却阻挡不了好似瓢泼大雨一样落下的利箭，必须另外选择火器、弓、弩等能够远距离反击敌人的兵器，正如俗话所说“以其人之道还治其人之身”。遗憾的是，虽然郑军装备了火器，可是他们的铳炮手受制于装填速度过慢等客观因素，难以与金砺精心挑选的射手较量。就算是射速比较快的弓，在使用上也是因人而异，而主要由东南沿海人士组成的郑军明显在“射艺”上比不上来自关外，具有狩猎传统的满洲八旗。至于弩这种兵器，由于放置箭簇的木制弓身比较长，因而在射击时会产生较大的摩擦，从而消耗一部分动力，以致影响箭的射程。故此，要想射得更远，常常要加大弩的尺寸，可这样一来，弩手张弩时就需要使出更多臂力、腰力、足力，不但减慢了射击的速度，也令身体更容易疲惫。种种很难克服的缺陷使得弩实际上已经逐渐被铳炮与弓淘汰。总之，郑军没有拿得出手的远程兵器与清军抗衡，从而被对方的弓箭手打得几无立足之地，有的人左躲右闪，难以站立，便干脆坐在地上继续抵抗，尽管出现伤亡，所有官兵都没有退却，仍然冒死坚守在第一线。

这时，天渐渐亮了。“三叠”的满将大部分渡过了护城河，正欲大显身手，在阵后使用远距离射箭的方式彻底压制郑军，以掩护那些身披“重铠”的先头部队卷土重来。城池眼看就要失守，郑成功临危不惧，及时下令点燃预先埋藏于河沟旁边的火药，刹那之间“烟焰蔽天”，一场突如其来的大火将清军烧得焦头烂额，尸体横七竖八地堆满了沟堑，一些未来得及过河的人抱头鼠窜，四处逃命。

结局出人意料之外，郑军最终依靠火药拯救了海澄这座危城。死里逃生的甘辉等将乘此良机指挥手下一拥而出，如风卷残云般在护城河的两岸追杀着对手，赢得了这次来之不易的胜利。精锐尽失的金砺随即下令民夫把城外的大炮运走，并带着剩余的清军连夜撤离了这个损失惨重的伤心之地。

回顾这场惊心动魄的战事，可知清军在装备上占了绝对优势，先是凭着威力巨大的火炮发射出铺天盖地的弹丸，清除前进路上的障碍，然后出动从头到脚都笼罩着铠甲的步兵，企图在近战中克敌制胜。谁知竟被郑军用大斧击退。金砺果断把善于使用弓箭的预备队投入战场，重新控制了主动权。万万想不到就在胜利唾手可得之际竟然意外遭到火药的暗算，从而功亏一篑。整个作战过程跌宕起伏、曲折多变。清楚地表明如果指挥得当，一支处于劣势的军队使用廉价的兵器也照样能打败训练有素、武装到牙

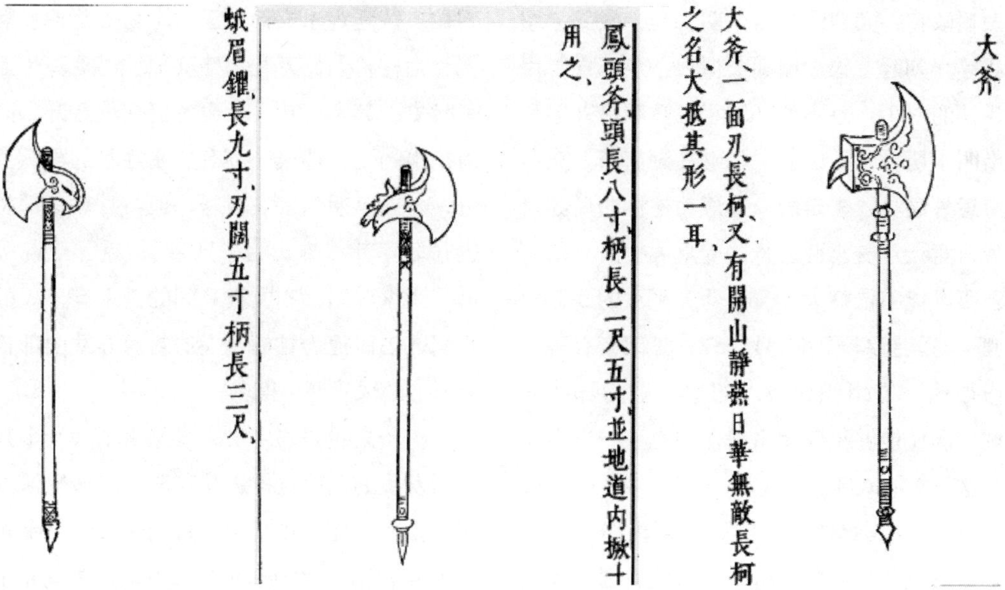


▲古代各类斧。

齿的敌人。

《闽海纪要》记载这一战中首先使用大斧御敌的郑仁，战后论功时得到破格提拔，官居都督。然而，《从征实录》却认为第一个提倡用大斧杀敌的人是郑成功。据说在金砺发起总攻的前一天，郑成功在对诸将安排迎战计划时，说出了一番未卜先知的话，指出清军在明天欲打过护城河时，“必用空炮助其声势”，因为敌人绝对没有“自击之理”，而且这样做可以“愚我耳目”，到那时，迎敌的官兵必须列队向前，各执“大刀、大斧”，打击来犯之敌，但不准追逐。等到敌兵全部过河，再用“火攻”的战法将之焚烧。然后，守城的将士才能够竭尽全力地一齐“杀出”。郑成功的这一番话竟然完全符合后来的战斗过程，因而不排除史官是在事后为了给主帅脸上贴金而巧为修饰。郑成功如果真的把大刀与大斧一起并列为御敌利器，无疑是卓越的见识，这是因为一些沉重的大刀类似大斧，也能发挥破甲作用。综上所述，不排除郑成功在战前曾经就如何使用兵器御敌的问题作过指示。而郑仁作为军中的“厮养卒”最先以实际行动证明大斧的效力，也是功不可没。最重要的是，火药无疑是郑成功亲自下令埋藏于河沟旁边，此举起了反败为胜的妙用，故郑成功在兵器运用上确有心得，绝非纸上谈兵之辈。

自从八旗军征明以来，碰到过不少挖空心思、试图使用犀利武器抗敌的明军统帅，例如熊廷弼、孙承宗、洪承畴等人在关外主持军政大局时，先后斥巨资制造装载火器的车营，可惜在战场上用处不大。唯有徐光启、袁崇焕等人实行“凭坚城，用大炮”之策，才发挥显著作用，倚仗布满红夷大炮的“宁锦防线”与八旗在关外对峙了十几年。当明朝灭亡，八旗军入关之后，相继消灭了大顺政权、大西政权与南明弘光、隆武、绍武等小朝廷，很少碰到类似袁崇焕那样善用兵器的对手，想不到1652年（清顺治九年，南明永历六年）之后，相继在湖南与东南沿海意外碰见了李定国、郑成功这样的后起之秀，竟让这支常胜之师屡受重大挫折。郑军之所以能够依靠大斧、火药等平常的武器取胜，与其组织严密、号令统一等因素有关，假如让一支组织松懈、纪律涣散的部队守城，即使能够正确使用武器，也不一定能取得这么大的战绩。

不过，海澄大捷并不意味着郑军成为一支真正能与八旗军抗衡的部队，因为此战只是防御战，而攻城的八旗军人数亦有限。况且，清军的统帅并非多铎、济尔哈朗、博洛、勒克德浑等以王爵身份出任大将军要职的人，而是地位不高的金砺（其世职之位仅为“一等阿思哈尼哈番”，出任的只是平南将军），他即使拿不下海澄，也不会让清朝丧失闽南的控制权。看来，只有提高野战能力，让那些以王爵身份出任大将军之职的清朝统帅一败涂地，才真正算得上是一支有能力扭转乾坤的抗清武装。但到目前为止，做到这一点的不是活动在东南沿海的郑成功的军队，而是在西南反攻的以大西军余部为主的明军。

海澄获胜的郑成功回到中左所后于教场设宴犒师，欲以军中大印付予甘辉，因甘辉不敢接受而作罢。知县黄维璟以及军士二人因战时擅离职守受到军法处置。不久，郑成功派使者经水路前往贵州安龙为参加海澄之战的将领请功，永历帝后来敕封甘辉为崇明伯、黄廷为永安伯、王秀奇为庆都伯、赫文兴为祥符伯、万礼为建安伯、冯参军为监军御史。其余有功人士也各自获得晋升。必须指出的是，郑成功拥有“赐姓”的显赫身份，一向以明朝宗室自居，他与甘辉等部将也并非草莽英雄式的“兄弟”，这一点与孙可望、李定国、刘文秀之间的关系有很大的不同，因而他为甘辉等人请封而导致内部权力分散的风险要小得多。

海澄之役是在宝庆之役结束了大半个月之后发生的。就这样，从1652年（清顺治九年，南明永历六年）十一月到1653年（清顺治十年，南明永历七年）四月，清朝倚重的八旗军在短短的四五个月内先后在衡州、宝庆、海澄等地与李定国、孙可望以及郑成功连续进行了三场伤亡累累的较量。《清世祖实录》收录了一份给“衡州府、岔路口（代指宝庆之役）及福建海澄县阵亡各官”追加世职之号的名单，已超过了三十人（其中包括护军统领一人，署梅勒章京五人，护军参领四人，署甲喇章京五人，护军校四人，牛录章京一人，骁骑校四人，委署章京两人，侍读学士一人，学士一人）。从这份不完整的名单中可以对八旗军遭受到的空前伤亡有一个初步的了解。如果加上孔有德、吴三桂、沈永忠、陈锦所部以及各地绿营军在此前后的损失，那么清军的总体伤亡数字必定非常可观，因而暂时没有能力收复四川、湖南、广西以及福建沿海的失地。清朝难以发动咄咄逼人的战略攻势，与南明的战局便逐渐进入了相持阶段。

# 第八章　犬牙交错

李定国在湖南与孙可望分道扬镳，率军返回广西，准备以此作为进军广东的跳板，这在战略上的确有独具慧眼之处。因为吞齐的满汉大军在湖南站稳脚跟后，继续选择湖南作为北伐的突破口已经不合时宜了。清朝能够充分利用水路运输的优越条件，将江浙地区的大量物资源源不断地从长江下游调到前线，足以在旷日持久的战争中让后勤供应得以维持。比较特出的例子是在1648年（清顺治五年，南明永历二年）至1649年（清顺治六年，南明永历三年）之间，清廷大军就是依靠长江、鄱阳湖这支水上运输线的支持，一直将江西的南昌围困了八个月，最终成功拿下了这座饿殍载道的城市。

毫无疑问，久经战乱的湖南已经不可能供养集结于此地的庞大军队，敌对双方都需要后方基地的支持。孙可望与李定国控制的云、贵、广西以及四川部分地区与富庶的江浙相比，财赋收入相形见绌，再加上位置偏僻与交通不便等因素，使西南明军的后勤受到极大的制约。而位于湖北、四川等省交界之处的夔东十三家，又暂时没有能力夺取长江控制权，切断清军的运输线，因而收复湖南或江西的计划在现阶段很难迅速实现。

返回广西之后的李定国将广东选为战略进攻的地点，就显得棋高一着。这样做的优势至少有四点：

一是广东素来物产丰富，在战争中遭受的破坏比湖南少，能够在一定程度上供养大批外来军队。

二是广东远离江浙地区，清朝的地方部队不能及时得到从长江运输线送来的物资。

三是称霸东南沿海的郑成功可以在战略上予以配合，既能够尽力切断广东与江浙地区的海上联系，又可以从福建沿海的基地南下，威胁广东清军的侧后方。

四是广东的驻军以尚可喜、耿继茂所部为主。尚、耿二人与孔有德一齐南下，明军围歼孔有德后，进而攻击尚、耿二人是合情合理的事。

李定国一旦夺取广东并进行经营，不但能使匮乏的物质财富得到补充，而且能够招揽更多的人才与兵员。随着地盘的扩大，他既能与孙可望一起对江西形成夹击之势，又可以和郑成功互相呼应，会师福建。可谓一步妙棋，满盘皆活。更重要的是，李定国与郑成功作为那一时期的两位名将，如果能够携手合作，必定一波激起千层浪，轻而易举地打破这一潭死水般的僵持局面。

但是，这时广西的形势已经发生了变化。自从李定国于1652年（清顺治九年，南明永历六年）下半年率主力北上湖南参战后，盘据广东的清平南王尚可喜督促线国安、马雄、全节以及强世爵等乘虚而入，经封川，连取梧州、桂林、阳朔等处，在广西东部占了一块地盘。李定国重新退回广西后，置桂林等失地于不顾，着手策划进军广东。而他此前预做准备，曾经移檄郑成功要求会师。郑成功在这一年的十一月得悉后，作出了善意的回应，专门派人到广西与李定国约定出兵日期，试图协同作战。

到了次年二月，率先行动的李定国所部经广西贺县，重夺梧州，向远在四百里之外的广东肇庆急进，这座城市是永历帝朱由榔正式登基之地，因而其得失具有很大的政治影响。

明军以部分归附的粤东义师为向导，相继占领开建、德庆，于三月二十五日到达肇庆城下，连营据于城外北山。并另派偏师攻下四会、广宁，兵锋直指三水。一些地方抗清势力乘机活跃起来，转战在罗定、东安、西宁一带，竟然有二百战舰由新会、顺德而突入九江口。清远附近山区的绿林武装也摩拳擦掌，扬言要带李定国渡河，经从化而袭击广州。一时之间，广东局势震荡不已。

可惜的是，此时福建沿海地区是“山雨欲来风满楼”，郑成功正在海澄与清将金砺对峙，暂时未能兼顾广东。不过，潮州总兵郝尚久却宣布反正。此人本为李成栋的旧将，降清后不断遭到清朝当局的排斥，遂愤而起兵，自称新泰侯，传檄南、韶、漳、惠

▲李定国在1652年印造的《慈悲道场梁皇忏法》卷末附记。

等地，与李定国遥相呼应，隐约地从西面威胁广州。

情况似乎对明军比较有利。李定国在二十六日正式围攻肇庆，他指挥手下掘开护城的壕沟，力求泄尽里面的积水。又下令用布囊盛土，密密麻麻地堆成墙，同时竖起木栅、挨牌，以掩护进行狙击的鸟铳手。做好这些布置后，打头阵的兵丁开始架起梯子，从东、西、北三面一波一波地向前涌过去。此外，明军还采取暗度陈仓之策，秘密挖地道，企图潜入城中。当时，不少攻城步兵在脑袋上缠上一层层的长布条，身躯上也披上厚厚的棉被，以此作为铁甲的替代品。这些简易的“绵甲”具有一定的弹性，用来抵抗棒、锤、鞭等兵器的砸击时能起到一定的缓冲作用。而“绵甲”比铁甲更轻便，能让士卒更容易进行跌扑滚翻，更灵活地躲避大刀、大斧等兵器的劈刺。

清肇庆总兵许尔显殚精竭虑、极力抵挡，时不时抓紧时机督促部属缒城而下，冒险反击，抢夺明军用来攻城的梯子。并在城中挖了一道与城墙并排的壕沟，拦阻沿着地道从城外钻进来的敌人。经过反复厮杀，艰难地支撑了一个多月。

肇庆距离广州仅二百里之遥，让身在后方的尚可喜有唇亡齿寒之忧，他再也坐不住了，亲自率部驰援。耿继茂为了防范李定国派遣部分兵力从木绵头渡河与郝尚久会师，也带着铁骑来到三水附近的木绵头渡口，切断了通往潮州之路。就这样，肇庆与潮州被清军分割为两个各自孤立的战场。

随着尚可喜的到来，肇庆城防更加巩

▲镇守广州的尚可喜。

固。可尚可喜已经不满足于画地为牢地困守城中，他登城观形察势之后，下令从城垣的东、西方向凿开两个侧门，然后驱使士卒于四月初八出其不意地出城反击。清军奋力夺取明军在城外挖掘的地道，并放火焚烧地道口。那些未能及时退出地道的明军惨遭厄运，他们身上由纺织品制造的“绵甲”属于易燃品，触及火焰极容易熊熊燃烧起来，而浓烟的熏蒸也让很多人窒息而死。.

猝不及防的李定国被迫退军五里。尚可喜把握战机，又刻不容缓地驱使大队清军从西、南二门涌出，拼命与明军争夺龙顶冈这个制高点。

由于棒、大斧等兵器用来对付身穿“绵甲”的明军时效果不太理想，清军别出心裁地装备了可以撕毁布匹的镰钩长枪，力图用枪端上的钩子先把明军披戴的布条或棉被扯烂，再攻击对手暴露在外的身躯。尚可喜这一招非常厉害，他的手下很快在血腥的肉搏战之中杀死了数百名敌人，成功把李定国所部逐离战场。

尚可喜赢得了肇庆保卫战的胜利，这与他能够吸取孔有德在桂林败亡的教训，摒弃轻敌思想，在临战之前做好充分准备有关。而在遥远潮州的战场，清军也调度有方，牢固地掌握了主动权。

郝尚久在潮州反正后，在西、北两面受到大埔、镇平、三水、惠州等地清军的牵制，不能迅速向广州以及肇庆方向进军，错过了与李定国会师的时机。李定国既已败退，清军遂得以调集更多人马解决郝尚久。耿继茂从木绵头渡口东进，于同年五月到达潮州一带。此时，驻防江宁的昂邦章京喀喀木已被清廷授为靖南将军，带着一支八旗军赶到了广东，这支风尘仆仆的部队虽然来不及参加肇庆之战，但正好用来镇压潮州的反清势力。此外，镇守大埔、镇平等处的总兵吴六奇以及部分南赣部队也奉命前来攻打郝尚久。兵多将广的清军从八月十三日起开始攻城，经过一个多月围困，在秘密投降的守城将领王立功的接应之下，于九月十四日竖起云梯克城。郝尚久投井死亡，余众尽数被歼。其后，喀喀木带领八旗军凯旋返回江宁。

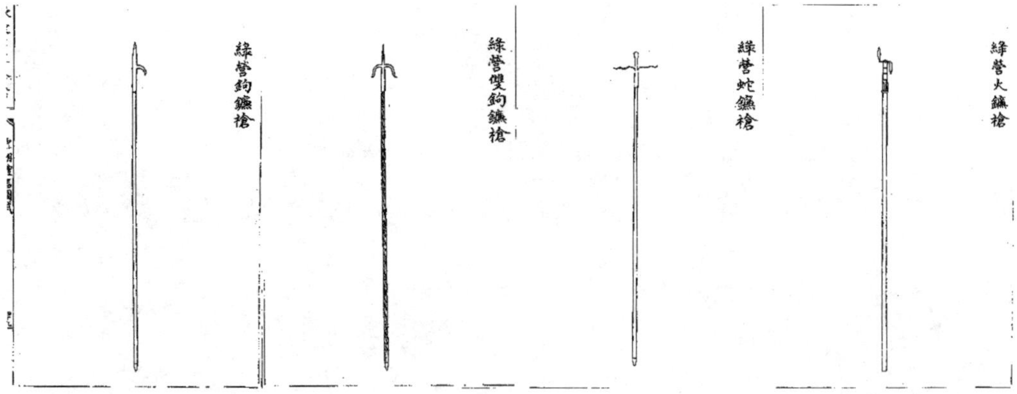

▲清军的各类钩镰枪。

广东省内的大仗虽然基本结束，可冲突仍然不绝。攻打肇庆遇挫的李定国没有损失多少军队，他在同年闰六月初九日曾经派遣部分人马再次袭扰肇庆，并相继拿下遂溪、化州、吴川、信宜等处，可是由于通往广州之路受阻，便于七月转回广西贺县、平乐，并于同月二十一日转而调兵重新攻打广西桂林。遗憾的是，难以重复上次击毙孔有德的辉煌。明军连攻七昼夜，并沿用挖地道攻城的战术，从西城外铁马柱头旁边挖入，准备运送火药入里面炸毁城墙。谁知骁将王国仁入地道内视察时，却因火药意外提前爆炸而身亡。李定国极为悲痛，停止了攻城，向阳朔方向撤退。在此前后，广西的梧州、昭平等地也发生了拉锯战，清巡抚王荃可被杀，明军总兵王之邦、卜宁，都督李昌战死。此后，两广地区的明清军队暂时偃旗息鼓，但仍处于剑拔弩张的状态。

首次进军广东的李定国原本希望与郑成功会师，可是这个雄心勃勃的计划最终落了空。郝尚久覆亡之前亦曾向郑成功求救，尽管郑成功已经在福建沿海打败劲敌金砺，取得了海澄保卫战的胜利，可是却迟迟没有出手相助，只是于六月派军出征潮州、揭阳附近不听使唤的山寨，并乘机在那一带征粮，然后于八月撤回中左所。其后，郑成功部将陈六御曾经率少数水师来到南澳，由于在途中得知潮州已破的消息，因而又返回福建。从种种迹象判断，郑成功对出兵广东并不积极，这与清朝对他的极力招抚有关。清朝统治者已经被在东南沿海呼风唤雨的郑成功搞得伤透了脑筋，他们眼见动用武力难以使问题得到解决，遂改用和平手段进行招抚。首先对软禁在北京的郑芝龙加以抚慰，允许其把福建的部分亲属接到京城团聚，并给个别人安排一官半职，实际是将这批人扣为人质，以便和郑成功讨价还价。在1653年（清顺治十年，南明永历七年）四五月间，清朝开始正式招降郑成功，命令郑芝龙以及浙闽总督刘清泰等人出面用写信的方式进行游说，承诺要对郑成功封官封爵，并同意让出泉州等地作为郑成功所部的驻扎地点。郑成功获悉后或许是忧心亲人的安危，遂采取见风使舵的态度与清朝进行“和议”。这样的结果使得郑成功对进军广东配合李定国作战的计划犹豫不决，甚至对郝尚久的覆亡也见死不救。不过，郑成功不想真正投降清朝，主要采取了敷衍的态度，因而直到1653年（清顺治十年，南明永历七年）年底，所谓的“和谈”也没有取得什么成果，只能耗费时日地谈下去。

顺治帝耐着性子非要招抚郑成功不可，与当时日渐被动的军事局势有关，自他亲政以来，对南明的战争进行得越来越不顺利。清军遇到了前所未有的激烈抵抗，定南王孔有德、敬谨亲王尼堪、浙闽总督陈锦等一大批文臣武将先后战死。由于战乱频繁，老百姓流离失所，经济生产未能恢复，以致影响财政收入。正如大学士范文程在1652年（清顺治九年，南明永历六年）年底所言，“各直省钱粮，每年缺额至四百余万”。清朝自入关以来，财政很少有宽裕的时候，为了填补亏空，官员们绞尽脑汁，甚至采取了向关内倾销关外的特产人参等办法来筹款，但效果不太理想。即使是素称富裕的江南地区，由于适逢乱世，人参的销路也不佳。为此，清廷在地方官的恳请之下将人参的价格下调，并通过强行摊派等种种措施力求尽快售出，比较特出的例子是在1645年（清顺治二年，南明隆武元年）底到1646年（清顺治三年，南明隆武二年）六月之间，当时官府以每斤三十二两的低价向民间抛售，好不容易才筹集到十七余万两银起解进京，就算是这样，仍有七万余两银被地方人士拖欠。总而言之，清朝每年征收的赋税大部分用于给军人发薪俸以及给军队筹办给养，巨额的军费使得国库捉襟见肘，难免在军事上产生不利的影响。正如前文所述，湖南、广西等地"粮饷不继"，是沈永忠、孔有德所部战斗力严重削弱的原因之一，从而促成了1652年（清顺治九年，南明永历六年）的败局，被李定国打得望风披靡。在损兵折将的情况下，清廷还在1652年（清顺治九年，南明永历六年）十二月以"钱粮不继"等理由，下令把驻粤的"靖南将军固山额真卓罗等官兵"撤回京，以图使财政上的困窘稍为缓解，从而使得尚可喜在1653年（清顺治十年，南明永历七年）应付李定国的进攻时一度非常被动。种种迹象表明，穷兵黩武之策已经显得不合时宜，清朝迫于形势，势必在用兵方略上作出重大改变。

顺治帝在决策招抚郑成功前后，宣布了一项出人意料的决定，于1653年（清顺治十年，南明永历七年）五月破格重用汉人文官洪承畴。这时的洪承畴久经宦海沉浮，阅历更加丰富，他早在清朝入关之初，已受命招抚江南，并尽心尽力地瓦解各地的抗清势力，由于过于忙碌，工作难免出现错误，例如在1647年（清顺治四年，南明永历元年），他擅自给僧人函可（函可的生父韩日缵与洪承畴是故交）发放从江宁返回广东的通行牌证，想不到函可被看守城门的官兵查出携带反清书籍而身陷囹圄，致使受到牵连的洪承畴不得不上疏引咎。而在此之前，镇守江宁的八旗将领巴山、张大猷等人已从抓到的间谍中发现鲁王朱以海封洪承畴为国师的敕书，敕书里面要求洪承畴做内应，协助南明军队平定江南。清廷得报后不想在这个多事之秋掀起轩然大波，遂以此乃敌人的反间计为由，反过来抚慰洪承畴。可是种种事端难免激起当时尚在人世的多尔衮的猜忌。谨慎小心的洪承畴亦不得不屡次上疏以病辞归，以试探朝廷态度。到了1647年（清顺治四年，南明永历元年）七月十九日，清廷终于宣布马国柱出任江南江西河南总督，代替洪承畴履行职务，而洪承畴也于1648年（清顺治五年，南明永历二年）二月初离开江南北返，在北京坐了很长一段时间的冷板凳。随着顺治帝在多尔衮死后亲政，京城的局势也发生剧变，一度受到多尔衮排挤的济尔哈朗变得炙手可热起来，被封为"叔和硕郑亲王"，成为顺治帝的得力助手。而与济尔哈朗关系比较密切的洪承畴也逐渐活跃起来，在1651年（清顺治八年，南明永历五年）由内务府镶黄旗下的包衣升为镶黄旗汉军，正式脱离了奴仆（包衣虽然是奴仆，但可做清朝的大官，只是仍需与满洲主子保持人身依附关系）的身份，成为了拥有户籍的旗人。

到了1653年（清顺治十年，南明永历七年）五月，洪承畴再一次时来运转，被推上了政治舞台的前沿。顺治帝在本月二十五日谕示内三院，以“夙望重臣、晓畅民情、练达治理”等冠冕堂皇的理由要将洪承畴升为太保兼太子太师、内翰林国史院大学士、兵部尚书兼都察院右副都御史”，并让其以这些显赫的身份“经略湖广、广东、广西、云南、贵州”等省，兼“总督军务，兼理粮饷”，集数省军政大权于一身，以期能扭转南方的被动局面。

根据顺治帝的指示，洪承畴主要拥有下列权力：

一是可以自主选择驻地，并可以在辖区之内“随便巡历”。

二是全权“节制”与“调发”所有的“兵马粮饷”，一切与“抚、剿”有关之事，朝廷不予干涉，洪承畴可以自行制订进攻或防御的计划，只需事后报告即可。

三是在辖区之内驻扎的“满兵”，或是留下，或是撤走，任由洪承畴斟酌决定。

四是清朝的文武各官，无论在京在外，只要洪承畴看中的，不管是“升、转、补、调”，朝廷一概任其选取以效力于军前，而吏、兵二部不得“掣肘”。

五是户部必须及时供给洪承畴所需的钱粮，不得“稽迟”。

六是归顺的官员，洪承畴可酌情收编，而投降的军民，也可随便选择适宜的地点“安插”。谕文还特别叮嘱要注意善待各处的土司，对于已经归顺者，要“加意绥辑”；未附者加紧招抚。

从某种意义上说，洪承畴出任五省经略是明朝“以文驭武”制度的翻版。既然这种制度存在缺陷，清朝为何又如法炮制呢？原因是多方面的。首先，多尔衮、多铎、豪格、阿济格、阿巴泰、满达海、罗洛浑、勒克德浑、博洛、瓦克达、尼堪等一大批能征惯战的满洲宗室贵族由于各种原因先后死去，犹存于世的济尔哈朗也年事已高，处于半退隐状态，合适的统帅人选已经很难找了。其次，孔有德、尚可喜、吴三桂、耿继茂、沈永忠等汉人王公贵族虽然曾经被委以重任，却力有未逮，不但难以完成统一西南的大业，就连各自的镇守之地也自顾不暇。故此，洪承畴才有机会粉墨登场。当然，洪承畴能够肩负如此重大的责任离不开顺治帝的提携。顺治帝与他的前任相比，更加倾心汉化，他博览群书，熟读经、史等汉籍，提倡“以儒治国”，对见解相似的文官格外垂青，曾经致力于提高汉官的职权（例如清廷各衙门的大印一向由满官掌握，而很多满官文化不高，常常误事。顺治帝后来规定各部尚书、侍郎等官“不必分别满汉”，只要任事在先，即可掌印），即使因此而招来一些满洲官员的不满与反对也在所不惜。好像千里马遇到伯乐一样，洪承畴终于时来运转。此外，顺治帝之所以把重权交给一位汉人文官，也准备了一套能够自圆其说的理由，正如敕文所提的那样，就是不想再“穷兵黩武”，而改用“以文德绥怀”的新政策，企图“不战而屈人之兵”，鉴于洪承畴在此前的招抚江南期间政绩突出，而且做过明朝的大官，又在汉人的士绅阶层当中有广泛的人脉资源，了解民情，因而必定能利用各种盘根错节的社会关系尽力完成这一新任务。同时，洪承畴本人在降清之前曾带兵征剿农民起义军，并打过多次胜仗，具备一定的军事指挥能力，在军界中也有一定的影响（例如吴三桂过去在关宁军中服役时曾经是洪承畴手下的一员将领，彼此渊源很深），可谓文韬武略兼顾，因而与同任大学士的范文程、冯铨、陈名夏等缺乏带兵作战经验的汉臣相比，更加适合成为军中的统帅。

受宠若惊的洪承畴开始着手赴任，并成功保举因过革职的原任大学士李率泰为两广总督，以应付广东的紧急局面。其后，他带领李本深等八十七员将领南下，而辖下的兵马来自京师、直隶、辽东、宣大、陕西、山东、山西、河南、江南、江西、浙江、福建各地，共约一万一千多，以绿营兵为主。让洪承畴统率以绿营兵为主的部队到前线与敌人拼消耗，符合清朝统治者的“以汉制汉”之策。这个政策早已实施过了，当初清朝统治者处心积虑地把孔有德、尚可喜、吴三桂等汉人王公贵族推上第一线打头阵时，就是这种政策的滥觞。由于八旗军在多年的南征北战中伤亡累累，清朝统治者可不想不顾一切地将这支人数越来越少的嫡系部队投入南方战场与强敌硬拼，因为这样做会使得八旗内部人丁数量进一步减少，不利于“首崇满洲”的基本国策。而随着尼堪的阵亡与吞齐在湖南迟迟打不开局面，清廷对八旗军的信心更加不足，顺治帝明确表示吞齐旗下满洲军队的去留问题，由此洪承畴自行决定，就是明证。故此，满洲军队退居二线，让绿营兵做炮灰，似乎是水到渠成的事。

值得注意的是，清朝君臣对西南土司非常重视。顺治帝谕文特别叮嘱洪承畴要注意善待各处的土司，对于已经归顺者，要“加意绥辑”；未附者加紧招抚。不久，户部右侍郎王弘祚也上疏建言对于“滇黔土司”应“暂从其俗”，等平定之后再“绳以新制”。也就是说，暂缓对云南、贵州的各土司政权实施薙发、易服等政策，这反映了被西南明军收编的土司将士在战场上有令人生畏的表现，清军不希望与之硬拼，而加以怀柔。

还没等洪承畴到达前线，情况发生了变化。尚可喜、耿继茂这两位王公在不久之前取得了肇庆保卫战等重大胜利，而随着李定国的撤退，广东已经转危为安。清廷可能对尚可喜、耿继茂重新恢复了信心，遂不让洪承畴插手该省军政之事。就这样，广东得以避免实行“以文驭武”之制，仍旧让尚、耿两位武夫主管军事。

同年的闰六月初五日，顺治帝专门给洪承畴下了一道敕文，除了重复上述给内三院谕文中的内容之外，还作了一些重要的修订与补充：

其一是将经略湖广、广东、广西、云南、贵州改为经略湖广、江西、广西、云南、贵州。

其二是凡涉及到洪承畴职权范围之事，朝廷必先咨询洪承畴之后才实行。

其三是湖广、江西、广西、云南、贵州等省的“巡抚、提督、总兵”以下各级官员，全部交由洪承畴节制，而“文官五品以下，武官副将以下”有“违命者”，洪承畴可以“军法从事”。

其四是洪承畴可以平等地与藩王以及公爵打交道，相见时各依宾客之礼行事。

其五是抚、镇、道、府等官，有工作能力不强以及才华、品质不尽如人意者，洪承畴有权从别处调来合适的人选，同时上报朝廷。

其六是如果“紧急军需”一时“拨解未到”，洪承畴有权调用邻近区域的物资。

其七是洪承畴可以与四川、河南、陕西等邻近省份的总督、巡抚行文往来，讨论军事问题，以便“犄角策应”。

综上所述，洪承畴作为一位文官，在湖广、江西、广西、云南、贵州等五省拥有前所未有的权力，其中涉及到军事、行政、财政、人事、司法等方方面面，而此前他在招抚江南时虽然也打着“总督军务”的旗号，但重大之事必须与当时驻扎在南方的勒克德浑、叶臣等满洲将领商量，权力受到很大的限制，与现在比较，当然不可同日而语。就连吴三桂、尚可喜、沈永忠等仍在四川、广东、湖南各省驻守的汉人王公贵族，无论是管辖区域还是统治地方的权力，与洪承畴相比，也一样望尘莫及。只有多铎、阿济格等满洲亲王在入关之初统兵讨伐大顺政权与南明弘光小朝廷时才拥有类似洪承畴这样大的权力。

洪承畴名义上作为五省经略，但真正能染指的主要有湖广、江西以及广西部分地区，由于战乱频繁，其中不少地方残破不堪、土寇出没，难以有效管治。清军在湖南与孙可望所部正沿着辰州、沅州、武冈一线处于僵持状态。至于湖北，夔东十三家继续对郧阳、襄阳、荆州、夔州等地构成威胁。邻近湖南的江西也不安宁，袁州、吉安一带仍有反清势力活动。而在广西，李定国控制了该省的大部分地区，与盘据桂林的清军遥相对峙。由于孙可望、李定国所部被视为是清军最大的对手，故湖南与广西战场格外引人注目。洪承畴于1653年（清顺治十年，南明永历七年）十一月来到武昌，在与湖广总督祖泽远会商后，认为长沙乃“衡、永、辰、常、宝庆必由之路”，既可以直通云贵，又可到达广西，“武昌藉以为屏藩”，江右倚以为保障”，因而最适宜作为指挥的地点，应该经常驻扎于此。他刚到任，就从广西总兵线国安的塘报中得知桂林名为恢复，但在所属的二州七县当中，仅控制临桂一县，此外，清军实际掌握的地盘还有桂林以北的灵川、兴安、全州以及桂林以南的梧州，其余地方“悉为贼巢”。经过统计，得知广西清军共九千多，分驻各地，依赖三四个州县供应粮食，由于今年的粮食提前吃光，因而在这年的七八月间已经“预征”明年之粮。洪承畴深知这样做难以为继。而湖南衡州、永州等地接济广西的粮食又长途跋涉、“转运最艰”。即使困难重重，他还是想办法联系身在江宁的督臣马国柱，催促江南布政司解运五万两饷银从水路送来，另外，又催促两淮盐运司解送盐课银五万两到武昌，陆续发往广西应急。除了粮饷之外，平南王孔有德的残余兵马也等待湖南当局接济“马匹”与“盔甲”。总之，需要处理的事千头万绪，他经过权衡利弊之后，觉得仅仅稳定湖广的局势已经相当不容易，便于1654年（清顺治十一年，南明永历八年）七月初二向清廷建议让广东的耿继茂进驻广西梧州，企图把平定李定国的艰巨任务推卸给坐镇广东的尚可喜、耿继茂等武人。实际上，顺治帝已于同年二月命令耿继茂“带领本标官兵及随征绿旗官兵”前往桂林驻扎，并发战马五百匹随行，以防范李定国驻于柳州的军队。只是李定国抢先向广东发起进攻，才使得这一计划暂时搁置。

李定国第二次进军广东筹划已久，他在1653年（清顺治十年，南明永历七年）从肇庆退回广西后，经过数月的积极准备，已考虑卷土重来的问题。或许是由于桂林、灵川、兴安、全州等处的清军得到湖南当局的支持，而李定国与驻军于湖南的孙可望又失和，难以协同作战，故李定国仍然把广东视为进军的目标。

广东驻扎的清军不过两万余人，未必能够与李定国所部抗衡。但清朝不会轻易放弃广东，肯定会从别处调遣满汉大军前来救援，因而李定国需要得到其他抗清武装的大力支持，才可增加胜算。为此，他派人四处联络广东境内那些忠于南明的义师，也殷切期望活动在东南沿海的郑成功能够予以积极的配合。而郑成功能否依约前来参战，与广东能否光复有莫大的关系。

经过准备，李定国于1654年（清顺治十一年，南明永历八年）二月动手了，指挥数万明军（其中包括十三头战象以及数千啰啰兵）经横州进入广东，在各地抗清义师的配合下，迅速占领廉州、高州、阳春、阳江、恩平、东安、西宁以及雷州。粤西清军官兵纷纷溃退，副将陈武战死，总兵郭虎、李之珍逃跑，张月、先启玉投降。坐镇广州的尚可喜、耿继茂与两广总督李率泰均认为明军必经新会而前来进犯，因为与开平、恩平接壤的新会是“水陆之要冲，省城之门户”，实乃兵家必争之地。为了加强这个战略枢纽之地的防务，他们调广州水师总兵盖一鹍驻于新会古镇水口，以防抗清势力从海路杀过来，同时又派甲喇章京田云龙与新会经制守备宓士宏、知县刘象震等协力固守，竭力扼守通往广州之路。事实正是如此，李定国早已策划着与郑成功在新会会师，原因在于此地有河道出海，方便郑成功的水师进入。如果郑成功所部乘船而来，完全可以绕过清军重兵布防的潮州、惠州，从海路直达此地。制订这个计划的李定国挥师疾如雷电般跃进，比郑成功抢先一步到达新会。遗憾的是，他在进军途中于四月间在高州患病，未能亲临前线指挥。

新会之战在六月二十九日打响，最先到达的五千明军在西门之外的飞鹅山头扎营，当中，属于李定国的嫡系部队有一千余人，皆披挂盔甲，并带着二百多匹马以及两头战象，其余的全是广东省内的抗清义师。是日夜间，西门之外“炮声不绝”，正式揭开这一场大战的序幕。新会虽然不大，可是依山傍水，地形险要，明军先头部队经过数天激战，始终突破不了守将田云龙布下的防线，难以迅速克城。

身在后方的尚可喜、耿继茂与李率泰

等人坐镇广州，派出部分人员，由总兵许尔显、连得城、徐成功率领从水陆两路前去增援新会。水师副将李胤香，中军游击盛登科、金有赏、白万举等人带领哨船，集结于甘竹，准备配合徐成功执行任务。其后，右翼总兵吴进功也奉命到前线助战。

尚可喜为了减轻新会面临的军事压力而绞尽脑汁，他决定以新会附近的县城为饵，目的是诱使明军在围攻新会的同时又对别的目标展开攻击，以致兵力更加分散。为此，他命令鲁大明率五百将士到新会以北的高明协助守将郭虎、杜豹等人坚守到底，和新会南北呼应，以壮声势。

围攻新会的明军以及抗清义师很快增至万人，以吴子圣为首。他们在城外“浚壕竖栅”，昼夜攻打，同时，还如尚可喜所预料的那样，分兵攻击高明，这就等于把攥紧拳头张开来了，减轻了进攻的力度。战事持续到八月，抗清义师陈奇策出奇兵占领新会与广州之间的江门，并打死了盖一鹍，才使僵持不下的局面有所改观，让与后方隔绝的新会，陷入了新一轮的危机中。

▲广州的清代城防炮。

明军以水师扼守江门，又在陆地修筑炮台阻击从广州方向杀过来的清兵。为了与孤悬在外的新会打通联系的渠道，尚可喜、耿继茂只得亲自出马，于十二日带领水陆军队赶往前线，五天后到达江门。由于江门河道狭窄，水下面布置了数层木桩，让大船难以进港，清军唯有出动小船运载部分官兵拔桩而前，上岸解围，并击败驱象迎战的明军，斩数百人。阿达哈哈番刘秉功等将领得以乘隙进入新会。

一波未平，一波又起，新会以北的高明又告急！已在八月病愈的李定国取道肇庆来到此地，于九月二十日指挥部队发起了更猛烈的进攻，并挖掘地道力图早日克城。饱遭攻击的城墙坍塌二十余丈，即将失陷。带着大队人马急如星火地赶到这里的尚可喜眼见明军军容甚盛，又不战而回。李定国率步骑万余追击，可是他挑选的五百精骑因前进速度过快，不慎遭到尚可喜的伏击，损失了总兵武君禧、游击王天才等三十六员将领以及三百多士卒。虽然尚可喜跑掉了，但李定国也如愿以偿地拿下高明，杀死守将杜豹、活捉郭虎。同知白崇周、守备陶以宁投降。

自高明东进的李定国很快又杀到了新会，他号称召集了“二十万”的兵力，将之重重围困，并在王兴、陈奇策等抗清义师的配合下分兵三洲、金利、富湾、罗屈诸口，前锋进到距离广州约百里的地方。只要新会一下，全军即可掉转矛头，指向广州。

然而，郑成功的舟师迟迟没有从福建南下广东，妨碍了李定国原定的会师计划。在此期间，等得不耐烦的李定国吩咐幕僚写信，派人送到福建中左所进行催促，其中提到自己在“七月中旬又接皇上（指永历帝）敕书，切切以恢东为计。君命不俟驾，宁敢迟迟吾行哉！”言词之间，已经含有责备郑成功姗姗来迟之意。他坦率地讲述出师以来，“不谷（李定国自称）驻师高、凉，秣励养锐，惟候贵爵（指郑成功）芳信，即会軰长驱”，以成合击之势，现在自己的部队已经驻于“兴邑（指新兴）”，将要“直捣五羊（指广州）”，然而逆虏（指清军）以新会为“锁钥枢牖”，在城中储存物资，并“援饷不绝”，因而最好是就地解决新会清军，庶几省城可“不劳而下”，但要做到这一点需要郑成功的“合力”才行。因为清军恃“舸舰”而“堵我舟师”，除非郑成功的水师能迅速赶来，否则谁能获捷？他又批评一些粤东抗清水师不积极赴战，而采取观望态度，认为只有“千里勤王”，才算“夙绩”。言外之意是以这些反面例子来劝郑成功快快动身。至于清朝派往广东的援军亦不必担心，理由是清军“再无敬谨（指敬谨亲王尼堪）之强且精者”，而尼堪“今安在哉”！如果清军援军真的到来，“当尽缚以报知己（指郑成功）”。李定国特别强调“大略粤事谐而闽、浙、直争传一檄”，意思是收复广东，则闽、浙、直（指南京）可传檄而定，故此，别的地方的战事都不如收复广东之战重要。顾全大局的李定国甚至提议要与郑成功联姻，想娶郑成功的女儿为媳，以巩固彼此的关系，显然是希望此举有助于达到联合作战的目的。

李定国迫切需要郑成功前来支援。尚可喜、耿继茂同样日夜盼望八旗“禁旅”早日到来。哪一方的援军首先到达，哪一方就胜券在握。北京的顺治帝得知尚可喜、耿继茂等人向朝廷紧急求救后，早在这一年的六月已派遣正白旗蒙古固山额真朱玛喇为靖南将军，同巴雅喇纛章京（护军统领）敦拜统领满汉大军南下，只是从陆路长途跋涉、穿州过省，一时难以赶到。相对而言，郑成功从福建前往广东的距离要近得多，只要肯动身，比朱玛喇所部提前到达广东并非难事。可是，郑成功似乎不太着急，仍在观望。李定国可能预感到郑成功会托词不来，又在另外一封信中自称“五月至今”都在等待郑成功参战，倘若郑成功的确不能来，那应该说清楚，让自己修改作战计划“以图进取”，他有点悲观地提醒对方，“要知十月望后，恐无济于机宜矣”。

十月很快到来了。无论望眼欲穿的李定国怎么催，郑成功的舟师就是杳无踪影。不得已，李定国所部只能勉为其难地承担起拿下新会的重任。十月初三，攻城部队集中全力发起了空前猛烈的攻势，一连十余日，城内外炮声不绝于耳。李定国一如既往地让手下使用挖掘地道的手段，尝试从城墙中打开一个突破口，经过不懈的努力，西山城在雷霆般的轰鸣声中坍塌了。就在新会眼看将要易手之时，清军拼死堵塞了防线上的缺口，硬是将明军拒于城外。攻守双方仍旧僵持不下。

在这个生死攸关的时刻，郑成功终于不再犹豫，决定出师增援李定国，原因之一是他与清朝从上一年的四五月间开始的和议破裂了。郑成功本来就不想真的投降，他利用顺治帝急于招抚自己的心理，乘机促使清朝释放了林察（林察在海澄之战前夕因躲避飓风而误入兴化港，成为俘虏），并在谈判期间将计就计地公开派部队到福州、兴化、漳州、泉州等清朝控制的府、县附近募兵以及征收粮饷（清朝地方官员不便阻拦，以免谈判受到破坏），获得了使用战争手段不能得到的东西。但他始终拒绝剃发，对谈判采取敷衍的态度令清廷难堪。清朝虽然作出了种种让步，例如从福建撤走金砺的满汉驻军，承诺在授予郑成功海澄公爵号的同时，又命其为“靖海将军”，同时同意给予漳、潮、惠、泉四州作为郑成功所部驻地，等等。在这么多优越的条件之前，郑成功仍不为所动，又提高价码，狮子大开口般提出新的条件，竟想索取福建一省，广东潮、惠二州，浙江温、台、处三州以及宁波、绍兴二府作为自己的地盘，使得顺治帝不胜其烦，直斥其“语言多乖，要求无厌”，因而谈判不可避免地在1654年（清顺治十一年，南明永历八年）九月底破裂。在这种情况下，郑成功遂转而响应围攻新会的李定国，不但答应与李定国联姻（不过，郑成功自称女儿已许配他人，欲以兄弟之女托付之），而且于十月初一开始着手布置南征。他在三天后亲自来到铜山，令林察为水陆总督、周瑞为水师统领、王秀奇为陆师左统领、苏茂为陆师右统领，辅以殿兵营林文灿、游兵营黄元、正兵镇陈勋、护卫左镇杜辉、后劲镇杨正、信武营杨泽等将，统率数万人乘坐百艘战舰从海路出师广东。郑成功在给李定国的复信中解释迟迟出师的原因是“风信非时，未便发师”，因为此前“南风盛发，利于北伐而未利南征”，现在冬季已至，“北风飙起”，才是出兵南下的最佳时机，故已令林察等人赴战，欲效一臂之力。他还乐观地预测林察等人到达新会前线后，明军可用“水师攻其三面，陆师尽其一网，则粤酋（指尚可喜等清将）可不战而擒矣”。然而，林察等人还要推迟至十九日才率领数万大军上路。

就这样，顺治帝任命的朱玛喇与郑成功任命的林察，各自肩负着不同的任务，一前一后赶向新会，谁能首先到达，仍是未

▲八旗兵。

知数。

转眼到了十一月。李定国对取胜仍抱有希望，因而在前线的攻势并未稍减，战斗也更加残酷。新会前城被大炮轰塌了十余丈，城外的敢死队见状奋勇向前冲，然而却受阻于城壕，在雨点般坠下的飞箭以及鸟铳弹丸中伤亡惨重，功亏一篑。明军仍不气馁，四处砍伐与搬运树木，要将壕沟填平，甚至还想冒险在城墙底下铺垫木材，因为当不可胜数的木材堆放得与城墙一样高时，步兵踏上去就会如履平地一般顺利登城了，这种打法名叫“捆青”。

清军哪肯束手待毙，便将脂油浇在柴上，放火焚烧堆积在城下的木材。大部分木材在熊熊的火光中成为灰烬，唯有葵树难以烧毁。吃一堑，长一智的李定国下令后方人员多砍些葵树，搬运至前线。可惜事与愿违，因为葵树不可能一下子堆放得与城墙一样高，而明军又不能够专门派人在城墙底下冒着枪林弹雨日夜看守，故清军抓住这一漏洞，迅速凿开城防工事，派人伺机出外把葵树拖入城里。这样一来，无论明军千辛万苦搬来多少葵树，总也堆不高，而指望能踏着此物登城更是遥遥无期。

仗打到这个地步，李定国已是计穷虑尽。恰巧此时，他从谍报中得知城中粮食已尽，便停止进攻，企求以长期围困的办法迫使守军屈服。清军继续作困兽之斗，“城中粮尽”，竟“杀人、马为食”，竭力挣扎到最后。

不但新会守军饿着肚子，整个广东的清军全都处于缺粮乏饷的状态。自李定国于顺治十年、十一年连续两次杀入该省后，连续攻城略地，使得清朝的控制区域不断缩小，

“仅存群邑之半”。李率泰在十月底对全省近年来的“收支”以及“钱粮数目”进行核对之后，向清廷诉苦，称财政收入捉襟见肘、入不敷出，再加上“今岁多旱”，水田“或仅半熟”，而那些地势较高之处则“颗粒无收”，无论官吏怎么样四处“催科”，都难以从民间征收到足够的赋税。为此，在“两藩镇将（指尚可喜、耿继茂所部）”等驻粤部队之中，有的将士已经两三个月无米可领，“嗷嗷之众，时切呼号”，因而，他恳请顺治帝“轸念广东艰食”而从江西调送“糟米十万石”，以便渡过难关，使得“合省披坚之士（指广东清军）得免于枵腹”。

显然，广州等地的清军已经自顾不暇，回天乏力。明军只要不顾一切地把围攻新会的行动坚持下去，似乎就能够大功告成。

尚可喜、耿继茂总不能呆在后方无所作为，他们又一次摆出增援新会的样子，于十一月初十日来到三水县，却不敢再前进，而是屯兵于沿江隘口，等待清廷的八旗劲旅早日到达，再作打算。

到了这个时候，战局已经逐渐明朗化了。南下满汉大军终于比郑成功派遣的水师提前到达。满汉大军由朱玛喇为统帅，此人年已五旬，出自海西女真的叶赫部，早在清太祖努尔哈赤生前已经归附，是一员颇具资历的老将，入关时参加过影响深远的山海关之役，此后转战浙江、福建、江西等地，相继讨伐过马士英、方国安、金声桓等南明文武官员，功勋卓著，因熟悉南方的风土人情，是出征广东比较合适的人选。他受命之后不敢怠慢，带着部队南下抵达江西，一面虚张声势地扬言要在赣州养马三月，以迷惑对手，一面暗中率领精锐部队快马加鞭地赶往广东，与尚可喜、耿继茂会师于三水。之后，又赶赴冈城，于十二月初十来到与新会近在咫尺的三洲，碰上了明军的前哨部队，一交手就打死了明军副将梁大勋，获得首级一百五十以及俘虏十余人，夺取初战的胜利，成功抢在新会失守之前赶到了战场。

这时，李定国师老兵疲。由于瘟疫流行，军中病死者为数不少，因而士气日渐低落。这支部队在劣境中迎战初来乍到、气势正旺的八旗劲旅，后果难以预料。

决战的一刻很快到了。朱玛喇经过三天休整，从容不迫地在尚、耿所部的配合下，于十四日浩浩荡荡地向新会猛扑过来，试图解围。

形势突变，明军不得不分兵应付。李定国指挥部分兵力在江北阻击清军援兵，而周文汤、高文贵驻军于江南，待机而动。

进至江北的李定国所部共约四万步骑兵，分屯于城北的诸山之间，并在峡口布置红夷大炮、排列战象，打算迎头痛击来势汹汹的对手。另派精兵劲卒屯于峡口左边山峰，以居高临下之势，掩护侧翼。

清军力图避开明军大炮的打击，因而没有直接从戒备森严的峡口突入，而是选择峡口左边的山峰作为突破点，一场激烈的山地战就此紧锣密鼓地展开。尚可喜命令辖下将领尚之信、盛登科率部登山仰攻，与从山巅疾驰而下的四千明军近身肉搏，终于不惜一切代价地涌上山，控制了这个制高点。

随着山峰的失守，列阵于峡口的明军因

侧翼失去庇护而阵脚大乱。清将连得成、田云龙、粟养志不失时机地统领步兵冒着炮火向峡口猛冲，与山巅的尚之信、盛登科所部一起，对明军进行上下夹攻。清军的火箭纷纷射向明军的战象，李定国倚重的十二头大象让火箭打得惊慌而逃。而不少明军的身上穿戴了由纺织品制造的“绵甲”，一旦被火箭击中，难免葬身于烈焰之中，因而纷纷手忙脚乱地闪避。八旗骑兵抓住稍纵即逝之机以闪电般的速度从两翼突然杀出来，在战场横冲直撞，彻底夺取了主动权。全线崩溃的明军在十八日这一天损失惨重，参战的大象伤亡殆尽，大量士卒在后退时把兵器、盔甲丢弃于路上，事后统计，只有一半人归队。然而，清军害怕误中埋伏，仅追击三五里而还。

值得注意的是，《小腆纪年》记载八旗军中的“索伦劲骑”此役表现不俗，在摧毁明军战阵时发挥了重要作用。“索伦”原来指散居于黑龙江上游山谷之间的部分土著部落，那里的人素来以射猎为生，最常捕杀的是鹿、貂，为此常常纵马在绵亘蜿蜒的峰峦之中驰骋，骑术高超。索伦人“挽弓皆逾十石”，据说有些艺高胆大的猎手能用强弓洞穿虎、熊等猛兽的躯体，再拉拽而回，剽悍异常。必须提及的是，他们在长期的狩猎生涯中还练成了跟踪动物的绝活，如果有谁的马匹逃逸，其中的佼佼者可以辨其痕迹，即便跟踪数百里，也能重新寻获。《龙沙纪略》《朔方备乘》《竹叶亭杂记》等书籍后来均认为“索伦”部落之人长于射艺，“洞兕虎，迹奔兽，雄于诸部”，故产生了“兵以索伦为强”的说法。以致后来许多原本不属于索伦的关外部落也冒称索伦，借此自重身

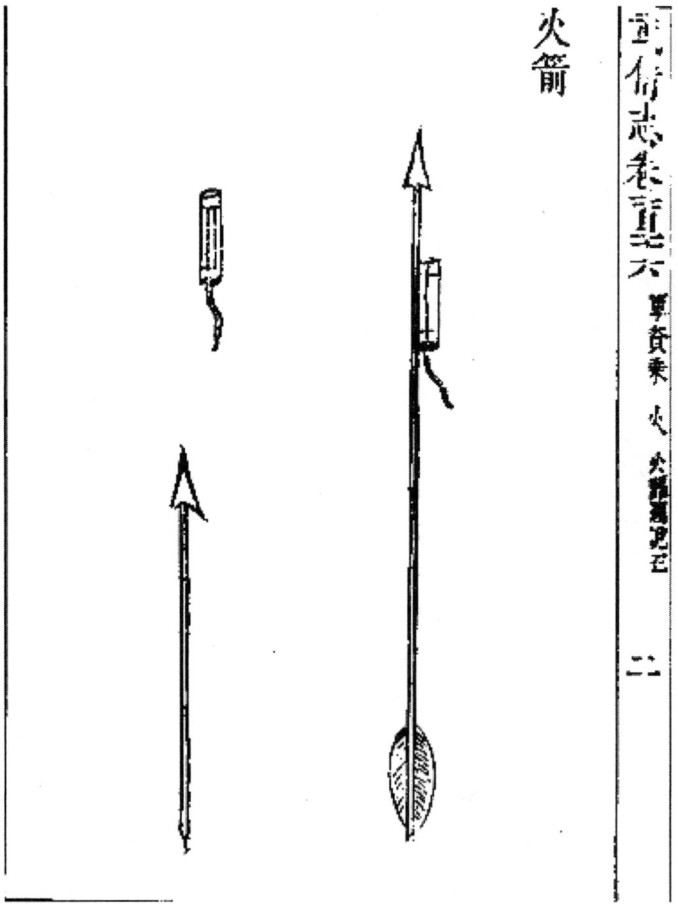


▲火箭。

价。清朝入关之前已经多次进军黑龙江流域，并通过招抚与用兵的方式全部控制索伦诸部，将留居于原籍的部众编设为“索伦牛录”组织，让他们继续承担贡貂等职役，此外，又将在战争中俘获的一些人口携带回辽东，编入满洲牛录，与八旗军一起征战沙场。

清军入关之后，八旗军中索伦人的数量持续增加，这是因为17世纪初，沙俄势力经西伯利亚入侵黑龙江地区，索伦诸部为了避免强敌骚扰，纷纷内迁。就连名闻一时的首领巴尔达齐也不例外，带着自己的部族内附，于1649年（清顺治六年，南明永历三年）被清朝编入满洲正白旗。清朝认为罗禅（指沙俄）人每年来犯，而北京距离边疆路途遥远，难以及时得知以及作出反应，因而也主动支持索伦部落向内地迁移。直至1653年（清顺治十年，南明永历七年）前后，大规模、有组织的迁移行动才渐渐结束（留在原籍的居民仍与清朝保持联系）。内迁的索伦人大部分居住在嫩江流域，少数编入京旗。编入满洲牛录之中的“索伦劲骑”在稍后的日子里脱颖而出可能与满蒙八旗之中能征善战者日渐减少有关。上文提及，清朝档案记载满洲八旗的男丁在1648年（清顺治五年，南明永历二年）有五万五千三百三十员，当时间过了五六年之后，人口竟然出现不增反降的反常现象。根

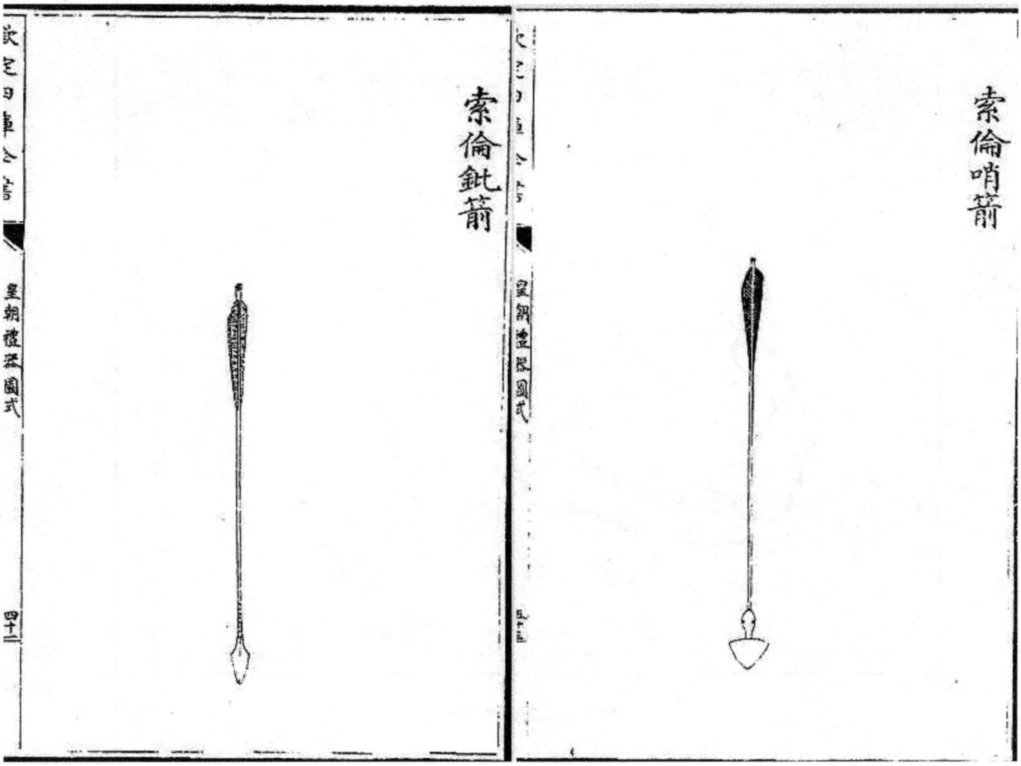


▲索伦钝箭与哨箭。

新会之战作战经过图（公元1654年）

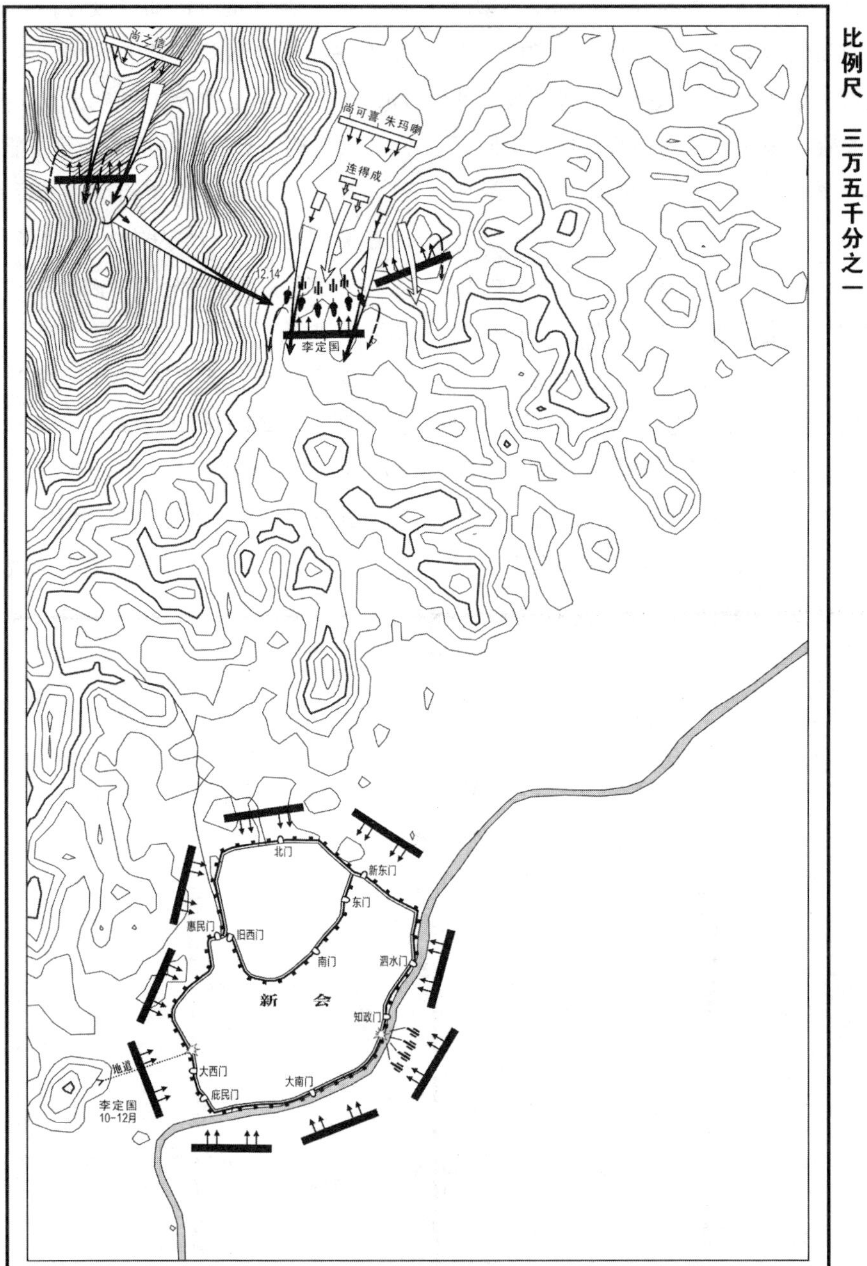


▲新会之战要图。

据1654年（清顺治十一年，南明永历八年）的档案，男丁已经减至四万九千六百六十员，与1648年（清顺治五年，南明永历二年）的数据相比较，减少了五千六百七十员，即减少了百分之十还多。蒙古八旗丁数亦与此类似，1648年（清顺治五年，南明永历二年）有二万八千七百八十五员，而1654年（清顺治十一年，南明永历八年）只有二万五千八百三十七员，亦减少了百分之十。也就是说，满蒙八旗男丁在1648年（清顺治五年，南明永历二年）至1654年（清顺治十一年，南明永历八年）间共减少七千六百一十八员（如果考虑到人口自然增长率的因素，那么满蒙八旗人丁实际减少的数量应该更多）。可以认定，战争伤亡与疾病肆虐是满蒙八旗人口减少的主要原因。由此可知，这批索伦人适时入籍满洲牛录，可缓解满洲八旗后继乏人的危机。“索伦劲骑”能够有机会在1654年（清顺治十一年，南明永历八年）的新会之战中惊鸿一瞥般给人留下强烈的印象，并非偶然。

再说奉郑成功之命南征新会的林察所部，乘坐大乌船、白艚船等船只从铜山出发，一路拖拖拉拉，经南澳、海丰来到平海所等处，直到十二月十四日才与李万荣、陈奇策等活动在广东沿海的抗清义师接上了头。就在同一天，清朝援军已经在新会前线和李定国所部展开大规模的决战。次日，林察所部来到距离广州四百余里的佛堂门一带，进一步向目的地靠近。然而还没有等他们到达新会，李定国所部已经坚持不住而全线溃退了。得知败讯后的林察迫不得已取消原定的计划，此后便在沿海地区徘徊，最终于1655年（清顺治十二年，南明永历九年）五月无功而返，黯然撤回福建中左所。

南明收复广东的计划已成泡影。李定国在新会之战失败后决定带军队全部返回广西。驻扎于肇庆附近的二千二百名步兵、

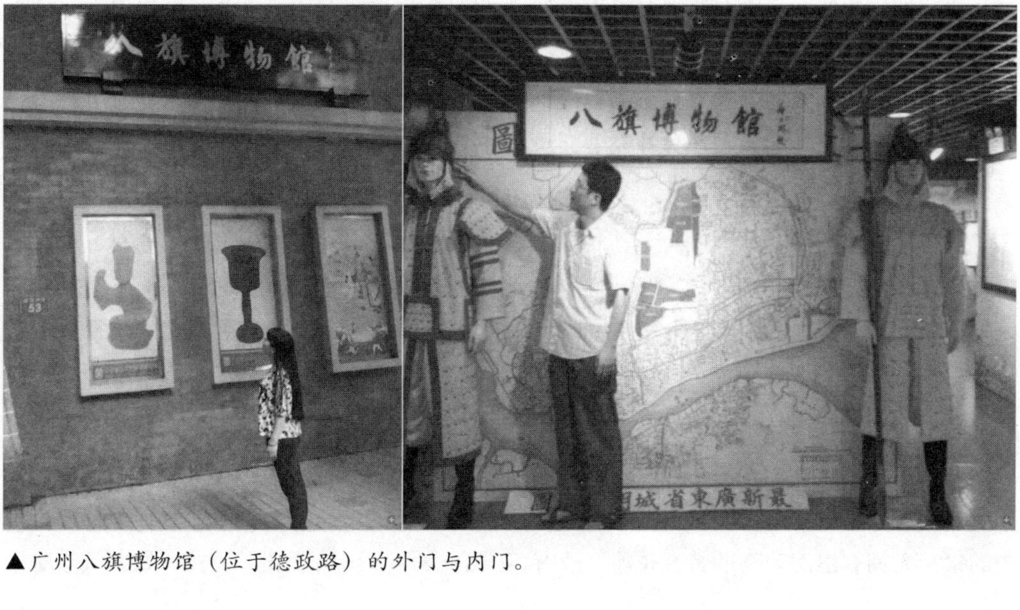


▲广州八旗博物馆（位于德政路）的外门与内门。

▲博物馆内的陈列。

一千八百名骑兵（包括两头战象）与守御高明的二百名步兵，八百名骑兵陆续撤离。留驻高州的一千步兵与四百骑兵（包括一头战象）也随即扬长而去。唯有罗定有数千人继续驻守，作为殿后，直到1655年（清顺治十二年，南明永历九年）正月才撤回。而率主力返回广西的李定国又在郁林补充了万余兵以及三头大象，实力有所恢复。

顺治帝在派遣朱玛喇与敦拜南下时，已经作出指示：如果明军败退回广西，进入广东的满汉大军可与当地驻军“相机追捕”；若明军“遁入云、贵”，则要等候朝廷旨意再作定夺。因此，清军在新会取胜后开始向西征。敦拜等人率部在没有经历过什么战事的情况下便收复了大片失地。由于军中的索伦人拥有追踪动物的特殊技能，故有把握沿着明军战马留下来的痕迹一路尾随而进。十二月十五日，满洲梅勒章京毕力免携同尚可喜、耿继茂辖下副将盛登科，甲喇章京刘国保等带兵追到新兴县，但由于“马匹瘦弱，山险道窄”，追不上明军。故此，清军另派一半官兵挑选堪用马匹，在敦拜的指挥下快马加鞭地急追至高州，因明军主力部队已经撤回广西，鲜有收获。为了提高作战效率，清军在高州喂养马匹十五日，等到战马的体力有所恢复，再于1655年（清顺治十二年，南明永历九年）正月二十五日才重新出发。经过两天的行军，在没有受到任何抵抗的情况下到达广西扶来。其后，清军诸将经过商议重新作出布置，决定由敦拜、毕力免等统领一支精干部队继续前行，经北流县一路深入，终于在二月初一如愿以偿地打

▲八旗骑兵。

了一仗。当时，梅勒章京敖拜、阿儿哈、纛章京来塔统领满、蒙、汉八旗军（每旗抽调章京三员、兵三十名）与葛布什贤超哈（前锋）、巴雅喇（护军）官兵走在前头，敦拜、毕力免带着其余人马尾随在后，行到兴业县前四十里外时，突然与一股迎面而来的明军不期而遇。

这是因为明军内部生变，总兵孙际昌、中书杨琳在稍前叛变，藏匿于土司何美璜的寨内。李定国急令都督吴三省、总兵杨成、王三才等带着一千二百步兵与四百骑兵（包括一头战象）前往剿杀，想不到意外地碰上了清军，仓促之间在道旁列阵应战。在这场狭路相逢的战事中，明军抵挡一阵后败退，连安置妻儿子女的老营也在混乱中溃散。得胜的清军长驱直入，挺进到横州城外的江边，在距离江岸二十里的地方追上了一股逃避不及的明军，又杀死其中一些人，俘获二头战象与二百六十八匹马。最后，明军残余部队渡江后焚桥而去。而李定国本人已率主力经宾州撤往南宁。

明军在这次漫长的撤退行动中受到了一定的损失，共有总兵一员、副将二员、中书二员、游击三员、都司五员、守备一员、千总六员、把总五员、知县一员、州同一员，主簿一员等二十八名官员降清，与这批人一起投降的还有五百六十六名士卒以及七十四匹马。而先前在雷州、高明这些地方被明军俘虏的先启玉、郭虎等清军将领乘乱逃脱了。

由于两广地区雨水充沛，道路有时难免滑湿。清军骑兵在追击的过程中常常要经过“山险路窄”的地方，使得战马在急行军时“倒毙甚多”，而幸存的马匹经过一番折腾"又皆瘦弱"，在贫瘠的广西找不到合适的养马处所，因而清军在横州一带停止追击。尚可喜随即向清廷建议将骑兵主力调回广州与肇庆两地休整。至此，追击行动宣告结束，清军此前已相继收复广东高、雷、廉三府所属二州十县，肇庆所属六县，罗定所属二县。并控制了广西横州、郁林州以及北流、兴业、容县、岑溪等县。另外，尚可喜、耿继茂的部分人马还进入梧州、贵县，威胁南宁等地，战果丰硕。

尽管顺治帝在战前的谕文中叮嘱朱玛喇、敦拜到达目的地后，遇事要与尚可喜、耿继茂以及李率泰商议而行，可是在广东炙手可热的是尚可喜、耿继茂，两广总督李率泰似乎显示不出封疆大臣的作用。《新会县志》所载的例子就很能说明问题，据说新会被围期间，清军在绝粮的情况下在城内掠人为食，连举人莫芝莲、贡生李龄昌、生员余浩、鲁鳌、李炅登等读书人都不能幸免，成为砧上之肉。知县黄之正无可奈何。当明军撤围后，李率泰入城观察时面对惨状唯有痛哭流涕而已。甚至在战事已经停止了的时候，绿营军之中还有悍卒在城中肆意抢掠民人的子女以及勒索财物，李率泰看不过眼，挺身而出为之力争，才救回极少数人质。至于耿继茂部属所掠取的百姓以及财物，就算李率泰出面也讨要不回。

尚可喜、耿继茂等将帅辖下的一些部队在战争中出现了扰民事件，距离读书人理想中的"仁义之师"不啻十万八千里之遥，可是这些武夫毕竟打了胜仗，而胜利者一般是不受追究的。尚、耿等人战后受到清廷的嘉奖。值得一提的是，顺治帝"特喻"吏、兵二部，称朱玛喇"率兵击败李定国，雪衡州、桂林之忿"，令人快慰，应该不拘常例重赏这员八旗老将。可见新会之战在政治上产生的影响的确不容低估。

史载经此一战，李定国"不复侵广东"，复明事业遭受严重挫折。

李定国经略广东期间，孙可望在湖南也并非无所作为，而是踊跃参与策划对清军的进攻。南明内部有些顾全大局者，极力撮合孙可望与李定国重归于好，其中镇守南宁的朱养恩等人对此犹为积极。孙可望或许是出于安抚内部异己势力的需要以及试图与李定国和解，不得不表明一下政治态度，要重新起用因在四川保宁打了败仗而被夺去兵权的刘文秀，以彰显自己不忘昔日兄弟之情。刘文秀因而在1654年（清顺治十一年，南明永历八年）正月被任命为"大招讨"，准备统率湖南明军，在长江流域展开军事行动，与洪承畴较量。

清五省经略洪承畴履新之初，湖南局势并不乐观。贝勒吞齐于1654年（清顺治十一年，南明永历八年）四月班师。这支经历过衡州、宝庆两场血战的满汉部队回京之后，包括吞齐在内的一批将领因衡州之败而遭到了清廷的严厉处罚。湖南前线的明军随即夺回邵阳县一带的隆回、和尚桥等处，兵锋已达宝庆城外一百里之处。洪承畴为此连忙派兵加强宝庆的防御，以防有失。经过在前线地区的调查与摸底，洪承畴很快便在战略上提出了一个全盘的构思，就是在湖北委托郧阳巡抚以及加强郧阳地区的兵力，以堵截西山刘体纯、郝摇旗诸部；在湖南设立武昌城守以及洞庭水师，以壮大两湖腹心地区的武备；分遣一提督、三镇将进驻武陵，以巩固辰州、沅州的门户；增设一巡抚、两镇将于宝庆，以遏制武冈、靖州一线的孙可望所部。其他如永州、祁阳、衡州、湘潭、益阳、常德、彝陵、荆州、郧阳、襄阳以及广西的桂林、苍梧等地，处处设镇，由此使得长达“五千里”的边防线，能够做到“首动尾顾、此呼彼应”。当这条由北向南横贯湖广、广西地区的防线完善后，自然形成步步为营、处处设防的战略布局，让各省“气脉”贯通，浑然一体。这条规模宏大的防线需要源源不断地经长江输入江浙地区的物资，才能维持下去，正如史书所言“转漕吴、越，岁费百万缗”。

为了备战，洪承畴多方吸纳各地的士绅人才，协助自己运筹帷幄，同时淘汰军中的老弱士卒，积极练兵，争取提高绿营的战斗力。他督促部队屯田，并在控制区域之内增收九厘银的田赋以及组织人员私下贩盐，力图最大限制地舒缓粮饷紧缺的压力。经过种种努力，湖南形势有所改观。

不过，洪承畴对绿营兵还是没有信心，坚持请求清廷派遣八旗南下助战。顺治帝也早有安排，在洪承畴离京南下之后即命令固山额真陈泰为宁南靖寇大将军，固山额真蓝拜、济席哈，护军统领苏克萨哈等带领满汉大军前往湖广以防不测。这位皇帝在敕文中特别叮嘱陈泰等将凡是涉及“用兵机宜”之事，都要与洪承畴商议之后才实行，并让他们选择湖南、湖北的“扼要之处”驻扎，以配合洪承畴注重防御的作战策略。

在刘文秀发起进攻之前，洪承畴已经进驻湖南约一年时间，并将主要精力放在建立五千里防线之上，以尽量争取时间逐步完善两湖

▲《皇朝礼品图式》中的贝勒甲胄。

地区的防务，就连李定国在两广的攻势也听之任之，没有调派重兵支援尚可喜、耿继茂等人。毫无疑问，当刘文秀来到湖南前线时，他的对手由于养精蓄锐而变得更加强大了，要想取得李定国在衡州那样的战绩，已经难上加难。

史载明军的作战计划是由贺九仪在武冈牵制当面的清军，孙可望手下张、崔两员部将与活动于川东、鄂西地区的夔东十三家一起袭扰彝陵，刘文秀则攻打常德。1655年（清顺治十二年，南明永历九年）四月，筹备已久的大戏开锣了，刘文秀先是指挥部队在辰州完成集结，然后与卢明臣、冯双礼诸将率领六万官兵、千余艘船由水陆两路并进。其中，卢明臣带着部分水师沿沅江而前，抢先于四月十七日攻下桃源县，欲夺取常德，一旦夺得这个战略要地，将对洞庭湖造成严重威胁。洞庭湖北连长江，南通湘、资、沅、澧等江河，可将粮食物资运往周围的长沙、衡州、永州、湘潭等处，是清军运输线中一个极为重要的中转站，假若受制于明军，不但前线清军难以维持正常的后勤供应，就连周边的长沙、岳州、武昌等城市也危如累卵。正因为如此，水战将在常德一役中发挥重要作用。

明军出师之时正值夏雨连绵，刘文秀选择这个时候发起进攻并非毫无道理，在表面上至少有两点有利因素：第一，雨季道路泥泞，对八旗军骑兵的行动造成限制。而在昔日的宝庆之战中，正是八旗军骑兵在打败孙可望所部时发挥了决定性的作用。第二，雨季容易产生夏汛，而暴涨的江河能让远航的明军水师左右逢源。至于关外的满人不耐南方暑热以及频繁的雨天会影响弓箭手的正常发挥，这些都已经是老生常谈，不再赘述。综上所述，明军在这个季节出师似乎取胜的希望很大。

几天之内，常德、宝庆、烟溪、新化、东安、益阳，处处传来警讯。可是陈泰的八旗军主力还没有到达湖南，由于天气帮了明军的忙，使得途中江水泛滥，把湖北监利县境内的河堤冲开了数十丈的缺口，让这支南下的部队在泥淖中举步维艰，唯有派出固山额真济席哈率领部分人马先行出发，一路跋涉到衡州与洪承畴会师。

进驻衡州的洪承畴一时摸不清明军的主攻方向，不便“轻动”，他惟恐明军在常德与宝庆等处同时发起佯攻，而暗中取道烟溪、益阳，或者从安化、宁乡，进犯兵力空虚的长沙，为此只想抽调兵力回防省城，因而暂且未能兼顾常德。幸而受困于湖北的陈泰已经抢先一步命令护军统领（镶白旗纛章京）苏克萨哈率领一支前锋部队经荆州赶到了常德。

然而，进驻常德的八旗军人数既少，又来自北方，不谙水战，能否御敌实无十足把握。

可是，成灾的大雨就像一把双刃剑，一面对着八旗军，另一面也对着明军。因为溪水意外暴涨的缘故，使得明军步、骑兵途中受阻，在桃源燕子砦一带滞留了数十日，未能及时到达常德。只有卢明臣的水师一路畅通，于五月二十三日晚上来到常德城下，以孤军深入的态势与八旗军对峙。

战衅一开，八旗军已占据优势。苏克萨哈布下伏兵，命令辖下的甲喇章京呼尼牙、罗和首先把一股误入包围圈的敌人打败，取得首战胜利。接着，甲喇章京苏拜、希福等人率部乘船在沅江拦截，而八旗步骑兵也在岸边予以配合，不惜血本地遏制了明军水师的攻势。不久，明军水师重振旗鼓，再次排列战舰冲了过来。亲临前线指挥的苏克萨哈得到常德总兵杨遇明的协助，纵火焚烧江中船只，打得对方大败而回。卢明臣中流矢坠水而死。

沅江发生激战期间，八旗军部分人马在德山附近战胜了明军一部分步兵。其后，清军乘胜直抵龙阳县，又败敌二千，最终赢得了会战的胜利。根据清方的战报，明军除溺水而死的之外，“其解散逃奔者，约近两万”，而副将以下的将领共有四十余人投降，随同降清的还有三千多士卒。

明军水陆两路全部受挫，冯双礼受伤而回。刘文秀所率的步骑兵主力由于滞后未能参战，因而保持了实力。但他鉴于水师已经惨败，无心恋战，率部撤回贵州。武冈的贺九仪所部以及夔东十三家亦没有什么大的动作，常德之战遂马马虎虎地结束了。

事后，洪承畴在评价满洲八旗的表现时赞不绝口，说：“纛章京（指苏克萨哈）统率满汉官兵设计制胜，以少击众，大获奇捷”，假若“专靠汉兵”则不能取得这样的战绩，由此“益见深赖满兵之力”，胜利才有保证。这番言论表明不管洪承畴当上多么大的官，还是得奉承满洲八旗将士。事实上，常德之捷并非由洪承畴一手策划所致，他在战前摸不准明军的主攻方向，甚至建议把常德的八旗军调回长沙，只是未及实行而大战已经爆发，才得以避免出现灾难性的后果。难怪一些史籍归功于及时派遣八旗军进驻常德的陈泰，尽管远在湖北的陈泰未能亲临前线参与指挥。

八旗军不谙水战，可是刘文秀的水师显然更加差劲，这是因为西南明军本来就缺乏驶驭船楫竞逐疆场的经验，输了并不奇怪。假如东南沿海的抗清舰队能够沿着长江浩浩荡荡地开入洞庭湖参战，取胜的希望才会更大。

不少满腹经纶的反清志士早已谋划着要将东南沿海的抗清舰队引入长江流域，千方百计地要把长江搞个天翻地覆。因为长江是一条大动脉，长期把江浙等地的财赋输血一般地传送给湖广、江西、两广等明清拉锯的焦点区域。这条大动脉一旦瘫痪，势必让清朝在南方各省的统治不稳。为了这个目的而殚精竭虑的是降清之后又心生悔意的东林党领袖钱谦益，他在江浙地区暗中接洽西南和东南沿海的抗清势力，利用自己旧友新知遍布南方各省的优势，采取写信、派遣使者等方式四处联络同道中人，费尽心机要促成其事。钱谦益的最重要的帮手是曾经在鲁监国政权旗下作战的姚志卓，此人长期不畏艰辛，来回奔走于明、清统治区域之间，锲而不舍地在西南明军与东南沿海的鲁监国旧部之间穿针引线，终于得到了孙可望、张名振、张煌言等人的支持，使得争霸长江有实现的可能。而孙可望委任刘文秀出征湖南，就是经略长江的重要一步棋。根据历史学者顾诚先生的考证，张名振、张煌言等在1654年（清顺治十一年，南明永历八年）前后三次率舟师进入长江。其中，第一次持续的时间从正月十七日至三月六日，明军经长江口进至江阴、瓜洲等地，并一度在镇江一带登陆，其后主动撤返。第二次从三月底持续到四月初，明军到达京口，在仪真烧毁了数百艘盐船，然后返回崇明附近沙屿等基地。第三次从九月至次年初，明军经上海、焦山等地直抵江宁燕子矶，再撤走。其间在江宁上元境内的朱家咀焚烧以及掳走了一部分运往江西的粮船。三入长江之役虽然没有发生过什么大规模的战事，但扰乱长江运输线以及配合孙可望所部从湖南沿江东下的战略意图是比较明显的。遗憾的是，在长江下游的有限度的骚扰并未能对湖南的战局发挥多大作用，除非抗清舰队能够不顾一切地沿着长江直上，一路杀入洞庭湖中，可是张名振所部的力量不够强大，只有得到郑成功的全力支持，取胜的把握才更大。可是郑成功当时正与清朝和议，对张名振等人的军事行动也以观望为主，他虽然应张名振的请求派出部将陈辉以万余兵力北上增援，但陈辉直到九月后才从福建赶赴江浙，并且到达长江口就与张名振因升降“旗纛”等琐事而闹翻，最终撤回，没有参加长江之役。其后，郑成功在给清福建巡抚佟国器的一封信对自己的心态作了剖白，清楚地指出“江北钱粮皆取给东南，监课艚粮，关系国（指清朝）命。我师特扼江淮，不特南北截为两段，将见畿辅（指北京）立毙矣”。在这里，郑成功指出了南方经济对北方的重要性，只要出兵江淮，截断从南到北的漕运，北方的粮食等物资势必难以自给，肯定会令北京城里的清朝统治者如坐针毡。但郑成功没有点明的是，随着长江运输线的瘫痪，湖广、江西以及两广等地的清军得不到江浙物资的支援，也将陷入困境。这封信中，他自述与清朝议和时，“不佞（郑成功的自我谦称）遂按兵不动。即江淮截运之师，亦暂调回；遣进浙西之旅，亦戒安辑；孙、李（指孙可望、李定国）请援之兵，亦停未举。此示信于清朝，不可为不昭矣。”从而揭示了郑成功的某些自私的想法，即是把自身利益摆在第一位，而驱逐清军、恢复河山的大业似乎已经成为次要的了。由此，他便在李定国两次出征广东以及张名振北上长江期间不合时宜地采取观望态度，以致贻误战机。此外，孙可望所部由于内部矛盾也未能在张名振三入长江期间及时在湖南响应。与李定国政见相同的刘文秀愿意效忠永历帝，但迟迟没有到前线主持大局。直至1655年（清顺治十二年，南明永历九年）年初才进至湖南，策划并指挥了常德之役。而这时，张名振已经结束了长江的战事，故刘文秀不得不孤军向洪承畴以及苏克萨哈等八旗将领发起挑战，并以失败而结束。

经过一连三年的连番血战，到了1655年（清顺治十二年，南明永历九年），战局仍然僵持不下，西南明军与清军的较量还要继续下去。

# 第九章　以战练兵

李定国、孙可望、刘文秀经略广东、湖南的军事行动均得不到郑成功的真正支持。即使郑成功与清朝和谈失败而终于决定动武时，他重视的仍旧是闽南、浙南与粤东沿海地区，而主力在很长一段时间内也主要在上述地方作战，与西南明军谈不上什么战略上的配合。

闽南地区于1654年（清顺治十一年，南明永历八年）年底再度硝烟四起。郑成功得知漳州千总刘国轩愿意献城投降，刻不容缓地派洪旭、甘辉、林胜、戴捷等将率部于十二月初一日夜间悄悄潜至漳州城下，用云梯登上南门，与刘国轩会合。刚刚上任的漳州总兵张世耀对部队情况不太了解，难以组织有效的抵抗，亦只好弃械而降。其后，郑军前锋镇赫文兴、援剿左镇林胜、中提督甘辉同北镇陈六御相继袭破同安、南安、惠安。而安溪、永春、德化各县随之逐一易手，郑成功乘胜移师于兴化，攻破仙游，围攻泉州，凌厉的进攻一直持续到次年年初。

清军似乎被打懵了，没有立即反扑。郑成功利用战事暂缓的时机整顿部队，并修筑了丙州新城，以加强防御措施。他还赏功罚罪，升迁了一批将领，而那些治军不严的部将则得到惩处。在此期间，一系列的巩固政权的措施也在加紧进行，1655年（清顺治十二年，南明永历九年）二月，他以“东征西讨，事务繁多”为由要设立吏、户、礼、兵、刑、工“六官”以及“司务（后改为都事）、察言、承宣、审理”等职，分管“庶事”。其后，又增设“六察官”，主要负责监督与谏言。由此，这个另树一帜的政权已经初具规模，而郑成功不甘人后，欲独霸一方的思想也昭然若揭。

专家考证，在1654年（清顺治十一年，南明永历八年）底至1655年（清顺治十二年，南明永历九年）初，郑军所部已达到七十二镇，每镇大约有官兵二千五百人，兵力达到十八万左右，如果再加上五军以及至少三十八个营（军、营的编制以及人数不详），那么郑军总兵力无疑将超过二十万。为了彻底掌控这支数量庞大的军队，郑成功专门设立了一套监察机构，并陆续委任相关的官员，以在军中履行监督之责。能够入选的官员都有自身的特长以及受到郑成功的高度信赖（例如很多人出自“储贤”、“育胄”二馆。“储贤馆”里面聚集的是通过考试、荐举等方式从各地吸纳的人才。“育胄馆”以培养侯、伯等功臣的后裔为主，亦收容了一部分烈士子弟）。监察机构中的官员有：总理监营，左、右协理监营（总理监营的副手），大监督，监营，监纪，督阵官，大饷司，等等。其中，总理监营与左、右协理监营均位高权重，主要的职责是监督军中各提督，凡是军机重务，必由监营上报。至于监督、监营、督阵官，则要随同各镇出征，他们被授予铁杆红旗一面，上面书写着“军前不用命者斩，临阵退缩者斩”，而副将以下违令者，可“先斩后报”。监纪的职责是要把各镇军人的“功罪”记录下来，每月汇聚成册，以备查阅。此外，大饷司负责稽查与审核各镇的钱粮支出情况，以防贪腐。监察机构对部队具有很大的约束力，连甘辉这样的老将，也受到监察官员的有效监督，就此而言，郑成功巩固了军中至高无上的地位，其对军队掌控程度远远超过了其他割据一方的南明军队首领（例如西南明军的孙可望与李定国自云贵出师后，即分道扬镳，复合无望），从而成为新的弄潮儿，当仁不让地负起中流砥柱的重任。

对于军队战斗力的提升，郑成功也抓得非常紧。据《从征实录》、《海上见闻录》诸书的记载，郑军日夜操练，甚至在操场附近建起了演武亭，以方便官兵留宿。郑成功对部队原来的阵法不太满意，于是让其改练“五梅花操法”，并每日亲自来到操场，逐队进行指示。各队士卒大都需要半个月的时间才能熟知阵法，做到步伐整齐。然后，各镇集合起来一齐操练，力求井然有序。另据《厦门志》等史书记载，演武厅旁边还有演武池，池中可停泊战船，以作集训之用。值得注意的是，郑成功把水陆部队操练的阵法，皆印成书籍，让有点文化的官兵诵读，最好达到滚瓜烂熟的地步。这一切，都是为将来的大战做准备。

顺治帝不会任由郑成功在福建坐大，他起用济尔哈朗的第二子济度为定远大将军，随同多罗贝勒巴尔处浑、固山贝子吴达海、固山额真噶达浑一起统率将士入闽“征剿”。济度有权指挥福建绿营军等地方武装。按照顺治帝事先的安排，“贼如登岸”，济度可“相机剿抚”，贼如在海洋，则“驻扎要地”，等候朝廷的指示，再待机而动。

清朝调集重兵，企图大打出手的行动瞒不过郑成功，他虽然过去在海澄击败过以平南将军之衔入闽的汉军镶红旗固山额真金砺，可是和出任大将军之职的清朝贵族统帅交过手时却没有必胜的把握。尽管他公开表示看不起济度，视这位名气不大的满洲贵族为“乳臭竽子”，却不敢轻视济度辖下的威望素著的八旗劲旅。当他在1655年（清顺治十二年，南明永历九年）五月从情报中得知即将有三万满、汉军到来，而一部分满洲八旗骑兵作为前锋已经先行入闽时，不敢怠慢，于六月巡视漳州备战。并作出了一个重大决策，就是以虏（指清军）“阻我饷道”，又“增兵入关”为由，传令将活动于福、泉、兴各州县的官兵全部撤回漳州。这样做的好处是不会让兵力分散于各地，以免被敌人逐个击破。而各部队在撤退时奉命进行坚壁清野，把所占据的各州县城墙，一律拆为平地，欲使清兵日后无城可守，以便卷土重来。

郑军主力集中于漳州东门外的莲花浦等处，连日忙于操练。郑成功一如既往地亲自到场指导，但他似乎仍然没有足够的信心与八旗军在漳州决战，不久干脆连漳州也放弃了，同时拆毁城墙。郑军在福建各地拆城所得砖、石、木材，均运回海澄、金门、思明州（根据周素、叶茂时等察官的建议，中左所稍前已改名为“思明州”）等着意经营的沿海据点与岛屿，以备建筑之用。从这些所作所为不难知道，郑成功不想与八旗军在陆地上争霸，他最关注的仍旧是巩固自己在海上的地盘，以便控制海外贸易。然而，这种避免在陆地上打硬仗的思想很难让军中的步骑兵真正提高战斗力，因为光靠在操场上练兵练不出一支所向披靡的劲旅。

郑成功把兵力收缩回海澄、金门、思明州等老根据地之后，接着又分别派遣部队乘船南下广东以及北上浙江，意图威胁入闽清军的两翼，诱使清军分兵，以减轻海澄、金门、思明州等处的军事压力。同年六月，前提督黄廷奉命为正总督、后提督万礼为副总督，率十三镇南下。七月，郑成功以右军忠振伯洪旭为总督，提升原北镇陈六御为总制五军戎政，同时，以甘辉为陆师正总督，王秀奇为陆师副总督，连同后冲镇周全斌、中冲镇萧拱辰、援剿前镇戴捷等将，率十二镇北上。任务是“与定西侯（张名振）并忠靖伯（陈辉）等会师”，然后进入长江，直捣清朝心腹地区，使清军“不得并力南顾”。而右协理监营郑德带着一批监督、监营、饷司、监纪等监察官员随同北征，以履行督军之责。由于后冲镇的周全斌曾对部队中的监纪表示不满，认为这些人除了是刚刚得到提拔的文人之外，就是不晓世事的公子哥儿，哪里懂得“军中功罪为何物？”因而郑成功专门委任柯平为周全斌所部的监纪，因为柯平不但“温恭纯厚”，容易与人相处，而且其父过去是周全斌的老上级，足以令周全斌不敢心存藐视。

南下与北征几乎同时并举。抢先一步南下广东的六七万郑军开局顺利，选择的攻击目标是“四面环水”，有河道直通大海的揭阳。他们一帆风顺地开入揭阳港，驻营桃花山，于八月初五起在城外竖立木栅、挖掘壕堑，围困揭阳县，并令附近各乡、寨运送粮食以补充军需。其中，黄廷围东门，万礼围北门，左先锋苏茂围西门，戎旗镇林胜扎营于人家头乡，以防清军来援。忠勇侯陈豹也率抗清武装从南澳来会，使围城力量更加雄厚。郑军还专门搬来砖、石、泥土等杂物，堆放在观音堂与东门北，“各高二十余丈”，上面架有巨炮数十座，日夜轰击。城内街巷有不少行人被炮弹打死。

城外的屋、铺早已被守军全部焚毁，以免成为攻城者的掩体。而城内还用杉木列栅，移石制垒，期望能拖延城池沦陷的时间，以等待救援。

从广州、潮州等处来援的数千绿营步骑兵果然来到了，屯于排浦埔。两军于十三日在油麻埔等处刚交锋没多久，郑军打得对手溃败而回，斩首七百余级，生擒中军一员，夺取辎重一批。二十四日，清饶平镇守将吴

▲《揭阳县正续志》中的县城总图。

六奇会同惠州、程乡等处地方部队，以万余兵力，列营于莺爪花埔。第二天，郑军以戎旗镇为先锋，各镇奋勇出击，在狮抛球这个地方再次取胜，毙敌千余。

揭阳被困一个月后，粮食消耗殆尽。惊恐不安的守军弃地而逃。郑军遂于九月初七占领该地，随后连克普宁、澄海，震撼了整个广东。

北上浙江的甘辉、王秀奇等将也按部就班地抵达舟山，联络活动在崇明一带的张名振部，以数万兵力以及过千战船发动攻势，于十月十七日由岑江口登岸，分作二路而进，兵临舟山城下，一鼓作气地杀向在城列阵迎战的守军。右提督右镇陈瑞勇冲锋在前，阵斩清将陈彪等数十人，迫使残敌败退入城。郑军于二十三日开始围城。陈六御派遣监督李化龙进城招降。清镇守副将为蒙古人把臣功（后被郑成功改名为把臣兴），此人眼见外援断绝，解围无望，遂于二十六日献城投降。舟山群岛光复不久，定海关守将张洪德也弃家前来归附。

郑军分兵南下广东以及北上浙江，虽然颇有收获，却未能减轻福建沿海的军事压力。济度统率数万满汉大军仍按照原定计划入闽，打算会合省内的绿营兵，一齐进攻思明州。而郑成功由于分兵出征粤、浙两省，只有后提督所部以及奇兵、左冲等镇的部分人马守卫根据地，兵力不足以御敌，不得不采取应急措施以防万一，传令把驻扎于思明州的官兵家眷搬往金门、浯州、镇海等处，并允许当地的居民撤离。他援引三国故事为自己的所作所为辩护，称这样做是模仿著名的空城计："昔孔明城上操琴而退魏兵，此意岂异耶？"并认为济度在开战之前必定会使人来讲和，到时再将计就计，使敌"入吾彀中。"果然不出所料，济度到达泉州，即致书郑成功，意图劝降。因信中直书郑成功之名，无礼之极，郑成功不予答复。既然达成和议的希望不大，他在这年十月下令调揭阳的戎旗镇与北上浙江的军队回思明州防守。

戎旗镇离开揭阳之后，当地郑军的实力有所削弱，清军乘机于年底策划反击。正如两广总督李率泰所说的那样：揭阳"为潮州之门户"，地理位置比较重要，若对郑军控制潮州地区的意图放任不管，那么广西李定国所部一旦再入罗定、肇庆，将会对广州形成夹击之势，后果堪忧。主政广东的清朝大员未雨绸缪，忙着制订针对揭阳的作战计划。尚可喜、耿继茂、李率泰令总兵许尔显、徐成功率部东进，会合潮州总兵刘伯禄以及饶平守将吴六奇的地方武装，以一万七千多的兵力迅速集结在揭阳城西二十里之外的琅山，筑起四大营盘。

▲吴六奇之像。

清军由于兵力不占优，故没有立即攻城，而是从十二月底起采取骚扰战法，时不时出动数百骑兵到西门挑战。可是，每当郑军到城外迎战，他们又迅速往回撤，使得镇守西门的苏茂产生了骄傲情绪，认为尚可喜、耿继茂的部下也没有什么了不起。这时，守卫西门的郑军共有五镇，营盘驻扎在城门附近。西门之外是揭阳港，港上有一座钓鳌桥，而桥外的平埔是军队的操练之地。显然，郑军将士仍然保持时时练兵的习惯。到了次年正月初，援剿右镇黄胜、殿兵镇林文灿、前冲镇黄梧等人又带队前往平埔练兵，尚可喜辖下骑兵一如既往地过来骚扰。苏茂再也按捺不住，坚决请战，理由是清军去年八月间连败两阵，已是“亡魂丧胆”，如今“虽有新援之兵，俱皆先年战败之余，何足济事？此来不过逼于靖（指靖南王耿继茂）、平（指平南王尚可喜）二酋，来此塞责耳。岂敢恋战？”因而自告奋勇，愿领兵出战。前提督黄廷召集诸将商议战守机宜，也自以为有信心取胜，遂计划以苏茂所部为“头叠”，黄梧与杜辉（护卫左镇）所部为“二叠”，林文灿、黄胜所部为“后援”，大举出击。而黄梧与杨正（后劲镇）等部伺机包抄敌人后路。由此可知，一部分郑军诸将虽然暂时不敢与济度的八旗军硬拼，但并不把尚、耿等人的部属放在眼内。

大战在二月初来临了。打算先发制人的清军在三更时分集中二千余骑兵以及数以万计的步兵，悄悄来到西门之外的农田间。其中，许尔显、徐成功带领骑兵分别列阵于西门之外的南、北方向，随时准备从两翼夹击出战的守城士卒。而吴六奇的步兵负责打头阵，以吸引守城士卒的注意力。天将破晓时，清军步兵开始冲锋，同时炮击对手的阵营，等到苏茂等人督兵渡过钓鳌桥奋而出战时，竟然发觉清军骑兵一反常态，不再像以往那样游而不击，而是仿似猛虎扑食般直闯过来。根据雍正年间编撰的《揭阳县志》的记载，清军骑兵从南北方向合围，会同步兵对准郑军行军阵线的首、尾部位，发起猛烈的冲击，一下子将之截为两半。

遇袭溃散的郑军争先恐后地往后撤，苏

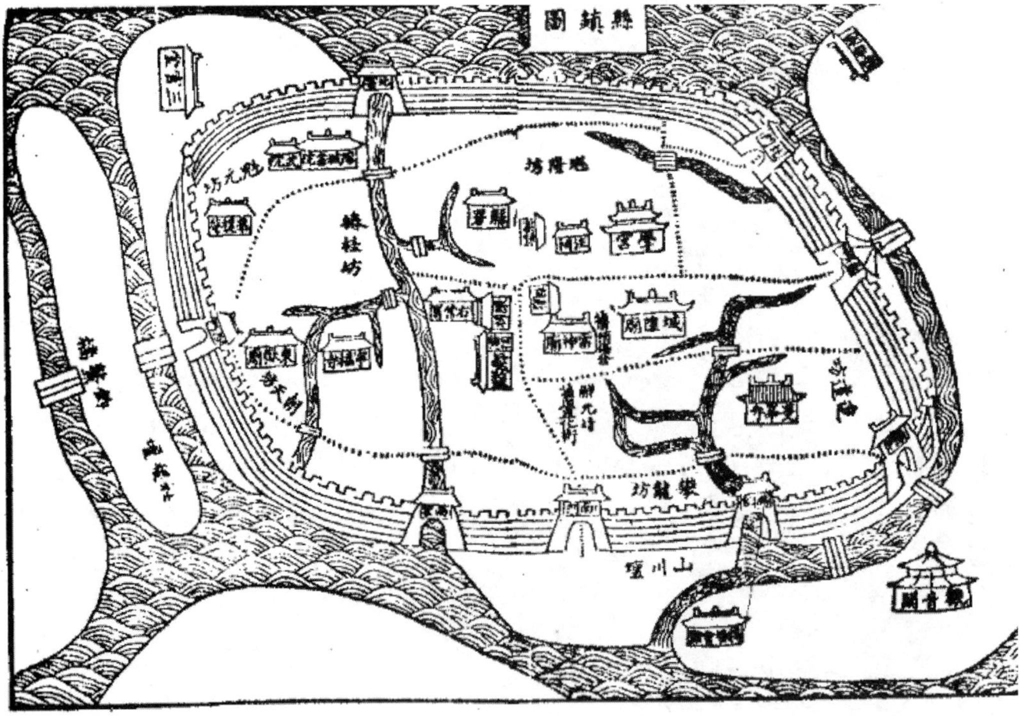

▲《揭阳县正续志》中的县城图。

茂在混乱中身中“二矢一铳”，带伤突围而回。更糟糕的是，很多人在撤过钓鳌桥时自相践踏，纷纷坠入水中，连黄胜、林文灿也淹死于桥下。总共损失了四五千人。清军在追击时杀过桥，直至西门城下，连苏茂在城门附近建立的营盘也拆毁了。幸而黄廷从东门出兵来援，清军方才收兵回营。

郑军的失利显然与苏茂等将领过于轻敌有关。金武营的郭遂第早在战前已经极力反对出战的计划，并以先见之明指出钓鳌桥过于窄小，部队一旦作战不利势必难以迅速退兵。可是黄梧口出大言，称：“战则必胜，何用退兵!”苏茂等人也赞同黄梧的意见。当时，不少郑军将领误以为经过一段时间的大练兵，部队战斗力肯定今非昔比，谁知当与劲敌真刀真枪地在战场较量，竟然如此不堪一击，确实令人始料不及。这再一次说明，一支部队仅仅在训练场上流汗是远远不够的。

步兵怎么样做才能击败骑兵？这是一个历史悠久的难题。孙可望、李定国、刘文秀都不同程度地受此困扰。郑成功反复敦促手下练兵，力图让部队排兵布阵时做到“步伐整齐”，这对形成巩固的阵线很有帮助，而在对付骑兵的冲击时当然会有一定的积极作用，但到底应该采取何种军械以及哪些战术才能使自己的军队最有效地战胜久经沙场的清军骑兵，只能通过在实战之中的反复求索才能知道。反观尚可喜、耿继茂辖下之兵，自入关以来经过无数次出生入死的拼杀，而近段时间又与李定国在肇庆、新会打了两场血腥硬仗，早已具备过人的野战经验，他们的战斗力逐渐赶上了八旗军的精锐部队，击败郑军并非侥幸，而是合情合理。

郑成功得知广东战事不利，马上委派五军总制张英率戎旗镇等部队重返揭阳应援。可是清军已经把营盘安扎在揭阳港附近，占据了地利的优势，郑军一时难以攻下。揭阳附近的乡绅、百姓纷纷将粮食物资搬入各乡土堡之中，坚守不出，并拒绝向郑军纳粮。在这种情况下，郑成功于1656年（清顺治十三年，南明永历十年）二月决定放弃揭阳，命令苏茂、黄梧、杜辉率大部队撤回思明州，只留下黄廷、林胜等继续在广东沿海，探听永历小朝廷消息。黄廷所部南下至碣石卫，军中士卒因缺粮而出现逃亡潮，被迫回师福建。

南下广东的计划受挫，北征浙江的行动也暂时停止。1655年（清顺治十二年，南明永历九年）十一月十三、十四日，甘辉、洪旭等率主力从浙江返回思明州，只留下总制陈六御与定西伯张名振、英义伯阮骏等镇守舟山群岛。其中，洪旭在回师时经过台州港，成功招得台州守将马信来归。

南下与北征的两路郑军主力相继返回后，清军果然在1656年（清顺治十三年，南明永历十年）四月在福建沿海发动进攻。济度调集船只，令泉州城守韩尚亮统领水师，欲犯思明州，而自己亲率步骑兵屯于石井，企图攻打白沙城。另外，又有一股清军打算扑向金门、浯州。郑成功得到情报后，紧急传令把部队家眷以及居民搬移过海，准备应战。

十六日，清军船只一齐驶出泉州港口。

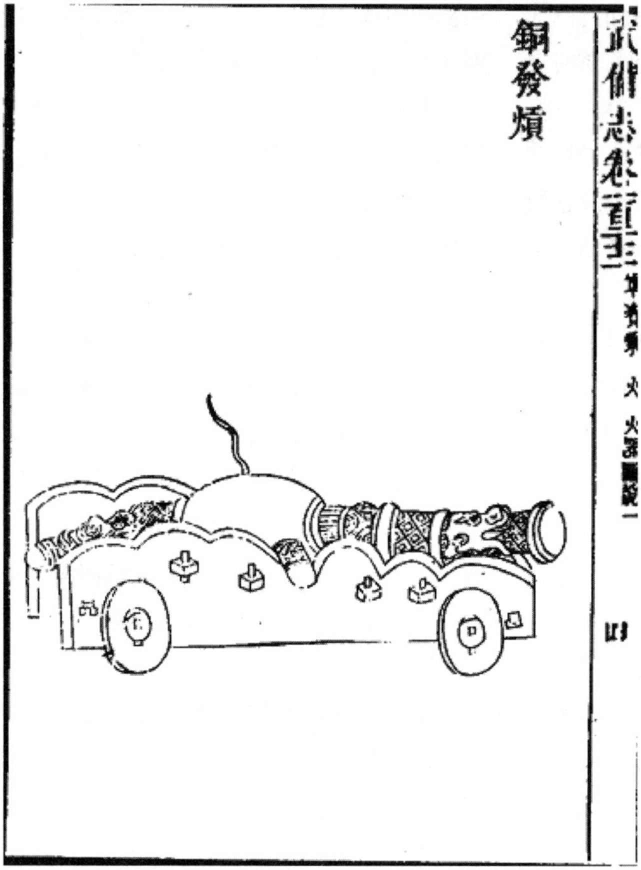


▲明代的发熕。

郑军闻风而动，水师左右军并援剿左镇黄昌、信武营陈泽与水师内司镇左右协等战舰一拥而上，冲至围头之外迎敌。左协王明战舰上的发熕（一种火炮）立了首功，轰隆一声击沉了一艘清军船只。其余的清军船只闻风丧胆，纷纷掉头而回。信武营等部队正想扩大战果，在后面乘势猛追。忽然狂风大作，四周雾霭密布，一片阴翳，船与船之间虽近在咫尺，亦难以望见。郑军水师及时收兵，就近泊于围头避风。

清军船只难以迅速返回泉州等港口，被狂风吹得七零八落。有的慌不择路，误入郑军控制的围头，成为俘虏；有的随波逐浪而漂到青屿、金门等处，以致不得不向驻守于当地的郑军乞降；还有的飘向了外面的大洋。此外，至少有三十余条船在风浪中损坏以及被大火焚毁，仅有不满十条船得以返回泉州港口。连统军的韩尚亮亦沉入水中溺亡。

郑军得飓风之助而大获全胜，俘获大船十只，凯旋而归。郑成功论功行赏，以王明为首功，其余的人俱次功。同时命令将清军俘虏割去耳鼻，然后释放，并让这些人传话给济度，劝其不要擅启兵衅。济度经此挫折，亦感叹渡海作战的难度不小，遂收军返回泉州。不过，清军在水战中损失的主要是绿营兵，而跟随济度入闽的满汉大军实力犹存，依然能对郑军的根据地构成严重威胁。

郑军在福建的战局刚有好转的势头，情况突然为之一变，迅速失掉了苦心经营的战略据点海澄。这次变故是祸起萧墙之内，缘于郑成功追究揭阳丧师的责任，为此处斩了苏茂，捆打杜辉六十棍，黄梧也受到记责的处分。事后，黄梧心有余悸，利用守卫海澄的机会串通副将苏明与知县王士元等，于六月二十二日突然杀死总兵华栋等四百多名将士，随后带领所部一千七百余人降清。郑成功得报震惊不已，连忙派甘辉、林胜、洪旭等将火速前往收复，可是八旗军梅勒章京翁爱等部早已入城，一时难以夺取。唯有海澄城外的五都土堡属于后冲镇林明管辖，而林明与黄梧不谐，拒绝降清，于是甘辉等人所能做的只是掩护林明把土堡之内的粮食、军器全部运回思明州。

海澄一直被郑军视为向大陆进军的跳板，是一个非常重要的后勤辎重基地，里面储存了大量军事物资，仅仅“粮、粟”就达到二十五万余石，还包括数不清的“军器、衣甲、铳器”等装备，至于军中各镇将领私下存放的东西更是难以统计。郑成功为此慨叹：“黄梧、王元士如此背负，后将何如用人也！”

海澄易手后，一千余名满汉八旗军在固山额真图赖的带领下进驻其中，近距离监视着思明州与金门等地。郑成功为了减轻空前的军事压力，重新施展“围魏救赵”之策，企图避实击虚，从海路北征福建省会福州，借以把在泉州等处虎视眈眈的济度所部引开。分兵北上必然会减弱根据地的防卫力量，为此需要防患未然。他在此前已要求各处成立的乡勇组织加紧招募人员，积极进行操练，还给这些人配备了铳、斩马刀、木棍等武器。从这个时候起，每名乡勇都要携带三粒铳弹在身，遇敌时以便“掷击”，简直到了处处设防的地步。

同年七月，甘辉、林胜、周全斌、杨祖等十五镇官兵奉命乘船北征，而郑成功率林明等将留守思明州。甘辉所部于初四日启航，经了罗湾，于十八日攻破了闽安镇。闽安位于福州以东八十里，是闽江的入海口，历来有“江海锁钥、省城门户”之誉，郑军占得此地，很快从水陆两路疾进，迫近福州南台城下扎营，准备攻城器械，大张旗鼓扬言夺城。

郑成功这一招非常高明，正打中了清军的软肋。此前，济度已为兵力不足的问题向清廷叫苦，声称沿海漳州等九处地方、俱应设兵防守，然而福建绿营军缺额甚多，建议增设二千二百五十名骑兵与五千九百名步兵，以配合置于漳、泉二州的满汉驻军备战。现在，闽安的失守与福州的告急，使清军兵力不足的弱点暴露得更加明显。远在北京的清朝君臣也非常担心郑军的动向，议政王、贝勒、大臣等开会讨论济度的增兵建议时，认为可以从江宁提督管效忠驻防的镇江地区抽调八百名士卒，同时从杭州抽调六百名驻兵，连同福建原有的五百九十名汉军，凑足两千，再令每旗出动一名梅勒章京、两名章京、一名骁骑校，由一名固山额真统率长期驻防福建。不久，诸王、贝勒、大臣同意再调一百名京城士卒以及九百名沈永忠的部属，连同镇江、杭州之兵一起南下。顺治帝任命固山额真郎赛为这三千将士的统帅。可是，从镇江、杭州南下的清兵还在途中（刚到达浙江衢州境内），福州已经烽火连天。

驻于泉、漳等州的济度以及兵部左侍郎额赫里等人对此不能无动于衷，匆忙分兵四出。梅勒章京阿格商（又叫觉罗阿克善），委署（代理）护军统领依巴克图、格济图，营官星鼐、楚库巴图鲁、杨孙等人奉命率部回防福州。梅勒章京阿育喜坐镇福清，以便

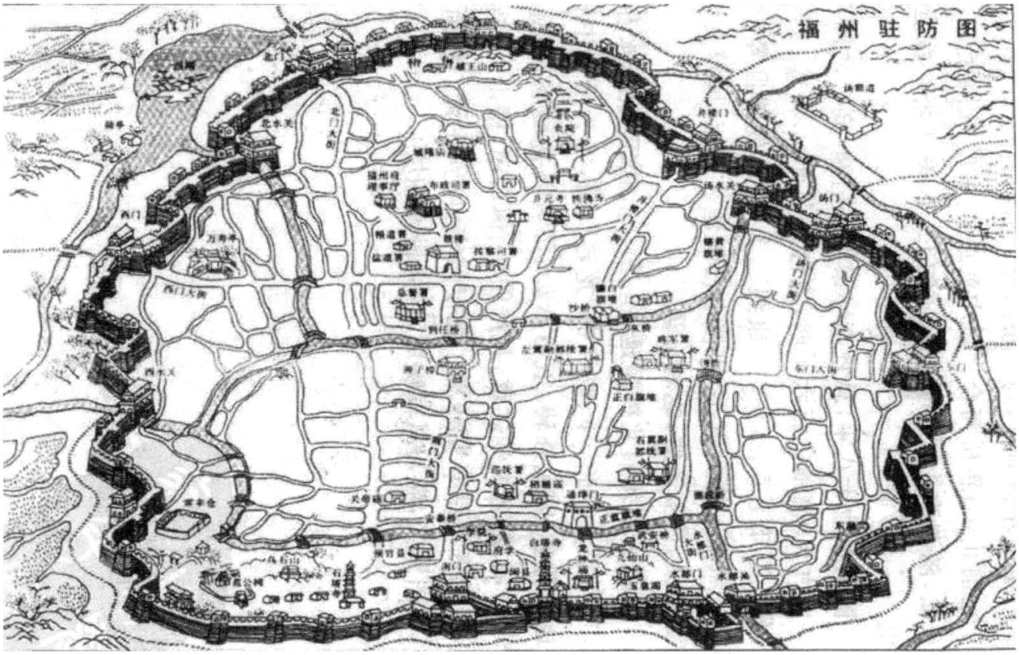


▲八旗军福州驻防图。

随时增援与闽安近在咫尺的长乐。稍后，额赫里又亲自出马，带着部分护军赶往省城，以应付危局。在此之前，驻守海澄的图赖本来准备率数百名护军、骑兵会同新近投降的黄梧、苏明之兵，意图抢占闽安附近的乌龙江渡口，后来改为与济度共驻泉州，稳定闽南的局势。因为在泉州、惠安的一些地方，两军小股部队的摩擦时有发生。

福州附近的高齐、侯官县、大漳河口、闽安等处冲突不断。然而，福州没有发生大规模的战事，实行“围魏救赵”之策的郑军不打算强攻这座大城市，只是对周边区域掳掠了一番，便撤离了。据说军中将士所获的“辎重宝物”，“足偿海澄之失”。戎旗左协黄安等人杀退追击的清兵，驻营于闽安镇罗星塔等一带，伺机而动。

留守根据地的郑成功从情报中获悉“虏世子（指济度）”把泉州一带的满汉大军主力调回福州，终于如释重负，知道思明州、金门等处的威胁暂时已经消除，他为了防止清军卷土重来，不辞劳苦于八月十八日亲自与林明等将一起率军北上，以支援闽安的前线部队，只留下黄廷等人守卫思明州。

九月初三日，来到闽安镇的郑成功经过实地察看之后，确信这一带是往来福州的必经之地。随即征调民夫修建土堡、城寨等工事，以为长久之计，并制订了在闽安、罗星塔、闽清永福港、萧家渡等处长期驻军的战略决策。而自己率主力继续北上，经壶江、定海、凤埔等地，袭取连江县，于十月到达三都。其后令各镇在福安等处征粮。

郑军主力在闽东活跃异常，让清朝福建

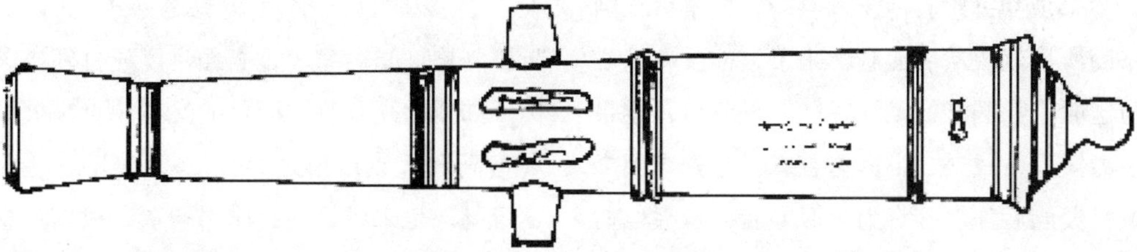

▲现存于世的郑军于南明永历乙未制造的铜炮。

当局如芒刺在背。济度自忖水师较弱，不可能立即驱逐郑成功，转而命令福建与广东交界的驻军于初六由诏安出兵袭击铜山，试图从侧翼威胁思明州、金门等处，迫郑成功从闽东回师。可是袭击铜山的清军被留守当地的郑军后冲镇华栋、护卫右镇黄元等部杀得大败，使得济度的如意算盘顿成画饼。

济度不敢随便出海与郑成功较量，自入闽以来一直苦苦等待陆上作战的机会。机会终于在这一年的年底来到，郑成功竟然亲自督师在梅溪登陆，欲占领罗源、宁德等城，并且已经度过飞鸾、白鹤岭，正在前往罗源的途中。济度没有错过这个难得的战机，马上派遣梅勒章京阿格商、巴都、柯如良等带领满洲八旗军，并在部分绿营兵的协助下赶赴战区。这支数千人的清军欲从背后牵制、袭扰郑军，与之在陆地进行堂堂正正的野战。

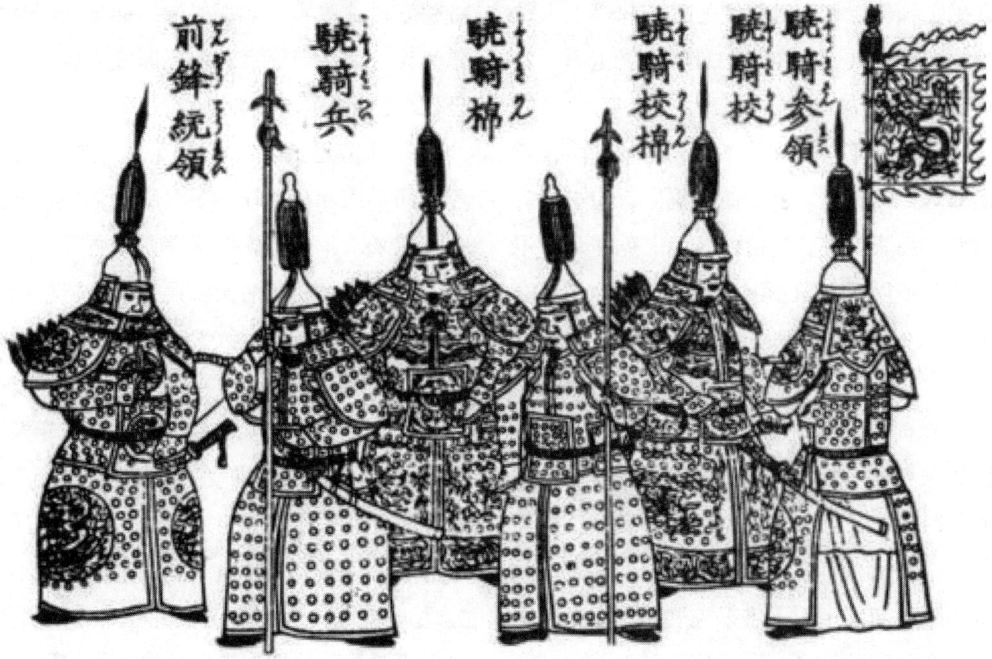


▲八旗前锋统领与骁骑营将士。

郑成功挥师直薄宁德县时，侦察得知阿格商所部就快从后面赶上来了。他没有信心与这股来势汹汹的满汉军队决一胜负，遂带主力撤退，只是令中提督甘辉、左先锋周全斌、援剿后陈魁等将为全军殿后，吩咐他们用“节节示弱”的办法诱敌，等退到地形险要之处，再予以伏击。

郑军在二十九日退师，清军果然一直尾随在后。阿格商率领数百满洲骑兵一马当先，很快便在护国岭追上了负责殿后的甘辉。甘辉为了避免被满洲骑兵快速包抄，便指挥部队背靠山岭严阵以待。不久，他又下令部队登山，这样做的好处是令敌人的战马难以在崎岖的山地上任意地纵横驰骋。

一身是胆的甘辉仅带数十人在阵后掩护主力登山。先行上山的周全斌、陈魁已经各自秘密埋伏于岭上的险要之处，只等敌人被甘辉引诱进入这个精心布置的口袋里面，就马上挥师从左、右方向进行夹击。

阿格商不知有诈，不顾列将的劝阻，督促部队上岭，由于山路曲折狭隘，追击的骑兵难以列队前进。其后，《海上见闻录》记载清军不得不在队形混乱的情况下与“从高趋下”、“挥刃大呼”的甘辉展开了殊死之战。

仓促应战的八旗将士使出拿手的技艺，纷纷张弓射出雨点般的箭，正在难解难分之时，冷不防又被一齐杀出的周全斌、陈魁所部打了个措手不及，被迫稍为退却。不肯认输的阿格商鉴于山上难以施展马术，果断命令所有的骑兵下马，步行厮杀。

甘辉见状对周全斌说道：清军骑兵善于驾驭战马打仗，“今下马是来送死”，但听说阿格商是名将，过去经常以死打硬拼著称，如今敌众我寡，面对的又是“真满披挂（指满洲八旗披甲之兵）”，即使是这些人下了马，也未可轻视，应当智取。根据《从征实录》的记载，甘辉给出的对策是让军队按照久经训练的“操法”布阵，以不断退却的诱敌战术取胜。事实上，满洲官兵披着沉重的铁甲最利于骑在马上作战，而下马在山路上来回跑动则容易疲惫，很难与轻装上阵的郑军步兵长时间周旋。因而甘辉故意让手下不停后退，目的是让追击的敌人快点疲惫，然后再一齐反击，便可起到“以一当百”的奇效。众所周知，郑军的长处是经历过训练场上的刻苦操练，对阵法比较熟悉，在且战且退时，各部也能尽量按部就班地保持秩序，绝对不会像那些未经训练的军队那样乱作一团，当追兵被拖得筋疲力尽时，便是死期已近。

一味穷追的清军果然个个气喘吁吁。各路郑军依计行事开始了大反攻。决定性的时刻到来了，勇将陈魁一手抓紧盾牌，一手提刀直取阿格商。两人短兵相接，阿格商仗着一身铁甲，在中了数刀的情况下仍负隅顽抗。打斗中，陈魁挂了彩，幸而得到同袍陈蟒的协助，才依靠以多打少的优势，专挑阿格商身上铁甲庇护不到的地方下手，斩瓜切菜般地将其砍死于乱刀之中。形势完全逆转过来，轮到郑兵乘胜追杀，清军那些来不及上马逃跑的残兵败将全部死于非命，出现“积尸遍野”的惨烈景象。遗弃在战场上的弓箭、马匹全都成了郑军的战利品。

然而，战斗还没有结束。因为逃出重围的漏网之鱼很快又冒死反扑，原来，阿格商已死，而巴都、柯如良等数将亦不见踪影，一些幸存的清军害怕就此撤退会被朝廷严厉追究责任，所以铤而走险，重返战场抢夺主将尸体。恰巧此时右提督马信赶至，与甘辉等会合之后，郑军优势更加明显。以卵击石的清军残部又死了不少，还有数十人被生擒，最后不得不失望地驱赶着数百匹战马绝尘而去，而阿格商之尸，再也夺不回来。

就在几个月之前，郑军连尚可喜、耿继茂的骑兵都赢不了，想不到如今竟然能在野战中击败普天之下最负盛名的满洲八旗骑兵，这在很大程度上归功于甘辉的出色指挥，他历来敢于与八旗军拼杀，昔日在海澄之捷中厥功至伟，现在再立新功，不愧为郑成功辖下的数一数二的勇将。同样使用在训练场上学来的“操法”布阵，苏茂的部队在揭阳大败，而甘辉却在护国岭得胜，显示了根据具体情况制定适宜的战法的重要性，这也证明郑军经过实战中的屡次磨砺，已经取得了越来越多的经验教训，从而逐渐今非昔比。与此相反，满洲八旗军的表现又一次令人失望，本来山地战是其传统强项，无论是清太祖努尔哈赤统一女真诸部的一系列战事，还是萨尔浒与松锦两次大决战，八旗军都凭着山地战的强项在关外叱咤风云，并发挥了至关重要的作用。可自从入关后却光芒不再，阿格商这一次在护国岭下马作战，本想故技重施，他万万没想到败得如此难看，竟然连性命也丢了。可谓一代不如一代。尽管新编入满洲牛录的索伦人剽悍依旧，但人数毕竟比较少，未能在这一战中有所表现。

甘辉、马信所部获此大胜，使得八旗军短期之内不敢出兵再战。郑成功信心大增，召集各部围困宁德，下令官兵在县城附近四散取粮，当掠夺的粮食足够三个月之用时，再趾高气扬地返回三都。

郑成功在闽东打得比较顺手，便于1657年（清顺治十四年，南明永历十一年）正月在经略福宁州的同时乘势将战火烧过毗邻的浙江温州金乡卫等地，而东南沿海的硝烟气息越来越浓郁。济度已经束手无策，他把烂摊子留给了地方官员，于同年三月班师返回了北京。郑军却未能进一步扩大战果，因为恰巧在三月间，郑氏集团当中具有影响力的郑鸿逵病死于金门，故郑成功一度回师思明州奔丧。直至七月才重新兴师北征，经闽安于八月十二日在浙江台州海门港登陆，连下黄岩县、台州府、太平县、天台县、海门卫等处，让浙江这个清朝的财赋重地危机四伏。

然而，郑军在浙江的舟山基地已经遭遇剧变。那是在1656年（清顺治十三年，南明永历十年）八月下旬，清朝宁海大将军宜尔德经杭州、宁波来到定海，与绿营提督田雄一齐督师攻打舟山，在二十六日出动大小五百余条船企图登陆。由于郑成功主力尚在福建，舟山守军只能独自御敌，陈六御、阮骏等守将带领五十余艘战舰毫不畏惧地出海拦截，利用占据上风的优势猛烈撞击清军船只，使清军受挫而回。次日，清军水师改变了打法，象征性地进攻了一下便佯败而去。误中其计的守军急起直追，不知不觉来到了水流湍急的定关口，被早有准备的对手所围困。陈六御让阮骏率两艘战舰为先锋突围，阮骏不熟悉当地水流的趋势，以致舰队困于旋涡，进退失据。清军认准陈六御、阮骏所乘的战舰，集中各种兵器一齐攻打。面对倾泻而下的弹丸与利箭，难以抵挡的陈六御自知脱不了身，在衡水洋口这个地方蹈海而死。阮骏点燃所载的火药自焚，与化为灰烬的战舰一起沉入海底。残存的郑军战舰无不四散而逃。清军仅以损失两条船的代价占领舟山，打死总兵张洪德等人，随后拆毁城邑，将居民全部迁走，以免日后被郑成功利用。值得一提的是，鲁监国旧部也参与了舟山保卫战，张名振在战前已经去世，张煌言成了这支军队的统帅，舟山失守后，他仍活动于东南沿海，继续配合郑成功伐清。

郑成功进军台州时，本来可以乘此破竹之势重占舟山，可是既缺乏西南明军的有力配合，而后方又不稳，令这次北征面临夭折的命运。

清福建当局正在策划大举进攻闽安，以消除省会福州的隐患。两广总督李率泰已经被清廷委任为浙闽总督，他从情报中得知郑军精锐北上浙江，留守闽安的多数是老弱之兵，便当机立断，准备出动八旗军，在绿营等部队的配合下发动水陆进攻。而固山额真郎赛率领的三千援军已经到达福建，也参与了这次军事行动，承担从陆路夺取闽安的任务。同时，固山额真图赖督兵由水路攻打罗星塔。为此，福建当局于八月动用万余民夫，在古山、溪头、烟炖寨脚等地修筑通往闽安之路（至九月初十，基本修筑完毕），以方便步、骑兵以及运载大炮的火器部队经过，并从泉、漳两州抽调人力物力，谋求更加有效的满足水师的后勤需求。

闽安镇守军以五军戎政王秀奇为总制。前提督右镇余程负责守卫闽安镇寨城。而护卫前镇陈斌、神器镇卢谦守卫罗星塔。郑成功北上浙江之后感到闽安驻军兵力不强，又让总理提塘徐日彩返回闽安，协助留守诸将进行防御。

徐日彩到达闽安后，就当地的防务布置向郑成功作了回复，声称闽安镇寨城坚如磐石，烟炖、上寨等处“四面峻险”，敌人受制于地形，不能施放铳炮等火器。寨北山腰虽仅容纳百余人，但通道上已经设置地雷阻击敌人。况且又有右镇官兵驻扎，可保无虞。后山顶寨亦“四面险阻”，惟有一条寨西山径可供往来，鉴于守军仅有三五百人，已抽调神威营陈兴协守。言下之意，对守住闽安把握十足。他乐观地估计敌人如果来攻，只能攻打一寨，不能同时攻打两寨。假若后寨告急，则暂调上寨的余程之兵帮助守御。假若上寨告急，也可从后寨等地方抽兵来助。至于水师的镇守之处，由于水流湍急，清军船只不能成行成列开过来，而郑军战舰正好占据上风的有利位置，能乘东北风“冲犁（指撞击）”清军船只。基于上述理由，他断言留守的郑军有“必胜之势”。

郑成功看过徐日彩的报告后，惊讶不已，对随军诸将说：“闽镇（指闽安）危矣！”接着分析道：颇具军事才能的李率泰如果真的向闽安发起进攻，必定以优势兵力同时攻打“镇上数寨”，让守军“左右支

▲李率泰之像。

吾，首尾不能相应”，怎么会专攻一寨，让守军从容不迫地集中力量于一处防御？更糟糕的是，守军没有设立机动部队应急，调来调去的全是守寨之兵，这样会扰乱军心。万一被敌人摸清虚实，采取“声东击西”的打法，那么守军就会四处奔波，异常被动。郑成功又指出守军水师的战斗力比较强，应该先发制人，岂可任由清军船只蜂拥而至？否则，“顺流”而冲过来的清军船只就会“反客为主”，即使守军水师能够占据上风的有利位置，亦难以抵挡。当清军水陆部队俱兵临城下，闽安必将难保！值此“黑云压城城欲摧”之时，心急如焚的郑成功放弃了台州等新得的府、县，慌忙率军从浙江返回，他预计要过九月二十日之后才可回到闽安，假若清军在此期间来攻，孤军作战的闽安守御部队危如累卵。

不等郑成功赶回，闽安之战已于九月初八日爆发。清军以众敌寡，连攻四昼夜，铳炮之声延绵不绝，城垣中弹之处灰、粉乱扬，守卒难以站立。此情此景，与金砺当初炮轰海澄如出一辙。缺乏得力主将的守城部队于十四日全线崩溃，余程在顶寨战死，守卫罗星塔的陈斌、卢谦降清之后被李率泰处斩，致使损失的兵员总数达到五六千人。郑成功在二十一日回到浪琦时才得知败讯，已无法改变既成的事实。

从1656年（清顺治十三年，南明永历十年）七月攻克闽安起，郑军花了一年时间北征，将战火从闽东燃烧进了浙江内陆，然而随着闽安在1657年（清顺治十四年，南明永历十一年）九月失守，北征所得的地盘基本丧失殆尽。郑成功重新撤返原根据地时，有效控制之处所不过是思明州、金门、南澳等寥寥数个沿海岛屿。他当然不会固步自封，又派遣军队南下潮、揭，攻破了鸥汀坝等拒绝听命的寨子，继续在清朝的统治区域掠取粮食，以便随时执行新的作战任务。

北征闽东、浙江期间夺取的地盘虽然未能巩固下来，但是既受过挫折，也有过成功的经历，尤其经过护国岭等残酷的杀戮，增添了郑军的实战经验。战后，郑成功亲自查看了从战场上缴获的清军铁甲，并召集诸将总结教训。他判断阿格商能够异于常人，敢于下马打硬仗，靠的就是身上那一套铁制重甲。为了改善部队的装备，因而决心依样画葫芦，让军中的勇士披上厚厚的金属外壳，使他们成为真正的“铁军”！不过，王秀奇略有顾虑地说：全套铁甲的重量超过三十斤，清军有马、驼运载，故携带方便。至于战时下马打仗，由于身上披挂过于沉重，存在着“战胜不能追赶，战败则难收退”的缺点。如今我军战士欲以一人穿戴三十斤重甲步行，雄壮者问题不大，可弱小者行动起来就不灵活了。郑成功仍坚持自己的见解，认为这些问题不大，解决的办法是选择军中的“雄壮强健者”披甲。甘辉支持郑成功的意见，并以历史上著名的岳家军与戚家军为例，指出岳家军携带的装备也不轻，而“戚南塘（指戚继光）”在操练时有意令士卒把沙袋绑于脚上，也不存在畏惧过重的思想，关键在于选择人才以及训练得法！由于存在争议，只好先找人穿戴阿格商遗下的铁甲，看看效果如何再说。左戎旗内一位膀大腰粗，能“力举千斤”，并练过武艺的将领被选中了。这位将领叫王大雄，他披坚执锐之后，步伐整齐，行走如飞，仿佛与敌人作战一样。郑成功大喜：“似此可纵横天下！”决定在1658年（清顺治十五年，南明永历十二年）二月底着手布置工匠日夜赶造铁甲。诸将也纷纷表态赞成，并各自挑选身强力壮者进入新组建的“铁军”之中。不过，郑成功的铁军与清军不同，这支王牌军以步兵为主，因为要想在东南沿海地区组建一支精锐骑兵，受限于优良马种来源不稳定与缺乏优质的放牧草场等客观原因，难度非常大。然而，千万不要小看铁甲步兵，如果指挥得当，他们完全有可能打垮八旗军的铁甲骑兵。

大家都知道，沉重的铁甲会让身体羸弱的士兵承受不起，因而普通士兵要想成为铁军中的一员，需要参加考试。考试时，他们要用手提起三百斤重的大石绕着演武厅走上三圈。达标者，才能证明自己具有异于常人的强健体魄，才有资格穿上铁甲。

铁甲主要由铁盔、铁面、铁臂、铁裙等部分组成，其中铁面上绘画着令人目眩神迷的奇形异彩，目的是用来吓唬敌人，具有很强的心理战意义。从甲衣的样式来看，既保留着明朝传统的风格，也吸收了清朝的优点，它的外表排列着很多甲片，有点像清军明甲。此外，由于盔甲的各部分甲片之间要用锁来固定，因而又具备锁子甲的某些特点。全套铁甲的重量高达三十斤左右，与八旗军的差不多。

百里挑一的铁甲步兵刚组建时有数千人，散编入左右武卫镇、左右虎卫镇等军事单位里面。其中，左右虎卫镇共有一千二百名成员（而在护国岭之战中与阿格商浴血奋战的陈魁与陈蟒也同时出任虎卫镇将领，分别统率左虎卫镇及左虎卫后协），部队编制是每一镇管四协、每一协管四正领、每一正领管二副领、每一副领管十班。可见，这支王牌部队以班为基本单位，每一班连同班长共有六人。俗话说，平时多流汗，战时少流血。铁军每操练一日之后，即考试武艺一次。操练时，将士们早晚要披挂铁甲，而考试时，武艺高超者可受嘉奖。

不过，士兵白天操练时铁面会被太阳晒热，活动颇不方便，时常要根据实际情况从脸上摘下来。除操练、比试之外，将士们一般在临战之前才会披挂全套铁甲。那么平时

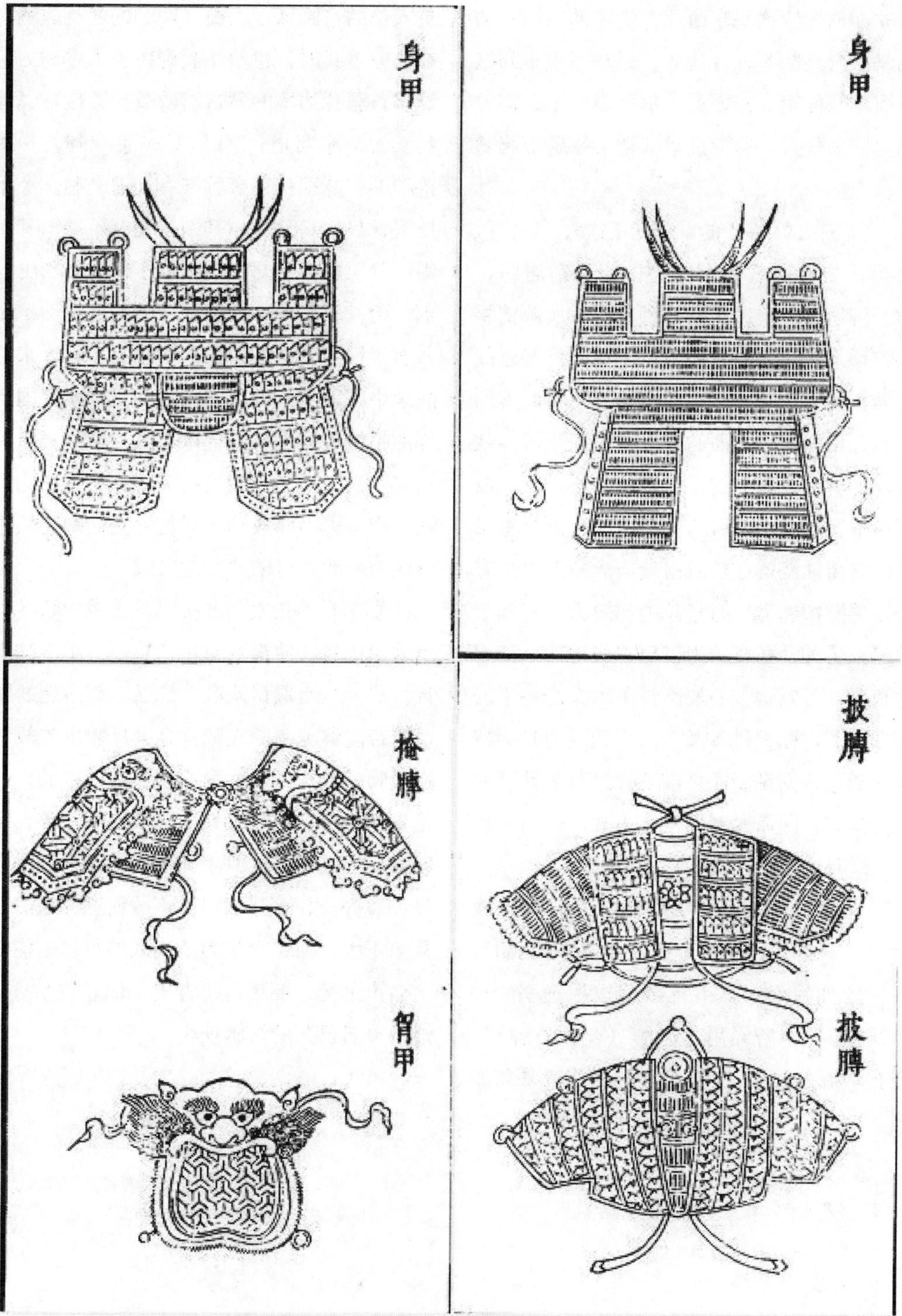


▲明代各类铠甲。

行军如何处置这些东西呢？清军的做法是动用马匹与骆驼等牲畜运载，而郑军做不到这一点，只能用人力搬运，每一班六个人需要招募三名伙兵，负责挑带战裙、铁臂等物随军。

每班主要装备的武器有盾牌、刀、弓箭等，史料记载“十班之中，弓箭居四，刀、牌居六”。武器的品种可以按实际需要酌情增加，在必要时还可以配备长枪等近战利器。铁军作战的基本战术是让手持盾牌的士兵在前，掩护后面的刀手与弓箭手等参战将士。特别要指出的是，因福建盛产藤，故军中很多盾牌由藤所造。藤牌的特点是重量轻，它用油浸透之后对弓箭与火枪的射击有一定的防御能力，而且浮力比较大，有利于渡河。另外，郑成功为了更有效地砍杀清军的战马，还煞费苦心地给铁甲军人配备了云南砍马刀，此刀是参考了西南地区刀具的特征而制造，据说制成之前要经过百名铁匠的轮流锤打，因而锐利异常。史载“一刀挥铁甲，军马为两段”。

以往的战例已经反复证实，盾牌与砍马刀这两类兵器组合起来就会有效克制骑兵。比如在南宋，由抗金英雄岳飞率领的“岳家军”，曾经用“旁牌（一种盾牌）”掩护“麻札刀”，专砍金军的马脚，赢得脍炙人口的“郾城”大捷。明朝的名将戚继光在北方练兵时，也给步兵配备了大量利刀，以防备骚扰边境的蒙古游牧骑兵，他在《练兵实纪》中写道：“藤牌兵一手持牌，一手持腰刀，此即岳飞旁牌与麻札刀之制。令军低头，只砍马足……其制虽稍有不同，其用则一。”如今，郑成功吸收了前人的历史教训，给铁军配备牌与刀，让他们从正面抗击八旗军铁甲骑兵的冲击，正是为了在未来的战争中“以步制骑”。巧合的是，李定国所部的精锐步兵也是同样依靠大刀俯身直砍骑兵“马足”而为衡州之捷立下大功。由此可知，李定国、郑成功为对付骑兵而制定的战法颇为一致，可谓“殊途同归”。

郑军在不久之前的护国岭之战中巧妙利用地形优势，使得八旗军骑兵不得不下马步行作战，从而取得险胜。那么，新组建的铁军是否能够克制骑在战马之上风驰电掣般纵横驰骋的八旗军呢？还有待实战的检验。但这支精锐部队已于1658年（顺治十五年，南明永历十二年）四月上旬亮剑，参与讨伐南洋海盗许龙，可是因对手不战而逃的缘故而战果不大，而这次牛刀杀鸡式的行动未能使之名声远扬，要想名留青史，最好的办法是战胜享名已久的八旗铁骑。

# 第十章　峰回路转

郑成功于1654年（清顺治十一年，南明永历八年）年底至1657年（清顺治十四年，南明永历十一年）年底在粤、闽、浙与清军进行的一系列战事已经难以指望屡经挫折的西南明军会予以有力的配合。当东南沿海杀声震天时，湖南、广西的敌对双方仍旧继续维持着僵持局面。

尽管洪承畴在主持湖南军政期间，八旗劲旅于1655年（清顺治十二年，南明永历九年）五月取得了常德保卫战的胜利，但此后清军裹足不前，没有乘势挺进西南。

洪承畴的保守战略引起了一些主战派人士的不满，兵部左侍郎王弘祚上疏指责其“竭天下物力，止足支付军需”，却无助于统一大业。四川巡抚李国英也在疏文中牢骚不断，认为黔、滇“未靖”，让朝廷不得不到处“征兵转饷”，造成了“因一隅未安之地，累数省已安之民”的后果。战争“旷日费时”地拖延下去，必然会“师老财匮”，这是“自困之道”。而西南未能一统并非“兵不强，饷不足”的缘故，实乃封疆之臣（指洪承畴）“畏难避苦”，存在着利害得失的私心，以致“贻忧君父（指顺治帝）”。李国英甚至越俎代庖地提出了一个三路出师的建议，即从湖南、两广、汉中“分道并进”，“首尾夹攻”，可“一劳永逸”解决敌人。

面对质疑之声，洪承畴进行了自辩，例如他在1655年（清顺治十二年，南明永历九年）十二月向朝廷呈递了一个作战方案，称先要在湖广与广西增兵备战，等到次年的“秋冬之交”方可讨论大举“进剿”问题。但前提是做到如下几点：

一是清军在广西梧、浔二州打通前往南宁之路，堵塞云南敌人的后路。

二是桂林驻军分兵镇守柳州、庆远，“以扼靖州”，堵塞云南敌人的另一条交通要道。

三是湖北夷陵增加水陆部队，与荆州、襄阳、勋阳驻军共同截断夔东十三家与云南敌人的联系。然后攻取云、贵的时机才逐渐成熟。

至于湖南这个作为向西南进军的主战场，他认为先要在益阳、祁阳等处增兵，再召集省内各镇之兵，会同驻扎在荆州、长沙的“满洲大兵”，或者由常德、澧州挺进辰州、沅州，或者由宝庆挺进武冈、靖州。同时，广西的全州、柳州、浔州等处，亦要大张声势予以配合。此外，还要与四川的吴三桂、李国翰、李国英等人商议协同作战问题，让他们提早筹办“兵马粮饷”，至明年“秋冬之间”，可统兵从四川直取遵义，逼近贵州，或者出兵进攻重庆、夔门，以便打通前往荆州、襄阳之路，使四川、湖北官兵“取得联络”，“庶几胜算在握”。可在目前的情况下，不但“兵未能齐”，而且“粮未能足”以及时机“未能凑合”，尚非大举进军之时。

顺治帝仍然对洪承畴表示信任。

洪承畴虽然判断反攻时机尚未到来，可形势的变化使得清军不得不在广西进行反攻。起因是李定国所部主力在1655年（清顺治十二年，南明永历九年）下半年突然离开广西转往贵州，从而给了清军一次绝好的反扑机会。这次反扑由湖南与两广清军联合行动，尚可喜、耿继茂、洪承畴以及广西的线国安分别派遣部队分进合击。其中，耿继茂与当时尚任两广总督的李率泰亲自出马，统兵在同年年底到达广西梧州，经藤县、平南等地于次年正月初十占领浔州府。此前，明军守将李承爵、李先芳等已经不战而逃。继续前进的广东清军在贵县与广西提督线国安、洪承畴辖下总兵南一魁、张国柱等部会师，然后取道横州、宾州、武缘，到达南宁，时间是二月初四日。所过之处，明军望风披靡。清军从情报得知李定国已转移到隆安，便以线国安、李茹春等将为先锋，李率泰、耿继茂以及尚可喜的部将吴进功等在后策应，又追至果化地方，无奈前路“山险水曲”，步步惊心的“石磴危岩”仅可容一人而行，“马则难进”，更重要的是，经过连日的跋涉，“马已疲羸，倒毙甚多”，雪上加霜的是，后勤补给难以为继，故此，这一路清军被迫停止追击，返回南宁休整。而尚可喜辖下广西左翼总兵马雄带领另一路军于初九日在濑湍击溃部分明军，俘虏明将李先芳，斩其裨将杜纪等。至此，广西大部分地区被清朝控制。根据李率泰的奏报，屡经战乱的广西“处处凋零，荆榛满望，瓦砾徒存，村落丘墟，人烟寥寂，仅存鸠形鹄面之人”，完全是一幅残破的景象。

清军在这次反扑中既未能歼灭李定国部主力，又吃了不少苦，以致有得不偿失的说法。根据洪承畴在1656年（清顺治十三年，南明永历十年）三月的奏报，湖南参战官兵自上一年的十月出发，至今已历时近半载；广西官兵自上一年的十二月出发，亦历时近四月。由于沿途“粮、料甚少”，再加上开始作战时正值隆冬，使得部队深受饥寒的困扰，“人马病倒”的现象并不罕见，如今天气即将转变炎热，而“春夏瘴疠犹厉”，官兵同样“苦不堪言”。据此，洪承畴要求把湖南官兵撤回来，而广西官兵也应该撤回桂林、梧州，这样就能够得到原驻地粮食的补充，以“恤兵饥疲”，他日敌人若有动静，经过整顿的部队再“合力荡剿”。顺治帝接纳了洪承畴的意见，果然将广东、广西军队撤回梧州。

洪承畴知道自己的谨慎措施必然会招来越来越多的非议，他在1656年（清顺治十三年，南明永历十年）六月向朝廷自请“处分”，称自己“六十有四”，须发全

▲洪承畴之像。

白，牙齿已空，右目有“内障”之疾，不能久视，只剩左目“昼夜兼用”，既然“精血已枯”，同时在异乡又水土不服，治起事来力不从心。自从出任五省经略一职“将及三载”，而“寸土未恢”，种种表现有负重托，因而引咎自责。实际是试探一下朝中君臣的态度。顺治帝顶住压力，对洪承畴的支持态度没有变化。

然而前线的一些八旗军将领却不想安于现状。此时，出任宁南靖寇大将军的八旗军统帅陈泰已经病死，继承其位的是固山额真阿尔津。顺治帝令阿尔津和固山额真卓罗、祖泽润，护军统领席卜臣，梅勒章京祷喇、太什喀、觉罗斡尔马等人继续留在湖广。为了配合洪承畴的保守战略，朝廷的敕书只是让阿尔津寻找适宜的地点驻扎部队，没有赋予其向云、贵进军的任务。其后，阿尔津、卓罗所部选择荆州为驻防之处，而祖泽润所部则进驻长沙。至于前线的“军情事务”，八旗军诸将仍须与洪承畴“计议而行”。阿尔津不甘于单纯防御，积极督兵搜捕出没于宜昌、襄阳之间的土寇，平定了枝江、松滋诸县，使湖北局势日趋稳定，然后在1656年（清顺治十三年，南明永历十年）八月，携同卓罗等将带兵自澧州、常德进攻辰州。

辰州是刘文秀在1655年（清顺治十二年，南明永历九年）向常德进军时的一个兵力集结点与出发地，攻势受挫后，刘文秀率领主力退回贵州，只留下一部分军队驻防于此。当八旗军大举来攻时，寡不敌众的明军弃城而走，并放火焚烧沅江之中的船只，但未能令追兵却步。卓罗与梅勒章京太什哈、护军统领费雅思等率部渡江一路追至泸溪，颇有斩获。一些明军的残兵败将潜逃入山谷，参将段文科以及四员守备投降。

辰州易手之后，宝庆、永顺诸土司相继归清。紧接着，围绕着辰州的防守问题，阿尔津与洪承畴爆发了冲突。阿尔津为了保住这个新得的地方，提出了两个方案：

一是将常德守军调来此地，而另派部队屯于常德作为预备队。

二是由辖下的京师禁旅承担镇守任务。

洪承畴对这两个方案都加以反对，以“常德兵难分，禁旅不宜擅留”回复。阿尔津在入关之前参加过松锦之战，打击过当时尚未降清的洪承畴，并立下战功，尽管现在时移势易，彼此不再是敌对关系，可阿尔津似乎囿于成见，对洪承畴的颐指气使不太服气，他顽固地坚持自己的看法，表示辰州境内之民以及各土司“相率归顺”，如果增兵守卫，“则沅、靖可达”。沅、靖两州到手，又可进一步攻取黔、滇。如今放弃此地不守，必然被敌人占据。而我军“士马疲顿”，难于克服困难卷土重来。况且此地既已归附，一旦弃之而去，不但令百姓失去“向化之心”，亦不能失信于后来欲归附之人。阿尔津这个雄心勃勃的进取计划又再被洪承畴拒绝。其实，洪承畴主张弃守辰州自有其道理，那是由于这个地方比较偏僻，粮食难以自给，而从后方运送物资救济，又山长水远，难解燃眉之急。他虽然早已派官员到常德等地雇用、制造了二百四五十条船，预期每只船载米十四五石，从水路送往前线。谁知地方官员在长达数月的时间里仅给辰州运米一万五千余石，原因是筹粮不易，而船只在途中也时常面临搁浅与冲没的危险。不得已，洪承畴只能将江西运来的四千八百石米送往辰州应急，同时挪用部分军饷购粮以备不时之需。经过种种努力，辰州地区的粮食还是供应不足，驻于当地的满洲大兵惟有靠着缴获的粮食艰难度日，等到这些粮食告罄之时，终于出现了“食米不继，悬釜待炊”的情景。在此期间，溆浦、辰溪、武冈等地的明军也出现了明显活跃的迹象，似乎正在策划反攻。故此，洪承畴权衡再三之后不惜与阿尔津爆发冲突，力主弃守辰州。

顺治帝得知洪承畴与阿尔津的争执后，依旧选择了支持洪承畴，把阿尔津召回京，改以宗室罗讬为前线八旗军的统帅。

洪承畴不太在乎辰州等地的得失，他最在意的是常德、宝庆、长沙、永州、祁阳、桂林、苍梧等几个重镇，力图以几个重镇为支柱，在湖广与广西地区建起一条由北向南横贯各省的数千里防线，以“分守扼防”为要点，形成巩固的防御体系。这个战守方略不是从天上掉下来的，而是与明朝灭亡之前在关外构建宁锦防线的方略非常相似。长达数百里的宁锦防线虽然直到明朝灭亡为止都未被对手彻底摧毁，可是由于大凌河、锦州等“前锋要地”位置偏僻，距离关内过远，不但难以及时运送补给品，而且在遭受敌人的攻击时不容易救援，致使驻守于上述地方的关宁明军在大凌河与松锦两场大战中损失惨重。当时身为明军统帅的洪承畴亦在松锦之战中被俘，他吃一堑、长一智，以后处理相似问题时就能注意避免重蹈覆辙了。因此，等到他在湖广前线为清朝效犬马之劳时，便毫不踌躇地放弃辰州等偏远之地，只将兵力集中在能够迅速获得补给的地方。

平心而论，清朝采取保守战略是大势所趋，洪承畴在湖广、广西建立防线并非特例，就连东南各省也是如此。八旗除了仍旧在江宁、杭州驻防外，还于1656年（清顺治十三年，南明永历十年）五月派三千人驻防镇江地区。次年又将两千名八旗汉军、一百名京城士卒以及九百名沈永忠的手下调往福州驻防。由此逐渐在长江下游与东南沿海形成了固定的驻防线，以防御郑成功的水陆大军以及原鲁监国部属等反清势力。不过，远在北京的清朝君臣决不满足于单纯的防御，而是常常惦记着要转守为攻，他们从1655年（清顺治十二年，南明永历九年）起时不时地催促洪承畴进军西南，甚至朝中重臣济尔哈朗在1655年（清顺治十二年，南明永历九年）五月临终之前仍以“取云贵、灭桂王（指永历帝朱由榔）为念”。洪承畴总是以各种理由一拖再拖，就连前述的准备在1656年（清顺治十三年，南明永历十年）秋冬之间大举进攻西南的计划也以时机未到为借口延期。到了1657年（清顺治十四年，南明永历十一年），湖广与广西地区听命于洪承畴的军队经过数载的整顿已号称“数十万”，而粮饷也颇有积蓄。可他仍然不敢贸然行事，已经让朝中那些对他有很大期待的人失望了，连顺治帝也渐渐失去耐心。

对此心知肚明的洪承畴即使在有兵有粮的情况下也不敢轻启战衅，因为还要等待时机的“凑合”。他知道孙可望、李定国两人势如水火的事，遗憾的是西南明军内部的矛盾迟迟未有激化，故无十足把握。尽管朝野之人左催右催，他始终一意孤行，按兵不动，这同样应该是吸取了松锦之战的教训所致。过去他身为明朝蓟辽总督之时，迫于明朝末代皇帝明思宗以及兵部尚书陈新甲等人的压力，冒冒失失地率军深入松、锦地区与清军决战，结果一败涂地，如今他当然千方百计以免犯第二次类似的错误了。如果朝廷持续施加压力，他只好撂挑子，请顺治帝另请贤能。为此，他在1657年（清顺治十四年，南明永历十一年）六月给朝廷上疏，自称年事已高，身体多疾，从本月十一日起，连病十九日，已经无法干下去了，恳求辞职。大失所望的顺治帝一反常态，不再挽留，爽快地批准了，令其“解任回京调理”。就这样，洪承畴心灰意冷地开始进行卸任准备，预期年底能够回京。恰巧此时，突然传来了西南明军内讧的惊人消息，让明清对峙的局面顿时完全改观。

孙可望与李定国的不和由来已久，当李定国于1653年（清顺治十年，南明永历七年）率部离开湖南转入广西后，从此再也没有与孙可望见面。孙可望耿耿于怀，于次年悍然下令要把李定国及其部下留在云南的家属籍没，欲“分配各营”，作为惩罚。后因云南城守王尚礼的再三力争，而未能真正实行，只是裁汰了安西大营（指李定国所部）的粮饷。根据《安西逸史》的记载，王尚礼暗中赠金币于李定国夫人，使安西大营“赖以得济”。孙、李两人甚至爆发过军事冲突。《残明纪事》称李定国于1653年（清顺治十年，南明永历七年）出征广东不利而返回广西柳州休整时，孙可望竟然落井下石，密令冯双礼带兵前往偷袭。不料李定国棋高一着，有意纵敌至迁江、来宾一带，再派精锐部队迎头痛击。冯双礼知道图谋已泄，急退，却被事先藏匿于柳州江口芦苇之中的伏兵打得措手不及，混乱之中自投于水，希望能突围而出，然而还是成为了俘虏。宽宏大度的李定国念及旧谊，赦免了冯双礼，让其生还。此后“双礼倾心定国”，可谓“识英雄，重英雄”。

孙可望本人的军事能力有限，不再觊觎李定国在广西的残余地盘，而他着意经营的湖南战局也没有起色，北伐中原之路已被洪承畴所部以及屯于湖广的八旗劲旅堵死，在拓土开疆无望的情况下，便加快了篡主夺位的步伐，意图做独霸一方的土皇帝。他自从把永历帝朱由榔接到安龙后，视之为傀儡，始终没有履行人臣之礼前往朝见，并完全按照“挟天子以令诸侯”的那一套行事，予智自雄。自作主张地设立内阁、六部等中央官署，完全把持了军事、财政、人事与司法的大权，还大言不惭地在奏疏中用尖酸刻薄的话嘲讽朱由榔：“今天子已不令自令”，我又怎能“挟天子之令“呢？朱由榔身边的一些权臣见风使舵，依附骄横跋扈的孙可望，企图促使朱由榔早日禅让，以便向孙可望邀功。而另一些仍然忠于南明的臣子对此大为愤慨，彼此不能相容。史籍记载孙可望曾经在1654年（清顺治十一年，南明永历八年）五六月间秘密从前线返回云南昆明，迫不及待地打算坐龙椅、做皇帝。不料精心挑选的吉日竟然大雨如注，这个不好的兆头使得兵、民议论纷纷。迷信的孙可望很不高兴，他自知内部隐约存在反对的声音，暂时打消了登基的念头，以待他日另外选择合适的时机篡位。

永历小朝廷对危机四伏的处境洞若观火，知道有能力救难解危的最佳人选是孙可望的对头李定国。大学士文安之等人盘算着密召李定国勤王，不止一次地派人前往湖南、广西等地寻找李定国的军队，终于与李定国取得联络。定国读了永历帝的密旨后，坦述自己虽然与可望有兄弟之谊，可是在大是大非的问题上绝不含糊，“宁负友”而“不负君”。因为他明白，仅靠西南明军难以完成恢复河山的大业，必须得到其他地方抗清武装的配合。而战斗在东南沿海的郑成功、张煌言所部以及活跃在长江上游的夔东十三家，唯一承认的合法政权是永历小朝廷。也只有凭着永历帝的旗号，他才能理直气壮地与郑成功等人打交道，讨论协同作战的问题，才有更多的信心继续与清军抗衡。相反，孙可望连大西军余部都难以统一，又怎能号令全国各地的其他抗清武装呢？如果任由孙可望篡位的阴谋得逞，肯定会破坏全国各地抗清武装奉行的“复明”的统一目标，郑成功等人也不会原谅孙可望，双方互为仇雠，只会让清朝得益。故此，李定国积极想办法阻止孙可望的僭越行为，并暗中争取得到更多人的支持。

然而，事情走漏了风声。永历帝身边的权臣马吉翔得知李定国有意返回安龙救驾后，竟不惜叛主求荣，将这个消息密报孙可望。暴怒不已的孙可望马上派亲信于1654年（清顺治十一年，南明永历八年）正月初六日进入安龙追查到底。吴贞毓、张镌、张福禄、蒋乾昌、徐极、杨钟等十八名朝臣为了庇护皇帝而承担了责任，最后被全部处死。

尽管形势如此剑拔弩张，但李定国真正出兵抢夺永历帝还要等到1654年（清顺治十一年，南明永历八年）冬围攻新会失败之后。退回南宁的李定国所部让镇守该地的孙可望部将朱养恩产生误会，以为地盘难保，遂惊慌失措地派人入黔报警。身在贵阳的孙可望刻不容缓地派关有才统领数万人马进驻田州，监视李定国所部的动向。李定国正面既有虎视眈眈的清军，而后路又面临随时被切断的威胁，为了摆脱两线作战的困境而采纳中书金维新等人的意见，决定率主力从间道直闯安龙，“迎天子入云南”，名正言顺地与孙可望分庭抗礼。于是，李定国携同靳统武、高文贵以万余兵力从南宁出发，经过三天三夜的急行军，飞也似地到达田州城下。田州守军兵力虽众，但很多是李定国的旧部，不敢认真抵抗，甚至有人跪于道旁迎接。关有才见势不妙，落荒而逃。

孙可望判断李定国此行的目的地是安龙，赶紧令大将白文选前往该地将永历帝接到贵阳暂避。永历小朝廷君臣明知此行会有不测之祸，借故诸多推搪，而宫中一片哭声，悲凄异常。白文选不忍逼宫，同时对孙可望的倒行逆施不敢苟同，遂迟疑不决，以致迟迟未能成行。一直拖延至次年正月二十二日，李定国终于赶到了，白文选干脆甩手不管，任由李定国入城，而自己率兵离开。李定国见白文选深明大义，派夏太监将其追回，以共谋大业。

永历帝与李定国见面后非常投缘，这位皇帝很乐意地于二十六日启程，随军入滇，用了半个月左右的时间到达云南曲靖。孙可望欲再派兵拦截，已经追之不及了。

自常德之败后闲斌在家的刘文秀奉命出山收拾残局，与王尚礼一起镇守云南昆明。尽管云南驻军拥有数万兵力，可诸将各怀其意。无意为孙可望卖命的刘文秀亲自带着数名骑兵出城，对不请而来的李定国说了一番颇有意思的话：“我辈为贪官污吏所逼，因而造反”，由此造成“朝廷社稷倾覆”的后果，“实我等有负于国家，国家无负于我等”，这完全是“反贪官，不反皇帝”的老调重弹。接着，他剖明心迹，表示愿意扶持永历帝以云、贵为基地恢复中原，“但我辈今日以秦王为董卓，恐董卓之后又换一个曹操”。借三国的典故奉劝李定国得志之后不要步孙可望的后尘，成为董卓、曹操那样的奸臣。李定国当场指天发誓，消除了与刘文秀的隔阂。刘文秀既然站在李定国的一边，其他身份、地位不能与之相提并论的云南守将不再多言。其后，昆明大开城门迎驾，时间是三月二十六日。现在，永历帝至少在表面上恢复了皇帝的威仪，他投桃报李，对拥立有功的文臣武将封功晋爵，其中，李定国封为晋王、刘文秀封为蜀王、白文选封为巩国公、王尚礼封为保国公、王自奇封为夔国公、贺九义封为保康侯、张虎封为淳化伯、李本高封为崇信伯、艾承业封为镇国将军。此外，李定国的亲信金维新为吏部侍郎兼都察院，其他人等亦各自“升赏有差”。甚至连曾经投靠孙可望的锦衣卫马吉翔，也因改过自新而没有被追究。就这样，永历政权以全新的面貌出现在世人之前。

李定国兵行险着，奇迹般地把永历帝从安龙护送到昆明，终于成功粉碎了孙可望篡位的阴谋。这并非是他的兵力有多么强大，而是他的所作所为得到大多数西南军民的拥护，以致所过之处，从者如云，因而兵不血刃地达到了目的。这从宏观的角度来看，对联络全国各地的抗清武装，继续维护“复明”大业无疑是有利的。但另一方面，却削弱了西南明军的凝聚力。本来，西南明军一贯以孙可望为首，因为他曾经被张献忠立为世子，而在归附南明后，又成为独一无二的“一字王”——秦王，因而军中地位高于异姓兄弟李定国与刘文秀，具有统筹全局、乾纲独断的资本，可最大限度地防止西南明军四分五裂，沦为一盘散沙。尽管李定国与他离心离德，但他还是在大部分时间里基本控制住西南的局面，有条不紊地在云、贵地区施政。然而，当李定国护送到永历帝到昆明后，对外宣布“礼乐征伐自天子出”，无形中否定了孙可望继续把持国政的合法性。可实际上，被推上前台的永历帝由于缺乏权力的根基，其傀儡的本质并未改变，故军政大事主要靠李定国在幕后发号施令。就此而言，局促西南一隅的南明政权要想顺利施政，最好是加强李定国的地位，让其拥有孙可望那样的权力。遗憾的是，永历帝却滥封爵位，与李定国同时封王的有刘文秀，此外，还有一大班公、侯、伯。这些王、公、侯、伯的地位大都在伯仲之间，形成了松散同盟，而李定国就好像松散同盟的“盟主”。《安龙逸史》记载，八月十一日，在永历帝的亲自主持下，定国与文秀举行割襟仪式，以“订二姓之盟”，也说明了这一点。也许永历帝有意一下子分封这么多爵位，就是希望这些人互相牵制，以免再出现孙可望那样飞扬跋扈的人物。南明小朝廷过去也在大顺军余部中实行过这一套，而军中诸将彼此之间分庭抗礼，确实也能避免出现藩镇坐大的恶果。只不过，一支军队缺乏有力的领导核心慢慢会令整体作战能力每况愈下。幸而这个弱点没有迅速暴露，由于面临着孙可望随时反攻倒算的威胁，迫使昆明诸将更加紧密地团结起来。

李定国、刘文秀开始希望能与盘据贵州的孙可望和平共处。孙可望一时之间也无异动，使李定国、刘文秀觉得内战爆发的可能性减低了，从而将很大精力投入到制订抗清计划之中。永历帝仍旧保留孙可望的秦王爵位，希望孙、李、刘“各将所部兵马”，分别经略湖南、两广、四川等地，早日恢复大好河山。在此前后奉命经略四川的刘文秀积极调遣部属活动于雅州、嘉定、建昌、黎州一带，为未来与夔东十三家会师湖北做准备。而李定国的部将贺九仪也在年底攻破横州，其后回守南宁。

事实证明，李定国、刘文秀对孙可望的真实意图完全估计错误。本来，李、刘两人先后委派白文选、张虎、王自奇到贵阳游说孙可望化干戈为玉帛，一致对外。无奈孙可望不听劝告，视李定国为仇敌，必欲视之而后快。张虎、王自奇深知敌对双方的恩恩怨怨难以化解，为了自保而改弦更张，重新宣布效忠孙可望。白文选也逢场作戏，假装支持孙可望的动武政策，在挨了一顿板子的刑罚后总算保住了性命。之后，经过马进忠等将的劝说，孙可望决定给白文选机会改过自新，准备起用。在此前后，清五省经略洪承畴由于对西南明军的情况不太了解，极力主张从广西南宁以及湖南辰州等地撤走清军，也减轻了孙可望的部分军事压力，让他有更大的信心挥师反攻云南。同年八月，李定国把孙可望滞留在云南的亲戚送往贵阳，并命孙可望旧部总兵王麟护送。后来干脆连孙可望的旧标人马也送还了。这个善意的举动反而让孙可望更加肆无忌惮，加速了内战的到来。

在永历帝已经大封爵位的情况下，为了争取人心，孙可望在1657年（清顺治十四年，南明永历十一年）二月也给追随者封官晋爵。其中，马进忠为嘉定王、冯双礼为兴安王、张虎为东昌侯。经过一番准备，可望自认为人多势众，拿下云南不在话下。他盘算着控制云、贵地区，清除军中的异己势力，确定自己至高无上的地位，再与清朝争霸天下。

1657年（清顺治十四年，南明永历十一年）八月初一，内战爆发了。白文选奉命为征逆招讨大将军，带兵从贵阳先行出发。孙可望以马宝为先锋，亲自率部跟随在后，共以十四万人入滇，留冯双礼镇守贵阳。不少人不愿意孙可望打内战，其中比较有代表性的是冯双礼，他痛哭上谏道：出师获胜亦“难辞犯阙之名”，假若受挫，则“黔土（指贵州）非复国主（指孙可望）有矣！”可望不听。

为了找一个理直气壮的开战理由，孙可望打出了“清君侧”的口号，意思是清除君主身旁的奸臣，矛头直指李定国。可是这个言不由衷的口号无异于仍然承认永历小朝廷的正朔地位，而到底谁才是真正的奸臣，在云、贵两省已是路人皆知。

云南明军兵力相形见绌。此前，李定国已经察觉到孙可望的异动，让经略四川的刘文秀返回云南备战。而李定国所部在新会之战中蒙受较大的损失，幸好他在西南等地招拢了一批旧部，兵力得到恢复。例如，驻于四川的龙骧营总兵祁三升是他的旧部属，这时已遵命入滇候命。经过准备，云南明军可出动三万人迎战。

孙可望在进军途中显得不太顺利，因为天竟然连下了一个月的大雨。兵卒在泥泞之中行军，不堪其苦。《残明纪事》记载“营马十毙五六”。可是这支军队还是渡过盘江，向云南腹地开进。九月，永历政权宣布撤销孙可望的秦王爵号。李定国被任命为招讨，全权指挥作战，并获朝廷所赐的尚方宝剑，以便宜行事。刘文秀为副招讨，从旁协助。两人在出战之前在昆明城内预早布置，以防孙可望的奸党兴风作浪。敌对双方于十五日狭路相逢于曲靖交水。李、孙两人见孙可望所部颇具声势，相顾失色，进驻曲靖城中“踌躇两日”，未能制定出合适的应战计划，只在城外加修木城，打算死守。

孙可望充分利用人多势众的优势，暗中分派张胜、武大定、马宝统领七千骑兵于十八日从小路偷袭昆明，以图乘虚而入，劫持永历帝以及李、刘所部留于城中的家属做人质。如果这个计划得逞，有助于胁迫屯兵于曲靖的李定国与刘文秀乖乖就范。为了让张胜、武大定、马宝有充足的时间完成任务，孙可望故意与李定国、刘文秀约定二十一日作战，想把对方牵制三日，让其不能及时抽兵加防。

表面上占优的孙可望万万没想到祸起萧墙，大好形势即将毁于一旦。因为军中诸将对他的倒行逆施忍无可忍。不言而喻，如果一位统帅治军过于严厉，常常会把一些部下逼向敌对阵营。历史上不乏这样的先例。过去，郑成功严厉追究揭阳之败的责任，结果逼反了黄梧，失去了海澄这个长期经营的战略要地。而孙可望对军队的掌控程度比不上郑成功，可他驭下也很严，就算是李定国、白文选这样的大将，都挨过他的板子，而刘文秀、马进宝等人更是被削夺过兵权，军中难免会存在怨恨情绪。假若孙可望行事公平正派，所作所为能得到舆论的广泛支持，军中的反对势力自然不敢轻举妄动。可惜他鼠目寸光，竟敢冒天下之大不韪企图篡位，自然会有很多人看不过眼，现在李定国带头与之对抗，暗中叫好的大有人在。就在孙可望计划大打内战期间，他不知道自己的部队已经酝酿着内乱。由南明军队改编过来的马进忠、马惟兴、马宝等人因为同姓的缘故，早已秘密订立攻守同盟，并联络“身在曹营心在汉”的白文选，随时准备改投永历政权。蒙在鼓里的孙可望并不知道自己已经众叛亲离，还让马宝与张胜、武大定一起偷袭昆明。而马宝在出发之前已通过写信的方式暗中派人把军情透露给李定国，让其有所防备。

李定国收到马宝的信是在十八日晚上，经过对形势的分析，知道只有击败孙可望，才能回援昆明。本来要打败人多势众的孙可望，难于登天，可是天无绝人之路，因为白文选利用征逆招讨大将军的身份以巡夜为借口，冒险潜入曲靖与李定国、刘文秀会面，并主动提出要做内应，与李、刘一起里应外合，夹攻孙可望。火烧眉毛的李定国、刘文

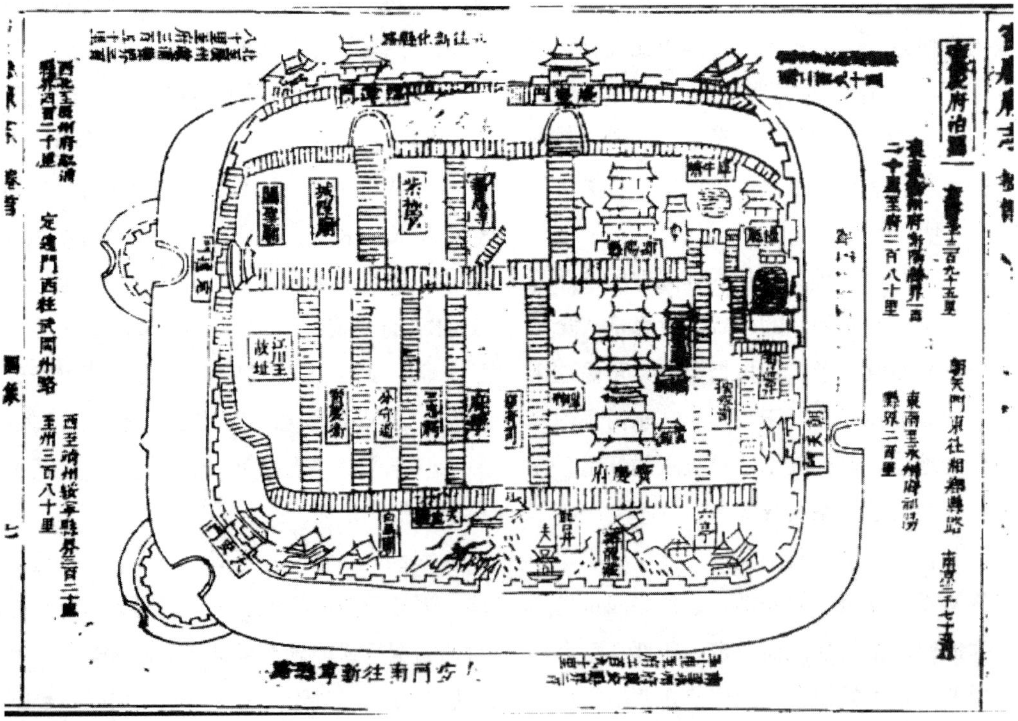

▲孙可望的庇护之地——宝庆。

秀没有时间再犹豫下去，他俩同意白文选回营做内应，并果断放弃与孙可望在二十一日作战的约定，迫不及待地于十九日早上全力出战，从正面向孙可望的军营发起猛攻。白文选、马惟兴等人果然没有袖手旁观，而是闻风而动，在孙可望军营的后面反戈一击，并大呼“迎晋王！”搞得孙可望所部乱成一团，十几万人在遭到前后夹击的情况下一下子戏剧性般土崩瓦解，四散奔逃。交水之战以李定国、刘文秀所部全胜而告终，这次胜利不是取决于兵力的多寡，也并非取决于战斗力的高低，而是人心向背的结果。接着，“得道多助”的李定国从容挥师回援，在马宝的配合下击败了企图袭击昆明的张胜，稳定了云南全境的局势。

孙可望在曲靖惨败后带着数十骑狼狈逃回贵州，途经普定时守将马进忠拒绝接纳。不得已，转往贵阳。不料冯双礼扬言追兵已定，催促孙可望带家口离开。孙可望前脚刚走，对李定国倾心已久的冯双礼就归顺了追入贵州的刘文秀。最后，如过街老鼠般的孙可望在人人喊打的情况下慌不择路地流窜于湖南靖州、武冈等地，于九月底决意降清，派出部将程万里等人到清湖广中路总兵李茹春、右路总兵王平的军营联络投诚之事。前线清军及时出手，于沙子岭击退前来拦截的明武冈总兵杨武所部，接应孙可望到了宝庆。与孙可望同时投降的除了他的妻、子之外，还有总兵、都督二十二员，太仆寺卿一员，副将、参将、游击等一百余员，内官二十二员，兵丁家口五百余员以及马、骡五百余匹。

洪承畴从前线驻军的报告中得知孙可望来降，喜出望外，便于十一月二十八日亲自前往湘乡，与之会面。孙可望为了取媚于人，在会面时一边对清帝的大恩大德表示“感激”，一边不忘奉承“满洲大兵”与洪承畴，声称自己部队打不过“精强”的满洲军，从而在宝庆与常德两战中损兵折将，同时洪承畴在湖南采取“以守为战”之策也让自己“无隙可乘”，“以致云贵内变自生，人心解体”。之后，这批降人被接到长沙安顿。

在官场浸泡多年的洪承畴明白随着孙可望的来降，西南战局将出现有利于清朝的重大转机。他对不久之前以病辞职的决定后悔不已，并马上补救，向朝廷上疏自称“病已痊愈”，请求留任。顺治帝不会不知道洪承畴的用心，他允许洪承畴原职留任，于十二月初五令他同宁南靖寇大将军罗讬“由湖广前进，相机平定贵州”。形势发展到这一步，洪承畴也清楚到了转守为攻的时候，策划着要向西南明军发起空前的攻势。

清朝欲发起这一场空前的攻势，自然需要孙可望以识途老马之姿指点迷津，以便少走弯路。故顺治帝在这一年的年底高调宣布封孙可望为义王，派一批大臣到长沙册封，再接其进京。当孙可望于1658年（清顺治十五年，南明永历十二年）五月初二到达北京时，先是被王公大臣盛情迎接，其后又在紫禁城见到了久仰大名的顺治帝，受到规模极为隆重的款待。顺治帝多次宴请以及赏赐孙可望，并好话连篇，认为“自古明君良佐、相得益彰”，自称一看见孙可望这位

"识时俊杰"，"莫不披肝胆，而叹相见之晚"，因为清朝统治者知道这样善待昔日的劲敌，自然会物有所值。孙可望也识时务地予以回报，他还在湖南时已向洪承畴多次提供有价值的情报，献上云、贵两省地图，以致西南地区的"山川曲折"、明军诸将的情况以及"兵食多寡"，尽为清军知晓。现在，他虽身处京城，可还是留下十多名亲信在前线，做清军的向导。后来，清军正式进军时，他又派遣奸细悄悄带着自己亲笔写的书信到处招降昔日的部属，声称自己已封王，级别等同于亲王，在京"恩宠无比"。扬言诸将若肯降，皆可得"厚爵"，"惟定国一人不赦"。

临战的火药味已经越来越浓。清廷于1657年（清顺治十四年，南明永历十一年）年底制订的一个分兵三路出击的作战计划：西路以平西大将军吴三桂同定西将军李国翰为首，由四川进入贵州；东路以征南将军赵布泰，提督线国安，梅勒章京富喀、莽吉图等为首，由广西前往贵州；中路以宁南靖寇大将军罗讬，固山额真济席哈、特津、佟六十，护军统领鄂鼐等为首，由湖南前往贵州。等到三路大军占领贵州后，再伺机向云南发起总攻。值得注意的是，平西王吴三桂被任命为平西大将军，这是继孔有德之后第二位出任大将军之职的汉将。另外，洪承畴在军中的重要性有所下降，因为顺治帝一面强调洪承畴辖下之兵必须与中路军一起进军贵州，另一面却在洪承畴到底要不要随军出征的问题上不置可否，他在敕文中没有给洪承畴安排确切的任务，只是指示他与中路军同行，或者尾随中路军之后亦可，至于应该怎么做，由洪承畴自行"相机定夺"。敕文还提了一句：如果洪承畴随军出征的话，那么罗讬等人有事亦可以与洪承畴"会议而行"。由此可见，出征云、贵的三路清军中，洪承畴实际只能参与对中路军的指挥。顺治帝虽然同意"病愈"的洪承畴留任，但对他的重视程度已大不如前。

洪承畴似乎不甘心在到了收获成果的时候却叨陪末座，他还要继续发挥五省经略一职的余热，便自称过去曾经密会过孙可望以及"提督诸镇将"，并经过广泛的调查研究，对西南地区的地形"明如指掌"，因而大胆地上疏，反复强调自己的观点，指出清廷的军事部署主要有两大缺陷：

一、三路清军齐进贵州之后，必由贵州的普定、安庄、关岭、铁索桥这一条"险径"继续前进。由于云、贵两省很多地方的地理特点是"山川峻阻，林丛深密，大路仅通一线，四围尽属险峒"，那么敌人就可以屯兵于两省的交界之处，集中全力"扼险拒守"，正好发挥阻击的作用。

二、贵州从来是"最贫瘠之地"，"一省钱粮"比不上江浙一个中等县城。当地"苗蛮甚多，汉人绝少"，"数万"清军一来到，百姓肯定四散躲避，很难就地获得补给，必须依赖"楚、蜀、西粤"等地的物资供应。然而贵州与上述地方分别远隔千余里、七八百里与四五百里不等，而且并无水路可通，只能从陆路运输。可是又难以征调足够的民夫、骡子随行运载，若拖延时日，势必粮饷不继。

针对这些缺陷，他提议要对清廷的军事部署作出重大修改，即是三路大军不可同时出发，应该“前后继进”，如果有一路清军先夺取贵州省城，则另两路清军可以分别选择途中适当地点驻扎，既便于买米运粮，又避免齐集贵州省城，以致粮食难以供应。此外，三路大军分开驻扎互为犄角，形成分进云南之势，可以让很多士卒避免走冤枉路，同时又令屯兵于贵州与云南交界之处的敌人“顾东不能顾西，顾南不能顾北”。因为对敌人来说，前面的“关岭、铁索”等已不足为峙，则后面“巴蜀、西粤”的门户又洞开，哪能处处兼顾。

这些建议有理有据，但没有全部被清廷采纳，而三路大军会师贵阳的计划也没有被废止。洪承畴在军中的地位也进一步下降。在此期间，清廷已经给这三路清军委任了一位新的统帅，就是多罗信郡王多尼。多尼是多铎的长子，虽然年仅二十三岁，没有什么值得夸耀的从军履历，可是身份显赫，在那个讲究家庭背景的时代有足够的资格任职。这表明，清廷有意把摧毁永历小朝廷的历史荣誉留给满洲贵族，不容汉臣觊觎。多尼的正式军职是安远靖寇大将军，与他一起从征的宗族贵族还有多罗平郡王罗可铎，多罗贝勒尚善、杜兰，镇国公品级固山额真巴思汉，而随行的八旗将领是固山额真伊尔德、阿尔津、卓罗等，其中，巴思汉、伊尔德都曾经跟随尼堪参加过1652年（清顺治九年、南明永历六年）的衡州之战，并因尼堪的败死而遭受夺职或削爵等处罚，如今重新南下，即将与老对手李定国重新较量。不过，由于从京师到前线的距离比较远，顺治帝判断多尼所部已经来不及参加进攻贵州的行动了，因而在敕文中交给多尼的任务是“专取云南”。

1658年（清顺治十五年，南明永历十二年）二月，进军西南的各路清军行动了，《永历实录》记载参战的满、汉军队总数号称“二十万”，其中湖南与四川几乎同时开战。中路军率先发起进攻，罗托与洪承畴在湖南常德会师，迅速占领辰州、武冈、新宁、城步、绥宁、溆浦、沅州、靖州。湖南明军雄风不再，防线一触即溃，马进忠等部未能组织有效的抵抗，四处败退，致使贵州藩篱尽失。一路如入无人之境的清军又连下镇远、平越州等处，招降冯双礼辖下总兵冯天裕、关廷桂等，于四月间进入了省会贵阳。明安顺巡抚冷孟饪败死。洪承畴事后向朝廷奏捷，称征途中“重关高岭，石径尖斜”，天气又不好，“大雨将及半月，泥泞三尺”，就连满洲士卒也说“从来出师，未有如此之难，马匹疲毙未有如此之甚”，然而他们“皆不顾艰险，奋勇争先”。汉军、绿营兵“紧随而进”。不到五十日即平定贵州大部分地区。罗托也在战报中称先后共招降明军四千九百九十余人以及“男妇九千八百余名口”，获“马一千四百余匹，象十二只”。

与此同时，吴三桂、李国翰的西路军也与中路军遥相呼应。吴三桂所部在保宁大捷后退回汉中休整，现在重新入蜀会合各路军队一起南下，经沔县、朝天驿，于三月初四到达保宁，立即在当地征调船只，以运载

▲清兵在行军。

军粮。准备了三天后，重新起营南下。沿途所过之处大多荒芜不堪，西充一带，“犹见数家烟火”；过了顺庆之后，“大路枳棘丛生、箐林密布”，有时连向导也辨不清方向。参战部队只能向着有人烟踪迹的地方，一边砍伐树木开路，一边艰难地前进。三月十四日到达合州，发现四处是废墟，“俨同鬼域”。吴三桂、李国翰指挥部队跨过合州附近水势汹涌的嘉陵江，取道铜梁、壁山继续前行。凡是部队休息驻营时，常常发现营地附近“满地头颅”，这是四川地区长期战乱的结果。其间偶尔会碰见庐舍，里面遗下的除了“残书、坏券”之类的东西外，还有腐烂的尸体。跋山涉水的清军于四月初三来到重庆，南明守将杜子香已弃城而逃。当时，川东、川西以及毗邻湖广的处所仍活动着为数不少的抗清武装，吴三桂为了尽快到达贵州，没有抽兵清剿，只留下严自明、程廷俊等将留守重庆，而自己和李国翰率主力急促南下。他们冒着溽暑渡过黄葛江、綦江，越过东溪、松坎、新站、夜郎等地。这支风尘仆仆的队伍从北向南贯穿了整个四川也没打过一场像样的仗，直到四月二十五日来到贵州桐梓境内的三坡、红关等地形险要之处时，遭遇到明将刘镇国所部，才发生了稍为激烈的战斗。吴三桂把军队中的步、骑兵混编在一起，同时派遣军官“步步督战”，让士卒“节节前进”，很快击败挡在前面的明军与大象，并一路疾追，迫使刘镇国残部由水西逃入云南。通道打开后，清西路军于三十日进占遵义，“获粮三万余石”，沿途招抚降兵五千余人，再经新站、乌江、养龙、息烽、礼佐等地，如愿以偿地于五月上旬来到贵阳与罗讫会合。

可是，西路军与中路军会师后，果然就如洪承畴在战前所言的那样，贵州出现了后勤供应不足的情况。《庭闻录》记载城内“粮饷不继，士马疲困”，吴三桂不想手下将士饿肚子，便离开贵阳，另觅驻军之地。不久，他打下息烽附近的开州，斩杀守军二千有余。兜了一圈之后，重新回到储有粮食的遵义。在这段时间里，来降的有明兴宁伯王兴、总兵王友臣、中军朱尚文等七千余人，而水西宣慰使安坤、酉阳宣慰使冉奇镳、蔺州宣慰使奢保受等地方土著也先后归附。

东路军在赵布泰的率领下于二月初从武昌起程，会同部分湖南驻军经衡州来到广西，与线国安所部八千余兵一起，经南丹州、那地州进入贵州，攻占独山等处，于五月间到达贵阳。

仅仅数月，清三路大军便到达了会师的目的，异常顺利地控制贵州大部分地区。

同年春夏间，清军与西南明军在广西横州也展开数次较量。驻于南宁的李定国部将贺九仪于二月初七攻破横州，但因孤军深入，马上又退回驻地。到了三月，李定国旧将阎维龙、曹延生卷土重来，又下横州，可是在清总兵马雄的反攻之下很快弃城而逃。五月间，云南告急，李定国不得不调贺九仪回来，从此广西被清军占领。

自从孙可望遭到驱逐后，很多人希望李定国、刘文秀能把云南、贵州地区搞得蒸蒸日上，成为一个坚不可摧的抗清基地。不过，愿望是美好的，现实是残酷的。在敌军大举来攻时，西南明军的反应显得毫无章法，前线各路军队几乎没有进行过什么激烈的抵抗，便丢失了大片土地，而这些部队撤退时几乎都显得仓皇失措，甚至连“坚壁清野”亦未能做到。这样的例子比比皆是，清四川巡抚高民瞻在给朝廷的报告中称明军放弃重庆时，城中遗留着“粮米”，清方得以“差官看守”，交由部队“量给支食”。《庭闻录》记载吴三桂拿下遵义时，获粮三万余石。洪承畴也在疏文中自述他随军进入贵州，发现一些府、州、县、卫、所存有“数百”或者“数千石米谷”，正好用来填饱八旗军的肚子。到达贵阳后，又看见“省仓存米七千余石、谷四千余石，足支一月粮”。即使如此，清军仍然非常缺粮，需要大费周章“募夫役”，从沅州等后方运粮支援前线。可以肯定，假若明军能在撤退时彻底“坚壁清野”，清军所遇到的困难将大得多。

明军的举止失措与其内部不和有关。而李定国与刘文秀互相倾轧要负很大的责任。这事要从西南明军的内战刚刚结束说起，当时，刘文秀在曲靖之战获胜后负责追击孙可望，他进入贵州后陆续招抚了三万地方部队，把持了当地的军政大权，可是李定国对孙可望顺利逃离贵州并降清一事未能释怀，怀疑刘文秀念旧而有意放走了自己的死对头，就这样，两人的关系埋下了不和的种子。不久，刘文秀上疏请永历帝移跸贵阳的行为引起了李定国的强烈不满，因为李定国希望永历帝与自己一起留在云南。为了避免让刘文秀在贵州坐大，李定国竟然临阵易帅，在1658年（清顺治十五年，南明永历十二年）三月建议永历帝把刘文秀召回昆明。李定国同样对归附的孙可望旧将不太放心，采取措施打乱一些部队建制，他声称要按功劳的大小作为重新分配兵力以及地盘的依据，由此造成了“兵失其将，将不得兵”的后果，削弱了一些边境驻守部队的战斗力。尽管王自奇、张明志、关有才、张虎等被认为是效忠于孙可望的将领陆续遭到武力镇压，但李定国始终难以消除畛域之见，他甚至将孙可望旧部称为“秦兵”，而自己的手下称之为“晋兵”，彼此分得清清楚楚。《爝火录》记载当清军三路进攻的消息传来，李定国考虑到降清的孙可望“熟悉险径”，而前线很多将士“皆可望旧人”，难以付以重任，陆续将之全部调走，转而令自己信得过的刘镇国诸将守御三坡、红关等地。这些新换防的部队仓促上阵，自然难以发挥应有的作用。

另外，永历小朝廷在平定孙可望之叛后又大肆封官晋爵（其中，白文选、马进忠、冯双礼分别升为巩昌王、汉阳王、庆阳王，马宝、马惟兴升淮国公、叙国公，靳统武、祁三升、高文贵升为平阳侯、咸宁侯、广昌侯），使得各路诸侯更加多，难免产生让军权进一步分散的反效果。综上所述，由大西军余部改编而成的部队实际已经四分五裂，军中地位最高的李定国真正能如臂使掌地指挥的只有他的旧部。至于并非出自大西军余部的杂牌明军，李定国也不敢真正信任，例如赵印选、胡一青等南明“宿将”，被“罢置不用”。据说，李定国制定了一条奇怪的军规，即是与清军作战时，只许“一家去战”，“别家不许相助，恐日后争功”，这正反映了西南明军内部派系林立，一盘散沙的局面。

正如《鹿樵纪闻》所评论的那样，经过连年的战争，明军的“劲兵猛将”，已“十损六七”，再加上军队内部缺乏凝聚力，战斗力已一落千丈。自从刘文秀从贵州返回云南后，一直没有合适的人员取代他的位置。此外，留守湖南、贵州的孙可望旧部由于受到李定国的排斥，也很难会心甘情愿地为之卖命。而孙可望看准时机分遣使者到处招抚昔日的部属，成功促使一些人在阵前倒戈投降。就这样，离心离德、各自为战的前线明军被对手逐一击破，贵州迅速失陷了。

闲赋在昆明的刘文秀意志消沉，对时局日渐失望，最终在四月二十五日病死。《求野录》等史籍记载他临死前还不忘国事，对永历帝自称有精兵三万，在四川雅州、建昌、黎州等处，并藏有窖金二十万，自己的部将郝承裔知道具体的收藏地点。他希望永历帝在云南发生变故时能够迁往四川，因为自己的妻子部属肯定会听从永历帝的指挥，如果能够和夔东十三家之兵配合作战，经略北方的“陕、洛”地区，就有很大的机会扭转不利局面。从刘文秀的临终遗言可以看出他把兵权托付给了永历帝。这再一次显示李定国虽然努力排斥异己，可最大限度地集中兵权的愿望总是落空。

为了打退来势汹汹的清军，永历小朝廷资助土司罗大顺部以粮饷，令其反攻新添等处。同时张先壁旧部也骚扰贵阳，但均无功而返。如果李定国在清军开始发起进攻时就亲自出马进驻贵州，那么战局肯定不会这样糟糕。根据后世史书的记载，在贵州受到攻击的时候，冯双礼曾经请兵增援前线，而李定国也准备出兵，在这个节骨眼上突然收到了洪承畴的诈降信，里面说："某（洪承畴自称）本待罪先朝"，志在与李定国同舟共济，惟等"吴王（指吴三桂）"到达，再一起听李定国指挥，"无烦王师（指西南明军）远出也"。结果，李定国误信了这番鬼话，拖延了出师日期，等到三路清军杀入贵州已悔之晚矣。《安龙逸史》中还有一种说法，就是李定国受到江湖术士贾自明的迷惑。这个贾自明擅长"幻术"，口出大言，自称懂得天文地理、阴阳象纬之术，能制木牛流马以及火攻器具，李定国按照他的话制造遮牌、木栅等军械，为此大肆砍伐树木，运送昆明，既使得百姓深受劳役之苦而怨声载道，又迟迟未能出师。后来，方知贾自明乃是洪承畴派来实行缓兵之计的奸细，李定国命令靳统武将之处死。

上述某些荒诞不经的说法难以让人信服。李定国可能是想等待东南沿海的郑氏集团以及夔东十三家在清军后方闹个翻天覆地，再出师决战。《永历实录》记载他在此前一年的年底已派人携带永历帝的诏书以及自己的密信到东南沿海，约郑氏集团于1658年（清顺治十五年，南明永历十二年）夏季"会师南都（指南京）"，并致书夔东十三家的王光兴、李来亨等，约他们"会师荆州"。可这个计划尚未来得及进行，清军已抢先在1658年（清顺治十五年，南明永历十二年）四月间占领贵州。因而，李定国必定会更加热切地盼望郑氏集团与夔东十三家能够按原定日期依约行事，而将反攻时间延后也在情理之中。

西南形势危急，被永历帝于1657年（清顺治十四年，南明永历十一年）九月封为延平王的郑氏集团首脑郑成功不想置之不理，他知道如果再像1654年（清顺治十一年，永历八年）的新会之战那样袖手旁观，西南明军一旦被摧毁，那么自己在福建沿海的根据地将要承受空前的军事压力，就连能否继续存在下去都成问题。他深感唇亡齿寒，决定如约攻击"南都"。《爝火录》记载大将甘辉对此积极予以支持，并认为这是一次破釜沉舟的行动，成败在此一举，因而献上三策：

上策是从海路出发，在"顺风扬帆"的情况下，"旬日外可抵旅顺"。再以偏师杀向皮岛，而以主力直捣满人的"老巢"，可形成破竹之势。满人居中原未久，"老酋"皆有怀念故土的思想，当"建州"（泛指满人的家乡）失守的消息传来，必惶恐不安而丧失固守关内之志。我军乘机鼓行而入山海关，所向披靡，天下可传檄而定。

中策是从海路直达天津，四处掠夺粮食物资；再以精兵威胁北京。城内的清朝君臣坐困愁城，肯定有人来降。而中原豪杰也会乘势响应，拦阻从外地赶来救援的清军。

下策是"由淮入江以图金陵（指南京）"，即使迅速克城，亦仅能染指东南半壁而已。

从这番话可以看出，甘辉判断清军主力已经大部分开往西南地区，因而无论是关外、北京还是南京，全部兵力空虚。郑军如果乘虚而入，不管攻击哪一处，都简直是十拿九稳。最后，郑成功决定出兵长江，“先谒孝陵、再图北伐”。因为攻打“南都”是履行与西南明军的约定，同时能够扰乱清朝在长江的运输线，对西南明军可以起到直接的支援作用。

郑成功率主力于五月十三日离开思明州进行北征，留守金门、思明州等根据地的仅有少量部队。鉴于这次军事行动关系重大，郑军动员了大部分兵力，人数达到十七万，其中水兵五万、骑兵五千、铁军八千，并出动了数以千计的战舰。当时著名文人黄宗羲在文章中记录这支军队对外号称“八十万”，而“戈舟”的数目为“八千”。清朝的档案也可找到类似的佐证，例如清浙江巡抚陈应泰在给朝廷的报告中称北上的郑军“有众十余万，计船三千余艘”。可见声势浩大，一时无两。在此期间，进攻西南的三路清军虽然号称“二十万”，可洪承畴在出兵前夕给清廷的疏文中承认计划开入贵州的清军只有数万人。就此而言，北征郑军的规模与云集西南的清军相比，有过之而无不及。

郑成功与张煌言等人会师后，在闽浙交界的前歧港登陆，为了筹集军粮而先后占领平阳、瑞安，并一度围攻温州，迫使清朝从江西、河南、山东等省调兵来援，但未能对清军进攻西南造成多少影响。看来，杀入长江流域，切断漕运，威胁“南都”等战略要地，才是扭转战局的最好办法。虚晃一枪的郑成功在六月中旬收兵回船继续北上，甩开膀子准备大干一场。这支人多势众的部队一旦进入长江口，注定将要像孙悟空钻入铁扇公主的肚子一样，不闹个昏天黑地誓不罢休。

郑成功如约北上。那么，夔东十三家又如何呢？出没巫山地区的李来亨自从与李定国取得联络后，时常出兵长江，伺机拦截往来于江上的船只，掠夺清朝的物资，并骚扰南漳、房县、竹山等地，搞得清朝湖广、四川的地方驻军不得安宁，但与西南明军“会师荆州”的计划随着清军大举进入贵州已不可能实现。在这种情况下，李定国派副将陈良鼎与五名太监带着永历帝的圣旨火速北上，催促夔东十三家与活动在嘉定、叙府一带的抗清武装攻打重庆，以切断贵州清军与四川保宁等处的联系。七月，在川、湖督师的明大学士文安之设法安排夔东十三家的刘体纯、袁宗第、李来亨、谭文、谭诣、谭弘等率十六营水师袭击重庆，希望拯救危局。就像已经升任川陕总督的李国英说的那样，“重庆为全蜀咽喉重地，南通滇、黔，东接夔关，西达成都，北连保、顺”，为兵家必争之地，不容有失。因而重庆守军凭着从陕西调来的火炮猛烈轰击嘉陵江中的义师船只，不惜代价地要死守城池。驻于遵义的吴三桂得知后院起火，被迫从贵州回师，以解重庆之围。这样一来，清军对云南的军事压力便减轻了不少。

在郑成功北征与夔东十三家等抗清势力攻打重庆期间，李定国果然出手了，以招讨大元帅的显赫身份，带着永历帝赐予的黄钺，在七月制订了一个分路出击的作战计划；他自己亲率主力向贵州出发，移镇安顺；而白文选率偏师北上四川，经乌撒移镇四川与贵州交界的七星关。为了保证计划的顺利执行，明军每日役使万余民夫，分别运粮给安顺以及乌撒，由于天下大雨，泥泞深达数尺，让人举步维艰。越来越多的民夫不堪负重而倒毙于沟壑之中。《安龙逸史》称哀号之声载道，不少人为了苟存于世而盼望清军早点到来。

八月，正式出师的李定国由于受到雨天的影响，只能以日行三十里的速度缓慢前进。他抵达安顺以东的关岭，在拜祭“汉前将军（关羽）祠”时发誓道：“定国奉命出师，不以身殉社稷佐中兴者，神威当截其头。”接着又令随军诸将发誓，大有舍身取义的气概。

虽然吴三桂被迫回救重庆，可贵州境内的清军实力仍很雄厚。各路明军没有踊跃出击，而是互相观望，以致反攻贵阳的行动未有实质性的进展。或许李定国想等到传来郑成功围攻“南都”，扰乱清军后方的消息时，再大举反攻。

壮志凌云的郑成功一帆风顺，经舟山于八月初九至羊山，眼看离长江的入口处所不远了，而“南都”已近在咫尺。谁知人算不如天算，竟然在次日遭到飓风的袭击。《从征实录》记载当时天昏地暗，“风起浪涌，迅雷电闪，雨大如注”，“只闻呼死呼救、拆裂冲击悲惨之声”。一天之后，才风平浪静。水师倾覆了一批船只，器械也损失惨重。《爝火录》等史籍称八千余士卒“漂没”，淹死的人里面包括郑成功的六位妃嫔与三个儿子。此外，还有不少被飓风吓得胆战心惊的北方士卒做了逃兵。

沿海驻防的清军俘获了不少落海的郑军士卒，浙闽总督李率泰从俘虏的口供中得知郑军“损坏船一千六百只，盔甲一万三千有奇”。据此，清方确信郑军短期之内难以重振旗鼓。事实正是如此，受此打击的郑成功叹息天意难违，心灰意冷地道：“长江难进矣”，遂暂时搁置攻打江宁的计划，经舟山南返，进行休整。

郑成功意外被飓风所阻，未能对清军发挥有效的牵制作用。而围攻重庆的夔东十三家势力也情况不妙。吴三桂迅速回援，配合重庆守军解围，用更猛烈的炮火轰击嘉陵江中的义师船只。死伤甚多的义师被迫退走。重庆虽然转危为安，吴三桂仍放心不下，又调四川巡抚高民瞻、建昌总兵王明德到重庆坐镇，而令留守的永宁总兵严自明等到王明德到任后，即回师遵义候命。而吴三桂所部最迟在十月上旬已重返贵州前线。从清西路军的布置可以看出，重庆、遵义两地的防守受到特别的重视，只有保住这两个地方，才能够“固川、黔一线之脉”。

郑氏集团与夔东十三家经略“南都”与重庆的行动先后受挫，李定国惟有独力支撑危局，为了力挽狂澜，他除了再令罗大顺进攻新添之外，又派使者联络活跃于四川的抗清武装首领王友进与夔东十三家的王光兴，促使他们带兵进入贵州参战。王友进、王光兴率部翻越大宝山，经思南府进入平越府，在九月间攻占婺川、湄潭等处，活捉婺川知县马文骅与湄潭教官旷仁熊等人，并与经七星关到达马场的白文选所部遥相呼应。从东西两个方向对遵义形成夹击之势。这让吴三桂担心不已，为了防止在马场一带“倚恃山箐，靠险屯扎”的白文选纠集王友进以及王光兴等一起发难，攻打遵义，他于十月十四日向洪承畴求援，希望洪承畴能把部分绿营兵调往石阡府的龙泉县以及平越府所属的湄潭县“堵截”王友进、王光兴。

随着王友进、王光兴的到来，西南明军在十月至十一月间已经形成分作四路牵制前线清军的态势。根据洪承畴的情报，李定国驻于关岭，欲“窥伺贵州”。祁三升经安顺而前，会同李如碧等将以三十多营的兵力进驻距离贵阳约一百二十里的平坝等处，“逼近贵州之前”。王友进、王光兴活动于思南府以及平越府一带，“以逼贵州之后”。罗大顺所部集结于喇哑、卢唐冲等处，“以窥伺贵州之肋”。

清军作出针锋相对的布置，宁南靖寇大将军罗托驻于贵阳，与身在关岭的李定国遥相对峙。提督张勇与梅勒章京李茹春，防守青崖，以互为犄角之势监视着平坝等处的祁三升。而洪承畴于十月间急调驻于偏桥的左标提督李本琛前往新添，前标总兵南一魁进驻平越，后标总兵胡茂禛以及随征云南的益阳总兵马鹞子各赴石阡府、思南府，以四路人马围剿罗大顺、王友进、王光兴等人。

清军反牵制行动取得了一些效果，例如十月十四日，罗托下令满兵在距离贵阳城外二三十里的地方驱逐了数百名明军前哨士卒。左标提督李本琛等四路人马在思南一带会剿时，也令罗大顺、王友进、王光兴等“闻风远遁”。

战事断断续续地进行，明清两军的指挥层也发生了一些变动，例如清西路军的李国翰与明军宿将马进忠等人先后病死。而最大的变化是多尼率领的京师禁旅在这年九月顺利到达贵州。随着多尼的到来，清军的优势更加显著。此前，顺治帝已根据形势的发展重新调整军事布置，他认为由广西进军的赵布泰所部兵力单薄，派固山额真济席哈率军前往增援，并从多尼以及罗托所部中抽调部队人马交由赵布泰指挥。同时下令罗托在多尼到达贵州后相机带部分人马回防荆州，以免夔东十三家等抗清势力在后方作乱。到了年底，清廷又计划派固山额真明安达理为安南将军，让他和固山额真俄罗塞臣、赛音达理，护军统领席伯臣、车尔布，梅勒章京觉罗巴尔布、科岳尔图等一齐统领大军，前往贵州参战。

清朝的总攻开始进入倒计时阶段，多尼以各路清军最高统帅的身份开始着手策划总攻云南的军事行动。十月初五，他在平越州的杨老堡召开战前会议，洪承畴、吴三桂、赵布泰纷纷前来参加，共同商讨进军之策。会议决定兵分三路出击：多尼率中路军自贵阳挺进，经关岭铁索桥进至云南省城，行程一千余里；吴三桂率西路军自遵义挺进，取道七星关入滇，行程一千五百余里；赵布泰由于南宁方向有抗清武装活动的缘故，自贵州、广西边境的平浪、永顺坝、威透山进入云南的安隆所、黄草坝、罗平州，行程一千八百余里。按照这个作战方案，行程最长的是东路军，其次是西路军，最短的是中路军。因而东路军比西路军提前十五日出发，西路军比中路军提前十日出发。三路部队预期在十二月会师于云南省城。

洪承畴没有参与进军云南，他的任务是与罗托等留驻贵阳，安抚新平定的地方，并负责管理粮饷等后勤事宜。但他的部属张勇等人跟随多尼一起出发。

战局发展到这一步，西南明军恢复贵州的希望已经非常渺茫，不得不全线转入防御。李承爵所部为左路，驻于黄草坝，计划阻击赵布泰。白文选所部为右路，从生界回师七星关，计划阻击吴三桂。冯双礼、祁三升所部为中路，分别驻于距离贵阳数十里的鸡公背与关岭，计划阻击多尼。而李定国率领预备队驻于北盘江一带，打算起到居中策应的作用。在此期间，从三坡败退回来的刘镇国也得到增兵而守卫安庄。罗大顺率部绕道水西骚扰清军。

十一月上旬，多尼所部转移至贵阳，随后向西进军；吴三桂、卓布泰也先后各自率领五万军队大举来攻，展开了最后的决战。

由于明、清在贵阳至关岭一线重兵密布，而且两军的距离也不远，因而很快爆发了一系列激烈的冲突。从中路突进的多尼分派部队击败骚扰水西的罗大顺，然后迅速攻陷安庄，打死刘镇国，直接威胁祁三升据守的鸡公背。冯双礼连忙从关岭赶来增援祁三升，共同抵御清军。然而鸡公背山高路险，粮食补给困难，而冯双礼所部的到来，加剧了粮食短缺的危机，不少饥肠辘辘的将士自行撤离。冯、祁两人见部队已逐渐失去控制，也只好主动放弃这个险要，且战且退。旗开得胜的清军继续向北盘江方向长驱直入。

明军之中最会打仗的李定国本来坚守于中路的北盘江一带，完全可以支援据守鸡公背的祁三升，可是由于赵布泰所率的清东路军已经突进至盘江罗炎渡口，直接威胁到李定国所部的侧后，迫使这位西南明军的统帅临时改变布置，率部紧急向罗炎河方向转移，企图与李承爵一起阻击赵布泰。

李定国还没有赶到目的地，战场的形势又发生了变化。盘江罗炎渡口的清东路军没有裹足不前，由于投诚的土司知府岑继鲁及时献策，赵布泰得以从下游十里处打捞起此前被明军沉于水底的渡船，并在夜色的掩护下偷运部队过江，驱散了对岸之敌。接着，逼近凉水井，凭着兵力上的优势，四面夹攻列阵于山谷口的万余明军，以迅猛之势打死明将李承爵。

李定国赶到战场时已经晚了一步，但他还是带着三万人占据双河口山顶，无畏地阻击五万清军。激战随即开始，清朝的战报称赵布泰采取争夺制高点的打法，派遣部分士卒强行登山，终于大破明军的象阵，俘获了一些大象。追至鲁沟时，又被列栅而守的三十营明军所阻。赵布泰分兵为三队、从左右翼包抄，再次告捷。从《钦定八旗通志》等清代官书中可以看出此役打得异常残酷，同书的《尹塔锡传》记载一些明军将领用绳子拴住士卒，以示共赴危难，并依靠阵前排列的火器，不惜代价地发起进攻，然而始终未能得手。关于明军在此战中倚重火器的情况，《求野录》《残明纪事》也有反映，据这些书的描述，明军在罗炎河畔决战时使用铳炮，清兵使用弓矢，迟迟未能分出胜负。忽然大风从北刮来，把施放火器产生的浓烟以及火花吹回明军阵营，在混乱中，发生了失火事件，附近“山茅野草”也燃烧起来，“烟焰障天”。清军利用占据上风的位置，乘机“驰射”，成功击败恐惧不安的李定国所部。其后，连追四十余里，又获得不少大象与战马。然而，清军亦有伤亡，护军校色勒战死。

罗炎河一带发生的战斗是清军为了进入云南而作出的最重要的一次努力。云、贵地区山多林密，清军的骑兵未能发挥预期作用，最抢眼的是步兵。回顾八旗军的历史，不难发现“步战”常常发挥着不可代替的作用。入关之前，这种战法在清太祖努尔哈赤统一女真诸部以及征伐明朝的萨尔浒与松锦等大决战中出尽风头。入关之后，碰上最大的劲敌李定国时，八旗军又相继在广东新会与贵州双河口与之进行激烈的山地战，使得“步战”一再成为压制对手的妙着。《钦定八旗通志》记载护军校尹塔锡在双河口“步战破敌”，就是明证。

清军步兵擅长射箭。李定国手下那些手持大刀的士卒对付重装骑兵绰绰有余，但与步兵弓箭手作战就束手束脚了。因而，明军只能倚靠火器部队在贵州崎岖的地形上与清军的弓箭手作战。从表面上看，火器与弓箭各有所长。就以明军惯用的铳炮等火器为例，虽然具有射程远、威力大等优点，可也

▲练箭的清兵。

存在射速慢以及长时间发射会过热与爆膛等缺点。相反，清军弓箭的射程与威力比不上铳炮，而弓箭手在反复操作的过程中也容易疲惫。但优点是射速快，不用担心过热与爆膛的问题。然而，无论是哪一类的兵器，都是由人操作的。不管是谁，只要能够成功摸索出一套适合自身装备特点的战法，克敌制胜的把握也就越大。早在清太祖努尔哈尔刚刚开始向明朝发动进攻时，善于使用弓箭的八旗军已经摸索出了一套对付火器的办法。就拿发生在1619年（明万历四十七年，后金天命四年）的具有历史转移意义的萨尔浒大决战来说，八旗军已经知道利用风向作战。当大风把那些施放火器时产生的浓烟吹回明军阵地时，明军铳炮手必定会因视野模糊，难以开火，从而抵抗不了顺风而来的八旗军。这一招数十年来屡试不爽，就连郑成功也在1652年（清顺治九年，南明永历六年）的漳州之战中被故技重施的金砺击败。如今，李定国也步郑成功的后尘，又一次吃了大亏。可见八旗军能够叱咤风云，绝非一时侥幸所致。

南明的失败还与其内部不稳有关。战前，明军盛传孙可望的扈卫康国臣为清军向导，让李定国顾虑重重，他担心部队里面那些孙可望的旧将会乘机作乱，难以放手与强敌一搏。话又说回来，兵力处于劣势的明军在失败后还能将大部分人员安全撤回，也显示出了丰富的战斗经验以及灵活机动的战斗作风。

罗炎河之战后，李定国所部向中路的北盘江一带撤离。而赵布泰挥师直插黄草坝，企图包抄敌人后路。李定国知道多尼的中路军也打到了北盘江，为了避免腹背受敌，他下令放火焚烧江上的铁索桥，与冯双礼等人往后退，终于抢在后路被切断之前奔回云南。

明军的贵州防线就这样彻底崩溃了。清中路军搭浮桥渡过北盘江，如入无人之境地向前疾进，东路军也浩浩荡荡杀向普安州。两支部队互相呼应，直捣云南。

清西路军在吴三桂的统领下也没有落后，逼近了七星关。七星关居于峭壁耸立的山间，山上树木参天，号“天生桥”，史称“飞猿不能渡也”。而经过此地的河流水势汹涌，也自然而然地形成了屏障。吴三桂看见守将白文选抢先占据地利优势，心知难以硬攻，遂在向导的带领下走间道，绕过水西苗疆，于十二月初到达天生桥的背后，截断了七星关的后路。此时，在贵州被多尼击败的祁三升经毕节向响水河撤退，意欲投奔白文选，不料引狼入室，将穷追不舍的一股清军带到了七星关附近。这股清军的首领是达克萨哈、张勇，他俩奉多尼之命追击，竟然歪打正着地起到了配合吴三桂的作用。在此期间，科尔昆（此人过去参加过衡州之战，因在战后向朝廷奏报时没有提及主帅尼堪战死一事，竟遭到夺去世职的处罚。当清军向西南大举进攻时，他也奉命来到贵州，随军效力）带着另一股清军也经罗平来到此地。四面楚歌的白文选只能弃关而走，退往一处名叫“可渡”的桥。到达时，发现守桥的马宝早已撤离，遂放火焚桥退往沾益。至此，清东路军亦完成了入滇的任务，并乘势占领乌撒。

三路清军均已打开云南的通道，仅靠西南明军自身之力无法确保永历政权的安全，因而更加迫切地需要东南沿海与蜀、楚等地的抗清势力的支援。郑氏集团刚刚遭受台风的打击，元气尚未恢复，唯有夔东十三家武装力量能对清军发起牵制性攻击。尽管刘体纯等人在同年七月袭击重庆的计划失败，可是，到了十一月底，在李定国、白文选的授意以及永历政权监军太监潘应龙的联络之下，义师从川东卷土重来，计划在大学士文安之以及刘体纯、袁宗第、党守素、贺珍、谭文、谭诣、谭弘等人的率领下，再次袭击重庆，试图威胁吴三桂的后路。谭文、牟胜带着先头部队于十二月初一逼近重庆，并于次日指挥七千人发起进攻，动用一百五十八条船“蔽江而上”，以多股兵力分别攻打重庆朝天、保江、临江、千厮、南纪、出奇、金子等城门。守军用大炮、鸟枪、弓矢抵抗，同时派遣奇兵于城外长江岸边埋伏，意外地捉到了奉李定国之命与夔东十三家联络的副将陈良鼎。但义师的攻势仍未减缓，还陆续有援兵到达。当战事持续到十三日时，谭诣又带着六七千人以及一百多条船经涪州赶来，与先头部队会合，从水陆两路，一齐攻城。困守城内的四川巡抚高民瞻估计城会失陷，为了避免成为俎上之肉，竟然贪生怕死地脱离岗位，逃离了危城。

此时此刻，进入云南的吴三桂已是远水难救近火。驻守保宁的四川总督李国英设法抽调部分兵力于十一日南下救援，并在途中碰到落荒而逃的高民瞻，知道重庆形势不妙。无奈前路“丛莽窄径”，又恰逢“天雨泥淖”，“跋涉甚艰”，一时难以到达。

重庆眼看就要变换主人了，谁知义师竟然在十五日发生内乱。事情的起因是迟迟前来参战的谭诣令众人不满，再加上他不肯尽力与残留于城内的清军作战，引起了谭文、牟胜的疑心。谭诣干脆先下手为强，刺杀了谭文，派总兵冯景明暗中经临江门入城与清军联系投降事宜，相约内外夹攻以解重庆之围。十六日黎明，留于城内的清重夔总兵程廷俊、建昌总兵王明德，署守东道周宪章与巡上东道贾还真等督兵三路出击，与谭诣所部合力击溃了围城义师，追到铜锣峡口，才得胜回营。

川东义师对重庆的围攻持续了十五天便告败，未能对云南战局产生重大影响。西南明军盼望外部势力牵制清军的愿望又一次落了空。先后入滇的三路清军，顺利在十二月下旬会师于曲靖、罗平等处，然后集中绝对优势的兵力向昆明扑来。

永历小朝廷知道昆明的失陷只是迟早的事。朝中文武诸臣在十二月上旬商讨着何去何从的问题，并向永历帝提出各种建议。有人主张死守，李定国对此强烈反对，指出如果死守，若“一跌不复”，将“悔不可追”，不如暂且转移到外地，“再图恢复”。刘文秀的部将陈建等人根据文秀的遗愿，恳请永历帝转移到四川。李定国踌躇再三，认为明军在四川拥有的建昌等地盘太小，难以容纳以及供养从云南撤出的十万之众，不如转移到湖南或者广西，情况危急时还可以退入交趾，伺机“航海至厦门（指思明州），与延平王（指郑成功）合师进讨”。反对者认为清军已经越过黄草坝，切断了东进之路，而新败的明军一时难以打开通道，故并非良策。众人议论纷纷，各抒己见。讨论还没有结果，三路清军已经从临沅、广南、沾益、马龙逼近宜良、嵩明、通海、昆阳一带。昆明城里四处是难民，哀号之声震天。无论是北上还是东进，都已经越来越困难了。黔国公沐天波等云南籍人士不太愿意离开故土，便联络朝中的马吉翔等人建议转移到滇西，必要时可避入缅甸，在当地获得粮食，等到清军攻势稍缓，再据“大理两关之险”，以便能东山再起。李定国为形势所迫，只好同意了。

永历小朝廷撤退昆明的时间是在十二月十五日，临行前，永历帝降旨宣称为了避免清军来到昆明后因缺粮而残害百姓，要求李定国、白文选等不要烧毁仓库里储存的粮食。可能是当初这位落难天子进入昆明时，该城的老百姓“遮道相迎”的盛情款待给他留下了深刻的印象，以致作出了这个迂腐的决策。结果，清军大部队在1659年（清顺治十六年，南明永历十三年）正月初三入城时，在昆明等地缴获足以食用半年以上的粮食。由于不必担忧在云南这个贫瘠的地方饿肚子，清军官兵执行追剿永历小朝廷的任务时更加专心致志。

明军护送着永历帝向滇西撤退，随行的百官扈从以及逃难的百姓，共约数十万人，日行不过三十里，由李定国率部分人员殿后。一些人悲观失望，暗中盘算着叛变。艾能奇的儿子艾承业纠集狄三品等人，以千余骁卒伏于道旁的寺院中，意图劫持李定国北上建昌，后因李定国所部戒备森严，而未能得逞。很多不愿意西行的将领选择了北上四川，除了与李定国离心离德的艾承业之外，还有冯双礼、陈建、王会等。其中，冯双礼与狄三品一起撤往四川建昌卫时，在1659年（清顺治十六年，南明永历十三年）上半年被狄三品用计捉获，献给吴三桂作为投名状。

西南明军已经正式四分五裂。而昆明沦陷之后，明将胡一青、刘之扶，许大元、王宗臣、王有德与土司龙世荣等相继降清。李定国仍然不改初衷，护送永历帝经楚雄至大理。途中，由于疾病、饥饿的困扰，有的人掉了队，还有的见势不妙做了逃兵，队伍逐渐减员一半以上。永历帝不敢久驻大理，继续向永昌方向西行。留守的李定国带着一百多名亲兵赶赴下关，与率万余残兵溃败而至的白文选会面。白文选流着泪怒叱李定国：主上（指永历帝）以“全国全师”委托于王（指李定国）”，想不到形势糟糕到这个地步，应该追究谁的责任？李定国当即向南面叩首，自称愿以一死赎前罪。白文选知道继续责备李定国于事无补，便劝其以大局为重，赶快护主西行，而自愿殿后。

昆明易手后，由多尼坐镇城中主持大局，而负责追击的吴三桂、赵布泰很快杀到镇南州。清军侦察得知白文选所部屯于玉龙关，随即派遣前锋统领白尔赫图等进击。白文选与张光翠等人一边退却，一边抵抗，经永平县渡过澜沧江时把江上的铁锁桥烧毁，其后由沙木和、右甸、镇康转往木邦。吴三

贵州云南之战（公元1658年至1659年）

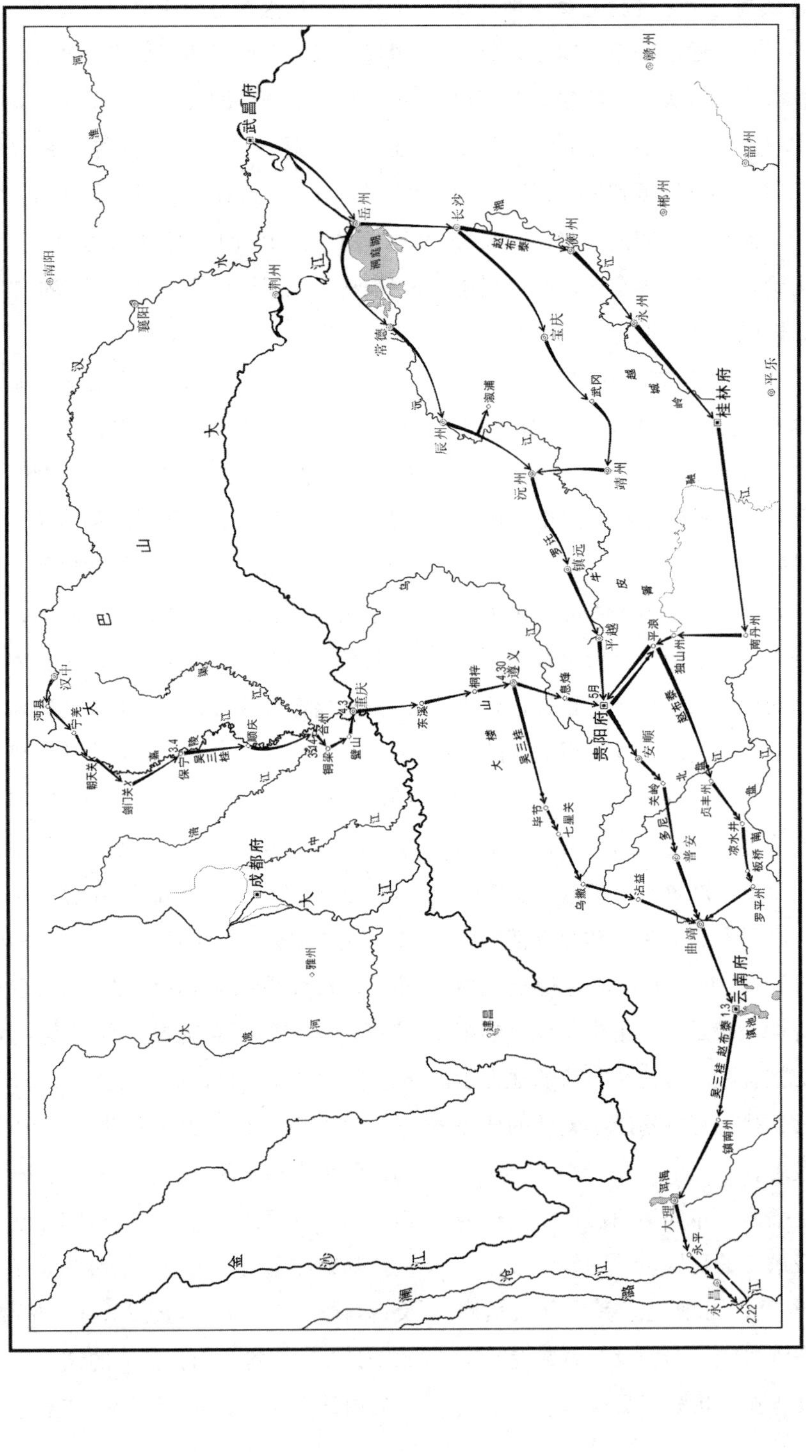


▲清军攻入贵州云南之战。

桂等在追击中生擒明总兵吕三贵，缴获“巩昌王金印一颗”与“象三头，马一百四十匹”，并乘夜编筏过江，攻克永昌。

此前，得知玉龙关败讯的李定国早有布置。他先让总兵靳统武以四千人护送永历帝离开永昌前往腾越暂避，然后继续留下来与清军周旋，准备痛痛快快地打一个歼灭战，伺机收复昆明。

李定国自从退入云南后，接二连三地丧师失地，给人留下了雄风不再的印象。然而，这位百折不挠的统帅绝不会一蹶不振，只要捕捉到战机，必定会进行破釜沉舟式的反击，以制止对手的肆意横行。麻痹大意的清军尚未察觉，自进入西南以来最险恶的一战正悄悄地迫近。吴三桂、赵布泰占领永昌后，马不停蹄地向腾越前进，于二月二十一日渡过水势汹涌，瘴气出没的潞江，毫无戒心地来到了距离潞江二十里的磨盘山。

位于西南边陲的磨盘山（即古罗岷山，又叫高黎贡山）山高路陡，“有石门一道，长亘五里许，曲而险隘”。山上的羊肠小道“径隘箐深，屈曲仅容单骑”，部队难以并列通过，是一个打伏击战的好地方。明军经过对地形的细致勘查，由李定国拍板，选择适当的地点竖立木栅数重，布下首尾相应的三个伏击点。第一、第二与第三个伏击点分别由泰安伯窦名望、广昌侯高文贵、武靖侯王国玺所部潜伏。并在山谷埋下地雷，相约等待敌军全部进入伏击圈，由窦名望率先出击，点燃地雷，然后高文贵、王国玺应声而起，同时猛击敌军的首、尾部位。按照计划，每一个伏击地点埋伏着二千将士，共六千人参战。这点兵力虽然难以在平原与人多势众的清军抗衡，可是在磨盘山却能发挥以少胜多的奇效。因为进入埋伏圈中的清军势必拥挤在山间的羊肠小道，不能把部队疏散开来排列阵营，由于前路不通，后路堵塞，只能处于被动挨打的状态，弄不好甚至会被杀个片甲不留。

李定国判断屡战屡胜的清军已成骄兵，难逃“骄兵必败”的规律，便静下心来在伏击圈中等待。为了杜绝烟火，以免被敌哨察觉，他派人在四十里外的橄榄坡造饭，再悄悄送来前线。经过数日的潜伏，山间冰冻的气候与寒冷的饭菜令很多将士苦不堪言，然而皇天不负有心人，敌人的踪迹终于出现了。

连续追踪了数百里的吴三桂、赵布泰于二月二十二日早晨先后来到了磨盘山前，由于没有碰到一个敌人，他们以为明军早已溃不成军，带着满汉大军大摇大摆地上山。这支队形散乱的队伍渐渐进入了伏击圈，前锋已经深入到第二个伏击点，眼看难以逃脱被一网打尽的命运。

谁知明军内部出了叛徒。李定国信任的光禄寺少卿卢桂生出人意料地离队投奔清军，泄露了明军的伏击计划。吴三桂闻讯大惊，慌忙传令前锋后撤，并让部队下马步行，开炮轰击山间那些可能藏匿伏兵的丛林。同时，派遣精锐部队四出搜索。

潜伏于第一个伏击点的窦名望不得已，带领手下发炮应战。第二、第三个伏击点的明军也相继闻风而起，加入战团。

这一仗从早晨打到中午。第一个伏击点

周围发生的战斗特别惨烈。《八旗通志》记载了前锋统领白尔赫图的血腥厮杀过程。他在战斗刚开始时下马“据石而立”，连发三箭，射死三人，然后与前锋侍卫达克萨哈等一起冲锋，硬闯明军的木栅，斩杀窦名望。

关于窦名望之死，各种说法不一。例如《安龙逸史》称他被流矢射中目，自刎而死。《小腆纪年》称他被枪弹穿肋而过，持刀突围而出，仅走了数里因失血过多，仆地而亡。《庭闻录》亦记下了一些轶事。据传这位将领生得“短小精悍”，每次临阵之前常常饮酒数升，再摘下头上的兜鍪而战。磨盘山之战时，他对人说：我姓窦，而山叫“磨盘”，天下哪有“豆”（隐喻“窦”）入磨而不烂？“今日是我死日！”遂饮酒，免胄而出，“手刃百余人乃死”。

总之，双方伤亡惨重，史称“僵尸如堵墙”，除了窦名望之外，据说王国玺也死于此役。

坐镇山巅的李定国在战斗开始后听见“信炮失序”，惊骇不已。甚至有清军发射的炮弹落于身前，致使面部被溅起的土块击中，可见气氛之紧张。《续绥寇纪略》《西南纪略》诸书记载他得知“前军”已溃，愤而发“后兵”决战。清军虽然又得到多尼所部的增援，前后参战兵力号称“十万”，但由于地形不利，被迫后退三十里，撤回潞江一带。明军侥幸得胜，可部队伤亡很大，并且卢桂生等降清的“奸人”已泄露军情，李定国为防不测，率部连夜撤出了腾越地区。

然而，《安龙逸史》《残明纪事》等史籍认为取得最后胜利的是清军。其中比较有代表性的是《庭闻录》，书中还记录了明军的伤亡情况。称清军出动一万二千余人上山搜索时，射出的箭与弹丸如雨点般洒落。明军将领不知伏击计划已泄露，没有及时发炮应战，使得六千明军伏兵有三分之二死于“林箐”之中，而后来应战的二千人也被“杀戮尽绝”。

李定国所部的案卷丧失殆尽，因而明军的战斗表现只能从清朝档案、官修史书及民间野史中寻找。《清世祖实录》收入一份由多尼、吴三桂、赵布泰等人联名的疏报，惟妙惟肖地描述清军分八队冲击磨盘山。其中特别提到“前锋统领白尔赫图等领前锋先登，斩伪伯窦名望”，而“固山额真沙里布等继进”，合力取胜，最后“贼（指明军）遁入石门，是夜逸去”。其实，这是一份报喜不报忧的战报，因为里面没有说明沙里布在“短刀肉搏”的过程中当场阵亡。虽然根据《八旗通志》诸书的统计，死亡的还有梅勒章京珲锦、多颇罗，护军统领图纳等，但死者之中职位最高的正是出任固山额真的沙里布。自从八旗军入关以来，固山额真阵亡的事比较罕见，想不到这一次竟然在所擅长的山地战中被李定国以弱势兵力打得如此狼狈，可谓奇耻大辱。

北京的顺治帝以及王公大臣们当然不会轻信前线的战报，曾经组织人员反复审核部分参战部队在磨盘山失败的经过，并为此于1660年（清顺治十七年，南明永历十四年）六月处罚了一批将领，其中多罗信郡王多尼罚银五千两、多罗平郡王罗可铎罚银四千两、多罗贝勒杜兰罚银二千两、固山额真济席哈“革一拜他喇布勒哈番并所加级”，梅勒章京莽吉图、傅喀、克星格“各革一拖沙喇哈番”。至于征南将军赵布泰，在两军对垒之际，竟然对吴三桂说要为战死的侄儿多婆罗收尸而擅自离开，“不在阵前”。事后又犯下包庇亲信、污蔑同僚以及咆哮公堂等罪行，受到革职为民的严厉处分。最幸运的是吴三桂，没有受到任何惩罚，这可能是朝廷念及其放清军入关以及转战各省时劳苦功高的缘故。

关于清军的伤亡，清朝的官书失载。野史说法不一，例如《爝火录》中的数据是“满兵”共死八千人，而书中认为随军的贝勒、贝子也在阵上毙命，则可能失实。《小腆纪年》的数据是“王师（指清军）亡都统（指固山额真）以下十余人，丧精卒数千”，可供参考。

李定国在逆境之下策划的磨盘山之战虽然未能歼灭清军主力，然而击毙的满蒙八旗军总数与昔日的衡州大捷相比，恐怕有过之而无不及，再一次显示了令对手心惊胆战的指挥才能。然而，《求野录》记载李定国所部在磨盘山之战后余众不过数千，兵力与全盛时期相比有天壤之别，很难扭转战略上的被动局面了。

清朝在此战中损兵折将，不敢穷追到底。来到腾越之西一百二十里这个“中原界尽”的地方，便见好就收，班师返回昆明。

继续西撤的李定国却再也见不到永历帝了。因为这位南明的最后一任皇帝已经离开了中土。当永历小朝廷一行人马在此前经腾越于1659年（清顺治十六年，南明永历十三年）闰正月二十六日退至距离缅甸边境不远的布岭时，靳统武的部将孙崇雅率领部分护卫军哗变，大肆抢掠永历君臣财物。永历帝在天威营的保护下连夜逃往铁壁关，经曩本河，意欲进入缅甸避难。靳统武不想逃循异邦，率部屯于铁壁关不前。需要说明的是，永历帝入缅之事从没有与李定国商量过，他只是受到马吉翔等随行人员的蛊惑而临时作出的决定。而随行的文臣武将不到两千，完全是一派穷途末路的景象，不少人盼望暂时能找到一处地方栖身。在沐天波的出面斡旋之下，边境守关的缅甸军人允许永历帝入境暂避，条件是入境人员要解除随身携带的兵器。永历帝同意了这个苛刻的条件，一时之间边境的“弓刀盔甲”等器械堆积如山，就这样，这伙不能操纵自己命运的人，赤手空拳地踏上了异邦的土地，以求苟延残喘。

事后，李定国从靳统武的报告中得知永历帝躲入情况不明的缅甸，震惊不已，派高允臣快马加鞭地赶去劝阻，可惜已经太迟了，缅甸官员拒绝交回永历帝，并杀害了高允臣。这样就使得李定国不得不考虑用武力夺回永历帝，而西南边陲的形势也更加波谲云诡。

# 第十一章 大江狂澜

一场精心策划的大战即将发生在1659年（清顺治十六年，南明永历十三年）的长江下游地区。此前一年，清军集中力量向盘据西南的永历政权发动全线进攻，致使南明最后一个小朝廷奄奄一息。抗清大业到了生死存亡的危急关头。西南明军赖以生存的根据地基本丧失殆尽，无力转危为安。活动在四川与湖广诸省的夔东十三家等抗清势力曾经企图救援西南，并多次出兵重庆等地，但由于实力有限，也难以力挽狂澜。环顾海内，有能耐扭转危局的只剩下活跃于东南沿海的郑成功。与内部派系林立的西南明军以及夔东十三家等抗清武装不同，郑成功所部组织严密、号令统一，完全能够步调一致地执行军事任务。为了拖住清军向西南进军的后脚，郑成功早就计划杀入长江，夺取“南都（指江宁）”，拦腰切断西南清军与大后方的联系，以此瓦解清朝对永历政权的攻势。他曾经在1658年（清顺治十五年，南明永历十二年）从福建出发，会合浙江沿海抗清的张煌言，率部从海路北征，然而不幸于八月受到飓风的阻扰，不得不无功而返，流连于浙江、福建沿海的象山、台州港、海门所、磐石卫、乐清县、沙关等处。经过休整后，他于1659年（清顺治十六年，南明永历十三年）二月下旬来到磐石卫，开始策划重新北上，准备与清军逐鹿于长江下游地区。几乎与此同时，李定国在云南发起了磨盘山之役，可惜未能达到预期目的，使得郑成功策划的北征成了南明反败为胜的最后希望。

郑成功北上之前，留下部分兵力守卫思明州、金门等据点。为了以防万一，他干脆允许官兵携带家眷随征。故此，水师以一镇的兵力，在陈辉、陈泽等将的统率下，专门保护运载家眷的船只。

由于“风信未顺”，拖到1659年（清顺治十六年，南明永历十三年）四月才正式出发。郑成功召集诸将商议时直言要“进取南都”，可是担忧在进军途中会被驻于浙江定海的百艘清军船只骚扰，故企图“先声夺人”，拿下此地，既能补充人力物力，又可以为以前在浙江沿海附近战死的将士报仇，尤为重要的是，在战略上起到了声东击西，牵制敌人的作用。因为定海清兵受到攻击时必然向江浙一带的驻军求援。然而援兵来到时，郑军正可避实击虚，乘机“扬帆直取金陵（指江宁）”。这样一来，清军疲于奔命，郑军以逸待劳，实乃“百战百胜之道”。诸将听后，纷纷恭维：“藩主（指郑成公）算无遗策”，定当照办。于是，郑军依计行事，在二十八日到达定海，次日夺其城池，乘胜进入宁波港，焚烧了一批船只。五月初，估计清江浙援兵将至的郑成功认为乘势杀入长江，“攻其无备”的时机来到了，遂率部离开定海，继续北征。并在途中公开申明自己“亲统大师，不惮数千里，长驱远涉”的最终目的是要“进入长江”，尽快恢复失地，并毫不讳言“我师”的“一举一动”，将被“四方瞻仰，天下见闻”，因而影响重大。他指出随军诸将的“功名事业，亦在此一举”，提醒大家要“同心一德，共勤大事”。务必军纪严明，以争取民心为上。

临战准备也在紧张的布置中，由于郑军装备比较精良，很多将士全身披挂盔甲，因而临阵之际，耳朵会被头盔掩盖，而铁甲在磕磕碰碰时产生的响声也会带来干扰，以致听不清金鼓的号令，延误了战机。郑成功为了解决这些难题，以“耳闻不如目睹”为由，特别设立红、白两种高招旗，打算战时让人拿着在阵中挥舞，用来指挥三军进、退。又传谕军中的大小船只，无论是行军还是停泊，都必须井然有序，不能“混杂而行”。考虑长期活动于东南沿海的“南船”不熟悉“长江港路”，便煞费苦心地派遣一些老水手引路。这些人所坐的船只称为“引港船”，白天在桅上挂着高招旗，夜晚则亮灯，以作信号。此外，水师还用发射火炮、火箭等手段进行联系。

这支十多万人的队伍乘坐三千余艘战船，对外号称“八十万”，一路经羊山、崇明新兴沙，于十九日取道吴淞港口顺利进入了长江。再在永胜洲扎营，操练了数日，意图在长江流域打几场大仗。在此期间，郑成功知道清苏淞提督马逢知（即曾任浙江金衢总兵的马进宝，现在已改名为马逢知）有反正之意，令监纪刘澄与之联络。马逢知犹豫未决，意图等郑成功拿下南都后再作定夺。

可是，向南都进军的路程并非一帆风顺。郑军经顺江洲、江阴县、焦山塔，直逼瓜洲，终于碰到了清军设置的重重障碍。诸将召开战前会议。郑成功在发言中称：瓜洲是南都门户，敌人必有重兵镇守。此地拥有坚固的工事，既在谭家洲、瓜洲柳堤建了可以互相对射的炮台，又有“滚江龙”拦截，不能轻敌（所谓“滚江龙”，意即用铁索系于巨舰之上，拦腰截断江面。据清代史学家全祖望在《鄞张公神道碑铭》中的追记，当时清军在金、焦两山之间以“铁索横江”，以遏制从水路来犯之敌）。

据此，郑军的布置是：派遣部分兵力由水路攻打谭家洲，夺其大炮；另调水性好的人潜入水中，斩断滚江龙。同时出动大部队直捣瓜洲，务必使守军“左右支吾，闻风胆破”。郑成功在十五日挥师进至瓜洲北岸时，又专门强调要适时攻取矗立于瓜洲上流的“满洲木浮营”。这些木浮营用很多大杉木板钉成，可容纳五百名士卒以及四十门大炮，并储存了大量的火药、火礶，可以炮击江中的船只，最为犀利。

次日早晨发动进攻。当天的天气很好，东南风盛发，有利于郑军水陆部队疾进，可谓未战已“先得天时”。郑成功侦察得知清操江巡抚朱衣助同游击左云龙率满汉兵马数千，屯于瓜洲城外迎战。遂令左右武卫居中，中提督甘辉、左先锋杨祖所部居左，左提督翁天佑所部以及五军居右。后提督万礼负责率部包抄瓜洲后路，并埋伏于扬州大路，既承担阻援任务，又伺机围剿溃逃之敌。

敌对两军隔着一个小港而列阵对峙，只用火器与弓箭互相射击，尚未靠近厮杀。不久，材官张亮立下首功，他荡舟而进，指挥手下泅水砍断了“滚江龙”。郑成功乘势下令发起总攻，各路部队冒着清军的炮火一齐突进。左冲镇周全斌的部属纷纷跳落水中，冲向小港对岸；然而，一些地方的水特别深，致使很多身披铁甲的兵丁由于不堪重负而沉下水底，惨遭没顶之灾。尽管这样，他们还是前赴后继地上了岸，与守兵厮杀。击溃敌人阻拦后，周全斌以雷霆万钧之势来到城下。正兵镇韩英乘胜竖梯登上城墙，左先锋杨祖迅速跟上，占领瓜洲。到了中午时分，右提督马信拿下了谭家洲，令守军的大炮哑了火。张煌言、罗蕴章所辖的水师也夺取了三座满洲木浮营。

清军损失惨重。游击左云龙阵亡。江防徐腾鲸逃走。操江巡抚朱衣助与数十名满兵藏匿于衙门之内被搜获，成了俘虏。郑成功处死了满兵，却认为乞降的朱衣助是“腐儒”，“杀之徒污吾剑”，释之反而显得宽宏大量，遂放其回家。后来发生的事表明，郑成功看走了眼，犯了放虎归山的错误。

战后，郑成功以援剿镇刘猷镇守瓜洲，监纪柯平督理江防，并根据张煌言的意愿，让其统领部分兵力进入芜湖，一来可以追击从瓜洲败退的清军水师，二来又扬言攻打南都，以牵制一部分敌人，掩护郑军主力攻打镇江。

战火很快燃烧到大江对面的镇江去。镇江作为长江的咽喉要地，是通往江宁的必经之道，因而成了清朝嫡系部队八旗军的固定驻防地点之一。早在1655年（清顺治十二年，南明永历九年），清朝入关后的第一位皇帝顺治帝就命令久经沙场的将领管效忠为昂邦章京，率领八旗军驻防镇江。次年又加强了该地区的兵力，总共驻有满汉官兵三千，其中包括不少剽悍善战的骑兵。

清军将领不愿意将精锐的骑兵用来守城，只希望打野战，因为这是八旗军的强项。清朝能从关外的白山黑水一路凯歌进入关内席卷大江南北，名闻遐迩的铁骑立下了不可磨灭的功劳。现在，管效忠与江宁巡抚蒋国柱一起踌躇满志地率领着由驻军与部分援兵组成的一万五千人出城迎战，当中据说有一半是骑兵。部分骑兵穿戴着雪白的铁甲，非常引人注目，他们行军时浩浩荡荡，扎营时严阵以待。

十九日，郑军开始在镇江南岸的七里港登陆，立足未定，清军已分路涌到跟前。然而大仗一时打不起来，因为清军将领发现郑军人多势众，自知无必胜把握，遂主动后退十里，在银山一带安营。郑军亦步亦趋地进驻在银山对面的山上。企图与郑军保持一段距离的清军很快又转移至银山下面的大路，只在山上留下数百人做疑兵。

尽管双方都不敢轻举妄动，但一场龙争虎斗不可避免地即将开始。郑成功在战前侦察时发现银山靠近镇江府，离清军大营不到三里，位置比较重要。假若控制此山，取得居高临下的优势，山下的敌人必定进退失据。不过，白天抢占山头有很大困难，因为部队在集结以及登山的过程中，很有可能会遭到敌骑的拼命拦截，故非万全之策。为此，他仔细地观察银山地形，将山上道路的位置调查得一清二楚，甚至连各部队扎营的具体位置都预先安排妥当。之后，在二十二日夜间二更时分下令全军向银山前进，赶在天亮之前登上了山顶，迅速控制了整座山，前锋距离敌人阵营不过一二里。

等到山下的清军将领醒悟过来，已经晚了。他们大惊失色，马上挥兵布阵，筹备反攻，血战就此展开。

迎战的郑成功布了一个三叠阵。站立在第一线的是众望所归的铁军。这支处心积虑组建的铁甲步兵除了装备盾牌、砍马刀、长枪之外，还有“滚被”。所谓“滚被”，是一张厚达二寸的大棉被，张开可以遮掩射来的箭雨，它的作用不逊于盾牌。就这样，铁军每一名将士既有铁甲，又得到“滚被”与盾牌的双重保护，砍起敌人骑兵的马脚来可以心无旁骛。

抢先进攻的清军分作五路杀来，他们有充分的信心击败对方的步兵。根据以往的作战经验，凡是骑兵遇上步卒，就让敢死队打头阵，只要他们首先退后数丈，再快马加鞭地向前猛冲，等到敌阵一乱，便胜券在握。跟在后面的精锐部队立即乘势从突破口杀入，在阵内大肆蹂躏，无往而不利。过去，太多的抗清武装在作战时败于这种风驰电掣般的战术之下。现在，铁甲步兵能否有效克制清军铁骑，将快要在实战中得到检验了。

五路清军之中，有一路清军攻打的目标是郑成功所在的中军营，他们故技重施，选派一千八百余骑打头阵，这些人一齐在跃马奔腾的那一刻大吼三声，分作三批以泰山压顶之势勇往直前。郑军左、右武卫的铁甲步兵迎战。排在前面的二百多人与最先到来的八百余敌骑打成一团。激战中，有三百名清军骑兵成功突破铁军的第一叠阵线，继续死命向第二叠冲刺，他们明白，只要把对手的阵营打穿，胜利就有把握了。可是，奇迹出现了，铁军没有一触即溃。这支部队的第一叠阵线虽然被突破，但将士们恃着铁甲的保护，不管敌骑如何在身边穿梭不停，全部临危不惧，只管挥刀砍劈。第二叠的铁甲步兵则以逸待劳，排成横队以盾牌自蔽，远远望去好像一堵墙，将清军阻于墙前，使得敌人的战马似热锅上的蚂蚁团团转，不得其门而入。古语有云，“强弩之末，不能穿鲁缟”，如今清军正是这样，由于陷在郑军两个叠阵之间，处于前后都是敌人的窘迫状态。他们进退两难、徘徊不定，并缺乏回旋余地，因而实际已经从进攻转入防御状态。骑兵的优势在于进攻，而不是防御，这是一个军事常识。当骑兵被迫呆在原地进行防御时，就意味着已经失去了主动权。果断反击的铁甲步兵快步挺进，攻上前来，使出了“三人一队”的战法。也就是说，用三名步兵围剿一名骑兵，其中一名士兵手执盾牌在前，另外两人拿着刀跟在后面，以最快的速度接近对手，既砍马、又砍人。那一些走避不及的清军刹那之间成了活靶子，竟被锐利的云南砍马刀打得人仰马翻。剩余的清军赶紧掉转马头，一溜烟撤了回来。

这时，清军第二批精锐部队已经到达，按照原计划他们应从突破口一拥而入，可是眼见头批骑兵已被打得丧魂落魄，哪个还敢重蹈覆辙上前送命，唯有勒马站于原地，纷纷射箭。弓箭对铁甲步兵不能造成严重的伤害，因为头盔、面具与肢体的铁臂、铁裙具备一定保护作用，可是铁军当中有些人是渔民出身，习惯了赤脚在沙滩上行走，故没有穿鞋。当这些人不幸被弓箭射中脚时，便拔箭再战，真是“轻伤不下火线”。他们呐喊着向前冲锋，迫使敌骑退回一箭之地。

经过多次碰壁，打头阵的三批清军骑兵不得不后撤，他们在血的教训面前知道眼前强大的对手与过去明军那些疏于训练、没有披甲的乌合之众不同，不能再按照老皇历办事，遂决定改变打法。为了避免战马被对方的砍马刀所伤，作出了全部下马作战这个无奈的选择。这些骑兵下马之后与随后赶到的步兵会合，因为他们披着铁甲，拥有比步兵相对要好的防御能力，所以仍然要冲锋在前。他们身上的铁甲虽然不逊于郑成功的铁军，可是手中的矛槊、马刀只适用于马上作战，而在徒步近战中比不上福建藤牌与云南砍马刀，故此，即使尚未交锋，谁优谁劣已昭然若揭。如今，最前面的清军已管不了那么多，在弓箭与火器的掩护下前进。当两军距离逐渐缩短时，便齐齐亮出兵器打成一片。摩肩接踵的郑军在各种远射兵器的配合下放手大开杀戒，很快把送上门来的清军打得望风披靡，死伤累累。

这一路清军彻底失败了。其余四路清军见势不妙，马上集中三路兵力飞速赶来增援，仅留千余骑兵另作一路，专门负责牵制周围的郑军。

郑成功及时补充兵员，重整阵线，迎战卷土重来的敌骑。军中的火炮部队待机而动，只见阵中一员将领在适当的时候举起旗帜用力一挥，身处第一线的铁甲步兵马上与对手脱离接触，向两边散开，而来不及疏散的士兵，立即伏倒在地，目的是让开位置，使阵后的炮兵能够毫无障碍地射击炮弹。一些初来乍到的清兵骑兵可能一厢情愿地以为对手将要逃跑，便条件反射般地策马向前，想不到正好撞在郑军的炮口上，在隆隆的炮声中东倒西歪，栽倒一片。本来，按照明军传统的打法是首先发射火炮远距离杀伤敌人，然后再让步兵进行白刃战。可是，郑成功为了出敌不意，采取了作战次序相反的新战法。不过，这种战法重复使用会让敌人产生心理准备，不再那么轻易上当。另外，火炮的缺点是不能迅速连射，炮兵射击一次需要花费良久的时间装填弹药，因而，最后解决问题还是要靠王牌铁军硬拼硬！事实正是如此，散开的铁甲步兵在最短的时间之内重新聚集于阵前，形成了一条完整的防线，纷纷用砍马刀劈向那些被打得晕头转向的清军铁骑，转眼间，已有两名骑兵头目被斩翻在地。

清军骑兵不得不结束了虎头蛇尾的冲刺，让所有的人都下马，企图破釜沉舟、死中求生。可是，这种自杀行为无异于重演飞蛾扑火的悲剧。决战时刻到了，郑军发射数不清铳炮、弓矢、火箭，然后，拿着盾牌与利刃的步兵如潮水般冲下来，一下子就淹没了对面的清军，致使清军伤亡惨重，其阵线顷刻瓦解。无论是在山坡上，还是河沟旁边狭窄的道路里，逃亡者自相践踏、尸横遍野，只有少数幸运儿突围而出，捡了条性命。

清军五路进攻，四路全败，剩下的一路无心恋战，飞也似地奔逃。其中，蒋国柱在混乱中逃往常州，而管效忠则逃往江宁。关于管效忠的表现，时人所著的《明季南略》中有戏剧性的描述，据说他在战斗时“多备战马，刀斫至，急避之。马头落，效忠跃上他马；须臾，马头三落，效忠三跃以避”。郑军将领见其“勇健绝伦”，欲生擒之，故没有痛下杀手，不料最后却被其逃脱。类似的说法也许是根据民间传说写成，颇有演义的成分。不过，管效忠的确是在铁军的刀下捡回了一条性命，只是他直属的数千兵，仅剩下一百四十余人得以脱身。战后，这员老将也不禁叹息道：“吾自满洲（满洲本是满族的族名，在这里泛指关外地区）入中国，身经十七战，未有此一阵死战者！”

郑军趁热打铁，马上搜山，杀死不计其数的残兵败卒，还缴获了很多马匹、骆驼以及盔甲、弓箭、鸟铳等兵器。而郑军的损失微不足道，据《先王实录》的说法仅仅被炮打死数人，还有数人被箭所伤。

这个辉煌的胜利使郑成功一尝所愿，他的铁甲步兵终于干净利落地击败了清军铁骑。尽管这次胜利仍旧与地利有关，因为长江沿岸的崎岖山道与水网河流限制了骑兵迂回敌阵侧后的行动，迫使其只能从正面强攻。然而不可否认的是，类似的地形在大江南北很常见，如果郑成功运用得当，他的铁军完全可以重复类似的胜利。需要提及的是，清军步骑兵敢杀上银山，也是自恃山地战的能力了得，哪会料到竟然被“海寇”打得这样惨。

郑军在银山获胜之后，马上包围镇江，于六月二十四日迫使镇江守将高谦与知府戴可进等献城投降。

镇江地区作为八旗军众多驻防据点中的一个，它的失守，是清朝入关之后前所未有的。镇江一失，附近的句容、仪真、滁州等州县纷纷归降，江宁门户洞开。

为了庆祝这个非凡的胜利，郑成功在二十五日举行大阅兵，以弘扬军威。

然而，当时军中有人只想巩固目前的战果，不愿意冒险深入江宁。例如《闽海纪要》记载甘辉提出了如下的建议：“断瓜洲，则山东之师不下；据北固（指镇江境内的北固山，在此泛指镇江），则两浙之路不通，但坐镇此，南都可不劳而定也。”意思是只要控制瓜洲、镇江这两处长江下游的战略枢纽地方，既能阻止北方军队渡江，又截断了漕运之道，而受到孤立的江宁将不战而下。谋臣潘庚钟存在类似的看法，《台湾外记》记下他当时的话：如今一鼓而克瓜洲，江南门户已破。虽然军声大振，天下撼动，然而未可骤然进兵。应当暂驻于此，派遣众将士分别占据淮阳诸郡，扼其咽喉之地，再收拾人心，等待时机，然后主力齐进。况且北京聚居的满、汉军民“不下百万”，一旦粮道断绝，嗷嗷待哺，两月之内，其兵必溃、其民必乱，如此可不战而定。最后以三国故事中的官渡之战为例，称“此正曹公（指曹操）之所以取胜于官渡也”。另一位谋臣冯澄世也认为：南都“城池广阔”，不易攻取。不如一面驻于瓜洲，实行断敌粮道等措施，一面派人秘密赶赴云南请求李定国等人前来会师，方为上策。

但郑成功认为此时与三国的形势不同。因为清军凭借明朝内乱入关，本为“鼠窃乌合，狐假虎威”之辈，如今“大兵一至，自然瓦解”。若不果断进兵，恢复旧业，呼召天下豪杰，乃是“自老其师”的下策。倘若清朝征调的各省兵马齐至，首尾合击我军，岂不陷于孤军作战的劣境？基于种种理由，他坚持执行攻打江宁的原定计划。然而，到底应该从水路进军还是从陆路进军？诸将有不同的意见。甘辉认为“兵贵神速”，最好是乘胜由陆路长驱直入，昼夜“兼程而进”，以破竹之势，可“一鼓而收”南都。如果做不到，则采取围攻的办法，断绝敌援，先拿下南都附近区域，则孤城可“不攻自下”。若由水路而进，会因为此时“风信不顺”而致使“时日稽迟”，敌人必然四处召集援军，婴城固守，进行抵抗，那时要想得城需要多下一番工夫了。不过，一些将领以为军中将士远道而来，“不习水土”，再加上部队携带的装备比较多，单兵负荷很重，值此“炎暑酷热”之际，很难在陆路兼程而进。这些将领的反对意见也有一定的道理，恰巧这段时间下起大雨，陆路上的沟壑积水、河流暴涨，不利于跋涉，郑成功经过考虑，采纳了从水路进军的意见。

周全斌、黄昭、高谦等人奉命留守镇江府，郑成功率主力出发。

镇江与南都两地的距离有一百二十里左右，从陆路长驱直入大约需要一两天的路程。如今郑成功让部队坐船逆水而上，结果行军速度缓慢，一直拖到七月仍未到达。

长江下游很多地方的清军处于风声鹤唳、草木皆兵的状态。七月初一发生的一件事就很说明问题。兵部中军杨嘉瑞派遣的四名哨兵深入芜湖侦察时误入浦江港，看见虎卫将四名铁军士卒正在岸边与二百清军步兵对峙，便立即登岸协助。想不到惶恐不安的清军不战而退回江浦县，会同城里的官员从北门逃遁无踪。乘势追至的八名郑军将士在当地士民的迎接之下从南门入城，不费吹灰之力控制了这个地方。他们以少胜多的英雄事迹四处传播，以致当地的童谣唱道：“是虎乎？否。八员铁将，惊走满城守虏！”这支来自东南沿海的部队一时名动四方，声威所及，六合县、浦口镇、太平府、芜湖县、当涂县、繁昌县相继来降。

初五日，到达七里洲的郑成功与先到一步的张煌言会面，他让张煌言率领部分战船沿江而上，希望能收复上游更多郡县，同时拦截湖广、江西等地的清军援兵，以协助自己攻取江宁。

▲江宁周边地区。

两日后，声势浩大的郑军主力终于到达了江宁外城的观音门附近。感慨万分的郑成功在此期间赋诗一首，即《出师讨满夷自瓜洲至金陵》：

缟素临江誓灭胡，雄师十万气吞吴。

试看天堑投鞭渡，不信中原不姓朱！

在选择适当地点登陆之前，郑成功打算留下左冲镇黄安负责管理江中的船只以及船中的家眷、粮食、器械等。由于此处水网纵横，交通发达。“上通九江、黄河，北连芜湖、采石，南达京口”，很多地方驻有清军水师，随时存在着进犯的可能。针对这种情况，黄安提出采取新的战法，他认为过去军队在海中作战时常用大船“乘风冲犁”，然而在“风微流急”的江中不再方便实施这种战法，因而建议使用体积小一些的船只。每船配备长橹等工具，依靠人力划动，船上运载铜百子、铜花干铳之类的火器，可利用轻便快速的特点，灵活机动地打击敌人。同时，水师应该储备足够的火药、火箭、火罐、火炮等，以防患于未然。郑成功深表赞同。其后，黄安受命为水师总督，带着一批战船前往三叉河口等要点“日夜严加提防”，以免清军舰队乘虚而入。

江宁城宏大雄伟，外城有相当长的一段城墙面对长江，这为郑军船只绕城航行提供了便利。两天之后，郑成功选择在长江岸边登陆，直逼江宁内城的仪凤门。

仪凤门与坐落于城西北，“视之若狻猊之蹲踞”的狮子山相连（其中有一段城墙绕山而建），而山下又有一条长河流过，直通十余里外的长江，使得此门有依山傍水之势，易守难攻。城外的河上建着一条石桥，是进出城池的必经之路。桥的北面又有一桥，控制着前往旁边白土山的通道。扼守这些要点，有助于切断门内外的联系。

郑军陆军分散驻于城周围。鉴于仪凤门的位置特别重要，由前锋镇余新、中冲镇萧拱宸驻于狮子山，负责堵塞城外通道，同时以左提督翁天佑为应援。前锋镇之后，是中

江宁之战作战经过图（公元1659年，农历七月七日至二十一日）

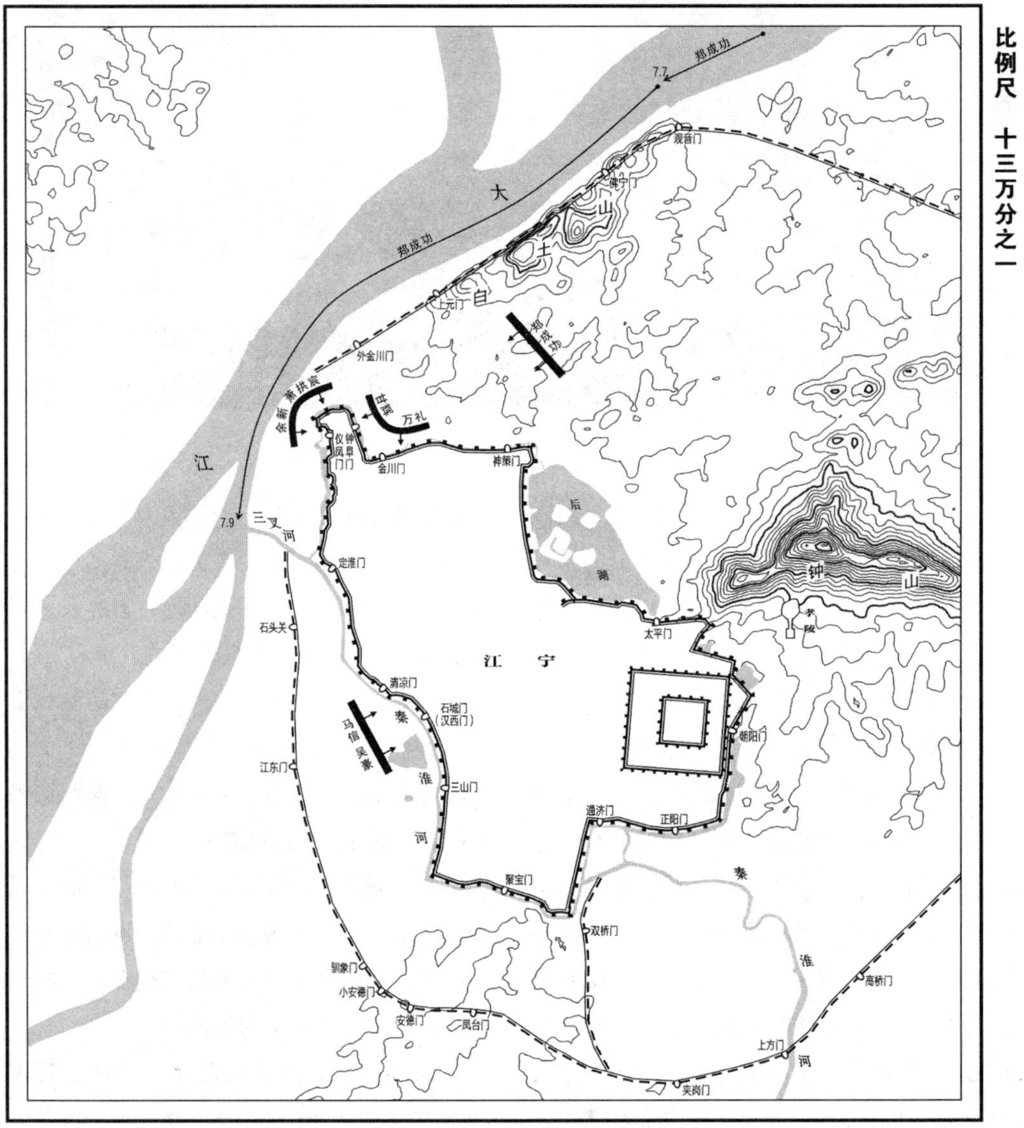


▲江宁之战作战经过图(一)。

提督甘辉、后提督万礼、左先锋杨祖所部，他们驻营于第二大桥头的山上（其中甘辉居中，万礼居左，杨祖居右）。同时，又有部分水师奉命随时应援仪凤门。此外，郑成功督领左武卫林胜、左虎卫陈魁、右虎卫陈鹏以及张英的五军屯于狱庙山“相机进取”。右提督马信、宣毅后吴豪驻于汉西门教场，作为偏师。各部队设立鹿角、木栅，挖掘深沟，并“安设大炮地雷”，制造云梯，准备打一场大仗。

据城内清军的观察，郑成功陆军共立营八十三座，与长江中的水师遥相呼应。

在此期间，丹阳县、宁国府、合山县、来安县、和州、池州府、上元县、溧阳县、安庆府、徽州府纷纷归顺。江西九江等处也有义兵响应。据《圣武记》的统计，先后共有“四府三州二十四县望风纳款，继扬、常、苏旦夕待变”，东南地区呈现变天的迹象！形势大好。郑成功率领甘辉、马信等将领与几百名侍卫到钟山视察地势，并遥祭明孝陵，可谓志在必得。

长江下游地区战火连续不断，南北消息隔绝。身在北京的清朝顺治帝心急如焚。他最先接到的是瓜洲与镇江受到攻击的报告，便连忙于1659年（顺治十六年，永历十三年）七月初八令内大臣达素为安南将军，与固山额真索洪、护军统领赖达等率兵“前往征剿”。过了几天，远在二千四百余里的江宁又告急，北京气氛更加紧张。

当时身在北京的西方传教士汤若望由于与皇室关系密切，对宫中之事颇知一二，并在事后进行了回忆。当时他听说江宁城里共有六千守军，其中仅有的五百名满洲将士“对汉人军队又是怀着猜疑态度的”。因而

▲汤若望。

估计该城的陷落已是早晚间的事了。这位传教士亲眼目睹这个坏消息传来时，“一些胆怯的人已经为首都的安全惊恐起来了”。顺治帝方寸大乱，“完全失去了他镇静的态度，而颇想作逃回满洲之思想”。可是“皇太后向他加以叱责，她说：他怎么可以把他的祖先们以他们的勇敢所得来的江山，竟这么卑怯地放弃了呢？他一听皇太后的话，这时竟发起了狂暴的急怒。他拔出他的宝剑，并且宣言为他决不变更的意志，要亲自去出征，或胜或死。为坚固他的这言词，他竟用剑把一座皇帝御座劈成碎块。照这样他要对待一切人们，只要他们对于这御驾亲征的计划说出一个不字。”“皇太后枉然地尝试着用言词来平复皇帝的暴躁。另派皇帝以前的奶母，到皇帝面前劝诫皇帝，因为奶母是被满人敬之如自己生身母亲一般的。这位勇敢的奶母很和蔼地向他进劝，可是这更加增加了他的怒气。他恐吓着要把她劈为碎块，因此她就吃了一惊地跑开了。各城门已贴出了官方的布告，晓谕人民，皇上要亲自出征。登时全城内便起了极大的激动与恐慌。不仅仅在老百姓方面，因为他们不得不随同出征，就是在体面的人们，也是一样地在激动恐慌。因为皇上在疆场上一旦遇到不幸，这可是因他的性格的暴烈，极有可能的，那么满人的统治又要受危险了。”其后，在汤若望的亲自劝说之下，顺治帝总算打消了亲征的念头。可是又没有派遣王公贵族率禁旅南下，只是令江西提督杨捷与宁夏总兵刘芳分别出任随征江南左、右路总兵官，带着几千绿营兵到江宁救急。不久，精奇尼哈番董学礼奉命为左都督，出任随征浙江总兵官。户部尚书车克也紧急前往江南，催收“各省额赋”，准备制造战船。由此可见，当时清朝布置重兵于云、贵两省对付西南明军，其他地方难以筹集足够的军队应付长江下游的危局。

▲顺治帝。

显然，江宁城内的总督郎廷佐、昂邦章京喀喀木等地方官员只有自救，才能“置之死地而后生”。这座城市从1645年（清顺治二年，南明隆武元年）起驻有二千名满蒙八旗，如今由于远征云贵，调走了不少兵员。城里的绿营兵有江南总督辖下二千人，城守协副将辖下一千一百八十余人。这点兵力与郑军相比可谓微不足道。不过，江南省（辖区大致包括江苏、安徽）的绿营兵约有五六万名，分散驻于全省各地，虽然在不久前的瓜洲、镇江等战事中损失了一批人马，可是省内剩余的水陆官兵相继入援。镇江守将管效忠在银山战败后率残部抢在郑成功的前面迅速退到了这里。就连从镇江获释的朱衣助也单骑跑入城中，为守军出谋划策。甚至外省的驻兵也赶到了，从贵州凯旋而回的梅勒章京噶褚哈、马尔赛正巧率部分满洲八旗欲撤返北京休息，得知江宁有变，马上从荆州“星夜”赶来增援，于六月十八日顺利到达，不过，在这支刚刚从西南前线回来的部队里面，大部分人没有携带战马、盔甲以及弓箭，需要在当地筹集军械。尽管如此，兵力还是不足，清军不得不龟缩于江宁内城之中，并提早采取坚壁清野的政策，拆毁与焚烧了外城很多房屋，强行把附近十里的居民迁入城中。

然而，郑军登陆后迟迟未攻城。有一种说法认为郑成功中了敌人的缓兵之计。《台湾外记》记载城内守将根据朱衣助的计谋派出使者到郑军营中假装联系投降事宜，鼓动如簧之舌声称本应大开城门，无奈清朝有例，守城者能支撑三十日，即使城失守也不会罪及妻孥。如今城中各官家眷全在北京，乞请藩主（指郑成功）“宽三十日之限，即

▲江宁街市。

当开门迎降”。郑成功信以为真，以致贻误战机。他还在军事上犯了一处重大错误，就是未派兵扼守句容、丹阳等通往江宁的咽喉要地，使得苏、松等处的清军得以继续入援。

七月十五日，苏松水师总兵梁化凤带着三千步骑兵经句容入城。此外，江宁巡抚蒋国柱抽调苏松提督标下游击徐登第所辖的三百名步骑兵、金山营参将张国俊所辖的一千名步骑兵、水师右营守备王大成所辖的一百五十名步骑兵相继赶到。浙闽总督赵国祚、昂邦章京柯魁同样没有坐视不顾，从驻防杭州的八旗军中选出五百人，由协领雅大里、参领佟浩年等率领赴援。游击刘承荫所辖的五百绿营兵奉浙江巡抚佟国器之命也接踵而至。随着各地的清军援兵不断来到，原本只有数千人的守城清军在短时间内增加了一倍以上。城里文武官员的信心越来越大，不止一次地主动出击。

早在郑军主力尚未到达之前，江宁清军已经于六月三十日袭击了途经此地驶往芜湖的张煌言所部，但不敢沿着长江穷追。郑军于七月初九日在仪凤门登陆后，清军偃旗息鼓了一段时间。等到梁化凤等人来到，又在十六日对城外发起试探性攻击，与仪凤门外的郑军前锋镇发生了小规模的冲突，然后退回城中。

然而，江宁城里的清军来自各地，建制不同，既有刚从长江上游退下来的残兵败将，又有从贵州前线回来，缺乏兵器的轮换之兵。这些临时杂凑的军人与不久之前那支装备齐全，各部队隶属关系井然有序的镇江

▲清末江宁仪凤门(老照片)。

驻防大军相比，相形失色。郑成功有能力在镇江摧毁数以万计的清军，击败江宁之军似乎不成问题。

甘辉不愿意看到攻城良机就这样失之交臂，在十七日提醒道：大军久屯于城下，“师老无功”，恐怕敌援陆续赶到，多费一番工夫，因而请求迅速攻城。固执己见的郑成功反驳：自古攻城略邑，必然会加大伤亡，之所以未立即攻城，正欲等待敌人援兵齐集时，再加以歼灭。手下败将管效忠“知我手段，不降亦走矣”。何况附近的府州县陆续归附，南都沦为外援已绝的孤城，“不降何待？”接着，他又以铳、炮未布置妥当以及有意反正的清苏淞提督马逢知尚未赶来参战为由，认为还需要等候一两日再攻城。

时间一天天地过去，围城的部分郑军将士产生了麻痹松懈的情绪，有人离开汛地砍柴刈草，还有人到江边捕鱼。特别是驻于仪凤门这个关键位置的前锋镇，纪律不严的问题暴露得最为严重。郑成功为了稳妥起见，在十八日欲增派左提督翁天佑所部与前锋镇一起驻扎。前锋镇将领余新却存在争强好胜的心理，自以为完全有能力执行军事任务，不愿意别人分功，便头头是道地说：仪凤门前只有一条大路。路左边的城下乃大河深沟，没有地方容纳兵马，敌人不可能从此处来犯。右边是长江，江上有水师把守，防备也很严密。惟有门前大路两旁的房屋已经拆光，敌人可能会在那里埋伏兵马。故前锋镇的对策是设立路障，堵塞城内外出入的通道，并在营中布置三排大炮备战，可谓“严密如铁桶，虽飞马难过”，清军哪敢从此处进犯？况且，前日已经击退过敌人的骚扰。现在为了麻痹敌人，不过故意示弱“以诱之”。余新斩钉截铁地保证，倘若敌人真敢来犯，他将与中冲镇所部一起迎战，不用再派别的部队协防。最后，他甚至立下军令奖：如有疏忽，情愿被军法处置。而自己也没有颜面活着见藩主（指郑成功），“以立于三军之上”。郑成功见其勇于担当，又有一定的作战能力，遂取消了调派翁天佑助战的计划。

好消息不断传来。郑军截获了大量清朝往来的紧急公文，其中一封来自南方的公文写有“燕都（指北京）不通文报，近一月矣，南都未知明清”之句。而另一封来自北方的公文附有家书，里面一位清朝官员吩咐家人，称：“南都音信久绝，传闻铁兵（指郑军中的铁甲步兵）难敌，有迁都远避之议，大事可知。可令子与弟先投国姓（指郑成功）”，以便“为我（官员的自称）”将来投降预做准备。诸如此类的言词比比皆是。连居住在杭州的前明大臣徐渭之子徐楷也暗中报称：杭州部队调入江宁参战，城中空虚，正在寻找机会“据城迎降”。又透露“杭房（指驻于杭州的八旗兵）与家人永诀赴京，云：战甚利害，有机会必投顺”。反映了清朝官员人心惶惶的情况。很多人认定郑成功必胜，最显著的例子是漕运总督亢得时，他迫于清朝的严酷的法令不得不从高邮出发赴援江宁，但在途中于二十一日投水自尽，以免死于郑军的锋镝之下。

郑成功终于打算发起总攻了，在二十日传令各提督、统领加紧在前线布置攻城大炮，限两日之内完成。又以驻于汉西门的马信等人兵力稍弱，先后令韩英、黄安率部前往助战。而黄安所辖的水师暂时委托部下管理。二十一日，接到塘报，得知清军屯集兵马，“欲来冲杀一阵，以决胜负”。郑成功判断敌必先进犯仪凤门、汉西门两处驻军，派遣翁天佑所部移驻于王家摆渡洲顶一带，与仪凤门、汉西门两处的军队互相策应。同时再派人催促苏淞提督马逢知尽快动身，赶来参战。

江宁城里的清军不肯坐以待毙，时刻企图捕捉战机，以转危为安。总督郎廷佐、驻防江宁的昂邦章京喀喀木以及梅勒章京噶褚哈、马尔赛等经过商议，认为应该出城迎战。而为了避免兵力分散，首先选择的攻击目标是活动在仪凤门、钟阜门外的郑军。他们决定把军队分为两部分，一部分由郎廷佐、管效忠、梁化凤辖下的绿营兵组成，出城担任主攻任务（这部分绿营兵分为六路出战，其中，郎廷佐、管效忠所部分为三路，梁化凤所部也为三路）；另一部分由从贵州前线返回的满兵、江宁守军以及协领雅大里、参将佟浩年所率的杭州驻防旗兵组成，担任阻击任务，负责拦截郑军援兵。

在各路清军之中，梁化凤所部是主力，负起了歼灭仪凤门之敌的重大责任。管效忠早就知道梁化凤的能耐，曾经抚其背说：“此贼之破，专赖将军。”梁化凤亦以此自许。这位足智多谋的绿营将领曾经在战前亲自来到仪凤门附近的狮子山上进行侦察，他看到余新的部队将门外的石桥截断，以树木堵塞城外的要道。此外，郑军所有营垒都朝着城门，又恐侧翼遭到清军骑兵的突击，因而横向设置了木栅等障碍物。这个阵地表面上戒备森严，但经验丰富的梁化凤认为存在重大隐忧，因为城外的郑军列营于江边的山峦之间，“前扼后阻”，兵力在不利的地形上难以充分展开，故而敌人虽众，可是能够与清军作战的不过位于阵营前列的数千人，只要“一处摧败”，其余的“势必自散”。他蔑视郑军为“草窃乌合之众”，自信可一战而胜！

二十二日天色微明，清军密谋已久的反击开始了。戎旗游击朱鸿祚、郝进孝带领五百骑兵出外扼守要道，阻击郑军援兵。梁化凤在此前已态度强硬地对他们说：我在仪凤门作战时，绝不能被一名从白土山方向冲过来的郑军骑兵威胁侧后，否则，将处死你们！当清军的轻骑突然出现在战场时，很快完成了既定任务，一些措手不及的郑军士卒连铠甲也来不及披挂，四散而逃。

在梁化凤所部的三千人之中，骑兵很少，主要依靠徒步作战。他与提标游击徐登第等人一起，按原定计划挑起了最为激烈的仪凤门之役。清军先用炮火开路，在与郑军对射的过程中夺取了优势，将堵塞在路口的郑军炮架全部击碎，直至打得郑军士卒无法立足为止。其后，大批清军步兵冲了出来，还有的爬上楼房屋顶，用强弓往下射箭，或者拆卸砖瓦投掷。接着分路突击。梁化凤亲率署奇营游击王龙等将从中路突破，与郑军争夺石桥。王龙素来以胆大著称，带头摧锋陷阵。化凤提刀紧跟不舍。在他们的身后，有不少人冒死披甲泅水，一齐向桥涌来。经

江宁之战作战经过图（公元1659年，农历七月二十二日）

比例尺　一万三千分之一

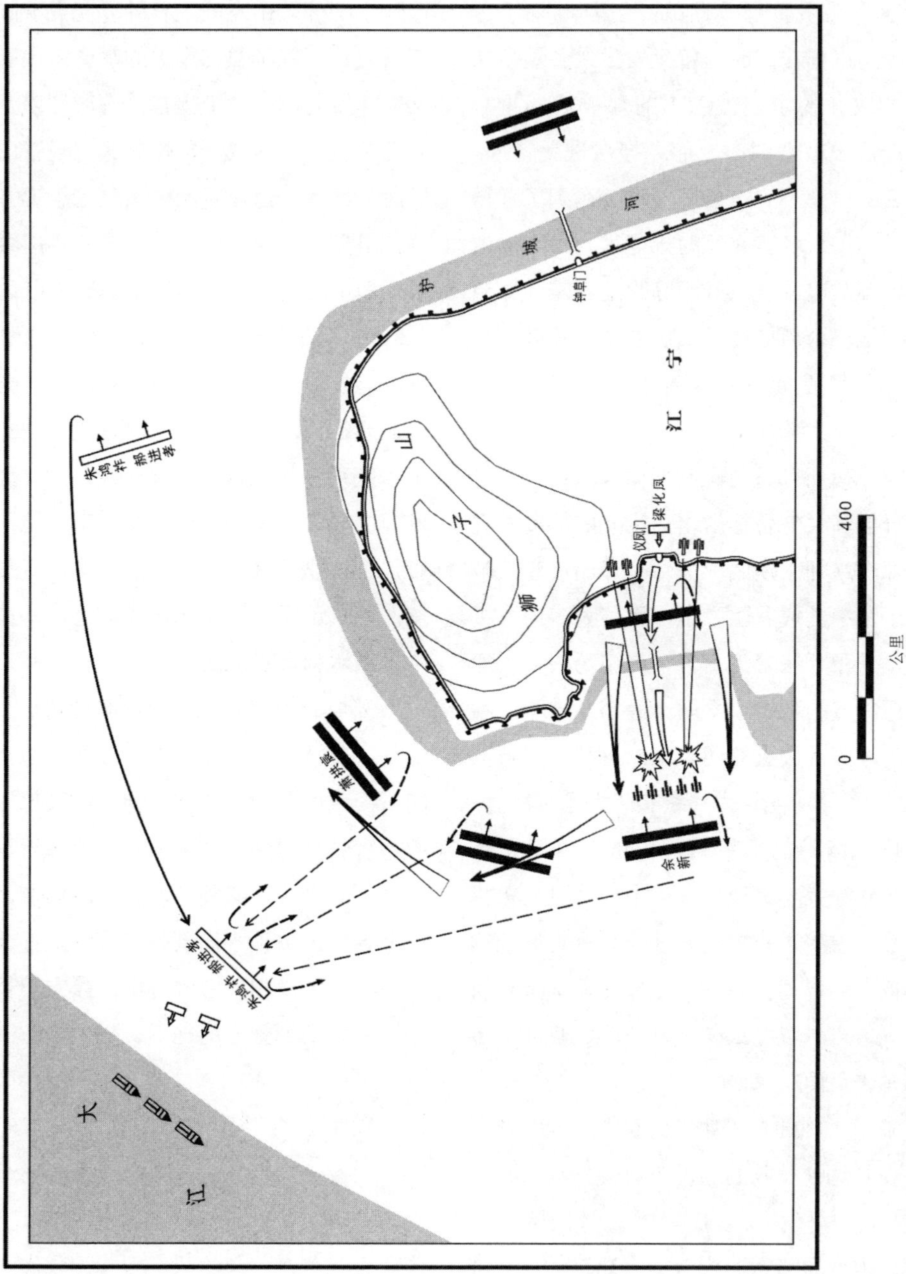


▲江宁之战经过图(一)。

过一番血战，清军过桥的过桥，上岸的上岸，迅速汇聚在一起，纷纷冲过郑军设置的木栅等障碍，闯入营垒之中。

前锋镇余新督兵迎战，各营却袖手旁观。因为以前作战时，曾经发生过各镇争功而互相攻讦的事，被惹火的郑成功郑重宣布：今后没有我的命令而“擅自进兵者”，军法处置！想不到这条军规竟然起到了适得其反的作用。各营在一时未能得到军令的情况下，不敢出战。只好眼睁睁地看着前锋镇一败涂地。余新撤往萧拱宸之营。萧拱宸也抵挡不了清军如飞雹般射来的箭，败下阵来。

梁化凤所部进展顺利。而朱鸿祚、郝进孝也分派骑兵与督标游击白士元的部属一起拦截郑军水师，使溃败的郑军无船接应，被迫挤于营中乱成一团。这些军营大多用木板筑成，并张开帐幕为宿舍，立旃为门，再加上东西相连的数十道木栅，最容易被烈焰吞噬。清军四处放火的同时大加屠戮，“斩首以万计”，俘虏无算，并缴获了大量军械。

仪凤门外的郑军就这样被全歼了。余新、董廷等大小将领陷敌。中冲镇副将萧拱柱阵亡，主将萧拱辰跳水而逃。远在狱庙山的郑成功难以遥控指挥，他紧急调翁天佑所部来援，可惜已经太晚了。二十二日的战事以郑军告负而结束。

输了一阵的郑成功实力犹存，他不敢怠慢，在甘辉、林胜的劝说下改变作战布置，把陆军主力移往观音山以及观音门附近，与冲出内城的清军遥相对峙。郑军在这一带布置了四道阵线：第一道阵线的部队处于前面，由后提督万礼、宣毅左镇万义所部组成，主要任务是监视城外大桥及主要通道，负责拦截向观音门方向杀过来的清军；第二道阵线的部队由左武卫林胜、左虎卫陈魁所部组成，列阵于长江岸边的观音山山脚；第三道阵线的部队由中提督甘辉所部以及张英的五军组成，埋伏于群峰起伏的观音山山谷里面；最后一道阵线的部队驻屯于观音山山顶，由左先锋镇杨祖、援剿右镇姚国泰、后劲镇杨正、前冲镇蓝衍所部组成，以居高临下的态势俯瞰整个战场，准备随时增援前线。郑成功本人率领右冲镇万禄、右虎卫陈鹏做预备队，在观音门来回巡视以应急。其中，铁甲步兵散布于各条防线之中，无论是城门之外，还是观音山之巅，都有他们的身影。而原先驻扎于汉西门之外的马信、吴豪、韩英已奉命改由水路蹑敌之后。黄安专门督领水师负责江防。

郑成功围绕着观音山而制订的这个作战计划，其特点是由低至高、层层设防，他可能试图照搬银山获胜的经验，再次想把对手的精锐骑兵引到山地上决战。如果清军真的发起正面进攻，必须从城外一路仰攻，要想打上观音山山顶，简直是“难于上青天！”因为与白土山相连的观音山，矗立于长江岸边，具有峭削壁立的地形，是一个防御的好地点。

二十二日胜了一阵的清军果然再接再厉，准备于二十三日五更时分主动发起新一轮的进攻，并以满、蒙、汉旗兵以及护军，绿营兵混合在一起编队、列阵，分作四路从水陆出击。根据安双成先生摘录的《满文兵

### 手牌

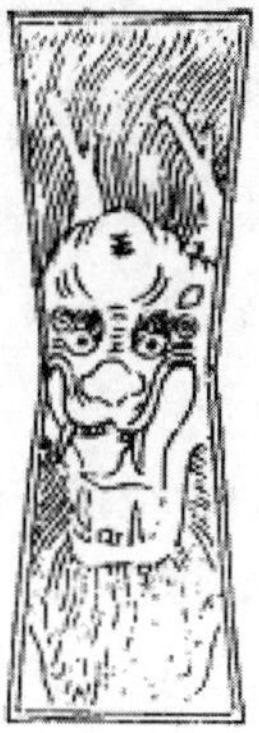

手牌宜用白楊木或輕松木爲之取其輕而堅也每面長五尺七寸闊一尺上下兩頭比中間闊三四分俱小尺

### 推牌

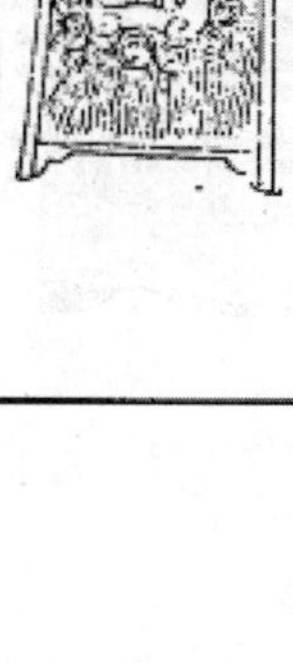

推牌亦用白楊木爲之每面長五尺闊一尺五寸上頭比下畧小四五分俱小尺用繩索及木橛攪挽之

### 燕尾牌

燕尾牌廣中狼柳之兵用之其長與手牌相似但闊不滿尺背如鯽魚故側身前逼雖當利刃而不能斷其體輕故運如鳥翼而一切矢石皆可避以杙木桐木爲之

### 藤牌

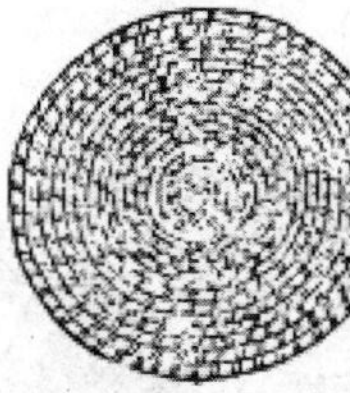

藤牌老粗藤如指用之爲骨藤篾纏聯中心突向外內空庶箭入不及手腕也週簷高出雖矢至不能滑泄及人內以藤爲上下二環以容手肱執持

▲明代各种盾牌。

科史书》的记载：

第一路军由正蓝旗协领呼图、正白旗梅勒章京马尔赛、镶红旗梅勒章京吴孝力、镶蓝旗汉军营总马如江等人率领江宁、杭州部分八旗驻防部队以及从贵州前线返回的八旗护军营、马军行营、蒙古行营、汉军等，会同梁化凤所部绿营兵，同时从西南、西北、东面、东北、东南、南面六个方向攻山。

第二路军由正白旗协领拜之虎、杭州驻防八旗协领雅大里、正白旗护军统领巴哈塔、蒙古正蓝旗营总阿杜赖、汉军镶蓝旗营总赵锡章率领江宁、杭州部分八旗驻防部队以及从贵州前线返回的八旗中抽出部分人马，向山的西面进攻。

第三路军由杭州驻防八旗参领佟浩年率领江宁、杭州部分八旗驻防部队以及从贵州前线返回的八旗中抽出部分人马，向山的北面进攻。

第四路军由镶黄旗协领扎尔布巴图鲁、镶白旗协领费雅住巴图鲁、镶黄旗章京布颜、正白旗章京黑弗纳、镶白旗章京巴隆、正蓝旗章京喀福纳以及水师提督管效忠、督标副将冯武卿、参将朱朱、游击吴镇元等率部从水路进攻，意图焚烧郑军船只，截断郑成功的退路。

根据这个作战布置，清军的进攻重点在陆路，作战的主要目标是观音山。这似乎与郑成功的原意相符，而让清军重蹈银山之败的覆辙正是他孜孜以求的目的。遗憾的是，郑成功低估了清军。满军将领不再是关外茹

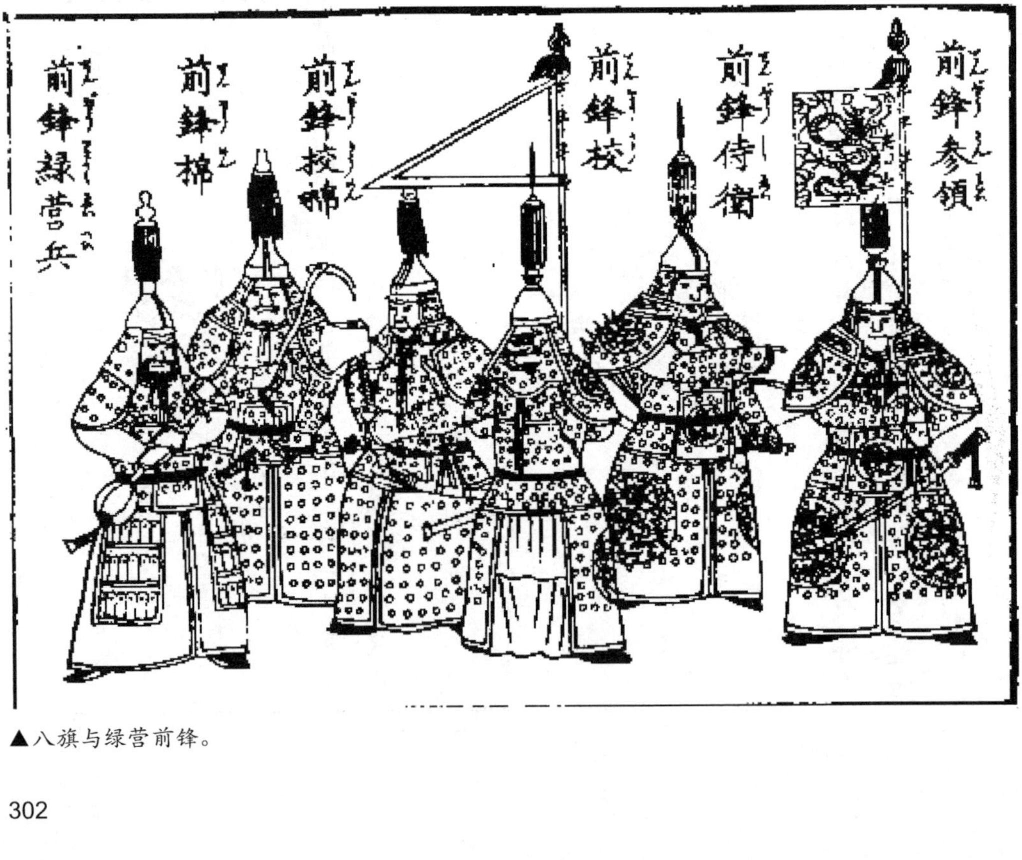


▲八旗与绿营前锋。

毛饮血的野蛮人，他们在关内转战多年受到汉族文化的熏陶而变得更加老谋深算，并且在汉族将领的有力协助之下如虎添翼。他们吸取了银山之败的惨痛教训，现在根本不打算集中力量从城外一路仰攻至观音山山顶，而是绞尽脑汁想出了一套新的战法。参加这次反击的大部分清军步骑兵都要首先避开郑成功设在城外交通要道以及观音山下、山谷的数道防线，他们必须秘密兜路，想方设法绕到观音山的侧、后方，再从背后出其不意地给敌人致命一击。

在清军各路部队之中，梁化凤辖下的绿营兵当仁不让地担负起打头阵的任务。此前梁化凤在城上侦察敌情时，有一次巡到城墙的东北角，忽然忆起此处原本有一个城门，名叫“神策门”，过去因从此出入的人比较稀少，故将之堵塞，不复使用。如果能乘夜将此门悄悄挖开，杀向外面的白土山，将可起到出其不意的效果。因为门外的荻草长达数尺，郑军不可能知道这里隐藏着一处出口。主意一定，梁化凤开始组织人手挖掘城门，他考虑到军队内部或许潜伏敌军的探子，故尽量采取保密措施，没有通知城内的其他部队。然而，消息灵通的管效忠还是接到了“梁化凤乘夜挖开城门通贼”的急报，幸而效忠了解化凤的为人，当即断言：“梁将军素心忠贞，决无是事”，其中定有隐情。没有进行干预。到了二十三日总攻发起之前，城门终于神不知、鬼不觉地挖开了。

五鼓时分，梁化凤与中军游击李延栋，署后营游击周垣，署奇营游击王龙，提标游击徐登第，戎旗游击朱鸿祚、郝进孝，左协副将袁诚，九江副将姜腾蛟，金山参将张国俊等绿营将领带领部队走出神策门。与此同时，满洲军队也从金川门出来。袁诚、张国俊两营官兵其后被喀喀木调走，跟随满洲军队行动。各路清军一起翻山越岭，向观音山方向前进。

为了隐蔽行踪，梁化凤抄小道而行，从山后攀登。在山间，他俯瞰着下面泊于江津的敌船，发现岸边的军营星罗棋布，里面的军人“或起或卧”，军纪松懈，便传唤周垣到跟前，指示道：这些皆是敌军之中的老弱之辈，当中半数平日里干着划船之类的杂役，一旦遭到我军的袭击，必然逃走。因而是放火焚烧敌船的好机会，以断敌后路。并吩咐周垣，可割取沿江的芦荻，作为纵火的工具。周垣受命而去，雷厉风行地带人执行任务。

目的地越来越近了。梁化凤冷静地做好战前准备，先派遣李延栋、王龙率部分兵力监视观音门前的郑军，然后再与朱鸿祚、郝进孝、徐登第等将一起攻打山顶的敌人。

在观音山上设防的是左先锋镇杨祖等人。他们的阵地比较坚固，很难在短时间内夺取。清军从拂晓打到日上中天，射击用的弹丸逐渐消耗干净，就连携带的十万支箭亦已用尽，仍未打破僵局。而自身的伤亡与郑军差不多。疲惫不堪的中军守备常春来到梁化凤的坐骑之前请示下一步应该怎么办？梁化凤不假思索，立即弃马步行，径向前冲，同时叫道：我亲自上阵！常春见状回复：公（指梁化凤）不怕死，我辈岂敢甘为人后？于是，又与裨将刘大受、张抚民、张国杰、张广士、陈举等从后赶上，加入战团，继续与对手进行着殊死的较量。

驻扎于此地的郑军全力抵挡着，而铁甲步兵临危受命，准备用白刃战的老办法把清军赶下山。他们身上的铁甲坚固异常，手中的云南砍马刀锋利无比，绿营兵惯用的矛、槊等兵器很难与之对抗。然则，冲杀在最前面的绿营士卒都是有备而来。据《梁宫保壮猷记》的描述，为了对付郑军的云南砍马刀，梁化凤的手下事先准备了“夹连棒”等针对性很强的军械。“夹连棒”源自古时农夫在打麦场上所使的“连枷”农具，它的基本构造是由一短一长的两节木棍组成，中间用绳连接。普通棍子连续砸击物体时会对使用者的手部产生反作用力，久而久之，手就感到疲惫，甚至疼痛。而“连枷”则不然，它的第一节短棍可以凭着灵活、飘逸的甩动最大限度地消除对人体的反作用力，并有效减少手臂的疲惫程度。同时，短棍能借助长棍运动的惯性，风车般旋转爆发出强劲的打击力。因而“连枷”被部队看中而引入军中，不是偶然的。它成为兵器之后不断得到改良，有的木棍外表包上了铁皮，有的装上了铁箍，有的甚至整体用铁制成，而棍子与棍子之间钻有铁环，系以铁链，这样一来，便能够大幅度提高打击能力。它在不同的朝代有多个不同的名称，宋代的《武经总要》称之为“铁链夹棒”，而明代的军事百科全书《武备志》中对它亦有记载。现在清军除称其为“夹连棒”之外，有时还叫它做“连枷棒”。这类武器发展到后来样式各异，既有一节棍短、一节棍长；也有两节棍一样长的。而且，它们的长度与重量各不相同，骑兵与步兵都能使用，并广为流传。东至朝鲜半岛，西至西域，都可见到它们的影子。

《大清会典》记载清军之中装备“连

▲明代踏青画中的“连枷”（摘自马明达著的《说剑论丛》）。

枷棒”这类兵器的主要是八旗汉军与绿营军（军中绝大多数是汉人）。而在观音山上向郑军铁甲步兵发起挑战的各路清军中，表现最抢眼的是梁化凤的手下，他们拿着长达丈余“夹连棒”专门与敌军的云南砍马刀对打，并凭着强大的砸击功能将其刀刃砸钝、砸碎！无巧不成书，“夹连棒”也对郑军惯用的藤牌形成了威胁，每当它的一节长棍砸中藤牌，顶端的另一节短棍即如鞭梢一般甩打，往往能命中藤牌背后的对手，并造成伤害。因为对方的全套铁甲虽然可防利器的砍、割、切、刺，但却防不了重物砸击。冲锋陷阵的绿营兵为了能够以最快的速度翻山越岭，没有披挂沉重的盔甲，由于身上的负担比较轻，因而更加灵活、更有耐力、更加适合山地战。相反，郑成功的铁甲军人在山地上移动缓慢，这些人虽然身体强健，但即使是铁打的身躯在劣势的格斗中也会因左闪右避而渐渐筋疲力尽，稍一不慎便有失足跌倒的危险。时间一长，铁军最终抵挡不住一波接一波猛冲上来的清军，四散而逃。

铁甲步兵的表现令人大失所望。郑军希望炮兵能挽回劣势。排列于军营之前的火炮有数十重，顺风发射时释放出大量的烟雾。不料风向突然逆转，郑军炮手被反吹回来的滚滚浓烟遮住了视线，如坠五里雾中，不一会儿，就被登上山巅的清军杀入营中。恰巧在此期间，泊于岸边的郑军水师遭到周垣所部的突袭，船只焚烧时冒起的火焰与硝烟从山后扶摇直上，映红了江水。山上的郑军将士知道后，无不挂念留在船中的家眷与辎重，遂失去斗志，一个接一个地掉头往山下飞奔。可叹的是，一些铁甲步兵身上的盔甲过于笨重，成为累赘，再加上山间树木丛立、枝杈纵横，使崎岖不平的道路更加难以通行，如果跑在前面的人一个趔趄倒了下去，就很难迅速爬起来，甚至会把跟在后面的人绊倒在地。他们不死于互相踩踏之中，也死于清军的重棍之下。

山下以及观音门外的郑军没料到后山竟然首先受到攻击。当山上的左先锋镇杨祖等

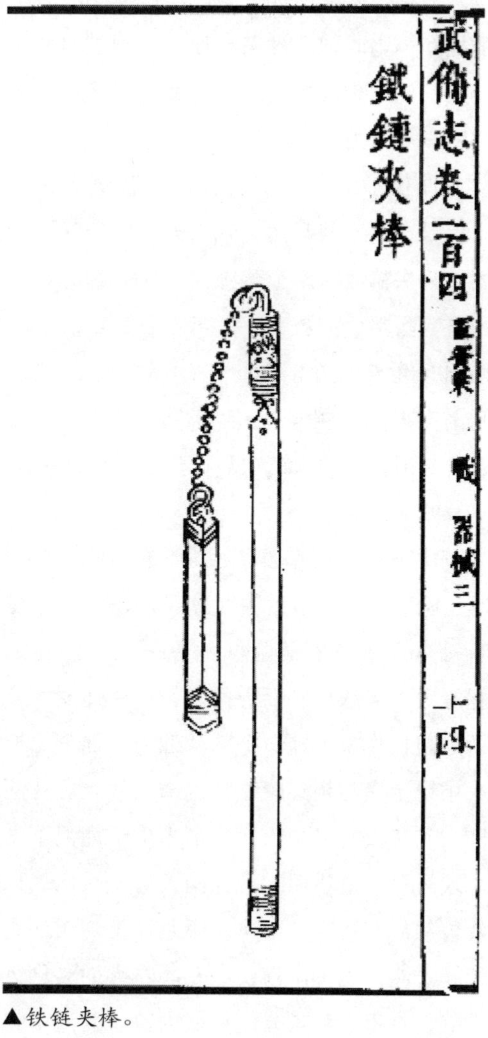


▲铁链夹棒。

人在力战时，其他部队没有接到郑成功的号令，不敢擅出。而山下山上又距离较远，只隐约听到厮杀之声而已。郑成功等到醒悟过来的时候，已经太晚了，急令万禄、陈鹏带兵往援。无奈山高路陡，难以及时爬到，全线崩溃的局面已不可挽回。

梁化凤杀败孤立无援的杨祖，打死蓝衍，又从山巅以猛虎扑羊之势一路向山下冲过来，与八旗军会合，漫山遍野地进行追杀。万禄、陈鹏所部一触即溃。据时人夸张的描写，当时地上堆满了尸体，到了“血流有声”的地步。逃兵遗弃的戈、甲等军械，高度竟然与山“相埒”。

埋伏于山谷之内的甘辉、张英等将，未得号令，不敢乱动，以致被下山的清军所困。分头御敌时，张英中箭身亡。甘辉竭力抵抗，虽然手刃数十人，可左右皆亡，难以杀出条生路。在清军士卒纷纷弯弓，正欲乱箭齐射的情况下，乃大叫道：“我甘国公也，勿射，可擒去请功！”遂被梁化凤手下王永顺活捉。

山下剩余的各营将士还不敢随便奔走，以免队形散乱，被敌骑乘虚而入，因而存在着被各个击破的危险。危急关头，眼见万禄等败下来的林胜挺身而出，冒着违反军令的危险自作主张地命令部队迎击。他紧急唤来中协金岸与领兵康龙，说道：敌人虽胜两阵，其实没有多少骑兵，藩主出于谨慎不发总攻号令，是错误的！你两人可统兵出战，我督领后军接应。金岸、康龙连忙带领部属掉转矛头，飞奔出营，和左冲右突的梁化凤大战，打得难解难分。在城内蛰伏的清军骑兵见时机已到，突然从钟阜门杀出来，林胜慌忙督后军返回抵抗，可是仓促间难以重整队形，所部很快就被清军骑兵冲溃，部将魏雄战死。金岸、康龙在大势已去的情况下难以支撑，各自散去。

下山的清军一直杀到城门外的大桥旁。郑军一个个营垒被击破，后提督万礼被乱箭穿身。宣毅左镇万义跳水而逃。

一度上山观战的郑成功在万禄打败仗的时候，便打定主意，欲下山催促水军从后包抄敌军。他对潘庚钟说：你立于黄盖之下，代我指挥。还特别叮嘱不能去掉黄盖。因为既可以迷惑敌人，又能避免影响军心。说完后，他带十余员健将下山，试图乘船驶往江中，无奈正值潮退，一时难以到达。梁化凤与城内诸军会合，见山上张着黄盖，知道此物为郑成功所独有，遂用手遥指，道：“擒贼当擒王！”又冒着如雨般的矢、石，挥军杀来。潘庚钟挥剑督领护卫死战，没于军中。左虎卫陈魁因林胜受挫而带兵绕道撤退，骤见敌骑逼近郑成功营垒，立即回援，在鏖战中，被箭射死。黄宗羲的《郑成功传》记载陈魁辖下的铁甲步兵损失惨重。他们身上的铠甲过厚，难以砍坏，一些清军径直使用大斧劈下，有时竟可起到削铁如泥的奇效。

就这样，梁化凤等人率部从后向前相继摧毁了郑军的第四、第三、第二与第一线部队，最后与从城中冲出的清军骑兵前后夹击，围歼了郑成功留在战场的亲军，依靠新颖的战法获得了险胜。

好不容易返回江中的郑成功遥望江宁城

江宁之战作战经过图（公元1659年，农历七月二十三日）

比例尺　八万分之一

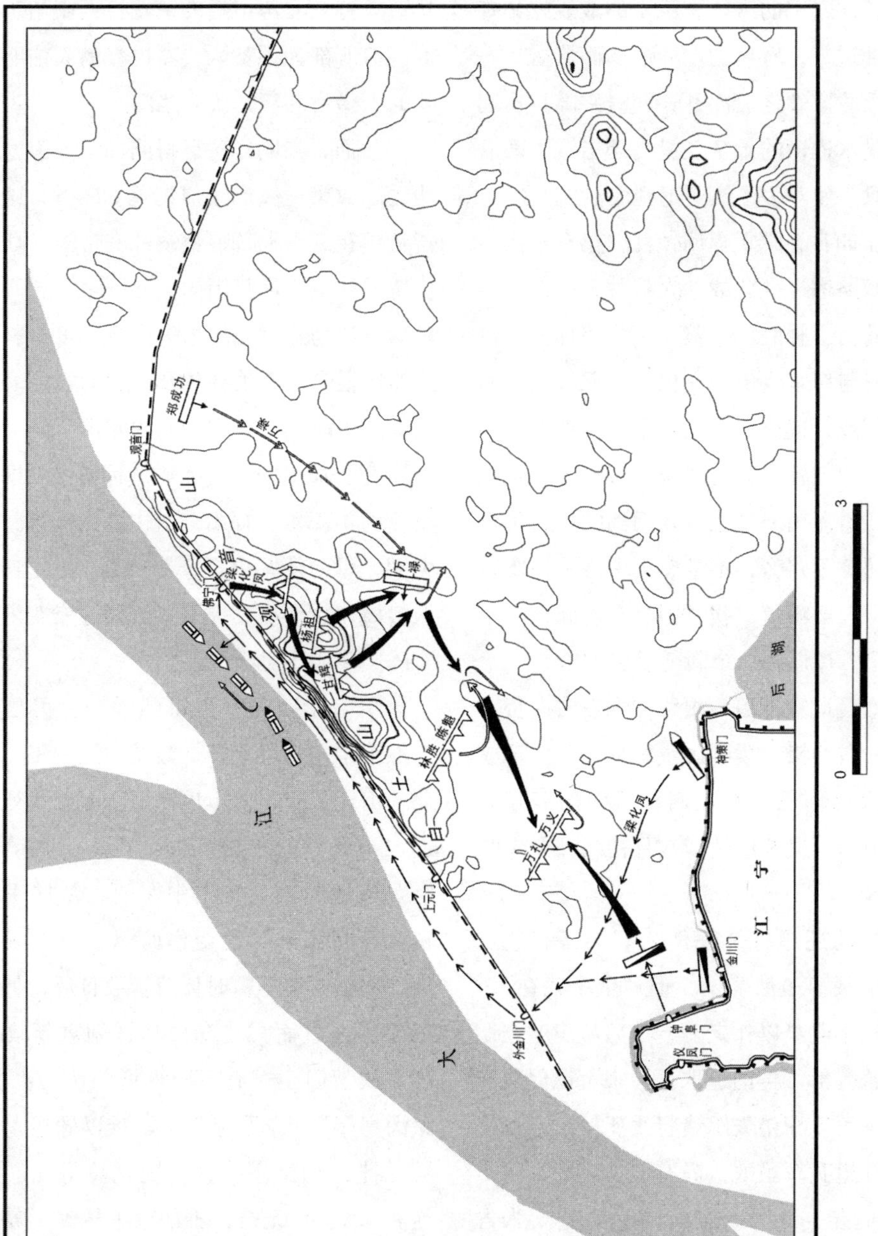


▲江宁之战经过图(三)。

外，看见自己的部队兵败如山倒，便打消让水师前去增援的念头，最终与残部一起退回停泊于长江之中的舰队。清军的战船蚁集蜂攒般齐拥过来。殿后的左冲镇一面堵御，一面保护乘载家眷之船离开，同时乘隙打捞起数千名跳水逃命的士卒，最终还击沉了两艘清军船只，使对手不敢穷追到底。

二十四日，郑军返回镇江，仍有官兵由水、陆两路逃返。此战，大将甘辉、万礼、陈魁、蓝衍、林胜、张英，副将魏标、朴世用、洪复与户官潘庚钟、仪卫吴赐等没有回来。他们或死或被俘，结局不佳。例如《小腆纪年》记载甘辉成为俘虏后被押至城南金水桥时，看见前一日已身陷囹圄的余新正在沮丧地屈膝于路旁，不禁怒火中烧，抬脚踢了过去，大声嚷道“我甘国公头可断，志不可易也”。遂遇害。余新随后也被杀。

郑军经此重挫后，史称“惟左右提督、右虎卫、右冲锋、援剿后镇军独全”。郑成功唯有叹息不已，并在四日后率师离开长江。经狼山、吴淞港，于八月初八驶至崇明港。

郑成功还想打个胜仗，召集诸将道：前不久的战事虽然受挫，但“全军犹在”，我欲攻克崇明县以作老营，然后从思明州调换前提督等部，再图进取。一来可以促成和局，二来可以探访失踪诸将生死信息，三来使敌人知道我军虽败，尚有能力攻城，而不敢南下追袭。此外，当时清朝到处大张告示，称郑军水陆部队全军覆没，郑成功亦战死阵中，因而攻打崇明也是用事实反驳谣言。于是，郑军水陆部队又有了用武之地，并于初十日登岸扎营，逼近崇明县城。其中右武卫攻打西门；宣毅后镇攻打北门桥；正兵镇攻打东北角；后冲镇攻打西南角。右提督马信所部为预备队。左提督翁天佑所部驻扎的土堡为老营，接应北门。

然而，崇明守备已得到加强，因为郑成功的劲敌梁化凤已经预先做了准备。这位绿营将领在二十七日追至镇江一带时，江宁巡抚蒋国柱也正从丹阳向镇江赶来。这两人商量后，认为郑军虽然损失惨重，可是剩下的战船还很多，恐怕会危及崇明的安全。因而梁化凤一面飞檄守卫崇明的游击仝光英、陈定等人严加提防，一面派镇标游击刘国玉、奇营游击王龙、福山营游击陈国隆等将赶回崇明，以防郑军攻打。刘国玉、王龙连忙启航渡海，比郑成功提早一天到达崇明港，唯有陈国隆尚未赶至。

尽管崇明守军已得到增援，可是郑军仍然于十一日早晨开炮轰城。至中午，城西北角坍塌数尺，砖土填满河沟。守军死战不退，不断发射与抛下矢、石。正兵镇韩英攀登城墙时被火铳击中左腿，从梯子跌下来。监督王起俸也受伤而退。由于城坚难克，郑军不得不暂时休战。数日后，韩英、王起俸伤重而亡。郑成功计划重新攻城，可右武卫周全斌有不同意见，认为：“此城深沟高垒”，守军也不少，难以骤拔，而官兵受挫，无意恋战。何况就算得此“孤城绝岛”，也是无益，不如南下休养，养精蓄锐，等候明年再进长江，以图大事。郑成功认为有理，随即传令班师。九月初七日，全军返回了思明州。

深入长江的张煌言在宁国府得到郑成功战败的消息，连忙返回芜湖，由于退路已断，遂改而西进，在八月初七日碰到从湖广荆州到来的清安南将军明安达理所部，相继接战于繁昌、获港等处，其后弃船上岸，辗转于皖、鄂地区，经过艰难跋涉进入浙江。在此期间，原本已扩至万人的军队因人心不稳而陆续溃散，最后剩下两名亲信跟着他到达沿海的宁海一带，终于与海上的抗清武装取得联系，重新归了队。

轰轰烈烈的北上长江之役就这样失败了，郑成功在军事上受挫的主要原因有四点：

一是进军速度过慢。郑军夺取镇江后，距离江宁约百里，从陆路进军，快则一两天，慢则五天，就可兵临城下。然而郑成功却从水路拖拖沓沓地向前，一共航行了近十天，才在仪凤门登陆。此后，这支部队又在城外停留十余天，一直没有组织进攻，致使多股清军援兵在此期间陆续入城，从而增加了作战的难度。

二是主帅与各部的联络不畅通。郑成功作为主帅，事先规定“无令不许轻战”，可是战时又往往不能及时传递命令，以致很多部队在受到攻击时不敢主动迎战，错失战机。

三是随征家属成了累赘。郑成功率领主力北上长江时，由于担心福建的根据地因兵力空虚而受到袭扰，随军携带了大量家属。但在大江两岸作战期间，家属的安危又会让将士分心，难以集中精神应付敌人。梁化凤在观音山获胜的原因之一就是分兵袭击了郑军设在山后的营地，使得很多郑军士卒为了拯救营里的家属而纷纷急撤下山。史载张煌言在刚刚到达长江口时，曾经建议郑成功夺取崇明岛。作为安置家属的基地，再向江宁进发。假若郑成功能够听从，将会提前与驻防崇明的梁化凤交手，无论结果如何，历史都将是另一种写法。

四是因循守旧，未能及时更新战术。甘辉曾经在1656年（清顺治十三年，南明永历十年）的护国岭之战中打赢过八旗军，山地战克敌制胜的经验从此受到更多的重视。郑成功对在这一战中缴获的精良铠甲推崇备至，以此为契机组建了由铁甲步兵组成的王牌部队，试图在未来的山地战中大放异彩。到了1659年（清顺治十六年，南明永历十三年），铁甲步兵果然没有令人失望，成了银山大捷的主角。促使郑成功在稍后的围困江宁时如法炮制，希望铁甲步兵能够在山地战中再创佳绩。万万没想到战斗开始后，竟被一支装备简陋的绿营兵打得落花流水。虽然梁化凤首先攻山的举动的确起到了出其不意的效果，但如果铁甲步兵能在观音山上顶住绿营兵的攻势，郑军的防线肯定不会被迅速突破，也不会败得那样惨。不难看出，郑成功苦心经营的王牌部队对江宁城下的惨败负有不可推卸的责任，在关键时刻竟然起到了适得其反的作用。

发人深省的是，在观音山上雄冠三军的不是装备豪华的铁甲军人，而是外表寒碜的普通将士。过去，清朝的铁甲骑兵与郑军作战时不止一次地失败，现在却凭着没有铁甲的步兵而反败为胜。由此可知，不同的兵种

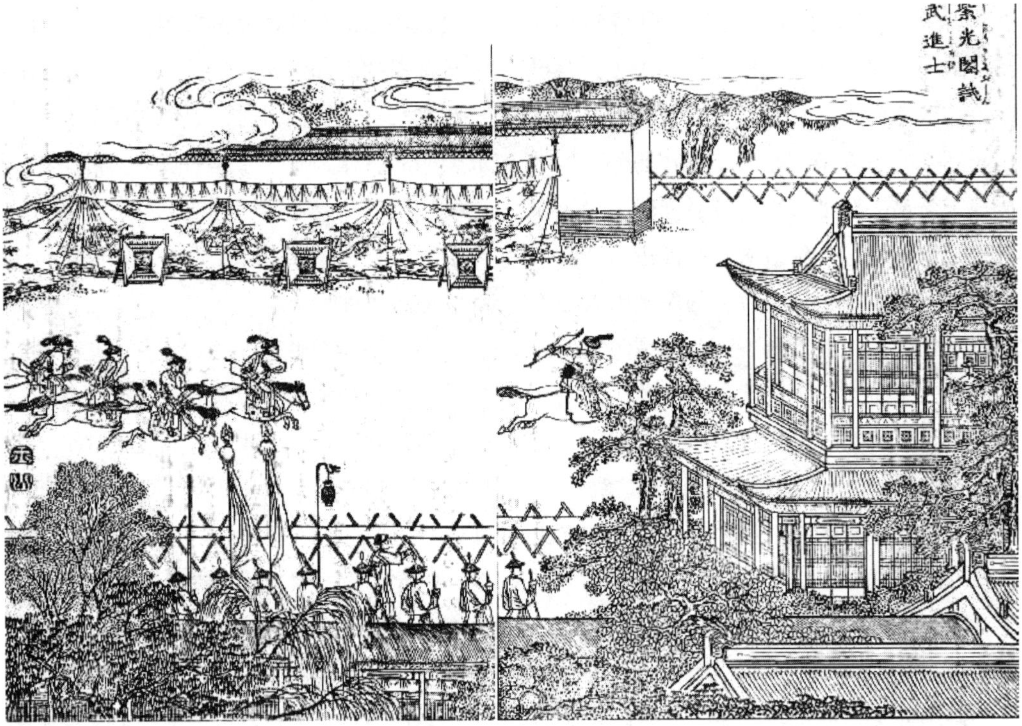


▲清代武进士。

之间可以互相克制。在银山，铁甲步兵有能力克制铁甲骑兵；在江宁城外，没有铁甲的步兵又有能力克制铁甲步兵。真是一物克一物！战斗的胜负与指挥员能否正确使用各类兵种与各样兵器有关，上一次战斗的胜利者由于固步自封就可能会成为下一次战斗的失败者。

江宁城下发生的这一场大战可谓跌宕起伏、惊心动魄。而风头最劲的将领无疑是一鸣惊人的梁化凤，这位出生于陕西长安县的绿营将领在此战之前名气并不大，他是1646年（清顺治三年，南明隆武二年）的武进士，以此为契机踏入军界，并曾经跟随英亲王阿济格出征山西，参加过讨伐姜镶之役，获得了实战经验。1651年（清顺治八年，南明永历五年）后，他调到南方，在江浙地区与抗清武装打过一些小规模的仗，先后出任参将、副将、总兵，负责崇明的防务。《东南纪事》记载，当江宁被围时，他率数千人赴援，怎料刚入城，就因为“汉兵”的身份而遭到城内八旗将领的蔑视，甚至连手下乘坐的马骡，也被上司强行夺走了不少，以转交给刚从贵州返回的满洲大兵。他的部卒经常与那些自大的八旗兵争吵，可即使受到捆绑、甚至鞭打的处罚，也往往仍旧自恃其勇，不肯屈居人下。梁化凤也为此恼怒不已，因而决意在战场一展身手，力求取得傲视满人的资本。果然，他后来在战场上的表现被八旗将领“啧啧称叹”，也赢得了来之不易的尊重。他以击退郑军为荣，曾标榜自己以三千人，“破十万之贼”。《台湾外记》称顺治帝很想见一见这位奇人，无奈“海疆未靖”，难以令梁化凤暂离岗位入京一聚，只好让画工描绘梁化凤的面貌“进览”，以先睹为快。战后，梁化凤即出任苏淞提督，进一步高升。

郑成功北上长江之役就这样虎头蛇尾地结束了。而南明最后一线复兴的希望也在长江滚滚的流水中化为了泡影。

# 第十二章　周旋到底

郑成功撤出长江后，那些望风归附的州县又重新被清朝控制，而当地反正的军民也遭到了残酷的镇压。就连与郑成功多次联络的清苏淞提督马逢知也由于事发，在1659年（清顺治十六年，南明永历十三年）年底被逮往北京，使郑成功失去了一个潜在的内应。

清朝统治者开始在战略上采取亡羊补牢的措施，不断调兵遣将，增强东南沿海各省的军事力量，作出了攻守兼备的布置。八月初五，固山额真刘之源出任镇海大将军，同梅勒章京张元勋、周继新率领所属兵丁前往镇江，以加强驻防力量，稳定长江下游的局势。从荆州顺流而下的安南将军明安达礼虽然来不及参与江宁解围之战，可如今奉命移师前往舟山，计划夺取这个战略要点，严密监视浙江沿海的动静。从北京出发的达素带着万余满汉骑兵正在快马加鞭地赶往福建，企图以狂风扫落叶之势歼灭郑成功的残余兵力，夺取思明州等地。江浙、广东等数省之地的清军水师也闻风而动，准备配合达素发起进攻。

退回思明州的郑成功已经预料到清军将大举来犯，他抓紧时间检修船只，制造军械。同时派遣部分兵力分别驻于蓁屿、三都、南日、舟山等地枕戈待旦，以备不虞。一些部队在隘顽所、沙园所等处征饷以及招兵时，与清朝地方军队发生冲突，援剿后镇刘猷与左协方英战死，加剧了沿海地区的紧张气氛。

现在，福建的情况与四年之前不同。当时清定远大将军济度督师进入闽南欲大举进犯，郑成功的对策是分别派遣部队北上以及南下，攻击浙江舟山、广东揭阳与福州附近的闽安等处，终于把屯于泉州、漳州等处的清军主力引开，让思明州转危为安。可如今郑军刚刚从江宁受挫而回，士气低落，一时之间没有信心与清军在陆上争锋，不但不敢再像过去那样分兵出击浙、粤以及福州一带，以引开当面之敌，反而将一批活动于浙、粤沿海地区的军队陆续撤回，集中防守思明州等老根据地。这种不得不采取的消极防御之策能否令根据地化险为夷，就连郑成功心里也没底。他有意派部分部队越过台湾海峡，前往平定荷兰人占据的台湾，作为安顿将士家眷的处所。而在这个计划实现之前，军中的家眷暂时搬往金门，由英兵镇陈瑞所部保护。

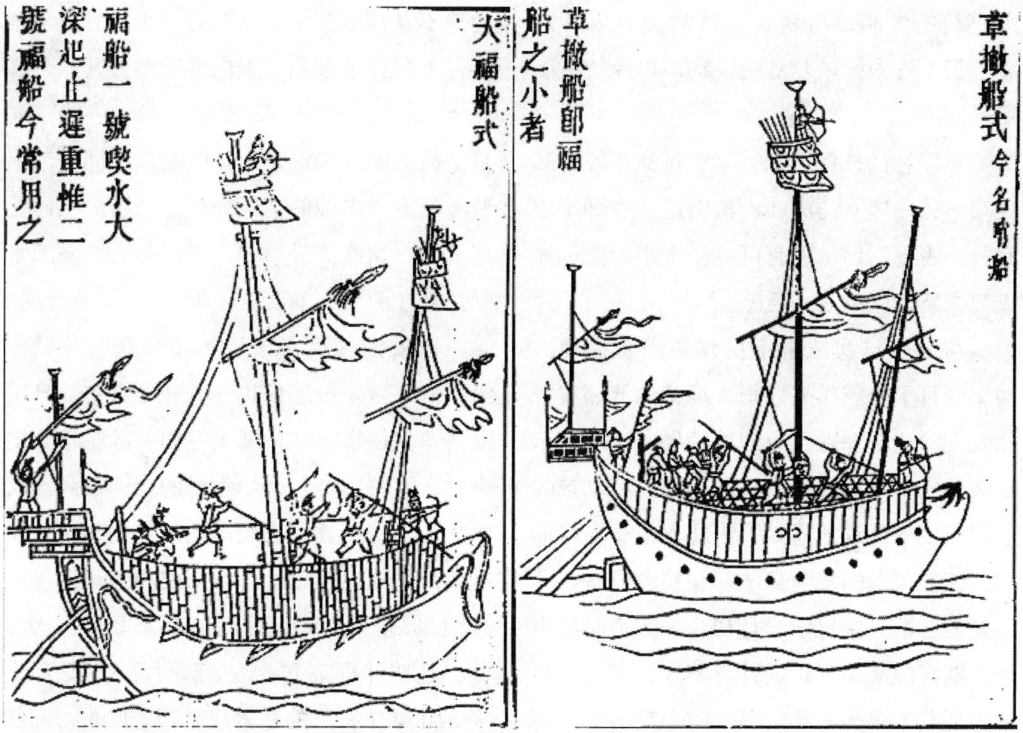


▲明代的战船。

思明州根据地内的老弱妇孺基本撤离后，相当于一处只有部队驻扎的大兵营。坐镇于此的郑成功1660年（清顺治十七年，南明永历十四年）三月获悉达素已到泉州，准备择日进犯，遂令宣毅前镇陈泽、奇兵镇黄应、援剿左镇黄昌等各部水师泊于惠安东南的獭窟澳等处，堵塞泉州港的出入通道。并催促南下粤东筹粮之兵尽快回防。在此前后，他派遣水师停泊于崇武，监视泉州港的动静，并加强海门、裂屿尾、高崎、倒流寨等处的防御，千方百计要保住自己最后的地盘。

为了打好这一仗，郑成功殚精竭虑。他在二十四日指示各水师将领：我军船只众多，遇敌之时，经常争先恐后地拥挤在一起前进，这是一个弊病。水师应分作“头叠”以及“二叠”迎战。遇敌时，头叠船负责向前冲锋，二叠船作为预备队，相机赴援。由于敌军并无大船，因而我军可用中号船赢取胜利。每镇应该挑选“二号中船”与“水艍”作为头叠，而“一号大船”留做二叠。头叠与二叠之船，都要分别在桅尾挂旗为号，以作辨别。各船务必挑选得力将士驾驭，另外再在船上配备精兵。大船约需精兵四十名，中船约需二十名，水艍则需十五名。精兵的任务是与敌船相碰时跳过去厮杀。正所谓“重赏之下出勇夫”，他不吝钱财，慷慨对那些准备跳过敌船厮杀的军人许诺，可以“先领元宝一锭，以养锐气”，若能得胜夺船，另有奖赏。此外，军中那些不太堪战的大船，可跟在船队后面，以壮声势，但不许先行以及乱闯乱动，以免扰乱队形。

从以往的战例可知，喜欢排兵布阵的郑成功不止一次弄巧成拙，然而这一次却不容有失，否则的话，极有可能会像李定国一样流离失所，以致浪迹天涯。

可是，这次战事不仅仅局限于福建。清军制订了跨省作战计划，准备调遣邻省之兵入闽参战。保存至今的清朝档案记录广东总兵吴六奇早在三月初八已得到浙闽总督的李率泰要求助战的通知，为此，他将要与苏利、许龙二镇的水陆部队前往福建沿海，会同当地驻军，预定于五月初八一齐杀向思明州。浙江的清军也难以置于事外，《从征实录》记载本年的四月初九，防守舟山一带的水师前镇阮美得到情报：顺治帝已令安南将军明安达礼、提督田雄等统领水陆大军，会合从吴淞、宁、绍、温、台等地征调的五百余条战船，运载大量粮食物资，欲取道舟山南下，估计在五月初攻击思明州。

如果粤、闽、浙各省的清军真的能够一齐在五月上旬来攻思明州，郑军势必左支右绌，难以应付。更严重的是，此时郑成功尚未知道军队内部已经出了内奸。奉令守卫五通、高崎等处的右虎卫陈鹏已秘密和李率泰取得联系，并约定战时只放空炮，让开通道，以便清军能顺利经过五通等处直取思明州。难怪李率泰对形势的发展很乐观，认为只要思明州一到手，郑成功就成了海上“游魂”，“易于扑灭”了。

还没有等邻省的清军到达，福建清军已经迫不及待地动手了。四月二十六日，泉州港开出二百余条船，驶向洋芝澳。其后，步兵上山扎营，并不断放炮，以掩护在山下航行的战船向围头挺进，目的是前往同安港以及漳州港和当地的清军大部队会合。然而一连两天，始终被林察、萧拱宸等人率领的水师拦截在围头与刘五店一带。

同安港内百余条清军船只跃跃欲试。漳州港三百余条船只也计划在五月初一日出师。郑军侦察得知，漳州港内的敌军将分批来犯，而“头叠”战船运载的全部是满洲八旗将士，“二叠”战船里面的部队则满、汉混编。清朝还有意让背叛郑成功的黄梧与施琅（即施郎，降清后改名为施琅）等人参战。这些降将辖下之兵全部配备八桨快船出海。此外，督阵的达素已来到思明州对面的星屿，亲临前线指挥战事。其中，有两股八旗兵分别进驻浔尾、刘五店附近，准备乘坐

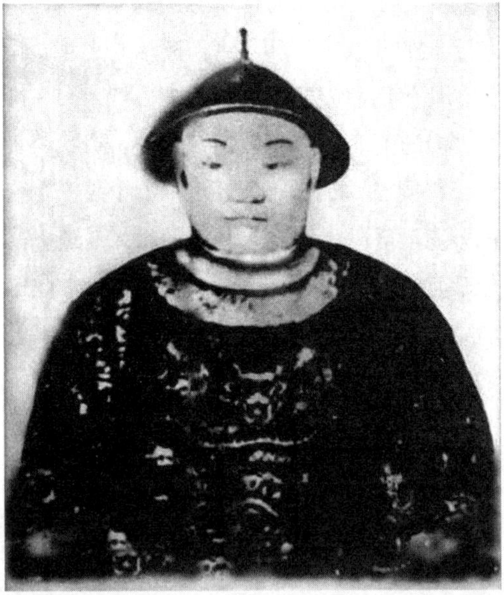

▲施琅之像。

小船向思明州以东的东渡以及并峠头、五通、湖连等处出发。另一股满汉混编的水师由新城进犯赤山坪，力图形成对思明州的合围。

到了五月初八，清军的布置基本完成。李率泰、黄梧率领一百艘乘载有满洲官兵的大船向海澄港、同安港方向出发，沿途征集了一批小船，欲大举进攻。而安南将军达素与同安总兵施琅率领另一路军队，计划乘船横渡高崎。两路清军一前一后踏上了征程，正式展开了对郑军的分进合击。

郑军一直有条不紊地进行着备战。此前，郑成功已令行户官郑泰把派驻围头的一部分官兵调往金门，泊于城保角，以防广东清军以及海上敌对势力的侵扰；又拨右虎卫陈鹏守五通、高崎等处；援剿前镇戴捷守高崎寨；殿兵镇陈璋、前冲镇刘俊、智武镇颜望忠守蟹仔并赤山坪；游兵镇胡靖防守东渡寨。同时委任戎政王秀奇、协理戎政杨朝栋进驻高崎、东渡等处，加强前线各镇的指挥。下令仁武营康彦邦驻于崎尾，并向神武一带警戒；宣毅后镇吴豪、后冲镇黄昭、援剿后镇张志以及陈广、吴裕所部水师在战斗发生时，负责支援高崎、五通等处。可谓处处设防。在大战前夕的五月初一，忠靖伯陈辉、闽南侯周瑞、援剿右镇下杨元标、前提督下方左营等等奉命泊于海澄港；前提督黄廷、右提督、右武卫周全斌、援剿左镇黄昌、援剿右镇林顺、正兵镇杨富泊于海门，共同拦截漳州方向的清军。而郑成功从思明州赶往海门，意欲亲自出马，与部将携手作战。

初十日早晨，筹备已久的大战爆发了，从漳州港出发的清军一路上纠集了大小四百余艘船只，乘潮逐渐逼近思明州。严阵以待的郑军水师誓死要截断通往思明州的海上通道，不让对手有登陆的机会。两军在海门附近的圭屿迎头相碰。郑军水师的停泊位置正巧与潮水的走势相逆，因而郑成功派陈尧策传令各部不准起碇，等到“潮平风顺”的时候再说。这种过于谨慎的应战方式顿时让参战部队极为被动。特别是排列在前头的战船，遭到顺流而来的清军的猛烈攻击。其中，忠靖伯陈辉与闽安侯周瑞曾经在战前主动表示愿意带头“冲锋杀虏”，让他俩始料不及的是，战斗刚开始就被数十艘敌船围攻，同时被困的还有援剿右镇下杨元标乘坐的战船。由于其他将领不敢起碇来救，故陈、周、杨所部在寡不敌众的情况下伤亡惨重。杨元标最先战死，所在的战船被清军俘获。不久，周瑞同样阵亡，连传令至船中的陈尧策也遇难。最终只剩下陈辉率领残部在另一条船上拼命抵抗。当两百余名满洲八旗兵蚁萃蠡集一般跳过船来，以为必定会有所缴获时，陈辉快速撤回船仓，然后下令点燃船上的火药，炸得船板四裂，令来犯之敌在轰鸣声中纷纷葬身火海。意外的是，这艘千疮百孔的船竟然没有就此沉没，船上残余郑军士卒伺机砍断碇索，逃出了重围。而陈辉也得以幸免于难。

郑军将士的舍命行为让敌人大为震惊，从此不敢轻易上船搏斗。此后在围攻郑军其余战船的过程中，清军水师主要采取撞击的战术，而船上的满、汉将士只是以发炮、射箭等远距离作战的方式显示自己的存在而已。

郑成功遥遥望见周瑞，陈辉所部作战不利，而清将黄梧率领的舟师亦即将加入战团，不得不改变打法，乘浪潮稍微平缓之机下令“速发火炮”，让军中诸船起碇迎战！他叮嘱何义留守龙熕船，而自己亲自跳下八桨快船，在海面上来回穿梭，亲自督战，但也难以挽回劣势。

尽管进军的过程不太顺利，乘潮直进的清军水师还是逼得郑军船只连连后退，距离思明州的港口也越来越近。清军步兵眼看就要登陆，取得朝思暮想的胜利了。

可惜天不遂人愿，偏偏在这个紧要关头吹起了南风。郑成功见海面上“潮平风顺”，知道反攻时机已到，在中午即将来到之际下令各船与汹涌而来的清军船只对撞。转瞬之间，两军各式各样的船只互不相让地进行角逐，拥挤在一起。前提督黄廷、右武卫周全斌奋力迎击，指挥配备火炮的战船左冲右突，不断轰击。《海上见闻录》记载船上配备了正、副龙熕两种火炮，最厉害的是正龙熕，可发射重达十余斤的大弹丸或者一斗小弹丸，凡是被击中的，“船中顷刻间不见形影”，把对手打得鬼哭狼嚎。

清军水师不甘心功亏一篑，仍然纠缠不已。随着时间的推移，乘风反攻的郑军水师逐渐控制了主动权。右武卫周全斌击毙了满洲八旗先锋昂邦章京章红眼等人，并与前提督左镇翁求多、忠靖伯陈辉的部下王锡、正兵骁翊颜奇等人一起“驰骋冲击”，夺取了章红眼的战船。又生擒“真满哈喇土心”以及侍卫十余员。右武卫辖下骁翊严保、领旗张盛俘获八旗军先锋乌沙所乘的一艘船。前提督黄廷俘获梅勒章京耿胜的一艘船。就连杨元标死后被清军掳走的战船，也被右武卫协将萧泗驾小船夺回。另外，郑军还烧毁了一些运载八旗军的船只，生擒“真满呢马勒”与“石山虎”。黄梧等叛将见势不妙，不敢前进，只是远远观望。

中午过后，南风盛发。清军水师完全处于被动挨打的状态。户官郑泰从金门率领五十艘船及时赶到，与从鼓浪屿方向杀来的宣毅镇黄元一起向拼命挣扎的敌人猛冲过去。各路郑军从四面八方进行合围。如雷的炮声不绝于耳，扬起的火焰与烟雾迷漫海中，咫尺不辨。这一股清军再也支持不住，大败而逃。在血战中，共有十三艘清军战船被俘。

值得一提的是，担任先锋的三艘清军船只在慌张撤退时由于辨不清方向，搁浅于圭屿的滩头上。三百余名满洲八旗兵“前无去路，后有追兵”，只得弃船登岸，欲登山顽抗到底。郑成功让马信前往招抚，作出了“不杀来降”的承诺。次日，发觉这些人毫无降意，遂尽沉之水中。唯有哈喇土心、呢马勒与石山虎等少数满洲将领因诚心诚意投降，才得以保存性命，并因擅长“弓马”而在郑军继续服役。

郑成功在圭屿激战时，想不到后院起火。因为另一股由同安南北港来犯的清军在安南将军达素、总兵施琅的指挥下驾船急趋高崎，意图与郑军内奸陈鹏里应外合，夺取思明州。一路上经过圭屿，来到尼牟屿，从赤山坪上岸，清军自恃有内应，船未到岸各部就争先恐后地跳落水中，向岸上涌去，很快突破前冲翼黄麟设在滩头上的防线。殿兵镇陈璋及时赶到，指挥部属下水拦截清军，可惜由于兵力过少，渐渐不支。

右虎卫陈鹏果真遵守与清军的约定，禁止部下出兵迎战。但陈鹏与亲信密议降清之事却不敢预先告知左营陈蟒，因陈蟒为人质朴笃实，不会搞阴谋诡计。无巧不成书，清军的登陆地点正好接近陈蟒的防区。陈蟒骤然发现清军竟然在自己的眼皮底下弃船登岸，觉得没有时间向陈鹏请示，便自作主张地率部向前冲过去。清军看见陈蟒及其手下士卒身披“金龙甲”，正是陈鹏所部的标志，误以为是前来迎降的，不加提防，结果被突如其来的炮弹击倒一批人员。霎时间，本来“矢如雨下”的滩头上战况更加激烈，打得火花四溅、血肉横飞。

本想迎降的陈鹏没料到部下会与清军发生战事，顿时惊愕不已。他知道这个错误已无法补救，而自己从此以后再也难以得到清军的信任，看来最好的办法是将错就错，干脆把上岸的清军消灭个一干二净，以杀人灭口。由于情况有变，前协万宏、领兵林雄等人请战，再加上负责监军的戎政王秀奇也在力促，陈鹏便顺水推舟，命令林雄与领旗协刘雄出击，配合从东面杀来的前冲营刘俊，共同协助陈蟒作战。各路郑军接踵而至，欲竭尽全力堵死敌人的上岸之路，不过，暂时仍分不出胜负。

其后，宣毅后镇吴豪驾驭战船赶到了，并顺着潮水的走势冲过来，撞沉了一些清军船只，无奈他的部队以大船居多，速度既慢，又害怕搁浅而不能过分靠近滩头，还是让越来越多的清军乘坐小船上了滩。

此刻正是涨潮的时候，滩头一带水浅泥深。首先上岸的清军官兵由于脚上穿着靴履，在泥淖中“不陷即滑”。郑成功的部队则相反，据郁永河《伪郑逸事》记载，郑军将士的盔甲主要遮蔽头部与身躯，而脚丫却是光着的。若有人穿上靴履入见，必遭郑成功的叱骂。原因是“海岸多淤泥陷沙”，惟有赤脚才能免于“粘滞”，有“往来便捷”之效。故这一仗打到最后阶段时，健步如飞的郑军士卒如砍瓜切菜般逐个把行动迟缓的清军步兵剿灭干净。

清军水师的情况也不妙。因为后冲镇黄昭、左冲镇领兵陈广并吴裕、辅明侯林察、中冲镇萧拱宸、宣毅前镇戴捷等陆续从高崎、新城港、刘五店等处赶到。当时间差不多到正午时分，已被撞沉数艘战船的清军只得灰溜溜地退回港口，重返尚浔尾营地休整。但战事仍持续至十三日，中冲镇、宣毅前镇所部还在海上追杀未能及时撤走的敌船。

此役，清军阵亡以及淹死无数。老本酋长被生擒。其他一些俘虏被“斩手割耳”后释放。但各书所载清军的损失数字相差比较大。《小腆纪年》认为“王师（指清军）死者千六百人”。而《海上见闻录》统计：“数日间，浮尸海岸万余”，其中长发者（指束发的郑军将士）占十之二三，短发者（指剃发的清军）占十之七八。也就是说，清军死了七八千以上。

对于这一次惨败，清朝统治者似乎讳莫如深。例如清代国史馆编撰的《满汉名臣录》以及参考国史馆资料选录的《清史列传》中，在达素、李率泰、黄梧、施琅等人的传记里面，根本找不到思明州（厦门）之战的记录。不过，纸包不住火，《钦定八旗通志》等史籍还是露出了蛛丝马迹，据记载，满洲镶白旗固山额真索浑跟随达素征讨郑成功时，于1660年（清顺治十七年，南明永历十四年）在厦门发生激战，由于“官军不习水战，失利”。战后，索浑成了替罪羊，在1662年（清康熙元年）被朝廷追究，受到“罢任，削世职”的处罚之后，立即死去（《闽海纪略》诸书认为达素败退后受朝廷斥责，吞金而死。然而《清史列传》称达素活到了康熙年间。看来，《闽海纪略》诸书很可能是将索浑误作达素了）。值得注意的是，《钦定八旗通志》中收录了一大批阵亡者的名单，其中包括：署前锋统领吴沙，前锋参领佟济、前锋侍卫鄂尔吉纳，空衔前锋侍卫董安，前锋校鄂尔布、瑚星阿，护军参领多罗星阿，护军参领博启，护军校达度护、巴兰、希岱、尚机图、阿里善、玛喇奇，委署护军校绥哈，署护军校安塔锡，护军校委署章京纳玛尔岱，骁骑校哈尼、五尔护，委署参领纳海，牛录章京满都护、金州，三等侍卫噶赖，一等护卫雅图、赫虎，二等护卫鄂迈，三等护卫达尔马、达兰、纳青、嵩伊纳，长史鄂善、穆舒、瑷图，过去因功获得世职的有二等阿达哈哈番（二等轻车都尉）斋三，拜他喇布勒哈番兼拖沙喇哈番（骑都尉兼一云骑尉）古兰泰，拜他喇布勒哈番（骑都尉）噶布喇。世职之号为拖沙喇哈番（云骑尉）的汉军镶黄旗人傅进忠也在阵亡的名单中。还有一些人疑似死于此役，例如跟随达素出征福建的护军校穆雅纳，于顺治十七年“死于同安县地方”，而同样跟随达素南下的云骑尉赫达子则没有记载具体的死亡时间。至于那些死后获得朝廷追赐世职之号的八旗军人名单，不必一一列出，以免过于啰嗦。

毫无疑义，八旗军在此战中损失惨重，仅仅是军官的阵亡人数，就超过了1652年（清顺治九年，南明永历六年）的衡州之战，可以说打破了自入关以来的伤亡纪录。

清军败得这样惨，与其事先制订的军事计划难以执行有关。依照计划，粤、闽两省的驻军将要一齐出击思明州。可是真打起来的仅有福建驻军，外省部队不见踪影。因为广东的清军出了意外，总兵吴六奇派遣其左营马嵩带兵至潮州，扎营于韩愈祠庙附近时，竟然被刺客所杀，赶赴思明州参战的行动也泡了汤。而苏利、许龙两镇的水陆部队出港后，见郑军据守的南澳有备，只是徘徊观望，没有迅速向前。这支广东部队在战事结束两天后才赶到福建，得知达素、李率泰的两路清军皆已失败，遂撤还。浙江驻军也没有任何实质性的动作，郑成功早在四月初九接到明安达礼、田雄等人将要取道舟山进犯思明时，就预感到浙江清军只是“虚张声势，断无来犯之理”，因为战机稍纵即逝，有时就算咫尺之间，尚不能相援，岂有远在千里之外的海上，能准确预测途中天气、风向的变化，带领水师如期赴约的？实际上，清廷担忧郑成功在达素进攻思明州时逃往舟山，只是命令明安达礼“暂守舟山”，故明安达礼与田雄根本没有南下思明州。田雄甚至没有信心与郑成功交手，他在1660年（清顺治十七年，南明永历十四年）七月底给朝廷的疏文中估计郑军有数千余艘船，因而清军必须出动两三千战舰以及数万将士，才有胜算。可是福建虽然有数百艘船，然而其中“新造堪战者仅一百余只”，其余的只可供“摆渡、哨探”之用，浙江省的情况更差，战船“仅寥寥一百六十余只”，其余的皆是用来哨探的“沙唬小船”，不能作战，言外之意是还不具备与郑成功在海上较量的实力。疏文中，田雄还特别把水上战斗与陆地战斗作了一番对比，他认为“陆地得一良将，千万人皆如臂指”。但在水上，船队里面每一艘船都要专门有人指挥航行，而飘洋过海时，需要“视风潮，审礁脉”，然后才能远航。假如“背风而行”，“则寸步千里”。就算“顺风扬帆”，来到不熟悉的海域，也不可能了解那些妨碍航行的礁石的位置。倘若“一遇贼舟”，只好“船自为斗，人自为战”了。不难理解，善于陆上作战的良将不一定能胜任水上的战斗任务。田雄的这些话是在思明州之战结束后说的，正好对一些在陆地上耀武扬威，却在海上折戟沉沙的八旗将领作了一个绝妙的总结。

郑军水陆部队既能在自身熟悉的海域与岛屿上作战，自然显得如鱼得水。然而，南明国势已是江河日下，思明州之捷只不过是回光返照式的胜利，未能起到挽狂澜于即倒的效果。

战后，郑成功又一次对军队进行整肃。而陈鹏在此前的反常举动引起了他的警惕，经过调查后，他命忠振伯洪旭与戎政王秀奇一齐逮捕了陈鹏，并拘留其家属，公布其“通虏遏师”之罪，处以寸磔酷刑。同时晋升对陈鹏叛变一事毫不知情的陈蟒掌管虎卫右镇。

清军虽然败退，但实力犹存。郑成功为了尽可能地歼灭更多敌军，采取激将法，遣人给达素、李率泰送去妇女的饰物，暗讽这两名福建清军的统帅柔弱如女子，希望此计能诱使对手再次出海，以便乘机予以重创。无奈达素、李率泰安之若素，只是循例回书一封了事。

达素、李率泰并非不敢再与郑成功作战，他们只是在静待朝廷的援兵。因为顺治帝正在紧锣密鼓地给福建前线补充兵力。刚刚从贵州前线返回的罗托奉命再度出征南下，会合在江南催收“各省额赋”的户部尚书车克等人，准备率部赶往福建。计划在该省“领兵主将、总督、提督、巡抚等”的配合下、大战一场。这意味着，大批从西南返回，征尘未洗的“得胜之师”将重返东南沿海与郑成功作战。顺治帝在谕文中宣告：“若贼（指郑成功所部）扑灭，当取厦门（指思明州）。傥贼未靖，即取厦门，不准论功”。可见，此战的主要目的是清除郑成功这个心腹大患，并消灭其主力，而夺取思明州等岛屿还在其次。

郑成功对自己的处境心知肚明，认为“弹丸两岛（指思明州与金门），难以抗天下兵”。此时西南明军败退于滇缅交界之地，不可能对清朝发起牵制性的攻击。而他在这年七月派遣兵官张光启往日本借兵又遭到拒绝。无奈之下，只想率部转移到一个进可战，退可守的好地方，以此作为和清朝对峙的新根据地。然而理想的根据地不可能在各省沿海的岛屿中找到，郑成功只好把目光投向海角天边的化外之地。从某种意义上说，这与西南明军向域外的缅甸方向撤退如出一辙，都是在清朝强大军事压力之下的无奈之举，反映恢复中原的事业已经逐渐有穷途末路之势。

郑成功既要为思明州的安全费尽心机，又要积极寻找孤悬海外的新根据地，无暇顾及远在西南抗清的明军残余部队以及躲避入缅甸的永历小朝廷。在明清战争接近尾声的时候，永历小朝廷的安危对于南明的存亡仍具有很大的象征意义，特别对维系西南抗清将士的信心尤其重要。

▲郑成功之像。

永历帝自逃到缅甸后，经蛮莫于1659年（清顺治十六年，南明永历十三年）闰正月三十日到达伊洛瓦底江一带。从腾越出发的数千随行人员如今已不足一千五百人，而途中又有不少扈从遭到当地人的劫杀，经过千辛万苦后，剩余的人员于1659年（清顺治十六年，南明永历十三年）四月十八日来到距离阿瓦（缅甸都城）不远的井梗，暂时以此作为息脚地点，希望能苟全性命。

永历帝逃入缅甸的行为给李定国造成很大的困扰，他和清军抗衡的同时不得不分心与缅甸人打交道，并始终想方设法接回永历帝。为了解开困局，他在二月间与屯兵于木邦的白文选取得联系，共谋计策。当时，永历帝迫于缅甸方面的压力，发布了“汉兵毋入关”的敕文，故李定国认为若率兵贸然深入，“恐变生不测”，而清兵万一尾随而来，在无险可恃的情况下，难以迎战。不如在边陲一带选择妥善地点整军饬武，等待复兴的机会。白文选的看法不同，他忧虑永历帝入缅后没有“重兵护卫”，人身安全得不到保障，因而着急地想去“护驾”。两人商议后，决定分头行事。由于李定国所部消耗较大，特别是在磨盘山之战，仅剩数千人，难以有大的作为，因而引兵从孟定进至耿马、托猛缅等处驻扎，相继收拢从各地退下来的残兵败卒，并与带着万余精兵从广南转移到此的贺九仪会合，使得兵力有所加强。这支部队在边陲地区抓紧时间休整，力图早日恢复实力。而坚持“护驾”的白文选独自带兵开入缅甸境内，在磨整、雍会等处与阻拦的缅军发生激烈冲突，并在得胜后焚掠一番，逐渐逼近城池。居住在阿瓦城里的缅甸国王闻讯充满疑虑，认为永历小朝廷并非来“避乱”，而是想里应外合进行颠覆活动，遂不惜与永历小朝廷兵戈相见。恰巧此时，永历帝的部属潘世荣带着千余明朝官兵于三月十七日先行到达阿瓦城外，由于不知白文选与缅军交战之事，在毫无防备的情况下遭到缅军的包围，并被强行囚禁于附近的村落中。这些人妻孥难保，连行李、马匹等物也悉被夺走。不少人惨死于异域。缅王还遣人气势汹汹地质问永历帝为何纵容部队在地方上肆意杀掠，永历帝为了自保，下达了退兵的敕文。白文选从缅甸使者手中接受敕文后，只得悻悻而退。

一波未平，一波又起。流落到缅甸边界的广昌侯高文贵、怀仁侯吴子圣带着一路人马于四月循着永历帝入缅之道杀了过来，企图迎驾。缅王故技重施，胁迫永历帝发布敕文强令明将退兵。君令难违，高文贵、吴子圣只能照办。其后，忧心如焚的高文贵郁郁而死。

事情发展到了这一步，永历帝在缅甸的处境已经非常尴尬。《狩缅纪事》记载这位傀儡皇帝为了与麇集于边境的西南明军撇清关系，授命马吉翔等人发敕文给缅甸守卫关隘各官，宣布：“朕已航闽”，其后再有各营官兵入境，缅军“可奋力剿歼”。知道此消息的西南明军迎驾将士无不为之气馁。值得注意的是，从文中的“朕已航闽”可知，永历帝的如意算盘似乎是盼望世守云南的沐天波能对缅甸执政者施加影响，让自己有机会经缅甸从海路绕过中南半岛，再经南洋到达福建，进入郑成功的地盘避难。但西南明军诸将是不会轻易同意永历帝离开的，因为这将不利于云南的抗清大业，而仅靠李定国与白文选两人难有足够的威望在这个非常时期里号召各路抗清武装。就算是在清军大举进犯之前的1658年（清顺治十五年，南明永历十二年），李定国尚且坚决不同意永历帝离开云南前往刘文秀所驻守的贵州，何况如今这个生死系于一线的关键时刻。或许基于上述理由，西南明军在永历帝尚未离开缅甸时不断施加军事压力，要求缅方交出永历君臣。收留永历小朝廷的缅甸主政者左右为难。他们除了受到西南明军的压力，还接到清朝的恐吓文书，更加不敢随便放永历君臣离开，只好先将这些人扣留起来再说。不过，到底是把永历帝交给西南明军还是清军，缅甸人还一时犹豫不决。

五月初七，走走停停的永历君臣终于到达了阿瓦城，但未被允许入城，而是在城外的河边用竹子、茅草等物修建房屋，作为临时居住地。潦倒失意的永历小朝廷既遭受缅甸国王的蔑视，一举一动又在每日派驻的百余缅军的严密监视之下，处于软禁状态。

李定国、白文选等人千方百计想迎回永历帝，而与缅军的战事也断断续续进行着。其中，白文选所部甚至在1660年（清顺治十七年，南明永历十四年）七月初由木邦至锡薄，一直打到阿瓦附近。侦察得知缅王居于新城，乘其不备之际发起急攻，几乎破城。缅王使出缓兵之计，自称三日之后大开城门，放回永历帝。白文选相信了这番话，退兵十里。然而三日很快过去了，缅人却没有遵守诺言。自知中计的白文选再引兵来攻，可是阿瓦城防已经得到加固，难以迅速攻下，遂引兵退回孟艮与李定国会合，以图日后卷土重来。

西南明军残部将很大一部分精力投入到与缅甸军队的作战中去，让清朝有充足的时间巩固云南的统治秩序。自从占领昆明后，清廷上下普遍弥漫着乐观的气氛，认为西南平定只是时间问题。驻于贵阳的宁南靖寇大将军罗讬回京休整已成定局，而贵州则交由五省经略洪承畴镇守。然而，身在昆明的安远靖寇大将军多尼自称对云南的“土俗民情”尚未了解，难以处理繁多的事务，恳请洪承畴过来协助。洪承畴也认为自己有责任兼顾云南这个新辟之地，遂上疏请求将贵州暂且交由其他官僚管理，随后携带着数万饷银前往云南昆明。

洪承畴入滇后，发现情况不太乐观。当时省内各地受到战乱的严重破坏，很多地方的秩序荡然无存，抢劫风行，家破人亡的百姓比比皆是，尤其是永昌一带，出现了“周围数百里杳无人烟”的惨况。当时的永昌、大理、楚雄等要地名义上已攻取，可没有派人驻守。清军只把主力集中于昆明，让城里的粮食供不应求，而“军民饥饿载道”，殆无虚日。洪承畴于1659年（清顺治十六年，南明永历十三年）三月二十六日入城后，采取种种善后的措施，例如建议把部分人马分流到宜良、富民、罗次、姚安等处“就粮”，减轻省城的负担。同时又将情况如实向清廷反映。顺治帝获悉，命令发“内帑银”三十万两，解于前线，其中一半用来赈济云、贵两省穷人，一半用来接济当地驻军。

不言而喻，要想真正平定云南，必须摧毁永历小朝廷以及西南明军残部，因而兵部在磨盘山之战结束的几个月后，再次督促前线清军向缅甸方向进军。洪承畴于八月上疏唱反调，列出时机未到的理由，主要有三个：

一、李定国所在的孟艮等处，地处偏僻，瘴气严重。这些害人的瘴气产生于每年的二月间，要到“霜降后才消解”，可供利用的时间不多。考虑到清军出师时有相当多的时间消耗在半途上，真正能够顺利作战的时间仅有四个月，不可能对残敌“穷追远剿”。

二、云南清军主力向缅甸进军时，广西部分与李定国有勾结的土司恐怕会乘虚突袭云南省城。

三、云南省内经过战乱后经济凋敝，当务之急是恢复农业生产，使得数万驻军粮饷不乏，得以“养锐蓄威”，才能更好地履行“居中制外”的任务。

一言以蔽之，洪承畴的意见是：须先“安内”，方可“剿外”。他预料“潜伏边界”的李定国所部“无居无食”，再加上极易受到“瘴疠”的侵害，必然会催生“内变”，到时清军可坐收渔翁之利，一劳永逸地解决问题。清廷对此疏文很重视，议政王、贝勒、大臣等专门开会讨论，终于同意了洪承畴这位识途老马的“暂停进兵”意见。

▲吴三桂之像。

云南清军转而将精力集中于维持控制区的稳定，并平息沅江土司那嵩等人发起的叛乱。虽然洪承畴不主张出兵与李定国作战，可仍旧关注永历小朝廷以及残余明军的动向。他与钦差大臣麻勒吉等写了“最后通牒”式的书札，要求缅甸、蛮莫等处的主政者能及时判明局势，交出永历君臣以及李定国，扬言如果“藏匿一人”，将会带来“累及疆土”的不测之祸。不过，洪承畴已经不打算亲手歼灭所有的残明势力了。他自称年老体迈，目疾越来越严重，发病时不但辨不清人影，连写字也困难。到了这年十月，就以目疾为由向朝廷乞求解任，并很快得到了顺治帝的首肯。

洪承畴虽然即将离开云南，但是在任上的措施却影响深远。特别是他在此之前已向清朝提出要让“吴兵”镇守“山川峻险、幅员辽阔，非腹里地方可比”的云南，这样才能“俾边疆永赖辑宁”，实际上是企图模仿元、明两代用王公贵族镇守云南的先例。由于满洲将帅不耐南方溽热，因而他建议让自己的门生吴三桂长期留镇云南，成为把持一方军政大权的汉人藩王。京城里的议政王、贝勒、大臣们经过对洪承畴疏文的认真讨论后，也认为应该让吴三桂、尚可喜、耿继茂这三藩分别进驻云南、广东与四川，并指出吴三桂原来镇守的汉中“已属腹里，兼有四川阻隔”，不必再派藩王驻防。至于这三人具体应该进驻哪一个省份，则由顺治帝裁定。顺治帝果然顺应洪承畴的心愿，命吴三桂镇守云南。而尚可喜与耿继茂分别驻镇广东与四川。

吴三桂对洪承畴的盛意不会不懂，《庭闻录》记载他在洪承畴回京之前专门与之会面，并请教“自固之策”。洪承畴意味深长地回复：“不可使滇一日无事也。”言外之意无疑是提醒吴三桂注意兔死狗烹的历史教训，切不可令云南的战火平息，只要战火一日不息，清朝就一日也不敢不重用吴三桂。本来，对于洪承畴在即将大功告成之际却自愿离职的行为，后人作了很多猜测。其中清史学家孟森先生的评论有一定的代表性。他认为洪承畴甘愿自解兵柄，乃是“不忍向前”，不想对永历小朝廷继续进行追杀，这是“稍解儒书”，“天良之微存一线”的表现。但从洪承畴对吴三桂所说的话来看，这位老于世故的官僚之所以有意让永历小朝廷多存在一段时间，不过是在玩弄“养寇自重”的把戏而已。

吴三桂“顿首受教”，表示要遵照洪承畴的教诲行事。

此时在位的顺治帝对吴三桂青眼有加，在1659年（清顺治十六年，南明永历十三年）十二月专门下达谕令，表扬吴三桂“忠勤素著，练达有为”，足以胜任镇守一方的任务。接着郑重宣布将云南省的军事、民政、人事以及财政大权全部交由吴三桂管理，以便达到“事权归一”的目的。并提醒朝廷“内外各该衙门”不得掣肘。次年十二月，甚至连贵州也照云南之例划归吴三桂管理。顺治帝虽然声称一些地方省份在数年后大致平定时，吴三桂需要恢复地方官员原有的权力。可是，吴三桂的权力至少在目前得到空前的增长，成为了权倾一时的人物。

随着洪承畴的北返，多尼也统兵回京。吴三桂开始按照自己的意愿发号施令。然而形势的变化却迫使他另行一套，不得不对残明势力穷追猛打，力图尽快平定云南。起因是清朝酝酿着要裁军。

云南本来属于贫困省份，如今又恰逢战乱，经济几近崩溃，当时米价竟然上涨至二十余两一石，军民苦不堪言，需要外省的救济才能勉强度日。而清朝动用举国之力向西南源源不断地输送物资，加重了财政困难。户部官员承认“天下正赋”仅八百七十五万余两，而云南一省就需银九百余万，以致“竭天下之正赋，不足供一省之用”。在这种情况下，清朝统治者不想再在西南边陲大动干戈，有意让残明势力在边境附近的瘴疠之地自生自灭。顺治帝特别叮嘱吴三桂在西南采取保守策略，“若势有不可行，慎勿强行”。而裁军节省费用自然而然提上了议事日程。据统计，吴三桂直属部队的人数过万，连同绿旗军以及投诚之兵，共有六万兵力。此外还有八旗军协防。裁军的对象当然不会是清朝的嫡系部队八旗军，只能是绿旗军与投诚之兵。朝中经过商议后，提出云南应该停止招募绿旗兵，而投诚兵“愿为民者、令其为民”，意思是要一批人收拾包袱滚蛋，计划把吴三桂的部队裁减至三万为止。另外还以“各省军需”俱“取之本省”为理由，让吴三桂想办法在云南就地取材，筹集军需，外省仅输送部分“月饷”即可。顺治帝为此在1660年（清顺治十七年，南明永历十四年）六月征求吴三桂的意见。

假若裁军之议真能实行，大量被裁掉的投诚兵势必会给省内治安带来严重的隐患，甚至不排除一些人重新进行反清活动，危及吴三桂在当地的统治。同时吴三桂也极不情愿实力受到削弱，为了让裁军之议胎死腹中，他转守为攻，坚决请求出兵以扫清残明势力，并修改洪承畴当日制订的先“安内”，后“剿外”之策，转而选择先

▲绿营军。

“剿外”，后“安内”。他上疏朝廷为开战辩护，文中声称过去占领云南时，由于人心向背未定，内部事务繁多，实施“内重外轻”的政策是恰当的，可是自从他出兵平息沅江地区土司的叛乱后，省内的犹豫观望之辈，知道难以变天，开始服贴起来，内部秩序逐渐稳定，然而“逆渠（泛指永历君臣以及李定国、白文选等抗清将领）”还在边疆活动，“终为隐祸”，故今日出现了“内缓外急”的新情况。具体有“三患”与“两难”：

其一，李定国、白文选、贺九仪、祁三升等分驻三宣六慰、孟艮一带，打着永历的旗号以迷惑世人之心，倘若不乘此有利形势大举入缅，以斩草除根，万一此辈立定脚跟，整顿残兵败将，将又会再度活跃起来，无休无止地骚扰边防。此乃“门户”之患。

其二，南明残余势力可能会以爵号、俸禄为饵，号召“内外诸蛮”。而各地那些反复不定，惟利是图的土司万一被煽动起来，省内随时会战火重燃，烽烟四起。此乃“肘腋”之患。

其三，新近投诚的官兵，恐怕并未彻底革面洗心。一些人暗中可能会对逃入缅甸的永历念念不忘。万一边关有警，此辈极易滋生异心。此乃“腠理”之患。

其四，云南省内难以就地筹粮，需要各省接济饷银。而外省的饷银常常不能如期送到。况且即使有银，也买不到足够的粮食，因为大量银子投入市场，只会带来米价进一步上升的恶果。此乃“措饷”之难。

其五，凡是征购粮草，民间百姓必须负

责运输到官府的指定地点。如此年年征购，岁岁运输。民力尽用于运输官粮，而荒废了耕种，势必导致逃亡潮。此乃“培养”之难。

综上所述，唯有及时出兵才是上策。只要大局一定，则边境不存在隐患，土司不会受到如簧之舌的蛊惑，降人不再犹豫观望，地方经济得到复苏，民力也可稍得宽舒，真是“一举而数利存”。他认为应选择“霜降瘴息”的时机大举出边，而军事行动持续到次年二月“百草萌芽”之际，即“旋师还境”。预计参加征伐的除了八旗兵与吴三桂部属，还有绿旗兵、投诚兵、土司倮啰兵等，共约十万余人。

吴三桂意图以兵力上的绝对优势，“一劳永逸”解决残明势力，彻底稳定云南的局势。显然，这与洪承畴留下的“不可使滇一日无事”的教诲背道而驰。吴三桂哪能不懂鸟尽弓藏的道理，但眼前最重要的是抢在裁军之前弄垮永历政权，让自己有好日子过，至于以后的事，暂且管不得那么多了。不过，对于吴三桂的出兵之举，不同时代与不同的人都有不同的解读。例如多年后乾隆帝在《通鉴辑览》中评论道：吴三桂暗中企图“据滇、黔而有之”，而朱由榔、李定国、白文选的存在，让其难以如愿以偿，故必欲灭之而后快！因而吴三桂表面上为清朝出力，其实所作所为皆为自己打算，将之贬为“权奸”。这样的指责显然与吴三桂暮年因不满清朝的削藩政策而最终竖起反帜有关，由此亦可见洪承畴的先见之明。

不管怎么说，吴三桂此时此刻主动请缨的行为令清廷非常重视。但他在疏文中要求朝廷再额外拨银“二百二三十万余两”以支持这次大规模的出击，又让顺治帝左右为难，这样会使得原来已经严峻的财政形势更加雪上加霜。为了慎重起见，学士麻勒吉与侍郎石图奉命前往西南进行调查与评估。经过再三斟酌，顺治帝最终决定暂时中止裁减云南军队，转而全力支持吴三桂的出兵意见，于同年八月令内大臣爱星阿为定西将军，携同固山额真卓罗、果尔钦、逊塔，护军统领毕力克图、费雅思哈，前锋统领白尔赫图等率领京师禁旅前往云南，与吴三桂一起“相机征讨”残明势力。

这次筹备已久的大规模军事行动于1661年（清顺治十八年，南明永历十五年）初正式开始。就在大军临行时，却突然生变，因为从京城传来皇帝驾崩的消息。

顺治帝是染上天花于1661年（清顺治十八年，南明永历十五年）正月初七病死的，年仅二十四岁。他临终前下了一道罪己诏，其中自责“渐习汉俗”，改变了满洲“淳朴旧制”，致使国家治理得未尽如意。另一大罪过是没有吸取明朝亡国在于“偏用文臣”的教训，相反却重用汉官，即使是“部院印信”，亦令汉官有机会掌管，以致满洲大臣“无心任事，精力懈弛”。这些言辞预示在清朝的统一大业接近尾声之际，汉官的地位反而有下降的趋势。一些人难免在心中抱怨统治者过河拆桥的做法。

吴三桂接到顺治帝驾崩的消息后，由于局势扑朔迷离，一度犹豫不决，想取消进军缅甸的行动。可是爱星阿以“君命不可弃”

为由反对，并督兵先行。吴三桂在军中的职务虽然比爱星阿大，可是不便与这位来自京城的满洲贵族发生冲突，按兵不动了三日之后，不得不尾随京师禁旅，向边境出发。

这时四川、贵州、云南等省大部分地区已被清军牢牢控制。马惟兴、马宝、马自德（马进忠之儿）、李如碧、杨国明、武国用、杜学、郝成裔、陈建等一大批散布于各地的将领因对形势绝望已陆续投降。就连从广西赶来云南边陲的贺九仪，因为涉嫌降清，也被李定国下令杖杀。

即使清军压境，李定国与白文选也没有放弃从缅甸迎驾的努力。白文选于1661年（清顺治十八年，南明永历十五年）二月二十八日暗中委托缅甸人送奏疏给永历帝，自称“不敢速进”，“恐惊万乘（指天子）”，他认为最好的解决办法是缅人能和平送驾出关。至于迎驾之军到底何去何从，还须等候皇帝的指示。这时，永历帝也许已经知道航海前往福建的希望越来越渺茫，遂在回复的玺书表达了希望西南明军能够迎驾的想法。稍后，白文选秘密在距离瓦城六七十里之处搭造浮桥，企图出其不意地接近永历帝的驻跸之地，但被缅军察觉而功亏一篑。可他仍不死心，与李定国会合并“刑牲歃血”，发誓要达到目的。

缅王已有准备，令边牙鲊等人为大将，带兵十五万以及大象千余到锡波江边拦截明军，而布下的阵营横亘二十里，其中排列着不少铳炮，在震天的鼓声中呼噪而进。明军迎驾之兵不及当面之敌的十分之一，而且缺乏军械（《求野录》记载其所装备的惟有“长刀、手槊、白棓（即白棒）而已”），但拥有丰富作战经验的李定国抓紧时机挥师横击，大败缅军，毙其万余人。残存之敌退入“荫达百里”的榕树林中，在夜色的掩护下撤走了。

明军遂渡锡波江，进至大金沙江，逼近瓦城。缅军把江中船只烧尽，在对岸据险设炮防御。两军对峙月余，李定国转而率师北进鬼窟山，伐林设厂，欲造舟渡江，不料遭到缅军的突袭，江上搭造的浮桥被击断，连工厂也被捣毁。这时，明军缺粮的情况非常严重，再加上疫病流行，死了不少人。由于存在大批随军家属，行军打仗时非常不方便。不得已，李定国只得撤离，于四月退往渺赖山。

自从明军三番四次入缅以来，给当地造成很大的破坏。缅人对国王越来越不满，于是上下互相猜忌。国王的弟弟莽白在五月下旬乘机拉拢一批官员发动政变，处死缅王，然后自立。新上台的缅王决定与永历小朝廷公开决裂，他以“吃咒水进行盟誓”的名义把永历帝身边一大批随行的官员骗过江来，出动三千士卒围攻，杀死了沐天波、马吉翔等数十名官员。然后，大量缅军涌入永历君臣的暂住地点，四处掳掠，致使大批女眷自缢于树，而永历帝以及太后、皇后等二十五人被押入一小屋内，得以保全。经过一番纷扰后，通事才引导缅甸大臣来到现场制止缅军的暴行。至此，幸存者仅剩三百四十余人，他们聚在一起痛哭，声闻一二里。

惊恐过度的永历帝病倒了。缅甸执政者担心其病死，难以向气势汹汹的吴三桂交代，便派人前来敷衍一下，解释国王别无他意，请勿再耿耿于怀。同时又把永历君臣的居住地打扫干净，并送上华丽的被服以及食物器具，让永历帝安心养病，避免其在清军到来之前死去。

李定国得知缅军杀害永历帝扈从，知道事势紧急，于八月再次救驾，分路进至洞乌，以十六条船载兵渡江，但与拦截的缅军作战时倾覆了五条船，只得于十八日退回洞乌。殿后的白文选所部士气低落，其中将领张国用、赵得胜两人私下里交谈时认为这一带地区瘴疠严重，令很多士卒染病，如果再深入，在炎热的气候下，全军非死尽不可，得出了“宁出云南，无作缅鬼”的结论。他们煽动军中士卒乘夜挟持白文选改道退往云南。白文选知道众意难违，只得与李定国分道扬镳，跟随着部属连赶七十里路。天亮后，李定国发觉白文选不辞而别，不安地质问：“巩殿下（指被封为巩昌公的白文选）欲何往耶？”并派儿子李嗣兴率兵尾随其后，但又告诫李嗣兴不得与白文选发生冲突。

两军一前一后地行了五日。负责殿后的张国用与赵得胜等到白文选走远后，在黑门坎据险扼守，发射矢、石，阻击追踪而来的李嗣兴。

李嗣兴大怒，正欲调兵迎战，却被及时赶到的李定国制止。李定国无限感慨地说道，昔日与我一齐起事的共有数十人，现存于世上的仅剩文选一人，怎能忍心自相残杀呢？我军尾随其后，是希望他能产生悔过之心。但他仍一意孤行，那就由他去吧。我只须做好自己的分内事就行了。言毕，率部向洞乌方向撤去。

连走三日的白文选在孟定碰到了吴三省所部。他看见吴部在长途跋涉的过程中，随行的马匹已全部死掉，但仍坚持着步行而进，欲入缅救驾，因而又自责不已，流着泪说道：我辜负了皇上与晋殿下（指晋王李定国）。并希望得到吴三省的帮助。吴三省察颜观色，知道白文选所部有投降之意，就有意扬言：云南降清之人难以得到妥善的安排而皆尽怨恨，“人心思明”，故我辈全都自愿步行至此。白文选听后感到前途未卜，踌躇不前，甚至连张国用、赵得胜也打消了前往云南的念头。正巧有徽州人汪公福冒险携带着郑成功的“约请出师之表”潜入云南，辗转到此，交给了白文选。文选遂决定暂驻于锡波，派遣一位姓苏的总兵前往木邦约李定国共同出兵。可是滞留了一个多月，没有获得李定国的回信。

转战边陲的各路明军联络不明，短时间内不会改变混乱不堪的现状。这是清军大举出击的绝佳时机，奉命征缅的吴三桂与爱星阿由大理、腾越出边，于1661年（清顺治十八年，南明永历十五年）十一月初八日会师木邦。李定国所部撤往景线。清军侦知白文选在锡波据江而守，派兵自木邦昼夜疾行三百余里，造筏渡江攻克锡波，将白文选逼退到茶山。吴三桂害怕白文选袭扰木邦，威胁清军后路，又令总兵马宁与南明降将马宝、祁三升等率偏师杀向茶山。这股清军在孟养与白文选不期而遇，经过马宝的力劝，白文选带着四百九十九名官员、三千八百余名兵丁与七千余名家属终于投降了。

占据锡波之后的吴三桂、爱星阿带领主力入缅，并先行派人传谕缅王，令其交出永历帝。当清军在十二月初一日逼近瓦城时，缅王终于决定献出永历帝以求自保。次日，一股缅军来到永历帝的住处，佯言：李定国军队又来到了，共有数万步骑兵列于城外的江边，“索帝甚急！”然后把永历帝强行抬走。而太后、皇后、太子以及其他随从也被押送出外。一齐步行五里，再乘船渡河。在彼岸久候的一名汉人将领不等缅军驾驭的船只靠近，便涉水而来，背着永历帝登岸。永历帝还以为此人是李定国的手下，便问：“卿为谁？”汉人将领回复时自称是平西王吴三桂手下的前锋章京高得捷！永历帝听后始知上当，默默无言。

吴三桂达到目的后，于初九日班师，将永历帝押回昆明。城中百姓纷纷聚集于街巷中围观，成千上万的人当场痛哭失声，清军不能制止。吴三桂与爱星阿害怕发生意外，将俘虏囚禁在世恩坊的一座高宅之内，严加看守。他们知道若把俘虏押往北京，途中难保不出意外，便提议就地处决，并很快得到清廷的批准。

四月二十五日，章京吴国宝奉命带人把永历帝抬入门首的小庙中，用弓弦勒死。同时被处死的还有太子以及国戚王维恭之子。至此，南明最后一位皇帝在世间销声匿迹。

此前，李定国在清军大举来犯时，率五六千人自澜沧江下游一带，转移到景线，计划在江中架起浮桥，经交冈进入广东，然后与车里、古剌、暹罗等处的执政者取得联络，欲筹集人力物力抗清。当永历帝死亡的噩耗传来，李定国仆倒于地，痛哭不已，知道自己劳苦奔波的复明事业即将化为乌有，由于悲伤过度，于六月十一日生病，十六日后死去，时年四十二岁。死前，他给儿子李嗣兴、部将靳统武以及总提调马思良等人留下“宁死荒徼”也不要投降的遗言。靳统武不久也病死。李嗣兴、马思良没有遵守李定国的遗教，陆续率部返回云南投降了清朝。

饱经战火的云、贵两省总算基本平定下来。在此期间，清朝也调兵遣将镇压了两广地区的多股抗清武装。但郑成功在东南沿海的抗清活动仍旧让清朝统治者如芒在背，始终没有忘记调集重兵围剿。本来，与尚可喜同驻广东的耿继茂将要移师至四川，可由于福建形势动荡不安，遂于1660年（清顺治十七年，南明永历十四年）七月奉命前往福建镇守，与安南将军罗托以及总督李率泰一起对付郑成功。

鉴于思明州等处与福建内陆近在咫尺，郑成功不想将主力留在这些地方继续与清军拼消耗，而企图另外寻找一个新的根据地。他在1660年（清顺治十七年，南明永历十四年）六月召集军中的洪旭、马信、黄廷、王秀奇、陈辉、杨朝栋、林习山、吴豪、冯澄世、蔡鸣雷、薛联桂、陈永华等商议，说“台湾离此不远”，意欲夺取。因为他在前年得到闽人何廷斌所献的一幅台湾地图，发现那里“田园万顷，沃野千里”，而聚居的百姓颇众，夺取后，可征“饷税数十万”，而“造船制器”也很方便。把这个地方建设为根据地，作为“安顿将领家眷”的处所，

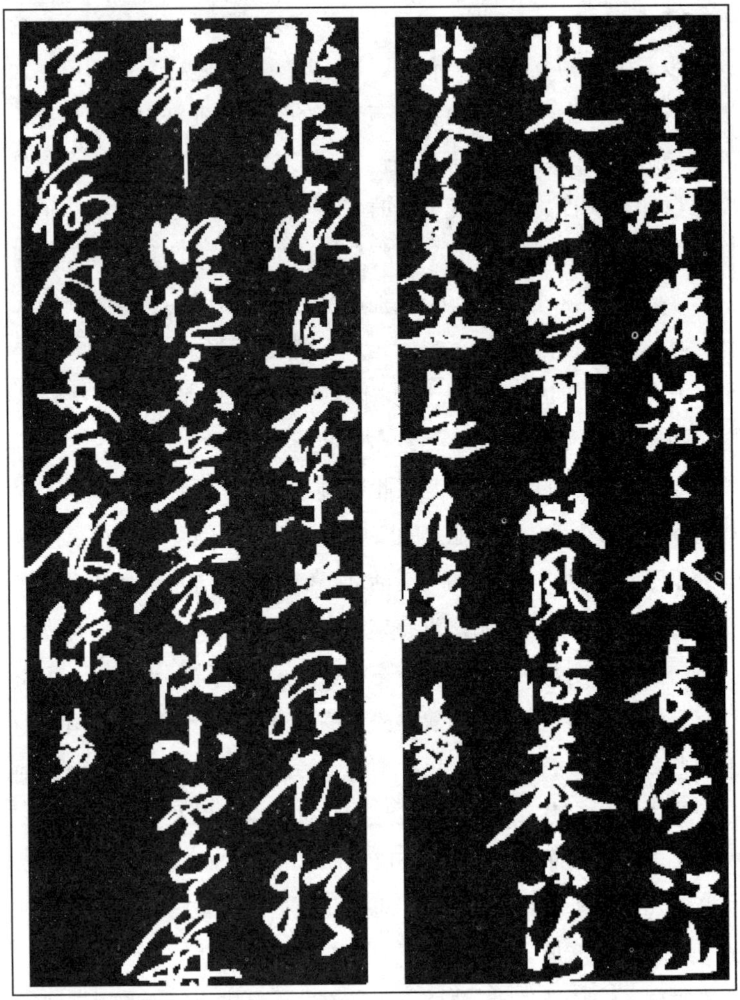

▲郑成功墨宝。

以后出外东征西讨，必无内顾之忧。不过，此举遭到不少反对的声音，有的意见认为台湾戒备森严，难以占领，还有的认为此地“风水不可，水土多病”，不一而足。但郑成功在杨朝栋等人的支持下，决意择日出征。

当时，台湾已被荷兰殖民者所霸占。荷兰作为欧洲新兴的资本主义国家，早在16世纪末来到了东方，在爪哇建立商馆，成立了“荷兰东印度联合公司”，开展海上的殖民争霸。这个国家的船队在万历年间来到中国沿海的闽粤地区，打着通商的幌子而伺机占领了澎湖列岛，但最终在1624年（明天启四年，后金天命九年）正月被福建当局派遣的军队渡海驱逐。然而，离开澎湖的荷兰人没有返回爪哇，而是退到了台湾，在岛上修建了热兰遮城等堡垒，进行殖民统治，并继续骚扰福建沿海，对中国与日本、菲律宾等地的海上贸易购成了严重的威胁。

活动于福建沿海的郑氏集团不可避免地与西方殖民者打交道。郑成功的父亲郑芝龙曾经与台湾的荷兰人合作，时常与之做买卖，赚取过丰厚的利润。后来，郑芝龙不断增长的实力影响了荷兰殖民者的商业霸权，双方逐渐离心离德，甚至爆发过武装冲突。然而随着明朝的灭亡，郑氏集团受到入关清军的牵制，对海外的荷兰殖民者一直采取容忍的态度。直到1660年（清顺治十七年，南明永历十四年），由于西南永历政权失败的命运已经难以逆转，而思明州等据点难以确保无

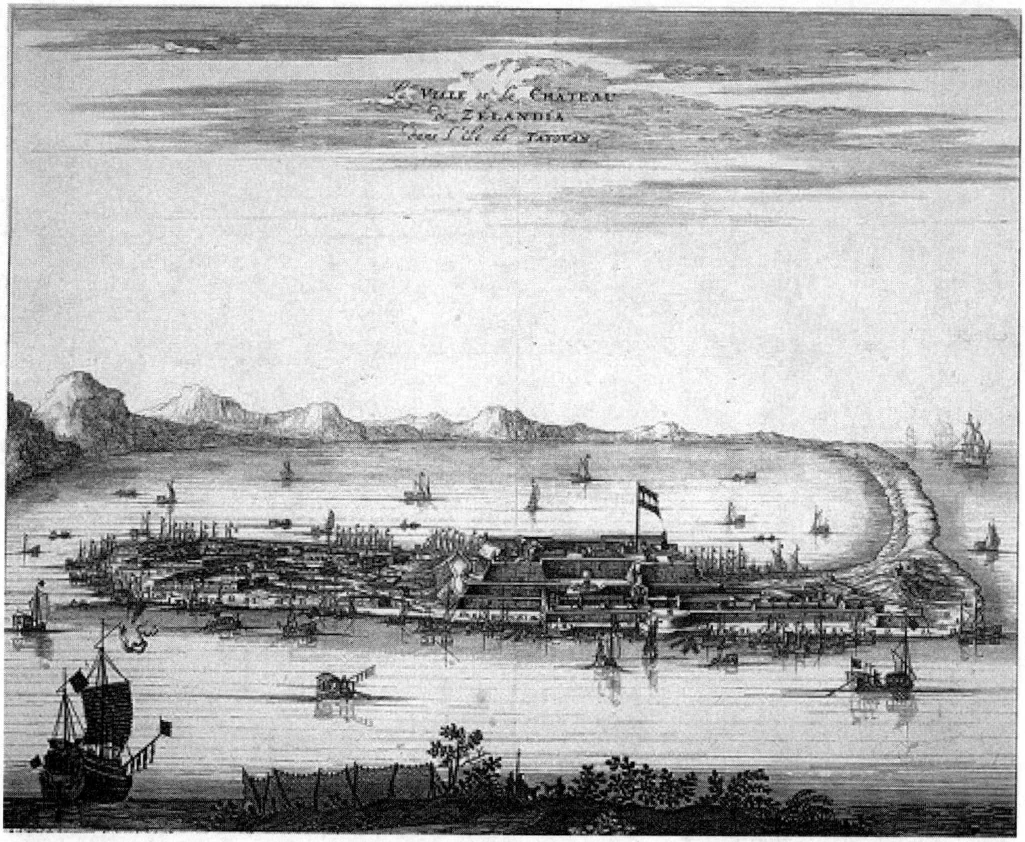


▲热兰遮城。

虞，郑成功遂掉转矛头，水到渠成地作出了把荷兰殖民者驱离台湾的重大决策。

经过周密的准备，郑成功在思明州、金门、南澳一带留下了部分兵力，自己带着二万五千人于1661年（清顺治十八年，南明永历十五年）二月初三日乘坐数百艘船只从料罗湾启航，向台湾海峡前进。次日，收复澎湖，留下三千兵力及十二艘战船驻防，然后再通过鹿耳门港，顺利抵达台湾禾寮岛。郑军主力登陆后快速包围了赤嵌地区的要塞普罗文查城，荷兰守将描难实叮及其部属二百余人难以抵挡，只得献城投降。接着，郑成功指挥部队于四月初七开始了对荷兰军队在台湾最大的据点热兰遮城的合围。他事前乐观地估计“城中夷伙，不上千人，攻之可唾手得”。可是却遇到比较顽强的抵抗。其后，第二批攻台部队共五千余人亦渡海抵达战区，致使郑军的总数超过三万，从而得以彻底切断热兰遮城与外界的联系，并击退从瓜哇乘船赶来的数百名荷兰援军。热兰遮城里面的荷兰人在被围的八个多月时间里因伤病而致死者达到五百余人，城中堪用的战士已不足四百，逐渐丧失了坚守下去的信心。当郑军在十二月初六出动火炮猛攻，几乎尽数摧毁城堡的外围工事时，荷兰长官揆一不得不率领精疲力竭的全部守军于十三日

▲参加收复台湾的铁军将士，可清楚地看出他们身上的铁甲与手中的砍马刀。

宣布投降。

郑成功将殖民统治台湾三十八年的荷兰人驱逐出境，赢得了历史性的胜利。然而，台湾这个新根据地距离抗清前线过于遥远，郑军主力屯集于此有时反而对复明大业不利。

在郑成功攻打台湾期间，铜山守将蔡禄、郭义降清。忠匡伯张进不愿意投降而自杀身亡。叛军把铜山抢了个精光，然后在清军的接应下进入福建内陆的清朝统治区域。当时，很多郑军将士不愿意漂洋过海到水土不服、瘴疠肆虐的台湾，而逃亡者也日渐增多。为此谣言四起，有人声称镇守南澳的忠勇侯陈豹不愿送家属到台湾，准备降清。郑成功在没有查清楚的情况下就派人前往讨伐，陈豹难以辩解，被迫率部真的向广东清军投降。即使来到台湾的将士，也暗存“但愿生入玉门关”的心意。这就使得郑军内部出现分裂的危险，而郑成功欲杀郑经一事成了导火线。

郑经是郑成功最为倚重的儿子，此人在留守思明州期间同四弟的乳母陈氏通奸生下一子。远在台湾的郑成功于1662年（清康熙元年）四月得知这一家丑后暴跳如雷，立即差人到思明州问罪，欲斩郑经等人。同时要以“治家不严”的名义处死郑经的生母董氏。与郑经一起留守思明州、金门等处的黄廷、洪旭等将试图从中调解，并杀了与郑经通奸的乳母以及私生子，可郑成功仍旧不依不饶，铁了心要追究到底。恰巧这时郑成功的堂兄郑泰以搬运家眷为名从台湾过来，他与郑成功关系不谐，乘机从中挑拨，称藩主（指郑成功）誓要赶尽杀绝，并要追究那些执行命令时阳奉阴违的人，甚至可能会株连黄廷、洪旭诸将。众人听后惶恐不安。为了自保，洪旭献上一计，认为：郑经作为儿子，“不可以拒父”；留守诸将作为臣子，“不可以拒君”；惟有郑泰可以凭着兄长的身份名正言顺地拒绝执行从台湾传过来的命令，因为“兄可以拒弟”。这个看法得到了大家的认同。最后，郑经在留守诸将的支持下，联合郑泰，扣留了郑成功的亲信周全斌等人，宣布在思明州、金门等处另起炉灶，不再听从郑成功的号令，也断绝了与台湾的联系。

郑成功怎么也想不到军队竟然会因此而分裂，心情自然恶劣到了极点。再加上此前亲生父亲郑芝龙以及弟弟、侄儿等十一名遭到囚禁的亲属被清廷下令处死，已令他在精神上饱受折磨。连番打击之下，就算是铮铮铁汉也支持不下去，因而从五月一日起，染上了风寒。

这时，复明的希望非常渺茫。郑成功已经在一个月前会晤过从云南逃出的林英，得知永历帝已被清军俘杀，但他仍奉永历之号以维系人心。在养病期间，国仇家恨难免一一涌上心头。到了初八这一天，他登上将台，用千里镜向澎湖方向观望一番，可依旧没有船只从福建沿海驶来。然后失望地返回书房，捧起《太祖（指明太祖）祖训》阅读，命左右进酒，阅读一会儿，饮一杯酒。不久，喟然叹息道：“吾有何面目见先帝于地下也！”接着“以两手抓面而逝”，时年三十八岁。

郑成功死后，以衣钵传人自居的郑经乘机率军登陆台湾，控制了郑成功遗留下来的根据地。他虽然不守小节，却没有失去大

▲张煌言之像。

节，仍继续打着抗清的旗号。他与郑成功一样，不肯奉曾任监国的朱以海为帝，引起张煌言等人的不满。朱以海于1662年（清康熙元年）十一月病逝于金门后，始终拒绝迁往台湾的张煌言在沿海一直坚持到1664年（康熙三年）。由于对前途悲观失望，他遣散了跟随自己的少数部队，隐居在舟山附近的一处孤岛。不久被清军搜获，最后在杭州就义。

清廷为了切断郑氏集团与内陆百姓的联系，早在1655年（清顺治十二年，南明永历九年）就下达过禁止“片帆入海”的命令，但并未认真执行。直至1661年（清顺治十八年，南明永历十五年）开始，才雷厉风行地推广沿海迁界令，涉及的省份有直隶、山东、江苏、浙江、福建、广东，其中，福建、广东与浙江三省执行得最为严格。具体办法是用武力强行将海边居住的百姓迁入内地，距离从三十里至二三百里不等，并把遗留下来的房屋、船只等物拆毁或者放火焚烧，目的是让海滨地区变成人迹罕至的荒芜之地，使得郑氏集团不能从内陆得到钉、铁、麻、油、火药、粮食、纺织品等海上岛屿难以生产的物资。出于贯彻这一政策的需要，清朝在禁区边界采取挖掘深沟，搭建木栅以及筑土墙等手段，对居民的活动范围加以限制，并派遣大量兵丁驻扎在禁区一带，如果发现有擅自越界者，格杀勿论。这样做的后果是加重了沿海百姓的苦难，破坏了当地的经济，损害了对外贸易，也使得政府的财赋收入下降不少，可是未能彻底切断郑氏集团与内陆百姓的联系。有的人为了生存，也有的为了牟利，不惜铤而走险地越界与郑氏集团进行商贸往来。担任捕盗、守卫、巡逻等职责的地方驻防兵丁也常常睁一只眼闭一只眼，他们一方面不想断人财路以致引火烧身，另一方面又借此以权谋私，因为包庇越界贸易者往往可以从中渔利。因而清朝的迁海令未能最大限度地发挥经济封锁的作用。

清朝没有能力把郑氏集团的所有根据地捣毁。以郑经为首的郑氏集团也暂时不想逐鹿中原，因而实际处于偏安一隅的状态。虽然敌对双方仍免不了发生冲突，但在未来的很长一段时间里，对峙的僵局不可能打破。

顺治帝之后的清朝新皇帝是年仅八岁的爱新觉罗·玄烨，因年号为“康熙”，又称“康熙帝”。他是顺治帝指定的继承人。此外，顺治帝死前还安排索尼、苏克萨哈、遏必隆、鳌拜这四位异姓权贵为辅政大臣。这种做法虽然改变了由皇族推选皇帝以及宗室摄政的惯例，可清朝仍然保持政治上的稳定，对关内残余抗清武装的围剿也没有停顿。

由大西军余部改编而成的西南明军覆没后，夔东十三家余部成了关内最大的一股抗清武装，因而成为清朝必欲除之而后快的又一个目标。

在四川总督李国英的请求下，清廷调兵遣将，举行四川、湖广、陕西三省会剿，目标是活动在湖北荆州、郧阳以及四川东部等地的“闯逆余党（指大顺军余部）”。榜上有名的是郝摇旗、李来亨、刘体纯、贺珍、袁宗第、党守素、塔天宝、王光兴等。会剿的具体地点有远安、兴山、归州、巴东、施州卫、房县、竹溪、大宁、大昌、夔州、巫山、建始、兴安等处，涉及范围辽阔，横亘数千余里。

这些聚集在夔东的部队缺乏一个坚强的领导核心，处于松散的联盟状态。其中，绰号“二只虎”的刘体纯作为夔东基地的主要创建者，被时人视为夔东义军诸部的盟主。而在抗清战场上素有威名的郝摇旗所部以及忠贞营也不容忽视。正如清陕西总督白如梅所说，“诸逆之中，唯郝摇旗贼兵最众”。郝摇旗自从归附南明以来，在湖南、广西等地打过不少仗，最广为人知的是在全州大败劲敌尚可喜，深为何腾蛟所倚重。随着何腾蛟的死亡以及南明军队在南方的节节失利，郝摇旗由于对时局的失望，率部离开烽火不断的湘、桂前线，从贵州转移到此处，休生养息已经超过十年了。而显赫一时的“忠贞营”自从李锦、高一功死后，由李锦的养子李来亨统率，这支部队离开两广前线，经湘西也向夔东转移，到达目的地的时间比郝摇旗要晚一点。“忠贞营”的人数虽然比不上郝摇旗所部，可作为李锦亲手带出来的嫡系部队，战斗力有过之而无不及。

这些聚集于夔东的部队虽然时不时会骚扰一下周围地区，还曾经出兵重庆等地以牵制清军对西南的进攻，但无可否认的是，他们已经不是抗清战场上的主角，而多年来比较安逸的生活也消磨了不少人的斗志。

▲辅政大臣鳌拜。

清军这一次会剿的具体作战部署是：李国英率一万七千余绿营兵于十二月十二日从四川万县出发；陕西提督王一正以三万绿营兵从陕西出发；湖广提督董学礼以三万绿营兵从

湖广出发。共同约定于十二月二十日逼近敌境。同时，四川、陕西、贵州、湖广等省的官员也要派兵扼守各处要道，以防对手突出重围。

李国英最为卖力，他出师后不畏艰险，于1663年（清康熙二年）正月初一日由夔州“沿崖前进”，经下关城来到羊耳山，首战告捷，打败袁宗第的阻击部队，冒着连绵的雨雪，越过重山峻岭，在初三日早晨渡河占领大昌县。此举起到敲山震虎的作用，夔东诸部中的一些人在空前严峻的形势下动摇了，例如富平伯贺道宁（这时贺珍已死，部属由儿子贺道宁带领）派部将王继祖拿着贺珍遗留下来的印信，于十六日到清军驻地联系投降事宜。

旗开得胜的李国英从二十一日起命令部将陈福、赵平等人分作两路，沿着“深山密箐”的“羊肠鸟道”袭击袁宗第所在的茶园坪山寨。同时，派出程廷俊、梁加琦率部分人马截断郝摇旗与刘体纯的来援之路。而他本人与赵文魁、张万仓等将一起“居中调度”。陈福、赵平所部经甘沟关、平底河，一前一后地对茶园坪形成夹击之势，经过二十三、二十四日的多次激战，夺得此地，打死与俘虏近三千人。连战连败的袁宗第乘夜跳崖，逃往巴东，投靠刘体纯。李国英由于前进过快，粮草补充不足，于二十八日暂时收兵回大昌，不久又占领巫山。

在此期间，从陕西出发的王一正经白土关，连克竹山、竹溪，直捣房县，迫使寡不敌众的郝摇旗在六月下旬率部离开根据地（郝摇旗后来经上龛路，于七月上旬辗转来到吴家垣子，依附刘体纯）。而从湖广出发的董学礼已占领了香溪口，威胁李来亨所在的兴山县。

三路清军咄咄逼人，胜利似乎触手可及！然而，很多义师将领不甘束手待毙。先后接纳了袁宗第与郝摇旗的刘体纯深感唇亡齿寒，经过与众人商议后，决定抢在各路清军形成严密的包围圈之前，集中全力反击。这个计划得到了李来亨的积极响应，而反击战也首先在李来亨的根据地一带打响。

《永历实录》记载李来亨此前已经故意派一些剃发的士卒伪装售卖杂货的小贩，混入清军的驻营地侦察，尽知其虚实。当各路明军开始反攻时，清军营中的内应忽然揭起大旗，四处呼号，放火焚烧营舍。李来亨乘机纵兵击溃清军，杀伤数以万计。

在七连坪等处惨败的湖广清军一路溃退至南阳河、兴山县，后来经香溪、鱼刺坡撤返彝陵等地，因喘息未定，一时不敢轻动。

湖广清军的溃败给四川清军造成了不利的影响。总兵程廷俊、梁加琦本来奉李国英之命率部分人马向陈加坡出发，企图联合陕西清军，声援董学礼，合击刘体纯的根据地。这路人马进至秦罗坪与木瓜溪这些地方时，便与夔东义军的阻击部队发生了断断续续的冲突，可是当他们得知董学礼所部在七月二十三日惨败于七里坪等处后，马上后撤，联合作战的计划自然也泡了汤。

由于秋雨连绵，昼夜下个不停，弥漫的江水封锁了山峡道路，以致“上下声息不通”。李国英没料到穷途末路的对手还能够保持着如此旺盛的斗志，因而哪里再敢轻言进攻，早就盘算着如何收缩防线，保全身家性命了。他一时打听不到董学礼的下落，对整个战局的发展态势未能了然于心。不过在此之前，一位名叫何义的“顺民”从刘体纯军营中逃出来，向清军报告自己曾亲耳听见刘体纯与郝摇旗商量着要选择巫山、大宁以及大昌作为反击目标。据此，李国英判断对手的下一步极可能是向着被誉为“蜀楚咽喉”的巫山扑来，在“秦、豫之师屡催未至”的情况下，他明白惟有依靠自己的部下抵挡，渡过难关。为了避免兵力分散，他暂时顾不上大宁、大昌，只想将主力集中于巫山。其后，总兵程廷俊、梁加琦，副将陈福，游击刘体君等人相继带着军队赶到了，甚至连夔东叛将谭诣、谭弘所部水师，也前来协助，使得李国英死守下去的决心更加坚定。

巫山南面临江，城的西、北两面有山坡矗立，本是一个易守难攻的要隘。但李国英仍不敢大意，他发觉城墙年久失修，倒塌了一部分，于是令人紧急修葺，并清除城外河道的淤塞，挖掘壕沟。同时在城的东北角以及城外的西山观等要点建起寨城、敌楼、炮台，以互为犄角。当一切布置妥当后，就静静等候敌人的来临。

七连坪之战后，李来亨据守的兴山县已转危为安。接着，夔东各路义师调兵西进，控制大宁、大昌，夺回了原属袁宗第管辖的部分地区，但要彻底收复袁宗第失去的所有土地，还必须攻克巫山，歼灭李国英的主力。如果李国英步董学礼的后尘而溃败，那么仅靠王一元的孤军势必难以颠覆夔东基地。而清朝的整个会剿计划也接近破产了。故此，巫山之战的成败关系匪浅。

八月十九日，刘体纯、郝摇旗、李来亨、袁宗第、党守素、塔天保、马腾云等七位将领集中五万兵力，分路从巴雾、大昌附近渡河而来，驻扎于城外山间，连营二十余里。从二十五日的三更时分开始，义军逼近城池，并制筑土囤作为掩体，不分昼夜地攻打。有的士卒戴着皮盔，有的用布匹缠头，还有的穿上绵甲，各自以挨牌、云梯作为攻城工具，冒着遭受鸟枪、火箭、火罐与矢石的打击，一批批地汹涌而上。由于雨天路滑，经过几天血战，未能取得进展。后来又挖掘地道助攻，但在守军的严防之下，也没有见效。

清军凭着坚固的工事拼命抵抗，又出动火炮与义军对射，击毁了城外不少的土囤。久经沙场的李国英没有一味困守城内，而是悄悄派遣少数精干部队潜出城外袭击大昌茅坪、三会铺、七时阙、秦罗坪鸳鸯池、小新滩等处的义军粮道，极力破坏对方的后勤补给。

那时淫雨霏霏，江河暴涨。义军后勤人员踩着泥泞不堪的路向前线运粮本来已经非常困难，如今又时常受到清军的骚扰，根本完成不了既定的任务。因而，前线的义军难免食不果腹，他们既然不能迅速拿下城池，被迫撤退只是时间问题。

战事拖到九月初七，李国英认为反攻的时机已经成熟，令各营官兵在黎明时分兵四路出击，一直打得中午，连破七处营垒。无力扭转劣势的义军不得不于初八日全部撤离。

清军战后统计，打死六千九百九十二名义军将士并俘虏百余人。

打赢巫山之战的清军没有停止对夔东地区的会剿。而七连坪、巫山等地的战斗损失也很快得到补充。但是清朝统战者对绿营的表现不是很满意，因而这一次让八旗军介入了。固山额真穆里玛、图海分别被任命为靖西将军与定西将军。他们携同固山额真穆琛、觉罗巴尔布，护军统领孙达里、科尔昆等率领京师禁旅南下湖广，将会同董学礼的残部一起作战。西安驻防八旗军在西安将军傅喀禅、梅勒章京杜敏的带领下入川，经水路抵巫山，配合李国英的军队行动。清军这次作战的重点对象是李来亨，由京师禁旅以及湖广、陕西的绿营兵负责歼灭。西安驻防八旗军与四川的绿营兵负责牵制郝摇旗、袁宗第与刘体纯等人。

夔东义军在巫山受挫后，既没有积极策划新的攻势以粉碎清朝的会剿，又没有打算主动撤离根据地以保持实力，而是采取被动的措施，将部队分散驻防。其中，袁宗第退回大宁、大昌，刘体纯返回陈家坡，李来亨返回兴县。而郝摇旗由于失去房县的地盘，只能与袁宗第一起驻于大宁、大昌一带。由此，他们在清朝即将发起的新一轮进攻中处于各自为战、穷于应付的状态。

清朝大举来攻的前夕，退回大宁、大昌的郝摇旗、袁宗第又移营通城等地。他俩知道前途暗淡，军心已乱，本来希望通过扣压部属家眷为质等手段以防止有人叛变，以稳定内部秩序。万万想不到手下诸将竟然集体哗变，争先恐后地与李国英联系，在十二月间陆续向清军投降。致使郝摇旗、袁宗第两人仅带着不到一百人的小队伍又一次逃往巴东，投奔刘体纯。

根据李国英的报告，在十二月间来降的郝摇旗部下有挂印总兵马进玉、王之炳、张大盛、武自强、徐自望与副将侯守凤，而袁宗第的部下有挂印总兵邓秉志、杨洵、赵云与副将高三魁等。在抗清战争中名扬一时的郝摇旗所部，最后在风声鹤唳中未经一大战而自行解体了。

李国英重新控制了大宁、大昌。而京师禁旅也陆续到达指定位置，对夔东义师的包围圈越来越小。总攻的准备正在加紧进行着，靖西将军穆里玛于十月二十七日从荆州起行，十二月十二日到达七连坪，与从当阳来到此地的董学礼会师。定西将军图海于十二月初二自襄阳起身，经房县向弹子溪等处前进，配合穆里玛等人对李来亨据守的兴县形成夹击之势。而李国英为了及时完成牵制刘体纯的任务，以免耽误会剿日期，只盼望西安驻防八旗军能够早点到达。他考虑到八旗军的马匹在栈道中行走容易疲劳以致瘦弱，随即下令将绿营军的马匹让给八旗军骑乘，并鼓励“汉兵（指绿营兵）荷戈”步行。

傅喀禅、杜敏率领的西安驻防八旗军终于赶到前线了，他们于十二月十八日与李国英所部一起分三路前进，五日后逼近刘体纯所在的陈家坡，逐一击破义师在山上据险而设的各个阵营，将对手驱逐到了天池寨。随后又予以追击，“登山入箐”，徒步攀援而上，夺取了老木崆隘口。

义军总兵锁彦龙、吴之奇、王加玉、李之翠、刘应昌、胡君贵、田守一、王之礼，副将宋承印、李之榲，都司蔡腾龙等先后投降。大势已去的刘体纯将两个女儿勒死以及杀掉所有的妻妾后，再自缢而亡。

郝摇旗与袁宗第逃至黄草坪，被“连夜冒雪攀崖”的清军追上了，尽管他俩“各执利刃”，拼死抵抗，但还是在二十六日被敌人捉获，同时成为俘虏的还有部院洪育鳌等人，这些人后来被押到巫山处死。而永历帝派来的监军太监潘应龙因难以逃脱也在后溪河自缢。

刘体纯所部覆没前后，义军的重要将领王光兴、马腾云、党守素、塔天宝等人也相继投降。在“大厦将倾”的情况下，唯有李来亨在兴山县境内继续与清军周旋。

兴山地势陡峭，峰峦连绵。而壁立千仞之处比比皆是，号称“人马不能飞度”。山间通道曲折连绵，其中不乏“一夫当关，万夫莫开”的隘谷，便于扼险而守。李来亨本有三万兵力，因战局不利，现已退守兴山县西五十五里的茅麓山，坚拒穆里玛所率的十万满汉大军。

最先到达茅麓山的是巴雅喇纛章京（护军统领）科尔昆与葛布什贤噶喇依（前锋统领）昂邦赖塔所率的五千人，他们不分昼夜地作战，击破义师以大刀、藤牌为武器的阻击部队，向李来亨的大寨前进。科尔昆发现李来亨倚靠谭家寨屯粮为持久之计，遂分兵攻克石坪，进围谭家砦，断其后路。守将李嗣名被清军用箭射死，高必玉等人出降。

不久，穆里玛与图海率主力赶到与科尔昆会合，他们仗着兵多将广，更加不把对手放在眼内，想一口气打上茅麓山，便急不可耐地发起总攻，在后山长乐岭等处多次与义师交手，并攻克了阻路的城堡，一路跋山涉水地向上攀登。不料在强攻茅麓山的营寨时遇到了空前顽强的抵抗，镶红旗梅勒章京贺布索等人战死，很多将士在混战中坠下悬崖，或者失足陷入溪涧里面，一命呜呼。穆里玛等人碰壁之后，遂放弃速战速决的企图，等待援军到达，再作打算。

李国英应穆里玛的要求而紧急赴援。他与重夔总兵程廷俊等统率绿营军冒雪而进，在山间披荆斩棘，开辟道路，到达茅麓山是二月初五，下营于李来亨营寨南面的黄龙山。提督郑蛟麟与署总兵梁加琦所统的兵马已先行到达，扎于茅麓山西南通梁一带。随着四川等地绿营军的来到，八旗军已经没有必要再干打头阵的苦差事了，很多满洲将士适时撤了下来，在后面督阵。

进驻前线的四川绿营军在二月间发起两次进攻，连夺通梁两个山峁，逼近李来亨营寨的前门。但是前进路上依旧步步维艰。

二月十五日夜间，李来亨组织千余人反击，把清军设立在山路上的木堑砍断了不少，并攻击了绿营军的营垒，然后撤回寨内。

绿营军为了自保，在寨前的山峁之上竖起楼橹，增加了更多的铳炮，希望能顺利打退对手的下一次反扑，实际上处于转攻为守的状态。

穆里玛与图海知道难以指望绿营军迅速

拿下敌寨，他们便约李国英一起视察阵地，打算用长期围困的办法对付李来亨。穆里玛比较擅长这一手，他在过去的军旅生涯中，最重要的一役是参与包围南昌，并最终困死了叛将金声桓，由于战功显赫，他很快从甲喇章京升为固山额真。但是要想重演昔日的辉煌，又谈何容易。山石险峻的茅麓山并非南昌，而要想在山区重施故技，难上加难。

尽管困难重重，李国英还是同意穆里玛的意见。他察觉茅麓山上的营寨"高险异常"，而周围一百五十余里，地势广阔，只有把散布于山间的清军各营有效地组织起来，让他们井然有序地分守各个汛地，才能防止敌人突围。

京师禁旅以及四川、陕西、湖广等地的绿营军奉命在汛地"高筑营垒，挑濠树堑"，耗时费力地修建与完善各类防御工事。穆里玛、图海亲自到各营的汛地巡视，又不时派人突击检查，如果发现有个别工事在雨中倾圮，立即下令补修，不敢有任何疏忽大意。同时，分遣士卒不分昼夜地"披甲执戈"，严加戒备。

经过一番兴师动众，各个清军营垒终于星罗棋布地屯于黄龙山、相平、显灵观、大茶坪这些地方，从四面八方堵塞茅麓山与外界的通道。

不过，夔东地瘠民贫，清军难以就地获得补给，需要从外地源源不断地运来粮食。征粮的地方既包括附近的荆州、襄阳，也远及长沙、浏阳等处。役使的百姓络绎于途，如果加上沿路监督与护送的地方部队，涉及的人数可能达到百万之巨。只有在统一战争接近尾声，关内秩序日趋稳定的情况下，才能更顺利地进行这样广泛的动员。那些从数千里外起程的人为了筹集路费而往往破家鬻子，苦不堪言。由于兴县境内山石嶙峋，冈峦起伏，难以出动大船航运，需要依靠人力用肩挑背驮等原始方式运至茅麓山战区，致使很多栉风沐雨的民夫因过度疲惫而丧命于路上，崖谷之间死者枕藉。

义师本想利用茅麓山的地形扼险而守，以为清军到了缺粮时就会自动退走。想不到穆里玛、李国英等人不按常理出牌，竟然不惜劳民伤财而继续赖在山区，不达到困死义师的目的誓不罢休。当李来亨发觉已经置身于死地时，显然太晚了。他现在完全陷入欲进不能，欲退无路的绝境。而茅麓山营寨里面储藏的粮食有限，守军必须争取在粮食吃完之前突围，除此之外再也没有别的办法。

破釜沉舟式的突围行动在六月十五日深夜开始了，李来亨亲率五名总兵以及数千士卒沿山而下，分路杀向督标左营将领谈国经、右营游击党世昌与抚剿署总兵梁加琦位于三对河等处的汛地。尽管他们越过纵横交错的沟壑时已被敌哨发觉，但仍旧抬着云梯、挨牌，冒着雨点般的弹丸与利箭，用钩镰大斧猛砍清军设立的木桩，破除路上的木堑，拼命向前突进。与此同时，三名义军总兵带着另一路偏师，抬着云梯等战具，攻向遵义镇标署副将陈福驻于通梁的汛地，以便牵制。此外还有数千义师将士埋伏于河湾，待机而动。

汹涌而来的义师虽然发起一次又一次的进攻，尝试突围，可在清军火炮、鸟铳、火箭、火罐的一齐轰击之下，无不受到挫败。滚下山崖而跌死者甚众，而身负重伤的人也不计其数。他们惟有在日出之前，利用云雾的遮蔽，拖着战死者的尸体，背负着受伤的人，翻过沟沟坎坎，磕磕绊绊地撤回寨内。由于山间的峭壁与深沟之中，“密布擂石”，清军未敢穷追。

同样的一幕发生于闰六月初九日夜间，李来亨再次率领数千名士卒分头突围，并集中三路兵力齐攻署副将陈福在通梁的汛地，就像上次一样，他们抬着云梯、挨牌，手拿钩镰大斧，在滂沱大雨中“奋臂争呼”，猛砍前路上的木桩，试图捣毁那些拦截的木堑。但未能在清军援兵到达之前攻克陈福的汛地。随着时间的推移，倒卧在岭脊与悬崖底下的伤亡者也越来越多。经过连续五次不惜代价的进攻后，无计可施的义师只能在黎明之前黯然撤回。

突出重围的希望虽然破灭，可李来亨依然拒绝降清而坚守于寨内，直到最后一刻。到了八月初四日，饥肠辘辘的义师终于产生内哄，总兵陈经带着三百人出寨投降。李来亨在混乱中将妻子杀死，放火烧屋，然后自缢。残部四散奔出寨外，或死或降。

茅麓山的失守意味着夔东抗清基地的彻底覆灭。《八旗通志·穆里玛传》记载这次会剿总共招抚了一王、三侯、一总督、一百九十六名各级将领以及千余士兵。《钦定八旗通志·图海传》收录的数据又有所不同，据载来降的公、侯、将军以下各级官员有五百八十余名，而士兵有八千八百余名，另外成为俘虏的家属有三千多。

八旗军也有一定的损失。除了镶红旗梅勒章京贺布索之外，还有不少战死者的名字收录在《钦定八旗通志》里面，其中包括护军统领敖艾，护军校萨音图，委署护军校穆德、富和甲，骁骑校萨弼，牛录章京拉布士喜，二等阿思尼哈番（二等男）覃恩，拜他喇布勒哈番兼拖沙喇哈番（骑都尉兼云骑尉）莽色，一等阿达哈哈番（一等轻车都尉）桑图、孟额图等。

回顾历史，不难发现八旗军入关后的第一仗是与大顺军作战，而最后一仗也是与源自大顺军余部的夔东义师在茅麓山展开生死较量，这个巧合耐人寻味。如果把李来亨比喻为水浒英雄式的人物，那么茅麓山就相当于英雄们落草的水泊梁山。随着这个山头

▲王夫之之像。

的沦陷，明清之间旷日持久的逐鹿中原之战正式画上了句号。正如明末清初著名学者王夫之所中肯地指出的那样，李来亨败没后，“中原无寸土一民为明者”，虽然郑氏集团仍寄居于海外，但已改变不了清朝入主中原的事实。血流漂杵的统一战争也暂告一段落。

# 尾声　余波未了

清朝问鼎天下离不开“天时”、“地利”、“人和”等因素。

天时是指从17世纪前半叶起，关内外自然灾害频繁，进入了所谓的“小冰河时代”。那时地球表面的气温下降明显，据科学家研究，竟然降到了1000年以来的最低点，以致农业歉收，并出现了接连不断的饥荒。而揭竿而起的灾民在颠覆明王朝时发挥了至关重要的作用，让内部秩序比较稳固的清朝得以乘机入关，坐收渔人之利。

地利是指清朝所拥有的地理优势。这个新兴王朝在入关之前，控制的势力范围东起辽东、西至漠南蒙古，已经对关内的京畿、山西、陕西等地区形成了战略包围的有利态势，因而入关后得以因势利导、多措并举，经常让腹背受敌的大顺军顾此失彼。

尤其重要的是，清朝在入关后的次年就未经大战而占据了江南这个“财赋重地”，等于在统一战争刚刚揭开序幕不久就掌控了关内最主要的经济命脉，此举将为未来十多年的南征北伐奠定良好的经济基础，使得清军在大部分的时间里总是获得比对手更多的粮饷。而随着疆土的不断开拓，清朝统治者也越来越财大气粗。据《清史稿》对全国赋税的统计，称“顺治季年，岁征银二千一百五十余万两，粮六百四十余万石”。这个数据虽然不能精确反映清朝在不同时期的经济状况，但还是具有参考价值。而这个新兴王朝的主要对手则相形见绌。据历史学者杨彦杰的估计，郑成功平均每年在海外贸易中获利约二百五十万两银，而他的军队即使冒险在浙、闽、粤等地的一些城镇强行索取粮饷，也不过是“大县十万，中县四万”，总体经济力量比清朝差得远。名闻遐迩的大西军余部虽然曾经控制过云、贵等省，并努力振兴当地经济，但由于根据地大多地处边陲，物质财富始终有限。这一点连清朝方面的官员都洞若观火，洪承畴在进军西南之前，于1658年（清顺治十五年，南明永历十二年）二月向朝廷上疏声称：贵州从来是“最贫瘠之地”，境内苗民甚多，而汉民很少，“一省钱粮不及江浙一中县”。云南的情况比贵州稍好，然而与富饶的江南相比仍然不可同日而语。可见掌握地利的确让清朝在统一战争中起到了事半功倍的作用。

人和是指清朝一反大顺军实施的“追赃助饷”之类的错误政策，制定了正常的赋税制度，以免将官绅地主阶级推向对立面。同时，满洲贵族统治者还听从范文程、洪承畴等汉人官僚的建议，为明思宗服丧并予以礼葬，以顺应舆情。并优待来归的明朝宗室贵族，承诺照旧录用明朝旧官，还扬言要将大顺军强行夺取的财产与土地“归还本主”，以尽量争取官绅地主阶级的支持。甚至，他们采取了减轻百姓负担的一些措施，比如公开宣布免征明朝未亡时加派的辽饷、剿饷与练饷等三饷，虽然这些措施没有得到严格的落实，但无疑起到了安抚人心的作用。

特别需要指出的是，清朝能够最终问鼎天下，吴三桂发挥了无可替代的作用。这位辽东汉族军阀打开山海关的大门放清兵入关，不但在军事上起到了出其不意的效果，将李自成的大顺军打得措手不及，而且让清朝得以打着“为明复仇”的旗号，占了舆论的优势。正如当时出任南明官职的马绍愉在致书吴三桂时所说的：“清军杀退逆贼，恢复燕京，又发丧安葬先帝，举国感清朝之情可以垂史书，传不朽矣。”南京兵部尚书史可法在与多尔衮通信时也肯定了吴三桂放清兵入关的行为，只是要求清朝不要借入关之机征伐南明，否则就是“以义始而以利终，为贼人所窃笑”。明朝遗民认同清军入关攻击大顺军的举动，而满洲贵族统治者也以此自矜，多尔衮在出兵江南之前公开声称新近到手的北京是“得之于闯贼，非取之于明朝”，并谴责身处南方的明朝臣子们对清军“代为雪耻”的行为不但没有“感恩图报”，反而想“雄据江南”，他断言这种行为会令彼此俨然为敌，以此作为吞并江南的借口。在清朝巧令辞色的宣传之下，关内部分汉人降清时也变得心安理得，其中一些人参与镇压义军以及讨伐南明的军事行动时更

▲旗人表演马术。

加理直气壮。

毋庸否认的是，清军入关之初，实行“圈地”“投充”“逃人”与“薙发”等弊政，确实起到了激化矛盾的作用。为了缓和紧张的局势，清朝统治者对上述政策作了调整。其中，“圈地”“投充”先后在康熙与乾隆年间被中止实行，而“逃人法”与“薙发令”在实际执行的过程中也日益宽弛。就以清朝消灭南明弘光政权后颁发的“薙发”为例，这个命令要求关内百姓参照满人的模样把脑袋四周的头发剃光，只在脑后留一小撮头发，同时又要改穿满人服饰（也就是“易服”），因而引起了强烈反应，无数世人不愿意风俗习惯被征服者强迫改变而拿起武器奋起抗争，使得反清浪潮骤然高涨起来。特别是由大西军余部改编而成的西南明军，收编了大批由土官管辖的少数民族士卒，给清军造成了极大的威胁，促使清朝统治者出于怀柔的目的不得不放宽对“薙发令”的执行。比较有代表性的是户部右侍郎王弘祚在1653年（清顺治十年，南明永历七年）六月的上疏，他建言对于云贵两省的土司应该“暂从其俗”，等平定之后再“绳以新制”。言下之意是暂且推迟在两省的土司政权之中推行薙发、易服等政策，以此笼络人心。另外，五省经略洪承畴在参与指挥进军云贵时，也在1659年（清顺治十六年，南明永历十三年）正月向朝廷上疏，称贵州的土司苗蛮已经“渐次归诚”，但“裹头跣足未经剃发”，“粧束衣饰皆照旧例”，而他考虑到“贵州初辟，人心未定”，若突然下令“移风易俗”，恐怕苗人会“惊畏逃匿”，因而允许“土司苗蛮”“照旧粧束”。洪承畴的意见得到了顺治帝的支持，据说省内的“土司苗蛮”，为此无不鼓舞，争先恐后地出山进行“贸易、耕凿、运交米粮”等经济生产活动，使当地的秩序得到稳定。这项新政策因效果显著，在湖南、贵州、云南、广西等地得到推广。

清朝不但因地制宜地对苗民网开一面，而且对汉人也执行得不像过去那样严格。《抚浙檄草》记载汉军正蓝旗人秦世祯从1654年（清顺治十一年，南明永历八年）起出任浙江巡抚，他在任上发现“薙发令”已经颁布了十年，然而民间很多百姓没有按照规定穿戴清朝的冠帽，他最初因念及贫困之人难以更换新装，姑且不加追究，岂料到后来街上各铺公然出售前朝的违禁衣服，故不得不多次进行训诫。指出清朝的服饰制度是“小顶辫发，窄袖圆襟”，可是路上大量的人仍旧是“大顶挽髻，全似未剃发”，而穿着“长领宽袍，方巾大袖”者也不在少数。他承认地方官员对此“不能禁约”，但警告地方百姓不要心存侥幸，因为一旦被从京师南下路过此地的一些满洲贵族以及八旗将士看到以及诘问，可能会累及“身家性命”。

从秦世祯的言论可以看出一些地方官员对于汉人违反“薙发令”的现象已难以禁止。而康熙帝上台后，类似情况同样存在。例如，在清初绘制《康熙耕织图》、《康熙万寿图》等图画中，田夫野叟仍旧挽髻，没有留辫子，穿着也与明代的样式差不多。而平民妇女的发型与服饰亦甚少变化。据此可知，清初推行的“薙发令”，只是在汉人的

▲在《康熙耕织图》的基础上重绘的《雍正耕织图》。

文武官员之中得到贯彻，而不少地方的平民百姓仅仅在前额剃去一部分头发而已，而发型与衣饰基本照依旧俗。

清朝统治者显然吸取了在民间强行“移风易俗”而导致激烈反抗的历史教训。康熙帝为此说过“朕意以为俗尚不能骤变，当潜移而默导之”。意思是不能过于依赖法令与武力来改变百姓的习俗，而应当采取潜移默化的手段来诱导。当“尊卑大小自有辨别”之后，老百姓“不须法令”，也会“皆遵行定制”。事实也是如此，随着清朝统治的日渐巩固，各地衙门的大小官吏以及地方权贵全部剃发留辫、穿着长袍马褂招摇过市时，自然会让越来越多的平民羡慕不已，并加以模仿，由此不知不觉地带来“移风易俗”的效果，新朝推行的冠服制度也逐渐在民间蔚然成风。

不过，清朝有时仍然使用武力进行“移风易俗”，即使是曾经被顺治帝恩准“粧束衣饰”照旧的一些南方苗民也不例外。例如《清史稿》记载，鄂海在1710年（清康熙四十九年）出任湖广总督时，镇压了镇筸边外反叛的苗民，而让接受招抚的毛都塘、盘塘等一百三十五寨的寨民“剃发”，作为“归化”的标志。鄂尔泰在1726年（清雍正四年）夏以云南巡抚代理总督一职时，出兵镇压苗民之乱，招降广顺、定番、镇宁、永宁、永丰、安顺等二千零七十八个寨的寨民，辟地千余里，并令部队在新附之地执行“易服剃发”的政策。上述记载显示“剃发”与“易服”之策在关内的统一战争基本结束之后仍在断断续续地进行。

尽管清朝统治者采取种种手段推行“剃发易服”之策，可是直至清朝于1912年灭亡，也不可能让关内全部百姓都“移风易俗”。《聂荣臻回忆录》记载晋察冀根据地在20世纪30年代创建时发生的一件事就比较有代表性，因为抗日将士发现：“有些很偏僻的深山地区，山沟里只有几户人家，那里的群众同外界接触很少，高达千仞的山峦，使他们和外界隔绝起来，形成了一个独立的世界。像房山、宛平和涞水、涞源交界的

‘野三坡’，那一溜几十个村子，一直过着与世隔绝、自给自足的生活。他们长时间打着反清复明的旗号，到民国十八年（1929年）才知道清朝已经灭亡了。‘野三坡’的群众说：‘就是燕王扫北的时候，也没有到过我们这儿。’他们推举三位老人管理这一地区的事情，老人去世一位再替补一位。这里的男人不剃头，女人不裹脚，清朝的统治始终没有能进入这一地区。”可见，北京附近地区尚且有人始终不剃发，更遑论其他“山高皇帝远”的地方了。

堡垒最容易从内部攻破。南明诸政权的灭亡首先归咎于自身的原因。由于没有能力对积重难返的军政制度进行大刀阔斧的改革，始终存在军阀割据、派系林立的情况下，难以集中力量与新兴的清朝抗衡。

与清朝作战表现最抢眼的不是南明的嫡系部队，而是“流寇”“海寇”部队。其中，由大西军余部改编而成的军队以及东南沿海的郑氏集团，在很多的时间里实际上已成为抗清的中流砥柱。

回顾历史，在参与逐鹿中原的诸多抗清将帅之中，占领黔、滇地区的大西军余部首领孙可望是最有希望成功的人。对他个人而言，归附南明永历政权无疑是最大的失着。这样做的后果是削弱了自己在大西军余部里面的号召力，让李定国、刘文秀等军中潜在的竞争者得以名正言顺地奉永历帝为最高领袖，到后来甚至打着永历帝的旗号另起炉灶。

特别需要注意的是，南明一贯沿用的为防止藩镇割据而采取的某些措施对归附的大西军余部造成了很大的影响，特别是永历帝滥封爵号等行为，使得孙可望的集权努力化为乌有。

过去有论者认为，大顺军与大西军余部归附南明政权，可团结各地的官绅地主阶级，对抗清有利。这种说法在隆武帝主政期间有一定的合理性，因为转战湖广的大顺军余部与实力犹存的何腾蛟等南明官员合作，可以避免打内战，使抗清势力不至于互相消耗。然而，转战西南的大西军余部却有所不同，那时，兵多将广的孙可望已经控制了云、贵两省，而永历小朝廷的军队与地盘却所剩无几，故孙可望仰人鼻息的行为只会束缚自己手脚。况且，不一定非要归附南明才可以取得官绅地主阶级的支持，只要采取比较合理的赋税制度，也同样能达到笼络人心的目的。如果认为归附永历小朝廷可以在战略上得到东南沿海抗清势力与夔东十三家的有力配合，那么事实证明类似的期盼往往以失望告终。孙可望奉永历帝为主后，又不顾内部的强烈反对而企图篡位，那更是错上加错了，最终因此众叛亲离，让清朝坐收渔人之利。

与功亏一篑的孙可望相反，隐约以隆武帝继承人自居的郑成功只是遥奉永历正朔，他手下诸将也没有与永历帝发生过直接接触，只是敬而远之。而郑氏集团对军队的掌控程度远胜于大西军余部。这是因为郑氏集团内部以血缘关系为纽带，其凝聚力比大西军余部诸将所推崇的异姓结义要强，故南明政权滥封爵位等旧制度带来的影响也相对要小一些。

郑氏集团拥有强大的军事力量，而水师的战斗力在东南沿海中首屈一指。这个集团在抗清战争中的立场往往对南明诸政权的兴盛衰亡起到至关重要的作用。弘光小朝廷主政期间，郑鸿逵所部参与组织长江的防御阵线，可是在多铎大举南下之际，却没有认真抵抗而率水师撤回福建，以致以步、骑兵为主的清军得以奇迹般渡过长江。故弘光小朝廷的颠覆与郑氏集团的首鼠两端存在不小关系。其后，郑氏集团虽然在福建拥立以朱聿键为帝的隆武小朝廷，可是该集团的首脑郑芝龙却对光复事业三心二意，并最终屈服于清朝的军事压力而选择投降。寄人篱下的隆武小朝廷也随之灰飞烟灭。到了明清战争中具有决定意义的1654年（清顺治十一年，南明永历八年），诚心诚意扶持永历小朝廷的李定国制订了与郑成功会师广东，进而染指江南的宏图伟略。然而，郑成功却因为希望与清朝达成和议而未能及时出兵响应，使得这个最有希望成功的军事计划毁于一旦，而南明光复的良机也随之烟消云散。

从郑鸿逵、郑芝龙、郑成功等人的所作所为可以看出，他们的思想中一脉相承地存在着割据一方，为了自身集团的私利而罔顾大局的思想。各种抗清势力互相倾轧是抗清战争失败的主要原因之一。

清朝统治者为了在逐鹿中原时取得最后胜利而挖空了心思，除了依赖军事打击，还要对敌人进行政治上的招抚，为此积极策反明军的上层人士，甚至采取了威迫利诱等种种办法。翻阅各类史籍，不难发现清方经常通过扣压人质等手段来要挟对方的军政要员。

早在明朝尚未灭亡时，清太宗皇太极于1629年（明崇祯二年，后金天聪三年）首次绕道入关作战就曾专门派兵到永平一带的村落中搜捕辽东名将祖大寿的族人，成功扣压了祖大寿两个儿子与四五个亲戚，企图利用这些人质招抚祖大寿。就连那些在战场上被八旗军俘虏的祖大寿部属，也常常被动员起来写信对祖大寿进行劝降。后来，当祖大寿兵败锦州不得不降时，满洲贵族统治者又让其想方法招徕未降的宁远总兵吴三桂，因为吴三桂是祖大寿的外甥。由此可知，清朝注重利用已降的明人通过亲属、同乡、同僚、部曲等各种裙带关系来招抚未降的明人，以达到不战而胜的目的。清军下江南之前，多尔衮在1644年（明崇祯十七年，清顺治元年）写给南京兵部尚书史可法的信中，意味深长地自称与史可法降清的堂弟史可程相识，并曾托史可程向史可法问安，话中隐藏机锋，暗含招抚之意。与史可法相比，另一位南明重臣何腾蛟的亲属就命运坎坷得多了。清军专门于1647年（清顺治四年，南明永历元年）十月派兵数百到五开卫捉拿了何腾蛟的母亲以及家属，送至靖州扣为人质。何腾蛟虽然没有就此屈服，可是难免忧心忡忡。《三湘从事录》记载他于湘潭被俘后，曾经下拜于汉军正蓝旗固山额真佟图赖之前。因为佟图赖善待囚于武昌的何腾蛟之母，故孝顺的何腾蛟用这种方式当面答谢。至于郑成功的父亲郑芝龙被清朝扣压的经过，前文已有记载，不再赘述。甚至连大西军余部的首脑孙可望，也有十六名亲属于

1655年（清顺治十二年，南明永历九年）在家乡延长县被陕西清军查获，成为政治上极有利用价值的人质。

史可法、何腾蛟、郑成功、孙可望等人的际遇已经充分说明清朝统治者是如何利用各种各样的裙带关系来破坏、分化与瓦解敌对势力的。在亲人被扣的情况下，南明一些军政要员即使不投降，有时也难免投鼠忌器，以致影响抗清事业。郑成功是其中比较典型的一例。

话又说回来，清朝能够在问鼎中原的战争中取得最后胜利，主要依靠武力。八旗军作为嫡系部队，功不可没。这支部队入关后仍大量沿用传统的战法，比如由清太祖努尔哈赤制定的“专打头目”这一招，就屡试不爽，由此死于清军利箭之下的著名的人物有张献忠、四镇将领之一的黄得功以及隆武帝等。另一个典型战法是“利用风向克制火器”，清军曾经使用这招在福建的海澄、贵州的罗炎河畔以及江宁的观音山，先后打败了装备大量火器的郑成功与李定国所部。

善于克制火器的清军本身也装备了不少质量上乘的火器，早在入关之前，八旗汉军之中已经组建了使用红衣大炮的炮兵（满语叫做“乌真超哈”，意思是“重兵”），掌握了先进的火器铸造与使用技术，入关后，更是多次在作战中动用火器取胜。最明显的例子是1653年（清顺治十年，南明永历七年）的海澄之战，郑成功本来已经在海澄的防御工事中安放了三千余门大大小小的火铳，可当清军将领金砺指挥数百门大小铳炮轰击时，郑军仍然抵抗不住，以致很多营垒

▲八旗马路与八旗餐厅——广州市内遗留的八旗驻防痕迹(八旗驻防广州始自康熙年间)。

被击碎，毁坏如平地，差点儿一败涂地。另外，1659年（清顺治十六年，南明永历十三年）的江宁仪凤门之战中，清军先用炮火开路，压制了郑军预先布置的三排大炮，将堵塞在路口的郑军炮架全部击碎，直至打得围城的郑军士卒无法立足为止，为最终胜利铺平了道路。由此可知清军武器装备的精良，就连八旗将士身上披挂的铁甲，在同类产品中都是首屈一指，难怪被郑军大量仿制。

▲汉人藩王尚可喜。

八旗军在继承传统的军事制度、武器装备以及战略战术的基础上，又有所发展。

其中比较有代表性的是军队驻防制度。这种制度虽然诞生于关外，可是在关内却得到广泛的推广。为了镇压全国各地风起云涌的抗清活动，部分八旗军将士在顺治年间不得不离开京师，携同家属到京师周围与各省担任长期驻防任务。由此逐渐形成数条驻防线。具体有：

京畿驻防线，驻防点是采育里、昌平州、顺义县、三河县、东阿县、保定县、良乡县。

长城驻防线，驻防点有喜峰口、古北口、独石口、张家口。

运河驻防线，驻防点是沧州、德州。

此外，西安驻防点的设立也意味着黄河驻防线的开始形成。随着江宁、镇江、杭州、福州等驻防点的设立，也相应在长江、沿海等处形成了互相呼应的驻防线。

然而，八旗军人数有限，不可能处处设防，故此，深受清朝统治者信赖的孔有德、耿仲明、尚可喜、吴三桂、耿继茂、沈永忠等汉人勋臣被委以重任，先后出镇汉中、湖南、广西、广东、福建等处，成了讨伐抗清武装的急先锋。此外，清朝入关后收编了大量降军，并由此而组建了绿营部队，分散在各地以维持秩序。

绿营军制受到明朝旧制度的影响日渐明

显，这一点连清朝官员也不讳言。比如都察院御史施维翰在1659年（清顺治十六年，南明永历十三年）上疏朝廷，要求参照明朝的办法加强对各省提督等绿营武官的管束。兵部在回复中也同意施维翰的看法，认为“提镇之权太重”，各督巡抚、巡按等有责任加以监督。这意味着一些地方文官的权力将在武官之上。不过，绿营军虽然禀承明制，但又有所区别。就以总督、巡抚为例，出任这些封疆要职的不一定是文官，武夫也能染指。特别是那些早在关外就降清的明朝将领，入关后成为封疆大吏的比比皆是。这样能在一定程度上避免“以文驭武”而产生“文武不和”等弊端，有利于战斗力的提高。清朝统治者亦愿意让旗人以及关外归降的汉官统率绿营军，希望能最大限度地掌控这支部队。

清朝军队里面，汉人占了绝大多数，因而满人的思想在耳濡目染之下难免有所改变。过去，满洲统治者总是在军队内部刻意维护旧俗。清太宗皇太极在关外主政时，曾以“未有弃国语反习他国之语”为理由，把原来袭用的明朝官名改为满文。可是清朝入关后却逐渐反其道而行之，并在1660年（清顺治十七年，南明永历十四年）将八旗统率官的官职改为满、汉文并用（比如“固山额真”“梅勒章京”“甲喇章京”“牛录章京”“昂邦章京”的汉文为“都统”“副都统”“参领”“佐领”与“总管”）。管中窥豹，可见一斑。这表明，汉化是大势所趋，就连八旗军也未能置身事外。

清朝军队里面的绝大多数汉人在统一战争中厥功至伟，可谓史不绝书。雍正帝在

▲雍正之像。

《大义觉迷录》中所说的“世祖章皇帝（指顺治帝）入京师时，兵力不过十万。……其时统领士卒者，即明之将弁，披坚执锐者，即明之甲兵”（这种观点得到了现代历史研究者的认可。例如萧一山在《清朝通史》中认为清入关后，“剿寇平敌之功，以汉将居多”）。汉将之中，佼佼者有吴三桂、孔有德、耿仲明、尚可喜、耿继茂、梁化凤等，除了武将之外，还有洪承畴等老于兵事的文官。按照常理，清朝统治者对帮助自己打江山的汉人降臣应该给予正面的评价，可事实正好相反，这些人得到的常常是负面评价。

早在入关之前，第一位投降的明将李永芳就曾经受过清太祖努尔哈赤的怒斥。这事发生在1623年（明天启三年，后金天命八年）五月，努尔哈赤听说复州汉人欲叛，计划出兵镇压。李永芳以传闻尚未证实为由进行劝阻，结果惹来一顿臭骂。《满文老档》记载努尔哈赤叱斥李永芳有意偏袒汉人，最后还愤愤不平地说道：蒙古、朝鲜与汉人都知道我招你（指李永芳）为婿，倘若为此问罪于你，恐遭他人耻笑。然而我心中怨恨难平，不吐不快！《清太宗实录》也记载努尔哈赤的继任者皇太极在1639年（明崇祯十二年，清崇德四年）攻打松山失利后，把作战不力的八旗汉军将领石廷柱、马光远等人骂了个狗血淋头，反复质问他们是不是不想攻击明国以及是不是害怕击伤汉人？这类责难只是针对个别汉人降臣，暴露的也仅仅是局部的民族矛盾。那么，清帝坐稳江山后，这类责难就已经上升到大是大非的高度，并波及到了所有的汉人降臣。

▲康熙之像。

康熙帝后来专门为郑成功所写的一联就颇具代表性：

四镇多异心，两岛屯师，敢向东南争半壁；

诸王无寸土，一隅抗志，方知海外有孤忠。

显然，昔日的敌人郑成功被视为忠臣而受到称赞。相反，降清的四镇诸将却因为对前朝不忠而受到新主子的奚落。在这里，完全没有提及“胡汉恩仇”式的矛盾，只从儒家伦理角度对历史人物进行针砭。反映满人入关后更加推崇程朱理学，奉行儒教治国的状况。正如康熙帝所说的：“……非此不能治万邦于衽席，非此不能仁心仁政施于天下，非此不能内外为一家。”

到乾隆年间，清廷尝试从儒家伦理的角度，对明清易代时的很多政治人物进行褒忠贬佞，盖棺论定。乾隆帝一方面公开表彰殉难的明朝忠臣义士，称赞宁死不屈的史可法、刘宗周、黄道周为“一代完人”；另一方面又将降清的明臣贬为“贰臣”。所谓“贰臣”，即“二姓之臣”，隐含着一仆二主的意思，是指那些先效忠于明朝的朱姓皇帝，后来又降清，奉爱新觉罗氏为主的人。乾隆帝认为这类人在艰难时世由于贪生怕死，不能为原来的君主“临危授命”，转而腼颜来降，致使“大节有亏”，“岂可复谓之完人？”他还专门点了洪承畴、李永芳等人的名，指出洪承畴、李永芳身居明军要职，在作战中“一旦力屈”，则或俘或降，

▲郑成功夫妻之像。

然后皆成为新朝显要，违背了“有死无贰”的伦理道理，对这些人的失节行为不能讳莫如深，尽管在这些贰臣的子孙后代中，还有不少人做着清朝的官，但出于为“万世子孙树纲常”的目的，还是应该秉笔直书，“而待天下后世之公论”。因而，国史馆奉命编撰《贰臣传》，以鞭策后人。《贰臣传》分为甲、乙两编。其中，降清后立有功勋的李永芳、祖大寿、张存仁、孔有德、耿仲明、尚可喜、洪承畴、李国英等五十余人编入甲编。而写诗文暗中“诋毁”清朝的钱谦益以及投降后“毫无事迹足称”的龚鼎孳，均不能与洪承畴一同列入甲编，而被编入乙编。此外，名列乙编的还有沈志祥、左梦庚、刘良佐、唐通、白广恩、孙可望、白文选等，总共超过七十人。

乾隆帝也许觉得不能太过羞辱一些为清朝统一大业做过贡献的开国重臣，又说洪承畴等“能效忠于本朝”，即使在《贰臣传》中榜上有名，也不算受到过分的讥讽。还认为贰臣之所以失节，“非其臣之过，皆其君之过”，试图把最大的责任推给了昏庸无道的明朝皇帝。可是不管怎么样说，乾隆帝表彰“完人”，希望臣子能向“完人”看齐的同时又别出心裁地编撰《贰臣传》，无形中让这些贰臣成为反面教材。

乾隆帝欲为“万世子孙树纲常”，一代接一代的八旗后裔自然不愿仿效贰臣之所为。洪承畴等人就这样在无数人的口耳相传中逐渐变得声名狼藉起来，直至清朝灭亡之后还是这样。李级仁在《西安八旗小史》中回忆晚清时的亲见亲闻，声称在驻防西安的八旗军里面流传着一种说法，即是派遣八旗军驻防各省要地这一政策是洪承畴向摄政王多尔衮建议的，目的是让八旗军化整为零，以分散兵力。甚至连不准经商以及擅自离开驻防地点等禁例也是洪承畴有意制定的，使得旗兵丧失了谋生能力，只能倚仗朝廷的粮饷过活，经过“坐吃享受二百年”后，“个个变成腐化无用的废物”。无独有偶，另一位八旗贵族子弟张廷栋在清朝灭亡后写了《驻防营与旗人生活》一文，也提到驻防杭州的八旗军内部存在着类似的传说，据称在杭州旗营建立之初，当时总督张存仁等人故意不选择城区西南一带的高地作为营址，反

▲乾隆所推崇的史可法。

而把地势平坦的湖滨一带让给旗人居住，致使旗兵生活在这个灯红酒绿的“文人游览觞咏之地”，过着纵情声色的生活。结果是传统的“武略雄风”在悠悠岁月中消磨殆尽，一旦发生战事，便变得不堪一击，就像瓮中之鳖，束手就缚。诸如此类的传言无疑与事实有不少差距，仅仅反映了一些八旗子弟对洪承畴、张存仁等贰臣的偏见。

有关贰臣的事迹在八旗子弟里面一代接一代地流传着，即使是清朝灭亡已近百年后，也仍旧如此。例如洪承畴的故事至今仍在某些八旗后裔的聚居点中成为茶余饭后的谈资。著名文化人英未未曾经在2004年到过福建长乐市航城镇琴江地区的八旗水师营遗址，她在《福建奇异地保留着一个满族村》一文中叙述的所见所闻就很好地说明了这一点。这个驻防地点设立于1729年（清雍正七年），目的是监视闽江口以及缉私，最初的驻防兵有五百一十三名，他们所住的“满城”按太极八卦的样式建筑而成，在东西南北方向各开了四个城门，里面的街、巷达到十六条，可谓“麻雀虽小，五脏俱全”。虽然清朝已亡了差不多一百年，可八旗后裔依然聚居在这里。最有意思的是，此地每一户人家的家里都有一扇“六离门”。这个源远流长的习俗源自闽剧《六离门》。剧情内容与出生于福建泉州南安的洪承畴有关，讲述出任明蓟辽总督的洪承畴在关外兵败降清后仍然官运亨通，并在多年后荣归故里。可是他的母亲却对这种丧失气节的行为感到耻辱，拒绝让儿子进屋。并将之训斥一番，让他失望而回。这一扇把洪承畴挡在屋外的矮门，就是“六离门”了。至于琴江村每户人家为何都有“六离门”？ 村中老人解释道：因为此地过去是兵营，格外重视气节教育，而“六离门”就是要随时提醒居住在屋里的人要宁死不降。据说，为了避免出现洪承畴式的“贰臣”，家家户户都留下了“永不投降”的家

▲乾隆之像。

训。从这个意义上说，乾隆帝用儒家伦理道理来教育八旗军，还是对后世产生了一定的影响。

清朝在问鼎中原的过程中，朝政始终被满洲贵族统治集团牢牢地控制着。清帝最为倚重的是由亲王、郡王、贝勒、贝子与议政大臣组成的议政王大臣会议。满人也在中央以及地方的许多要职上占有一席之地。汉人官绅阶级在政治上已经失势，社会地位随之下降。就拿文官之中负有盛名的洪承畴为例，他被门生董文骥以及内阁中书张宸等人大肆吹捧，被比喻为历史上著名的贤臣周公、召公，还可以和汉代的开国名臣萧何、曹参、陈平、周勃相提并论，甚至功业已经超过了明初的刘伯基。可惜的是，这些溢美之词只不过是文人之间的相互抬举，清廷不可能给予一位汉人文官这么高的评价。洪承畴从西南前线卸任返京后，仅得到了一个“三等阿达哈哈番”的卑微世职，不但与封王的吴三桂有云泥之别，而且比不上一大堆获得公、侯、伯、精奇尼哈番、阿思尼哈番等世爵或世职之位的朝臣。虽然满洲统治者的做法似乎有“过河拆桥”的嫌疑，但却真实地反映了文官在清初的急剧下降的政治地位。

官绅阶级虽然在抗清战争中涌现出史可法、刘宗周、黄道周、何腾蛟、瞿式耜等人，可是这个阶级在战争中的总体表现乏善

▲清代，正在练习射箭的北京八旗驻军。

可陈。他们崇高的政治声望与实际的施政能力不符。这个阶级的权力随着明朝以及南明各个小朝廷的相继灭亡而受到大幅度的削弱，甚至难以在表面上维持着原先的威仪。特别是，由官绅阶级精英分子组成的“东林党”以及“复社”之中，产生了大量变节人士，进一步损害了这个阶级的名誉。正如清人所叹的“读书怕见《东林传》，为有儒生入《贰臣》”。难怪在清初出现了余英时先生所说的“儒家反智识主义者”，代表人物是颜元，此人把朱熹的书称为砒霜，形容读书、研习空洞的理论等于吞砒霜，痛心疾首地抨击“千余年来”，让天下人沉迷于故纸堆中，“耗尽身心气力，作弱人、病人、无用人者，皆晦庵（即朱熹）为之也”。辛辣地讽刺“宋元以来”的儒者“无事袖手谈心性，临危一死报君王，即为上品矣!”可这样的行为对救国救民没有任何用处。为此，他不但反对讨论“宋明性理”，甚至上自“汉唐笺注训诂”，也全都一概偏激地视为“无用”，而极力提倡动手做实事，注重实践以及由此带来的实用价值。然而，这种思潮不可能得到主流社会的认可，那时的绝大多数士子仍旧对于程朱理学手不释卷，因为这是应付科举考试的必读之书。

▲明亡之后的著名文人侯方域。

清朝在关内的统治逐步稳固之后，采取了压制汉族官绅阶层的政策，尤其是对有故国之思的江南文人屡次进行打击。具体措施有：

一是兴起文字狱，对文人无视清朝“正统”的言词加以追究。

二是禁止生员“上书陈言”，也不许他们“纠党、立盟、结社”以及“把持官府，武断乡曲”，连一些人的著作也不准“妄行刊刻”，此后，类似东林党、复社这类组织逐渐绝迹了。

三是严查科举考试作弊的行为，以防主考官与徇私录取的士子将来结成朋党。其中，对于涉事的江南人士特别加以重罚。

四是通海案，因郑成功北伐直捣金陵期间，江南各地不少缙绅以各种方式予以响应。郑成功败退后，清朝开始秋后算账，罗织罪名对付那些暗中希望匡复明室者，只要查出有人与“海客”往来，即视为“通寇”，立即镇压。

五是哭庙案，顺治帝于1661年（清顺治十八年，南明永历十五年）正月去世后，苏州百余生员至文庙哭临后，又大闹府堂，控诉吴县地方官员贪赃枉法，闻讯赶到声援者达到千人。江宁巡抚朱国治以惊动先帝之灵为名，将为首的倪用宾与金圣叹等十八人处死。

六是奏销案，朱国治处理完哭庙案，在朝廷的支持下决定再灭一下江南文人的威风，下令在苏、松、常、镇四府以及溧阳县等地追查缙绅历年拖久的赋税，凡是被查出有问题者，进行“黜革”功名或“降调”职务等处分。《阅世编》记载四府一县共欠银五万多两，而遭到“黜革”的缙绅有一万三千余人。就连士林领袖吴传业、徐乾学、汪琬等人亦不能幸免，其中昆山探花叶方蔼因拖欠一厘也在“黜革”之列，致使民间出现“探花不值一文钱“的戏说。《昆山县志》与《新阳县志》中的“风俗条”记载，“奏销案”之后乡绅已经不像以往那样获得闾巷居民的尊敬。一些“狡猾不逞之徒”看见士绅也无所畏惧，甚至乘机欺侮。绅士也不太敢声张，只是垂头丧气。可见风俗已为之一变，斯文扫地的江南文人如今风光不再。

不过，清朝统治者虽然对汉族官绅阶层有所排斥，但治理国家又离不开这些人，故常常使用打击与拉拢并重的策略。例如1663年（清康熙二年）一度废除以八股文取士，可是在礼部侍郎黄机与仪制员外郎王士祯等人的一再疏请之下，为了安抚与科举制度息息相关的汉族官绅阶层，后来又在1669年（康熙八年）准以恢复旧制。因而《清代野史大观》卷三《笼络汉族之改变》一条评论道“自此以后，汉族始安，帝业始固”。经过一轮改朝换代之后，一个满汉并存的新王朝逐渐步入了正轨。

# 主要参考书目

《满文老档》。
《清太祖实录》。
《清太宗实录》。
《清世祖实录》。
《清圣祖实录》。
《清高宗实录》。
《大义觉迷录》。
《摄政亲王起居注》。
《八旗通志》。
《钦定八旗通志》。
《八旗满洲氏族通谱》。
《满汉名臣录》。
《清史列传》。
《清史稿》。
《东华录》。
《御批历代通鉴辑览》。
《大清会典》。
《清稗类抄》。
《清会典事例》。
《练兵实纪》。
《绥寇纪略》。
《续绥寇纪略》。
《流寇志》。
《怀陵流寇始末录》。
《剿贼图记》。
《石匮书后集》。
《沈馆录》。
《燕都日记》。
《甲申核真略》。
《燕行录》。
《明史》。
《明史纪事本末》。
《弘光实录钞》。
《谀闻继笔》。
《纤言》。
《南渡录》。
《三垣笔记》。
《过江七事》。
《维扬殉节纪略》。
《扬州十日记》。
《蘼芜纪闻》。
《四忆堂诗集校笺》。
《江阴城守后记》。
《山海关志》。
《永平府志》。
《昆山县志》。
《新阳县志》。
《汀州府志》。

《肇庆府志》。
《海澄县志》。
《厦门志》。
《揭阳县志》。
《宝庆府志》。
《衡阳县志》。
《巫山县志》。
《兴山县志》。
《所知录》。
《三湘从事录》。
《闽海纪要》。
《行朝录》。
《从征实录》。
《海上见闻录》。
《台湾郑氏纪事》。
《伪郑逸事》。
《台湾外记》。
《乱离见闻录》。
《爝火录》。
《东南纪事》。
《西南纪略》。
《南疆逸史》。
《滇粹》。
《狩缅纪事》。
《安龙逸史》。
《残明纪事》。
《滇缅录》。
《明末滇南纪略》。
《皇明末造录》。
《岭表纪年》。
《小腆纪传》。
《小腆纪年》。
《小腆纪叙》。
《鹿樵纪闻》。
《东山国语》。
《罪惟录》。
《国寿录》。
《永历实录》。
《岭海焚余》。
《梅村家藏稿》。
《鲒琦亭集》。
《读史方舆纪要》。
《明季北略》。
《明季南略》。
《金瓶梅》。
《三国演义》。
《隋唐两朝志传》。
《唐书志传通俗演义》。
《残唐五代史》。
《水浒传》。
《新编全相说唱足本花关索传》。
《圣武记》。
《龙沙纪略》。
《朔方备乘》。
《竹叶亭杂记》。
《清代野史大观》。
《阅世编》。
《庭闻录》。
《天香客随笔》。
《桂林诗稿》。
《荷牐丛谈》。
《香祖笔记》。
《啸亭续录》。
《池北偶谈》。

《五石瓠》。

吴晗辑：《朝鲜李朝实录中的中国史料》，中华书局1980年版。

张煌言：《张苍水全集》，上海古籍出版社1985年版。

辽宁大学历史系：《清初史料丛刊》（1－13册），辽宁大学出版社1979－1983年版。

“中央研究院”历史语文研究所：《明清史料》甲编、乙编、丙编、丁编，北京图书馆出版社2008年版。

“中央研究院”历史语文研究所：《明清史料》戊编、已编、庚编、辛编，中华书局1987年版。

中国人民大学历史系，中国第一历史档案馆合编：《清代农民战争史资料选编》，中国人民大学出版社1984年版。

孟森：《明清史论著集刊》，中华书局1959年版。

谭其骧：《中国历史地图集》，中国地图出版社1982年版。

王钟翰：《清史杂考》，人民出版社1957年版。

商鸿逵：《明清史论合集》，北京大学出版社1988年版。

田培栋：《明史披拣集》，三秦出版社2012年版。

张晋藩、郭成康：《清入关前国家法律制度史》，辽宁人民出版社1988年版。

刘小萌：《满族从部落向国家的发展》，吉林文化出版社1995年版。

定宜庄：《清代八旗驻防研究》，辽宁民族出版社2003年版。

顾诚：《明末农民战争史》，光明日报出版社2012年版。

顾诚：《南明史》，中国青年出版社1997年版。

萧一山：《清朝通史》，华东师范大学出版社2006年版。

郭影秋：《李定国纪年》，中国人民大学出版社2016年版。

王兆春：《中国火器史》，军事科学出版社1991年版。

安双成：《清初编审八旗男丁满文档案选译》，《历史档案》1988年第4期。

中国社会科学院历史研究所清史研究室：《清史资料（第二辑）》，中华书局1981年版。

厦门大学台湾研究所历史研究室编：《郑成功研究国际学术会议研究论文集》，江西人民出版社1989年版。

厦门大学台湾研究所与中国第一历史档案馆编辑部编：《郑成功档案史料选辑》，福建人民出版社1985年版。

厦门大学台湾研究所与中国第一历史档案馆编辑部编：《郑成功满文档案史料选译》，福建人民出版社1987年版。

《文集》编委会：《顾诚先生纪念暨明清史研究文集》，中州古籍出版社2005年版。

郑天挺：《清史探微》，北京大学出版社1999年版。

王景泽：《清朝开国时期八旗研究》，吉林文史出版社2002年版。

杨海英：《洪承畴与明清易代研究》，商务印书馆2006年版。

杜家骥：《八旗与清朝政治论稿》，人民出版社 2008年版。

滕绍箴：《三藩史略》，中国社会科学出版社2008年版。

王志宏：《洪承畴传》，红旗出版社1991年版。

纪德君：《明清历史演义小说艺术论》北京师范大学出版社 2000年版。

孙述宇：《水浒传：怎么样的强盗书》，上海古籍出版社2011年版。

沈从文：《中国服饰史》，陕西师范大学出版社2004年版。

余英时：《中国思想传统的现代诠释》，江苏人民出版社2006年版。

帕莱福等：《鞑靼征服中国史·鞑靼中国史·鞑靼战纪》，中华书局2008年版。

古洛东：《圣教入川记》，四川人民出版社1981年版。

任桂淳：《清朝八旗驻防兴衰史》，生活·读书·新知三联书店出版社1993年版。

魏斐德：《洪业：清朝开国史》，江苏人民出版社1995年版。

# 致 谢

作者在写作的过程中得到很多人的鼎力支持，特别是王晓明先生，精心为本书绘制了十二幅军事形势图，在此表示衷心的感谢。